阳泉年鉴

2016

阳泉市地方志编纂委员会　编

方志出版社
Publishing House of Local Records

图书在版编目（CIP）数据

阳泉年鉴. 2016 / 阳泉市地方志编纂委员会编. —
北京 : 方志出版社, 2018.1
ISBN 978-7-5144-2248-1

Ⅰ. ①阳… Ⅱ. ①阳… Ⅲ. ①阳泉—2016—年鉴
Ⅳ. ①Z522. 53

中国版本图书馆 CIP 数据核字（2018）第 033832 号

阳泉年鉴（2016）

编　　者： 阳泉市地方志编纂委员会
责任编辑： 罗　滔
出 版 人： 冀祥德
出 版 者： 方志出版社
地址　北京市朝阳区潘家园东里 9 号（国家方志馆 4 层）
邮编　100021
网址　http://www.fzph.org
发　　行： 方志出版社图书经销中心
电话（010）67110500
经　　销： 各地新华书店
印　　刷： 厦门翰林彩印股份有限责任公司
开　　本： 889×1194　1/16
印　　张： 26.25
字　　数： 958 千字
版　　次： 2018 年 1 月第 1 版　2018 年 1 月第 1 次印刷
印　　数： 0001~1600 册

ISBN 978－7－5144－2248－1　**定价：** 200.00 元

编辑说明

●《阳泉年鉴》创刊于1989年，是中共阳泉市委、阳泉市人民政府组织编纂的地方综合性资料工具书，旨在逐年记载阳泉市经济和社会发展的历史进程，翔实反映全市各个领域的新成就、新进展、新经验和新问题，为社会各界了解阳泉、认识阳泉、研究阳泉、建设阳泉提供服务，力求思想性、科学性、资料性和实用性的统一。

●本版年鉴为第21部，除彩页、特载部分及事物追述需要外，记事时限为2015年1月1日至2015年12月31日。

●本版年鉴原则上采用分类编辑的方法。全书设特载、概况、中国共产党阳泉市委员会、阳泉市人民代表大会常务委员会、阳泉市人民政府、中国人民政治协商会议阳泉市委员会、中国共产党阳泉市纪律检查委员会、军事、民主党派工商联、群众团体、司法、经济管理、工业、农业、水利、商业贸易、交通邮电、建设环保、财税金融、教育科技、文化、卫生体育、社会生活、旅游服务、区县简况、人物、大事记、统计资料28个部类，并设有附录、英文目录和中文索引。多数部类根据不同情况，下设类目、分目、细目、条目4个层次，有的条目下还设有子目。条目标题统一用黑体字加【 】表示。

●年鉴稿件均经撰稿单位审核，主要数据经阳泉市统计局审核。

●《阳泉年鉴》创办以来，得到了社会各界的大力支持和热情帮助，在此谨表感谢和敬意。

阳泉市行政区划图

阳泉市
盂县
平定县
郊区
矿区
城区
秀水镇
寿阳县
朝阳镇
平山县
平山镇
井陉县
井陉矿区
定襄县
晋昌镇
河北省
忻州市
太原市
晋中市
G5 京昆高速
G20 青银高速
图例
市政府驻地
县(区)政府驻地
乡、镇政府驻地
行政村
省界
市界
县(区)界
铁路、车站
石太高速铁路
高速公路及名称
国家高速编号及名称
国道
省道
县道
河流
山峰
比例尺 1:21万

中共阳泉市委员会

2016年9月27日，中国共产党阳泉市第十二次代表大会在阳泉宾馆举行。市委书记陈永奇在会上作报告

中共阳泉市委常委领导班子全体人员

2016年11月，市委书记陈永奇到平定县东回镇朱峪村调研脱贫产业情况

2016年5月，市委副书记王旭明到精准扶贫联系点郊区郊山村调研

2016年3月，市委常委、市委宣传部部长杨永生与市广电记者研究市容环境综合整治报道方案

2016年11月，市委常委、盂县县委书记李云峰到盂县梁家寨乡灯花村调研旅游开发建设情况

2016年5月，市委常委、市委秘书长巩成到平定县调研民营企业

2016年10月，市委常委、组织部部长任建华到河坡发电有限公司调研

2016年9月，市委常委、统战部部长王铁梅到矿区段南沟社区调研基层统战工作

2016年11月，市委常委、政法委书记杨自明到郊区西南舁督导检查道路交通安全工作

阳泉市人大常委会

2016年3月8日至11日，市第十四届人民代表大会第六次会议在阳泉宾馆举行，市人大常委会主任刘高官作常委会工作报告

2015年11月27日，市人大常委会专题询问城区老工业区搬迁改造工作

2015年11月6日，市人大常委会机关专题学习十八届五中全会精神

2015年11月18日，市人大常委会党组召开“严以用权”专题学习研讨会

2015年5月13日，市人大常委会机关召开学习讨论活动总结暨“六权治本”推进会

2015年6月25日，市人大常委会首次组织新任命国家工作人员向宪法宣誓

2015年8月13日，市人大常委会召开人代会重点建议督办座谈会

2015年11月19日，市人大常委会组织视察城区老工业区搬迁改造工作

2015年10月21日，市人大常委会主任刘高官到郊区石板片村调研精准扶贫工作

2015年6月4日，市人大常委会组织视察行政审批制度改革工作

2015年12月4日，市人大常委会组织视察“十二五”规划执行情况

2015年10月10日，市人大常委会组织开展《中华人民共和国建筑法》执法检查

2015年3月23日至27日，市人大常委会组织开展《中华人民共和国道路交通安全法》执法检查

2015年6月3日，市人大常委会组织专题调研娘子关供水二期续建工程

2015年8月5日，市人大常委会组织视察公共文化服务体系建设工作

阳泉市人民政府

2016年3月8日至11日，阳泉市第十四届人民代表大会第六次会议在阳泉宾馆召开，代市长董一兵作《政府工作报告》。会议按照法定程序，以无记名投票方式选举董一兵为阳泉市人民政府市长。

2016年10月，市长董一兵到平定县督查义平路综合整治工作

2016年8月，市长董一兵检查全市消防安全工作

2016年2月，市长董一兵到盂县看望慰问困难劳模

2016年7月，副市长任衍钢到翠枫山风景区调研

2016年8月 ，副市长董仙桃到盂县调研中药材产业发展情况

2016年11月，副市长郭少敏督查“两路”综合整治工作

政协阳泉市委员会

2016年3月7日，政协阳泉市第十二届委员会第五次会议在阳泉宾馆开幕，市政协主席郜爱国作工作报告

4月7日，市政协主席郜爱国到盂县西烟镇下东坡村就精准扶贫工作开展情况进行调研

5月4日至6日，市政协副主席曹凯民带领部分市政协委员就不动产（房屋）登记工作进行调研座谈

2月19日，市政协副主席赵永红就保护开发利用煤矿工业遗址旧址，规划整合建设煤矿工业旅游产业项目等进行调研

10月18日、20日，市政协副主席任美福带领部分市政协常委、委员及市直有关部门负责人对全市城中村改造推进工作进行调研

3月28日，市政协副主席赵平有到盂县西烟镇下东坡村包扶对象家中进行帮扶调研

5月25日，市政协副主席许文珍带领部分政协委员到扶贫联系点盂县梁家寨乡灯花村进行调研

10月19日，市政协副主席李天祥带领部分市政协委员就重点提案进行跟踪督办

2月26日，市政协副主席李顺宽带领部分市政协委员调研全市养老产业发展现状

6月16日，市政协秘书长郭运生带领部分政协委员到平定县岔口乡的部分贫困村进行调研

中共阳泉市
纪律检查委员会

2016年6月，省委常委、省纪委书记黄晓薇到阳泉市调研

2016年6月，省纪委常务副书记迟耀云到阳泉市调研

2016年10月，市领导王旭明、吴纪平、任建华参观警示教育展览

2016年5月，阳泉市巡察工作动员暨业务培训大会召开

2016年9月，中国共产党阳泉市第十二届纪律检查委员会第一次全体会议召开

2016年10月，市委常委、市纪委书记吴纪平与市纪委全体党员干部学习党纪法规

2016年8月，市委常委、市纪委书记吴纪平到郊区调研

2016年8月，市委常委、市纪委书记吴纪平到郊区调研

2016年8月，市委常委、市纪委书记吴纪平到城区调研

2016年11月，市委常委、市纪委书记吴纪平到市中级人民法院调研

2016年11月，市委常委、市纪委书记吴纪平到市公安局调研

2016年10月，市委常委、市纪委书记吴纪平到精准扶贫联系点平定县朱峪村实地走访

2016年7月，市纪委机关干部到精准扶贫联系点平定县朱峪村参加劳动

2016年3月，市纪委组织开展“准则”“条例”知识竞赛活动

《阳泉市志》评审
剪

2016年10月18日至19日，《阳泉市志》评审会在阳泉宾馆召开。市领导刘高官、巩成、任衍钢，省地方志办公室主任李茂盛一行6人以及市地方志办公室全体人员参加会议

杨 颖

赵永强

今日阳泉
周京 摄

目　　录

特　载

概　况

中国共产党阳泉市委员会

阳泉市人民代表大会常务委员会

阳泉市人民政府

中国人民政治协商会议阳泉市委员会

中国共产党阳泉市纪律检查委员会

军　事

民主党派　工商联

群众团体

法　　治

经济管理

工　业

农 业

水　　利

商业贸易

交通　邮电

建设　环保

财税　金融

教育　科技

文　化

卫生 体育

社会生活

旅游　服务

区县简况

人　物

大 事 记

统计资料

附　录

CONTENTS

DEMOCRATIC PARTIES AND CHAMBER OF INDUSTRY AND COMMERCE

MASS ORGANIZATIONS

Rule of Law

ECONOMIC MANAGEMENT

INDUSTRIES

AGRICULTURE

WATER CONSERVANCY

COMMERCE AND TRADE

TRANSPORTATION, POST AND TELECOMMUNICATION

特
载

在市委十一届六次全会暨全市经济工作会议上的讲话

（2016 年 1 月 12 日）

市委书记　陈永奇

今年是“十三五”全面建成小康社会决胜阶段的开局之年，做好今年乃至“十三五”时期各项工作，意义十分重大。

下面，我就做好“十三五”时期特别是今年各项工作，讲几点意见。

一、践行五大发展理念，确保如期实现全面建成小康社会目标

党的十八届五中全会是在我国全面建成小康社会进入决胜阶段召开的一次十分重要的会议。全会通过的《中共中央关于制定国民经济和社会发展第十三个五年规划的建议》，从党和国家战略全局出发，按照“五位一体”总体布局和“四个全面”战略布局，明确提出“十三五”时期我国经济社会发展的指导思想、基本原则、目标要求、基本理念、重大举措，描绘了未来 5 年我们国家的发展蓝图，具有很强的思想性、战略性、前瞻性、指导性。全会鲜明地提出创新、协调、绿色、开放、共享的发展理念。这“五大发展”理念，是“十三五”乃至更长时期我国发展思路、发展方向、发展着力点的集中体现，也是改革开放 30 多年来我国发展经验的集中体现，反映出我们党对我国发展规律的新认识，是我们党在理论和实践上的新突破，对于我们破解发展难题、增强发展动力、厚植发展优势具有重大指导意义。其中创新发展解决的是发展动力问题，协调发展解决的是发展不平衡问题，绿色发展解决的是人与自然和谐问题，开放发展解决的是发展内外联动问题，共享发展解决的是社会公平正义问题。牢固树立并自觉践行“五大发展”理念，是立足当前、着眼长远，解决问题、推动发展的金钥匙。

省委十届七次全会审议通过的《中共山西省委关于制定国民经济和社会发展第十三个五年规划的建议》，深入学习贯彻党的十八届五中全会精神和习近平总书记重要讲话精神，全面贯彻“五大发展”理念，结合我省实际，创造性地提出了“六大发展”要求，为全省“十三五”发展指明了方向。

这次市委全会，学习贯彻党的十八届五中全会精神和省委十届七次全会精神要求，践行“五大发展”理念，落实“六大发展”，审议通过了市委关于制定国民经济和社会发展第十三个五年规划的《建议》，确立了“十三五”时期全市经济社会发展的指导思想、奋斗目标、推进路径和工作重点，描绘了未来五年发展蓝图。这是我们向人民、向历史作出的庄严承诺。全市上下要切实把思想和行动统一到中央和省委、市委的决策部署上来，坚定信心，锐意进取，奋力拼搏，扎实工作，通过辛勤劳动把宏伟蓝图变成壮丽现实。

（一）要明确目标任务。

全面建成小康社会，核心就在“全面”。《建议》明确提出，到 2020 年确保全方位达到国家全面建成小康社会的目标要求。其中，人均地区生产总值达到 57000 元(2010 年不变价),同时努力做大经济体量,力争使全市生产总值比 2010 年翻一番。城乡居民人均收入在确保比 2010 年翻一番的基础上有更多的增长,分别达到 34168 元和 13120 元;3 万贫困人口在全省提前 2 年率先实现脱贫。

在这一总的目标下,着眼于建设向东开放桥头堡、晋东区域中心城、转型发展先行市、城乡统筹示范区,《建议》提出了六个方面的分项目标。具体来说,针对我市长期存在的"一煤独大""一企独大"产业结构不合理,发展的协调性、均衡性和可持续性不强的问题,转型升级要有新进展;坚持群众的期盼就是我们的努力方向,回应人民群众日益增长的物质文化需求,民生福祉要有新增进;立足于提升城市文明程度,繁荣发展文化事业和文化产业,文化软实力要有新提升;坚持绿色发展,建设山青水秀、生态宜居的美丽山城,生态建设要有新成效;坚持向改革要动力,向开放要空间,改革开放要有新突破;全民法制意识不断增强,社会治理体系和治理能力现代化水平不断提高,社会更加和谐稳定,依法治市要有新局面。这些目标涵盖了经济、政治、社会、文化、生态文明建设的方方面面,构成了一个完整的体系,要全面实现。

(二)要明确发展路径。

《建议》客观分析我市面临的形势和条件,针对性地提出了推进措施,明确了发展路径,就是着力推进"六大发展"。一是推进创新发展,把创新作为引领发展的第一动力,全面推进各类创新,重点推进科技创新,创新发展模式,拓展发展空间,加快经济全面转型,不断提高发展的质量和效益。二是推进协调发展,加快推动以人为核心的新型城镇化,促进城乡公共资源均衡配置和区域协调发展,协调推进物质文明和精神文明建设,不断增强发展的整体性和平衡性。三是推进绿色发展,加快主体功能区建设,强化节能减排和环境保护,全面改善和优化生态环境,建设资源节约型、环境友好型社会。四是推进开放发展,打造发展平台,积极招商引资,发展对外贸易,以开放带动创新、推动改革、促进发展。五是推进共享发展,逐步建立以权利公平、机会公平、规则公平为主要内容的公共服务体系和社会保障体系,着力解决人民群众关心的民生问题,城乡居民同步小康,让人民群众有更多的获得感和幸福感。六是推进廉洁和安全发展,深入推进"六权治本",始终保持"三个高压态势",实现干部清正、政府清廉、政治清明;加强安全管理,创新社会治理,保持社会和谐稳定。

(三)要明确工作重点。

推进工作要坚持两点论,既全面推进,又突出重点。比如,在改革方面,要全面深化各项改革,重点抓好行政审批制度改革、煤炭管理体制改革、国有企业改革、农村综合改革等,特别是要抓好"三个突破"工作。比如,在开放方面,作为内陆地区和欠发达地区,开放不足是我们最突出的短板,要全方位对外开放,重点是对接京津冀,融入环渤海。再比如,在推动转型升级方面,要按照"28"字调产思路,做好煤与非煤两篇文章,促进传统产业改造提升,重点抓好电力、煤化工等煤炭转化延伸产业和非煤产业,同时要下更大气力积极培育发展现代服务业、高新技术等新兴产业。

(四)要强化保障机制。

全面建成小康社会必须有坚强的组织和政治保障。要充分发挥党的领导核心作用,全面提高党领导经济社会发展的能力和水平,切实加强党的基层组织和干部队伍建设,狠抓党风廉政建设和反腐败斗争,实施人才强市战略,加快"法治阳泉"建设,最大程度凝聚共识,形成合力。

全面建成小康社会的目标、路径、重点和保障措施已经明确,关键是抓好落实。我们要咬定目标不放松,切实增强使命意识和责任意识,始终坚持解放思想不停滞,坚持以经济建设为中心不动摇,坚持主动适应经济发展新常态不彷徨,坚持转型升级主线不偏离,坚持统筹兼顾不盲动,努力把各项目标任务落到实处。

二、科学分析当前形势,认真谋划好今年全市经济社会发展和各项工作

不谋全局者,难以谋一域。站在新的历史起点上,必须科学分析面临形势,准确研判未来走势。当前,我们主要面临着"四个严峻复杂"。

一是经济形势严峻复杂。从国际看,尽管美国经济复苏加快,但基础并不牢固,欧元区、日本经济仍旧低迷,发达经济体在深度调整中曲折复苏,发展中国家经济增长继续放慢;从另一个角度看,石油、天然气、铁矿石等大宗商品价格持续大幅回落,国际原油期货价格由 2011 年每桶 130 美元下跌至 30 美元,煤炭价格继续在低谷运行。对此,世界银行、IMF、OECD 等国际主流机构对今年全球 GDP 实际增长率的预测基本在 3% 左右,将继续维持低速增长态势。从国内看,我国发展进入新常态,表现出速度变化、结构优化、动力转换等特征,从速度上看已经告别过去两位数的高速增长,进入中高速增长阶段。传统产业占比较高的省份经济增长乏力,省域之间呈现出分化特征。对我市发展影响最大的煤炭行业,已经告别"黄金十年",正处在"寒冬期"。从全省看,"资源诅咒"更加突出,受煤炭、冶金等支柱产业的影响,经济下行压力持续加大。从我市看,受全球、全国、全省外部经济环境影响,加上受自身"一煤独大""一企独大"的深层次结构性矛盾影响,今年经济发展将更加困难。

二是党风廉政建设和反腐败斗争形势严峻复杂。

近年来，我市前后两任市委书记、一任市纪委书记、四名县区委书记因贪腐问题被组织调查处理，严重影响了阳泉形象、阳泉事业和阳泉干部。除了这些，其他方面存量也不小。2015年全市各级纪检监察机关共接受信访举报2330件（次）。从涉纪信访举报反映问题的时间来看，初信初访所反映的违纪问题只占到10%～15%左右，大部分是多年的老问题。尤其是反映农村干部的违纪问题线索，绝大多数都是多年遗留问题。如，盂县从前年4季度到去年3季度，梳理的542件违纪问题线索中，反映近一年内违纪问题的仅占9.6%。基层违纪违法问题严重，窝案串案仍然易发多发。如，平定县石门口乡南坪村违纪案。经查明，该村支部书记、前后两任村委会主任、村会计共同违纪，套取集体资金810余万元。与此同时，顶风违纪、违反“八项规定”新的案件也还时有发生。即使是在当前的高压态势下，仍有一些党员干部特别是领导干部我行我素、顶风违纪，不收敛，不收手。这些都说明，遏制腐败、“四风”、违反“八项规定”等问题增量，减少腐败、“四风”、违反“八项规定”等问题存量的任务依然艰巨。

三是信访稳定形势严峻复杂。近年来，我市信访总量始终保持在万余件（人）次，持续高位运行。相比我们面积只占全省3%左右，人口占4%左右，GDP占5%左右，信访总量却占7.6%，是典型的“小市大信访”。去年7月以来，我们采取一系列有效措施，尤其是“以群众举报乡村干部腐败为切入点集中解决群众信访诉求问题”，强化重要时间节点的信访工作，取得了明显成效。去年下半年，到市信访总量同比下降20.6%，到市集体访批次、人次同比分别下降14.51%、20.47%，赴省集体访48批次730人次，批次、人次同比分别下降4%、42.79%，进京非访48人次，同比下降69.81%。特别是中央、省交办的第一批、第二批专项治理信访积案办结率、化解率均达到100%，“9·3”阅兵、十八届五中全会期间，我市进京非正常上访治理工作成绩在11个市中排位靠前，初步扭转了信访工作的被动局面。但这仅仅是在治标上取得初步成效，治本还任重道远。而且，一些新的信访问题还在不断发生，如泛亚投资群体，“E租宝”投资群体涉及人数多、资金多，投资者串联越级上访维护权益行为活跃。在社会稳定方面，我们破获的“12·21”重大涉枪涉爆案，让人触目惊心，说明社会稳定仍然是当前头等重大问题，千万不可掉以轻心。

四是安全生产形势严峻复杂。通过持续不断狠抓安全生产，安全生产形势持续明显好转，去年我市安全生产控制指标完成情况在全省排名第一。但是一定要清醒看到，我市安全生产的基础还不牢固，“三个决不能过高估计”对我市有很强的针对性。不仅如此，我市煤矿多，危化生产、运输企业多，不少企业安全生产基础薄弱，经济下行压力持续加大，一些企业对安全生产的投入减少，存在安全隐患；地处山西东大门，危险化学品过境车辆多，道路安全特别是隧道安全也必须引起高度重视。此外，我市还是一座老城市，燃气管道、地下管道安全以及特种设备安全等问题也比较突出，等等。

与此同时，长期以来我们还存在改革滞后、创新不足等问题。特别是国有企业改革严重滞后，目前我市国有企业比重高达70%，固然有阳煤集团占比较高的特殊原因，但已经歇业多年的国有企业多数没有实现破产、改制也是不争事实。在农村改革领域，土地流转仅仅只有11.3万亩，比例只占13.8%，低于全省16%、全国30%的水平，严重制约着农业产业化规模经营。另外，科技进步对经济发展贡献率不高，2015年，预计全市高新技术企业销售额占规上工业企业销售额比例为3.0%；科技投入不足，2014年全社会科技投入（R&D）占GDP的比值为0.63%。金融创新不足，对实体经济支撑不够，存贷比为54.09%，低于全省、全国平均水平；利用资本市场严重不足，除省属阳煤集团有几家上市公司外，到目前为止，地方还没有一家上市公司；地方金融改革中，城商行多年发展不快，直到去年才推进增资扩股。

这些问题相互叠加，新旧矛盾相互交织，使我市处于发展史上最为困难的时期之一，对全市经济社会发展和各项工作形成了严峻挑战。

在看到困难和挑战的同时，更应看到我们发展面临的诸多机遇和有利条件，我们仍处于可以大有作为的重要战略机遇期，这是一个大的前提。同时，还有：

一是战略机遇。国家实施“一带一路”战略、推进京津冀协同发展和环渤海地区合作发展，我市作为山西东大门特有的区位优势，以及省委对我市“建设山西走向京津冀和环渤海的重要桥头堡”的定位，使我们有近水楼台先得月的可能，有利于我们在融入国家大战略中抢占先机，获得支持。

二是政策机遇。近年来，我市先后获得国家智慧城市试点、省级科技创新示范市试点、国家中小城市综合改革试点、城区老工业区搬迁改造和独立工矿区改造搬迁等政策支持。这些政策都有相当的含金量，只要我们深入挖掘，找准上级政策与我市产业发展、重大项目、重点工程的契合点，必然能获得更多政策支持、项目支持和资金支持，为先行先试、创新发展开拓更为广阔的空间。

三是重大利好。近日李克强总理在山西考察时明确表态，将支持山西煤炭行业脱困，给予山西煤炭脱困奖补、增加煤层气补贴、降低煤炭运费等政策。同时，省委、省政府正在积极争取国家用电体制综合改革试点，这无疑有利于我市依托现有产业基础发展壮大诸如电解铝等产业,培育新的增长极。

四是发展基础。随着近年来我们布局的一批重大产业项目效应的逐步显现,以及一批重大基础设施建设对经济增长形成的有效支撑,我市发展基础更加坚实。特别是去年以来,工业增加值降幅逐月收窄,从1—2月的-30.9%,3-11月分别为8.43%、-9.7%、-10.0%、-4.6%、-2.5%、5.8%、3.8%、4.1%、5.1%,到12月增长3.8%,全年预计下降4.1%。固定资产投资增速逐月加快,1—11月累计分别为-26.8%、12.8%、11.8%、9.5%、10.6%、12%、13%、14.1%、14.6%、14.8%,全年预计增长16.1%。一般预算收入下降6.14%,好于全省-10.5%的平均水平。经济运行中积极因素在增多,呈现出缓中趋稳、稳中有进的良好态势。

五是良好氛围。通过党的群众路线教育实践活动、学习讨论落实活动和"三严三实"专题教育的洗礼,我市四大班子团结和谐,全市干部上下同心,广大群众共同奋斗,人心思上,人心思进,人心思干,形成了和衷共济、干事创业的良好局面,这是我们加快改革发展的最大财富。

总之,我们要变压力为动力,化挑战为机遇,提振精神,敢于担当,迎难而上,奋力拼搏,扎实做好今年的各项工作。概括起来,就是要践行"五大理念",即:创新、协调、绿色、开放、共享发展理念;突出"四项工作",即:抓好党风廉政建设和反腐败斗争、开展"两学一做"学习教育、深入实施"六权治本"、加强基层组织建设等工作;打好"四大攻坚",即:正风反腐、转型升级、安全生产和信访稳定;强化"两大支撑",即:全面深化改革、全面创新驱动;推动"六大发展",即:创新发展、协调发展、绿色发展、开放发展、共享发展、廉洁和安全发展,努力开创全市各项工作的新局面。

三、坚定信心、迎难而上,全力做好今年的经济工作

我市今年经济工作的总体要求是:全面贯彻党的十八大和十八届三中、四中、五中全会精神,以邓小平理论、"三个代表"重要思想、科学发展观为指导,深入学习贯彻习近平总书记系列重要讲话精神,遵循"五位一体"总体布局和"四个全面"战略布局,按照中央经济工作会议及省委十届七次全会、全省经济工作会议部署,践行"五大发展"理念,适应经济发展新常态,坚持改革开放,坚持稳中求进工作总基调,坚持稳增长、调结构、惠民生、防风险,落实宏观政策要稳、产业政策要准、微观政策要活、改革政策要实、社会政策要托底的要求,着力加强结构性改革,去产能、去库存、去杠杆、降成本、补短板,提高供给体系质量和效率,提高投资有效性和精准性,加快培育新的发展动能,实施"三个突破",推动"六大发展",努力实现"十三五"时期的良好开局。

按照总体要求,我们确定今年的主要指标是:地区生产总值增长6%左右,固定资产投资增长12%,社会消费品零售总额增长5.5%左右,公共预算收入控制在-9%之内,城镇和农村常住居民人均可支配收入分别增长6%左右和6%以上,城镇登记失业率控制在4.2%以内,居民消费价格指数控制在3%左右,其他约束性指标完成省下达目标任务。对于这些目标,我要强调的是,必须确保不折不扣完成各项约束性指标,预期性指标力争达到最好水平,民生指标必须圆满完成。

今年要在全面做好各项经济工作的同时,重点抓好以下几项工作。

(一)着力推进供给侧结构性改革,坚决落实"三去一降一补"五项重点任务。

推进结构性改革,特别是供给侧结构性改革,是中央经济工作会议作出的重大部署。近年来,我们提出并实施"稳定煤炭、加快电力、扩大煤化、做强装备、创新冶金、重组耐材、做大旅游"的调产思路,在全市上下形成了共识,也取得了初步成效。下一步,我们推进供给侧结构性改革,就是要继续坚持"28字"调产思路,同时,要更加注重大力培育发展新兴产业,包括信息产业、现代服务业、现代农业,落实好"五大重点任务"。

在去产能方面,现阶段,煤炭仍然是我市最重要的支柱产业。稳定经济运行,必须抓好煤炭这个占工业80%的大头。稳住了煤炭,就稳住了工业,就稳住了经济。就是要继续坚持走"革命兴煤"之路,推进"六型转变",按照中央要求,重点要提高环保、安全、技术标准,淘汰落后产能,化解过剩产能,建设现代化矿井,深化兼并重组,进一步提高产业集中度。要重组耐材,按照减量置换原则,加快重组整合,坚决改变耐火产业"多、小、散、乱、差"的状况,积极推进产业集聚区建设。

在去库存方面,重点是多措并举减少房地产库存,推动房地产业健康发展。必须提高户籍人口城镇化率和深化住房制度改革,通过加快农民工市民化,扩大有效需求;通过政府购买用以提供保障性住房的方式逐步消化。同时,要引导开发商瞄准太原、石家庄、北京等周边城市,做好精准营销推介。

在去杠杆方面,重点是提高企业直接融资比重,帮助更多的企业通过资本市场融资,有效降低企业负债率和杠杆率。要防范去产能释放的债务风险,腾出的资金、资源要支持新兴产业发展,积极应对产能压缩带来的增长和就业压力。要坚决遏制非法融资蔓延态势,坚决守住不发生系统性和区域性风险的底线。

在降成本方面,通过加强企业内部管理,加强成本核算,降低管理成本;通过落实国家、省有关减税、降费政策,降低财务成本;通过优化组织架构,提升员工素质,提高劳动生产率,降低人力成本;通过深化行政审批制度改革，降低企业制度性交易成本。今年要突出跟踪研究电价改革，破解电力体制机制障碍，使企业综合用电成本和电价明显下降，充分发挥资源优势，把铝工业做大做强，创新冶金。同时，推动铝工业向精深加工发展，努力打造铝工业基地。

在补短板方面，重点是补齐产业和公共产品短板，加快发展新兴产业、现代服务业、现代农业，加强基础设施建设。要充分挖掘百度云计算的潜在价值，依托其积极发展上下游产业，逐步形成硬件、软件、信息技术集成服务产业链，努力在发展信息产业上实现大的突破。要发挥连接晋冀的交通优势，推进物流通道建设，完善物流配送网络，大力发展现代物流业。要依托我市的区位、环境等比较优势，大力发展健康养老产业，培育一批有实力、竞争力强的养老服务企业。要做大文化旅游产业。大力发展现代特色农业，今年特别是要围绕“提质增效”，做好核桃产业这篇文章。

（二）积极应对经济下行压力，千方百计稳增长。

要发挥投资对经济增长的关键作用。今天的投资结构就是明天的产业结构。投资不仅是稳定经济增长的重要引擎，还是促进经济转型升级的有力抓手，也是保障改善民生的重要途径。必须坚持既要规模又要结构，既要速度更要效益，提高投资的有效性和精准性，坚决杜绝重复浪费建设。今年我们确定了固定资产投资增速12%、投资总额670亿元的盘子。要继续坚持“六位一体”推进项目建设机制，每个重点工程项目都要制定详细的时间表、路线图、责任书，加快建设步伐，发挥好重点工程带动投资增长的火车头作用。要突出抓好铁路、公路、低热值煤发电等十大领域工程；突出抓好阳大铁路等十大标志性工程。特别要加快电力，在抓好火电建设的同时，高度重视风能、煤层气、生物质能的开发利用，尤其是要抓好光伏基地建设，积极推进盂县—河北南网500千伏输变电工程，打通外送电通道，打造千万千瓦级电力基地，发展高载能产业。

要发挥消费对经济增长的基础性作用。要着力扩大居民消费，促进城乡居民消费升级。充分发挥新型城镇化对消费的引领作用，加强城乡流通基础设施建设，抓好农村便民连锁商店信息化改造，农家店“一网多用”，发挥乡镇商贸中心综合服务功能。完善“15分钟便民商圈”，大力发展电子商务、商业综合体、社区多业态店等新型业态。要积极培育电商平台和龙头企业，鼓励发展连锁经营、物流配送、网络消费等。

要发挥出口对经济增长的促进作用。要抓住“一带一路”等战略机遇，放宽视野，寻找商机，积极参与山西品牌中华行、丝路行、网上行，支持企业、产品走出去。要稳定陶粒砂等传统产品出口，支持天元集团等企业的电器产品出口。

要切实帮扶企业。企业是市场的主体，帮助企业脱困是稳增长的根本。要坚持问题导向抓好帮扶，不断完善措施，落实政策，着力解决企业生产经营遇到的突出困难和问题。要继续实行领导帮扶企业制度，对停产或半停产的企业，要一户一策，分类指导，蹲点帮扶，有针对性地解决问题。要坚持与阳煤集团的联席会议制度，支持服务阳煤集团发展，发挥好阳煤集团在稳增长中的龙头骨干作用。要实行普惠政策，大力实施中小微企业成长工程，推动“限下变限上”“资质低变资质高”，促进更多的企业实现“个转企”“小升规”，形成大中小微企业协调发展格局。要创优发展环境，积极推进网上审批，继续优化投资流程，缩短审批周期，努力实现让信息多跑路，让企业少跑路。

（三）全面深化改革，增强发展的动力和活力。

当前改革已经进入深水区，推进改革既要过难关也要过险关。我们要坚定改革意志，发扬啃硬骨头攻难关的精神，推进各项重点领域改革。下面，我重点强调一下“三个突破”工作。

在金融振兴上，要认真落实我市已出台的“1+3”政策措施，继续完善相关配套政策，在进一步发挥银行作用的同时，引导担保、证券、保险等金融机构主动服务地方经济社会发展。要继续做好晋商银行等市外股份制银行和外资银行落户工作，加快引进外地金融机构在我市设立分支机构，不断完善金融组织体系。要深化地方金融改革创新，加快推进阳泉商业银行增资扩股，完善法人治理结构，加快推进平定、郊区农信社改制。要培育支持企业在中小板和创业板上市、新三板挂牌，到上海股权交易中心挂牌托管，支持山西云泉岩土公司、山西天元绿环公司等在新三板挂牌。要发挥好政府资金的撬动作用，落实各项奖励补助政策。要运用好互联网、众筹平台等新型工具，引导民间资本有序进入现代金融业态。发挥好担保公司作用，加快信达投资公司重组步伐。要依托“智慧阳泉”，建立健全社会信用系统平台，打击恶意逃债行为，在全社会营造“诚信光荣、失信可耻”的良好氛围。

在科技创新上，落实好我市《推进科技创新的实施意见》，搭建好平台，积极发展科技服务，发挥好孵化器的作用，大力发展众创空间，强化企业在科技创新中的主体地位和作用，抓好中试环节，推进产学研用相结合，尽快把科研成果转化为现实生产力，特别是要扶持中兴环能尽快实现规模化生产。要建立完善科技创新机制，更加注重推进集成创新、协同创新，引进消化吸收再创新。要运用好1000万元高新技术产业发展基金，5000万元新型产业发展专项资金，调动银行、社会资金投向科技型企业。

在推进民营经济发展上，目前，我市民营经济占

GDP的比重为31.8%，而全省、全国分别达到54%、60%,差距非常明显。我们要下大工夫推动民营经济发展。重点是认真落实鼓励民营经济发展的政策措施,着力创优发展环境,加强政策支持、要素支持、措施支持,毫不动摇地支持民营经济发展。市委常委要带头联系民营企业,想方设法为民营企业排忧解难。要积极引导更多社会资金投入实体经济，推广政府与社会资本合作(PPP),推动民间资本向基础设施、重大产业、社会民生等全领域投资。要认真贯彻落实各项税收优惠政策，发挥好政府中小企业发展专项资金和综合产业发展基金的作用，运用好我市在全省率先启动的“税易贷”业务,不断完善政银企保合作机制,引导金融机构加大信贷投入力度,支持民营企业发行债券融资,不断拓宽融资渠道。在这里我要特别强调,按照全省经济工作会议要求,我们要对民营经济待办项目大起底,各县区各有关部门对属于本级审批的要限时批完；对需要上报的要限时报出;对不能批准的要限时告知,确保符合条件的项目尽快落地实施。

(四)加快开放发展,全面提升对外开放水平。

要按照“山西向东开放桥头堡”的定位,紧紧抓住国家实施“一带一路”战略和京津冀协同发展机遇,主动对接京津冀、融入环渤海,紧盯珠三角、长三角,积极参与“一带一路”等国家战略,以招商引资为突破,全面提升开放发展水平。各级领导干部要更加主动走出去,加大宣传推介力度,争取更多的资源、更好的项目在我市落地。要积极创新招商方式,根据产业发展优势和方向积极开展代理招商、驻点招商,发挥好北京、天津、广州等委托代理机构作用,实施全产业链招商、精准式招商、集群化招商。同时,加大招才引智力度,积极引进我市急需紧缺的高层次创新型人才。

要重点抓好开发区建设。省委书记王儒林要求,全省上下要切实做大做强开发区,力争“十三五”期间有一个大的突破,尽早改变我省25个省级开发区不如一个西安高新区的局面。我们必须有危机感和紧迫感,采取针对性措施,把开发区打造成为对外开放的平台、招商引资的平台,成为全市新的经济增长极。开发区要充分利用好行政托管的机遇,尽快改变现状。同时,打造各级各类工业园区,推动我市资源、要素集中。

(五)实施“县域突破”战略,壮大县域经济实力。

“郡县治,天下安”。我市经济发展,差距在县域、潜力也在县域。没有“县域突破”,就难以实现全市经济的突破。

要坚持因地制宜、分类指导。比如,平定县既有人文优势,又有良好的产业基础,要大力发展文化旅游等产业,努力做大做强电力、煤化工等产业,为全市经济增长做出更大贡献。再比如,郊区毗邻主城区,有发展园区经济、城郊经济的优势,同时新城开发也是难得的机遇,要统筹推进城镇化和工业化,做到产城结合,加快城乡一体化发展。盂县在五个县区中地域面积最大,无论从资源禀赋、区位条件还是产业基础方面都具有明显优势,发展潜力巨大,一定要务实苦干,立说立行,在项目建设、招商引资、新兴产业培育、发展文化旅游等方面有更大作为,力争走在全市、全省前列,成为我市经济发展的重要支撑。城区作为中心区,人口密集、驻区单位多,要把改善民生、加强和创新社会管理放在更加突出的位置,结合城市功能提升、城中村改造,大力发展楼宇经济、商贸物流、休闲旅游、文化旅游、健康养老等现代服务业,充分发挥好龙头和带动作用。矿区作为阳煤集团总部所在地,要大力发展“总部经济”,吸引发展协作企业,积极推进“飞地经济”。

(六)推进以人为核心的新型城镇化,建设美丽宜居城市。

城市是各类要素资源和经济社会活动最集中的地方,要按照我市城镇化总体布局,统筹推进旧城改造、生态新城开发、县城和中心镇及美丽乡村建设,加快推动以人为核心的新型城镇化。

加快新型城镇化建设。按照中央城市工作会议精神，进一步深化对当前和今后一个时期城市工作的思想认识,着力推进以人为核心的城镇化,尊重城市发展规律,统筹三大结构、三大环节、三大动力、三大布局、三大主体,结合我市实际统筹旧城改造、新城开发、城镇建设三大重点,实行“多规合一”,优化城市空间布局,在规划上更加注重科学性、权威性、前瞻性,在建设上更加注重产城融合、集约节约、绿色宜居、彰显特色,在管理上提高科学化、规范化、精细化水平,全面做好我市城市发展的各项工作,发挥好城市这一“火车头”作用和城镇化这一最大潜力。当前,尤其要学习太原经验，抓好城中村改造和棚户区改造，加快改变城市面貌，让民生得到更多的改善，为稳增长做出更大的贡献。关于城市工作，过两天我们还要专门召开会议部署,这里就不多讲了。

加快建设美丽宜居乡村。要按照省委、省政府部署,继续推进完善提质、农民安居、环境整治和美丽宜居四大工程,不断完善农村基础设施建设和公共服务,全面改善农村生产生活条件，培育一批工矿一体示范村、历史文化示范村、绿色生态示范村、休闲旅游示范村等,建成一批家园美、田园美、生态美、生活美的美丽宜居乡村。

加强生态文明建设和环境保护工作。牢固树立“绿水青山就是金山银山”的理念,在环境执法上持续保持严打高压态势,敢于亮红灯、下重拳、出狠招,零容忍、严执法、重实效,“铁腕斩污”,确保全市环境质量明显改善。要加强对固定资产投资项目执行节能标准情况、淘汰落后用能设备和生产工艺及能耗限额标准的检查。要认真抓好大气污染防治工作，有效保障空气质量。要加强环境监管，严厉查处偷排、偷放等环境影响较大、群众反映强烈的恶意违法行为。要继续开展河流污染整治专项行动，加快推进市污水处理厂提标工程、娘子关水源保护区污染企业搬迁等重点流域水污染防治项目。要大力推进造林绿化。当前，尤其要坚决实施关闭取缔土小企业专项行动，保护我们的生态环境。

（七）坚持共享发展，着力保障社会和谐稳定。

保障和改善民生始终是我们一切工作的出发点和落脚点。越是在财政困难的情况下，越要高度关注民生，扎实办好民生实事。要积极扩大就业。进一步完善创业就业扶持政策，积极开展就业援助，重点做好高校毕业生、城镇就业困难人员、农村转移劳动力、困难企业职工等群体就业工作；深化国家级创业型城市创建工作，搞好鼓励创业、支持创业、推崇创业等服务活动，推动大众创业、万众创新。要多渠道增加居民收入。通过稳定扩大就业、鼓励自主创业、提高居民保障水平和补贴水平、拓宽居民投资渠道，多措并举增加城镇居民收入。同时，通过提高农业补贴和农民社保标准、发放暖心煤补贴、加快农村产权改革，多种途径促进农民增收。要全面加强社会保障。在不断提升全民养老、医疗保险水平的同时，加大对困难企业、特殊人群的扶持和救助，构建和完善社会救助体系，做到保基本、兜底线。要进一步完善社会保险关系转移接续制度，推进各项保险制度之间的有效衔接。要加快保障房建设，确保完成省下达的建设任务。要抓好采煤沉陷区治理，明确煤炭生产企业和各级党委、政府的治理责任，启动实施3个县9个乡镇18个村、5541户、14498人的搬迁安置工作。

打好脱贫攻坚战。我市虽没有国家级贫困县，但仍有130个贫困村、3万贫困人口。要创新扶贫开发工作机制，增强贫困地区内生动力和发展活力，确保实现在全省率先脱贫的目标。要按照“六个精准”的要求，扎实推进“五个一批”工程，采取有力举措，打好新一轮扶贫开发攻坚战。要全面推进专项扶贫、产业扶贫和社会扶贫，提高扶贫开发实效。要结合“三资”管理、土地确权，推进土地流转，探索发展股份制集体经济，实现集体经济破“零”。要抓好“领头雁”培训，发挥好第一书记、大学生村官的作用，继续开展领导干部包村增收、机关事业单位定点扶贫。

扎实做好安全生产工作。安全生产是最大的民生，是比泰山还重的责任。要坚持“从零开始、向零奋斗”，努力实现安全生产形势稳定好转、根本好转，坚决杜绝重特大事故，减少一般性事故，防止意外事故。要坚持近年来实践证明行之有效的好经验好做法，认真落实“党政同责、一岗双责、失职追责”要求，一把手要亲力亲为，分管领导要具体抓，确保各项安全生产措施和要求落实到位。要继续深入开展安全生产各类专项行动，以煤矿、危化品、道路交通、消防为重点，做到排查不留死角、治理不留后患。要夯实基层基础，加强安全乡村、企业班组建设，强化安全达标、现场管理、培训教育，提高应急处置能力。要严格责任追究，严肃事故处理。

高度重视信访稳定工作。信访工作事关全市社会稳定。要围绕“控新、治旧、稳控、好转”的目标，在全市开展依法解决群众信访诉求、规范信访秩序专项治理活动。要落实“党政同责、一岗双责、齐抓共管、综合治理、失职追责”领导责任。实行领导分工负责制、接访下访制、包案化解制、首问负责制和责任追究制等各项制度，领导干部亲自上阵，一级做给一级看，一级带着一级干。要严格执行“信访13条”，一手解决合理诉求，一手依法打击无理非法缠访闹访，把问题和矛盾解决在基层和萌芽状态，全力推进信访问题解决，守好山西东大门、当好首都护城河。要深入开展“平安阳泉”建设，加强社会治安综合治理，健全完善应急管理体系，进一步提升突发事件处置能力和水平。推进天网工程建设，健全立体化社会治安防控体系。要深入开展“打黑除恶”斗争，震慑违法犯罪，确保社会稳定。

切实做好宣传思想文化工作。要牢牢把握正确舆论导向，充分发挥主流媒体的引导作用，弘扬主旋律、传播好声音、凝聚正能量、展示新形象。深入开展社会主义核心价值观教育实践活动、思想道德建设和群众性精神文明创建。加快推进省级文明城市创建步伐，提升文化软实力。要繁荣文化事业，推进文化特色村、特色社区建设，引导好群众性文化组织的发展。完善公共文化服务体系，推动基本公共文化服务标准化、均等化，引导公共文化资源向基层倾斜。完善公共文化基础设施，深入推进文化惠民工程，推动文化产业发展，培育新型文化业态。促进文化消费，创新文化需求，优化文化市场供给。进一步深化文化体制改革，加强文艺精品创作。

四、落实全面从严治党要求，为经济社会持续健康发展提供坚强政治保证

做好“十三五”时期，特别是今年的经济工作，关键在党，关键在各级领导干部，关键要有好的作风。我们必须牢记党建第一责任，认真落实全面从严治党要求，不断净化政治生态，为经济社会发展提供坚强政治保证。

（一）牢记管党治党的政治责任，把压力层层传导下去。

各级党委（党组）要坚决担负起主体责任，率先垂范，以上率下，推动“两个责任”落地生根。各级党政“一把手”要牢记第一责任人职责，以身作则，做到重要工作亲自部署、重大问题亲自过问、重要环节亲自协调、重要案件亲自督办，真正把管党治党的压力层层传导下去。要严肃问责，认真落实市委党风廉政建设《约谈办法》《问责办法》，对落实主体责任不到位的领导干部，要严肃问责，绝不姑息迁就，绝不下不为例。

(二)始终保持“三个高压态势”，深入推进党风廉政建设和反腐败斗争。

王儒林书记指出，“发展必须廉洁，廉洁促进发展。”我们要清醒认识我市党风廉政建设和反腐败斗争形势，深刻汲取洪发科“三个典型”案件惨痛教训，深刻反思我市系统性、塌方式腐败问题，始终保持“三个高压态势”，下大气力狠抓党风廉政建设和反腐败工作，做到惩治腐败不手软，纠正“四风”不反弹，执行八项规定不走样。要加强对各级各部门“一把手”的教育监督管理，加大执纪问责力度，用最果断的措施遏制杜绝腐败、“四风”和违反八项规定等问题增量，用最坚决的态度减少消除腐败、“四风”和违反八项规定等问题存量。

(三)严格执纪监督，切实把纪律和规矩挺在前面。

要坚决按照习总书记提出的杜绝“七个有之”，做到“五个必须”“五个决不允许”的要求，进一步强化规矩意识，严格执行党章，坚决遵循组织程序，坚决服从和执行党组织决定。要深入学习贯彻《中国共产党廉洁自律准则》《中国共产党纪律处分条例》《中国共产党巡视工作条例》，严格遵守各项党内法规。要坚持惩前毖后，治病救人，把握运用好执纪监督的“四种形态”，抓早抓小，动辄则咎，用纪律的尺子去衡量党员干部的行为，真正把纪律立起来、严起来、执行到位。尤其要把纪律和规矩挺在前面，严守党的政治纪律和政治规矩，始终在思想上、政治上、行动上与党中央保持高度一致，自觉维护中央权威，不折不扣贯彻落实省委决策部署。

(四)坚持从严治吏，不断加强干部队伍管理。

习近平总书记指出，党要管党，首先是管好干部；从严治党，关键是从严治吏。实现全面建成小康社会的目标，必须着力培养选拔党和人民事业需要的好干部。要切实端正用人导向，真正把好干部选出来、用起来。要认真贯彻《干部选拔任用条例》，打好“三个一批”组合拳，进一步健全干部“能下”机制，对于不作为、不担当、能力不够的干部坚决进行调整。今年市、县、乡三级都要换届，要统筹做好干部工作，切实把各级班子配齐配强。要严明换届纪律，坚决抵制说情打招呼、跑官要官、拉票贿选等不正之风，决不允许搞团团伙伙、非组织活动，一旦发现要严肃查处。

(五)加强制度建设，深入推进“六权治本”。

“六权治本”是加强党风廉政建设和反腐败的治本之策。要深入推进“六权治本”，突出抓好“两清单、两张图、两平台、一网络”的建设完善，从源头上把制度的“笼子”织密、编牢、扎紧，做到法无授权不可为、法定职责必须为。要进一步完善制度体系，针对权力运行的关键点、薄弱点、风险点，健全完善相关决策机制、监督管理机制、严惩滥用权力机制，更好地实现制度管人、制度管事、制度管权。要推进“六权治本”向基层延伸，以加强农村“三资”管理为重点，从根本上解决发生在群众身边的腐败问题，努力实现“乡村治，百姓安”。

(六)实施“五大提升工程”，切实加强基层组织建设。

基础不牢，地动山摇。我们要聚焦基层基础，持续用力、久久为功，重点推进实施组织功能提升、主干能力提升、党员素质提升、治理机制提升、保障水平提升“五大提升工程”，充分发挥农村基层党组织的战斗堡垒作用和党员的先锋模范作用，努力夯实基层基础。与此同时，要统筹抓好机关党建、非公和社会组织党建、企业党建、社区党建等领域党建工作，不断提升各领域基层党建水平。

(七)发扬事在人为、积极进取的精神，狠抓工作落实。

为政之道，贵在落实。领导干部的领导水平、组织能力、执行力如何，很大程度取决于抓落实的能力。我们要以正在开展的“三严三实”专题教育为契机，坚持“双学”，强化看齐意识，发扬事在人为、积极进取的精神，努力在提升思想境界、强化担当精神、夯实能力素质上下工夫，切实解决“不作为、不敢为、不会为”的问题，以“严”和“实”的作风抓好工作落实。要做到心中有数。各级领导干部要加强学习，既要加强政治理论学习，深入学习中央、省委的决策部署；又要系统学习本行业、本领域的业务知识，做行家里手；还要大兴调研之风，走进基层问计于民。要做到履职尽责。要在其位，履其职，尽其责，恪尽职守，兢兢业业，做好本职工作。要做到攻坚克难。世界上最远的距离是说和干的距离。实现美好的蓝图，必须真抓实干。我们要抓铁有痕，踏石留印，迎难而上，攻坚克难，一步一个脚印去奋斗。真正像习总书记要求的那样“凡是有利于党和人民事业的，就坚决干、加油干、一刻不停歇地干；凡是不利于党和人民事业的，就坚决改、彻底改、一刻不耽误地改。”

当前，要全力开展好“冬季行动”。这是我们近期经济社会发展的主战场，也是考验干部的试金石。我们要坚决克服无所作为、拖沓疲沓的不良习气，大力弘扬“马上就办、真抓实干”的精神，奋力打好八大攻坚战役，主要领导要亲自上阵，以上率下，分管领导要靠前指挥，“白加黑”“5加2”全身心为人民服务。

同时，要切实抓好岁末年初各项工作。认真抓好安全生产、信访稳定等工作，确保社会大局稳定；要做好节日期间的市场供应，保持物价稳定；要开展好访贫问寒送温暖活动，确保让人民群众度过一个欢乐祥和的节日。

政府工作报告

——2016年3月8日在阳泉市第十四届人民代表大会第六次会议上

代市长　董一兵

各位代表：

现在，我代表市人民政府向大会报告工作，请予审议，并请市政协委员和其他列席人员提出意见。

一、"十二五"时期经济社会发展回顾

"十二五"时期是我市发展史上极不寻常的五年。五年来，面对严峻复杂的宏观经济环境，面对长期形成的深层次矛盾，面对艰巨繁重的改革发展稳定任务，全市上下深入贯彻落实党的十八大和十八届三中、四中、五中全会和习近平总书记系列重要讲话精神，按照省委"五句话"总要求和"六大发展"的战略部署，牢牢把握稳中求进工作总基调，着力稳增长、促改革、调结构、惠民生、防风险、保安全，攻坚克难，奋力拼搏，经济社会发展在克服困难中取得了新的成绩，基本完成了"十二五"确定的各项目标任务。

——我们千方百计稳增长，综合实力再上新台阶。过去的五年，特别是2013年以来，面对持续加大的经济下行压力，建立了部门、企业联席会议制度，加强对经济运行的分析调度。认真贯彻落实国家、省关于稳增长的各项政策措施，出台了金融支持实体经济发展意见等措施，设立了综合产业扶持基金、企业资金链应急保障资金和中小企业发展基金，重点稳定工业运行、支持煤炭脱困、鼓励中小微企业发展。激发有效需求，释放发展红利，挖掘增长潜能，多措并举，顶住下行压力，经济保持平稳运行。"十二五"末，全市地区生产总值达到595.7亿元，年均增长6.7%；全社会固定资产投资达到600.7亿元，年均增长18%；社会消费品零售总额达到288.3亿元，年均增长12.1%；公共财政预算收入达到44.2亿元，年均增长3.7%；城镇、农村常住居民人均可支配收入达到26414元、11494元，年均分别增长9.1%、11.9%。

——我们积极扩大投资需求，重点工程建设力度空前。"六位一体"推进项目建设，下大力实施了一批事关全局的重大基础设施和民生工程，投资对经济增长的贡献率达60%以上。开工建设总投资45.9亿元、总长79公里的阳大铁路，建成后将极大提升阳泉作为晋东区域中心城市的地位；启动实施总投资1.55亿元的城市饮用水水质改善工程，努力让群众喝上优质水、放心水；重启了总投资2.02亿元的娘子关二期供水工程，从根本上缓解全市水资源供需矛盾。大力开展招商引资，共签约外来投资项目867个，到位资金1404.9亿元，百度云计算、中广核风电等一批具有转型引领和辐射带动作用的大项目、好项目相继落户阳泉。大力发展"飞地经济"，全市"飞地"项目达到21个，总投资218亿元，天元废旧家电拆解、桃林沟欢乐世界等项目竣工投产。五年全市累计实施各类重点工程项目1115项，完成投资2259亿元。省级重点工程投资完成率连续四年进入全省前3名。

——我们统筹推进城乡发展，新型城镇化建设不断加快。加快推进旧城、新城、大县城、重点镇建设，城镇基础设施完成投资72.57亿元。大力实施道路畅通工程，泉西路、保晋路、洪城北路等建成通车，华盛桥、赛鱼桥等桥梁改造工程顺利完工。阳五、太阳、西环高速相继竣工通车，市域内形成了100公里的高速圈，高速公路密度达到6.27公里/100平方公里，位居全省第一。启动了生态新城建设，漾泉大道等一批路、水、气、暖工程正在加速推进。城市供水、燃气、集中供热普及

同志们，做好今年各项工作，为全面建成小康社会开好局、起好步，意义重大，责任重大。我们要更加紧密地团结在以习近平同志为总书记的党中央周围，全面贯彻落实党的十八届五中全会、中央经济工作会议和省委十届七次全会、全省经济工作会议精神，按照本次会议的部署，坚定信心，迎难而上，攻坚克难，不断推动我市经济社会发展和各项工作取得新进展新成效，为开创弊革风清、富民强市新局面而努力奋斗！

率和生活垃圾无害化处理率分别达到100%、97.99%、95.98%和100%。启动并加快推进“智慧阳泉”建设,在全省率先实现主要公共场所无线互联网免费全覆盖。全市城镇化率达到65.86%,居全省第二。

——我们持续推动结构调整，资源型城市转型扎实有效。按照“稳定煤炭、加快电力、扩大煤化、做强装备、创新冶金、重组耐材、做大旅游”思路,积极推进传统产业改造提升和新兴产业发展壮大。加快重组整合矿井改造,建成现代化矿井5座。坚持变输煤为输煤、输电并重。五年来,建成、在建、获得“路条”及正在规划中的火电、风电、光伏发电项目总装机容量近800万千瓦,全部建成后总装机规模将达“千万千瓦级”。2×20万吨乙二醇项目一期即将竣工。兆丰铝业氧化铝二期70万吨、高精铝板带一期12.5万吨项目投产运行。大力发展煤矿电气、通用机械、特种石墨等装备制造业。积极发展高新技术产业，百度云计算一期3万台服务器正式投用。推进煤矸石、煤层气、粉煤灰和废旧家电的综合利用,全市资源综合利用企业达52家。加快发展旅游业,五年全市旅游总收入达611.9亿元,年均增长22.5%。三次产业比重由“十一五”末的1.5∶59.5∶39调整为1.7∶49.8∶48.5,结构进一步优化。

——我们加大强农惠农力度,“三农” 工作成效明显。五年来,财政对“三农”投入累计达29.5亿元。积极实施产业富民工程,形成了以畜牧、核桃、蔬菜为主导,小杂粮、中药材、食用菌、红薯竞相发展的农业产业格局。“一村一品”专业村累计达321个。农民专业合作社、家庭农场分别发展到2271个、154家,土地流转面积11.3万亩。农产品加工销售收入达25亿元,是“十一五”末的3.4倍。产业扶贫和精准扶贫成效明显,全市农村脱贫人口达2.2万人。大力实施农村人居环境改善“四大工程”,完成县乡公路改造4395公里、农村街巷硬化6626公里;新建饮水安全工程303处,自来水入户率达95%; 为611个村安装路灯12213盏;104个新农村建设重点推进村、3个集中连片示范区建设进展顺利,农村面貌焕然一新。

——我们大力发展社会事业，民生改善走在全省前列。在财政十分困难的情况下,民生支出占一般公共预算支出的比重由2010年的74.7%提高到2015年的82%,五年共兴办民生实事35件,实施了“七大民生工程”。创业就业促进工程。五年有2800多个行政、事业岗位面向社会公开招录。累计新增城镇就业12.02万人，转移农村劳动力5万人。城镇登记失业率控制在4%以内。社保提标扩面工程。在全省率先实现60岁以上农民基础养老金发放全覆盖。城乡居民基本医疗保险人均财政补助标准提高到380元。城镇社会保险参保率提高到97.83%,城乡低保、农村“五保”实现应保尽保,保障水平持续提高。城乡住房保障工程。累计开工新建各类保障房65219套,基本建成53181套,完成农村危房改造任务7030户。教育均衡提升工程。新(改、扩)建公办标准化幼儿园60所,改造农村幼儿园52所。在全省率先实现国家义务教育发展基本均衡县(区)全覆盖。职业技术学院新校区开工建设。太原理工大学阳泉学院成功“升本”,更名为“山西工程技术学院”。卫生强基固本工程。全市7所县级公立医院全部实行药品零差率销售。59所政府办基层医疗卫生机构、906个村卫生室和13个非政府办基层医疗卫生机构全部实施基本药物制度。城乡居民大病保险全省试点工作成效明显。文化惠民利民工程。覆盖城乡的现代公共文化服务体系基本建成。“文化惠民在山城”系列活动扎实开展,“一年一场戏” 公益演出惠及130个偏远贫困村。我市作家刘慈欣作品《三体》获世界科幻大会雨果奖,这是亚洲作家首次获此殊荣。成功举办全国蹦床赛,我市体育健儿在国际、国内重大赛事上摘金夺银。平安阳泉创建工程。加强和创新社会治理,矿区社会服务管理经验在全国推广。积极推进“天网”工程建设,构建立体化治安防控网络。健全了信访工作机制和应急管理体系,信访形势明显好转,社会总体保持和谐稳定,人民群众的安全感和满意度进一步提升。毫不放松抓好安全生产,各类生产安全事故总死亡人数由“十一五”末的91人减少到60人,下降34%,首次杜绝了重特大事故。

——我们全面深化各领域改革，发展的活力动力进一步增强。抢抓转型综改试验区建设和获批“国家中小城市综合改革试点市”机遇,大力推进各领域改革创新。深化行政审批制度改革。全面推行“两集中、两到位”，七大类53项民生类服务项目办理时限压缩51.5%。公布运行了政府部门权责清单。扎实推进商事制度改革,除国家规定保留事项外,全部实现“先照后证”;全面推行“三证合一”“一照一码”。深化国有企业改革。阳煤集团正式控股南煤集团。启动了市阀门厂、水泵厂“退城进园、搬迁改制”工作。市属国有照相馆、理发馆等服务企业全部完成民营化改制。深化地方金融改革。盂县农信社成功改制为农商行。全省首家专门服务“三农”的盂县汇民村镇银行挂牌成立。城商行改革迈出新步伐。上海股交中心阳泉企业挂牌孵化基地成立,挂牌企业达11家。深入实施创新驱动战略。在全省首家成立了科技银行,设立了3000万元的首支地市级高新技术投资发展基金。建成或在建科技孵化器5家,市科技孵化器成功申报为国家级科技企业孵化器,入孵企业累计达104家。我市成为国家级知识产权示范创建市,被列为全省首家创新型城市试点市。积极争取上级支持。先后争取到国家老工业区搬迁改造、独立工矿区改造搬迁资金4.66亿元、专项建设基金11.7亿元。新城建设项目获得国开行、农发行贷款额度27.3亿元，到位11亿元。

——我们狠抓节能减排和环境保护，生态文明建设屡创佳绩。五年组织实施重点节能项目94个，年节约52.2万吨标准煤，淘汰落后产能任务提前完成。大力实施大气污染防治净空工程，“十二五”六项减排指标任务全部完成。持续推进生态环境治理修复，完成矸山治理恢复3750亩、电厂脱硫除尘升级改造200.5万千瓦、脱硝治理133万千瓦。集中开展“土小”企业专项整治，1150座燃煤矾石竖窑、石灰窑全部依法取缔。新建市第二污水处理厂，完成4座污水处理厂提标改造，全市生活污水处理能力达到21.3万吨。五年完成各类营造林65.7万亩，森林蓄积量达到455.9万立方米，建成区绿化覆盖率达到41.4%。先后获得“国家园林城市”“全国绿化模范城市”等荣誉称号。

——我们不断强化民主法治和自身建设，政府执行力和公信力显著提升。严格执行人大及其常委会的决议、决定，积极支持人民政协履行职能，共办理人大代表议案和建议905件、政协提案1710件。扎实推进“法治阳泉”建设，普法工作成效明显。不断完善基层民主制度，有序推进村委会换届选举。全力推进“六权治本”，制定了人事调动、预算外资金分配、工程项目招投标管理办法，全面公开部门预决算和“三公”经费信息，强化行政监察和审计监督。全面完成市县两级政府改革。公车改革扎实推进。深入开展党的群众路线教育实践活动、学习讨论落实活动和“三严三实”专题教育，着力构建作风建设长效机制。严格执行中央“八项规定”和国务院“约法三章”，坚决反对“四风”，“三公”经费支出由2012年的22468万元，压减至2015年的8407万元，年均降幅达27.94%。

与此同时，着力加强国防动员和后备力量建设，深入开展双拥工作，大力发展妇女儿童、老龄、残疾人和红十字会等事业，民族宗教工作受到国家表彰，外事、侨务、气象、地震、人防、档案、史志等工作取得新进展。

各位代表，“十二五”时期是我市改革开放以来发展极为曲折的时期之一，我们风雨同舟、众志成城，攻坚克难、砥砺奋进，走过了不平凡的历程。五年来，尽管经济增速有所放缓，一些指标完成不尽如人意，但民生改善没有削弱反而加强，教育、科技、卫生、体育等优势领域工作继续走在全省前列，人均收入、社会保障等继续保持先进水平，多年期盼的铁路、道路、供水、饮水、生态、环保等打基础、利长远的工程项目建成或正在推进。五年的成绩来之不易，经验弥足珍贵。要实现阳泉经济社会持续健康发展，必须坚持以经济建设为中心不动摇，始终把发展作为解决一切问题的关键，将贯彻落实中央、省精神与阳泉实际相结合，不断创新发展思路，完善发展举措，推动科学发展。必须坚持转型升级主线不偏离，以调结构、转方式为主线，不断改造提升传统产业，培育发展新兴产业，构建充满活力的多元产业支撑体系。必须坚持保障改善民生不懈怠，把人民对美好生活的向往作为我们的奋斗目标，多做打基础、利长远的实事好事，使发展成果更多更公平地惠及全市人民。必须坚持主动适应新常态不彷徨，既努力解决当前工作面临的新矛盾、新问题，又科学谋划事关长远发展的新路径、新办法，积蓄发展新动能，开创发展新境界。必须坚持深化改革创新不停步，以综改试验区建设为统领，抢抓各种政策机遇，持续不断推进重点领域改革创新，为推动发展提供强大的引擎。必须坚持全面从严治党、从严治吏不手软，认真履行“主体责任”，深入推进“六权治本”，坚决把纪律和规矩挺在前面，努力营造干事创业、风清气正的发展环境，不断开创我市经济社会发展新局面。

各位代表，五年来，能够取得这样的成绩实属不易。这是省委、省政府坚强领导、亲切关怀的结果，是市委统揽全局、科学决策的结果，是市人大、市政协大力支持、有效监督的结果，是全市干部群众团结协作、共同奋斗的结果。在此，我代表市人民政府，向全市人民，向驻地部队指战员、武警官兵、公安民警和中央、省驻地单位，向各民主党派、工商联、无党派人士、人民团体和所有关心支持阳泉改革发展的各界人士，表示崇高的敬意和衷心的感谢!

在肯定成绩的同时，我们也清醒地看到，我市经济社会发展还存在一些困难和问题，主要是：经济总量不大，发展不快，新的经济增长点不多；“一煤独大”“一企独大”结构性矛盾仍然非常突出，传统产业产能过剩，接续产业发展不足，多元化支柱产业体系尚未形成；民营经济比重不大、活力不强、动力不足，大众创业的氛围尚未形成；园区建设滞后，制约项目建设的深层次问题还没有得到根本解决；城市基础设施欠账多，城市环境卫生问题还比较突出；政府职能转变仍显滞后，“四风”问题尚未根绝，廉政建设、法治建设需要进一步增强；一些干部担当意识不强，干事创业热情不足，工作中存在不敢作为、不会作为的现象。对此，我们将以高度的责任感和使命感，加倍努力，扎实工作，绝不辜负全市人民的期望和重托。

二、“十三五”时期经济社会发展的指导思想和奋斗目标

“十三五”时期，是全面建成小康社会的决胜阶段。当前，我国经济正在进行深度调整，我市作为典型的资

源型地区和老工业基地，长期积累的深层次矛盾和问题日益凸显。但每一次危机都伴随着新的希望与重生，总体来讲，我们面临的仍然是一个机遇与挑战并存，机遇大于挑战的环境。我国经济长期向好的基本面没有改变，新常态下正在由原来快速发展向发展方式转变、由原来规模扩张向提高质量和效益转变。中央明确提出“五大发展”理念，并开出了推进供给侧结构性改革的经济治理良方，必将为经济发展开拓新空间、注入新活力。省委、省政府确立了实施“三个突破”、推动“六大发展”战略举措，持续净化政治生态，推进“六权治本”，为加快发展进一步理清了思路、营造了环境。我市区位优势明显、产业基础较好、城市化水平较高，产业结构调整和项目建设取得积极进展，先后争取到全国中小城市综合改革、国家老工业区搬迁改造和独立工矿区改造搬迁等一系列政策支持，发展的后发优势明显增强。综合判断，我市与全国全省一样，仍处于可以大有作为的重要战略机遇期。只要我们抓住机遇，迎难而上，就一定能够开创“十三五”发展的新局面。

根据市委十一届六次全会精神及“十三五”规划《建议》，市政府编制了“十三五”规划《纲要(草案)》，明确提出了“十三五”时期我市发展的指导思想，即：高举中国特色社会主义伟大旗帜，全面贯彻党的十八大和十八届三中、四中、五中全会精神，坚持以马克思列宁主义、毛泽东思想、邓小平理论、“三个代表”重要思想、科学发展观为指导，深入贯彻落实习近平总书记系列重要讲话精神，遵循“五位一体”总体布局和“四个全面”战略布局，坚持发展是第一要务和抓好党建是最大政绩，牢固树立并切实贯彻“五大发展”新理念，按照省委“五句话”总要求，主动适应经济发展新常态，以综改试验区建设为抓手，以转型升级为主线，以改革创新为动力，大力实施“三个突破”，着力推动创新发展、协调发展、绿色发展、开放发展、共享发展、廉洁和安全发展，确保全面建成小康社会，努力把我市建设成为山西向东开放桥头堡、晋东区域中心城、转型发展先行市、城乡统筹示范区。

今后五年全市经济社会发展的主要目标是：转型升级有新进展。经济结构调整与发展方式转变取得重大进展，服务业比重进一步加大，支柱产业多元化和大中小微企业协调发展格局初步形成。民营经济实力不断增强，科技支撑和创新驱动能力大幅提升，经济发展质量和效益明显提高。民生福祉有新增进。公共服务体系更加健全，社会保障体系更趋完善，基本公共服务均等化水平稳步提高，城乡居民收入持续增加。人民群众生活质量、健康水平进一步提高。文化软实力有新提升。文化事业整体水平、文化产业综合实力进一步提升，公共文化服务体系进一步完善。全民科学文化水平和精神文明素质普遍增强，城市文明程度明显提高，建成省级文明城市。生态建设有新成效。节能降耗、治污减排指标全面完成，生产方式和生活方式绿色低碳化水平显著提高。采煤沉陷区治理基本完成，森林覆盖率进一步提高，生态环境质量持续改善。城市面貌有新变化。“生态、智慧、宜业、宜居”的现代化城市建设取得明显成效。生态园林城市建设步伐加快，城市绿化覆盖率、人均公园绿地面积不断提高；互联网、物联网、云计算等信息技术与城市管理、市民生活高度融合，城市管理和运行实现智慧化；大众创业、万众创新蓬勃发展，都市经济规模不断扩大；城市基础设施和文化教育、休闲娱乐、养老医疗等大众化服务设施进一步完善。改革开放有新突破。重点领域和关键环节改革取得决定性成果，各项改革试点工作取得重大进展。对外开放的广度和深度不断拓展，积极参与京津冀、环渤海、长三角、珠三角乃至“一带一路”等更大范围的协作分工，并取得实效。依法治市有新局面。法制建设扎实推进。法治政府基本建成，司法体制改革基本到位，司法公信力明显提高。全民法治意识不断增强，社会治理体系和治理能力现代化水平不断提高，社会更加和谐稳定。

各位代表！如期实现全面建成小康社会目标，承载着全市人民对美好生活的殷切向往。“十三五”规划《纲要(草案)》已印发各位代表，经本次会议审议通过后，我们将全力抓好落实。我们坚信，在省委、省政府和市委的坚强领导下，通过全市人民的奋力拼搏、共同努力，一定能够夺取全面建成小康社会决胜阶段的伟大胜利！

三、2016 年工作安排

2016 年是全面建成小康社会决胜阶段的开局之年，也是推进结构性改革的攻坚之年。我们要全面贯彻党的十八届五中全会精神，按照中央经济工作会议及省委十届七次全会、全省经济工作会议要求，认真落实市委十一届六次全会、全市经济工作会部署，认识、适应和引领经济发展新常态，坚持稳中求进工作总基调，坚持稳增长、调结构、惠民生、防风险，落实宏观政策要稳、产业政策要准、微观政策要活、改革政策要实、社会政策要托底的要求，着力加强供给侧结构性改革，去产能、去库存、去杠杆、降成本、补短板，实施“三个突破”，推动“六大发展”，努力实现“十三五”经济社会发展良好开局。

综合考虑各方面因素，2016 年我市经济社会发展的主要预期指标是：地区生产总值增长 6%左右，全社会固定资产投资增长 15%，规模以上工业增加值增长 1.3%，社会消费品零售总额增长 5.5%，城镇新增就业岗位1.9万个,城乡常住居民人均可支配收入增长6%左右和6%以上,公共预算收入降幅控制在9%之内,居民消费价格涨幅控制在3%左右,城镇登记失业率控制在4.2%以内。约束性指标:包括万元地区生产总值能耗、二氧化碳排放量、用水量、主要污染物减排、空气质量优良天数比例、劣V类水体比例、新增建设用地降幅、农村贫困人口脱贫人数、城市棚户区住房改造数量等,待省确定后,分解下达各县区执行。

为实现上述目标,重点要做好以下几方面工作:

(一)全力推动供给侧结构性改革。

把加快供给侧结构性改革作为推进经济转型升级的关键举措,坚持28字调产思路,突出化解过剩产能,不断培育和壮大新的经济增长点。

努力促进煤炭行业转型脱困。严格执行省“十三五”期间现有生产煤矿产能核定“只减不增”要求,严控新建煤矿新增能力,坚决化解煤炭过剩产能。通过提高环保、安全、技术标准,对落后产能坚决依法依规淘汰关闭。推进煤炭深加工,加大洗选、配送比例,提高煤炭附加值。推进煤炭资源综合利用,大力发展煤化工、煤建材、煤电铝,延伸产业链条,发掘新的经济增长点,提高煤炭就地转化率。积极争取国家、省对煤层气等煤炭共生伴生资源开发利用一体化的政策支持,大力实施煤矿瓦斯抽采全覆盖工程,提升煤矿瓦斯综合利用水平,年内完成平定阳胜煤业5兆瓦低浓度瓦斯发电和郊区保安煤业2500万立方瓦斯并网工程。提高煤矸石、煤泥和矿井水的综合利用水平。

加快推进传统非煤产业改造升级。要抓住国家推进电力体制改革政策机遇,积极推进火力发电和低热值煤发电,发展大容量、高参数超临界、超超临界燃煤发电机组,做大产业规模,加快阳煤远盛2×35万千瓦、西上庄2×66万千瓦和国际能源裕光煤电2×100万千瓦等项目建设。着手提高电力消纳能力,促进煤电铝、煤化工等现代高载能行业消化吸纳,加快盂县—河北500千伏外送电通道建设。要以煤矿机械、煤矿电气和通用机械为重点,年内完成盛旺管业25万吨球墨铸管土建及设备安装工程,积极推动天元家电生产和废旧家电拆解项目试生产。利用好大用户直供电和企业自备电政策,帮助扶持铝工业降低成本、提质增效,推进兆丰铝业20万吨高精铝板带二期项目开工。要大力推进耐火企业整合重组和转型升级,着力开发中高档耐火材料和中低密度陶粒砂产品,加快金土耐材前期工作,提高产业集中度和市场竞争力。

积极培育发展新兴产业。大力推进太阳能、煤层气、风能等新能源的开发利用。加快采煤沉陷区国家先进技术光伏发电示范基地项目前期准备工作,年内力争开工建设一期总规模105万千瓦的11个基地项目。积极推进中广核盂县风电三期2万千瓦项目,确保年内并网发电。加快粉末冶金、磁性材料、陶瓷等新材料产业发展,稳定贝特瑞金刚石纯化粉现有生产规模,加快山西力腾高科铈磁体生产及技术升级项目建设。以高效节能电机、节能阀门、LED照明系统等为重点,促进节能环保产业快速成长,推进中电龙华热泵回收供暖示范等项目建设。依托百度云计算项目,积极引进、发展与之相关的上、下游产业和产品,逐步形成从硬件、软件到信息技术集成服务的完整产业链。

加快发展现代服务业。落实中央、省促进现代服务业发展的各项政策措施,统筹推进生产性服务业和生活性服务业全面发展。发挥区位优势,大力发展现代物流业,加快推进晋东商贸物流园、蒙牛物流基地等项目建设。大力发展文化旅游产业,支持刻花瓷、煤雕、砂器等本土特色文化产业做大做强,促进文化与旅游融合发展。打造精品旅游线路,不断提升藏山、娘子关、桃林沟等景区知名度和影响力,加快实施大汖温泉度假景区二期、红岩岭自然风景区等项目建设,年内完成旅游配套设施改造,正式对外开放。提升健康养老服务水平,推动医疗卫生和养老服务融合发展。积极扩大消费需求,以农村乡镇和城市社区为重点,增强乡镇商贸配送中心辐射能力。巩固、发挥“15分钟便民商圈”功能,推动商业综合体、社区多业态店等新型业态发展,不断释放消费潜能。大力发展电子商务,培育电子商务经营主体,加快电子商务园区建设,依托阳泉特产网等平台,重点推动向日葵信息技术、乐村淘电子商务等电商企业发展。

全力保障企业稳定运行。认真贯彻落实中央、省工业企业降成本、增效益、稳运行的各项政策措施,建立健全企业减负机制。对重点企业、困难企业施行“一企一策”,分门别类采取对策,最大限度解决企业的实际困难和问题,帮助企业渡过难关。坚持与阳煤集团的联席会议制度,努力搞好协调服务,促进企业健康发展,实现企地共赢。引导企业强化管理、创新经营理念,进一步降低生产、交易、物流等成本,提高抗风险能力。鼓励企业开展立体化营销,努力化解销售难、回款难问题,促进产销平稳衔接。继续实施出口信保统保政策,帮助企业开拓国际市场,扩大外贸市场份额。

(二)大力推进重点项目建设。

以产业园区建设为突破口,奋力推进项目建设。今年全市固定资产投资任务为691亿元,重点抓好铁路、公路、低热值煤发电等“十大领域”197个项目,突出抓好阳大铁路、宁波北路等十大标志性工程。

积极推进园区建设。园区建设是我市经济发展的短板。要按照“政府主导、市场运作、招商为先、项目为重”的思路,高标准规划建设产业园区,吸引更多的资金、项目落户阳泉。平定、盂县、郊区要高标准规划建设一至两个园区,同时积极推动龙川工业园、鑫磊循环经济产业园等现有园区上档升级,全力提升“五通一平”建设水平。开发区要利用扩区机遇,加大东区工业园建设步伐。城、矿两区要用足用好“两区”建设政策机遇,积极推动市区工业企业退城入园,腾出发展空间,实现“退二进三”,努力提升中心城市的综合服务功能。

多渠道筹措项目资金。一要向上争取。用足用好上级政策,积极作为,主动对接,继续下大力争取国家专项建设基金、“两区” 建设资金、中央预算内投资的支持。二要市场运作。采用 PPP 等模式,建立和完善为重点工程项目建设服务的信用担保体系,广泛引导社会资本投入到项目建设中。利用好多层次资本市场,加大企业直接融资力度。三要招商引资。借助我市区位优势,积极对接东部沿海发达地区,主动融入环渤海、京津冀以及石家庄、太原都市圈发展战略,承接产业转移,提供配套服务,实现梯次发展。实施精准招商、全产业链招商、集群化招商,强化以商招商、专业队招商,积极参加能博会、厦洽会、高交会等大型展会,发挥好委托代理机构作用,大力引进资金、项目、技术和人才。

完善项目推进机制。进一步减少前置审批事项,实行清单式管理,认真做好投资项目在线审批监管。强化“六位一体”工作考核机制,完善重点工程调度、投资运行分析等制度。继续实行月考核、月排名、月报告制度,通过排名、公示、约谈等办法,鼓励先进、鞭策后进。落实项目推进的主体责任,突出对固定资产投资、重点工程建设完成情况的目标责任考核,充分调动各县区、各部门以及项目单位工作积极性,确保项目建设稳步推进。

(三)不断提高新型城镇化水平。

加快完善规划体系。按照统筹城乡要求,做好新型城镇化顶层设计与相关规划的衔接,积极推进“多规合一”,重点加快《市区与平定同城化发展规划》《海绵城市建设规划》《老城区改造规划》的编制工作,不断完善各类城乡规划。强化规划执行,进一步完善联动执法机制,加强规划审批后的跟踪监督和执法检查,对违规审批的部门、单位和失职、渎职者严肃问责,对未批先建、违规修建者坚决查处,切实维护规划的权威性和严肃性。

加强基础设施建设。统筹推进旧城提质、新城开发。重点加快城市供排水、供热、供气等老旧管网改造,加强城市地下综合管廊、垃圾处理等工程建设,完善城市基本功能。抓好宁波北路、平阳街、洪城北路北延、漾泉大道一期、二期等工程建设,优化城市主干路网。推动阳大铁路、城市综合交通枢纽、太旧高速阳泉南连接线工程等项目实施,提高城市的通达性。加快晋东化工厂、蔬菜批发市场等搬迁项目进度,实现城市片区功能再造。同时,继续推进大县城和重点镇建设,不断完善城镇基础设施和社会服务功能。

大力推进城中村、棚户区改造。学习借鉴太原先进经验,统筹协调资金、土地等要素,建立融资平台,做深做细群众工作,扎实推进今年确定的驼岭头、老虎沟、南窑庄等 11 个城中村改造, 力争年内实现大的突破,坚决杜绝现代城市中的破烂不堪现象。同时,抓住国家政策性机遇,加快推进简子沟、余积粮沟等棚户区改造项目,让困难群众早日搬进新居。

广泛开展环境综合整治。城市要大力开展雨污分流改造、污水配套管网、垃圾处置设施建设等工作。加大市容市貌、环境卫生、交通秩序“三项”整治力度,做好“三线”入地工作。重点打造南大街、义平路 2 条样板街路,形成有特色、有品位的城市街路。推进综合执法,下移执法重心,实现城市管理执法工作全覆盖。按照国家生态园林城市创建标准,有空造绿、见缝插绿,构筑绿化精品,力争建一处绿一处,建一处美一处。加快智慧阳泉建设,按照“创新、实用、共享、便捷”原则,推动智慧公交、智慧医疗、智慧食药监管建设,启动数字城管,从根本上提升城市管理档次。深化省级文明城市创建,进一步改善城市形象,力争早日跨入省级文明城市行列。农村要全面抓好“四好农村路”建设,重点推进农村公路安全生命防护工程和村通水泥(油)路工程。积极实施好 3 个县(区)、10 个乡镇、15 个村的采煤沉陷区治理和地质灾害避让搬迁工作, 完成农村危房改造 1600 户。继续抓好乡村清洁工作,实施好 14 个村的乡村污水治理工程,创建乡村清洁达标村 270 个。推进美丽宜居示范村“三级联创”工作,力争再有 3 个村进入省级美丽宜居示范村行列。

下大力消化房地产库存。落实国家、省购房补贴政策,鼓励城镇居民改善住房条件,支持农业转移人口在城镇购房。推进住房体制改革,建立购租并举的住房制度,加大棚户区改造货币化安置力度。打通商品房和公租房供需通道,扩大公租房保障范围。通过系列政策引导,稳定房地产市场,确保完成省定销售面积增幅不低于 20%的去库存任务。

各位代表,城市发展带动整个经济社会发展,城市建设已成为现代化建设的重要引擎, 城市在经济社会发展、民生改善中发挥着越来越重要的作用。当前,我市城市建设和管理任务十分艰巨, 但我们改变城市面貌、创造良好生活环境的决心更大!我们将举全市之力,充分调动各方面资源和力量,努力把阳泉建设成为生态、智慧、宜业、宜居的现代化城市!

(四)高度重视做好“三农”和脱贫攻坚工作。

夯实农业发展基础。积极开展中低产田改造,完成高标准农田建设 3 万亩、膜下滴灌 4600 亩,确保粮食产量稳定在2.1亿公斤以上。加大抗旱应急水源建设力度，年内完成平定岭南河、岔口、后底沟、原坪等水库除险加固工程，开工建设盂县乌河水库、檀山沟水库。同时，继续深化农村改革。全面完成土地承包经营权确权登记颁证工作，推动土地经营权规范有序流转。积极推进农村集体产权制度改革和经营体制创新，稳妥开展农村承包土地经营权和农民住房财产权抵押贷款试点。做好第三次全国农业普查工作。

大力发展特色现代农业。保持设施蔬菜种植面积在1.4万亩以上。发挥康泰来公司品牌效应，大力发展食用菌，不断扩大市场份额。促进核桃产业提质增效，年内完成高接换优5000亩。积极发展水果、中药材、蜂业等特色产业。小杂粮总产量达到4万吨以上。加快发展猪鸡牛羊等养殖业，肉蛋奶产量稳步提升。巩固发展50个“一村一品”专业村。支持裕盛源醋业、三来食品等龙头企业发展，全市农产品加工企业年销售收入增加15%以上。积极创建国家和省级农业示范园，促进粮经饲统筹，种养加结合，一、二、三产融合，抓好汉能集团胡家庄光伏基地等重点项目建设。大力发展休闲度假、旅游观光、养生养老、农耕体验、乡村手工艺等潜力产业。

坚决打赢脱贫攻坚硬仗。大力实施精准扶贫，对贫困人口进行甄别，摸清底数，精准定位扶持对象。健全完善市县抓落实的领导机制，建立贫困村互助合作基金，整合涉农资金，加大扶贫资金支持力度。更加注重“造血”扶贫，根据实际情况有针对性地实施产业扶持、技能扶持。重视发挥广大基层干部群众的首创精神，鼓励贫困群众树立自力更生观念，真正实现可持续发展。今年完成50个村、1万人的脱贫任务，其中产业扶贫脱贫7000人、易地搬迁脱贫1000人、教育扶贫脱贫1000人、社会保障兜底1000人。

各位代表，脱贫攻坚、全面小康是党中央交给我们的重大历史任务，是“十三五”的头等大事和第一民生工程。我们必须以更大的决心、更明确的思路、更精准的举措，坚决打赢脱贫攻坚战，确保到2018年，全市农村贫困人口在全省率先整体脱贫，决不让一户落伍、一人掉队。

（五）全面深化改革创新。

做大做强民营经济。着力在创优环境上出实招，认真贯彻落实省、市加快民营经济发展的政策措施，坚持领导干部联系民营企业机制，扎实开展民营经济“待批项目大起底” 活动，认真解决企业发展中的困难和问题。着力在扩大规模上下工夫，继续大力实施中小微企业成长工程，筛选一批成长性好、竞争力强的民营企业进行重点扶持，集中培育一批“小升规”企业；积极推广平定金潭小微企业孵化基地经验和做法，规划建设一批基础设施完善的中小微企业园区和孵化基地。着力在增强活力上见成效，鼓励企业开展产学研联合创新，积极发展众创、众包、众扶、众筹空间，支持民间资本投资教育、医疗、养老等社会领域。通过扎实有效的工作，不断提升民营经济在经济总量中的比重，使之真正成为我市推动转型的中坚力量、促进升级的动力源泉。

加快推动科技创新。加快完善全市科技孵化体系，重点推进市高新技术创业园孵化基地扩容提质，支持县区和企业的孵化器建设。培育和发展高新技术企业，鼓励规上企业与国家级科研院所进行深度合作。在煤层气抽采技术、煤层气综合利用、煤机装备制造、石油支撑剂等领域加快实施一批重大科技专项和重点科技项目，争取突破一些关键技术。运用好高新技术产业股权投资基金，调动银行、社会资金投向科技型企业。加强创新人才队伍建设，利用好海外博士阳泉行活动平台，引老乡、回故乡、建家乡。

全力推进金融振兴。尽快完成城市商业银行增资扩股后续审批工作，加快推进平定、郊区农信社改制。积极推动企业上市，年内完成云泉岩土工程、天元绿环科技2户企业新三板挂牌，力争每个县区都要有一个新三板上市企业。完善融资担保体系，做大做强现有政策性融资担保公司，下大力破解中小企业融资难、融资贵的问题。做好金融机构引进工作，推动晋商银行阳泉分行、平定昌都村镇银行早日正式营业。着力发展债券等金融产品市场，引导和支持企业充分运用私募债、短期融资债等方式融资。加强和改进金融监管，确保地方金融稳定。

深化国资国企改革。水泵、阀门等重点企业“退城进园、搬迁改制”工作今年要迈出新步伐。长期停产、复活无望的“僵尸”企业，要采取多种方式，逐步退市。加快市直党政机关与所办企业脱钩改制工作，推进市属经营性国有资产统一监管。抓好企业财务等重大信息公开工作。加强对企业资产租赁管理、产权交易监管，确保国有资产保值增值。积极推进市属国有企业负责人薪酬制度改革。

同时，统筹推进转型综改工作，实施好2016年“9911”行动计划。积极推进财税体制、污染者付费制度改革，不断提升发展的新动力。

（六）强化节能减排和生态环保。

深化大气污染防治。巩固“土小”企业专项整治成果，对相关企业及责任人建立档案，明确责任，终身追责，决不允许死灰复燃。全面强化建筑施工工地、公路等重点领域扬尘监管，对不达要求的工地坚决停工整治，对公路管理不到位、监督不力的责任人严肃问责。加大矸山治理力度，按照“谁开采谁治理、谁生产谁负责”的原则，督促相关企业进行彻底整治，做到不欠新帐、要还旧账。不断强化环保执法，严厉打击环保设备闲置、超标排放等违法行为，严格落实按日计罚、查封扣押、限产限排等规定要求，打出最严环保执法组合拳。

加强生态建设。大力实施重点造林工程，全年完成各类营造林12万亩。扎实推进水保生态建设，完成水土流失治理面积45.8平方公里。建设市污水处理厂污泥处置中心。严格落实水源地保护措施，加快娘子关饮用水水源地污染企业搬迁。大力推进"五水同治"，优先保护饮用水，突出治理流域水，监督考核跨界水，积极防治地下水，全面处理污废水。

加大节能减排力度。大力推进清洁生产，坚决抑制高耗能、高污染产业增长，推动工业企业走上低碳绿色发展道路，确保完成省定各项约束性指标任务。积极推进工业能效提升工程,推行合同能源管理，促使企业节能降耗。继续推动煤矸石、粉煤灰等大宗工业固体废弃物和焦炉煤气等的资源化利用。支持企业实施锅炉窑炉改造、电机系统节能、能量系统优化、余热余压利用等节能改造工程。

(七)毫不放松抓好安全生产和社会稳定工作。

完善安全监管责任体系建设。按照"党政同责、一岗双责、失职追责"要求，进一步厘清各部门安全监管职责，做到管行业必须管安全、管业务必须管安全、管生产经营必须管安全。推动企业主体责任落实，督促指导企业做到安全责任、安全投入、安全培训、安全管理、应急救援"五到位"。严格落实目标责任考核"一票否决制"，切实执行安全生产不良记录"黑名单"制度，严查事故，严肃问责。

深化安全生产专项整治。继续坚持"456"工作法，加强隐患排查治理，经常性开展"四不两直"安全检查，推动多部门联合整治、联合除患、联合执法。落实企业安全生产ABC分类分级管理制度、挂牌督办制度，持续强化煤矿、道路交通、非煤矿山、危险化学品、建筑施工、油气输送管道、特种设备、学校、旅游、消防等重点行业和领域的安全监管，继续保持打击私挖滥采的高压态势，坚决杜绝重特大事故，减少一般性事故，防止意外事故。

加强和创新社会治理。深入开展"平安阳泉"建设，继续实施"天网"工程，加强社会治安综合治理。依法有序抓好信访维稳工作，及时妥善处理群众诉求。健全完善应急管理体系，进一步提升突发事件处置能力和水平。始终保持高压态势，深入开展"打黑除恶"斗争。推广矿区加强和创新社会治理工作经验，建立专业化社区工作者队伍，推动服务和管理力量向基层倾斜。强化市场监管，狠抓食品药品综合治理。

(八)着力保障和改善民生。

促进各类教育协调发展。扩大学前教育资源，新改扩建10所农村幼儿园。巩固义务教育均衡发展成果。继续改善普通高中办学条件，推进教育教学改革。加快阳泉职业技术学院新校区建设，着力构建现代职业教育体系。认真落实特殊教育提升计划。进一步改善和优化教师队伍结构，全面提高教育教学质量。

提升公共文化服务水平。深化公益性文化事业单位内部改革，发展新闻出版、广播影视、文学艺术事业。开展好直播卫星"户户通"、农村公益电影放映等文化惠民工程。持续推动基层文化设施提档升级，加大市级"五馆一院"、县级"三馆一院"建设力度。加强网上思想文化阵地建设，净化网络环境。深入开展全民健身系列活动，不断完善竞技体育运动训练"三级网络"体系。

大力发展医疗卫生事业。不断深化医药卫生体制改革，巩固县级公立医院综合改革成果，推进市级公立医院综合改革试点工作，引深基层医疗卫生机构综合改革。继续提高基本公共卫生服务项目财政补助标准。新农合参合率保持在99%以上，完善城乡居民大病保险制度。推进优质医疗资源下沉，创新医疗联合体建设运营模式，全面实施分级诊疗。健全卫生计生综合监督体系，规范医疗卫生服务行为。巩固完善基本药物制度，推进公立医院药品阳光采购工作。

着力稳定和扩大就业。落实就业优先战略，深化创业型城市创建活动，完善创业扶持政策。继续实行政府购买基层公共服务岗位、招聘农村特岗教师、就业见习等措施，吸纳高校毕业生就业。做好农村转移劳动力、城镇失业人员、退役军人等群体就业工作，托底帮扶就业困难人员。加强就业培训，推行终身职业技能培训制度，实施职业培训全覆盖计划。

完善社会保障体系。稳步推进机关事业单位、企业基本养老保险制度并轨运行，完善相关配套政策，逐步提高退休人员基本养老金待遇水平。适当提高大病保险人均筹资水平和报销比例。完善重特大疾病医疗救助政策。落实经济困难高龄与失能老年人补贴以及百岁以上老年人补贴新标准。全面实施困难残疾人生活补贴和重度残疾人护理补贴制度。继续提高城乡低保标准，推动农村低保标准与国家扶贫标准相衔接。

努力增加城乡居民收入。依法推进企业工资集体协商，发布企业工资指导线，适时适度调整全市最低工资标准。健全农民工工资支付保障机制。调整机关事业单位基本工资标准，落实县以下机关公务员职务职级并行制度和乡镇工作补贴。通过加快农村产权改革、提高农民社保标准和政策补贴、发放农民冬季取暖补贴等，多渠道增加农民收入。

支持国防和军队建设，加强国防动员和后备力量建设，做好双拥、优抚安置和人防工作，推进军民融合深度发展。发展妇女儿童、老龄、残疾人和红十字会等事业。做好地震、民族宗教、外事、侨务、档案、史志等工作。

各位代表，越是经济下行，我们越要坚持共享发展，越要高度关注民生，把民生改善放在心上、抓在手中，让人民群众有更多的获得感和幸福感！

（九）切实加强政府自身建设。

加强党风廉政建设。按照全面从严治党要求，全面落实“主体责任”，认真履行“一岗双责”，深入推进政府系统党风廉政建设和反腐败斗争。坚持把纪律和规矩挺在前面，认真贯彻《廉洁自律准则》和《纪律处分条例》，严格执行廉洁自律各项规定，做到对党忠诚，廉洁自律。完善政府系统行政权力、防治腐败制约机制，强化重点部门和岗位廉政风险防控。严查群众身边的腐败问题，有腐必反、有贪必肃，全力营造风清气正、干事创业的良好氛围。

着力转变政府职能。继续深化行政审批制度改革，精简办事程序，缩短办事时限，加强事中事后监管，全面清理规范行政审批中介服务，努力形成权责一致、分工合理、决策科学、执行顺畅、监督有力的行政管理体制。加强电子政务建设，积极推进网上审批，让群众少跑路、少受累，让市场主体切实感受到方便和快捷。继续推进政务公开，加强软环境建设，全面提升服务水平。

严格做到依法行政。深入推进“六权治本”，坚持法定职责必须为、法无授权不可为。自觉接受人大及其常委会的监督和政协的民主监督，加强行政监察，强化审计监督，充分发挥舆论监督、群众监督作用。加强与各民主党派、工商联、无党派人士联系，积极支持工会、共青团、妇联等群众团体开展工作。强化依法决策、依法施政，不断提高政府工作法治化水平。

切实转变工作作风。巩固“三严三实”专题教育成果，扎实开展“两学一做”学习教育，坚持“双学”，深入落实中央“八项规定”和国务院“约法三章”，坚持不懈纠正“四风”，着力推进作风建设常态化、长效化。加大绩效考核和行政问责力度，严肃追究懒政怠政者责任，坚决扼制“想当官不想干事，要待遇不要作为”现象。注重工作时效性，发扬事在人为、积极进取的精神，“马上就办，真抓实干”，确保定一件、干一件，干一件、成一件。各级干部必须坚持以上率下，增强引领和推动发展的能力，更加注重汲取和借鉴基层群众创造的新鲜经验和丰富智慧，说实话、办实事、求实效，做到“头顶有戒、心中有数、眼里有活、手上有招、脚下有根”，以实实在在的工作成效取信于民。

当前，面对持续加大的经济下行压力，面对日益突出的财政收支矛盾，各级政府部门必须真正树立起过“紧日子”的思想，切实压缩开支，节俭办事，花好每一分钱，把有限的财力用在“保运转、保稳定、保重点、保民生”上。所有工作人员都要与全市人民同呼吸、共命运，上下同心，共克时艰，扎实走好“十三五”开局的第一步。

各位代表！阳泉山川秀美、文化厚重、人民勤劳、民风淳朴。无论在艰苦卓绝的革命战争年代，还是在激情燃烧的和平建设时期，全市上下不懈奋斗，取得了令人鼓舞的成就。我们坚信，有历届市委、市政府奠定的良好基础，有区位、资源和产业配套的比较优势，有广大干部群众团结拼搏的昂扬斗志，我们一定能够披荆斩棘，勇往直前，谱写出“十三五”发展的壮丽篇章！

各位代表，奋斗成就梦想，实干铸就辉煌。让我们更加紧密地团结在以习近平同志为总书记的党中央周围，在省委、省政府和市委的坚强领导下，坚定信心、迎难而上，以苦干创造实绩，以实干造福人民，不断开创经济社会发展新局面，为夺取全面建成小康社会决胜阶段新胜利而努力奋斗！

注释：

1.“五句话”总要求：深入学习贯彻习近平总书记系列重要讲话精神，净化政治生态，实现弊革风清，重塑山西形象，促进富民强省。

2.“六大发展”：创新发展、协调发展、绿色发展、开放发展、共享发展、廉洁和安全发展。

3.“六位一体”：项目储备、签约、落地、开工、建设和投产。

4.“飞地经济”：发达地区与欠发达地区双方政府打破行政区划限制，把“飞出地”方的资金和项目放到行政上互不隶属的“飞入地”方的工业基地，通过规划、建设、管理和税收分配等合作机制，实现互利共赢发展的经济模式。

5.“智慧阳泉”：在新一代信息技术快速发展的背景下，以互联网、物联网、云计算等为基础，以信息技术高度集成和信息资源综合利用为特征，实现城市运行高效化、城市管理智能化、市民生活便捷化、智慧产业规模化、网络建设超前化的目标，包括公共场所无线网络免费全覆盖、智慧医疗、智慧交通、数字城管等18项智慧应用工程。

6.农村人居环境改善四大工程：完善提质工程、农民安居工程、环境整治工程、宜居示范工程。

7.“天网”工程：指为满足城市治安防控和城市管理需要，利用图像采集、传输、控制、显示等设备和控制软件组成，对固定区域进行实时监控和信息记录的视频监控系统。

8.先照后证、三证合一、一照一码：先照后证登记制度是指从事后置许可经营项目的市场主体，先向工商部门申请办理营业执照，再到许可审批部门办理许可审批手续。“三证合一”“一照一码”登记是指将由工商行政管理部门核发工商营业执照、质量技术监督部门核发组织机构代码证、税务部门核发税务登记证,改为一次申请、由工商行政管理部门核发一个加载法人和其他组织统一社会信用代码营业执照的登记制度。

9.“十二五”六项减排指标:化学需氧量、氨氮、二氧化硫、氮氧化物、烟尘和粉尘排放量。

10.“六权治本”:依法确定权力、科学配置权力、制度约束权力、阳光行使权力、合力监督权力、严惩滥用权力。

11.中央“八项规定”:即中共中央政治局关于改进工作作风、密切联系群众的规定,包括改进调查研究、精简会议活动、精简文件简报、规范出访活动、改进警卫工作、改进新闻报道、严格文稿发表、厉行勤俭节约等八项内容。

12.国务院“约法三章”:2013年,李克强总理代表国务院提出本届政府任期内,政府性的楼堂馆所一律不得新建;财政供养的人员只减不增;公费接待、公费出国、公费购车只减不增。

13.“四风”:形式主义、官僚主义、享乐主义和奢靡之风。

14.“五大发展”理念:创新、协调、绿色、开放、共享。

15.“三个突破”:科技创新突破、民营经济突破和金融振兴突破。

16.“五位一体”总体布局:经济建设、政治建设、文化建设、社会建设、生态文明建设。

17.“四个全面”:全面建成小康社会、全面深化改革、全面依法治国、全面从严治党。

18.“一带一路”: 丝绸之路经济带和21世纪海上丝绸之路的简称。

19.“15分钟便民商圈”:从居住地出发,步行15分钟(以1公里为半径)范围内可享受方便、快捷、舒适的商业、生活等基本服务。

20.“十大领域”:2016年,我市固定资产投资任务中所确定的铁路、公路、低热值煤发电、外送电通道与电网、水利、城乡人居环境改善、煤层气、节能环保、新兴产业、棚户区与城中村改造等领域。

21.十大标志性工程:2016年,我市固定资产投资任务中所确定的阳大铁路、宁波北路、阳煤乙二醇、西上庄低热值煤发电、晋能鑫磊低热值煤发电、三泉棚户区、阳泉职业技术学院、市国有企业“退城进园、搬迁改造”、阳泉采煤沉陷区光伏发电基地、中广核盂县风电三期等重点工程。

22.“两区”建设:国家实施的“城区老工业区搬迁改造”和“独立工矿区改造搬迁”政策的简称。

23.PPP模式:政府和社会资本通过合作来提供公共产品或服务的一种项目融资模式。在该模式下,通常社会资本承担设计、建设、运营、维护基础设施的大部分工作, 政府部门负责基础设施及公共服务价格和质量监管。

24.海绵城市:2013年12月,习近平总书记在中央城镇化工作会议上强调:“要建设自然存积、自然渗透、自然净化的海绵城市”。指城市能够像海绵一样,在适应环境变化和应对自然灾害等方面具有良好的“弹性”,下雨时吸水、蓄水、渗水、净水,需要时将蓄存的水“释放”并加以利用,提升城市生态系统功能和减少城市洪涝灾害的发生。

25.“三线”入地:供电、通信、有线电视等线路从以往架在空中改为全部埋入地下。

26.“四好农村路”:十八大以来,习近平总书记分别对独龙江公路隧道贯通、农村公路发展和川藏青藏公路建成通车60周年做出重要批示,明确要求进一步把农村公路建好、管好、护好、运营好。

27.新三板:全国中小企业股份转让系统,是经国务院批准,依据证券法设立的继上海证券交易所、深圳证券交易所之后第三家全国性证券交易场所,主要为全国创新型、创业型、成长型非上市中小微企业发展服务。

28.“小升规”:指规模以下小型微型企业升级为规模以上企业。

29.“9911”行动计划:2016年,我市转型综改试验区建设所确定的9项重大改革、9项重大事项、10个重大项目、1个重大课题的年度工作任务。

30.“四不两直”:不发通知、不打招呼、不听汇报、不用陪同和接待,直奔基层、直插现场。

31.“456”工作法:每半年,市长突查检查安全生产4次,各位副市长5次,市直有关部门和县(区)政府主要负责人6次。

32.ABC分类分级管理:根据企业经济属性和生产经营活动特性进行分类,根据发生事故的风险程度进行分级,对“不放心”的C类企业,要加大检查频次,实施执法检查;对“较好”的B类企业,要采取“双随机”抽查办法(随机抽取检查对象、随机选派执法检查人员),定期进行检查;对“放心”的A类企业,以企业自查为主,定期向监管部门报告自查情况。

33.市级“五馆一院”:图书馆、博物馆、科技馆、体育馆、群众文化艺术馆和歌舞剧院。

34.县级“三馆一院”:体育馆、文化馆、图书馆和数字影院。

35.“两学一做”:学党章党规、学系列讲话,做合格党员。

36.“双学”:深入学习贯彻习近平总书记系列重要讲话精神,又要认真学习以习近平同志为总书记的中央领导集体“崇尚实干、勇于担当、廉洁自律”的优良作风。

基本情况

自然地理

【位置 面积】 阳泉市位于山西省东部，地处黄土高原东缘、太行山中段西麓。北与忻州市接壤，西与太原市连接，南与晋中市相毗，东与河北省石家庄市为邻。地理坐标：北纬 37° 40′ ~38° 31′，东经 112° 54′ ~114° 04′，面积 4558.93 平方千米，约占全省总面积的 2.92%。南北距离 96.1 千米，东西距离 98.6 千米。朔黄铁路、石太铁路、石太高速铁路与太旧高速公路、太阳高速公路、307 国道自西向东横穿市境，阳五高速公路、207 国道纵贯市境南北，交通便利。　（杨　辑）

【地质 地貌】 地质　阳泉市位于山西中台隆东部，跨越五台隆起的南部、太行拱断束中段西侧、沁水台拗陷东北边缘，系 3 个构造单元的交汇处。

境内的出露地层由老至新依次为：中太古界阜平岩群、龙泉关岩群，上太古界龙华河岩群，下元古界滹沱群，中元古界长城系，下古生界寒武系、奥陶系，上古生界石炭系、二叠系，中生界三叠系，新生界第三系、第四系。各地层的分布情况：中太古界、上太古界和下元古界主要分布于盂县的北部；中元古界主要分布于平定县的东部；下古生界主要分布于盂县的中部、东部和平定县的东部，上古生界主要分布于盂县的南部、阳泉市郊区以及平定县的中部和西部；中生界仅在平定县的西南部有少量分布；新生界分布于盂县、阳泉市郊区以及平定县的中部。

境内岩浆岩分布不广，主要发育在盂县北部基底变质岩系中，中北部和南部盖层中亦有出露。岩性以基性岩为主，中性岩为次，侵入岩、喷出岩、脉岩均有产出；其中吕梁期、燕山期的基性脉岩较为发育，喜山期的喷出岩具一定规模。它们均有不同程度的次生变化，部分已变质或混合岩化，并且与许多重要矿产有密切关系。

地貌　阳泉市地貌以山地为主，山高谷深，地面崎岖不平。东部为太行山，西部为系舟山的支脉，均呈近南北向展布，山地约占总面积的 75%。山脉之间分布着一些盆地，面积较大的有西烟盆地、盂城盆地和平定—阳泉盆地。西烟盆地和盂城盆地底部各为一块面积不大的平原，平定—阳泉盆地底部是一片起伏和缓的土石丘陵。平原和丘陵约占总面积的 25%。境内黄土层厚度较薄，且西部大于东部，呈黄土高原东缘的特色。从整体看，地势西高东低。最高点为北方山山脉的坪塔梁主峰，海拔 1803.6 米；最低点在娘子关绵河河谷与井陉县接壤处，海拔 350 米；最大相对高差 1453.6 米。市中心海拔约 700 米。　（杨　辑）

【气候 水文】 气候　阳泉市属暖温带大陆性季风气候，四季分明，气候宜人。2015 年，全市降水正常，气温偏高，日照偏少，相继出现干旱、暴雨、风雹、短时强降水引发的泥石流和城市内涝、暴雪等极端天气气候事件和气象灾害，中南部雾霾天气较严重。就季节分布而言，降水冬、春季基本正常、夏季偏少、秋季显著偏多；气温冬、春、夏季高，秋季略低；日照冬、春、夏季北中部盂县、市区正常到偏多，南部平定偏少，秋季全市偏少。夏季遭受严重旱灾，局地出现风雹灾害，全市粮食总产量下降 15.1%；夏季暴雨和短时强降水引发泥石流和城市内涝，并对农业、交通等造成较大影响；还出现高温、寒潮、大风、严重雾霾等灾害性天气。气候对农业生产极其不利，夏旱造成农业生产灾年；对其他行业影响较小。

全市年降水量 514.4 毫米 ~533.6 毫米，属正常，阳泉 514.4 毫

概

况

米、盂县 533.6 毫米、平定 519.1 毫米,阳泉比常年平均偏少 1.6 毫米,盂县和平定比常年平均偏多 8.3 和 10.5 毫米。平均气温在 10.1℃~11.4℃之间,阳泉 11.1℃、盂县 10.1℃、平定 11.4℃,比常年平均偏高 0.5℃~0.8℃;年极端最高气温 35.0℃~36.7℃;年极端最低气温 -13.9℃~-12.4℃。年日照时数在 2299.2 小时~2651.9 小时,阳泉 2318.5 小时、盂县 2651.9 小时、平定 2299.2 小时,比常年平均偏少 32.4 小时~375.6 小时。

灾害天气主要有干旱、大风冰雹和短时强降水、暴雨、暴雪等。干旱:6—7 月,降水量阳泉 117.3 毫米,盂县 113.2 毫米,平定 79.4 毫米。其中,阳泉比常年同期平均值偏少 75.2 毫米、盂县偏少 89.0 毫米、平定偏少 115.6 毫米,特别是 7 月上旬,全市三个国家站均无降水记录,刷新了阳泉市 7 月上旬降水的最小值,干旱发展迅速,在农作物需水关键期形成严重的"卡脖子旱",粮食大幅减产。大风、冰雹、短时强降水:主要出现在 7 月 17 日、7 月 18 日、7 月 21 日、7 月 22 日、8 月 5 日、8 月 23 日。暴雨:受高空冷空气和低层西南暖湿气流的共同影响,8 月 3 日出现降雨天气,阳泉为 52.8 毫米、平定 64.5 毫米、盂县 44.6 毫米,乡镇最大为郊区南杨家庄村 98.3 毫米。暴雪:11 月 5—8 日出现阴雨雪天气,过程降水量阳泉 22.2 毫米、盂县 24.0 毫米、平定 23.2 毫米,其中 5 日夜间部分地区出现暴雪,降水量阳泉 15.5 毫米、盂县 18.0 毫米、平定 15.8 毫米,6 日 8 时积雪深度阳泉 8 厘米、盂县 12 厘米、平定 6.2 厘米。

水文　阳泉市境内除西部有约 22 平方公里属黄河流域外,其余均属海河流域。滹沱河及桃河是境内的主要河流。除滹沱河的干流外,其余河流均属暴雨型间歇河流,含沙量较大。阳泉站 2015 年实测年输沙量 0.742 万吨,输沙模数 15.1 吨/平方公里。境内地下水丰富,主要类型是碳酸盐岩类岩溶裂隙水,在东部露头形成娘子关岩溶大泉。境内降水丰枯程度为"平水"。平均面降雨量 557.8 毫米,折合水体 25.5 亿立方米。比上年增加 25.1%。实测最大点雨量 729.5 毫米,为下社雨量站测得;最小点雨量 422.1 毫米,为岔口雨量站测得。两者比值 1.7∶1。境内主要河流水污染依然严重,除旧街断面为Ⅲ类水质,其余河道断面均为Ⅴ类水质以下。主要河流水污染严重。桃河旧街断面为Ⅲ类水质;桃河阳泉断面为劣Ⅴ类水质,超标项目为:氨氮(超标 33.3%)、化学需氧量(超标 33.3%)、五日生化需氧量(超标 33.3%);桃河白羊墅断面为劣Ⅴ类水质,超标项目为氨氮(超标 100%)、化学需氧量(超标 100%)、总磷(超标 100%)、挥发酚(超标 50.0%)、石油类(超标 75.0%);温河断面为劣Ⅴ类水质,超标项目为氨氮(超标 75.0%)、总磷(超标 75.0%);绵河娘子关断面Ⅴ类水质,超标项目为氨氮(超标 75.0%)。　(李润春　徐峰伟)

【土壤 植被】 土壤　全市土壤面积共 384555 公顷(5768321 亩),占全市总面积的 86.38%,可分为 4 个土类、6 个亚土类、23 个土属和 91 个土种。4 个土类是褐土土类、潮土土类、粗古土土类和石质土土类。其中褐土是一种地带性土壤,为境内的主要土壤类型,面积 334533 公顷(5017993 亩),约占全市土壤总面积的 87%。

植被　境内属暖温带落叶林阔叶林地带。植被随环境条件的不同而形成 6 种植被类型:温性针叶林,主要是油松林、侧柏林;温性针阔叶混交林,主要为油松、辽东栎、麻栎混交林;温性阔叶林,主要为刺槐、杨树、鹅耳枥林;灌草丛,境内为山皂荚、白羊草灌草丛;草丛,主要为白羊草草丛;栽培植被,主要有玉米、小麦、谷类、豆类和水稻等。此外,还有常见的北方油料作物、蔬菜和瓜果等。　(张　艳)

【自然资源】 2015 年末,全市土地总面积无变更,为 4558.93 平方千米。其中,城区 14.77 平方千米,占全市总面积的 0.32%;矿区 11.83 平方千米,占 0.25%;郊区 627 平方千米,占 13.8%;平定县 1391 平方千米,占 30.5%;盂县 2514 平方千米,占 55%。

耕地 76276.92 公顷,占总面积的 16.73%;园地 3162.78 公顷,占 0.07%;林地 155675.34 公顷,占 34.15%;草地 114920.43 公顷,占 25.21%;城镇村及工矿用地 28214.14 公顷,占 6.2%;交通运输用地 6864.76 公顷,占 1.51%;水域及水利设施用地 3631.93 公顷,占 0.80%;其他土地 67146.98 公顷,占 14.73%。全市 76276.92 公顷耕地面积中,水浇地为 1549.82 公顷,占 2.03%;旱地为 74727.1 公顷,占 97.97%。坡度为 15° 以上的耕地为 15790.97 公顷,占 20.7%。全市人均耕地面积为 0.83 亩(全国人均耕地面积 1.4 亩、全省人均耕地 1.48 亩),耕地后备资源匮乏,土地利用程度低、质量差。

水资源　2015 年,阳泉市河川径流量为 2.9145 亿立方米(含泉水出露量),比上年减少了 6.4%,比多年平均值偏枯 43.2%;径流深为 63.7 毫米;地下水为 2.1364 亿立方米(含泉水分配量);扣除重复量后全市水资源总量为 2.3904 亿立方米(含泉水分配量)。

矿产资源　截至 2015 年年底,阳泉市发现矿产资源 65 种,其中探明资源储量的矿产资源 13 种,以煤炭、硫铁矿、铝土矿、耐火黏土等矿产储量较大,全市煤炭保有量约 81 亿吨,已设采矿权 59 亿吨,未利用储量约 19.85 亿吨。全市煤炭年生产能力 0.7 亿吨,按平均回采率 70%和储量备用系数 1.4 计算,全市煤炭可采储量服务年限约为 34 年。铝土资源保有储量约 8700 万吨,占全省保有储量(11 亿吨)的 7.9%。其中郊区勘探区 4600 万吨、盂县勘探区 4100 万吨。　(赵振宁)

2015年阳泉市土地利用现状变更一览表

表1　　　　　　　　　　　　　　　　　　　　　　　单位:公顷

变更后地类		代码	年初面积	年内减少面积	年内增加面积	年末面积
耕地	水田	011	0	0	0	0
	水浇地	012	1554.48	4.66	0	1549.82
	旱地	013	74706.95	84.69	104.84	74727.1
园地	果园	021	2809.88	12.06	0	2797.82
	茶园	022	0	0	0	0
	其他园地	023	365.4	0.44	0	364.96
林地	有林地	031	41714.42	23.04	0	41691.38
	灌木林地	032	77408.28	24.37	0	77383.91
	其他林地	033	36609.85	9.8	0	36600.05
草地	天然牧草地	041	0.65	0	0	0.65
	人工牧草地	042	10.54	0	0	10.54
	其他草地	043	115047.11	137.87	0	114909.24
城镇村及工矿用地	城市	201	3515.02	0	116.19	3631.21
	建制镇	202	2832.67	0.81	4.82	2836.68
	村庄	203	15629.81	53.74	55.43	15631.5
	采矿用地	204	5703.7	18.49	36.69	5721.9
	风景名胜及特殊用地	205	392.65	0.07	0.27	392.85
交通运输用地	铁路用地	101	477.25	0	0	477.25
	公路用地	102	3180.29	0.93	58.48	3237.84
	农村道路	104	3140.7	5.7	13.32	3148.32
	机场用地	105	0	0	0	0
	港口码头用地	106	0	0	0	0
	管道运输用地	107	1.35	0	0	1.35
水域及水利设施用地	河流水面	111	755.26	0.3	0	754.96
	湖泊水面	112	0.11	0	0	0.11
	水库水面	113	163.08	0	0	163.08
	坑塘水面	114	68.07	0.05	0	68.02
	沿海滩涂	115	0	0	0	0
	内陆滩涂	116	2484.81	13.74	0	2471.07
	沟渠	117	151.76	1.23	0	150.53
	水工建筑用地	118	24.16	0	0	24.16
	冰川及永久积雪	119	0	0	0	0
其他土地	设施农用地	122	282.98	0.48	33.02	315.52
	田坎	123	11487.89	11.04	14.34	11491.19
	盐碱地	124	0	0	0	0
	沼泽地	125	0	0	0	0
	沙地	126	0	0	0	0
	裸地	127	55374.16	33.89	0	55340.27
合　计			455893.28	437.4	437.4	455893.28

（赵振宁）

人　口

【年末总人口】 据2015年人口抽样调查,年末全市常住人口为139.83万人,比上年末增加5609人。详见表2。（潘维新　和继明）

【人口性别构成】 据2015年1%人口抽样调查,全市总人口中,男性人口为723483人,占总人口的51.74%;女性人口为674800人,占总人口的48.26%;人口性别比为107.21,详见表3。（潘维新　和继明）

【城乡人口】 据2015年1%人口抽样调查,全市总人口中,居住在城镇的人口为920917人,占总人口的65.86%;居住在乡村的人口为477366人,占总人口的34.14%。详见表4。（潘维新　和继明）

【人口自然变动】 据2015年1%人口抽样调查,全年全市出生人口1.28万人,人口出生率为9.2‰;死亡人口0.72万人,死亡率为5.18‰;自然增长率为4.02‰。详见表5。（潘维新　和继明）

2015年阳泉市分县区年末总人口及人口密度一览表

表2　　　　单位:户、人、人/平方千米

	年末总户数	年末总人口	人口密度
阳泉市	538020	1398283	306.7
市　区	259994	735173	1124.8
其中:城区	60937	197027	13339.7
矿区	86752	248735	21025.8
郊区	112305	289411	461.5
平定县	143995	343091	246.7
盂　县	134031	320019	127.3

2015年阳泉市分县区人口性别构成一览表

表3　　　　单位:人

	男性	女性	性别比(以女性为100)
阳　泉　市	723483	674800	107.21
城　区	99261	97766	101.53
矿　区	128034	120701	106.08
郊　区	151304	138107	109.56
平定县	178588	164503	108.56
盂　县	166296	153723	108.18

2015年阳泉市分县区城乡人口一览表

表4　　　　单位:人、%

	城镇人口	乡村人口	城镇人口比重
阳　泉　市	920917	477366	65.86
城　区	197027	-	100.00
矿　区	248735	-	100.00
郊　区	209345	80066	72.33
平定县	137740	205351	40.15
盂　县	128070	191949	40.02

2015年阳泉市分县区人口自然变动情况一览表

表5　　　　单位:‰

	人口出生率	人口死亡率	人口自然增长率
阳　泉　市	9.20	5.18	4.02
城　区	8.61	4.61	4.00
矿　区	8.45	4.88	3.57
郊　区	7.90	5.05	2.84
平定县	10.68	5.84	4.84
盂　县	9.72	5.16	4.56

说明:表2至表5中郊区人口数含开发区人口　　（潘维新　和继明）

民族　宗教

【民族】 截至年末,全市共有汉族、蒙古族、回族、藏族、维吾尔族、苗族、彝族、壮族、布依族、朝鲜族、满族、侗族、瑶族、白族、土家族、哈尼族、傣族、黎族、傈僳族、佤族、畲族、高山族、拉祜族、纳西族、景颇族、土族、仫佬族、羌族、毛南族、仡佬族、锡伯族、阿昌族、鄂温克族等33个民族。汉族人口占全市总人口的99.65%,少数民族人口有5000余人(含流动人口),占总人口的0.35%。超过百人以上的少数民族有回族、蒙古族、土家族、彝族、苗族、壮族和满族,其中回族是境内人口最多的少数民族,有1500余人。盂县秀水镇东白水村是全省唯一的蒙古族聚居村,有蒙古族人口410人,占该村总人数的36.6%;蒙古族户数110户,占该村总户数的27%。（史海涛）

【宗教】 截至年末,全市有佛教、道教、基督教、天主教、伊斯兰教五大宗教,分布在境内的寺观教堂和固定宗教活动场所400多处,信教群众10万余人,占全市总人口的7.68%,其中佛、道教信众8.75万人，基督教1.33万人，天主教2600余人，伊斯兰教3000余人。宗教团体有市佛教协会、市基督教“两会”(基督教“三自”爱国运动委员会、基督教协会)、天主教爱国会筹备组、市伊斯兰教协会；全市经政府批准的法定宗教活动场所33处，其中佛教21处、道教2处、基督教7处、天主教2处、伊斯兰教1处。截至年底，全市依法备案的宗教教职人员88人，其中佛教比丘（比丘尼)46人、道教2人、天主教神甫2人、基督教长老4人、传道员33人、伊斯兰教阿訇1人。　（史海涛）

行政区划

【行政简况】 2015年，阳泉市辖3个区、2个县、12个街道办事处、20个镇、12个乡、129个居民委员会(社区)和960个村民委员会。详见表6。　（潘维新　和继明）

2015年阳泉市行政区划一览表

表6　　单位：个

	全市	城区	矿区	郊区	平定县	盂县
市辖区	3	1	1	1	—	—
市辖县	2	—	—	—	1	1
街道办事处	12	6	6	—	—	—
镇	20	—	—	4	8	8
乡	12	—	—	4	2	6
居民委员会(社区)	129	46	40	10	23	10
村民委员会	960	—	—	189	318	453

说明：开发区所辖3个社区和5个行政村包括在郊区内（潘维新　和继明）

国民经济和社会发展

【简况】 2015年，面对错综复杂的宏观经济环境和艰巨繁重的改革发展稳定任务，阳泉市坚持稳中求进工作总基调，主动适应经济发展新常态，统筹做好稳增长、调结构、促改革、惠民生、保安全、防风险各项工作，全市经济社会发展取得新进展、新成效，缓中趋稳的基础得到巩固，稳中有进的态势逐步显现，稳中向好的势头有所增强，人民生活水平稳步提高，社会保持和谐稳定，全面建成小康社会迈出坚实步伐。

全年实现地区生产总值595.7亿元，按可比价计算，比上年增长1.1%，“十二五”年均增长6.7%。其中，第一产业完成增加值10.0亿元，增长1.0%；第二产业完成296.8亿元，下降2.6%；第三产业完成288.9亿元，增长6.5%；三次产业构成由2010年1.5∶59.5∶39.0调整为1.7∶49.8∶48.5。人均地区生产总值42688元，按2015年平均汇率计算为6883美元，“十二五”年均增长6.0%。

居民消费价格比上年上涨0.4%，其中食品价格上涨0.3%。商品零售价格下降0.7%。工业品出厂价格下降10.4%，其中生产资料价格下降10.5%、生活资料价格下降2.1%。工业生产者购进价格下降4.9%。

全市城镇新增就业25125人。转移农村劳动力10079人。年末城镇登记失业率3.3%。　（潘维新）

2015年阳泉市居民消费价格涨幅表

表7　　单位：%

指　标	涨幅比上年
居民消费价格	0.4
食　品	0.3
烟酒及用品	1.1
衣　着	2.9
家庭设备用品及维修服务	–0.3
医疗保健和个人用品	2.0
交通和通信	–2.6
娱乐教育文化用品及服务	0.2
居　住	0.0

（潘维新　和继明）

【农业】 年内，阳泉市农作物种植面积5.76万公顷，比上年下降2.6%。其中粮食种植面积5.58万公顷，下降1.7%；油料种植面积81.4公顷，下降26.4%。在粮食种植面积中，玉米种植面积4.76万公顷，下降0.9%。粮食总产量24.9万吨，比上年下降15.1%。其中，玉米23.1万吨，下降15.9%；夏粮0.1万吨，增长33.5%；秋粮24.8万吨，下降15.2%。油料产量0.02万吨，下降20.5%；蔬菜和食用菌产量8.1万吨，下降13.1%；园林水果1.2万吨，增长24.7%。全年完成造林面积7.5千公顷，下降11.2%；其中，人工造林面积6.1千公顷，下降10.3%。退耕还林和荒山荒地造林面积926公顷。

全市肉类总产量1.87万吨，比上年下降5.3%。其中，猪肉产量1.49万吨，下降2.5%；牛肉产量0.02万吨，增长19.4%；羊肉产量0.08万吨，增长35.7%。牛奶产量0.73万吨，增长12.0%。禽蛋产量3.49万吨，增长25.5%。水产品产量0.08万吨，增长3.7%。

全市农业机械总动力137.5万千瓦，比上年增长0.7%。机械耕地面积4.7万公顷，增长2.4%；机械播种面积4.3万公顷，机械收获面积1.0万公顷，分别比上年增长1.3%和24.2%。全市农机化经营总收入达8.1亿元，增长1.1%。（潘维新　和继明）

【工业和建筑业】 年末，全市规模以上（年主营业务收入2000万元以上）工业企业133家，比上年减少7家。完成工业增加值178.8亿元，比上年下降4.1%。“十二五”年均增长7.0%。

规模以上工业企业原煤产量6463.2万吨，增长2.3%,“十二五”年均增长2.5%。洗煤3245.3万吨，下降14.1%；电力95.9亿千瓦小时，下降10.9%。液体乳0.5万吨，下降6.4%；软饮料1.21万吨，增长19.5%；焦炭66.5万吨，下降6.0%；耐火材料118.6万吨，增长3.0%；水泥270.8万吨，下降25.7%；氧化铝66.4万吨，增长9.7%；铝锭1.18万吨，下降84.4%；石墨及碳素4.3万吨，增长20.6%。

规模以上工业企业实现利税24.0亿元，比上年增长7.1%；其中，实现利润总额-12.1亿元，减亏8.0亿元；实现税金36.1亿元，下降15.1%。企业“两项资金”占用166.3亿元，增长17.6%。其中，应收账款138.6亿元，增长19.8%；产成品27.7亿元，增长7.8%。亏损企业70家，亏损面52.6%；亏损额20.5亿元，下降26.3%。

全年建筑业实现增加值43.8亿元，增长3.0%,“十二五”年均增长5.0%。具有建筑业资质等级的总承包和专业承包建筑业企业实现利润总额2.83亿元，下降26.3%；上缴税金3.9亿元，增长21.6%。（潘维新）

【固定资产投资】 全年全社会固定资产投资完成600.7亿元，增长16.1%,“十二五”年均增长18.0%。其中，第一产业投资29.2亿元，增长11.8%；第二产业投资260.3亿元，增长16.5%；第三产业投资311.2亿元，增长16.2%。按登记注册类型分，国有经济控股投资298.8亿元，比上年增长29.2%；民间投资296.9亿元，比上年增长6.3%，占投资总额的49.4%。

2015年固定资产投资建成投产(不含房地产)项目491个，项目建成投产率为81.7%；新增固定资产432.9亿元，固定资产交付使用率为78.1%。

全年房地产开发投资46.6亿元，下降11.5%,“十二五”年均增长1.5%。按工程用途分，商品住宅

2015年阳泉市规模以上工业增加值及其增长速度简表

表8 单位:亿元、%

指　标	增加值	比上年增长
规模以上工业	178.8	-4.1
其中:轻工业	5.0	20.8
重工业	173.8	-4.6
其中:国有及国有控股企业	129.7	-4.4
其中:集体企业	4.0	15.9
股份制企业	163.8	-3.9
外商及港澳台投资企业	4.2	-17.4
其中:煤炭行业	129.0	-2.5
冶金行业	5.7	-16.6
电力行业	13.9	-5.4
炼焦行业	0.7	-8.1
化工行业	1.4	-44.0
机电行业	7.4	-18.4
建材行业	8.3	-6.4
其他行业	12.4	4.8

2015年阳泉市分行业全社会固定资产投资及其增长速度简表

表9 单位:亿元、%

行　业	投资额	比上年增长
全　市	600.7	16.1
农林牧渔业	29.2	11.8
采矿业	121.4	19.4
制造业	77.2	-3.6
电力、热力、燃气及水的生产和供应业	61.0	61.2
建筑业	0.7	-82.1
批发和零售业	7.2	-16.8
交通运输、仓储和邮政业	25.9	-1.5
住宿和餐饮业	0.4	-64.8
信息传输、软件和信息技术服务业	12.4	-23.4
房地产业	142.1	17.4
租赁和商务服务业	3.6	-90.8
科学研究和技术服务业	0.8	-93.0
水利、环境和公共设施管理业	100.0	246.6
居民服务和其他服务业	2.7	62.1
教　育	5.3	155.5
卫生、社会工作	4.5	65.7
文化、体育和娱乐业	5.5	33.0
公共管理和社会组织	0.8	-82.5

（潘维新　和继明）

2015年阳泉市房地产开发和销售主要指标完成情况简表

表10　单位:亿元、万平方米、%

指　标	绝对数	比上年增　长
投资完成额	46.6	-11.5
其中:住宅	37.5	-13.7
房屋施工面积	554.0	-17.6
其中:住宅	450.3	-15.4
房屋新开工面积	80.8	-54.5
其中:住宅	66.8	-54.3
房屋竣工面积	52.4	-33.4
其中:住宅	46.3	-33.1
商品房销售面积	62.8	-14.7
其中:住宅	60.3	-15.6

(潘维新　和继明)

投资37.5亿元，比上年下降13.7%;办公楼投资0.2亿元,增长0.3%; 商业营业用房投资3.4亿元,下降26.4%。全年保障性住房建设实际完成投资30.9亿元,开工新建各类保障性住房16359套,基本建成保障性住房及棚户区改造住房15671套。(潘维新　和继明)

【能源】 全年一次能源生产折标准煤4616.66万吨，比上年增长2.3%；二次能源生产折标准煤232.83万吨,下降7.7%。向省外运输煤炭3529.32万吨,下降0.5%。

全年规模以上工业综合能源消费量折标准煤567.31万吨,下降6.4%。主要耗能工业企业单位产品能源消耗主要有：炼焦工序单位能耗168.96千克标准/吨，增长14.1%;单位电解铝综合能耗1675.59千克标准煤/吨,下降2.5%;电厂火力发电标准煤耗318.76克标准煤/千瓦小时,下降3.6%。

全年全社会用电总量61.2亿千瓦小时,下降10.7%。其中,第一产业用电0.5亿千瓦小时,占全社会用电量0.9%;第二产业用电47.5亿千瓦小时,占77.6%,工业用电47.1亿千瓦小时;第三产业用电7.5亿千瓦小时，占12.1%;城乡居民生活用电5.7亿千瓦小时,占9.4%。(潘维新)

【国内贸易】 全年社会消费品零售总额完成288.3亿元，增长4.3%，“十二五”年均增长12.4%。按经营地统计，城镇消费品零售额260.2亿元,比上年增长5.7%;乡村消费品零售额28.1亿元,下降6.7%。按行业统计，批发业零售额76亿元，增长9.3%;零售业零售额174.6亿元，增长1.5%；住宿业零售额8.8亿元，增长5.8%；餐饮业零售额28.9亿元,增长9.4%。

在限额以上批发和零售业(年销售额2000万元及以上批发企业和年销售额500万元及以上零售企业)零售额中,汽车类销售额10.8亿元,比上年下降13.2%;石油及制品类销售额14.6亿元，比上年下降32.7%;文化办公类销售额0.6亿元,比上年增长5.3%;家用电器和音像器材类销售额6.6亿元，比上年下降26.4%;日用品类销售额2.9亿元,比上年下降15.6%;烟酒类销售额3.1亿元，比上年下降6.5%；饮料类销售额1.9亿元,比上年下降9.2%;粮油类销售额3.3亿元，比上年下降11.6%;服装类销售额9..0亿元,比上年下降4.6%；化妆品类销售额1.4亿元,比上年增长6.5%;金银珠宝类销售额2.1亿元,比上年增长8.2%。(潘维新　和继明)

【对外经济】 全年海关进出口总额20489万美元,增长4.5%,其中,出口15182万美元,增长1.7%,进口5307万美元,增长13.4%。

全年全市新设立外商直接投资企业2家；按全口径统计实际使用外商直接投资金额30500万美元，增长10.5%。(潘维新　和继明)

【交通　邮电】 全年交通运输、仓储和邮政业实现增加值41.1亿元，比上年增长3.3%。公路线路年末里程5379.5千米，比上年末增加8.9公里。

2015年客货运输量及增速简表

表11　单位:万人、万吨、%

指　标	绝对数	比上年增长
旅客运输量	1771.7	-23.1
其中:铁路	257.74	-1.4
公路	1513.96	-25.9
货物运输量	8286.9	-3.0
其中:铁路	3870.11	-4.5
公路	4416.79	-1.6

(潘维新　和继明)

年末全市民用汽车保有量达到18.3万辆(包括三轮汽车和低速货车0.12万辆)，比上年增长5.3%，其中私人汽车15.49万辆，比上年增长7.7%。年末轿车保有量11.15万辆,比上年增长7.5%,其中私人轿车10.28万辆,增长9.2%。

全年完成邮电业务总量18.56亿元,增长13.9%。其中,邮政业务总量1.21亿元,下降1.7%;电信业务总量17.35亿元,增长15.2%。移动电话用户年末达到149.41万户,下降1.6%,其中4G移动电话用户年末达到42.18万户。全市宽带接入用户达到31.67万户,增长1.2%。(潘维新　和继明)

【旅游】 全年全市接待海外旅游者4329人次,接待国内旅游者2202.34万人次,分别增长8.4%和21.2%;旅游外汇收入95.29万美元,国内旅游收入181.89亿元，旅游总收入181.94亿元,分别增长9.1%、21.9%和21.8%。(潘维新　和继明)

【财政　金融　保险】 全年全市一般公共预算收入完成44.2亿元,下降6.2%,“十二五”年均增长3.2%。其中,税收收入30.0亿元,比上年下降15.5%,国内增值税、营业税、企业所得税、个人所得税、资源税和城建税共计完成税收21.9亿元,增速分别为下降38.0%、下降10.0%、下降26.1%、下降25.7%、69.8%和下降34.3%。

一般公共预算支出99.7亿元,增长14.7%,"十二五"年均增长10.8%。其中,农林水事务支出比上年增长38.1%,教育支出增长10.2%,社会保障和就业支出增长25.2%,医疗卫生支出增长6.7%,节能环保支出增长24.6%,文化体育与传媒支出增长7.8%,城乡社区事务支出增长7.0%,公共安全支出增长3.3%。

年末全市金融机构本外币各项存款余额1352.7亿元,比年初增长17.2%。各项贷款余额721.3亿元,比年初增长11.1%。货币净投放27.1亿元,下降7.5%。

全年保费收入27.2亿元,比上年增长13.8%。其中,寿险业务保费收入18.5亿元,增长18.4%;健康险和意外伤害险业务保费收入1.7亿元,增长50.9%;财产险业务保费收入6.9亿元,下降2.3%。支付各类赔款及给付12.1亿元,比上年增长29.4%。其中,寿险业务给付5.0亿元,增长90.7%;健康险和意外伤害险业务赔款及给付0.9亿元,增长21.1%;财产险业务赔款6.3亿元,增长4.5%。(潘维新　和继明)

【教育 科技】 年末,全市普通高等学校2所。全市普通高等教育招生4237人,在校生13231人,毕业生3714人;中等职业教育招生3365人,在校生10976人,毕业生5889人;普通高中招生8856人,在校生28651人,毕业生10098人;初中招生12229人,在校生39779人,毕业生14799人;普通小学招生13552人,在校生84495人,毕业生12324人;特殊教育招生136人,在校生612人,毕业生98人;学前教育招生13969人,在校生32382人,毕业生13069人;农民实用技术培训12.2万人次。农民实用技术培训8.78万人次。

全年专利申请量为1003件,其中发明专利申请量为225件,比上年减少6.9%和37.7%;全市专利授权量为331件,其中发明专利授权量为33件,分别比上年增长42%和135.7%。

全年共取得市级以上科研成果46项,其中市级45项,省级1项。全年共签订各类技术合同23项,技术合同成交总额5833万元,比上年增长10.1%。全年新登记科技成果40项。按照国家高新技术企业认定办法,年末累计高新技术企业31家。(潘维新　和继明)

【文化 卫生 体育】 年末,全市共有群众艺术馆和文化馆6个、艺术表演团体6个、公共图书馆6个。年末有线电视用户33.2万户。全年共发行《阳泉日报》700万份。

年末全市共有卫生机构(含诊所、村卫生室)1482个,床位7327张。妇幼保健院(所、站)6个。全市卫生机构共有卫生技术人员8986人。全市3个农业县(市、区)全部开展新型农村合作医疗试点工作,有56.5万农民参加合作医疗。

全年阳泉市运动员在国内外重大比赛中获金、银、铜牌分别为40枚、41枚和36枚(包括非奥运项目比赛)。全市销售中国体育彩票5086万元,比上年增长9.3%。(潘维新)

【人民生活和社会保障】 全年城镇常住居民人均可支配收入26414元,增长6.4%,"十二五"年均增长9.1%。农村常住居民人均可支配收入11494元,增长7.0%,"十二五"年均增长11.9%。城镇占调查总户数20%的低收入户人均可支配收入8764元,增长9.3%;农村占调查总户数20%的低收入者收入4448元,增长14.7%。

年末参加城镇职工基本养老保险26.56万人,比上年增加0.78万人;参加城镇居民养老保险6.33万人,比上年增加0.66万人;参加农村养老保险36.86万人,比上年减少0.16万人;参加城镇医疗保险63.8万人,比上年增加0.76万人;参加工伤保险25.54万人,比上年增加0.7万人;参加失业保险25.05万人,参加生育保险24.58万人,均与上年持平。

全市三区两县的最低工资标准继续提高。城区、矿区、郊区最低工资标准为1620元,平定县、盂县为1420元,均比上年提高170元。

全年全市共有城市最低生活保障对象3.85万人,比上年减少0.2万人;农村最低生活保障对象3.99万人,比上年减少0.3万人;0.71万人纳入农村"五保"供养;全年共发放最低保障资金2.17亿元,比上年减少0.02亿元。全市城镇社会保险参保率为97.83%。

年末全市共有救助站3个。共有各类提供住宿的社会服务机构21个,养老服务机构(有资质)床位数1820张,各类福利院床位数350张,收养122人。城镇各种社区服务设施343个,其中综合性社区服务中心7个。全年销售福利彩票2.05亿元,筹集社会福利资金1684.95万元,接收社会捐赠款44.98万元。(潘维新　和继明)

【环境和安全生产】 全年全市环境空气质量Ⅱ级以上天数总计达到267天,优良率达73.15%,综合污染指数为6.69。化学需氧量、氨氮、二氧化硫、氮氧化物、烟尘和工业粉尘预计分别减排1.69%、0.04%、6.28%、6.01%、0.29%、0.61%。

全年各类自然灾害造成直接经济损失0.55亿元;农作物受灾面积1.55万公顷,其中,绝收849.7公顷。

全年共发生各类安全事故258起,下降40.1%;死亡60人,下降6.3%。全年全市煤炭百万吨死亡率0.043。(潘维新　和继明)

注释:

1.地区生产总值、各产业增加值绝对数按现价计算,增长速度按不变价格计算。

2.2011年起,规模以上工业企

业统计标准由过去的年主营业务收入500万元提高到2000万元，固定资产投资统计起点由项目计划总投资50万元提高到500万元，限额以上批发零售企业是指年销售额2000万元及以上的批发企业和年销售额500万元及以上的零售企业。

3.2011年起，邮电业务总量（包括邮政业务总量和电信业务总量）由之前的以2000年不变价计算调整为以2010年不变价计算；保险公司保费收入按行业新确认口径统计。

4.由于个别部门数据口径有调整，故与上年相比速度有变化。

机构设置和领导人名录

中共阳泉市委员会

书　记　洪发科（7月免）
陈永奇（11月任）
副书记　陈永奇（11月免）
董一兵（11月任）
王旭明
常　委　洪发科（7月免）
陈永奇
董一兵（11月任）
王旭明
杨永生
王湜洲
李利生
刘　星（11月免）
李云峰
李定武
巩　成（12月任）
王帅红（4月任）
田桂明
秘书长　刘　星（12月免）
常务副秘书长　高永红
副秘书长　叶　挺
冯维明（兼）
段宏华（兼）
杜林森（兼，4月免）
安海润（兼）　程会平

市委工作部门

办公厅
副主任　叶　挺
杜林森（兼，4月免）
程会平　张如晟
保密委员会办公室（挂市国家保密局的牌子）
主任（局长）　刘彦忠
机要局
局　长　杨文耀
督查室（挂市委督查室的牌子）
主　任　张国庭
市委　市政府信访局
局　长　段宏华
副局长　宋宝计　李东方
纪检组长　窦　彪
市处理信访突出问题及群体性事件联席会议办公室
专职副主任　和富金
市委防范办
主　任　安海润
副主任　张贵平
组织部
部　长　李定武
常务副部长　张宝明
副部长　樊如珍（兼）　李富平
史喜平（兼）　王国胜
市委人才工作领导组办公室
主　任　王吉贵
市委组织部大学生村干部管理办公室
主　任　王　洪（4月免）
老干部局
局　长　史喜平
副局长　高永青　李姝君（女）
宣传部
部　长　杨永生
常务副部长　史玉宝
副部长　周建新（兼）　杨鸿龙（兼）
陈保明　王海明
市精神文明办公室
主　任　郑满贵
统一战线工作部
部　长　李云峰
常务副部长　高和平
副部长　丁国华　王谦柱（兼）

台湾工作办公室（挂市政府台湾事务办公室牌子）
主　任　王　励（5月任）
副主任　张丽娟（女）　田剑钧
王东洪（挂职）
政法委员会
书　记　王湜洲
常务副书记　安少杰
副书记　王海贵　裴阳林
政治部主任　王海贵
社会治安综合治理委员会办公室
主　任　安少杰
副主任　王富明（6月免）
吴亚非（6月任）
田卫国（挂职）
政策研究室
主　任　杜林森
副主任　赵俊明　冯　智
市直属机关工作委员会
书　记　张志先
副书记　齐宏卫　翟朝晖
纪检工委书记　刘以源
机构编制委员会办公室
主　任　李维程
副主任　秦新民　张瑞铭
党校（行政学院）
校　长　王旭明
院　长　彭喜平（女）
常务副校长　彭喜平（女）
常务副院长　胡计平
副校长　胡计平　刘海峰　赵全锁
副院长　刘海峰　赵全锁
教育长　李青魁
市委信息化中心
主　任　苏　涛
阳泉日报社
社　长　杨鸿龙
总　编　李文生
副总编　王　丽（女）　刘　峥（女）
纪检组长　郑文君（女）
市新闻中心
主　任　李忠义
副主任　王　浩
市委党史研究室
主　任　郭玉珠
副主任　刘玉林
市接待办公室
主　任　冯维明

市委讲师团
团　长　刘瑞平(女)
副团长　苏恒亮

中共阳泉市纪律检查委员会

书　记　王帅红(4月任)
常务副书记　朱　刚
副书记　李立国(12月免)
　　谭伟中
常　委　朱　刚
　　李立国(12月免)
　　谭伟中　刘玉琪　穆素平
　　李贵亮　要　旗
　　卢东华(女)

阳泉市人大常委会

党组书记　刘高官
党组副书记　王振国
主　任　刘高官
副主任　王振国　刘兆林
　　吴丽萍(女)　孙金明
　　吕昌政　刘志强
秘书长　唐　麟
副秘书长　李润怀
　　史友松(兼,6月免)
　　桑晓飞(兼)　侯润林

人大常委会工作机构

办公厅
主　任　李润怀
副主任　高永恩
调查研究室
主　任　史友松
法制委员会
主任委员　吕志坚(女)
副主任委员　任　庆
财政经济委员会
主任委员　丁国忠
副主任委员　郭玉霞(女)
教育科学文化卫生委员会
主任委员　王玉明
副主任委员　史小梅(女)
农村委员会
主任委员　李国庆(女)
副主任委员　张国强
城乡建设环境保护委员会
主任委员　樊文平
副主任委员　桑晓飞
人事代表工作委员会
主　任　胡万明
民族宗教侨务外事工作委员会
主　任　赵永东

阳泉市人民政府

党组书记　陈永奇(11月免)
　　董一兵(11月任)
党组副书记　李利生
市　长　陈永奇(11月免)
副市长 代市长　董一兵(11月任)
常务副市长　李利生
副市长　郝培亮　任衍钢
　　董仙桃(女)　赵　峰
秘书长　王明厚
市长助理　呼亚民(兼)
副秘书长　王建义
　　苏　昱(兼,5月免)
　　张利军(兼)　刘占峰
　　王丽萍(女)　王耀东
　　李茂学(挂职)

政府机构

办公厅
主　任　王建义
副主任　张利军(兼)　刘占峰
　　王丽萍(女)　王耀东
　　史俊宝　王存才
　　李茂学(挂职)
市政府研究室
主　任　赵成全
副主任　韩贵堂
市政府统筹城乡发展工作办公室
主　任　张东民
副主任　张谦琦
市政府金融工作办公室
主　任　郝千文
副主任　王拥国
　　孙铁玲(女)
市政府应急管理办公室
专职副主任　郑守忠
市政府督查室
主　任　赵瑞翔
市政府法制办公室
主　任　杜衡茂
副主任　降廷亮(12月免)
市发展和改革委员会
党组书记 主任　杨全生
党组副书记　辛北一　巨建军
副主任　辛北一(5月任)
　　白振东　张　敏　蔺计平
　　张慧清
纪检组长　杨淳孝
市资源城市转型工作办公室
主　任　彭国勇
副主任　张忠灵
市经济和信息化委员会(市政府国有资产监督管理委员会)
主任 党委副书记　王良义
党委书记 副主任　武喜科
党委副书记　胡元农
副主任　王式清　姬振良　王开英
　　刘志钧　常悟江
纪检书记　李建平
总工程师　仇录新
监事会主席　陈志斌　张晓东
　　路　毅
教育局
党组书记 局长　高巨海
党组副书记　史润才
副局长　史润才
　　肖有世(12月免)
　　冯素清
纪检组长　付万灵(9月病逝)
市直教育工委
书　记　史润才(4月免)
　　高巨海(4月任)
副书记　刘文国
纪工委书记　付万灵(9月病逝)
科学技术局
党组书记 局长　何海平
党组副书记　陆兴武(5月免)
副局长　陆兴武(6月免)　张永红
　　高全红
纪检组长　白振才
总工程师　闫守琦
公安局
党委书记 局长　尚建军
党委副书记 常务副局长　刘　勇
副局长　吕湘涛(12月免)
　　聂志忠(8月免)　李宝祥

邵　喜(6月任)
纪检书记(组长)　崔荣贵
政治部主任　李银江
刑事侦察支队
队　长　张广宏
治安管理支队
队　长　李慧林
国内安全保卫支队
支队长　姚新平
交通警察支队
支队长　张明川
政　委　相秋亮
看守所
所　长　范俊杰(5月免)
赵海金(5月任)
监察局
局　长　李立国
副局长　崔正宏　穆素平　要　旗
石文斌
民政局
党组书记 局长　于秉富
党组副书记　耿　胜
副局长　耿　胜　李先德　王骞元
纪检组长　郝惠平
煤炭工业局
党组书记 局长　呼亚民
副局长　孙金宁　王文生
总工程师　武　威
纪检组长　张爱生
司法局
党组书记 局长　张俊堂
党组副书记　李瑞平
副局长　李瑞平　李拉义　段怀平
纪检组长　冯正杰
政治部主任　高　玮
市委依法治市领导组办公室
专职副主任　梁来柱
财政局
党组书记 局长　郭少敏
党组副书记　孙存恩
副局长　孙存恩　程志强　张成宏
赵玉兵
纪检组长　谷建立
总会计师　叶文鑫
人力资源和社会保障局
党组书记 局长　樊如珍
副局长　王素林
王志轩(10月免)
王东义　张小军
纪检组长　苗国昌
市人民政府军队转业干部安置工作领导组办公室
主　任　韩虎福
市外国专家局
局　长　王瑞业
市住房保障和城乡建设管理局
党组书记 局长　王伟锁
党组副书记　孙希平(10月免)
聂志福
副局长　聂志福　郑耀东　田联虎
张小武
纪检组长　王建国
总工程师　梁　明
总会计师　董华云
市直建设工委
书　记　王伟锁
副书记　刘同林
纪工委书记　王建国
房改办
专职副主任　郭志强
行政执法局
党组书记 局长　孙希平(5月免)
安监局
党组书记 局长　孔禄泉
党组副书记　刘宪云
副局长　何文斌　毕映楷　李　宏
纪检组长　张其钊
交通运输局
党组书记 局长　黄少英
副局长　解毛吉　焦建星　曹慧晟
陈志刚(兼)
纪检组长　贾小梅(女)
总会计师　李　涵
总工程师　张俊秀
市国防动员委员会交通战备办公室
主　任　张运贤
农业委员会
党组书记 主任　武建功
党组副书记　邓宝柱
副主任　乔玉珍　刘卫东　郭真祥
闫贵寿　高　宏
纪检组长　吕建平(10月免)
总农艺师　任仔苏
总畜牧兽医师　毛新辉
市委农村工作领导组办公室
主　任　武建功
副主任　邓宝柱　乔玉珍　刘卫东
郭真祥　闫贵寿　高　宏
水务局
党组书记 局长　申志纯
副局长　武小星　高红波　赵泽毅
纪检组长　贺占忠
总工程师　王吉魁
林业局
党组书记　杨自明(4月免)
郑清明(4月任)
局　长　杨自明(6月免)
郑清明(6月任)
副局长　王洪波　李　旭　郗新华
总工程师　尹宝珍
纪检组长　彭　飞
商务局
党组书记 局长　王　励
党组副书记　王芳田
副局长　王芳田　刘振华　刘建民
纪检组长　崔丽青(女)
总会计师　李宇红
粮食局
党组书记 局长　姬德耀
副局长　董　锁　郭清亮　周万谨
总经济师　赵志鹏
纪检组长　商广利
因机构改革,4月成立商务粮食局党组
党组书记　姬德耀(4月任)
局　长　姬德耀(6月任)
文化广电新闻出版局(市版权局)
党组书记 局长　高士萍(女)
副局长　白　平　康菊芬(女)
李曜雷(女)
纪检组长　石慧生
因机构改革,成立市文化局(市文化局、市版权局)党组
党组书记　高士萍(女,4月任)
局　长　高士萍(女,6月任)
卫生局
党组书记 局长　张永忠
副局长　武　滨　史梅生(女)
晋　玮
纪检组长　赵海贯
体育局
党组书记 局长　马爱民
副局长　张保泉　于剑刚(兼)
赵　强　王满田

纪检组长　李若斌

人口和计划生育委员会

党组书记 主任　郑清明

党组副书记　任晓雪(女)

副主任　董茂林　田　强　张松山

纪检组长　徐晓琴(女)

因机构改革,4月成立卫生和计划生育委员会党组

党组书记　张永忠(4月任)

主　任　张永忠(6月任)

副主任　田　强(10月任)
　　张松山(10月任)
　　赵海贯(10月任)
　　晋　玮(10月任)

纪检组长　徐晓琴(女,10月任)

爱国卫生运动委员会

专职副主任　李和丰(10月免)
　　李树成(10月任)

审计局

党组书记 局长　李润萍(女)

副局长　张东明　彭乃良　陈　峰

纪检组长　李燕飞(女)

总审计师　李　军

统计局

党组书记 局长　潘维新

副局长　魏海文　商继萍(女)
　　张　华

纪检组长　郭艳芳(女)

总统计师　和继明

环境保护局

党组书记 局长　荆存柱

副局长　高小选　李瑞明　胡贵卿
　　赵金亭

纪检组长　毕映富

总工程师　王建源

规划局

党组书记 局长　乔　岚

副局长　史金才(兼)　陈　海(兼)
　　耿年生　曹　浩　刘连生
　　穆素怀(挂职)

纪检组长　王惠卿(女)

总规划师　陈　海

国土资源局

局　长　林　青

副局长　王润科　高志荣　肖卯怀
　　王光荣　张东平

纪检组长　刘　荣(女)

总工程师　孙玉鹏

工商行政管理局

党组书记 局长　贾　权

副局长　张继寿　荆忠海　王希礼
　　李　艳(女)

纪检组长　袁丰庆

开发区分局局长　赵福攀

食品药品监督管理局

党组书记 局长　贺聪明

副局长　宋桂花(女)　高　恒
　　张宝安(女)

纪检组长　史元平

物价局

党组书记 局长　辛北一(5月免)

党组副书记　陈　前

副局长　颉树茂　闫志明(正科)

因机构改革,市发改委与市物价局合并为市发改委(综改办)

市旅游局(市政府外事侨务办公室)

党组书记 局长　韩晓晨

副局长　贺志强　王洲平

纪检组长　杨　杰

民族宗教事务局

党组书记 局长　刘海民

副局长　王保柱　王斌全(挂职)

纪检组长　王书霖

人民防空办公室

党组书记 主任　尚永葆

副主任　许金海　赵建明

纪检组长　苏计成

其他机构

市人民政府机关事务管理局

党组书记 局长　王卫东

副局长　王杰志　张伟东

纪检组长　李俊贤

市地方志办公室

主　任　任佟苏

副主任　董雪卉(女)

市人民政府发展研究中心

主　任　王东柱

副主任　张红刚　李鹏飞　李志刚

市行政审批服务中心

党组书记 主任　弓林柱

副主任　董　晖
　　贺　艳(女,6月任)

阳泉仲裁委员会秘书处

副主任 秘书长　张利平

副主任　姜彦杰

市农业机械化发展中心

党组书记 主任　卢怀长

副主任　李志钢　杨秀明　闫丽新

市民营企业局(市中小企业局)

副局长　刘玉寿　王瑞萍(女)
　　董　璋

市供销合作社联合社

党委书记 主任　张映涛

副主任　李志峰　光喜珍

纪检书记　王武科

市档案局(档案馆)

党组书记 局(馆)长　赵雪青(女)

副局(馆)长　王宇翔　张瑞萍(女)

市地震局

党组书记 局长　魏英祖

副局长　梁素萍(女)

总工程师　郭连清

市劳教所

所　长　温　文

政　委　余建平

副所长　王述建　闫学智

市住房公积金管理中心

主　任　崔建立

市失业保险管理服务中心

主　任　周国宏

市医疗保险管理服务中心

主　任　朱风雷

市养老保险管理服务中心

主　任　陈海滨

市水土保持委员会办公室(市水土保持监督监测总站)

主　任(站长)　翟金瑞

市人才开发交流服务中心(阳泉人才市场)

主　任　曹晓岚(女)

市政府采购中心

主　任　李瑞兴

市老年大学办公室

专职副校长　赵惠英(女)

市红十字会办公室

专职副会长　王金良

市公共资源交易中心

主　任　郭　斌

市城镇集体工业联合社

党委书记 主任　孙　轩

纪委书记　李永福

副主任　刘晋明　陈占春(女)

商　忠

市政府驻京联络处

主　任　王鲜义

市经济信息中心（市信息化中心）

主　任　闫　亮

副主任　王立新（5月免）

赵绍明

市投资促进局

党组书记　局长　张利军

副局长　翟占元　王占山

纪检组长　李丽新（女）

市卫生监督所

所　长　杜俊德（5月任）

阳泉师范高等专科学校

党委书记　杨　勇

党委副书记　校长　陈永昶

党委副书记　纪委书记　牛泉璎（女）

副校长　王素明　郜润科

山西广播电视大学阳泉分校

校　长　吉云辉

副校长　石　维　董志功　李　华

市工业学校

校长　党总支副书记　杜光辉

党总支书记　陈立军

副校长　张计珍　张雅艳（女）

张大虎

市卫生学校

校　长　屈建民

党总支书记　高海砚

副校长　宋璐波（女）

梁永庆　王海平

市交通职业学校

校长　党总支副书记　刘保福

党总支书记　史辉华

副校长　程致清　王镇南　李计元

市文化艺术学校

校　长　史秀莉（女）

党支部书记　王树敏

副校长　张有贵　孙福利

市第一高级职业中学（市现代技术学校）

校长　党总支副书记　翟旭红

党总支书记　夏中权

副校长　吴计生　郑晋宝

周珍祥（女）

市体育运动学校

校　长　于剑刚（4月去世）

党支部书记　吴晋东

副校长　乔泉生（4月免）

高书怀　李新光

省农业广播电视学校阳泉分校

校　长　胡永胜

阳泉高级技工学校

校　长　胡海泉

党总支书记　赵文飚

市工业干部学校

校　长　李巧生

市第一中学校

校长　党委副书记　曹学仁

党委书记　苏有社

副校长　贾爱寿　刘和生

朱晋艺（女）

市第二中学校

校长　党委副书记　李慎行

党委书记　李建富

副校长　王传红　白丽萍（女）

张权泉（女）

市第三中学校

校长　党总支副书记　张　毅

党总支书记　宫　辉

副校长　刘宏彬　闫思善　胡海中

市第四中学校

校　长　武　瑾

党支部书记　张爱虎（9月免）

市第六中学校

校　长　马润玉

党支部书记　郑万泉（1月免）

市第七中学校

校　长　李增秀

党支部书记　薛喜炎

市第十中学校

校　长　赵　鉴

市第十一中学校

校长　党委副书记　薛利敏

党委书记　史生岗

副校长　程润华（女）　白敦华

李黎牛

市第十二中学校

校　长　原林生

党支部书记　冯丽萍（女）

市第十三中学校

校　长　史克利

党支部书记　武世明

市第十四中学校

校　长　李文生

党支部书记　刘跃生

市第十五中学校

校长　党总支副书记　杨敬国

党总支书记　张万龙

副校长　杜瑞平　王彦来　杨　军

市第十六中学校

校　长　郭志明

市第十七中学校

校长　党总支副书记　高瑞斌

党总支书记　冯海林

副校长　张毅军　郭建忠　李文珠

市第十八中学校

校　长　梁转孩

党总支书记　乔仁良

市第十九中学校

校　长　郝连晖

党总支书记　晋庆平

市实验中学

校长　党总支副书记　张有明

党支部书记　崔建国

副校长　李晓文　刘锁贞

市疾病预防控制中心

主　任　王连栓

副主任　石志英　吴秋状　范志国

权红红（女）

胡长卿（11月任）

市文化市场行政综合执法大队

队　长　霍美文

阳泉美术院

院　长　王雨来（7月免）

阳泉展览馆

馆　长　张小平

市青少年宫

主　任　宋嘉文

市招生考试中心

主　任　程保存

市社会福利院

院　长　任刚瑞

市军队离退休干部休养所

所　长　王　慧

市矿山救护大队

队　长　郭建波

政　委　郝常青

市蔬菜技术服务中心

主　任　王英利

市水资源管理委员会办公室（市水资源管理征费稽查队）

主　任（队长）　张江华

市保障性住房管理中心（市经济适

用房发展中心)
主　任　鲁宏仁
市治理非法超限超载办公室
主　任　程建军
盂县龙华口水库筹建处
主　任　王建明
平定县娘子关旅游景区管理委员会
主　任　刘顺彬
郊区白泉工业园区管理委员会
主　任　马大刚
党工委书记　朱红梅(女)
市广播电视台
党组书记　台长　周建新
总　编　苗振岗
副台长　梁旭光　赵　雁(女)
　　高海平
纪检组长　石　磊
总会计师　王玉林
市园林管理局
局　长　米　楠
副局长　李　海
纪检组长　杨利忠(6月免)
市第一人民医院
院长　党委副书记　王凯红
党委书记　王希章
纪检书记　姬九颖(女)
总会计师　郭风华(女)
副院长　冯振山　景建刚
　　高健康　王世伟
市第二人民医院
院　长　张凤英(女)
党委书记　史一书
市第三人民医院
院长　党委副书记　檀虎亮
党委书记　田兰英(女)
纪委书记　赵宏明(女)
副院长　董虎林　陈魁胜
　　王希军　宋晋萍(女)
市第四人民医院
院长　党委副书记　吕爱文
党委书记　任巧花(女)
市中医医院
院　长　张秋万
市妇幼保健院
院　长　潘玉泉
党支部书记　宋智华(女)
市紧急医疗救援中心
主　任　王存义
市规划设计院
院　长　史金才
市工人文化宫
主　任　马文林
市人事考试中心
主　任　任晓忠
山西省阳泉市晋东公证处
主　任　高天宝
市体育中心
主　任　刘丽娟(女)
市就业指导中心
主　任　冯　峰
市市政工程管理局
局长　党总支副书记　杨智滨
市娘子关泉域管理处
处　长　霍建光
市老干部活动中心
主　任　温银兔
市散装水泥办公室
主　任　贾东庆
市道路运输管理处
处　长　尚保银
市经贸资产经营中心
主　任　张学军
市梁家寨温泉疗养院
院　长　张铭德
市建筑设计院
院长　党总支副书记　王　跃
党总支书记　曹　宇
副院长　周兴高
总工程师　王海彦
总建筑师　孟旭鹏
平定县供水管理局
局　长　霍建洲
党委书记　韩俊富
市房地产开发总公司
经　理　王蝉兆
市农村服务中心
主　任　葛景山

政协阳泉市委员会

党组书记　主席　郜爱国
党组副书记　曹凯民
副主席　曹凯民　许文珍
　　赵永红(女)　李天祥
　　任美福　李顺宽　赵平有
秘书长　郭运生
副秘书长　姚文新
　　王　镃(7月免)
　　杨　瑞(女)

政协工作机构

办公厅
主　任　姚文新
副主任　苏向东
研究室
主　任　王　镃
提案委员会
主　任　焦文录
副主任　武建功(兼)　李建平(兼)
　　李继红(兼)
　　杨红梅(女,兼)
经济委员会
主　任　李保明
副主任　张利军(兼)　武喜科(兼)
　　李润萍(女,兼)
　　孙希平(兼)　赵林玉(兼)
农村委员会
主　任　靳爱银
副主任　安海润(兼)　赵海润(兼)
　　曹慧晟(兼)　王保柱(兼)
　　王满田(兼)
社会法制委员会
主　任　石建勋
副主任　吕　冬(女,兼)
　　张文英(女,兼)
　　闫运成(兼)　张爱国(兼)
　　张　璇(女,兼)
教科文卫体委员会
主　任　张贵红
副主任　张秀亲(女,兼)
　　刘文国(兼)　李银苟(兼)
　　郑　强(兼)
学习和文史资料委员会
主　任　杨静芳(女)
副主任　任佟苏(兼)　李　力(兼)
　　郭祯田(兼)　刘海峰(兼)

阳泉市中级人民法院

党组书记　院长　陈明华
党组副书记　常务副院长
　　王志德(12月免)
副院长　于昌明　吕　冬(女)

刘瑞光
纪检组长　刘敬辉
政治部主任　刘秀成
院长助理　李　林
执行局局长　李永祥

阳泉市人民检察院

党组书记 检察长　王守林
党组副书记 常务副检察长
郭隆文(12 月免)
副检察长　阎运成　刘振斌
范海生
纪检组长　尚锐利
政治部主任　杨喜平
反贪污贿赂局局长　赵　彦

荫营地区检察院

党组书记 检察长　邓百福
副检察长　张存庆　庞有清
纪检组长　张福拴

民主党派与工商联

中国国民党革命委员会阳泉市委员会
主　委　赵海润
中国民主同盟阳泉市委员会
主　委　赵永红(女)
中国民主建国会阳泉市委员会
主　委　刘兆林
中国民主促进会阳泉市委员会
主　委　任衍钢
中国农工民主党阳泉市委员会
主　委　李继红
九三学社阳泉市委员会
主　委　李天祥
工商业联合会
党组书记　王谦柱
主　席　张秀亲(女)

群众团体

总工会
党组书记 主席　王振国
党组副书记　杨日祥
常务副主席　杨日祥
副主席　张建军
张建起(兼)
杜　莉(女)
纪检组长　胡书春
经费审查委员会主任　杨海平
中国共产主义青年团阳泉市委员会
书　记　李海民
副书记　黄洁诚　王克波
阳泉市少工委
主　任　李俊斌
妇女联合会
党组书记 主席　朱玉芳(女)
副主席　韩　静(女)
苏秀莲(女)
妇儿工委办公室主任　康翠荣(女)
科学技术协会
党组书记　王文科
副主席　王文科
任美福(兼)　张庆恒(兼)
韩　锦(兼)　安海润(兼)
郝葆良(兼)　肖有世(兼)
郭建明(兼)　刘振发(兼)
乔国强(兼)
文学艺术界联合会
党组书记　李银荀
主　席　侯讵望
副主席　赵存珍
归国华侨联合会
主　席　信秀莲(女)
副主席　杨毅群(兼)　段　富(兼)
朱　钢(兼)　王少岩(兼)
刘东升(兼)　赵作栋(兼)
残疾人联合会
党组书记 理事长　黄俊德
副理事长　陈　鸣　王　治
中国国际贸易促进委员会阳泉支会(中国国际商会阳泉商会)
党组书记 会长　张　弛
副会长　李录喜　延鹏翀
市红十字会
专职副会长　王金良

阳泉军分区

司令员　王志忠(6 月免)
张太平(6 月任)
政　委　田桂明
参谋长　荆俊明
政治部主任　夏　晗
后勤部部长　黄厚杰(3 月免)
王国峰(3 月任)

预备役步兵第二四八团

团　长　吴海平
政　委　王　勇
副团长　赵小四(8 月免)
司令部参谋长　付　强(3 月免)
苏东晓(4 月任)
政治处主任　于党军(4 月任)

武警阳泉市支队

支队长　张文才
政治委员　张晓东
副支队长　李玉龙　王　伟
副政治委员　牛秀才
参谋长　王　诚
政治处主任　王东红(2 月免)
郝永宁(2 月任)
后勤处处长　孙长荣

武警阳泉市消防支队

支队长　冯鹏跃
政　委　原龙胜(11 月免)
李　波(11 月任)
副支队长　王晓波　郭文江

中央 省驻阳泉单位

山西工程技术学院
党委书记　杨广耀(5 月免)
韩保清(5 月任)
院　长　韩保清(5 月免)
卫英慧(5 月任)
党委副书记　韩保清(5 月免)
卫英慧(5 月任)
宋　红(女)
郑德明
纪委书记　刘春爱
副院长　宋　红(女)　王玉清
郑捧柱
中国银监会阳泉监管分局
党委书记 局长　李　忠
副局长　郝建华　杨秀军

纪检书记　刘育东

中国人民银行阳泉市中心支行

党委书记 行长　侯　龙

副行长　黄　奋　张　勇

　　　　王春江

纪检书记　史润青

工会主任　郝勤科

中国农业发展银行阳泉市分行

党委书记 行长　李卫平

副行长　申宝军　阎石玉

阳泉市邮政管理局

局　长　陈志刚

副局长　柴茂林(3月免)

　　　　任　辉(3月任)

阳泉供电分公司

党委书记　王文贤

经　理　姚劲松

副经理　王文贤

　　　　韩俊玉(12月免)

　　　　武力平

　　　　潘力志(12月任)

党委副书记 纪委书记　郑继平

工会主席　尚卫国

总会计师　冯家贤

阳泉市国家税务局

党组书记 局长　曾随正

副局长　李兴文　王志刚

　　　　牛军栋　胡国胜(1月任)

纪检组长　王敏锋(1月任)

总经济师　胡国胜(1月免)

总会计师　赵银启

阳泉市地方税务局

党组书记 局长　陈明泽(2月免)

　　　　　　　　陈友福(2月任)

副局长　张　旋　程志明

　　　　李建全

纪检组长　田　野

总会计师　雷志刚

总经济师　秦　峰

阳泉市质量技术监督局

党组书记 局长　张志成

副局长　霍保平　杨俊发

　　　　王叶峰

总工程师　孙玉平

纪检组长　李卫平

阳泉市烟草专卖局(公司)

党组书记 局长 经理　程　智

总会计师　耿　艳(女)

副局长　邵彦斌

纪检组长　郭　兴

工会主席　李国民

山西省公路局阳泉分局

党委书记　闫献忠

局　长　禹彦荣

党委副书记 纪检书记　王牛孩

副局长　曹成江　宋振宏

　　　　吕彦明　冯仁科

阳泉市交通运输执法局

党委书记　范文生

局　长　段志伟

党委副书记 纪检书记　冯晋泉

副局长　张晓阳

工会主席　冯晋泉

阳泉出入境检验检疫局

党组书记 局长　耿　毅

副局长　高少平　杜　伟

阳泉市气象局

局　长　马文瑞

副局长　高俊寿　崔文革

纪检组长　宋以俭

山西省无委会阳泉管理处

处　长　聂宏斌

国家统计局阳泉调查队

队　长　师庆平

副队长　杨海田

纪检组长　闫海旺(6月免)

　　　　　张春雷(7月任)

阳泉市水文水资源勘测分局

局　长　李文炜

山西省盐务管理局阳泉盐务分局

局　长　张小川

副局长　张亚刚

山西省阳泉第一监狱

党委书记 监狱长(矿长)　李树民

山西省阳泉第二监狱

党委书记 监狱长(矿长)　安年春

（崔晓亮　张　朝　程祎生）

中国共产党阳泉市委员会

综合工作

【市委十一届五次全会暨全市经济工作会议】 1月13日，市委十一届五次全会暨全市经济工作会议在阳泉宾馆举行。会议贯彻落实中共十八大和十八届三中、四中全会精神，中央经济工作会议精神，省委十届六次全会精神及全省经济工作会议精神，听取市委常委会2014年工作报告，审议通过《中共阳泉市委关于贯彻落实党的十八届四中全会精神和省委十届六次全会精神，加快推进法治阳泉建设的实施意见》，全面总结2014年工作，安排部署2015年工作。市委常委、市委委员、市委候补委员出席会议，各有关单位和部门负责人、基层党员代表等300余人参加会议。

会议号召全市各级党组织、广大党员干部和人民群众以邓小平理论、“三个代表”重要思想、科学发展观为指导，深入学习贯彻落实习近平总书记系列重要讲话精神，主动适应经济发展新常态，坚持稳中求进工作总基调，以提高经济发展质量和效益为中心，统筹推进经济、政治、文化、社会和生态文明建设，大力加强党的建设，深入开展学习讨论落实活动，全面深化改革，不断扩大开放，坚持依法治市，突出创新驱动，强化风险防控，保障改善民生，不断开创各项工作的新局面。会议确定2015年全市经济发展的主要目标是，地区生产总值增长6%左右，全社会固定资产投资增长16%左右，规模以上工业增加值增长5%，公共财政预算收入增长3%，社会消费品零售总额增长10%，外贸进出口总额增长3%，城镇常住居民人均可支配收入增长7%，农村常住居民人均可支配收入增长7%以上，居民消费价格指数控制在3%以内，城镇新增就业岗位2.5万个，城镇登记失业率控制在4%以内，各项约束性指标确保完成山西省下达阳泉市的年度任务。会上，市委委员对被考核的县区和市直部门（单位）2014年工作情况进行了总体评价。（李　敏）

【王伟中到阳泉指导工作】 2月4日，省委常委、省委秘书长王伟中到阳泉市指导工作。在听取阳泉市学习讨论落实活动情况及实施“六权治本”（依法确定权力、科学配置权力、制度限制权力、阳光使用权力、合力监督权力、严惩滥用权力）、规范权力运行的情况介绍后，王伟中要求阳泉市要深刻领会“六权治本”是实现治理体系和治理能力现代化的一场深刻变革，是解决为官不作为、慢作为的有效办法；要把“六权治本”与全面深化改革结合起来，与“煤炭革命”结合起来，与技术改革结合起来，处理好政府和市场的关系，依靠广大干部群众深入推进；要加强组织领导，做好试点工作，不断探索积累经验，扎扎实实开展好学习讨论落实活动。（李　敏）

【胡苏平和王一新到阳泉访贫问寒】 2月13日，省委常委、省委宣传部部长胡苏平和副省长王一新带领相关部门负责人到阳泉市，走访乡镇敬老院和困难企业，看望慰问基层困难群众、企业职工、老党员和老劳模，代表省委、省政府向他们致以新春的问候和祝福。（李　敏）

【李晓超到阳泉调研】 3月5日，国家统计局总经济师李晓超一行到阳泉市调研。调研组先后到阳煤集团发供电公司、阳煤集团新景矿和盂县石店煤业开发的华北奕丰生态园进行调研，并与市政府主要领导、阳煤集团负责人进行座谈，详细了解阳煤集团的生产、销售、产品价格、利润等情况以及形势走向，对阳泉工业企业面临的困境以及资源型城市转型发展等问题进行了交流探讨。李晓超对阳泉市煤炭企业积极寻求转型，进行采煤塌陷区生态修

复治理,大力发展循环经济的做法给予充分肯定,并对下一步工作提出要求。（李　敏）

【创建省级文明城市动员大会】 3月31日,阳泉市创建省级文明城市动员大会在阳泉宾馆召开。市长陈永奇主持大会。市委副书记王旭明就《阳泉市创建省级文明城市实施方案》作说明。市委常委、市委宣传部部长杨永生宣读倡议书。会议就开展爱国卫生月活动作安排。会议全面部署了阳泉市创建省级文明城市工作,动员全市上下立即行动起来,以临战的姿态、扎实的举措,迅速掀起创建工作高潮,坚决打赢创建文明城市的整体战、攻坚战。市四大班子有关领导,市直部门和单位负责人,各县(区)委、政府主要负责人,驻地单位、企业、部队负责人,各街道办事处负责人以及社会各界代表,共800余人参加会议。

根据《阳泉市创建省级文明城市实施方案》规划,阳泉市计划在2015年至2017年,通过扎实工作,努力使经济社会发展与城市建设和管理水平全面提升、城市面貌显著变化、社会风气显著改善、文明程度显著提高,各项测评指标基本达到《山西省文明城市测评体系》标准,2017年成为省级创建文明城市工作先进城市,争取在2019年建成省级文明城市。为做好创建工作,专门成立阳泉市创建省级文明城市工作领导组,由市委书记、市长亲自挂帅。领导组下设指挥部,指挥部下设创建办公室、9个专项创建工作组和督促检查组。至年底,创建工作按计划推进。（李　敏）

【张建欣到阳泉调研】 4月2日,副省长张建欣到阳泉市,就工商、质监、食品药品监督管理等部门的管理体制调整和卫生、计生机构改革情况,以及医改工作进行调研。市长陈永奇一同调研并主持座谈会。张建欣要求阳泉市要按照“三定”(定机构、定编制、定职能)方案,明确时间表,县一级工商、质监、食品药品监督管理机构改革和卫生、计生机构整合工作要尽快到位;要确保新机构正常运行,加强制度、队伍和能力建设,提高市场监管和服务能力;要努力解决基层医疗卫生人员短缺的问题;大力发展养老服务业,支持医养结合、社区养老,鼓励社会资本兴办养老产业,在全省作出示范。（李　敏）

【李小鹏到阳泉调研】 4月28日,省委副书记、省长李小鹏到阳泉市,就电力、铁路、煤化工等重大项目建设情况进行调研。在阳光电源盂县100兆瓦地面光伏电站和盂县国际能源裕光煤电2×100万千瓦燃煤发电项目工地,李小鹏召集阳泉市部分电源项目单位召开现场会,听取项目进展情况介绍,研究解决项目推进过程中遇到的困难,要求各相关企业坚定投资信心,加快推进项目建设,确保完成全年建设任务。在阳大(阳泉北至大寨)铁路项目工地,李小鹏详细了解了铁路规划设计、站场布局和工期安排等情况,要求阳大铁路沿线各地和省直有关部门抓住施工黄金季节,按照工期节点,统筹做好项目审批、资金筹措、征地拆迁、生态环保等工作,确保工程如期开工。李小鹏实地考察了阳煤集团平定乙二醇项目建设情况后,要求企业严把环境影响评价关,严格落实防渗防泄和零排放等环保措施,确保环境安全万无一失。调研结束时,李小鹏强调阳泉市要落实举措,倒排工期,加力推进重大项目建设,确保上半年全省固定资产投资增速回升,力争基本达到全国平均水平。

8月17日至18日,省委副书记、省长李小鹏带领由省政府秘书长廉毅敏、省发改委主任王赋、省经信委主任张华龙、省环保厅厅长郭长青等组成的调研组到阳泉市,调研经济社会发展情况。调研组先后对盂县新瑞利邦肉牛养殖项目、郊区平坦镇桃林沟村、盂县农商行金融超市、中广核盂县风电项目、中兴环能科技公司、泉西路、娘子关供水二期续建工程、阳泉市饮用水水质改善工程等进行调研。其间,调研组还采取“四不两直”(不发通知、不打招呼、不听汇报、不用陪同接待和直奔基层、直插现场)方式,突击检查了危化品生产企业——特种能源晋东公司的安全生产情况。在随后召开的座谈会上,李小鹏对阳泉市在促进财政和居民增收,以及推进投资增速加快回升等方面取得的成绩给予肯定,要求阳泉市按照省委、省政府决策部署,振奋精神,咬定目标,奋战三季度,全力稳增长,特别要严格落实省政府减轻企业负担60条措施和促进工业稳增长若干措施,奋力促进工业经济尽快步入正增长通道。（李　敏）

【学习讨论落实活动总结】 5月6日,阳泉市学习讨论落实活动总结暨“六权治本”(依法确定权力、科学配置权力、制度限制权力、阳光使用权力、合力监督权力、严惩滥用权力)推进会召开。会议对2014年11月开展的阳泉市学习讨论落实活动进行总结,对全市深入推进“六权治本”工作进行安排部署。市委副书记、市长陈永奇主持会议。省委学习讨论落实活动第三督导组组长王铁选、副组长温国贵出席会议,王铁选在会上讲话。

按照省委统一部署,全市“六权治本”工作自2015年4月启动起,坚持抓部署、抓特色、抓平台、抓制度、抓惩治,扎实推进“六权治本”各项工作。市级政府“权责清单”在全省率先完成,“两平台”(政务服务平台、公共资源交易平台)建设扎实推进、运行规范,制度建设不断加强,权力监督持续强化,反腐败斗争深入开展,探索推广“六议两公开”(动议、提议、商议、审议、民议、决议和决议结果公开、实施结果公开)工作法。至年底,全市“六权治本”工作取得阶段性成果。（李　敏）

【国务院督查组到阳泉督查】 6月2日至4日，国务院第十一督查组副组长、中国人民银行行长助理杨子强带领督查组到阳泉市，通过听汇报、实地督查、与基层代表座谈等多种形式，就阳泉市贯彻落实国务院重大政策措施四个方面的情况进行督导检查。一是增加合理有效投资、扩大国内消费需求、保持外贸稳定增长、促进国有企业提质增效、推进新型城镇化建设等“稳增长”政策措施落实情况；二是深化行政体制改革、推进财税体制改革、围绕服务实体经济推进金融改革等“促改革”政策措施落实情况；三是推动产业优化升级、加强大气污染治理、实施创新驱动发展战略、推进农业现代化等“调结构”政策措施落实情况；四是保障和改善民生方面的政策措施落实情况。副省长王一新出席汇报会。市长陈永奇汇报阳泉市贯彻落实情况并陪同督查。督察组对阳泉市贯彻落实国务院重大政策措施情况表示肯定，对下一步工作提出要求。 （李 敏）

【邓卫平到阳泉调研】 7月17日，公安部党委委员、纪委书记邓卫平带领调研组到阳泉市，就公安“四项建设”（基础信息化、警务实战化、执法规范化、队伍正规化）、公安改革和反腐倡廉等工作进行调研。副省长、省公安厅厅长刘杰一同调研。调研组先后深入盂县公安局信访接待大厅、盂县警察文化园和情报信息中心进行调研指导，听取了市、县有关负责人的工作汇报。邓卫平对阳泉市公安工作取得的成绩予以肯定，与参会人员就深化公安改革工作涉及的问题进行了深入交流，并对阳泉市从严治警、努力打造一支新时期公安队伍提出具体要求。 （李 敏）

【“三严三实”先进事迹报告会】 7月24日，阳泉市“三严三实”（严以修身、严以用权、严以律己，谋事要实、创业要实、做人要实）先进事迹报告会在阳泉宾馆召开。市委副书记、市长陈永奇，市委副书记王旭明、市人大常委会主任刘高官、市政协主席郜爱国等市级四大班子领导，各县（区）委书记、组织部部长，市直各单位领导干部，部分党员干部代表聆听报告。市委常委、市委组织部部长李定武主持报告会。

报告会上，市育英学校校长朱爱所、平定县冶西镇民政员王存玲、天元集团公司董事长李景春、郊区固庄村村委会主任张三虎，以及市体校原校长于剑刚的代表——武丽霞5位报告团成员，结合工作实践，用真挚的情感和朴实的语言，为在场的党员领导干部讲述了他们践行“三严三实”的所思所想所行，展示了新时期党员干部对党忠诚、个人干净、敢于担当的良好形象和精神风貌。会议号召全市广大党员特别是领导干部，要向先进看齐、向先进学习，形成见贤思齐、向上向善的浓厚氛围，营造风清气正、清正廉洁、敢于干事的良好政治生态，为推进“六大发展”（廉洁发展、转型发展、创新发展、绿色发展、安全发展、统筹发展），实现弊革风清、富民强市的奋斗目标做出新贡献。 （李 敏）

【牛仁亮到阳泉调研】 8月12日，省人大常委会副主任牛仁亮带领部分省人大常委会组成人员、省人大代表和省发改委等部门负责人到阳泉市，就重点领域投资项目建设情况进行视察调研。牛仁亮一行先后到阳大铁路制梁场、山西鑫磊循环经济产业园区盂县晋能鑫磊2×350兆瓦低热值煤发电项目建设工地，察看工程进展情况，听取情况汇报，询问工程建设过程中存在的困难和问题。随后召开座谈会，与项目负责人及驻阳泉市的省人大代表交流座谈，指导相关部门协调解决问题，并对下一步建设工作提出要求。 （李 敏）

【纪念抗日战争胜利70周年暨百团大战大会】 9月7日，阳泉市纪念中国人民抗日战争胜利70周年暨百团大战大会在狮脑山百团大战纪念碑前广场举行。市委副书记、市长陈永奇讲话。市委副书记王旭明主持纪念大会。市委、市人大、市政府、市政协、市纪委、阳泉军分区领导，老战士、老民兵、抗日战争烈士亲属代表，企业职工、农民、部队官兵、人民警察、学生代表等上千人参加纪念大会。与会者向纪念碑敬献花篮、鲜花，瞻仰纪念碑，参观百团大战纪念馆，共同追思先烈，纪念中国人民抗日战争暨世界反法西斯战争胜利70周年，表达了全市人民铭记历史、缅怀先烈、珍爱和平、开创未来的美好愿望。 （李 敏）

【黄晓薇到阳泉调研】 9月11日，省委常委、省纪委书记黄晓薇到平定县及张庄镇，就县、乡两级落实“两个责任”（党委负主体责任、纪委负监督责任）情况进行调研。黄晓薇强调，阳泉市要深刻汲取腐败案件教训、反思剖析，认真学习贯彻中央纪委通报精神和省委要求，强化担当，以上率下，从严从实落实“两个责任”，把从严治党作为应尽之责、分内之事。坚持把纪律和规矩挺在前面，时刻用纪律和规矩的尺子衡量党员干部的言行，把管党治党责任体现在日常管理监督中。调研期间，黄晓薇还前往狮脑山百团大战纪念碑和纪念馆，重温历史，缅怀先烈。 （李 敏）

【全市领导干部大会】 9月24日，全市领导干部大会召开。会议以市委中心组扩大学习的形式，按照要求传达中办《2015年上半年贯彻执行中央八项规定情况的报告》，观看市纪委拍摄制作的警示教育片《贪欲的代价》，学习阅读省纪委编印的《党的十八大以来省纪委查处的严重违纪违法领导干部忏悔录汇编》，用正反两方面典型教育警示党员干部坚定理想信念，自觉敬畏党纪国法，强化自律意识，清正廉洁，为官有为，为弊革风清、富民强市做出应有的贡献。市委副书记、市长陈永奇主持大会。市级四套班子成员及其他副市级以上领导干部,市委、市政府副秘书长,市人大常委会、市政协各专委会主任,市纪委副书记、常委,各县(区)委书记、县(区)长,市直各单位主要负责人和市管企事业单位主要负责人参加大会。 (李 敏)

【市委主要领导调整】 11月25日,全市领导干部大会召开,省委常委、省委组织部部长盛茂林宣布省委关于阳泉市党政主要领导人任职调整的决定,陈永奇任中共阳泉市委书记;董一兵任中共阳泉市委委员、常委、副书记,提名为阳泉市市长候选人。 (李 敏)

【楼阳生到阳泉调研】 12月1日至2日,省委副书记楼阳生到平定县、城区、矿区和经济技术开发区,就贯彻落实中共十八届五中全会精神,推进农业现代化、加快脱贫攻坚、实施"六权治本"、维护社会稳定等工作进行调研。楼阳生先后考察了大正伟业农牧公司、天元集团、古窑陶艺公司、娘子关供水工程、中兴环能科技公司、市行政审批服务中心、矿区社会服务管理指导中心、阳煤集团一矿等,并召开座谈会,听取阳泉市及平定县、城区、矿区的工作汇报,对阳泉市制定"十三五"城乡发展规划、做好"三农"工作、优化发展环境、加强社会服务管理等提出具体要求。 (李 敏)

【陈永奇集体约谈县(区)委书记和纪委书记】 为进一步做好党风廉政建设工作,12月3日,市委书记陈永奇集体约谈各县(区)委书记、纪委书记。市委常委、市委秘书长刘星,市委常委、市委组织部部长李定武,市委常委、市纪委书记王帅红出席集体约谈会议。陈永奇强调,落实好"两个责任"(党委负主体责任、纪委负监督责任)是从严治党的重要要求,是如期实现全面小康目标的重要保障。各县(区)委书记、纪委书记一定要牢记职责使命,强化责任担当,全面落实中央和省委、市委要求,从严从实落实好"两个责任",特别是主体责任,坚持把纪律和规矩挺在前面,廉洁勤政,为实现弊革风清、促进富民强市、全面建成小康社会提供坚强的政治保证。会上,各县(区)委书记和市经济技术开发区党工委书记坚持问题导向,研判了各县区党风廉政建设和反腐败斗争形势,分析了存在的问题和不足,提出进一步做好党风廉政建设各项工作的措施。 (李 敏)

【张复明到阳泉调研】 12月17日至18日,副省长张复明带领省直有关部门负责人到阳泉市,调研教育发展和科技创新工作,并与阳煤集团负责人座谈,开展对口帮扶工作。张复明一行到平定县张庄镇中学、矿区小南坑小学、市实验幼儿园,详细了解学生安全出行、教育信息化建设、义务教育均衡发展等情况。在山西天元绿环科技有限公司、市长青石油压裂支撑剂有限公司、山西中兴环能科技有限公司、市世纪金星科贸有限公司等企业,张复明详细了解企业发展、科技研发和产学研合作等情况。他要求,企业要充分发挥科技创新的支撑引领作用,围绕节能减排和低碳发展,开发新技术、新工艺、新产品,突破和掌握一批具有自主知识产权的核心关键技术,培育新的经济增长点。在随后召开的座谈会上,张复明围绕企业技术创新、节能减排、产业转型等问题,与市政府、阳煤集团负责人共同研究,提出解决办法、建议和要求。 (李 敏)

【市委常委班子"三严三实"专题民主生活会】 12月23日,市委常委班子"三严三实"专题民主生活会召开。会议围绕践行"三严三实"主题,对照检查市委常委班子和常委个人存在的"不严不实"问题,深刻剖析问题产生原因,提出努力方向和整改措施。省委常委、省委秘书长王伟中出席会议并讲话。省委组织部副部长、省委党建办主任张葆,省纪委常委、省纪委秘书长孟萧等到会指导。市委书记陈永奇主持会议。

为开好此次民主生活会,市委常委会及班子成员做了精心准备,深化学习教育,广泛征求意见,开展谈心谈话,认真撰写对照检查材料。市委中心组以"三严三实"为主题组织学习研讨12次,其中集中学习6次、专题研讨6次。市委常委深入农村、社区,广泛征求基层党员干部和群众的意见建议,并以书面形式向全市各县(区)委、市直党工委、市人大常委会、市政府、市政协和有关部门征求意见。会前,常委之间进行谈心交流,坦率指出不足,常委还和分管部门与单位的主要负责人逐一谈心。根据对照检查出的问题,认真撰写对照检查发言提纲。民主生活会上,陈永奇代表市委常委班子作对照检查并作个人对照检查,其他市委常委分别进行对照检查,以整风精神开展批评与自我批评,明确了整改方向。

王伟中对此次民主生活会的会前充分准备、会议严肃认真、努力方向明确表示肯定。他要求阳泉市要继续深入学习贯彻中共十八大和十八届三中、四中、五中全会精神,按照中央、省委的决策部署和工作要求,以上率下,励精图治,推动工作迈向新台阶。 (李 敏)

组织工作

【概况】 2015年,全市组织工作紧紧围绕"四个全面"(全面建成小康社会、全面深化改革、全面依法治国、全面从严治党)战略布局,从严治党,勇于担当,全年组织工作有重点、有突破、有特色。一是以专题教育促进干部思想和作风根本性转变。开展学习讨论落实活动,推进"三严三实"(严以修身、严以用权、严以律己,谋事要实、创业要实、做人要实)专题教育,强化"关键少数"

的纪律和规矩意识，全市干部的精神状态、工作作风得到较大转变。阳泉市的经验做法在全省部分市和省直部门单位“三严三实”专题教育工作汇报会上作了交流发言。二是以“三个一批”(甄别处理一批不廉洁、乱作为干部，调整退出一批不作为、不胜任干部，掌握使用一批敢担当、善作为干部）持续匡正选人用人风气。制定出台阳泉市干部选任系列规程和办法；组织“从严治党”专题调研，形成系列调研报告；大幅提升个人有关事项报告核查比例，创新实施“三个一批”六步工作法。三是固本强基提升基层党建功能。制定出台固本强基系列文件；全省农村基层党建工作现场会在阳泉市郊区观摩交流，在全领域推行书记抓党建工作述职考核评议工作；集中选派机关干部任农村第一书记；集中整顿软弱涣散基层党组织；完成不合格党员处置全省唯一市级试点任务，形成可供全省借鉴的典型经验。四是以重大工程引领“人才强市”。会同开发区举办2015年云计算产业对接洽谈会暨第四届海外博士阳泉行活动；制定了《阳泉市拔尖人才管理办法》，落实拔尖人才激励经费；评选育才名校、育才功臣并给予重奖。五是从严治部锻造过硬队伍。把从严治部摆在更加突出的位置，对组工干部从严从实立规立矩，处置不合格组工干部；赴上海浦东干部学院进行专题培训；组织部机关“开放日”活动；深化“在职党员进社区”活动；率先在全省完成部机关内设机构调整工作等。（史丽娟）

【“三个一批”六步工作法】 年内，为构建良好的政治生态，阳泉市在“三个一批”工作中结合实际情况，探索出“六查、五推、四核实、三方会、两研究、一确定”六步工作法。第一步“六查”抓基础，重点查档案、查个人事项报告、查民意、查业绩、查线索、查案件，把好的干部、不好的干部和一般的干部区别开来，为优者上、平者让、庸者下提供重要依据。第二步“五推”抓切入，成立专项考评组，通过全员投票推、个别谈话推、分管领导推、主要领导推、党组集体推的方式，推荐本单位、本系统“好干部”，推荐过程确保严肃公正，并做到全程记录。第三步“四核实”抓方法，向本人了解核实，向分管领导了解核实，向单位主要领导了解核实，向纪检监察部门了解核实。第四步“三方会”抓保障，由各级组织(人事)部门、纪检监察部门、本单位本系统“三个一批”工作专项考评组组长组成“三方会”，集体研究、综合分析每一名干部的综合表现。第五步“两研究”抓重点，结合“三方会”对干部的客观评价，提出具体甄别处理、调整退出、储备使用的意见建议提交党委(党组)会研究，各级党委(党组)结合考评组提出的意见建议，对管理的每一名干部进行综合分析，确定评价意见。第六步“一确定”抓落实，按照干部管理权限，对管理的干部作出具体甄别处理、调整退出和掌握使用的决定，推进全市“三个一批”工作的开展。（史丽娟）

【“三严三实”专题教育】 自2015年3月起，全市189个领导班子、1110名领导干部深入开展“三严三实”专题教育。县以上领导班子和党员领导干部围绕“三严三实”主题，以书记讲党课起步开局，聚焦不严不实问题深入研讨，严肃认真召开专题民主生活会和组织生活会，着力解决不作为、乱作为损害群众利益等突出问题。全市县级以上领导班子157名书记和82名班子成员讲专题党课239次；组织学习研讨553次，列出问题清单、整改清单549份，梳理问题2446条，制定整改措施3206条。结合专题教育，在全市开展纪念建党94周年和抗日战争胜利70周年系列活动，举办“三严三实”先进事迹报告会，引导党员干部自觉向先进看齐；对照周永康、薄熙来、徐才厚、郭伯雄、令计划、苏荣等反面典型，结合洪发科案件反面案例，召开严守党的政治纪律和政治规矩专题民主生活会，在检身正己中受教育、知敬畏、明底线。通过开展“三严三实”专题教育，全市党员干部的作风建设呈现出新气象。（史丽娟）

【干部教育】 年内，市委组织部通过多种途径大力加强干部教育工作，全市广大党员干部的综合素质明显提升。一是引导全市党员干部开展“双学”，既深入学习贯彻习近平总书记系列重要讲话精神，中央大政方针和省委、省政府决策部署，又认真学习习近平总书记等中央领导和省委、省政府领导的优良作风。通过领导带头学、原著系统学、典型警示学、重点研讨学、结合创新学，全市组织集中学习1300余次，参加人数1.53万余人次，下发学习资料2.2万余份，领导干部讲党课2000余次，举办培训班340期。二是制定《关于贯彻落实中组部〈关于在干部教育培训中加强理想信念和道德品行教育的通知〉的实施意见》，举办专题培训班9期，培训干部576人次；完成省级以上调训15期，调训干部124人次；组织近1.8万名干部参加“山西干部在线学院”和“阳泉干部在线学习中心”学习，推动广大党员干部理想信念进一步坚定，党性修养进一步增强，能力素质进一步提升。（史丽娟）

【干部队伍建设】 年内，阳泉市全力加强干部队伍建设工作。一是干部选任工作。认真贯彻习近平总书记提出的好干部标准，贯彻落实中组部《党政领导干部选拔任用工作条例》，制定出台阳泉市干部选任规程和办法，对干部选拔任用的基本原则、标准条件、程序方法、纪律要求全面改进完善，提高选人用人工作科学化水平；不唯票、不唯分、不唯GDP、不唯年龄，集中力量抓好机构改革单位领导班子的调配任务以及个别市管岗位空缺职位的补充选配工作，共调整干部85人，一批对党忠诚、个人干净、敢于担当,想改革、谋改革、善改革的优秀干部进入各级领导班子;推进干部挂职锻炼,选派15名新提拔县级干部和5名后备干部到市信访局挂职。二是“三个一批”工作。在试点先行的基础上,结合贯彻落实《推进领导干部能上能下若干规定(试行)》,全面启动全市“三个一批”工作。创新实施六步工作法,得到省委组织部肯定;初步掌握了“好干部”具体情况和“不作为、不胜任”干部的具体表现,严肃处理在查档案、查个人事项报告、查民意、查业绩、查线索和查案件中发现的问题干部,全年处理退出县级干部37人。（史丽娟）

【干部监督】 年内,市委组织部积极推进干部人事档案集中管理和干部档案数字化工作,联合审查干部档案,严肃查处了一批档案信息不实、涂改造假的案件;完成市管领导干部在社团兼职任职的清理规范工作;开展领导干部持因私出国(境)证件情况专项整治;对185名县处级领导干部的个人有关事项报告进行抽查核实;发挥“12380”举报平台作用,加大各类干部问题查处力度。（史丽娟）

【基层组织建设】 年内,阳泉市加强基层组织建设,夯实党的执政基础。一是召开全市基层党建工作会,下发2015年度党建目标责任书,制定“2015年度全市基层党组织建设责任清单”,建立“半年一督查、一年一考核”党建工作督查考核机制;召开党(工)委书记抓基层党建专项述职暨全市农村基层党建工作会,在全领域推行书记抓党建工作述职考核评议工作,推动基层党建各项任务落地见效。二是统筹推进重点领域基层党建,制定《关于实施“固本强基”工程全面推进基层党组织建设的意见》和《关于进一步加强全市农村、社区、机关基层党组织建设的实施意见》,健全完善农村、社区、机关等重点领域基层党建制度机制;下发《关于全面推行“联村党委”进一步优化农村基层党组织设置的意见》和《关于进一步规范村级治理推行“六议两公开”推进六权治本向农村延伸的意见》;全省农村基层党建工作现场会与会人员在阳泉市进行观摩交流,“联建党组织”被省委组织部列入2016年组织工作要点并在全省推广,“六议两公开”村级治理经验在《人民日报》《山西日报》和山西电视台“山西新闻联播”栏目作了专题报道,特别是省委书记王儒林对阳泉市农村党建工作多次给予充分肯定和表扬。三是集中选派204名机关干部任农村第一书记,集中整顿182个软弱涣散基层党组织;举办“领头雁”培训市级示范班;落实基层干部报酬待遇;为全市32个乡镇党委、11个街道党工委配备专职组织(组宣)员。四是加强大学生村官管理工作。开展大学生村官档案造假、到岗履职情况和计生问题专项整治;举办大学生村官创业能力提升培训班;推进大学生村官有序流动。（史丽娟）

【党员管理】 年内,市委组织部按照“控制总量、优化结构、提高质量、发挥作用”的要求,举办《中国共产党发展党员工作细则》培训班,使全市党员总量增速放缓、结构不断优化、基层一线党的力量进一步增强;制定《阳泉市2014—2018年党员教育培训工作实施办法》,组织全市党员下载使用共产党员微信、易信平台,增强党员教育针对性和实效性;作为全省唯一的地级试点市,在全市26个基层党(工)委、52个党总支、571个党支部、13265名党员中开展不合格党员处置工作,共处置77名不合格党员。（史丽娟）

【人才工作】 年内,阳泉市认真贯彻《国家中长期人才发展规划纲要(2010—2020年)》精神,狠抓各类人才队伍建设。一是搭建人才交流平台。举办2015年云计算产业对接洽谈会暨第四届海外博士阳泉行活动,吸引来自美国、加拿大、德国等国家的22个海外博士、5个“千人计划”(国家海外高层次人才引进计划)专家和32个外来企业代表到阳泉市共谋发展,达成9个项目合作意向。二是提升服务人才水平。发挥人才之家作用,深入了解拔尖人才工作生活情况,帮助解决实际困难;开展人才工作宣传,加大对人才落地项目的跟踪服务力度,营造尊重人才、尊重创造的浓厚氛围。三是加大人才激励力度。落实拔尖人才激励经费,激发各类人才的创造活力;创新开展育才名校、育才功臣评选活动,评出育才名校2所和育才功臣4名;加强选树培养本地人才,引导本地人才创新创业。（史丽娟）

【组织部门自身建设】 年内,市委组织部结合“三严三实”专题教育和学习讨论落实活动,从严治部,着力建设“讲政治、重品行、业务精、作风好”的组工部门。一是强化政治自觉。在组工干部中深入开展“学讲话、转作风”活动,集中学习习近平总书记系列重要讲话和省委书记王儒林、省委组织部部长盛茂林重要指示精神;组织机关干部赴浦东干部学院学习中共十八届五中全会精神;邀请市委党校教授作专题辅导和报告;到阳泉一监开展廉政警示教育活动。通过形式多样、严肃认真的学习教育,引导组工干部把“三严三实”作为修身做人的基本遵循、从政用权的警世箴言和干事创业的行为准则。二是强化实践锻炼。市委组织部全体人员集中3个月时间,深入全市86个县处级单位开展“从严治党”专题调研,与2000余名干部谈心谈话,发放调查问卷2300余份,梳理“三严三实”专题教育、党建责任制落实、“三个一批”等方面的意见建议140余条,同时对各单位存在的问题进行帮助指导,形成从严治党系列专题调研报告;到矿区如意庄社区送温暖、认领微心愿,深化在职党员进社区活动;深入扶贫点盂县赵家岔村精准扶贫，与群众共谋发展大计。通过专题调研和实践锻炼，一支讲政治、重品行、业务精、作风好的组工干部队伍逐渐成长起来。三是严肃整顿队伍。对组工干部档案进行“三龄两历一身份”（年龄、工龄、党龄，学历、工作经历，干部身份）审核；向纪检监察部门函询近几年对组工干部的反映情况；开展组工干部公道正派公开承诺践诺活动；在全省市级组织系统中率先调整部机关内设机构；下发《组工干部行为规范、“十严禁”纪律要求、“十不准”廉政要求》等；严肃处理退出8名不合格组工干部；开展大组工网分级保护项目，重申组织工作保密纪律，为造就“自身正、自身净、自身硬”的组工干部队伍提供制度保证。（史丽娟）

宣传工作

【理论武装】 2015年，市委宣传部以学习贯彻习近平总书记系列重要讲话精神为重点，持续推进理论武装工程。全年组织市委中心组集体学习21次。制定出《关于进一步加强和改进党委（党组）中心组学习的实施意见》等5项学习制度，推荐了《“三严三实”学习读本》等20余本学习书目。在中央党校、复旦大学分别举办阳泉市理论骨干培训班。组织开展“五进”（进农村、进机关、进社区、进校园、进企业）宣讲活动120余场，举办“漾泉大讲堂”3期。编辑《习近平总书记关于“三严三实”的重要论述摘编》《习近平总书记关于全面从严治党的重要论述摘编》学习资料，印发给全市各级党组织。组织市、县（区）两级新闻媒体开设理论学习宣传专版、专栏、专题30余个，全年刊播理论文章1600余篇。组织理论工作者、社科研究人员和政工干部参与或承担了阳泉市“十三五”规划、廉政文化建设、文化产业发展等多项研究课题，开展了“读一本好书”等征文活动。全年全市有8家单位获“全省思想政治工作优秀单位”称号，市政研会获得优秀组织奖。（马晓鹿）

【舆论引导】 年内，市委宣传部围绕全市工作大局，坚持党管媒体，牢牢把握正确舆论导向，为推动全市经济社会发展营造良好氛围。实施大栏目、大活动、大集中宣传战役，组织开展了20余项集中宣传。注重宣传时效，在市级媒体开设40余个主题突出、特色鲜明的专栏专题，刊播（发）报道2300余条。完善新闻发言人、新闻例会、新闻阅评制度，持续深入开展“走转改”（走基层、转作风、改文风）活动，开展打击新闻敲诈行为专项整治，推动行业自律。开展“阳泉新闻奖”评选活动，共收到参评作品118件，评出一等奖7件、二等奖11件、三等奖17件。抓好党报党刊发行工作，9种党报党刊任务全部超额完成。对外宣传力度不断加大，共在省级以上媒体刊播稿件1034篇（中央级媒体64篇、省级媒体970篇），比2014年增加31%，数量和质量都有新的突破，仅《山西日报》头条新闻就刊发5篇，在《山西日报》刊发专版16块。（马晓鹿）

【社会主义核心价值观培育践行】 年内，市委宣传部以培育和践行社会主义核心价值观为重点，引领社会风尚，提升公民道德素质和社会文明程度。在全市主干道、主要广场和公园、重点窗口单位、公交站台、乡村和社区等，利用LED大屏、宣传栏、广告牌匾等刊播张贴主题公益广告3万余处，基本达到商业广告媒体刊播公益广告量不低于30%的规定要求。组织知识竞赛、演讲比赛等活动，编创形式多样的文艺节目和文艺作品，推进社会主义核心价值观进教材、进课堂，培育和践行社会主义核心价值观进一步落实落细落深。（马晓鹿）

【文明城市创建】 年内，市委宣传部继续推进文明行业、文明村镇、文明社区、文明企业、文明学校和文明家庭等各种形式的精神文明创建活动，努力提高城乡文明程度，全面巩固群众性精神文明创建成果。组织完成“阳泉市2014—2015年度山西省文明村镇 文明单位 文明社区”推荐工作。召开文明城市创建动员大会，开展环境卫生集中整治、文明市民公约征集、文明单位在行动、“告别陋习 共创文明”、公益广告宣传、文明示范街（社区）创建、文明单位与社区结对共建等多项活动，促进了文明城市创建工作。（马晓鹿）

【公民道德建设】 年内，市委宣传部通过开展系列活动，逐步提升公民道德建设水平，营造崇德向善的良好社会氛围。开展第四届道德模范评选表彰活动，评选出道德模范奖10名、道德模范提名奖10名。持续推动“善行义举”立榜活动开展，全市建立30余处示范点。侯明华等5人荣登“中国好人榜”，张莉红等4人荣登“山西好人榜”，王亮明和杨占利、田俊丽夫妇当选2015年“感动山西十大人物”。与市教育局联合开展了“美德少年”评选等各类活动，未成年人思想道德建设扎实推进。平定县槐树铺示范小学等3所学校获得中央专项彩票公益金支持，建设乡村学校少年宫。利用清明节、儿童节、国庆节等重要时间节点开展清明祭英烈、学习和争做美德少年、中华经典诵读、童心向党歌咏比赛、向国旗敬礼等“我的中国梦”主题教育实践活动。开展青年志愿服务、文明单位志愿服务、巾帼志愿服务等活动，全市志愿服务工作逐步走向制度化、常态化和规范化。（马晓鹿）

【爱国主义教育】 年内，市委宣传部以抗日战争胜利70周年为契机，开展系列纪念活动，将爱国主义教育引向深入。先后组织开展了主题歌会、纪念大会、征文比赛、朗诵比赛及多种展览等活动。重新认定命名29处市级爱国主义教育基地。

特别是抓住机遇,向中宣部和省委宣传部争取资金430万元,用于百团大战纪念馆改陈布展,征集文物1000余件,提高了全市爱国主义教育基地的内涵与层次。(马晓鹿)

【文艺精品创作】 年内,市委宣传部围绕纪念抗日战争胜利70周年、"中国梦"和弘扬"三个文化"(法治文化、廉政文化、红色文化)等重大主题,组织全市文艺工作者开展主题创作活动,精品佳作不断涌现。纪录片《记住乡愁——山西阳泉小河村》等多部专题片在央视播出。反映抗日战争老兵题材的长篇报告文学《当祖国召唤的时候》首次入选中国作协重点作品选题。以七亘大捷为题材拍摄的电影《伏击》保持农村院线点播前五名。以慰安妇为题材拍摄的电影《大寒》拍摄完成。以娘子关保卫战为题材创作的长篇小说《娘子关1937》正式出版。特别是科幻作家刘慈欣创作的《时间移民》入围"2014中国好书",英文版《三体》获世界科幻文学最高奖"雨果奖",刘慈欣成为亚洲首位"雨果奖"获得者,将中国科幻推向世界,为阳泉市赢得盛誉。(马晓鹿)

【文化产业发展】 年内,市委宣传部积极争取上级文化产业扶持奖励资金,加大文化产业投入,全市有19个文化项目得到支持。组团参加第十一届深圳文博会和第二届山西文博会,推广文化产品,共有18类300余种特色文化产品亮相第二届山西文博会,其中21种产品分别获得展会的金、银、铜奖,市委宣传部等4个单位获得优秀组织奖,7个单位获得优秀展示奖。举办文化产业发展论坛,邀请专家学者为阳泉市文化产业发展提供咨询。搭建文化产业服务平台,完成具有展示和交易双重功能的阳泉文化产业精品展示馆建设及布展工作。组织开展文化产业投资项目库入库项目推荐报送工作。山西阳泉工业版画研究院创研基地投入使用。(马晓鹿)

【文化事业建设】 年内,市委宣传部不断完善公共文化服务体系建设,全市文化惠民工程持续深入开展。推进公共文化服务标准化、均等化,农家书屋、农村数字电视全覆盖、农村电影放映等工作持续开展。偏远贫困农村"一年一场戏"文化惠民活动深受群众欢迎。组织开展"三节"(元旦、春节、元宵节)群众文化活动、"群星风采"广场文化活动、"文化惠民在山城"系列活动、"送文化进基层"活动、文化科技卫生"三下乡"活动等,全年各类惠民演出达600余场。抓好基层文化场所提档升级工作,为全市157个乡村社区文化活动中心配送设备。(马晓鹿)

【新兴媒体建设】 年内,市委宣传部加大新兴媒体建设力度,舆情工作和网络工作势头良好。阳泉日报社、阳泉广播电视台分别开通"掌上阳泉""无线阳泉"等网络媒体。集政风行风、文明创建、信息发布、新闻快报、魅力阳泉等于一体的新媒体集群"看点阳泉"上线运行。全年分别向中宣部和省委宣传部报送舆情信息5036条、14204条,分别被采用333条、343条。市委宣传部再次获全国、全省"舆情信息工作先进单位"称号,阳泉市的舆情信息工作连续第十年受到中宣部表彰。全年编发《舆情周报》51期、《舆情快报》7期,报送《每日要情》438条。网上舆论管控有力有效,全年组织属地网站上传本地新闻15800余条,转载新华社等上级媒体稿件34200余条,完成国家和省网信办安排的网评任务48项,发表帖文13.6万条,获"全省网评工作先进单位"称号。做好24小时网上舆情监测,共报送每日舆情信息438条,编报网络舆情报告46期,网上舆情健康平稳。(马晓鹿)

【党委中心组学习服务】 年内,市委讲师团配合市委宣传部,把服务党委中心组学习作为一项政治任务来抓,促进各级领导干部理论素质的提高。

服务市委中心组学习方面,作为市委中心组秘书处成员,市委讲师团积极准备学习资料,主动提供学习议题,提前联系授课教师,在提高服务质量上做足功课。服务县级党委(党组)中心组学习方面,为县级党委(党组)中心组授课,制定标准,完善制度,并进行有效的督促、检查、考核、评定,使县级党委(党组)中心组的学习实现常规化、制度化和科学化。扩大中心组学习成果方面,在《阳泉日报》《阳泉宣传》《阳泉论坛》等报刊上及时刊发中心组学习成果,将中心组学习成效转化为理论成果,扩大了中心组学习的影响力和辐射作用,对全市党员干部的学习起到引领和示范作用。(郭政丽)

【理论宣讲】 2015年,市委讲师团以中宣部确定的"基层工作加强年"为契机,在充分调研、准确把握基层单位群众对宣传工作的新期待、新要求的基础上,广泛开展党的政策理论宣讲活动。全年共宣讲40余场次,受众达数万人次。

围绕"习近平论党的建设""理想信念教育""准确把握四个全面重大战略布局"等专题,7名教员先后到市国土局、市养老保险中心、市卫校、市安监局等单位进行宣讲;中共十八届五中全会召开后,组成由市委常委、市委宣传部部长杨永生为团长,市发改委、市经信委、市统计局、市农委主要领导和市委党校、市委讲师团教授为成员的宣讲团,深入县区和各基层单位开展多层次、广覆盖的宣讲活动;在市直机关工委"流动党校"活动中,理论教员围绕"深入学习贯彻习近平总书记系列重要讲话精神——重塑山西形象,促进富民强省""当前国际国内形势分析和研判"等专题,到市行政审批服务中心和企业、社区等多家单位进行宣讲,使党的政策理论深入人心,密切了党群关系。

此外,市委讲师团还创新宣讲方

式，利用广播电台、电视台、互联网等媒体扩大受众群体。市人大会、政协会召开期间，有4人参与了“阳泉新闻”两会热词解读节目的录制，结合阳泉经济发展情况，及时为百姓释疑解惑；中共十八届五中全会召开后，派出5名理论教员在阳泉电视台对《中共十八届五中全会公告》进行解读；在阳泉人民广播电台“山城论坛”栏目长期开展理论宣传，在互联网上陆续发文，覆盖了更多受众，同时扩大了市委讲师团的知名度和影响力。（郭改丽）

【理论研究】 年内，市委讲师团以打造阳泉文化品牌为重点，不断拓宽视野，深入调研，撰写文章，进行理论研究。全年在《阳泉日报》《阳泉宣传》《阳泉工作》等报刊上发表《信真仰理，严修金刚不坏之身》《党员干部如何树立和坚持社会主义核心价值观》等文章20余篇，在《阳泉组工通讯》《阳泉党建》《阳泉论坛》上发表党建理论文章10余篇。

另外，市委讲师团还承担了市发改委《阳泉市“十三五”人口发展与人力资源发展研究》《阳泉市“十三五”新型城镇化体制机制研究》两大课题的研究撰写工作。为完成此项工作，课题组积极开展调研，并赴江苏昆山市、四川双流县、山东龙口市、天津华明镇等地区实地考察。在此基础上，广泛收集资料、加班加点撰写课题。11月，两个课题成果通过省级专家课题组验收。在听取专家意见、进一步丰富充实后，于12月中旬提交最终成果。（郭改丽）

【文明单位创建】 年内，市委讲师团在全市创建省级文明城市的强大动力下，积极开展城区文明单位创建工作。年初，成立文明单位创建领导小组，按照城区文明办的要求，从政治觉悟、业务水平、文化建设、廉洁自律、党的建设、文明教养和环境正气等方面，全方位开展创建活动。10月底，创建工作通过城区文明办验收。11月26日，城区文明办向市委讲师团颁发“城区文明单位”荣誉证书。（郭改丽）

【教师队伍建设】 年内，市委讲师团加大师资培训力度，努力提高教师综合素质。一是每周四下午坚持例会学习，采取集中学习、个人自学、组织讨论等形式，认真学习习近平总书记系列重要讲话精神，“三严三实”专题教育和中共十八届三中、四中、五中全会精神，以及山西省和阳泉市的重要会议精神；二是开展“人人上讲堂”活动，全团教员团内试讲，相互点评，做到人人都是宣讲主体、个个都是宣讲骨干；三是分批次组织教员到复旦大学、中央党校、省委党校等接受脱产培训和专题辅导；四是通过山西干部在线学院等网络媒体进行专题学习。通过以上措施，激发了全体教员的内在动力和潜能，提高了教师队伍的整体素质。（郭改丽）

统战工作

【概况】 2015年，全市统一战线深入贯彻落实中共十八大和十八届三中、四中、五中全会精神以及习近平总书记系列重要讲话精神，突出思想引领主线，抓好网格化统战、新媒体统战、经济领域统战、文化统战四项重点工作，做优常规工作，做牢基础工作，统一战线各领域工作扎实推进。

全市统一战线有民革、民盟、民建、民进、农工党、九三学社6个民主党派市级组织和市工商联、市侨联2个统战团体；有民主党派成员1124人，有基层组织68个。全市包括汉族在内共有33个民族，有少数民族人口3411人；有佛教、道教、伊斯兰教、基督教、天主教五大宗教，合法宗教活动场所共有33处，信教群众10万余人。全市非公有制企业达到40693户，从业人员21.59万人。有4个县区统战部部长由党委常委担任，1个县区统战部部长由同级政协副主席兼任。2015年，阳泉市统战调研、宣传、信息三项工作受到省委统战部表彰，获得“全省统战理论政策研究先进单位”“全省统战宣传工作先进单位”称号，统战信息工作积分居全省第四，获三等奖。（马艺玮）

【“走基层 献良策 比贡献”活动月】 3月23日，全市党外代表人士“走基层、献良策、比贡献”活动月启动。其间，全市广大党外代表人士围绕“六大发展”“净化政治生态、重塑山西形象”“四大战略”实施、转型发展、深化民营中小微企业发展等内容，深入基层开展调查研究40余次，向市人大会、政协会提交提案、建议240多件，为市委、市政府领导科学决策提供了依据。（马艺玮）

【“同心共建”系列活动】 3月23日，阳泉市统一战线“同心共建”系列活动在城区上站街道办事处德胜街社区举行。全市12个统战成员单位与36个重点社区（农村）结成对子，签订“同心共建”网格化示范社区（农村）协议，730余名党外代表人士进社区报到。全年共开展各类活动320余次，帮助困难居民50余人，捐助图书3000余册，协助解决入学、就业等问题80余个，促进了网格化统战工作的深入开展。（马艺玮）

【民营经济发展座谈会】 4月9日，全市民营经济发展座谈会召开。市委副书记、市长陈永奇出席会议并讲话。市委常委、市委统战部部长李云峰主持会议。副市长董仙桃参加会议。会上，14家民营企业负责人介绍了各自企业的发展现状和遇到的困难问题，并对全市经济社会发展提出建议。市长陈永奇充分肯定了民营企业在整个经济发展中的地位和作用，希望民营企业家积极适应发展新常态，顺应时代发展潮流，着力抓好项目建设，加快产业优化升级，提高企业

核心竞争力，健全现代企业制度，促进企业健康发展，努力把企业做大做强，为全市经济社会发展做出新贡献。（马艺玮）

【电子商务商会成立】 4月16日，阳泉市电子商务商会成立大会在阳泉宾馆召开，共有会员169名，选举理事58名。阳泉市电子商务商会由市委统战部、团市委发起，市工商业联合会主管，经市民政局登记备案，依照法定程序成立并开展工作。商会成立后，陆续开展狮脑山高端论坛、电子商务发展沙龙、电商专题调研等活动，利用“双十一”“双十二”举办宣传推介、产品营销等活动，建立了电商企业对口联系帮扶制度，形成“众论、众创、众助”的良好氛围。（马艺玮）

【党外干部集中走访活动】 5月，市委统战部开展党外干部集中走访活动。由部领导分别带队集中1个月时间，对34个党外干部所在单位、29名县处级党外干部和38名科级党外后备干部集中走访，宣传中央、省委、市委关于加强党外代表人士队伍建设的有关政策，了解党外干部所在单位党外干部队伍建设总体情况，了解党外干部在本单位的政治表现、思想状况、履行职责、廉洁自律等方面情况，向所在单位反馈党外干部参加统战部门开展的干部集中培训和履行社会兼职、参加社会活动等方面的情况。通过走访，增进了统战部门对党外干部的了解，增强了各级领导干部做好新时期统战工作的责任心和使命感。（马艺玮）

【民族政策法律法规专题培训班】 6月13日至17日，市委统战部与市委组织部、市民族宗教事务局联合在中央民族干部学院举办了民族政策法律法规专题培训班。市委常委、市委统战部部长李云峰参加培训班教学并出席结业仪式。副市长任衍钢出席开班仪式并讲话。全市各县（区）统战部部长、分管民族工作的副县（区）长、民族宗教局局长，少数民族相对集中的社区主任和相关市直单位负责人共48人参加培训。培训围绕中央民族工作会议和中央统战工作会议精神，共安排了6堂专家授课、4次实践教学、2次小组讨论和3场教学电影，对进一步做好新时期的统战工作和民族宗教工作具有积极的促进作用。（马艺玮）

【民营企业家上海交大培训班】 10月26日至30日，市委统战部和市工商联联合组织市内民营企业家、市直商会成员、县（区）工商联工作人员共计70余人，赴上海交通大学开展专题培训。市委常委、市委统战部部长李云峰出席开班仪式。培训期间，上海交通大学教授王毅捷、李复耕，复旦大学教授马涛分别作了《企业管理瓶颈与企业家领导能力提升》《企业持续发展与企业家成长》《宏观经济研判与企业转型升级》专题讲座。全体学员先后到上海爱哆哆实业有限公司、飞雕电器集团有限公司参观考察，部分电商学员还到上海秦汉胡同国学书院、中国（上海）创业者公共实训基地、小马创业村进行项目对接和学习交流。（马艺玮）

【“我为‘十三五’规划献一计 为阳泉发展出份力”活动】 11月19日，全市统战系统“我为‘十三五’规划献一计，为阳泉发展出份力”活动启动。活动中，全市统一战线成员围绕“六大发展”“三大突破”（科技创新、民营经济、金融振兴实现突破）等主题，采取联合调研、集体调研、个人调研等方式，深入机关、厂矿、农村、社区，通过谈心、座谈、走访等形式，关注民生，了解民意，掌握情况，提出办法，为全市经济社会发展出谋划策。（马艺玮）

【统战网络信息平台】 11月20日，阳泉市统战网络信息平台正式投入使用。统战网络信息平台包括市级统战系统成员单位、基层统战部组织管理、党外干部信息管理等40余项机构信息和50余项个人基础信息，可随时发布通知、公告，进行机关档案、文件等办公信息处理。至年底，信息平台共上传各类信息2000余条，整体运行良好。（马艺玮）

【党外干部培训班】 12月9日至12日，全市第十二期党外干部培训班在阳泉社会主义学院举办，110余名县处级党外干部和后备干部参加培训。市领导李云峰、王帅红、任衍钢，省委统战部副部长、省社会主义学院院长张云泽分别为培训班授课。培训内容包括中共十八届五中全会、中央统战工作会议、省委十届七次全会、全市党员干部大会等一系列重要会议精神，《中国共产党统一战线工作条例（试行）》解读，反腐倡廉教育，以及围绕全市“三大突破”“六大发展”“十三五”规划制定、统战工作理论与实践创新而开展的讲座、调研、论坛教学等活动。培训期间，党外干部还进行了履职述职工作。（马艺玮）

【党外知识分子学习实践小组成立】 12月9日，阳泉市党外知识分子学习实践小组成立。学习实践小组由高等院校、科研院所、国有企业、教育、卫生等方面的党外知识分子，新经济组织、新社会组织中的专业人士，新媒体从业人员和“网络意见领袖”，归国留学人员等无党派人士组成，65名成员均经过推荐筛选。党外知识分子学习实践小组成立后，通过集体、联组、分组等方式，组织开展学习、讨论、调研、联谊等活动，为党外知识分子学习教育、参政议政、服务社会和发挥自身特长提供了平台。（马艺玮）

【民主党派基层组织观摩活动】 12月16日至22日，全市民主党派基层组织观摩活动举行。6个民主党派的基层组织结合坚持和发展中国特色社会主义学习实践活动、

"同心共建"等重点工作,分别进行了服务"三农"、健康知识普及、为居民义诊、民间工艺展示等活动,有300余人次参加,涉及农村、社区、机关、学校、企业等,形成民主党派基层组织"加强建设、争做贡献"的浓厚氛围。 (马艺玮)

【党外代表人士双月座谈会】 年内,阳泉市党外代表人士双月座谈会共召开5次。2月6日,市委常委、市委统战部部长李云峰在党外代表人士双月座谈会上通报了市委十一届五次全会暨全市经济工作会议精神。4月15日,党外代表人士就"走基层、献良策、比贡献"活动月开展情况和提交阳泉市人大会、政协会提案议案准备情况进行沟通,市人大、市政协负责议案、提案工作的人员作点评指导。6月30日、9月2日、11月12日,分别邀请市委政法委主要领导、市委组织部主要领导和市政府分管金融工作的副市长,围绕"法治阳泉建设""人才队伍建设"和"促进金融振兴"主题进行情况通报,51名党外代表人士在会上提出意见建议40余条。 (马艺玮)

【"统战学堂"】 年内,市委统战部"统战学堂"共举办3期。7月6日,邀请市委党史研究室副主任刘玉林作了《抗日战争中的阳泉》专题讲座;8月27日,邀请省委统战部研究室主任张文伟、办公室副主任宁万虎为统战系统干部职工辅导统战理论研究和信息工作;9月29日,邀请民革阳泉市委副主委李若冰作《向抗战老兵致敬》主题报告会。 (马艺玮)

【县区统战部门与工商联 侨联合署办公】 全省推进县级统战部门合署办公现场会于2014年12月24日召开后,阳泉市采取有效措施,摸清底数,专题研究,督促推进合署办公各项工作。2015年2月13日,市委统战部向市委常委会专题汇报了全省推进县级统战部门合署办公工作的有关要求,对前期调查摸底过程中发现的问题和困难进行了说明,并提出解决建议。各县区统战部门根据各自的实际情况,制定出工作方案并逐步推进。3月中旬,市委统战部领导带队,分组对各县区统战部门合署办公情况进行督查和协调推动。至6月10日,全市5个县区全部采取统战部与工商联、侨联合署办公的"1+2"模式,增强了统战系统的工作力量,为高效开展工作奠定了基础。 (马艺玮)

机关党的工作

【机关党建主体责任落实】 年内,市直机关工委学习贯彻落实《中国共产党党和国家机关基层组织工作条例》、省委《贯彻〈中国共产党党和国家机关基层组织工作条例〉实施意见》和市委《关于加强和改进新形势下全市机关党的建设的实施办法》,制定了《市直机关工委抓基层党建工作责任清单》,将党建考核内容细化量化为12项65条,明确工委、部门党组、机关党组织抓党建的主体责任、第一责任人、直接责任人和党建工作责任追究制,层层传导压力,把党建责任明确到位,把习近平总书记提出的"抓好党建是最大的政绩"落在实处。年初,工委与直属91家党组织书记签订《市直机关基层党组织党建责任书》。各直属党组织单位与其隶属党组织也层层签订责任书,切实担当起从严管党治党新使命。

为进一步落实专项述职测评机制,10月23日至11月5日,工委组织所属91家基层党组织书记进行了4场专项述职测评会议,首次采用PPT的形式述职,并对大会述职的36家单位逐一点评。11月19日,工委组织召开党建述职约谈会,对测评排名靠后的1个党委单位、3个机关党委单位、3个党总支单位、5个党支部单位的党组织书记进行集体约谈,传导压力,促其整改。年底,对全年党建目标责任制完成情况进行全面考核。 (苏青华)

【机关党风廉政建设"两个责任"落实】 年内,市直机关工委以高度的政治自觉、思想自觉和行动自觉,从严从实抓作风建设,把党风廉政建设主体责任和监督责任扛稳、抓牢、做深。制定《市直机关工委落实党风廉政建设"两个责任"清单》,让市直工委领导班子、工委书记及市直工委班子成员明白自己在落实主体责任、监督责任中应承担的职责。同时,制定《关于市直机关基层党组织落实党风廉政建设"两个责任"的指导意见》,把基层党组织应承担的协助责任、推进责任、教育责任、监督检查责任和支持责任规定到位。全年处理9名科级以下党员,其中留党察看以上重处分5人。按照《中国共产党党章》规定,严明党的纪律,畅通党员队伍出口,取消1名预备党员资格,除名1名正式党员,对两个基层党组织工作程序不规范的问题进行诫勉谈话,不折不扣把党的纪律和规矩挺在前面。(苏青华)

【基层党组织建设】 年内,市直机关工委加大调研和监督检查力度,以查促改,以查促建,推进基层党组织规范化建设。一是督促基层党组织按期换届。全年有30个基层党组织按期换届,对12个未按期换届的单位下发督办通知单。换届工作中,严格执行"机关党组织委员任前考察谈话制度",对基层党组织班子成员进行任前考察、任职谈话,压实责任。二是针对主体责任落实、专职党务干部配备和党建经费保障进行督促检查,取得初步成效。市中级人民法院、市国土局、市煤炭工业局等单位率先配备专职党务干部,设立专门办事机构。三是开展整顿后进党组织活动,由工委领导包点,对市直机关4个软弱涣散党组织进行整顿,理清工作思路,实现晋位升级。四是严肃"三会一课”等党内政治生活制度。着力解决党内生活不经常、不严肃、不认真、政治作用发挥不充分的问题,从严要求党员领导干部参加双重组织生活会制度,督促检查“三会一课”、民主评议党员等制度的落实。市直机关各支部“三严三实”专题组织生活会召开前夕,工委对所属党组织明确会议内容,明确直属党委、机关党委、总支对基层党支部开展组织生活会的指导责任,做到一级压实一级。五是选树先进典型。年初表彰了年度市直机关落实机关党建责任制先进党组织,表彰了在工委组织开展的“为民、务实、清廉、做表率”读书活动中获奖的先进单位和个人。“七一”前夕,召开纪念建党94周年暨“三严三实”专题教育推进会,对30家市直机关先进基层党组织、130名优秀共产党员、100名优秀党务工作者和12个党建品牌创建示范单位进行表彰。通过典型示范,带动市直机关党组织和广大共产党员进一步发挥战斗堡垒作用与先锋模范作用。（苏青华）

【党员干部教育培训】 年内,市直机关工委聚焦理论武装,推进机关党的思想建设,用科学理论武装机关党员干部头脑。一是进行分类培训。4月,举办入党积极分子和预备党员培训班各一期,培训入党积极分子46名、预备党员88名。5月,举办党务干部培训班两期,对303名党务干部进行轮训,聘请省直工委组织部部长讲解《党务工作实务操作》。9月,在延安干部培训学院对91名党组织书记进行红色传统教育培训。举办了市直机关中共十八届五中全会精神宣传报告会,市直属机关的95名党员到会聆听。组织市直机关科级及科以下党员干部6000余人进行年度政治理论学习考试,检验学习成效。通过系列培训,使机关党员干部增强党性、维护党章、遵守党纪,以及立足本职岗位的自觉性得到增强,人人争当先锋、争作表率,促进了工作,推动了发展。二是开设流动课堂。工委“流动党校”2014年成立后,聘任30名兼职教师深入基层送学。制作课题100个,全程实行菜单式教学,按需施教,照“单”点菜,预约上门辅导,全年为基层党员授课68次,受众达4200余人次,深受党员群众欢迎。三是推动学习型党组织建设。市直机关各单位坚持党组(党委)中心组学习、党支部学习和干部职工理论学习三级联动,以领导上党课、党员讲体会、知识竞赛等形式,推进学习型党组织建设。各基层党组织将学习与自身业务工作相结合,不断创新培训学习模式,效果良好。此外,工委使用留存党费为所属基层党支部订阅《中直党建》《先锋队》《党课参考》等刊物,供基层党员干部学习使用。（苏青华）

【党员发展】 年内,市直机关工委继续规范发展党员程序,筑牢发展党员入口关,增强发展党员透明度,规范发展对象档案材料。全年发展党员73名,其中,35岁以下20名,占27%;妇女党员36名,占49%;大专以上学历70名,占95%;工作生产一线56名,占80%。工委班子成员带队,分组、分人与发展对象谈话,考察合格后再填写《入党志愿书》。年内预备党员转正85名,取消预备党员资格1名。（苏青华）

【处置不合格党员试点工作】 年内,按照市委组织部要求,市直机关工委开展处置不合格党员试点工作。所属市检察院机关党委等5个直属党组织、22个支部、328名党员参加,共定格优秀党员46名、基本合格党员2名、不合格党员1名,其余为合格,达到整改转化、完善机制的目标要求。（苏青华）

【党建品牌创建】 年内,市直机关工委以建设服务型党组织为重点,在市直机关开展了服务群众、固本强基、党内民主、素质提升等党建十大品牌创建活动。“七一”前夕,选树了市交通局、市审计局等12个党建品牌示范单位引领带动创新服务水平,整体推进机关党建工作。阳泉出入境检验检疫局党支部确定“出入有境、服务无境”创建主题,以此作为工作目标和工作成效标杆,帮助深圳方大阳泉公司打赢欧盟反倾销官司,使该公司重返国际市场。（苏青华）

【在职党员进社区】 7月,市直机关工委组织部分基层党组织书记到大同市,专题调研和参观见学大同市在职党员进社区活动经验。8月,召集城区、矿区、开发区组织部有关负责人和部分社区主任,就在职党员进社区工作进行座谈交流,征求意见建议,并下发《关于深入开展“三严三实”专题教育活动,进一步推进在职党员进社区活动的通知》。至年底,市直机关基层党组织整建制向所在社区报到率100%,党员个人到社区报到人数5755名,报到率97%,共为1300多户低保家庭点亮微心愿,为社区公共设施、环境卫生整治、购买办公物品等投入资金150多万元,受到社区居民欢迎。（苏青华）

【机关群团工作】 年内,市直机关工委发挥机关群团组织人才多、学历高、专业全、联络广等优势,依托单位特点、行业特色,整合力量,开展活动,促进和谐机关建设。一是群团组织围绕中心主动作为。坚持“党带群团、一体共建、互促共进”机制,坚持群团活动在基层、活跃在基层,继续抓好“建会、建家、建制”“青年文明号”“巾帼文明岗”等创建活动,开展健康向上的读书、竞赛、关爱职工等活动,充分发挥党联系群众的桥梁纽带作用。二是体育活动丰富多彩。年内,先后举办迎新春健步行活动和全民健身系列活动。健步行活动中,市领导全程参与,与67个单位的1553名职工欢聚桃河公园,健步行走。全民健身系列活动，包括华牌赛、象棋赛、乒乓球赛、羽毛球赛和篮球赛5项赛事，市直机关75个单位的近千名干部职工参与比赛，共同强健体魄。三是热心参与公益事业。工委班子成员参与市妇联“关爱贫困儿童、扶助春蕾成长”行动，班子成员一对一帮扶4名困难学生，助贫圆梦直至中学毕业。（苏青华）

政研工作

【调查研究】 2015年，市委政研室围绕市委十一届五次全会、全市经济工作会议以及市委、市政府关注的重大问题，突出问题导向，超前谋划，主动服务，认真选择调研课题，扎实开展专题调研，及时了解和掌握基层实际，为市委科学决策提供翔实依据。全年抽出4个月时间深入基层，先后开展了农村土地承包经营权确权登记颁证、建立健全党委系统法律顾问、“六权治本”（依法确定权力、科学配置权力、制度限制权力、阳光使用权力、合力监督权力、严惩滥用权力）、城中村改造、公共资源交易平台建设和整合、转型发展、旅游等方面的调查研究，形成调研报告8篇，计4万余字。其中《密切联系群众关系的连心工程——关于郊区旧街乡开展“民事代办54321工作法”的调研报告》在全国城市党刊第24届年会论文评选活动中获得二等奖；《关于郊区“六权治本”工作的调研报告》引起市委领导高度重视，市委“六权治本”现场会于11月6日在郊区召开，并组织了全市观摩活动。郊区的“六权治本”工作经验得到省委“六权治本”领导组的肯定与好评，并在全省推广。河北曲阳、浙江余杭、湖南浏阳，以及省内兄弟县区先后到郊区参观学习，中央党校的专家教授和《人民日报》《山西日报》记者先后到郊区开展村民自治规范化管理工作调研与采访，随后进行了专题报道。（贾德存）

【文稿起草】 年内，市委政研室立足阳泉改革发展大局，紧贴市委中心工作，以起草高质量领导讲话稿、汇报材料、调研报告等为载体，为市委决策主动提供服务。全年起草和参与起草各类文稿资料40余篇，计40余万字。包括市委十一届五次全会《关于深入贯彻党的十八届四中全会精神加快推进“法治阳泉”建设的实施意见》、市委十一届六次全会《关于阳泉市经济社会发展第十三个五年规划的建议》及其说明、《关于加快民营经济发展的实施意见》《阳泉市2015年全面深化改革工作计划》《阳泉市推进“六权治本”工作实施方案》，以及市委全面深化改革领导小组四次会议的领导讲话稿、主持词和相关汇报材料，完成领导署名文章撰写及上级交办的任务。其中，《浅论中国经济“新常态”的形成及对策》一文，在全国城市党刊第24届年会论文评选活动中获得一等奖；《阳泉市委全面推进“六权治本”工作汇报》得到省委督察组肯定；《让权力在阳光下行走——我市稳步奋力推进“六权治本”工作》等文章在《阳泉日报》发表。（贾德存）

【《阳泉工作》评为“全国城市优秀党刊”】 4月，由市委主办、市委政研室具体承办的内部刊物《阳泉工作》，在全国城市党刊研究会第24届年会上被评为“全国城市优秀党刊”，此为《阳泉工作》继2014年后第二次获此殊荣。《阳泉工作》始终坚持“传达市委意图，指导工作实践，服务转型发展，对外展示阳泉风采”的办刊目标，坚持全员办刊，定期组织研讨，集思广益，开拓思路，使刊物主题更加鲜明，内容更加丰富，更具可读性，同时学习借鉴外地先进经验，在版面设计、内容编排、印刷工艺上精益求精，刊物整体质量和水平进一步提升。全年编发6期。（贾德存）

【全面深化改革服务工作】 2015年是推进全面深化改革的关键之年。市委全面深化改革领导小组办公室围绕建立健全工作机制，出台“1+4”改革工作落实机制，探索改革成果科学评估体系。“1”即1个改革任务和台账的管理办法，“4”即配套统筹协调、对账盘点、通报反馈、督察督办4项制度。根据省委改革领导小组工作要点，结合阳泉市实际，制定了2015年度阳泉市改革任务清单，并以清单格式下发各专项小组和有关部门，进一步明确各自任务和责任。制定深化改革工作考核方案，选择60项改革任务列入全市综合考核范围。

与此同时，加强改革办日常工作，全年组织完成四次领导小组会议，编发《阳泉改革》信息66期，被《山西改革信息》采纳6期，信息报送工作得到省委、市委领导肯定；《山西发展导报》先后17次进行系列报道，全方位展示了阳泉市深改工作成果；《阳泉日报》多次报道改革工作。另外，配合省委改革办做好各项工作，先后向省委改革办上报《阳泉市着力推进中小城市综合改革试点工作》等6个改革工作案例和《阳泉市建立“1+4”工作落实机制，扎实推进全面深化改革工作》创新案例；配合省委改革办多次开展调查研究，形成调研报告上报省委改革办。（贾德存）

【“六权治本”服务工作】 7月，市委成立“六权治本”工作领导组，办公室设在市委政研室。随后，“六权治本”工作领导组办公室完善工作机制，全面推开工作。起草了《关于成立阳泉市推进“六权治本”工作领导组及专项工作小组的通知》《中共阳泉市委“六权治本”工作领导组办公室职责及责任分工》《关于加强“六权治本”信息工作的通知》等相关文件20余个，确立了全市“六权治本”工作框架。以市委办公厅、市政府办公厅名义印发《中共阳泉市委关于深入推进“六权治本”工作的实施方案》，筹备了领导组第一次、第二次会议和郊区现场会,完成向省委督察组的相关汇报工作。在《阳泉日报》开辟"'六权治本'进行时"专栏,每周刊发2期报道,至年底共刊发15期。（贾德存）

保密工作

【保密宣传教育】 2015年,市国家保密局积极适应国家安全和保密工作新形势,坚持党管保密和依法保密有机统一,大力宣传和贯彻实施《中华人民共和国保守国家秘密法》和《中华人民共和国保守国家秘密法实施条例》。指导各县区和重点单位把保密法规、失泄密案例列为党委中心组学习内容,组织播放保密宣传专题片,强化领导干部的保密责任意识,推动保密工作开展。坚持保密提示制度,确保节假日期间不发生失泄密事件。组织好中央保密办、国家保密局主办刊物《保密工作》的通联发行,组织好保密宣传资料的购置发放,征订数量逐年增长。利用保密法公布实施纪念日、保密法宣传月等时机,开展保密知识测试、保密承诺书签订、有奖征文、媒体宣传、发放资料、悬挂展板挂图等方式,宣传保密法规,普及保密知识,强化了机关干部的保密意识和法制观念。（刘彦忠）

【保密行政管理】 年内,市国家保密局制定并公布保密行政管理权力清单、流程图、责任清单和廉政风险防控图,加强保密行政管理,自觉接受监督。健全制度,夯实基础,细化管理,规范程序,不断改进对涉密载体的全程化保密管理。在涉密会议和活动中,对组织管理、场所布置、设备使用、文件发放、宣传报道各个环节采取保密措施,保证会议、活动安全顺利进行。发挥教育、监督、指导、服务、保障作用,做好国家考试保密管理。开展涉密工程保密审批和涉密载体印制资质审查,做到依法、秉公、规范、严谨。（刘彦忠）

【保密技术加强】 年内,市国家保密局进一步加强保密技术工作。监测平台建成并投入使用,综合业务网建设进展顺利,推进保密防护设备系统安装配备工作和涉密网络测评审批工作,为重要涉密会议和活动提供保密技术服务与保障,确保全年全市无失泄密事件发生。（刘彦忠）

【保密执法检查】 年内,市国家保密局先后组织开展涉密载体销毁、国有企业保密管理、"两个规划"(《保密工作"十二五"发展规划》《"六五"期间保密法制宣传教育规划》)实施情况等专项检查,与市国土局联合开展了涉密测绘成果保密检查,促进了保密工作的开展。9月17日,全市保密工作顺利通过省保密局实施"两个规划"检查验收。10月15日,通过省人大常委会《中华人民共和国保守国家秘密法》实施情况检查验收。（刘彦忠）

老干部工作

【老领导老干部慰问】 春节前夕,市四套班子领导在市委老干部局工作人员陪同下,分10组对市级老领导、老领导遗属和县区老干部代表65人进行慰问,为他们送去慰问金、慰问信、春联和剪纸。8月25日至27日,陈永奇、刘星、李定武等市领导分组慰问了在抗日战争时期参加工作的8名离休干部代表,为他们每人送去5000元慰问金。在9月3日抗日战争胜利纪念日前,市直单位99名、县区53名抗日战争时期及以前参加工作的离休干部每人5000元的一次性慰问金全部发放到位,共计发放76万元。年内,市委老干部局对安置在北京、河北、山东等地的13名离休干部和离休干部遗孀进行了慰问。（石　君）

【诗歌研究基地成立】 6月13日,山西诗歌研究基地在市老干部活动中心揭牌,此为省社科院诗歌研究中心命名的全省首家诗歌研究基地。近几年,市老干部活动中心通过设立"诗词曲赋创作室"这一平台,组织广大诗歌爱好者进行诗歌创作,并创办内部刊物、开辟专版登载诗歌作品。同时,举行诗歌研讨会、诗人联谊会等活动,不断发现人才,培养壮大诗歌创作队伍。年内,一大批老干部和诗歌爱好者在各类文学期刊上发表了大量诗歌作品,其中有不少作品获得国家级、省级、市级奖项,有的作者还出版了诗歌专著,推动了全市诗歌创作的繁荣与发展。（石　君）

【离退休干部"双先"代表巡回宣讲】 5月11日,全国离退休干部"双先"代表巡回宣讲团到阳泉市作报告。报告会上,李向阳、王艾甫、刘照、文振西、李步福和李生林6位受到中组部表彰的山西省离退休干部"双先"代表结合各自的工作经历作了精彩报告。市委常委、市委组织部部长李定武,省委老干部局副局长郭世卿参加报告会。24位市级老领导、各县区和市直各单位的离退休干部代表,以及老干部工作人员共300人聆听报告。（石　君）

【组织老干部活动】 5月22日,市委老干部局组织35名地市级老领导和享受副地市级待遇的老干部到盂县参观了山西鑫磊能源集团有限公司、康泰来生态农业产业项目和鑫源伟业肉羊繁育养殖项目。

6月,组织65名地市级老领导和享受副地市级待遇的老干部到盂县大汖温泉疗养,并到左权、潞城、武乡等地开展以"纪念抗战胜利70周年"为主题的红色疗养,丰富了老干部健康疗养的内涵。

10月13日至14日,组织61名地市级老领导和享受副地市级待遇的老干部到市第一人民医院进行健康体检。另有5名居住外地的老干部在当地就近体检。（石　君）

【特困离退休干部救助】 年内,阳泉市市直单位特殊困难离退休干部帮扶救助基金共为195名特困离退休干部提供救助，发放救助金16.55万元。为提高救助的实效性，做到精准帮扶，市委老干部局成立审核组，对初次提出申请的99名离退休干部逐一上门核实，在全面掌握申请人基本情况、家庭情况、致困原因及困难程度的基础上，最终确定救助对象195名(包括长期困难户)，其中离休干部31名、退休干部100名、离休干部遗孀64名。至2015年年底，市直单位特殊困难离退休干部帮扶救助机制运行5年，累计帮扶救助特困离退休干部及离休干部遗孀501人次，发放救助金47.9万元。（*石　君*）

【市老年大学临时党小组成立】 7月7日，市老年大学30个临时党小组成立仪式举行。为满足市老年大学党员学员“退休不退志、离岗不离党”的愿望，更好地发挥共产党员作用，经市直机关工委、市委老干部局党总支研究决定，市老年大学成立临时党组织。因班级、专业、学制周期长短不同等原因，市老年大学在全校17个专业85个班级和声乐、太极拳两个学会中，按照“自愿参加、主动加入”的原则，成立了由297名党员学员组成的临时党组织，并按班级、专业划分为30个党小组，由班长兼任组长，使广大离退休党员学员过上“双重”组织生活。（*石　君*）

【离退休干部网络知识培训】 11月19日至27日，全市离退休干部网络知识培训班在市老年大学举办。200余名离退休干部和市、县(区)老干部局工作人员分4期参加培训。针对大部分老干部缺乏电脑知识、不会使用互联网进行学习和交流的情况，市委老干部局邀请市老年大学电脑班姚汝琮老师，为离退休干部讲解了网页浏览、QQ聊天、微博、微信、电子邮件收发、在线学习、省委老干部局网页登录等的基本操作，使广大老干部能更好地融入子女圈、亲情圈、朋友圈，融入社会，幸福安度晚年。（*石　君*）

【“为党和人民事业增添正能量”系列活动】 年内，市委老干部局在全市离退休干部中组织开展了以“展示阳光心态、体验美好生活、畅谈发展变化”为主题的离退休干部“为党和人民事业增添正能量”系列活动。

市委老干部局依托市老干部活动中心和市老年大学两个主阵地，通过举办离退休干部太极拳表演、纪念抗日战争胜利70周年焦祥全书画展、“文化惠民、共建和谐”送戏下乡、“抗战时期的阳泉”报告会、“弘扬抗战精神、增添正能量”书画摄影展、“铭记历史、缅怀先烈”大型红色收藏展、第六套健身秧歌比赛等活动，在全市营造了为党的事业增添正能量的良好氛围。其中，由市委老干部局和市委组织部联合主办的“铭记历史、缅怀先烈”大型红色收藏展内容丰富，设5个展区，分10类2000余件展品，参观人数达6000余人次。市级四大班子领导带队参观了展览，并给予肯定。《山西日报》《阳泉日报》和阳泉电视台等新闻媒体进行了专题报道。

全市各单位开展了形式多样、丰富多彩的正能量活动。市老年大学以“纪念抗战胜利70周年”为主题，开展了主题班会、爱心慰问、朗诵、合唱、舞蹈、征文、书画摄影展等活动，展现了老年人的良好精神风貌。平定县成立老干部历史文化研究会，并积极开展活动，为全县“推进四大战略、唱响千年文化”献计出力。盂县老干部崔达道带领县老年摄影协会会员开展了“寻访盂县抗战老兵”活动，历时3个月，行程1万余千米，走访49人，并以图文进行记录，“八一”期间进行展出；盂县县委老干部局举办了两次纪念抗日战争胜利70周年摄影展、1次大型文艺演出。城区在各离退休干部党支部中开展“三个一”(重温一次入党誓词、召开一次高质量的专题组织生活会、走访一次老党员和困难老干部)活动。郊区举办迎“七一”老干部运动会，186名退休干部参加了乒乓球、门球、象棋、华牌、太极拳和踢毽子6个项目的比赛；郊区老年书画研究会举办了“习近平用典”书画作品展。此外，全市各级涉老组织和社团还组织老干部进机关、进企业、进社区、进农村、进学校、进网吧，开展送政策、送文化和送技术活动，广大老干部发挥正能量，促进了全市经济社会发展。（*石　君*）

【老干部艺术团成立】 为开创老干部工作和老年文化事业新局面，10月19日，市委老干部局利用市老年大学和市老干部活动中心现有资源，成立了市老干部艺术团。艺术团成立后，围绕党的中心工作，坚持弘扬主旋律，深入群众，深入生活，编排出一批群众喜闻乐见的节目，在重大节日和关键时间节点深入基层演出，深受群众欢迎。（*石　君*）

【赵胜利调研老干部工作】 11月20日，中组部老干部局副巡视员赵胜利、省委老干部局副局长郑兰珍一行到阳泉市，就老干部工作进行调研。市委常委、市委组织部部长李定武，市政协副主席、市老年大学常务副校长赵平有陪同调研。赵胜利一行到市老年大学，听取了老年大学负责人对学校整体情况的介绍，观摩了老年大学课堂教学，参观了市老干部活动中心工艺展览室和健身房、乒乓球馆，并与现场的老干部进行互动交流。赵胜利对阳泉市老干部工作给予肯定，并对下一步工作提出要求。（*石　君*）

党校工作

【概况】 2015年，中共阳泉市委党校(阳泉行政学院)建立和完善作风建设常态化机制，围绕“创名校、出名师、育名生、著名篇、建名园”奋斗目标,创新工作举措,狠抓责任落实,全面提升党校工作科学化水平。

突出培训主业,干部教育取得新成效。一是集中力量突出培训主业。组织党校师资力量,发挥兼职教授作用,相继举办各类主体班次18个(期),参训学员2059人次。此外还承办了10余项联合办班和委托培训任务。二是组织送教服务活动。围绕市委中心工作,发挥理论阵地优势,落实领导干部上讲台制度,多批次选派骨干教师深入党政机关、乡镇、农村、街道、社区、企事业单位及其他社会团体组织中,开展送理论、送政策、送培训活动,为全市“三严三实”专题教育、学习讨论落实活动、学习贯彻中共十八届四中和五中全会精神,以及《中国共产党廉洁自律准则》《中国共产党纪律处分条例》巡回宣讲等时政工作提供理论宣讲服务,充分发挥了党的理论武装阵地作用。全年全校累计组织各类“送学”活动55次,受众6530余人次。三是做好学历教育收尾工作。从严做好学历档案、相关资料的整理归档工作。7月,最后一届151名省委党校在职本科班学员顺利毕业,为全市党校系统学历教育画上句号。

着力深化创新,教学改革迈出新步伐。一是不断优化教学布局。重新调整教研处室,突出马克思主义基础理论、党建、党史、党性、党风等教学重点,调整方案报市编办待批。在各类班次教学中加大基础理论教育的比重,通过马克思主义理论武装本源课,推进马克思主义经典著作进课堂;通过党性教育必修课,开展理想信念和党性党风教育;通过党和国家重大战略部署重点课,使各级干部推动经济社会发展的本领不断提高;通过新知识、新技能更新的基础课,提升各级干部的履职能力和工作水平。二是深化教学方式创新。举办了以“发挥理论引领作用,助推阳泉转型发展”“学习马克思主义政治经济学”“聚焦三大突破,建言‘十三五’”为主题的3次学术论坛。三是坚持完善专题评审。健全完善教学“专题库”,学校教学“专题库”累计储备专题近300个,其中2015年新入选的20个均为马克思主义经典著作专题。

提升破题水平,科研工作上档升级。一是科研作品结硕果。全年在国家级刊物发表论文11篇、省级刊物发表8篇、市级刊物发表20篇。年内有7项课题参加省级课题申报,其中《习近平关于“从严治党”的新论断》《山区农村土地流转中存在的问题及对策研究——以阳泉为例》两项课题被确定为省级社科课题,同时完成结项课题3项(市级2项、校级1项)。《抓住关键环节积极推进司法体制改革》《习近平基层党建思想的理论特征》两项成果分获山西省党校系统第八届优秀科研成果一等奖和三等奖。二是资政功能明显增强。整合科研力量,开展理论研究、政策研究和教学研究,相继完成《阳泉市“十三五”提升文化软实力研究》《阳泉市“十三五”全面建成小康社会重点难点问题研究》等多项研究成果。三是办刊水平不断提升。学刊《阳泉论坛》编辑出刊6期,编发各类文章60余篇,累计编发61期。创办《问题研究》,科研资政增添新载体。

引智育才并举,加强队伍建设。一是加强招才引智。通过公开招录择优选拔,引进急需专业研究生6名,学校具有研究生学历人员比例占到教职工总数的33%,师资队伍学历层次、专业结构明显改善。二是加强师资培训。筹措资金,协调各方,全年分9批组织教师到中央党校、国家行政学院、中国人民大学、北京市海淀区委党校、省委党校等院校接受脱产培训83人次。同时结合访学知名专家、每周两次集中教研、青年教师试讲和赛讲等方式,抓好理论教育和业务学习,强化师资队伍建设。三是加强肃风整纪。严格政治纪律要求,贯彻落实中央“八项规定”,加强制度建设,启动实施教师宣誓仪式和签订“承诺书”工作,自觉维护党的形象和党校声誉,校风教风学风建设收到明显成效。（徐惠芳）

【教学“专题库”评审会】 3月19日至20日,市委党校(市行政学院)举办2015年度教学“专题库”评审会。省委党校原副校长李卫东、教务处主任郭彩应邀担任评委,市委党校(阳泉行政学院)领导及全体教师参加评审会。此次参评选题均为马克思主义经典著作教学专题,共有20名教师的36个课题参加评审。评审会上,各参评教师对选定的经典著作进行了精彩讲解,最终有20个课题入选“专题库”。

此次评审是自2007年起,市委党校(阳泉行政学院)开展的第九次教学“专题库”评审工作。据统计,教学“专题库”入选专题涵盖了政治、经济、文化、社会、生态、党建、法律和马克思主义经典著作等方面的内容,累计储备教学专题近300个。（徐惠芳）

【“领头雁”培训班】 4月9日至17日,阳泉市“领头雁”市级示范培训班在市委党校举办。新任职的村支“两委”主干、“一肩挑”干部、集体经济薄弱村“两委”主干、社区“两委”妇女主干,以及机关、事业单位、国有企业、非公有制经济组织、社会组织等基层党组织书记,共计308人参加培训。培训采取封闭形式,分3批进行,每期3天。培训内容采取“3+X”模式,即3门公共课和1门针对性课程,主要围绕增强政治意识、组织意识、法治意识、廉政意识和提高服务能力、履职能力而设置。培训期间,学员通过专题辅导、经验介绍、现场观摩和讨论座谈等多种方式进行了学习交流。(徐惠芳)

【市直机关党务干部培训班】 5月19日至22日,市直机关工委党务干部培训班在市委党校举办。培训采取半封闭方式,分2期进行,每期两天,共有300多名机关党务工作者参加培训。内容包括《中国共产党党章》、习近平总书记系列重要讲话、党的历史和基本知识、党务工作实务操作,以及观看警示教育片等。通过集中授课和讨论互动,广大学员对机关党建工作的责任感和使命感明显提高,履职能力得到提升。 (徐惠芳)

【党校系统师资培训班】 5月25日至29日,全市党校系统师资培训班在北京市海淀区委党校举办,市、县(区)党校领导和全体教师参加培训。此次师资培训邀请中央党校、国家行政学院、北京大学、国防大学等院校的专家教授进行授课。主要课程包括习近平总书记系列重要讲话精神、区域经济发展与产业转型升级、依法治国与国家治理体系现代化、国家安全与国防建设等。此外,还安排了中关村国家自主创新示范区、北京798艺术区现场教学,以及如何组织结构化研讨、提高领导干部应急管理能力的情景模拟教学。培训提升了全市党校系统教师队伍的综合素质,也促进了党校之间的交流与沟通,为更好地推进教学科研工作搭建了互通平台。 (徐惠芳)

【首届学术论坛】 6月25日,全市党校系统首届学术论坛在市委党校举办。市委党校(阳泉行政学院)全体教师、各县(区)委党校骨干教师参加论坛。此次论坛以"发挥理论引领作用,助推阳泉转型发展"为主题,分别从工业结构转型、吸收借鉴德国鲁尔区转型发展经验教训、法治建设、经济建设等角度,进行跨学科、多视角、多层次的交流。此次学术论坛是全市党校系统在把握教学规律、深化教学改革、丰富教学形式、促进教学科研资政一体化建设方面的一次探索和尝试,为全市党校系统教师搭建了交流思想、拓展思维、开阔视野的平台,激发了广大教师钻研教学科研的积极性、主动性和创造性,为更好地发挥党校的干部教育主阵地作用和科研资政功能创造了条件。 (徐惠芳)

【基层党务干部专题培训班】 7月15日至17日,全市基层党务干部专题培训班在市委党校举办。各乡镇和街道办事处的党(工)委副书记、组织委员、宣传委员,以及市直党(工)委专职党务工作者等共100余人参加培训。此次基层党务干部专题培训是全市实施"领头雁"培训计划的延伸和拓展。培训采取封闭方式,内容包括政治理论、党建理论、党务工作知识等,以课堂教学为主。 (徐惠芳)

【军转干部岗前培训班】 8月3日至21日,阳泉市2015年度军转干部岗前培训班在市委党校举办,共有12名军转干部参加培训。此次培训开设有行政能力测验、申论、市情市策、基础知识等课程,内容包括军转安置政策、公务员法概述等16个方面,培训按照"理论联系实际、学用一致、按需施教、讲求实效"的原则,采用多种教学方式组织实施教学。培训对于帮助军转干部改善知识结构、促进角色转换具有积极的意义。 (徐惠芳)

【新录用公务员初任培训班】 9月14日至25日,阳泉市2014年度新录用公务员初任培训班在市委党校举办。全市100名行政机关新录用公务员和参照公务员法管理单位工作人员参加培训。培训内容包括习近平总书记系列重要讲话精神、公务员党性修养、公务员职业道德建设与廉政教育、依法行政、公务员制度、公务员权利与义务、公共突发事件应急能力、机关公文写作与处理等15个课题。培训以集中授课为主,同时组织了专题讨论、抗日战争遗址现场教学等。 (徐惠芳)

【民航山西空管分局干部培训班】 11月30日,民航山西空管分局干部培训班开班仪式在市委党校举行。省委党校副校长刘明星,民航山西空管分局局长陈记珠,市委常委、市委秘书长刘星等出席开班仪式并讲话。市委党校常务副校长、阳泉行政学院院长彭喜平主持开班仪式。此次培训是市委党校首次承办省委党校交办的外培任务。培训分两期进行,第一期从11月30日至12月4日,第二期从12月7日至12月11日,近100名民航山西空管分局干部参加培训。培训紧扣理论教育重点,突出党性教育核心,注重能力教育基础,内容紧紧围绕学习贯彻中共十八大及历次全会精神,重点安排了习近平总书记系列重要讲话精神、协调推进"四个全面"战略布局、中共十八届五中全会精神、"十三五"规划与加快推进生态文明建设、"两个责任"落实等课程,以及"三转""三严三实"等专题。此外,还邀请省委党校刘树信教授为学员作了《领导干部团队领导力、工作执行力、沟通协调力》专题讲座。培训强化了民航干部的党性意识,提升了综合能力,对于学习践行"三严三实"、落实主体责任和监督责任,以及进一步转职能、转方式、转作风具有积极的促进作用。 (徐惠芳)

【科研项目招标】 12月23日,市委党校(阳泉行政学院)科研项目招标仪式举行。此次招标主要围绕"新时期干部成长规律的研究"这一课题展开,共有8组教师队伍参与竞标。各组教师代表就课题研究意义、研究框架及研究方法向与会人员作了汇报。经过评审,由王惠兰带头的第五组获得投票通过,竞标成功。 (徐惠芳)

【《阳泉论坛》创刊10周年座谈会】 12月27日,市委党校(阳泉行政学院)学刊《阳泉论坛》创刊10周年座谈会举行。全市党校系统一线教师代表和市政协、市委宣传部及相关单位的专家学者30余人参加会议。

《阳泉论坛》创刊于 2005 年 10 月，为双月刊，至 2015 年年底累计编发 61 期。《阳泉论坛》坚持弘扬主旋律，传播正能量，立足阳泉实际，分析阳泉现状，研究阳泉问题，为全市经济发展和社会进步提供了理论支撑和精神动力。座谈会上，专家学者就刊物结合实际创立文化品牌、多样发展创设论坛平台等问题提出意见建议。（徐惠芳）

党史工作

【《中国共产党阳泉历史》(1926—2012)修编初稿完成】 2015 年，市委党史研究室集中力量推进《中国共产党阳泉历史》(1926—2012)修订和续编工作。此前，市委党史研究室于 2004 年编纂出版《中国共产党阳泉历史》(1926—2002)。此次修编包括两部分工作，一是审视《中国共产党阳泉历史》(1926—2002)，更正错讹，补充近几年的研究成果；二是续编《中国共产党阳泉历史》(2003—2012)。整个修编工作本着“精编、细校”的原则，力争做到史料丰富、亮点突出、表述准确、记载到位。至年底，130 万字的《中国共产党阳泉历史》(1926—2012)修编初稿完成。（朱　静）

【《中国共产党阳泉市组织史资料(第三卷)》出版发行】 3 月，《中国共产党阳泉市组织史资料（第三卷)》由中共党史出版社出版发行。全书按照“尊重历史、求实存真”的编纂原则和“广征、核准、精编、严审、及时”的工作方法，全面、系统、准确地收录了 1997 年 12 月至 2012 年 12 月间中国共产党阳泉市组织史资料，其中包括党的系统、政权系统、地方军事系统、统一战线(政协)系统、群众团体系统、部分企事业单位系统共六大系统的组织沿革、领导机构、工作部门、领导人名录以及相关图表等历史资料。该书为大 16 开本，共 80 万字，设 17 章 62 节，内容涵盖 15 年间六大系统及其所属机构 239 个，入编名录 2000 余人次，历时两年完成，是一部内容较为翔实的资料性工具书。（朱　静）

【《中共山西年鉴》(阳泉部分)组稿工作完成】 6 月，市委党史研究室完成《中共山西年鉴》(阳泉部分)组稿工作。《中共山西年鉴》由省委主办、省委党史办公室承办。根据省委党史办公室的统一部署，市委党史研究室精心组织，编写实施方案，并于 1 月 26 日组织各相关部门和具体撰稿人员进行安排部署。经过认真撰稿、仔细校对和严格审核，于 5 月底完成初稿编纂工作，6 月按时上报省委党史办公室。《中共山西年鉴》(阳泉部分)包括领导论坛、组织机构、党建概况、专题特载、时代先锋、人事变动和附录 7 个方面的内容。（朱　静）

【县区党史正本编纂】 年内，市委党史研究室加大对县区党史正本编纂工作的调研力度，多次深入县区党史办进行专题调研，对没有完成编纂任务的县区进行业务指导和督促检查，以加快编纂进度。6 月，平定县党史正本出版发行。年底，盂县和郊区党史正本已付印。此前，城区、矿区分别于 2009 年、2013 年出版党史正本。（朱　静）

【《阳泉党史》】 年内，市委党史研究室共编印《阳泉党史》4 期，收录稿件 80 余篇。《阳泉党史》坚持“以史为鉴、资政育人”的宗旨，立足阳泉，面向全国，以宣传和研究党的地方历史、总结党的历史经验、服务党的建设为主要任务，栏目设置有史海钩沉、抗战记忆、党史论坛、史料荟萃、人物春秋等，普及了党史知识，弘扬了时代精神，反映了阳泉地方党史研究的最新成果，受到社会各界的广泛关注。（朱　静）

【党史教育基地】 年内，市委党史研究室继续挖掘红色资源，创建并命名党史教育基地 10 处，其中平定 3 处、盂县 3 处、郊区 4 处。这些党史教育基地基本达到“六个一”标准，即挖掘一个革命遗址、树立一座纪念碑群、筹建一处纪念馆室、召开一次研讨会议、整理一本纪念手册、形成一地旅游景观。与此同时，充分发挥党史教育基地的宣传引领作用，探索红色文化与乡村旅游相互促进的新途径。

至此，加上 2013 年命名的 2 处省级党史教育基地和党史研究室命名的 18 处市级党史教育基地，阳泉市的党史教育基地达到 30 处。（朱　静）

【纪念抗日战争胜利 70 周年系列活动】 2015 年是抗日战争胜利 70 周年。市委党史研究室充分发挥党史部门的职能作用，组织和参与了多项纪念活动。一是参与百名记者“红色中国阳泉行”大型采访活动，接受来自全国 40 余家知名媒体的 100 余名记者采访。二是参与阳泉市百团大战纪念馆改陈布展，增加图片 100 余幅、文字档案资料 5000 余字，突出阳泉在百团大战中的地位、作用和重要贡献。三是与市档案局（馆）联合主办“抗战烽火、阳泉足迹”档案图片展，展览以“铭记历史、缅怀先烈、珍爱和平、开创未来”为主题，共分 8 个部分，展出 324 幅图片，比较全面地再现了抗日战争时期阳泉人民同日本侵略者顽强斗争的历史画面。四是专访慰问 21 位抗日战争老兵，聆听他们当年可歌可泣、浴血奋战的战斗经历，记录了抗日战争老兵的口述资料，抢救了党史资料。五是与阳泉日报社联合开办“先锋·阳泉党史人物”专栏，共登载了 30 位中华人民共和国成立前的阳泉党史人物的英雄事迹，宣传了爱国主义精神。六是于 9 月 3 日和 5 日在《阳泉日报》上专版刊登纪念抗战胜利 70 周年的文章，缅怀革命先烈，弘扬抗战精神。（朱　静）

【党史教育“四进”活动】 年内，市委党史研究室积极开展党史宣传教育“四进”活动，即进机关、进学校、进社区、进乡村。由室领导带头，先后到市直机关工委、市委统战部、市司法局、市工商局、联通阳泉分公司等10多个单位，为1000余名干部职工讲党史、授党课，发挥了党史部门“以史为鉴、资政育人”的职能作用。 （朱 静）

关心下一代工作

【习近平总书记重要指示精神学习贯彻】 8月25日，习近平总书记就关心下一代工作作出重要指示后，市关工委立即组织全体人员学习贯彻指示精神，并向全市各级关工委发出学习通知。各级关工委组织和广大“五老”（老干部、老战士、老教师、老专家、老模范）人员，随即掀起学习贯彻习近平总书记重要指示、国务院副总理刘延东重要讲话及中国关工委主任顾秀莲工作报告的热潮，深入领会精神实质，提高思想认识，明确努力方向，进一步坚定了做好新时期关心下一代工作的思想自觉性和积极主动性。 （张 琛）

【多人多单位获全省 全国表彰】 6月24日至26日，在长治市武乡八路军文化园召开的全省2014年度“中华魂”（放飞梦想）主题教育活动表彰大会上，阳泉市多人获奖。其中，白艳锋等3人获一等奖，张琪晨等4人获二等奖，钮一桐等8人获三等奖；郊区、矿区两个读书活动组委会获“先进集体”奖；张卓峰等2人获“先进个人”奖；任涛海等8人获“优秀辅导员”奖。

7月12日，全国2014年度“中华魂”（放飞梦想）主题教育活动表彰大会在北京举行，阳泉市多人获奖。其中，白艳锋等2人获一等奖，曹慧娴等3人获二等奖，安婷等6人获三等奖；城区读书活动组委会获“先进集体”奖；孟宏儒等2人获“先进个人”奖；任涛海等7人获“优秀辅导员”奖。白艳锋等6人赴京参加表彰大会和为期6天的夏令营系列活动。 （张 琛）

【2015年度“中华魂”主题教育活动】 年内，市关工委紧密结合习近平总书记提出的“三爱”（爱学习、爱劳动、爱祖国）教育，在全市广大青少年中深入开展“中华魂”（践行核心价值观，凝聚中华正能量）主题教育活动。

为使2015年“中华魂”主题教育活动开展得扎实有效，10月27日，市“中华魂”主题教育活动组委会举办了全市“中华魂”主题教育活动研讨会暨骨干辅导员培训班。各县区关工委负责人、各学校读书活动辅导员等120余人参加会议。市关工委常务副主任孟宏儒围绕活动主题，结合历年主题教育活动案例，从明确主题、正确解题、成功破题三个方面作了精心辅导。会上，与会人员就主题教育活动的经验和做法等进行了交流探讨。会后，各级组委会、各县区、各学校及相关单位围绕“践行核心价值观，凝聚中华正能量”主题，采取集体学习和自学相结合的办法，精读活动用书，开展了主题班（队）会、征文比赛、知识竞答、板报宣传等活动。在此基础上，层层开展“中华魂”主题教育演讲赛，将活动不断推向高潮。12月13日，市组委会举行全市“中华魂”主题教育活动演讲预赛。同月25日，全市“中华魂”主题教育活动演讲决赛在阳泉电视台演播厅举行，评出李文清等4个一等奖、杨静等6个二等奖、杨光毅等9个三等奖；同时评出优秀演讲员等6个单项奖和优秀组织单位、优胜集体。 （张 琛）

【抗日战争胜利70周年纪念活动】 为纪念抗日战争胜利70周年，大力弘扬爱国主义精神，培育和践行社会主义核心价值观，市关工委和有关部门联合组织了一系列纪念活动。一是与市委宣传部联合组织纪念抗日战争胜利70周年知识竞赛。竞赛试题刊登在8月15日的《阳泉日报》上，共印制2万份。收回答卷1.5万余份，评出一、二、三等奖和优秀奖750名。二是举办专题报告会。市关工委常务副主任孟宏儒先后7次为市级机关离退休老干部、社区居民、企业员工、在校大学生等作《抗日战争中的阳泉》专题报告，听众达2000余人次。三是各级关工委结合各自实际，组织青少年阅读和观看有关中国人民抗日战争的书籍、展览和影视作品；发动“五老”带领青少年征集、整理抗日战争史料，开展主题征文、征稿活动；精心安排“烈士纪念日”纪念活动；对部分保存较好、有意义的抗战遗迹开发利用，充实内容，作为爱国主义教育场所。通过纪念活动，激发了全市人民热爱和平、反对侵略、实现中华民族伟大复兴的爱国热情。 （张 琛）

【校外青少年心理健康教育辅导站（室）】 11月16日，阳泉市关心下一代工作委员会校外青少年心理健康教育辅导站（室）在市老干部活动中心成立。辅导站（室）把心理健康教育纳入未成年人思想道德教育工作，坚持“校内为主、校外为辅”的原则，聘请有心理健康教育资质的教师为兼职辅导教师，利用课余时间和节假日，通过网络、热线电话、个别咨询和团体心理辅导等多种形式，对全市青少年开展心理健康教育，形成“校内与校外、教育与指导、咨询与自助”相互结合、相互补充的心理健康教育工作体系。 （张 琛）

阳泉市人民代表大会常务委员会

综合工作

【十四届人大五次会议】 4月21日至23日,阳泉市第十四届人民代表大会第五次会议在阳泉宾馆召开。会议应出席代表279名,实际到会246名,列席人员113名。会议听取和审议市长陈永奇作的《阳泉市人民政府工作报告》、市人大常委会主任刘高官作的《阳泉市人民代表大会常务委员会工作报告》、市中级人民法院院长陈明华作的《阳泉市中级人民法院工作报告》和市人民检察院检察长王守林作的《阳泉市人民检察院工作报告》。会议审查和批准市人民政府《关于阳泉市2014年国民经济和社会发展计划执行情况与2015年国民经济和社会发展计划(草案)的报告》;批准《阳泉市2015年国民经济和社会发展计划》;审查和批准市人民政府《关于阳泉市2014年全市和市本级预算执行情况与2015年全市和市本级预算(草案)的报告》;批准《阳泉市2015年市本级预算》。会议通过《关于阳泉市人民政府工作报告的决议》及其他相应决议。会议确立"关于实施城市区老工业企业搬迁改造,加快我市'国家中小城市综改试点市'进程的议事原案"为大会议案。会议期间,人大代表紧紧围绕推动全市转型跨越发展,实现全面建成小康社会目标,向大会提出建议、批评和意见210件,其中10件被确立为需要重点办理的建议。 (杨柳青)

【代表工作】 年内,市人大常委会不断健全工作机制,提高服务质量,采取有效措施加强和改进代表工作,充分发挥代表的主体作用,全力支持和保障代表依法履职。一是多措并举,强化代表履职责任。坚持通过举办讲座、集中培训、学习考察、寄送学习资料、通报全市重点工作等方式,做好代表培训工作,不断提升代表的政治素质和业务素质;坚持邀请代表列席常委会会议,参加市委和"一府两院"有关活动,强化代表的知责履责意识。二是创新机制,引导代表依法履职。修订组成人员联系代表、代表联系群众制度,要求每位组成人员重点联系5名以上代表,听取代表意见和要求;每位代表重点联系20名以上群众,了解社情民意,反映群众呼声;出台服务和保障代表建言献策实施办法,加强代表小组建设,保障代表活动经费,为无固定收入代表发放履职补贴。三是创新方式,督办代表议案建议。在市十四届人大五次会议期间,首次启用代表议案建议网上办理系统,方便了议案建议的提交、督办和意见反馈;完善议案和重点建议主任会议成员领衔督办制度;组织代表对办理结果进行满意度测评,并向社会公开;围绕办好十四届人大五次会议确立的大会议案开展专题询问。市十四届人大五次会议确立大会议案1件,形成代表建议210件(其中重点建议10件),交由市政府办理199件,交由市委工作部门办理11件,交由市人大常委会和市政协办理1件。至年底,办结159件,办结率为75.4%;正在办理的46件,占建议总数的21.8%;由于政策不允许或暂时不能办理的6件,占建议总数的2.8%。办理结果全部回复代表,代表评价总体满意。四是落实责任,强化代表队伍管理。对个别代表违纪违法的深层次原因进行认真分析,加强和改进对代表执行职务的监督管理,对严重违纪违法的代表,及时启动法律程序,许可对2名代表采取强制措施,终止8名代表的代表资格,维护了代表队伍的先进性和纯洁性。 (杨柳青)

【信访工作】 年内,市人大常委会严格落实中华人民共和国《信访条例》,坚持"在监督中支持、在支持中服务、在服务中作为"的工作理念,热情接待群众来访,认真处理群众来信,全年共受理来信来访269件612人次(办理来信16件275人次、接待来访253件337人次），其中处理群体性上访23件351人次。从来信来访内容看,初信初访41件,重信重访228件。其中涉法涉诉类信访案件217件,占信访总量的80.6%;控检类案件31件,占11.7%;意见建议类5件，占1.8%；求决类案件16件,占5.9%。所有来信来访件全部转给相关部门办理，市人大常委会通过发函督办、电话催办、交流座谈等多种形式开展督查督办工作，着力化解矛盾，有效维护人民群众合法权益和社会公平正义。（杨柳青）

依法履职

【监督工作】 年内,市人大常委会综合运用听取和审议专项工作报告、专题调研、执法检查、规范性文件备案审查、专题询问等方式,开展对“一府两院”的工作监督和法律监督。为进一步加强监督工作,常委会第三十一次会议通过《阳泉市人民代表大会常务委员会关于加强和改进人大监督工作的意见》,对监督范围、内容、方式和程序等作出更加明确的规定。市人大常委会全年召开常委会会议11次，听取和审议“一府两院”专项工作报告17个,包括市政府《关于2015年上半年全市国民经济和社会发展计划执行情况的报告》《关于2014年市本级财政决算(草案)和2015年上半年全市预算执行情况的报告》《关于2014年市级财政预算执行和其他财政收支的审计工作报告》等,以及市中级人民法院《关于全市法院规范司法行为工作情况的报告》和市人民检察院《关于立案和侦查监督工作情况的报告》。

为了解民情,掌握民意,集中民智,促进代表履职,在常委会会议召开前,组织代表开展调研,全年先后开展了城区老工业区搬迁改造、娘子关供水二期续建工程、城乡环境卫生综合整治、房屋征收和补偿管理工作、市政管网安全运行等专题调研活动。重点督办了特色农业、电子商务、旅游产业发展、煤矸山生态恢复治理、维修加固桥梁工程、强化山区师资力量、新建泉中路——北大街(环岛)环形天桥等代表建议，跟踪督办了城乡环境卫生综合整治报告、农村人居环境改善报告的审议意见,督促有关部门推进设施提升、城市安居、城中村改造、环境提升四大工程,加快建设省级文明城市。为促进“一府两院”依法行政、公正司法和有关法律法规在全市的正确实施,常委会开展对《中华人民共和国建筑法》《中华人民共和国劳动法》《中华人民共和国水污染防治法》等法律法规执行情况的检查。配合省人大常委会完成《中华人民共和国职业教育法》《中华人民共和国消费者权益保护法》《中华人民共和国保密法》的立法调研,以及实施《山西省节约用水条例》情况的执法调研。为维护国家法制统一、促进社会公平正义,常委会进一步加强对规范性文件的备案审查工作，在第三十四次常委会会议上表决通过《阳泉市人民代表大会常务委员会关于规范性文件备案审查的办法》,全年对市政府报送的《阳泉市人民政府办公厅关于批转执行阳泉市欠薪应急周转金管理暂行办法的通知》等4个规范性文件进行合法性审查。围绕社会普遍关注的热点难点,开展2015年“阳泉环保行”活动和对城区老工业区搬迁改造工作的专题询问。（杨柳青）

【行使决定权】 年内,市人大常委会围绕经济社会发展中的重大事项,在调查研究、广泛征集意见、听取和审议专项工作报告的基础上,作出决定和决议。为促进全市企业升级改造和经济转型发展，打造宜居现代化城市区，市十四届人大五次会议作出《关于〈实施城市区老工业企业搬迁改造,加快我市“国家中小城市综改试点市”进程的议案〉的决定》。为推进市政府搞好财源建设,加强预算管理,防范债务风险,为经济社会健康发展提供可靠的财力保障,维护国民经济计划和财政预决算工作的严肃性和权威性,常委会先后听取、审议并表决通过市政府《关于2014年市本级财政决算(草案)和2015年上半年全市预算执行情况的报告》《关于2015年市级财政预算调整方案暨2015年地方政府债务限额分配方案的报告》，作出市人大常委会《关于批准2014年市本级财政决算的决议》《关于批准2015年市级财政预算调整方案暨2015年地方政府债务限额分配方案的报告》。为充分调动国内外各界人士积极支持、参与和服务阳泉经济社会建设的积极性,在第三十次常委会会议上审议通过《阳泉市人民代表大会常务委员会关于授予阳泉市荣誉市民称号的规定》,建立了对有重要贡献者的荣誉激励机制。（杨柳青）

【地方立法筹备】 年内，市人大常委会积极开展获得地方立法权的各项准备工作。一是加强组织领导。制定出《阳泉市地方立法筹备工作方案》,明确责任,强化保障,确保实效。市委将地方立法工作纳入全市工作大局统筹部署,明确了有关部门和单位的责任。二是建设立法机构。规范市人大常委会法制委员会职能,专门负责立法工作,设主任委员1名、副主任委员2名,内设法规处、备案审查处和综合处3个科级机构,人员编制由4人增加至9人。设立市人大常委会法制工作委员会,既负责法律起草工作，又承担执法监督职能,与法制委员会合署办公,两块牌子,一套人马。三是建立立法咨询专家库。经过认真遴选和严格考察,初步建立起立法咨询专家库。四是建立立法联系点。选择在各县区人大常委会有关工作机构和乡镇、农村、街道、社区、大专院校、行业组织以及企事业单位,设立市人大常委会基层立法联系点。五是建立立法项目储备库。市人大常委会及市政府有关部门经过充分论证，精心选取既有立法需求、又有较高政策成熟度，且能反映阳泉特色的三大类37条项目纳入立法项目库，制定阳泉市“十三五”立法规划。在此基础上，经充分调研、广泛征求意见，提出2016年立法项目规划。六是开展法律知识培训。组织机关干部赴全国人大北戴河培训基地、中国政法大学等地参加专题培训，邀请全国人大法工委有关领导和法学专家到阳泉市授课，与河南焦作、湖南湘潭等城市进行立法工作交流，有效提升了人大干部的法律工作素养。10月，市人大常委会向省人大常委会提交《关于申请将阳泉市列为全省享有地方立法权城市的报告》，阐述了阳泉市在区位优势、经济基础、人文历史以及立法需求、立法能力等方面具有的良好基础和条件，希望省人大常委会批准阳泉市为全省享有立法权的城市。（杨柳青）

【专题询问】 11月27日，市人大常委会举行城区老工业区搬迁改造工作情况专题询问会。会议听取市政府《关于城区老工业区搬迁改造工作情况的报告》，出席会议的12位市人大代表及常委会委员，围绕重点任务推进、土地指标协调、资金政策扶持、环境保护、晋东化工有限公司退城进园、县区政府承接等方面的工作及存在问题展开询问。市发改委、国资委、财政局、国土局、规划局及平定县政府、城区政府、晋东化工有限公司负责人就询问问题进行回答，针对所提问题深入查摆原因，提出解决之策。此次询问会对市政府及有关部门进一步提高认识，强化措施，狠抓落实，努力实现企业再生、产业重构、功能再造、环境重塑、民生改善等“多赢”发展目标，把城区老工业区建设成为经济繁荣、功能完善、生态宜居的现代化城市区起到积极的推动作用。（杨柳青）

【人事任免】 年内，市人大常委会继续坚持党管干部和人大依法任免干部相结合的原则，充分发扬民主，严格依法办事，做好被任命人员任前法律考试、任职提请、供职发言、任免表决、任免材料整理归档、媒体公布任免结果等工作。为进一步规范任免程序，强化人事任免工作，修订了人事任免办法。全年通过召开常委会会议依法任免国家机关工作人员67人次，促进了国家机关的正常运转。严格按照《关于对任命人员实行年度工作报告的制度》要求，加强干部任后监督，把人大监督贯穿于常委会任命人员任职全过程。（杨柳青）

【“阳泉环保行”活动】 8月24日至28日，市人大常委会组织有关市级新闻媒体记者组成2015年“阳泉环保行”记者团，配合省三晋环保行记者团，以“加强水资源保护，保障饮用水安全”为主题，先后到三区两县的多家企业采访。对饮用水源地保护、城市供水安全情况、工业企业废水处理设施建设运行、城镇污水集中处理、农业和农村水污染防治情况、地下水污染防治和保护等进行了重点报道，全方位宣传了《中华人民共和国环境保护法》等法律法规，深层次报道了阳泉市在水环境保护方面取得的成效、经验和存在的问题，推动了国务院《水污染防治行动计划》（“水十条”）的贯彻实施，为经济发展新常态下的全市水污染防治工作营造了良好的舆论氛围。8月28日，三晋环保行反馈会召开。随后，相关部门针对反馈的问题，严格责任落实，积极整改，对推进全市生态环境保护和水环境保护起到积极的促进作用。（杨柳青）

【新任命人员向宪法宣誓】 6月25日，市人大常委会第28次会议闭幕后，6名新任命的政府工作部门负责人面朝宪法郑重宣誓，市人大常委会组成人员集体监督。此为市人大常委会首次举行新任命人员向宪法宣誓活动，是对人事任免程序的进一步完善和深化，也是对新任命人员的一种法治教育、警示和约束。为将新任命人员向宪法宣誓仪式以制度形式固定下来，激励和教育国家工作人员忠于宪法、遵守宪法、维护宪法，市人大常委会根据《山西省组织实施宪法宣誓办法》，结合实际制定《阳泉市国家工作人员向宪法宣誓实施办法》。市人大常委会第三十四次会议表决通过该办法，自2016年1月1日起施行。（杨柳青）

宣传工作

【人大新闻宣传】 年内，市人大常委会注重加强新闻宣传工作，不断完善人大期刊、人大网站及市级新闻媒体人大专栏等宣传阵地建设，通过建立学习体会交流制度、理论先导小组学习研讨制度、媒体撰稿量化考核制度等，鼓励机关工作人员积极宣传人大制度的优越性、人大工作的新进展和人大代表的新风采。全年编发《阳泉人大》6期、在《阳泉日报》刊发“人大广角”12期，在阳泉人民广播电台播发“人大之声”156期，共在市级以上媒体发表各类稿件330余件，其中发表在《人民代表报》及省级以上媒体的稿件24篇，有力地宣传了人大工作。（杨柳青）

【参加全国二十四城市人大工作研讨会】 5月26日、27日，市人大常委会副主任刘兆林参加了在河南省焦作市召开的全国二十四城市人大工作研讨会第26次会议。11月28日、29日，市人大常委会秘书长唐麟参加了在湖南省湘潭市召开的全国二十四城市人大工作研讨会第27次秘书长会议。两次会议的议题分别是“围绕党委重大决策和中心工作开展监督的经验和做法”“如何加强和改进地方人大执法检查工作”，与会成员围绕议题进行工作经验交流和理论问题探讨，对加强和改进人大工作，推动人民代表大会制度与时俱进起到积极作用。（杨柳青）

阳泉市人民政府

综合工作

【经济发展概况】 2015年，全市上下牢牢把握稳中求进的工作总基调，着力稳增长、促改革、调结构、惠民生、防风险、保安全，奋力攻坚，扎实工作，全市经济社会发展在克服困难中取得新成绩。全市地区生产总值完成595.7亿元，比2014年增长1.1%；规模以上工业增加值完成178.8亿元，下降4.1%；一般公共预算收入完成44.2亿元，下降6.1%；全社会固定资产投资完成600.7亿元，增长16.1%；社会消费品零售总额完成288.3亿元，增长4.3%；海关进出口总额完成127202万元，增长5.6%；城镇常住居民人均可支配收入26414元，增长6.4%；农村常住居民人均可支配收入11494元，增长7%；居民消费价格指数（CPI）100.4%，增长0.4%；万元GDP能耗下降2.51%，圆满完成省下达的节能目标任务。（毕映成）

【经济社会发展重大举措及成效】 年内，阳泉市狠抓经济建设，同时加快发展社会事业，加大民生投入，使发展成果最大限度惠及全市人民。

经济实现平稳发展。认真落实省政府减轻企业负担60条措施，出台阳泉市62条措施，积极帮扶企业，为企业减负15.72亿元。贯彻落实省政府促进工业稳增长19条措施，出台阳泉市22条措施。定期召开经济运行分析会，加强经济运行分析调度。坚持与阳煤集团的联席会议制度，实行市、县（区）领导对口联系企业帮扶机制，帮助企业解决运行中存在的困难和问题。设立5000万元综合产业扶持基金、3000万元企业资金链应急保障资金和1000万元中小企业发展基金。扩展大用户直供电试点，进一步降低阳光发电公司、兆丰铝业公司、冀东水泥公司、百度云计算等企业的运行成本。出台金融支持实体经济发展若干意见，积极扩大“助保贷”（养老保险费贷款担保）业务全覆盖，缓解企业融资难状况。通过以上措施，工业增加值降幅逐月收窄，由年初的-30.9%收窄至年底的-4.1%。全市GDP逐季回升，比2014年增长1.1%。

项目建设力度空前。扎实开展“项目提质增效年”活动，坚持“六位一体”（项目储备、签约、落地、开工、建设、投产）推进机制，大力实施“1215”（储备100个、开工200个、续建100个、竣工50个）工程，对重点工程项目制订详细的时间表、路线图和责任书，扎实加以推进，全市重点工程“六位一体”均完成省定目标。开展招商引资，全市通过省、市、县（区）会审并签约的项目共186个，项目总投资780.1亿元；254个项目实现外来投资到位，到位资金318.7亿元。打造园区平台，东区工业园规划加紧实施，平定王家庄工业园、盂县鑫磊循环经济产业园、郊区河底新兴工业集聚区等园区加快建设；阳煤集团乙二醇、天元废旧家电拆解等一批龙头项目落户园区。强力推进“飞地经济”，新签约飞地项目5个，总投资26亿元；桃林欢乐世界等4个项目竣工，国药物流基地等15个签约或落地项目加快推进。

产业转型扎实有效。继续坚持“稳定煤炭、加快电力、扩大煤化、做强装备、创新冶金、重组耐材、做大旅游”28字调产思路，加快资源型城市转型、老工业基地改造步伐。在贯彻落实省政府“煤炭20条”和“17条”政策措施，全力稳定煤炭行业的基础上，加快推进非煤产业发展。河坡电厂2×35万千瓦“上大压小”热电联产项目竣工投产，盂县鑫磊2×35万千瓦低热值煤发电、阳煤集团西上庄2×66万千瓦低热值煤发电等一批电源点项目加快推进。光伏、风力等新能源发电发展迅速，中广核盂县风电二期4.83万千瓦项目并网发电。总规模达12.58万千瓦的8个光伏发电项目获批,晋阳新能源二期5万千瓦项目加紧建设。特别是编制完成总规模220万千瓦的光伏基地规划,上报国家能源局。盂县—河北500千伏输变电工程有序推进。同时,加快阳煤盂县化工等一批煤化工项目和煜昌机械3万吨大型铸件、华越机械高端液压支架等一批装备制造项目建设。出台进一步规范耐火产业发展指导意见,下大力解决耐火材料行业"多、小、散、乱、差"状况。加快旅游产业发展,实施盂县梁家寨(大汖)国际温泉旅游景区、水神山景区等一批旅游重点项目。发展高新技术产业,百度云计算一期工程3万台服务器投入运营,与之配套的云产业基地逐步形成。积极发展循环经济,煤矸石、煤层气、粉煤灰和废旧家电等综合利用企业达到52家。2015年,三次产业结构由2014年的1.8∶54.6∶43.6转变为1.7∶49.8∶48.5。

城乡统筹融合发展。推进农业产业化,全市粮食产量达到2.49亿公斤,肉蛋奶产量不断提高,设施蔬菜、食用菌、小杂粮、中药材种植面积和产量均有新增长,以畜牧、核桃、蔬菜三大产业为主导的现代农业格局初步形成。改善农村人居环境,完善提质、农民安居、环境整治、宜居示范"四大工程"累计完成投资12.36亿元。1196人的移民搬迁工程主体完工率达到93%,超额完成省定60%的年度任务。实施扶贫攻坚,开展8个"百企千村"产业扶贫项目,全市7700人脱贫。加快新型城镇化建设步伐。实施道路畅通工程,连接市区南北的泉西路、洪城北路通车,市区交通压力得到缓解。国道307线路面改造工程完工,石太高速北线、郊区至娘子关一级公路通车,城市综合路网得到完善。加大市区各类管网新建和改造步伐,城市功能更加完备。重点打造3平方千米的新城起步区,启动了一批标志性建筑和重点工程建设,新城主干路网基本形成,市政公用设施建设全面推进,漾泉大道二期完成投资3.9亿元,平阳路和宁波北路一期工程完成规划设计。加快大县城和重点镇建设,平定县、盂县县城综合服务能力不断完善,重点镇建设累计完成投资34.74亿元。推进城市人居环境改善,设施提升工程、环境综合整治全面推进,城中村改造步伐加快,城市建设和管理水平进一步提升。全市城镇化率达到65.86%。

民生改善不断强化。在财政状况十分困难的情况下,改善民生的力度不减反增,民生支出占公共财政支出比例达81.9%,比2014年增长17.2%。全市城镇社会保险参保率达到97.83%。城乡低保标准分别达到430.5元、247.5元,排全省第四位和第二位;农村五保对象分散、集中供养年标准分别提高到3400元、6400元,均排全省第二位。实施"充分就业"计划,实现城镇新增就业25125人。城镇登记失业率3.25%,低于省定4.2%的控制目标。居民消费价格上涨0.4%,低于省定3%左右的控制目标。在全省率先实现国家义务教育发展基本均衡县(区)全覆盖。职业技术学院新校区开工建设。开展"文化惠民在山城"系列活动,"一年一场戏"公益演出惠及130个偏远贫困村。作家刘慈欣的作品《三体》获世界科幻大会雨果奖,为亚洲作家首次获此殊荣。举办全国蹦床赛,阳泉籍体育健儿在国际、国内重大赛事上摘金夺银。城乡居民大病保险全面实施。全市7所县级公立医院改革全部推开。保障房建设、城乡居民增收、民生实事等工作扎实开展,就业、卫生、文化、社保等涉及民生改善的各项工程继续走在全省前列。特别是着眼于打基础、利长远,实施了一批人民群众反映强烈、事关全局的工作。投资45.9亿元的阳大铁路开工建设,投资1.55亿元的城市饮用水水质改善工程、投资3.2亿元的污水处理厂二期工程等积极推进。始终把安全生产作为最大的民生,全力打造良好的安全环境,持续保持对私挖滥采的高压打击态势。全年全市共发生各类生产安全事故258起、死亡60人,与2014年相比,事故起数减少173起、下降40.14%,死亡人数减少4人、下降6.25%,杜绝了重特大生产安全事故。

生态建设成效明显。强化对重点耗能企业的节能监察,积极开展能效对标活动,大力推广节能技术产品。有序淘汰落后产能,提前完成"十二五"目标任务。加强大气污染防治,加大对土小企业的整治力度。全市1150支(座)"土小"燃煤矾石竖窑、石灰窑全部依法取缔。加大对煤炭运输、矿石运输过境车辆以及施工工地二次扬尘污染治理力度,要求所有上路车辆必须全部密闭苫盖,严禁路面抛洒,保持道路整洁。淘汰黄标车、老旧车2447辆,在全省率先完成任务。推进水污染防治,全市生活污水日处理能力达到21.33万吨。全市化学需氧量、氨氮、二氧化硫、氮氧化物、烟尘和粉尘六项减排约束性指标分别下降7.77%、6.77%、11.37%、13.1%、0.29%、0.63%,全部达到减排任务要求。市区二级以上天数267天,比2014年增加89天。空气质量综合指数6.69,下降22.4%。实施造林绿化和生态环境治理修复工程,全年完成营造林7480公顷(11.22万亩)。

各项改革全面推进。深入推进转型综改试验区建设,重点实施12项重大改革、10项重大事项、20个重大项目、2个重大课题。加大简政放权力度,在全省率先挂网运行权责清单。"先照后证""三证合一、一照一码"等商事制度改革扎实推进。深化国资国企改革,分期分批开展市直部门所属企业脱钩工作,积极推进商贸服务企业国有资本退出改革,实施水泵厂、阀门厂等重点工业企业"退城进园、搬迁改制"工作。创造条件推进行政区划调整,经济技术开发区行政托管郊区5个村、平定县1个村。实施"三个突破"(科技创新突破、金融振兴突破、民营经济突破),为经济社会发展增添动力和活力。积极推进科技创新,设立规模达3000万元的全省首支地市级高新技术投资发展基金。市科技孵化器成功申报为国家级科技企业孵化器。全市建成或在建科技孵化器达到5家,入孵企业104家。建立了上海股交中心阳泉企业挂牌孵化基地,挂牌企业达11家。加大金融振兴力度,构建了“1+X”政策引导工作机制。在全省率先启动“税易贷”业务,加快城商行改制,确立了阳煤集团等6家战略投资者,达成入股意向16.38亿元,上报山西银监局。大力发展民营经济,召开民营企业家座谈会,采取市领导对口帮扶的方式,帮助企业解决困难和问题。在全省首家召开农村电子商务推进大会,建成线上交易主体7家、农村电商体验店372家。推进股权众筹,在全省较早成立众创空间。实施中小企业成长工程,促进更多的企业实现“个转企”“小升规”,培育壮大销售收入过亿元的“小巨人”企业。 (毕映成)

人事工作

【公务员考录】 全市行政机关公务员考录工作从3月19日发布招考公告开始,经过报名、资格审查、笔试、资格复审、面试、体检、考察、公示等程序,至11月10日结束,178人全部到岗,其中市直机关55人、公安机关77人、县区机关34人、乡镇和街道办事处12人。 (武丽萍)

【公务员公开遴选】 4月至6月,市人力资源和社会保障局按照《公务员公开遴选办法(试行)》有关规定,为市政府办公厅公开遴选和选调了3名文秘职位公务员,此为市政府系统首次公开遴选公务员。 (郑 兵)

【公务员培训】 年内,市人力资源和社会保障局组织开展了三类培训。一是依托“山西干部在线学院”,开展了以中共十八届四中全会精神和党风廉政建设为主要内容的网络在线学习培训;二是组织开展了两期市直机关科级公务员任职培训,共有175人参训,每期培训10天;三是开展了2014年度行政机关新录用公务员初任培训,100人参训。为增强培训效果,课程设置尽可能符合班次特点。2015年是抗日战争胜利70周年,新录用公务员初任培训班安排了百团大战纪念馆现场教学,并组织新录用公务员在百团大战纪念碑前举行入职宣誓;邀请基层优秀公务员代表为新录用公务员作先进事迹报告,培训取得良好效果。 (郑 兵)

【军转干部安置】 11月底,阳泉市完成2015年军转干部安置任务,受到省军转办表扬。年内,阳泉市共接收军转干部12名,其中计划安置9名(副团职3名、正营职1名、副营职4名,技术9级1名)、自主择业3名(副团职1名、副营职1名,技术9级1名)。9名计划安置军转干部全部安置到市直机关工作,3名自主择业军转干部按时到市军转办报到并办理了安置手续。 (郑 兵)

【事业单位公开招聘】 年内,阳泉市公开招聘市直事业单位工作人员202人。6月5日发布公开招聘公告,共有9882人报考,8043人通过资格初审。经过笔试、面试、体检和岗前培训等程序,最终录用202人。11月初,新录用人员全部到岗。 (武丽萍)

【专业技术人才队伍建设】 2015年,市人力资源和社会保障局继续加强专业技术人才队伍建设。向省人力资源和社会保障厅推荐市二中的宋素青、段永红,市十五中的李红文3人,市中创陶粒有限公司的邹方梁4人参加“2015年度山西省学术技术带头人及第二批新兴产业领军人才”评选,其中,宋素青和李红文被评为“山西省学术技术带头人”,邹方梁入选“第二批新兴产业领军人才”并获得项目资助经费10万元。全年累计培训各类专业技术人员21349人次。全年向山西省各评委会推荐191名高、中级专业技术人员参加相关系列的职称评审,下文确认284名(含2014年取得资格者)高级专业技术人员。 (郑 兵)

【第七届女性人才专场招聘会】 3月8日,阳泉市第七届女性人才专场招聘会在市人才开发交流服务中心大厅举行。此次招聘会由市人力资源和社会保障局、市妇联联合主办,市人才开发交流服务中心承办。31家用人单位提供了138个岗位,计划招聘各类人才827人。招聘会进场人数约700人次,近100人达成初步就业意向,主要集中在管理、市场营销、财会等专业。 (郑 兵)

【公益人才交流会】 年内,阳泉市举办了春季、秋季两场公益人才交流会。3月18日,阳泉市2015年春季公益人才交流会在阳泉展览馆举行,99家用人单位提供了329个岗位,计划招聘各类人才1638人,进场人数达5100余人次,有1216人达成初步就业意向。交流会期间,首次举办了职场面对面企业家论坛,帮助求职者了解社会,提升求职和自主创业能力;开辟了高校毕业生创业项目展示区,为创业者搭建起一个交流互动平台与产品展示平台。10月28日,阳泉市2015年秋季公益人才交流会在阳泉人才市场人才交流大厅举行,30家用人单位提供了130个岗位,创业型单位的加入为此次交流会的亮点,进场人数1000余人次,有128人达成初步就业意向。

两场人才交流会均由市人力资源和社会保障局主办,市人才开发交流服务中心承办。交流会突出公益性,市人才开发交流服务中心为用人单位和各类人才免费提供服务,包括政策咨询、职业生涯规划、人才素质测评,以及高校毕业生和流动党员报到等。同时组织流动党员志愿者为大会提供志愿服务。　（郑　兵）

【"掌上阳泉"人才招聘版块开通】 3月27日,市人才开发交流服务中心在阳泉日报社的"掌上阳泉"手机应用程序中开通人才招聘版块。市人才开发交流服务中心积极创新服务方式,主动寻求合作,运用阳泉日报社"掌上阳泉"这一新媒体技术平台,将中心收集汇总的招聘岗位信息及时发布在"掌上阳泉"APP上。用户手机登录进入"掌上阳泉"APP,点击本地服务,在便民信息栏目中就可以看到人才招聘版块的各类招聘信息。　（郑　兵）

【阿里巴巴集团专场招聘活动】 5月18日,阿里巴巴集团专场招聘会在阳泉市召开。为更好地帮助高校毕业生就业,市人才中心通过多方沟通联系,成功邀请阿里巴巴集团到阳泉市召开专场招聘会,这在山西省尚属首次。阳泉市有100余名本科及以上学历高校毕业生报名,经网投简历初步筛选,80名高校毕业生参加了面试和心理素质测评,最终有9人脱颖而出,进入视频复试,并最终达成初步就业意向。通过此次招聘活动,阳泉市与阿里巴巴集团建立了长期合作关系,对促进高校毕业生就业具有积极的作用。　（郑　兵）

【高校毕业生创业园区授牌】 11月11日,市人力资源和社会保障局为阳泉市芝麻开门企业孵化有限公司授牌,此为全市首家高校毕业生创业园区。为进一步完善创业服务体系,更好地发挥创业带动就业的倍增效应,年内,市人才服务中心经过市场调查,详细了解符合做园区建设的场地与企业,最终选定阳泉市颐高数码市场有限公司为高校毕业生创业园区,企业名称为阳泉市芝麻开门企业孵化有限公司,面积约6000平方米,入驻高校毕业生实体21户,带动就业66人。　（郑　兵）

【参加山西·太原人才智力交流大会】 11月21日至22日,阳泉市组团参加了2015年山西·太原人才智力交流大会。阳泉三度软件开发有限公司、阳泉市纽创网络科技有限公司、上海红星美凯龙品牌管理有限公司阳泉分公司等19家企事业单位参会,共提供岗位375个,涵盖计算机、销售、金融、医疗、教育等。阳泉市的招聘展位共接待应聘者1000余人,270人与招聘单位达成初步就业意向。　（郑　兵）

机构与编制管理

【行政审批制度改革】 2015年,市编办把行政审批制度改革作为转变政府职能的重要抓手和突破口,调整思路,明确任务,各项工作有序推进。一是完成市政府部门权力清单编制。按照省市统一安排,深入调研,提前准备,于1月14日组织召开全面清理市政府各部门行政执法类权力清单工作动员会,并下发《关于全面清理市政府各部门行政执法类权力清单底数的通知》(阳政办发〔2015〕4号)。经过部门编写、审核规范、专家论证、合法性审查和征求意见等程序,对市政府39个部门的权力清单进行汇总编制。经市政府常务会议研究审定通过,8月10日在市政府门户网站和市编办网站公布运行。同时,对行政职权进行流程再造,编制完成市政府各部门行政职权运行流程图,与权力清单一并公布运行。二是完成市政府部门责任清单编制工作。权力清单厘清后,市编办及时印发《关于推行责任清单制度实施方案的通知》,编写了《阳泉市推行责任清单制度工作手册》,组织政府各有关部门依法依规编制责任清单,明确责任主体,推进政府部门依法全面正确履行职能,确保实现"法定职责必须为"。7月9日,组织召开全市推行责任清单制度动员会。经过部门编写、审核规范、专家论证、合法性审查和征求意见等程序,从责任主体、责任事项、责任事项依据、追责情形、追责情形依据5个方面,对政府各部门责任清单进行汇总编制。经市政府常务会议研究审定,12月10日在市政府门户网站和市编办网站公布运行。同时,加强对权力运行的全程实时监控,查找廉政风险点,编制"行政职权廉政风险防控图"。12月10日与责任清单一并公布运行。三是做好审批事项精简工作。继续加大取消、下放一批行政审批事项力度,彻底取消"非行政许可审批"这一审批类别,同时做好省政府取消下放审批事项的衔接工作。全年取消审批事项35项,下放8项,承接31项,调整3项。　（郭振宁）

【政府职能转变和机构改革继续推进】 年内,市编办强化督促检查,完善职能配置,调整体制机制,继续推进政府职能转变,巩固扩大机构改革成果。按照省编办的要求,对市县政府职能转变和机构改革工作进行验收评估,重点了解和检查政府工作部门"三定"规定执行情况和新组建部门运行情况,对发现的问题及时进行整改。4月15日,省编办对阳泉市政府职能转变和机构改革工作进行验收评估,对阳泉市的工作给予充分肯定。同时,密切跟踪市政府涉及改革部门职能调整及"三定"规定的落实情况,进一步明确城市防汛职责分工和成品油市场监管职责。针对县区政府改革涉及部门领导班子尚未配备到位的问题,主动协调组织部门,印发相关文件,督促县区党委、政府尽快调整配备改革涉及部门的领导班子。年底前,市县政府机构改革整合组建部门领导班子配备工作基本完成。（郭振宁）

【机构编制事项调整】 年内,市编办围绕建立有利于转型跨越发展的体制机制，充分发挥机构编制部门的职能作用，做好有关机构编制事项调整工作。围绕全面深化改革，完善市委全面深化改革领导小组办公室的机构设置；整合并明确了市直不动产登记职责和完善了市直不动产登记机构设置，建立和实施不动产统一登记制度；协同做好市委组织部内部改革工作，调整优化机构设置；配合市人大常委会和市政府法制办争取地方立法权，设立市人大常委会法制工作委员会，成立市政府法律顾问服务中心；落实深化煤炭管理体制改革牵头任务，制定出工作方案；贯彻落实《关于加快经济技术开发区转型升级创新发展的实施意见》，制定出推进开发区体制机制创新的工作方案；配合市医改办，制定了全面推开县级公立医院综合改革实施方案和深化医药卫生体制改革工作2015年重点工作任务。围绕重点民生领域，进一步明确畜禽定点屠宰和酒类流通监管职责分工，成立盂县邮政业发展中心，调整充实市老年大学办公室人员编制，调整理顺市县两级红十字会的管理体制，完成加强改善农村人居环境工作的机构设置。围绕平安阳泉建设，调整市公安局和市公安局交通警察支队的内设机构，成立市公安局警犬基地。整合机构编制资源，提出组建阳泉职业技术学院的机构编制意见，提出市经信委（市国资委）和街道办事处有关机构编制事项的意见。（郭振宁）

【事业单位分类批复】 年内，市编办以清理规范、科学分类为基础，以创新体制机制为核心，推进事业单位分类批复工作。一是做好基础工作。5月8日，全省市县事业单位分类批复工作会议召开后，阳泉市迅速启动有关工作，在2012年10月上报省编办的基础上，核实每个事业单位的机构名称、机构规格、经费来源、编制数，确保基础信息准确无误。二是科学划分类别，广泛征求意见。坚持“政事分开、事企分开、管办分离”的原则，严格对照《山西省市县事业单位分类指导目录》，以社会功能为依据，先后7次召开主任办公会议专题研究，科学合理划分事业单位类别，并向60余个部门400余个单位征求意见，形成市直事业单位分类意见。三是提交会议审定，最终确定类别。7月21日，市编委会议审议并原则同意市直事业单位分类意见。其中，划分为行政类事业单位5个、公益一类事业单位236个、公益二类事业单位56个、生产经营类事业单位20个，暂不分类的事业单位52个，不纳入分类改革范围的事业单位33个，转为群众团体的事业单位1个，阶段性完成事业单位分类改革任务。（郭振宁）

【机构编制管理】 年内，市编办继续坚持“严控总量、盘活存量、优化结构、增减平衡”的原则，加强机构编制管理工作。一是加强机构编制实名制管理。全市党政机关、事业单位的机构编制、经费来源和在编人员的身份、职务、职称、学历等内容发生变化的，及时更新机构编制证和系统数据，保证动态管理数据的准确性和时效性。同时，坚持综合调控，发挥优势，建立与组织、人社、财政部门相互协调配套的约束机制，树立了机构编制部门数据的权威性。及时导入实名制数据，确保3月正式运行的省、市、县三级联网实名制综合管理平台数据准确无误。二是开展机构和人员编制核查工作。统一部署，明确责任，广泛动员，分5批次对市直各部门及所属事业单位负责核查填报的近500人进行培训。认真核对机构编制历史沿革文件、人事任免文件、人员花名册、工资发放明细表、编外人员劳动合同等相关资料。与组织、人社、财政、审计、纪检等部门联合开展督导审查，谁审核谁签字，保证责任落实到人。市县两级同步实施，确保核查工作有序开展、有力推进、有效落实。通过开展机构和人员编制核查工作，核清总量，探清结构，掌握最准确的机构编制和实有人员情况，确保机构、人员只减不增。三是严格执行控编减编方案。根据中央和山西省的要求，制定了《阳泉市控编减编方案》《阳泉市贯彻落实控编减编工作的实施意见》《阳泉市市直控编减编工作实施方案》，提出以2012年编制总量为基数，2015年至2017年事业编制总量按2%、2%、1%递减。为落实控编减编目标，结合事业单位分类改革，以及事业单位的职能任务、工作性质和现状，对控编减编任务进行分解，细化到每个单位和年度，按时完成市直事业单位减编任务。四是加强机构编制监督检查。强化机构编制部门与组织、财政、人社等部门的协调配合，建立编委领导牵头的控制财政供养人员只减不增的部门会商机制。与纪检监察、审计等部门协作配合，定期开展落实控编减编工作方案专项监督检查，加大机构编制违规违纪查处力度，及时查处违规违纪行为，严格责任追究。利用“12310”机构编制举报电话，借助新闻媒体、社团组织等力量，构建多渠道举报网络，拓展发现问题的途径，维护机构编制管理的纪律性和严肃性。（郭振宁）

【事业单位登记管理】 年内，市编办继续贯彻落实《事业单位登记管理暂行条例》和《事业单位登记管理暂行条例实施细则》，进一步规范事业单位登记管理行为。抓住年度检验这一重要环节，对事业单位提交的年度报告，从资料的齐全性、有效性、真实性等方面进行审查，把好资格关、数据关、资金关和材料关，确保标准不降低、步骤不减少、程序不简化。落实开办资金确认登记制度、年度报告公示制度、事业单位离任审计制度，强化了对事业单位的监管力度，进一步规范了事业单位行为。全年全市事业单位总数为1329个，已登记事业单位法人1249个；应参加2014年度报送的事业单位

为1019个,年度报告合格的事业单位为998个。（郭振宁）

【机构编制电子政务建设】 年内,市编办继续把机构编制电子政务建设和网上名称管理作为提高机构编制工作效率和信息化水平的一项重要内容,纳入机构编制部门日常工作。阳泉市机构编制电子政务内网与市委党务内网局域网和省机构编制部门电子政务内网于2014年12月接通，在成功导入机构编制核查数据的基础上,省、市、县三级联网实名制综合管理平台于2015年3月正式运行。至年底,全市中文域名注册总量为1234个,注册单位覆盖率为75.9%,注册单位覆盖率在全省排名第二位;全市党政机关网站标识申请通过数量111个,事业单位网站标识申请通过数量228个。（郭振宁）

行政审批工作

【概况】 2015年,市行政审批服务中心以“审批项目最少、审批时限最短、审批流程最优、审批效率最高”为目标,大幅压缩审批时限,全面优化审批流程,强化统一受理登记,规范审批行为,推行并联审批,加强审批时限监管。全年中心各窗口共受理各类事项14021件,按期办结率达到99.9%。协助市编办完成《市政府部门行政审批类权力清单》的编制任务,以市政府文件依法公开全市各部门的行政审批类权力287项,其中行政许可事项74项、非行政许可事项4项、扩权强县事项21项、其他审批事项188项。对照省级审批事项下放目录,做好省政府文件公布取消、调整、下放审批事项的对接跟进工作。根据《阳泉市减轻企业负担促进工业稳定运行的若干措施》要求,督促涉及部门及时承接省级下放事项,完成市食品药品监督管理局3项、市环保局7项、市煤炭工业局8项事项的流程设计和删录任务。

作为全市“六权治本”政务公开组的牵头单位，清理和精简审批事项，厘清各部门行政执法类权力清单，在全省率先完成行政职权流程图编制工作。（程永璐）

【审批窗口整顿规范】 年内，市行政审批服务中心继续对行政许可首批进驻的25个市直部门窗口进行整顿规范。开展窗口运行情况检查,督促有关部门及时调换不合格人员。按照“职能到位、人员到位、授权到位”的原则,要求各部门向其行政许可科依法授予受理审查权、协调督办权、答复告知权和办结发证权。推行政务服务标准化,按照“一项目一流程、一事项一清单”要求,统一制作办事指南,将许可项目、办理流程、收费标准、办理时限向社会公示,接受公众监督。至年底,首批进驻市行政审批服务中心的25个市直部门均按要求设置了行政许可科,承担之前分散在69个科室的全部审批服务职能。各部门的行政许可科科长带队整建制入驻政务大厅，统一组织协调办理各部门的审批事项,方便了群众办事,提高了工作效率。（程永璐）

【“三证合一”审批服务】 10月,由市工商局牵头,会同市质监局、市国税局、市地税局推出注册企业工商执照、税务登记证、企业代码证“三证合一”一条龙审批服务。企业一次性向工商窗口提交设立申请，质监窗口、国税窗口、地税窗口信息共享,进行“一表制”审批,同步办理,限时办结，统一核发加载信用代码证的营业执照。“三证合一”审批服务简化了办事程序，提高了办事时效，受到民营企业特别是小微企业的欢迎。（程永璐）

【网上行政审批服务】 年内,市行政审批服务中心学习借鉴外地成功经验和成熟技术,开展了网上行政审批服务工作。开通网上审批系统模块,实行行政审批事项网上受理、网上流转、网上办结,并接受实时电子监察。至年底,市质量技术监督局、市食品药品监督管理局、市安监局3个部门的4个审批项目开通网上审批,全年申报办结50件审批事项。（程永璐）

【审批服务管理】 年内,市行政审批服务中心不断加强政务大厅的基础性管理。一是提升服务质量,大厅全体工作人员统一着装,挂牌上岗，在窗口安装了服务评价器;二是严肃工作纪律,加强请销假管理和外出登记制度，坚持主任值周、科室查岗,建立起中心与窗口单位的反馈沟通机制,共同加强对窗口工作人员的管理;三是设置便民服务台,为办事群众提供便民雨伞、便民文具、便民打印、免费WiFi等服务；四是完善投诉受理制度,在一楼大厅设置投诉意见箱,开通投诉举报电话和网上投诉信箱,建立投诉工作台账,认真接待群众投诉。与此同时,中心把严格实行首办责任制、一口对外、一次告知、限时办结作为重要内容,纳入对各县区审批中心、市直行政审批分中心的年度目标考核,促进了审批工作的开展。（程永璐）

【“五比五看 打造五型窗口”劳动竞赛】 3月,为进一步优化政务服务环境、提高行政审批效率,市总工会在市行政审批服务中心开展了“五比五看,打造五型窗口”劳动竞赛活动。活动以“执行、便民、创新、高效、洁净”为主题,内容为比遵章看守纪,打造执行型窗口;比服务看质量,打造便民型窗口;比素质看能力，打造创新型窗口；比业务看贡献，打造高效型窗口；比卫生看环境,打造洁净型窗口。

为确保活动取得实效，市总工会与市行政审批服务中心加强领导,严密组织,成立劳动竞赛活动领导小组，将开展劳动竞赛与年度目标任务考核工作结合起来，制定考评细则,加大监督检查力度,对考评结果进行分类排队。活动中,各窗口工作人员你追我赶,争先创优。年底,市工商局窗口等5个集体被评为"文明服务示范窗口",周莉华等15人被评为"优质服务标兵"。劳动竞赛激发了广大干部职工的干事创业热情,营造出"比、学、赶、帮、超"的良好氛围,促进了中心各项工作的提升。 (程永璐)

对台工作

【台胞台属慰问】 1月29日和9月16日,市委常委、市委秘书长刘星分别带领市台办负责人,看望和慰问阳泉市的部分台胞台属代表与台资企业,为他们送去慰问品和节日问候。刘星与台胞台属亲切交谈,鼓励他们继续发挥桥梁纽带作用,多与台湾亲友保持联系,促进两岸交流合作。在台资企业方大添加剂(阳泉)有限公司,刘星详细了解企业近几年的发展情况,鼓励企业加快转型升级步伐,做大做强,为推进全市经济发展再创佳绩。 (李伟伟)

【对台宣传】 年内,市台办充分利用传统媒体和新兴网络媒体开展对台宣传工作。在中央重点网站——中国台湾网发稿6篇,在《山西对台工作》发稿17篇,其中有多篇稿件被中国日报网、山西新闻网、山西省政府网、阳泉市政府网等转载。利用市内报纸、电视、互联网等各种媒体开展涉台宣传报道工作,特别是7月"华夏文明看山西——台湾大学生山西行"参访团到阳泉市考察期间,指导市级新闻媒体随行采访报道,开展立体宣传,并给参访的青少年学生发放《阳泉文化名片》40册。精心维护阳泉市专业对台宣传网站——"文献名邦 魅力阳泉",宣传中央方针政策、与台交流重要活动和全市的经济社会发展成就。全年登稿500余篇,点击数300多万次。年内有多项指标在全国91家地市级同类网站排名中进入前15名,全省排名进入前3名。 (李伟伟)

【《涉台教育实用手册》】 年内,市台办创新工作,编印了《涉台教育实用手册》1000册,内容分为台湾基本情况、台湾旅游须知、部分涉台法律法规、2005年以来对台工作方针政策重要文献4个部分。编撰过程中,编写人员广泛收集资料,反复修改校对,严格审定付印。市台办将《涉台教育实用手册》分送市级四大班子领导、对台工作领导小组成员单位领导、各县区有关领导和市直单位一把手等,对帮助广大领导干部学习涉台政策法规、深入了解台湾、促进与台交流具有积极的作用。 (李伟伟)

【台湾大学生参访团到阳泉参访】 7月23日,"华夏文明看山西——台湾大学生山西行"参访团到阳泉市参观访问。来自台湾大学、台北科技大学、新北市辅仁大学等学校的22名大学生和教师以及太原理工大学的10名大学生一行,参观了狮脑山百团大战纪念馆和娘子关景区等,重温抗日战争历史,亲身感受中华传统文化的博大精深和阳泉市近几年的发展变化。 (李伟伟)

【参加晋台经贸交流合作恳谈会】 9月17日至24日,市台办副主任张丽娟、市农委主任武建功、平定县副县长梁海昌和泰东农业科技有限公司总经理郭俨峰,赴台湾参加第四届晋台经贸交流合作恳谈会。会议期间,参访了高雄市永龄有机农场、桥头区农会等,与相关负责人交流了农场和农业协会管理方面的经验,与台湾农业、城市管理等方面的企业家和专家进行了食用菌栽培、餐厨垃圾处理、城市污水处理等项目洽谈,推进了阳泉市与台湾经济产业的交流与合作。(李伟伟)

【为台胞 台属 台商服务】 年内,市台办协调有关部门,为台胞、台属、台商排忧解难。与市住建局协调解决台胞桑国强住房困难问题;与市国税局协调解决台企办税问题;与矿区和阳煤集团协调解决台属历史遗留问题;妥善解决了台胞黄良达滞留大陆问题。 (李伟伟)

外事工作

【因公出国(境)管理】 2015年,市外侨办严把因公出国(境)审批关,共受理公务出国(境)团组8批10人次,事由为培训、交流、访问等,涉及德国、美国、日本、加拿大、意大利、俄罗斯、吉尔吉斯斯坦7个国家和中国香港地区。 (董素静 靳红平)

【APEC商务旅行卡办理】 年内,市外侨办按照《山西省国有企业人员APEC商务旅行卡申办及管理暂行办法》和《山西省民营企业人员APEC商务旅行卡申办及管理暂行办法》,为3人申办了APEC商务旅行卡。APEC商务旅行卡是亚太经合组织为便利区域内商务人员往来所创立的特殊旅行证件,相当于5年有效多次签证,持卡人凭APEC商务旅行卡及有效护照可入境相关经济体,并可享受通关便利。 (董素静 靳红平)

【友城交流与合作】 年内,阳泉市积极落实与国际友好城市英国切斯特菲尔德市签订的协议,同切市相关旅游企业联系,探讨组织阳泉市民赴切市旅游观光,打造一条新的出国旅游线路,加强民间交往,密切友城关系;促成山西工程技术学院与切斯特菲尔德学院建立友好校际联系,推动两校在人员互访、专业设置、教学教法交流等各个方面的合作。为助力矿区扩大开放,加快经济社会发展,市外侨办指导矿区积极与法国洛桑戈埃勒市沟通联系,商讨建立国际友好城市关系相关事宜。 (董素静 靳红平)

侨务工作

【困难归侨侨眷慰问】 2月11日，副市长任衍钢带领市外侨办负责人，对80岁的蒙古归侨张润珍、85岁的蒙古归侨刘可从及其他困难归侨侨眷进行慰问，为他们送去新春祝福和慰问金。任衍钢仔细询问了他们的身体状况和生活、医疗、养老等情况，鼓励他们安心养病，尽快恢复健康，并要求市外侨办尽全力照顾好困难归侨侨眷的生活。此次慰问活动，市外侨办共为28名困难归侨侨眷发放慰问金3.08万元。（董素静 靳红平）

【助学金发放】 2月11日，市外侨办举行2014年度“三侨生”(归侨青年、归侨子女、华侨在国内的子女)助学金发放仪式，共为7名困难“三侨生”发放助学金9600元，其中2名高中生每人800元、5名大学生每人1600元。12月2日，市外侨办发放2015年度“三侨生”助学金，共为7名特困“三侨生”发放助学金9600元，发放标准同2014年度。（董素静 靳红平）

【侨情调查】 年内，市外侨办成立侨情调查工作小组，与全市各县区上下联动，对全市基本侨情开展调查。通过入户摸底，掌握了全市归侨侨眷的实际情况，最终核实确认116人的归侨身份，建立起全市归侨侨眷数据库，完善了为侨服务管理体系。（董素静 靳红平）

【归侨侨眷技能培训】 10月15日至11月15日，市外侨办组织4名归侨侨眷参加省外事办组织的“关爱工程——归侨侨眷职业技能培训”。此次培训在省劳动保障技术学校和省国际面食学校举办，内容包括焊工、电工、面食制作等。通过培训，4名归侨侨眷掌握了专项技能，获得职业资格证书，为其就业创业打下了基础。（董素静 靳红平）

【归侨免费体检】 为贯彻落实党的侨务工作政策，关心和改善归侨民生生活，12月14日至15日，市外侨办组织全市100多名归侨在市健康体检中心进行免费常规健康体检。（董素静 靳红平）

民政工作

【“六议两公开”】 年内，郊区在推进农村基层民主建设方面探索总结出“六议两公开”工作机制。“六议两公开”即动议、提议、商议、审议、民议、决议和决议结果公开、实施结果公开。具体内容是村干部提出决策动议必须是村长期规划或年度计划、上级安排和村民意愿要求的事项；在调查研究、听取意见和科学论证的基础上，在支委会上提出提议，充分讨论形成意见；召开村委会、支委会讨论修改完善意见；经村委会、支委会商议通过的事项提交全体党员大会审议；审议通过事项由村民代表向住户征求意见，并背书签字；召开村民代表会议或村民会议讨论表决；决议完成后，决议结果进行公开，资料存档；决议实施结果进行公开，公开时间不少于7天。“六议两公开”工作机制对于加强农村民主管理、强化权力制约治理、推进民主科学和公开透明决策、规范畅通监督渠道和程序，具有较强的示范和指导意义。市委发文在全市推广了这一经验。《山西日报》进行了整版报道。这一经验被省民政厅推荐为2015年度社区治理创新经验，列入中央党校经典案例。（刘 蓉）

【社区建设】 2015年，全市民政部门积极推进社区治理和服务创新，逐步构建起党委政府领导、社会多元参与的社区治理模式。城区被民政部确认为山西省唯一一家“全国社区治理和服务创新实验区”。借鉴郊区“六议两公开”农村工作机制，开展农村社区治理，健全决策民主协商制度，通过揭榜竞选、六议两公开、履职承诺、划定责任清单、实行乡村民事代办、创新组织管理办法六项创新，实现农村社区治理机制的根本性转变。出台社区建设规范性文件10余个，健全社区建设运行机制。教育培训扎实推进，社区队伍整体结构趋于年轻化、知识化和专业化。社区经费列入市、县(区)两级财政预算，办公经费年平均达到5.5万元以上，全年全市财政共投入社区建设资金940万元。社区干部岗位报酬逐年提高，月均2100元。从2015年起，市级财政每年投入200万元用于社区服务设施改善，持续3年。（刘 蓉）

【村务管理】 年内，阳泉市采取措施加强村务管理。开展全市“领头雁”市级示范培训，对2014年换届选举出的村委会主任进行岗前培训。指导县区开展村民自治规范化管理，完善村民会议和村民代表会议议事规则。在坚持“四议两公开”(党支部会提议、村支两委会商议、党员大会审议、村民代表会议或村民会议决议，决议公开、实施结果公开)的基础上，推广郊区“六议两公开”经验，从规范决策议题的“动议”和提升“民议”真实度两个环节入手，减少决策的随意性，增加村民代表入户征求意见环节。开展村级民主协商活动，探索建立村级民主议事会制度。完善《村民自治章程》《村规民约》，以村务公开专项治理为契机，规范村务公开、财务监督、群众评议等，充分发挥村务监督委员会的作用，村级民主监督工作不断完善。（刘 蓉）

【社会组织管理】 年内，阳泉市继续推进社会组织直接登记，制定下发《阳泉市四类社会组织直接登记实施细则》，全年全市直接登记社会组织11个。对100家社会组织开展年检，对制度不健全、运作不规范和因主要负责人频繁更换、缺位、离位，造成民间组织工作严重受影响的，下达整改通知书限期纠正。开展涉企社团清理规范工作，规范收费项目，查处乱收费问题，减轻企业负担。经过清理整顿，42 家涉企社团降低会费标准，涉企社团减免 393 家企业收费 97.12 万元。开展社会组织评估工作，12 个社会组织参加评估，其中 7 个获评 AAA 等级、4 个获评 AAAA 等级、1 个未获等级。加强社会组织党建工作，实行社会组织登记注册与党组织组建同步审批，将社会组织党建工作纳入年检、规范化建设等级评估和评选评比考核体系，市级社会组织建立党支部 19 个。加大公益类社会组织扶持力度，给予经费投入、项目支持，为阳泉市宜康居家养老服务中心争取到社会组织参与社会服务项目的立项，得到中央财政 50 万元的支持。公益类群众性社会组织发展活跃。上善工作室和爱心公益志愿者协会联合开展的关爱农民工子女就业公益项目，在中国第二届青年志愿服务项目大赛中获铜奖；市义工联合会开展的“七色阳光助学行动”等公益项目，资助贫困学生 400 多名。年底，全市有社会组织 482 个，其中社会团体 341 个、民办非企业单位 141 个；新成立社会组织 8 个，登记备案社区社会组织 320 个。（刘　蓉）

【优待抚恤】 年内，全市下拨各类抚恤补助资金 3279.68 万元，4477 名优抚对象的抚恤补助金按时、足额发放到位。为 125 名抗日战争老兵每人发放一次性生活补助 5000 元。审批各类优抚对象 300 人，审核上报评残、提等 26 人。全市烈士换证补发工作和伤残人民警察证换发工作基本完成。（刘　蓉）

【双拥工作】 年内，阳泉市通过省双拥工作考核组考核验收，第七年蝉联“省级双拥模范城”荣誉。为驻军随军家属每人每月发放 550 元未就业生活补贴。开展送书送法进军营、送电影下部队和首届党政军“双拥杯”联谊体育比赛等活动。“八一”前夕，市委老干部局组织了军民情深“心连心”慰问演出，丰富了官兵文化生活，增进了军民友谊。（刘　蓉）

【退役士兵安置】 2015 年，阳泉市接收春季转业士官 34 人、冬季退役士兵 18 人、自主就业退役士兵 498 人，安置 49 人。解决历年遗留问题 15 人，自谋职业 6 人。发放待分配期间生活补助 21.3 万元，发放自谋职业金 30 余万元，发放自主就业一次性经济补助 568.35 万元。组织开展退役士兵职业教育和技能培训，382 人参训，其中 375 人取得职业技能鉴定证书，占参训总人数的 98%。（刘　蓉）

【全国第二次地名普查】 年内，全市民政部门积极做好全国第二次地名普查工作。一是开展宣传活动。制作地名宣传牌 60 余块、宣传条幅 30 条，在市内主要路段进行宣传，并向市民发放地名普查知识问答等宣传资料。在阳泉民政网页开设专栏，宣传地名普查相关政策，营造地名普查、人人有责的良好氛围。二是建立地名普查联络员制度，确定 28 名地名普查领导小组成员单位联络员。三是组织县区及成员单位相关人员参加全省地名普查培训班，组织收看全国地名普查工作交流促进视频会，学习地名普查先进工作经验。四是于 8 月 26 日至 27 日，组织召开全市第二次全国地名普查工作动员及培训会，市、县、乡地名普查工作人员共计 240 人参加会议，全市地名普查工作启动。五是在全市范围内开展地名资料收集。六是对全市跨界自然地理实体地名进行摸底。七是于 10 月 13 日召开全市地名普查工作进展通报会。至年底，普查工作按计划进行。（刘　蓉）

【行政托管】 4 月 28 日，市委、市政府印发《关于阳泉经济技术开发区托管侯家沟等 6 个行政村的意见》，决定从 5 月 1 日起，郊区李家庄乡侯家沟村、驼岭头村、长岭村和杨家庄乡张家洼村、路家山村，平定县巨城镇庙堰村共 6 个行政村正式交由市经济技术开发区托管。5 月 11 日至 20 日，市经济技术开发区社会管理局与郊区李家庄乡、杨家庄乡和平定县巨城镇进行对接，完成托管交接工作。（刘　蓉）

信访工作

【概况】 2015 年，全市信访总量 13612 件（人）次，比 2014 年下降 14.48%。其中，集体访 503 批次 10203 人次，批次、人次分别下降 4.55%和 17.86%；个体访 1601 批次 2289 人次，批次、人次分别下降 3.32%和 4.94%；来信（含网上信访）1120 件，上升 3.13%。中央、省交办信访案件 166 件，办结率 100%，化解率 100%，位列全省第一。进京非正常上访 282 人次，下降 5.37%，排全省第六位。赴省集体上访 118 批次 2263 人次，上升幅度较大。全市未发生因信访问题引发极端恶性事件、因信访问题引发媒体炒作事件和极端个人事件。（赵丽东）

【信访渠道畅通拓宽】 年内，全市信访部门采取积极措施，畅通拓宽信访渠道。一是坚持排查和源头预防工作。把社会稳定风险评估工作作为前置程序和刚性门槛，坚持日常排查、专项排查和重大活动排查、敏感节点排查相结合，抓早抓小，及时就地化解矛盾纠纷。加强社会稳定风险评估，先后参加阳大铁路工程建设、阳泉市职业技术学院新校建设、盂县电厂工程建设等项目的信访风险稳定评估工作，最大限度地预防和减少信访问题的发生。二是持续完善联合接访机制。市、县（区）信访服务中心坚持信访职能进中心、职能部门进中心、领导接访进中心,形成信访部门综合协调、市和县(区)领导及相关单位联动调处、工作流程规范完整、服务群众便捷高效的信访工作运行机制,确保群众信访事项实现一站式受理、一条龙服务、一揽子解决。三是扎实推进网上信访工作。完成全市信访网上投诉平台建设,全市 271 个单位(市级 34 个、县级 237 个)网上投诉平台投入使用,实现信访信息系统纵向到乡镇、横向到部门的全覆盖。全年全市共录入信访信息 1406 件,接收处理信(网)件 458 件,信息录入率、信(网)投诉办理率均为 100%。　(赵丽东)

【领导干部接访下访】 年内,市委、市政府加强市级领导接访力度,增加领导接访频次,变每周一有一名市级领导接访为每周一、三、五都有一名市级党政领导到市信访接待大厅接访,市委书记、市长带头接访。各县区党政主要领导周一接访,每周有一名县级领导到同级信访大厅接访。全年 14 名市级领导坐班接访 45 次,接待信访群众代表 148 批次 419 人次;各县区主要领导坐班接访共计 284 批次 2351 人次。解决了大量疑难信访问题。　(赵丽东)

【信访积案化解】 从 5 月开始,阳泉市采取市委常委包县区、副市长包分管领域和市领导包案化解重大疑难信访问题的有效措施,将“以群众举报乡村干部腐败为切入点集中解决信访诉求问题”专项治理活动中省交办的 166 件信访案件、市排查的 30 件信访积案全部包到市级领导头上,市、县(区)、乡镇(街道)、村(社区)四级领导包案,按照一个积案、一套班子、一项化解方案、一个解决时限要求,因案施策,多措并举推动积案化解。此外,全市还梳理出 15 件社会影响强烈、久拖未决的重大集体访案件,由市级领导包案化解。市委书记陈永奇包处盂县青崖头地质灾害治理信访案,市委副书记王旭明包处盂县东宋村信访案,其他市级领导和市中级人民法院院长、市人民检察院检察长依次包案。针对每个案件分别成立工作组,市级领导带案下县区,召开专题会议,推动案件化解。市级领导全年 60 余次深入基层督查指导,对信访事项进行跟踪督办,有效化解了一大批信访积案。专项治理活动取得 4 个百分之百的好成绩,即中央交办重点信访案件化解率 100%、省交办重点信访案件化解率 100%、省交办网上登记信访事项办结录入率 100%、市排查交办案件化解率 100%,得到省委、省政府领导的充分肯定,受到省联席办的通报表扬。　(赵丽东)

【赴省进京非正常上访治理】 年内,阳泉市加大对违法上访行为的打击力度,政法、公、检、法、司、信访等部门多次研究协调,消除依法处理违法上访行为的畏难情绪,对信访人上访行为进行明确界定,对以上访为由,频繁赴省、进京非正常上访的重点人员和组织、煽动、串联、越级上访或非正常上访及幕后策划者等,广泛收集证据,依法严肃处理。全年全市公安机关依法打击处理非正常上访人员 205 人次,其中刑事拘留 6 人、起诉 5 人、判刑 1 人、行政拘留 74 人、警告 80 人、训诫 39 人,有效打击了缠访闹访违法上访的势头,规范了信访秩序,维护了社会稳定。　(赵丽东)

【信访秩序规范】 年内,按照“四项规范、四项追究”(规范信访人行为、规范信访部门行为、规范解决信访问题责任者行为、规范信访事项制造者行为;以上四项出现问题,分别进行责任追究)要求,市委、市政府与各县区、市直部门层层签订信访工作目标责任书,明确任务,细化职责,严格工作考核,严格责任追究。对思想不重视、制度不落实、工作不得力,导致信访工作出现问题的,严格按照《阳泉市党员领导干部信访工作责任追究暂行办法》,严肃追究相关部门和人员的责任。对在工作中不依法行政、不作为、乱作为,损害群众利益引发上访造成影响的,对没有下大功夫解决信访问题形成事态的,对其他信访工作中工作不力的,严肃追究有关单位、有关领导和有关责任人的责任。年内,阳泉市对 13 名信访工作责任人进行责任追究。针对盂县进京非正常上访突出的情况,盂县有 4 名责任人受到处理,其中南娄镇党委书记、镇长分别被调整职务,南娄镇党委副书记受到党内警告处分,牛村镇包片领导受到党内警告处分;针对城区一名重点上访人员进京非正常上访一事,城区 5 名责任人受到党纪处分,其中对 1 名县级包案领导、1 名公安民警分别进行诫勉谈话,对 2 名街道办事处干部给予党内警告处分,对 1 名社区包案领导给予党内严重警告处分,责任追究情况向全市通报。　(赵丽东)

统计工作

【经济普查资料开发利用】 2015 年,市统计局在 2014 年完成第三次全国经济普查主题工作的基础上,开展经济普查资料开发利用工作。发布《阳泉市第三次全国经济普查主要数据公报》,为有关部门科学制定“十三五”发展规划提供信息支撑。根据省经济普查办公室《关于认真做好经济普查年鉴编辑出版工作的通知》要求,市经济普查办公室制定方案、安排部署、责任到人、分工合作,开展《阳泉市经济普查资料(2013)》编辑工作。年底,该项工作进入校对定稿阶段。围绕经济普查资料开展课题研究,组织专业科室撰写论文 16 篇,其中《从第三次全国经济普查数据看阳泉市五年来的经济发展》一文入选全省经济普查优秀论文集。　(李政泽)

【《阳泉市"十三五"规划指标体系及指标预测研究》编制】 根据市政府办公厅《关于印发阳泉市国民经济和社会发展第十三个五年规划编制工作方案的通知》，市统计局于2014年11月开展了《阳泉市"十三五"规划指标体系及指标预测研究》编制工作。专业人员收集了近20年的数据，分析阳泉市经济发展的特点及存在问题，采用一元线性回归模型、半对数线性模型、多项式回归模型对阳泉市"十三五"发展趋势和规模进行长期预测，并提出对策建议。2015年4月，《阳泉市"十三五"规划指标体系及指标预测研究》编制完成。11月，参加了市发改委组织的"十三五"规划前期重大课题专家组评审会，获得专家组高度评价。 （李政泽）

【统计优质服务】 年内，市统计局结合全市产业结构特点，编发统计专报3篇、统计报告40篇、统计信息166篇，其中有多篇得到市领导批示，不少意见建议体现在市委、市政府的决策部署中。继续开展"中国统计开放日"活动，联合国家统计局阳泉调查队于10月举办宣传活动，设立展板20余块，全面展示了阳泉统计工作近几年取得的成就。编印《阳泉市第三次全国经济普查主要数据公报和阳泉市2014年国民经济和社会发展统计公报合订本》，在全市"两会"召开期间发放给人大代表和政协委员，为其参政议政、履行职能提供参考。 （李政泽）

【《阳泉统计年鉴(2015)》出版】 9月，《阳泉统计年鉴(2015)》由中国统计出版社公开出版发行。《阳泉统计年鉴(2015)》系统收录了全市和各县区2014年经济社会各方面的统计数据，是一部全面反映阳泉经济和社会发展情况的资料性年刊。年鉴正文分为11个篇章，内容涉及综合、工业、农业、能源、交通、投资、物价等方面，附录部分收录了中华人民共和国2014年国民经济和社会发展统计公报、山西省2014年国民经济和社会发展统计公报、阳泉市2014年国民经济和社会发展统计公报、阳泉市2014年城市建设统计公报。 （李政泽）

【人口抽样调查】 阳泉市从1月开始筹备抽样调查工作，经过宣传发动、抽样框整理、普查地图绘制、普查员培训等准备工作，全市近300名调查员和调查指导员于11月1日开始入户登记。11月中旬完成入户登记工作。年底，专项编码等工作完成，人口抽样调查工作完成阶段性任务。 （李政泽）

安全生产

【概况】 2015年，阳泉市紧紧围绕省政府安全生产工作目标责任书要求，做了大量工作，全市安全生产形势保持了平稳向好的发展态势。全年发生各类生产安全事故258起、死亡60人(不包括阳煤集团、荫营煤矿、固庄煤矿)，与2014年相比，事故起数减少173起、下降40.14%，死亡人数减少4人、下降6.25%。其中发生各类生产经营性事故34起、死亡24人，与2014年相比，事故起数减少10起、下降22.73%，死亡人数减少14人、下降36.84%。全市未发生生产经营性较大事故。

各类生产安全事故具体情况为，发生煤矿事故1起、死亡1人，事故起数、死亡人数与2014年持平；发生道路交通事故88起、死亡55人，事故起数减少3起、下降3.3%，死亡人数减少6人、下降9.84%；发生消防火灾事故168起、死亡2人(非生产经营性事故)，事故起数减少170起、下降50.3%，死亡人数增加1人、上升100%；发生其他工矿商贸事故1起、死亡2人，事故起数持平，死亡人数增加1人、上升100%。

各类生产经营性事故具体情况为，发生煤矿事故1起、死亡1人，事故起数、死亡人数均与2014年持平；发生道路交通事故32起、死亡21人，事故起数减少10起、下降23.81%，死亡人数减少15人、下降41.67%；发生其他工矿商贸事故1起、死亡2人，事故起数持平，死亡人数增加1人、上升100%。

全市发生一起一次死亡4人的较大事故（非生产经营性道路交通事故），事故起数减少2起、下降66.67%，死亡人数减少5人、下降55.56%。非煤矿山、危险化学品、烟花爆竹、民爆物品、建筑施工等行业企业实现安全生产无事故。全市未发生一次死亡10人以上的事故。 （荆向峰）

【安全生产责任落实】 年内，阳泉市进一步完善"党政同责、一岗双责、齐抓共管"的安全生产责任体系，市、县、乡、村实现"四级五覆盖"。一是党政同责全覆盖。各县(区)党委书记和县(区)长共同与所属重点部门和煤矿、危险化学品等企业负责人谈心对话，党政同责抓安全的力度明显加大。二是"一岗双责"全覆盖。明确政府、部门有关负责人33项"一岗双责"责任。三是政府主要负责人任安委会主任全覆盖。市政府调整了市安委会成员单位，成员单位由48个增加到58个，市长任市安委会主任，加强安全生产工作的领导力量。各县(区)、各乡镇(街道)和有工业企业行政村的主要负责人均担任本级安委会主任。四是定期报送安全生产工作情况全覆盖。市安委办下发《关于市、县(区)安监部门向同级党委组织部门报送安全生产情况的通知》，明确规定月度、季度、年度报送内容，《中国安全生产报》头版对此进行了报道。五是"三个必须"(管行业必须管安全、管业务必须管安全、管生产经营必须管安全)全覆盖。年内，市政府对煤炭经营行业安全监管职责做了调整，细化明确了52个部门单位的安全监管职责，建立完善了无缝对接、无一遗漏的安全监管责任体系。

企业安全生产实现“五落实五到位”。“五落实”即企业必须落实党政同责要求，董事长、党组织书记、总经理对本企业安全生产工作共同承担领导责任；必须落实安全生产“一岗双责”，所有领导班子成员对分管范围内安全生产工作承担相应职责；必须落实安全生产组织领导机构，成立安全生产委员会，由董事长或总经理担任主任；必须落实安全管理力量，依法设置安全生产管理机构，配齐配强注册安全工程师等专业安全管理人员；必须落实安全生产报告制度，定期向董事会、业绩考核部门报告安全生产情况，并向社会公示。“五到位”即企业必须做到安全责任到位、安全投入到位、安全培训到位、安全管理到位和应急救援到位。4月，各县区、各有关部门和企业在醒目位置悬挂“企业安全生产责任体系‘五落实五到位’规定”挂图1万余张。8月，市安委会下发《阳泉市推动企业安全生产“五落实五到位”实施细则》，细化了17条企业落实主体责任要求。《中国安全生产报》进行了报道。（荆向峰）

【安全生产考核奖惩】 年内，对照省政府下达的各项安全生产控制指标和工作目标，市政府重新修订了年度安全生产工作目标责任书内容，将全市安全生产目标任务细化成324项控制指标和1659项工作目标，分解下达到5个县（区）、经济技术开发区、30个市直部门和15个省营重点企业，制定出安全生产目标责任考核办法，并以市安委办文件就指标和目标作了进一步明确。在此基础上，市安委办建立“阳泉市2015年度安全生产工作目标责任台账”，如实登记承办各项工作的部门和单位。此外，建立安全生产目标责任考核例会制度，定期召开会议，听取各有关单位年度安全生产目标责任制完成情况的汇报，跟踪督办目标责任落实。严格落实安全生产“一票否决”制，对2014年突破年度安全生产指标的盂县政府实行“一票否决”，并以阳政安〔2015〕9号文件向全市通报批评。（荆向峰）

【安全生产执法检查】 3月，市政府印发《阳泉市2015年度安全生产监管执法工作计划》，提出实现执法检查覆盖率、发现违法行为查处率等“六个100%”的目标。按照执法计划，市安监局组织开展了安全生产执法检查，全年执法计划落实率达到100%。市煤炭、煤监、住建、交通、国土、消防等部门也依据各自的主体法，开展相应的安全生产执法工作，有力地规范了行业安全秩序。（荆向峰）

【安全生产突查检查】 4月，市安委会出台《阳泉市各级政府及其部门领导干部安全生产突查检查工作制度》。市安委办定期汇总上报市长、副市长以及各县区和市直有关部门主要负责人突查检查情况。全年市政府领导共开展安全生产突查检查74次，检查单位和场所192个，查处隐患225条，提出加强安全生产工作意见403条。（荆向峰）

【“打非治违”专项行动】 年内，阳泉市先后组织开展了三轮车安全生产大检查和近30次行业安全专项行动。特别是在8月开展的安全生产大检查中，同步开展了“打非治违”（打击非法违法生产经营活动行为）专项行动，成立了以市长为组长的领导组，明确牵头部门，提出“三查三报”（领导督查、工作严查、责任倒查，定期汇报、及时通报、有奖举报）推进措施。至年底，共打击非法违法行为41起，整治违规违章行为48起，罚款101.9万元，保持了打击非法违法生产经营活动的高压态势。（荆向峰）

【安全专项资金和安全生产费用落实】 年内，市、县（区）政府在安排财政预算时，都把安全生产工作放在首要位置统筹考虑，在财政预算资金紧张的情况下，按上年度财政总收入的2‰，优先安排安全专项资金1274万元，重点用于目标责任考核兑现、隐患治理、职业病防治、事故应急处置等方面。在此基础上，督促各有关生产经营单位按照《企业安全生产费用提取和使用管理办法》要求，提取和使用安全专项费用，并重点对费用提取使用、缴纳安全责任险情况进行专项检查。年内，市财政安排安全生产隐患治理信息平台建设资金250万元，待省安监局委托有关单位完成系统软件设计后，建立完善阳泉市隐患排查治理信息平台。（荆向峰）

【安全隐患排查治理】 年内，全市各级、各部门累计排查治理各类隐患1.5万条，其中对郊区关王庙、城区晋东海润物业服务公司、开发区联华丰田汽车销售公司三家单位存在的重大火灾隐患由县区政府挂牌督办。年底，开发区联华丰田汽车销售公司重大火灾隐患已摘牌销号，其余两家单位整改也在进行中。此外，开通“12350”24小时举报受理电话，全年累计接到各类安全举报48起，全部指派专人在第一时间进行核查处理。（荆向峰）

【安全生产专项整治】 年内，市政府下发《阳泉市全面开展安全生产大检查，深化打非治违和专项整治工作实施方案》，明确了20个市直安全生产专项整治牵头部门及专项整治重点，深入开展了安全生产专项整治活动。专项整治中，交警部门开展了“查违法除隐患、降事故保安全”大会战，查处交通违章行为5.9万起；消防部门开展了违规彩钢板专项整治，拆除违规彩钢板建筑2万平方米；发改部门开展了油气管网攻坚战，整改占压等隐患10处。全市共对437户“一类企业”实施关闭取缔，对858户“二类企业”进行停产停业整顿，对12379户“三类企

业”加强日常监管。（荆向峰）

【安全生产基层基础夯实】 年内，阳泉市采取有力措施，努力夯实全市安全生产基层基础。一是继续推进安全乡村创建工作。市政府将年度安全乡村创建任务列入各县区安全生产工作考核内容，并向各县区分解下达具体创建目标。年底，全市共有44个乡镇被市安委办命名为安全乡镇、1042个乡村被各县区安委办命名为安全乡村，分别超过省下达创建数7个和3个百分点。二是加强安全生产源头监管。一方面加强全市重大危险源普查、登记、建档等工作。另一方面，先后对13个单位进行安全设施“三同时”（同时设计、同时施工、同时投入生产和使用）审查验收，对12个单位进行职业卫生“三同时”审查验收，并及时通报检查结果。三是强化安全宣传和培训教育。下发《阳泉市2015年“安全生产月”活动实施方案》，先后开展了安全发展记者行等多项宣教活动，举办新安全法宣讲18场，发放宣传资料15万份；继续发挥阳泉安监网站的宣传作用，并利用3个大型楼宇LED显示屏、119个电梯口电视、800辆公交车LED显示屏以及阳泉电视台图文频道，每天滚动播放安全公益广告，营造浓厚的安全生产氛围。完善安全生产资格考试管理体系，健全考试点管理等8项工作制度，做到考教分离。加强安全培训教育，按月制定培训计划，全年阳煤集团培训中心等5个培训机构累计培训考核各类从业人员5000余人次，做到应培尽培。四是加强职业健康安全监管。印发《阳泉市2015年职业卫生监管工作要点》。加强用人单位职业卫生基础建设，存在职业危害的294家正常生产企业全部达到基础建设要求。制定出《阳泉市职业卫生百日整治行动实施方案》，全面摸排金属非金属地下矿山、陶瓷制造、耐火材料生产企业的基本情况，下达执法文书18份，查处问题及安全隐患81项。五是推进安全生产标准化建设。市安委会在工矿商贸和交通运输行业领域开展了岗位达标、专业达标和企业达标创建活动。年底，全市共有367个企业达到新三级安全生产标准化水平，其中煤矿企业17个、非煤矿山企业41个、危险化学品企业146个、烟花爆竹企业4个、冶金工贸企业114个、民爆企业3个、道路交通运输企业24个、建筑施工企业18个，基本完成创建目标。（荆向峰）

【安全生产应急管理】 年内，阳泉市多措并举加强安全生产应急管理。一是开展应急救援演练。在“安全生产月”特别是“应急演练周”期间，层层制定应急演练计划，全市共组织开展综合演练5次、专项演练21次、现场处置演练89次。二是强化应急处置工作。市政府印发《阳泉市生产安全事故灾难应急预案》，为事故应急处置提供了依据。市安监局印发《2015年安全生产应急管理工作要点》。市安委办转发《生产安全事故应急处置评估暂行办法》，结合实际提出3条具体措施，在“1·9”阳煤集团氧化铝公司窒息事故发生后，成立事故应急处置评估组，依法开展应急处置工作评估。三是建立应急物资储备信息数据库。市政府应急办、市安监局通过摸排，将应急物资储备情况全部登记在册，并开展专项检查。年底，信息库备案有指挥车4辆、矿山救护车25辆和正压氧气呼吸器、高倍泡沫灭火器、多种气体分析仪等各类应急救援仪器600余台，为全市安全生产应急救援提供了保障。（荆向峰）

【生产安全事故追究】 年内，阳泉市继续严格落实生产安全政策与制度，严肃对待生产安全事故。一是严格执行事故报告。年内，充分发挥市安全生产应急救援指挥中心的职能作用，实行安全生产24小时值班值守制度，一旦发生事故，在规定时限内将事故有关情况上报省政府应急办和省安监局，并及时上报安全生产伤亡事故统计分析报表，杜绝迟报瞒报事故现象。二是坚持落实安全生产“零报告”（从初次上报报表到本次上报报表之间的时段内，即使没有出现新情况，也要将报表填上“0”上报），全年接收“零报告”1.4万余次，及时掌握安全生产动态信息。此外，市安委办印发《安全生产月报》，坚持每月对各县区、各行业领域安全生产情况进行统计和排队；在阳泉安监网站开辟动态专栏，每月向社会公告安全生产情况，增强安全生产工作的透明度。三是严肃追究事故责任。按照“四不放过”（事故原因未查清不放过、责任人未处理不放过、整改措施未落实不放过、有关人员未受到教育不放过）原则和“科学严谨、依法依规、实事求是、注重实效”的要求，市政府牵头组织有关部门对阳煤集团氧化铝公司“1·9”窒息事故和平定阳胜煤业“4·8”放炮事故依法依规进行调查处理，两起事故全部在规定时限内结案，累计追究责任人30名，对责任单位和有关责任人的责任追究落实到位。在事故调查报告公示后，阳泉煤监分局、市煤炭工业局和市安监局又对相关企业落实安全防范措施进行督查与检查，确保落到实处。四是切实加强事故警示。年内，市政府就吸取事故教训召开现场会1次和专题会3次，深刻汲取事故教训，杜绝同类事故再次发生。特别是提级查处4起虽未造成人员死亡、但影响较大的典型事故，追究责任人23名、责任单位8个，起到“震慑一片、教育一批”的作用。（荆向峰）

【3人及以上事故】 2月21日，平定县巨城镇会里村赵家垴一下坡左转弯路段发生一起小型面包车冲出路外边崖事故，造成4人死亡。（荆向峰）

方志工作

【《阳泉年鉴(2015)》出版】 11月,《阳泉年鉴(2015)》正式出版。该书是阳泉市地方志办公室主持编纂的第20部年鉴,全面反映阳泉市2014年度经济与社会发展的基本情况和最新成果。全书计86.6万字,28个部类,设有中英文目录、附录、主题索引。由方志出版社出版,厦门翰林彩印股份有限公司印刷。主编任佟苏。(霍冬梅)

【市地方志办公室被评为全省先进集体】 年内,市地方志办公室被山西省地方志办公室评为全省地方志系统先进集体。至此,市地方志办公室连续3年获此殊荣。多年来,市地方志办公室坚持贯彻落实《地方志工作条例》,认真做好编修市志,编纂年鉴,组织、指导、审查验收县区志、部门志等各项工作,促进了全市地方志事业的健康发展。至2015年年底,新修《阳泉市志》总纂任务已经全部完成;新修《盂县志》《阳泉市郊区志》《阳泉市矿区志》已经正式出版,《平定县志》通过评审,《阳泉市城区志》编纂工作也在积极推进。《阳泉年鉴》自1989年开编以来,在全市社会各界的通力合作下,已公开出版20部,由于编校质量上乘,在全国各类评比活动中多次获奖,受到社会各界的好评。指导编纂并公开出版的行业志、部门志、乡镇志达10多部。(霍冬梅)

【新修《阳泉市志》总纂任务完成】 年内,新修《阳泉市志》总纂任务完成,并报方志出版社审查通过。编纂出版新版《阳泉市志》是列入山西省"十二五"地方志工作规划的一项基本任务,也是阳泉市的一项重要文化工程。经过全市众多单位及修志工作者的多年努力,新修《阳泉市志》(约400万字)计划于2016年正式出版印刷。(霍冬梅)

【"一人一讲"素质提升工程】 年内,市地方志办公室组织开展了"一人一讲"素质提升工程。"一人一讲"是针对方志工作"动手多、动嘴少"的实际情况,为提升本室职工综合素质而开展的一项工作,要求每名科级以上干部结合工作实际,选择一个课题在本室全体人员范围内公开进行演讲。通过一人一讲,达到了强化学习、相互借鉴、锻炼干部,提高干部综合素质的目的。(霍冬梅)

【《阳泉年鉴(2013)》获全国奖项】 4月,《阳泉年鉴(2013)》在由中国出版协会主办、年鉴工作委员会承办的第五届年鉴编纂出版质量评比中,获综合二等奖、框架设计二等奖,条目编写二等奖,装帧设计二等奖多项奖项。《阳泉年鉴(2013)》融思想性、资料性、科学性、实用性于一体,编校质量上乘、封面设计清新、装帧精美大方,得到社会各界的认可和好评。(霍冬梅)

【行政执法权力清单和责任清单编制完成】 年内,市地方志办公室根据《地方志工作条例》《山西省地方志工作条例》编制完成行政执法权力清单和责任清单。本室编制出行政执法权力三项,其中,行政检查类一项(即地方志工作组织、指导、督促和检查),行政奖励类一项(即对地方志工作中做出突出成绩和贡献的单位、个人进行奖励),其他类一项(即地方志资料征集)。按照权责一致、有权必有责的要求,对三项行政权力的责任主体、责任事项及责任事项的依据、追责情形及追责情形的依据进行编制,确保权责匹配。同时,绘制行政权力运行流程图、风险防控图等,提高了行政权力运行规范化水平。(霍冬梅)

改革与发展研究

【课题研究】 年内,市政府发展研究中心紧紧围绕市委、市政府的重大决策部署,以决策咨询为主线,稳步推进调查研究和课题撰写工作,全年完成研究课题3篇。其中《阳泉市"十三五"时期国民经济和社会发展基本思路研究》一文,客观总结了全市"十二五"规划实施情况,提出"十三五"时期经济社会发展的基本思路,明确了指导思想、基本原则、主要目标、重点任务和基本要求,为阳泉市科学编制"十三五"规划奠定了基础,为市委、市政府科学决策提供了依据。课题完成后,通过市发改委的评审验收。(宋琪巍)

【《阳泉经济发展报告(2015)》编印完成】 编写《阳泉经济发展报告(2015)》是市政府发展研究中心2015年的一项创新工作。3月成立编委会,召开座谈会分解安排任务。年底,《阳泉经济发展报告(2015)》完成。《阳泉经济发展报告(2015)》是对2015年全市经济发展思路与经济运行的综合反映,是对年度经济增长表现和质量的评估。内容共分三大部分,第一、二部分包括经济运行、综改试验、产业发展、重点工程、政策措施、重点企业、县域经济发展综述等;第三部分为市政府发展研究中心2015年的研究成果,主要包括"十三五"发展思路研究、转型综改目标任务研究、经济增长预期研判、接替产业发展思考、煤炭行业运行分析等。(宋琪巍)

【《阳泉经济》】 年内,市政府发展研究中心紧紧围绕全市转型综改行动计划各项工作任务,编发《阳泉经济》6期,刊登各类文章84篇、共计30余万字。宣传了全市经济发展的新思路、新举措和新成就,关注民生,探讨发展,深度分析了当前形势和阳泉市经济发展面临的亟待解决的各类问题,较好地发挥了经济研究部门的参谋助手作用。(宋琪巍)

中国人民政治协商会议阳泉市委员会

综合工作

【理论学习】 2015年，市政协坚持把理论学习摆在首要位置，力求不断提高政治把握能力，坚定理想信念，增进政治认同，确保广大政协委员和政协干部在思想上、政治上、行动上自觉与中共中央和省委、市委始终保持高度一致。

在学习贯彻习近平总书记治国理政系列重要讲话精神上下功夫。坚持把习近平总书记治国理政系列重要讲话精神作为理论学习的重中之重，组织中心组集中学习、常委会议专题学习，认真研读原著，准确把握精神实质，力求融会贯通。举办专题讲座，邀请市委党校、市委讲师团的专家教授就治国理政方略、法治思维与法治阳泉建设进行解读，广大政协委员和机关干部的中国特色社会主义道路自信、理论自信、制度自信明显增强。学习贯彻中共中央统战工作会议精神、省委统战工作会议精神，以及关于政协工作的方针政策，加深对中共中央关于政协工作重大方针政策和人民政协性质、地位、作用的理解和把握，加深对社会主义协商民主建设内涵和实质的理解与把握，推动研究解决政协工作的重大理论和实践问题，用党的最新理论成果武装头脑、指导实践、推动工作。

在推动中央和省委、市委决策部署的贯彻落实上求实效。对中央和省委、市委的重要会议与重大决策，坚持第一时间学，联系实际学，做到上级有号召有要求，市政协就有措施有行动。中共十八届五中全会召开后，及时传达学习，切实把政协委员和机关干部的思想与行动统一到中央、省委、市委的决策部署上来。

在推进学习讨论落实活动和“三严三实”（严以修身、严以用权、严以律己，谋事要实、创业要实、做人要实）专题教育上抓落实。市政协党组和机关党总支强化政治责任意识，把学习贯彻“三严三实”要求作为重大政治任务，制定落实专题教育方案，精心组织实施，强化责任落实，扎实有效推进。领导以身作则，带头讲党课、找问题、开展批评与自我批评、抓整改落实和立规执纪，为全体党员干部作出示范。市政协党总支及下属办公厅支部、专委会支部多次召开专题会议，围绕“三严三实”主题，结合反面典型，组织党员干部进行专题学习讨论，坚定理想信念，坚决遏制“四风”（形式主义、官僚主义、享乐主义和奢靡之风）问题反弹。 （苏向东）

【团结与民主】 年内，市政协适应新形势，研究新情况，创新工作机制，把团结和民主贯穿于工作始终，推动了各项工作的开展。一是发挥各界人士重要作用。邀请民主党派、工商联、人民团体和无党派人士参加调研、视察、座谈、专项民主监督等活动，加大意见和建议的办理落实力度。经过广泛征求意见，起草了《关于加强中国特色新型智库建设，建立健全决策咨询制度的实施意见》，推荐党外委员参加党委、政府部门的监督评议活动、政情交流会等，发挥各界人士在参政议政工作中的重要作用。二是拓宽界别活动渠道。全年各界别共组织开展各类活动40余次，有300余人次参加。围绕市政协成立60周年，举办“风雨同舟60年”征文活动，征集到各类文章近30篇和大量历史照片。三是深化上下联系与交流活动。发挥政协联系广泛的优势，做好上级和兄弟城市政协有关人员到阳泉市视察调研的接待工作，先后接待省政协副主席李雁红、刘滇生、朱先奇和湖南省政协副主席张大方在阳泉市进行视察调研。加强对县区政协的沟通与指导，邀请县区政协主席列席常委会议、参加学习考察、参加重大接待等，总结经验，研讨工作。各专委会加强与县区政协对口专委会的协作配合，先后就12个专题开展联合调研，全市政协的整体功能得到发挥。四是发挥文史社会功能。文史工作坚持统战特色和地方特色,坚持"亲历、亲见、亲闻"原则,征集抗日战争史料和其他文史资料30余万字,编印了《阳泉文史资料》第21辑,计25万字。（苏向东）

【政协宣传工作】 年内,市政协通过传统媒体、新兴网络媒体等多种形式,全方位宣传政协工作。全年在市级以上新闻媒体发表理论文章、新闻稿件230多篇(幅),通过阳泉政协网页登载文章20余篇、照片50多幅,编发《阳泉政协》6期,制作电视专题片、宣传展板,对市政协和各专委会的工作进行宣传。此外,积极探索网络议政、远程协商的新形式,开通"阳泉政协"微信公众号,选择事关全市经济社会发展的热点、难点问题,通过提案、社情民意等形式,反映政协组织和政协委员倾听民声、反映民意、排解民忧的履职情况,全年刊发19期。"阳泉政协"微信公众号不仅为政协委员搭建了履职新平台,而且为党政部门、政协组织与社会各阶层联络沟通架起了一座桥梁。（苏向东）

政治协商

【十二届委员会第四次会议】 4月20日至23日,政协阳泉市第十二届委员会第四次会议在阳泉宾馆召开。会议应出席委员290人,实际到会283人。会议对《阳泉市人民政府工作报告》和其他报告中涉及全市发展的重要问题,组织30名政协委员进行联组发言,并通过小组讨论的方式畅所欲言、集思广益,提出意见建议。会议听取并赞同市长陈永奇所作的政府工作报告,赞同市中级人民法院工作报告、市人民检察院工作报告及其他报告。会议批准市政协主席郜爱国代表政协阳泉市第十二届常委会所作的工作报告,批准市政协副主席李天祥代表政协阳泉市第十二届常委会所作的提案工作报告。（苏向东）

【常委会专题会议】 年内,市政协多次召开常委会专题会议协商议政,先后围绕"职业教育改革与发展""工业园区建设"和"科技创新"3个重大问题深入调研,并分别召开常委会议进行专题协商。会上,政协常委各抒己见,畅所欲言,提出自己的意见建议。最终根据调研结果和会上所提意见建议,形成《关于推进我市现代职业教育改革与发展的建议》《关于加快推进我市工业园区建设的建议》和《关于推进我市科技创新平台建设的建议》3个建议案和30多个分建议。3个建议案内容翔实,有分析、有数据,所建之言、所论之策具有一定的前瞻性和可操作性,为领导科学决策提供了参考。（苏向东）

民主监督

【提案办理】 年内,市政协遴选与民生息息相关的重点提案,采取主席督办、市领导领办、专委会参与办案、对承诺办理的提案"回头看"等方法,加大督办力度,促进提案办理。全年市政协委员、市政协各参加单位和各专门委员会共提交提案408件,立案389件,提案内容涉及经济社会发展诸多方面,其中与民生相关的提案有179件,占46%。为推动提案办理和落实,主席会议研究确定重点提案8件,由主席、副主席牵头督办。不少涉及公交优先、社会保障、弱势群体帮扶、社区建设与服务、养老事业等的意见建议被有关部门采纳,全市实施了一系列便民、利民、惠民项目,一批民生问题得到妥善解决。（苏向东）

【社情民意信息工作】 年内,市政协组织召开社情民意信息工作会议,及时传达全国政协和省政协关于加强社情民意信息工作的新要求。出台《关于进一步做好新形势下反映社情民意信息工作的意见》,完善考评办法和报送制度,建立健全汇集分析机制。全年编发《社情民意》53期,选登建议意见文章80余篇,及时反映带有全局性、倾向性、苗头性的情况和问题,以及具有党派性、界别性、资政性的意见和建议,有7篇被全国政协采用、23篇被省政协采用。其中,《对促进京津冀协调发展的建议》《关于推进我省煤炭资源税从价计征改革的建议》等社情民意得到国家和省有关领导的批示,推动了相关工作的开展。（苏向东）

参政议政

【生态文明建设建言献策】 年内,市政协围绕市政府重点工作之一——加快推进生态文明建设,组成调研组对全市农村创建美丽乡村、发展乡村旅游休闲业进行调研,最终形成《关于我市农村创建美丽乡村工作情况的调研报告》和《关于加快乡村旅游发展的调研报告》,向市委、市政府提出意见建议。市委书记陈永奇和市委副书记王旭明对调研报告高度重视并作出批示,要求市农委、市旅游局认真研究调研报告,采取积极有效措施,加快推进全市生态文明建设和乡村旅游发展。（苏向东）

【民生问题调查研究】 年内,市政协把民生福祉的进一步改善作为工作的重中之重,精选课题,深入基层,开展调研视察活动。各专门委员会重点就农村土地确权、省级文明城市创建、体育场馆设施建设、殡仪馆搬迁选址、宗教活动场所管理、城市道路交通畅通工程等问题,组织政协委员进行专题调研。调研过程中,注重调查与考察、视察相结合,与研究、论证相结合,增强了调研的针对性和实效性,也增强了调研报告所提意见建议的可操作性,为市委、市政府解决事关民生的重大问题提供了参考。（苏向东）

中国共产党阳泉市纪律检查委员会

综合工作

【党风廉政建设“两个责任”落实】 2015年,市委积极履责、主动担责,率先履行管党治党主体责任。全年市委常委会研究党风廉政建设和反腐败工作议题26个,市委书记陈永奇作出批示31次,研判形势,分析问题,推进工作。洪发科案件发生后,市委3次召开民主生活会,全市各级党组织层层召开民主生活会,就“三个典型”(贪腐典型、顶风违纪典型、为官不为典型)问题进行深刻剖析,以责任担当认理、认账、认责,以实际行动认罚、认改、认干。市委从严明纪律、转变作风、强化担当入手,先后两次出台19条规定。带头落实《关于落实党风廉政建设主体责任的意见》,配套制订《关于落实党风廉政建设主体责任的若干措施》《阳泉市党风廉政建设约谈办法》《阳泉市党风廉政建设问责办法》。市委书记陈永奇集体约谈县(区)委书记、纪委书记和经济技术开发区党工委书记、纪工委书记。市委、市政府领导带着问题清单下沉到分管领域进行督导调研,传导压力,认领问题,共同研究落实“两个责任”(党委负主体责任、纪委负监督责任)的具体举措。对于列入谈话类的42名市管干部的问题线索,市委、市政府12名班子成员参与谈话,其中陈永奇主谈10人。针对阳泉“一把手”系统腐败的状况,市委常委会进行专题研究,多措并举,积极探索加强对“一把手”有效监督的途径和方法。市委常委会分析研究市纪委监督执纪中发现的共性问题,责成市委、市政府相关领导及有关主责部门进行整改落实。全市各级党组织通过层层约谈、召开民主生活会、在新闻媒体上接受访谈等方式压实“两个责任”,并制订完善问题清单、责任清单、整改清单,形成上下联动、齐抓共管的良好局面。市纪委扎实履行监督责任,班子成员分头约谈县区纪委书记、市直各纪工委书记、市纪委派驻纪检组组长;坚持“一案双查”(既要查清当事人的违纪问题,又要查清主管领导或分管领导的责任范围及责任),严肃责任追究,以问责倒逼责任落实。全年全市共对落实“两个责任”不力的4个党组织、33名领导干部进行严肃问责,努力在推动为官有为、解决问题上见实效。 (穆成明 杨国太)

【干部队伍整饬】 年内,市纪委班子成员深刻反省自身存在的突出问题,带头严肃党内政治生活,带头开展批评与自我批评,带头整饬干部队伍。部署开展以“学党章、促三转、明纪律、守规矩”为主题的学习教育活动,使全市纪检监察干部深化对职责定位的认识,更加突出维护党章权威。以学习讨论落实活动和“三严三实”(严以修身、严以用权、严以律己,谋事要实、创业要实、做人要实)专题教育为契机,着力解决纪检监察干部身上存在的“不严不实”问题,深刻反思纪检监察机关履行监督责任不力的问题。坚持管事就要管人、管思想、管作风、管纪律,从严立规矩,从严管班子,从严带队伍,明确提出严格标准、严明纪律、严密程序、严谨作风、严厉惩治的“五严”要求。严格落实干部外出报备、个人重大事项报告制度。严明审查纪律、保密纪律,要求干部自觉净化朋友圈、社交圈。集中开展涉案款物自查自纠,实行“零报告”(从初次上报报表到本次上报报表之间的时段内,即使没有出现新情况,也要将报表填上“0”上报)制度。对相关案件涉及的4名纪检监察干部进行清退,对8名纪检监察干部的违纪问题进行查处,为26名纪检监察干部澄清是非。市纪委开展家访活动,寓厚爱于严管之中。同时注重思想引导,开展谈心谈话,机关干部人心思上,精神面貌焕然一新,工作作风明显转变。 (穆成明 杨国太)

【"三转"工作深化】 年内,市纪委监察局坚持上率下转、上下同转、内外同转,机关各厅(部、室)全部制定出"三转"(转职能、转方式、转作风)清单,将"三转"的要求体现和落实到线索处置、纪律审查、案件审理、纪律处分宣布、警示片制作、责任追究等各项工作和各个环节之中。针对县区及派驻机构在推进"三转"中存在的问题,市纪委全部约谈县区纪委书记、派驻纪检组组长,并召开县区纪委及派驻机构"三转"推进会,研究问题、查找原因、推动工作。严肃问责顶着不转或者转得不到位的纪委书记(纪检组组长),对3名市直机关纪检组组长给予纪律处分和诫勉谈话。推进纪律检查体制改革,制定《阳泉市县区纪委向市纪委报告工作制度》,强化上级纪委对下级纪委的领导,促进了纪检监察各项工作的开展。 (穆成明 杨国太)

【"学思践悟·岗位练兵·提升素质"系列活动】 年内,市纪委监察局紧紧围绕中央纪委"忠诚、干净、担当"和省委"铁纪、铁军、铁腕",以及省纪委"责任、作风、能力"要求,在全体干部职工中开展了"学思践悟·岗位练兵·提升素质"系列活动。练兵过程中,全体干部职工认真学、埋头思、找差距、补短板、争相问、踊跃答,实现了苦练兵、强素质、精练兵、练精兵目标,形成比、学、赶、超的浓厚氛围。同时,市纪委举办覆盖全市所有纪检监察干部的业务培训班,采取全员培训、知识测试、以案代训等多种方式,以学促应知应会,以思促抓短补缺,以践促责任担当,以悟促能力提升。通过系列活动,全市各级纪检监察机关工作职能更加明确、方法更加科学、作风更加务实,有效推进了全市党风廉政建设和反腐败工作的开展。 (穆成明 杨国太)

严格执纪

【严肃政治纪律】 年内,市纪委把尊崇党章、维护党章作为首要任务,把是否违反党章作为纪律审查的重要内容,引导被调查人对照入党誓词深刻反省反思,唤醒党章意识。在信访举报受理和问题线索处置环节,对"七个有之"(搞任人唯亲、排斥异己的有之,搞团团伙伙、拉帮结派的有之,搞匿名诬告、制造谣言的有之,搞收买人心、拉动选票的有之,搞封官许愿、弹冠相庆的有之,搞自行其是、阳奉阴违的有之,搞尾大不掉、妄议中央的有之)等违反政治纪律、政治规矩、组织纪律的问题线索,单独建立台账优先处置。在纪律审查和案件审理环节,突出党纪特点,始终站在党章党规党纪的高度审视违纪行为,特别是把是否违反党章和违反政治纪律、政治规矩作为纪律审查的重要内容。强化日常监管,建立干部廉洁档案,提高监督工作的规范化水平。年内,查处了两名副处级领导干部违反组织纪律、私自出国(境)的案件,当事人分别受到行政撤职、行政降级处分。两名负有主体责任的党组书记被问责,分别受到党内警告处分。 (穆成明 杨国太)

【"四种形态"监督执纪】 年内,全市各级纪检监察机关积极运用"四种形态"(咬耳朵、扯袖子、红红脸、出出汗),以"啄木鸟"精神严格监督执纪,对党员干部身上的问题早发现、早处置,及时进行谈话提醒、警示诫勉,防患未然,防止党员干部从违纪边缘滑向违法深渊。加大谈话函询力度,严把谈话函询质量关,让被谈话人红脸出汗,受到警醒。作谈话处置的,被谈话人全部写出情况说明,并由被谈话人的分管领导或主管领导在情况说明材料上签字背书。2015年,市纪委机关处置的问题线索暂存类比例下降为3.2%,谈话函询类比例上升为12.4%;全市各级纪检监察机关处置的问题线索暂存类比例下降为1.6%,谈话函询类比例上升为6.3%;全市各级纪检监察机关处分的党员干部中,给予警告、严重警告轻处分的占78.2%、给予撤销党内职务以上重处分的占18%,移送司法机关的占4.4%。

与此同时,纪检监察机关坚持"惩处极少数、教育挽救大多数,宽严相济、区别对待"的原则,积极为犯了错误想改正、想主动交代问题的党员干部创造条件、提供机会。一些干部主动向组织说明情况、交代问题、认识错误,放下思想包袱。全市各级党组织民主生活会做到"两个必谈",即领导干部被组织谈话的必谈,领导干部分管领域发生违纪案件的必谈。年内,全市有21名党员干部主动向组织说明情况,"35581"廉政账户共收到主动上交款131笔1317万余元。 (穆成明 杨国太)

【党纪宣传教育】 年内,阳泉市采取理论中心组学习、集中宣讲、知识答题等多种形式学习宣传《中国共产党廉洁自律准则》《中国共产党纪律处分条例》和《中国共产党巡视工作条例》。市委组织党纪宣讲队伍在全市巡回宣讲36场,覆盖党员领导干部5500多人。针对党员干部思想上存在的模糊认识以及查处"四风"(形式主义、官僚主义、享乐主义和奢靡之风)案件暴露出来的普遍性问题,在新闻媒体开设专栏,通过典型案例释疑解惑。用好用活反面教材,用身边事警示身边人,组织广大党员干部学习省纪委编印的《忏悔录》,观看市纪委制作的警示教育片《贪欲的代价》。改版升级市纪委监察局门户网站,网站的宣传教育作用得到发挥。市纪委创新宣布纪律处分方式,在宣布处分决定的同时,召开发案单位班子民主生活会,既深入剖析涉案人员自身违纪的原因,又剖析"两个责任"落实不到位的问题,同时深入剖析班子成员没有发挥监督作用的问题,收到"一人受处分、大家受教育"的效果。 (穆成明 杨国太)

案件查办

【惩治腐败】 年内，市纪委监察局对2008年至2015年的涉纪信访举报和问题线索进行大起底、大排查，建立台账，摸清底数，摸准情况，分类处置。突出“三个重点”，加大纪律审查力度，形成并保持惩治腐败的高压态势。一是坚决查处“一把手”违纪问题。全年共有19名县处级“一把手”受到处分，占受处分县处级干部总数的46.3%；有29名乡科级“一把手”受到处分，占受处分乡科级干部总数的32.9%；有327名农村“两委”主干受到处分，占受处分农村干部总数的69.8%。二是坚决查处顶风违纪问题。全年查处的党员干部违纪问题中，涉及中共十八大召开以后的问题占69.6%，2014年9月以后的问题占20.2%。三是坚决查处为官不为的问题。全年共有164名党员干部因失职渎职、履职不尽责受到处分，占受处分总人数的23.8%，其中县处级16人，占受处分县处级人数的39%；乡科级24人，占受处分乡科级人数的24.2%。

2015年，全市各级纪检监察机关共接受信访举报2330件次，处置问题线索1058件；立案492件，比2014年增长108.5%；处分违纪党员干部688人，增长123.3%，其中县处级41人，增长70.8%；给予撤销党内职务以上重处分150人，增长64.8%，占处分总人数的21.8%；移送司法机关29人，增长31.8%。特别是严肃查处了平定县政协原副主席王伸严重违纪违法案件，在社会上引起强烈反响。充分发挥反腐败协调小组的作用，全市检察机关共立案侦查贪污贿赂、渎职侵权等职务犯罪案件67件，法院系统审结一审贪污贿赂、渎职侵权案件52件。（穆成明　杨国太）

【“四风”监督检查】 年内，市纪委监察局紧盯重要时间节点，突出领导干部这个“关键少数”，深挖细查“四风”隐形变异新动向新形式，实施立体围剿，开展监督检查。充分发挥交警、旅游、税务等职能部门的作用，开通“四风”随手拍、举报一键通，积极构建专业监督、部门监督、舆论监督和群众监督的立体监督体系。开展违规收送礼金、红包问题和大操大办婚丧喜庆等借机敛财问题专项整治。全市各级纪检监察机关把违反中央“八项规定”精神问题线索作为纪律审查的重点，单独设立台账，分类统计，及时处置，严肃处理。全年全市共查处此类问题56个，给予党政纪处分87人，其中县处级17人，撤销党内职务以上重处分8人。对22起典型问题通报曝光，释放了执纪越往后越严的强烈信号，保持了狠刹“四风”的高压态势。（穆成明　杨国太）

【涉农腐败问题查处】 2015年，市纪委监察局结合全省开展的农村集体“三资”（资金、资产、资源）管理专项清理整顿和“以群众举报乡村干部腐败为切入点集中解决群众信访诉求问题”专项治理，严肃查处损害群众利益的腐败问题和“四风”问题。坚持市、县（区）、乡（镇）三级纪委建账、对账、查账、销账、交账“五账工作法”，形成全市一盘棋、上下联动、共同推进的工作局面；坚持“三个优先处置”，即集体重复访次数较多的问题线索优先处置、涉及群众利益面广的优先处置、反映问题较为严重的优先处置，促进乡村治、百姓安；坚持问题导向，强化督导指导，市纪委班子成员按照工作分工，多次分赴各县区和部分乡镇现场解决疑难问题，特别是重点查看线索处置是否科学、问题查得是否清楚、处分定性是否准确和办案程序是否规范；坚持实事求是，不设指标，不下任务，不走极端，有序推进基层正风反腐工作；坚持乡案县审市核制度，市纪委对拟给予处分的案件进行全面审核，对量纪进行平衡把关，防止出现畸轻畸重的问题，确保取得良好的社会效果。

全市各级纪检监察机关积极探索领办、参办、督办、交办以及交叉办案、分片联组办案、统筹力量调配办案等科学有效的工作模式，着力解决任务繁重、力量不足等问题。有效解决“下面纹丝不动”的问题，实现全市32个乡镇纪委办案全覆盖，19个乡镇纪委实现2013年以后办案“零突破”。全年全市各级纪检监察机关初核发生在群众身边的腐败问题和“四风”问题线索632件，立案查处312件，给予党政纪处分469人，移送司法机关24人。省纪委分两批交办的问题线索、中纪委交办的问题线索全部办结。平定县张山峪村、南坪村以及郊区坪上村等一批集体重复访案件得到查处，一批涉纪信访问题得到解决。点名道姓通报曝光，分4批通报了26起发生在群众身边的腐败问题和“四风”问题。认真梳理分析基层腐败案件中暴露出的普遍性、规律性问题，及时向党委、政府及相关部门提出改进工作的意见建议，推进问题整改和源头治腐，维护了人民群众的切身利益。（穆成明　杨国太）

军事

阳泉军分区

【思想政治建设】 2015年,中国人民解放军山西省阳泉军分区围绕强军目标、着眼强军实践抓建部队,瞄准“坚持一流标准、建设一流班子、创造一流业绩”的奋斗目标,贯彻“一年抓几件事,几年抓一件事”思想,团结和带领全区官兵保持全面协调可持续发展的良好态势。12月7日至9日,阳泉军分区根据上级通知要求开展深化改革专题教育。其间,全区人员参加省军区组织的教育动员辅导,个人自学《解放军报》关于军委改革工作会议精神的报道和有关评论员文章等,各机关和基层还以部门为单位召开专题组织生活会。9日,军分区以党委常委会的形式,听取官兵思想反映情况。通过教育,全区官兵进一步统一思想,为全面推进改革提供坚强思想政治保证。（赵慧龙）

【整组工作】 1月至5月,根据《省军区整组工作指示》,阳泉军分区制定下发整组方案,及时进行安排部署,明确工作任务。军分区、人武部两级机关先后组织全区所属专武民兵干部进行整组业务普学普训,统一基层整组落实标准。指导各县区人武部采取常备编、集中编、抽组编、合成编等方法,逐一落实基干民兵分队编组,采取“整体统筹、批次达标”方法,利用有限经费对基层实施固强补弱式建设。3月中旬,组织全区整组工作巡回调研督导,既摸清情况、督导落实,又针对问题实施手把手帮带。5月上旬,逐县区组织整组检查验收,对照验收标准,指导各县区人武部进一步完善基层建设,严格基干民兵教育、训练和管理,强化常态使用,提升整体建设质量。（张　滨）

【训练演练】 年内,阳泉军分区坚持军事训练中心地位不动摇,围绕担负任务,按照训练大纲要求,突出抓好首长机关、专武民兵干部、应急分队的训练。开展实战化训练演练,切实提升参谋队伍军事素质,有力促进整组、征兵、训练和战备应急工作落实。3月,集中全区所有参谋骨干进行集训。5月,完成全体现役干部“两实”训练(实弹射击、手榴弹实投)。针对辖区特点,坚持把矿难救护、山林灭火、震灾救援列为全年训练的硬性任务,指导各县区定期组织应急分队开展针对性训练。12月初,结合部团考评,阳泉军分区对人武部战备训练进行检查考核,各单位严格落实战备制度,规范战备秩序,军事考核成绩总体达到良好。12月下旬,利用3天时间,军分区组织现役官兵和专武干部开展冬季适应性训练。（郭瑞俊）

【后勤保障】 年内,阳泉军分区着眼军事斗争后勤保障需求,狠抓军地实战化保障模式演练。10月,阳泉军分区参加“探索-2015”全市国防动员指挥探索性演练,严格按照实战化训练标准和各席位要素要求,全程参与演练脚本推演拟定,高标准完成演练内容。11月,阳泉军分区制定下发《2015年阳泉军分区后勤野战化综合保障训练实施方案》,突出抓好后勤机关后勤综合保障演练,提高军分区、人武部野战条件下饮食、住宿等综合保障能力。后勤机关、各人武部一次性投入15万余元,配套应急物资器材和指挥通信器材,提升应急动员能力。军分区还指导华龙超市完善市属经济动员中心企业各类应急保障方案计划,与阳泉市定点加油站、阳泉市粮油交易市场、华龙超市等单位建立协调物资和油料保障机制,确保遇有应急行动,物资能够及时到位。（魏　巍）

【国防教育基地和国防教育示范学校命名】 1月,阳泉军分区联合阳泉市委、市政府共同命名5处市级国防教育基地(郊区辛庄村平定路北抗日战争区公所旧址、娘子关战役旧址、七亘大捷旧址、平定县南庄村抗日战争地道旧址、盂县张家塔四零惨案纪念馆）和5所市级国防教育示范学校（城区上站小学、矿区南楼小学、郊区育才小学、盂县第二实验小学、盂县第四中学），以发挥阳泉市国防教育资源优势，增强全民国防观念，促进国防建设和经济社会协调发展。（赵慧龙）

【“全国向上向善好青年”分享团进军营】 6月8日至9日，团中央“全国向上向善好青年”分享团走进阳泉军分区，与青年官兵分享青春励志故事。团省委副书记刘娟，市委常委、阳泉军分区政委田桂明出席活动，并为新聘请的“社会主义核心价值观”阳泉宣讲团特邀宣讲员代表颁发证书。活动期间，分享团成员、“全国向上向善好青年”丁赟和顾雷雷，“全国乡村好青年”、阳泉市郊区平坦镇石板片村党支部书记田玲3位优秀青年代表讲述各自的青春励志故事。宣讲结束后，分享团成员还与大家进行互动交流，并参观平定县人民武装部的国防教育展室。分享团一行还走进山西工程技术学院、阳煤集团，与青年朋友分享青春励志故事。（赵慧龙）

【“安全大检查”活动】 7月，“全军安全工作会议”召开后，阳泉军分区参照省军区方案细则，结合分区实际，制定下发《安全大检查实施方案》，并迅速展开行动。整个检查活动围绕10个方面130项具体内容，分4个阶段（筹划部署、自查自纠、检查讲评、整改验收）在全区范围内进行拉网过塞式的检查排查，切实掌握部队安全底数。下旬，机关工作组利用8个工作日到各人武部、民兵装备仓库和干休点进行实地调研，对安全大检查活动实施跟踪督导，确保检查不走过场。8月24日，军分区召开安全形势分析会，各人武部主官和机关各部领导进行分析汇报，剖析存在的不稳定因素和薄弱环节，并研究切实可行的办法，查纠整改、补缺漏洞。活动期间，共排查各类问题39个，解决33个。（史俊琪）

【军车运行秩序专项整治】 11月16日至20日，阳泉军分区采取集中组织的办法，开展军车运行秩序专项整治活动。实行连队化管理模式，对全区驾驶员进行集中整训，学习相关交通法规制度。18日，专门邀请阳泉市交警支队宣教科杨虎生和事故科刘锦铭两位科长进行授课辅导，并观看车辆事故警示教育录像。活动期间，军分区还按计划组织法规制度的学习，队列、体能、驾驶技能等训练，并进行考核，签订“安全行车责任书”，有效地提升驾驶人员的思想认识。其间，利用2天时间，对全区所有运行车辆进行技术检测和维护保养，并统一检测报告，配备配齐车载工具箱、三角警示牌、灭火器等随车必须物品。（史俊琪）

【纪念抗日战争胜利70周年系列活动】 9月1日，阳泉军分区首长到干休所慰问阳泉市4名参加过抗日战争的老同志，并为他们颁发抗日战争胜利70周年纪念章。3日，阳泉军分区在组织观看阅兵实况的基础上，专门下发通知要求全区官兵通过个人自学、交流讨论等多种方式学习中共中央总书记、军委主席习近平系列重要讲话精神。7日，阳泉市在狮脑山百团大战纪念碑前，组织党政军领导和社会各界群众集中开展纪念活动。军分区组织6个驻军单位100余名现役官兵组成解放军方阵参加活动。16日，阳泉军分区政委围绕学习贯彻中共中央总书记、军委主席习近平系列重要讲话精神为官兵进行串讲辅导，机关和基层的8名同志结合自身工作岗位进行学习交流。24日至28日，围绕纪念抗日战争胜利70周年这一主题，配合市委宣传部在阳泉市展览馆举办“中国梦·太行情”将军书画展，展出各类书画作品120余幅。30日，组织协调分区首长及阳泉市驻军单位代表共40余人，参加阳泉市革命烈士公祭活动。9月初至10月上旬，阳泉军分区指导各县区开展“弘扬伟大抗战精神、同心共筑强大国防”国防教育图片展巡展活动，还组织现役官兵、专武干部、民兵等人员参加全省纪念中国人民抗日战争暨世界反法西斯战争胜利70周年知识竞赛。（赵慧龙）

【国防动员和后备力量建设】 年内，阳泉军分区围绕“能打胜仗”的目标要求，推进后备力量建设调整改革，狠抓工作落实，促进质量提升。从严抓市、县、乡、村（社区）四级应急力量体系建设，结合地区实际，将应急、防空、军兵种支援等数十支重点分队全部优化编组落实到骨干企业、行业系统。4月至10月，阳泉军分区在全市范围内开展第六次国防动员潜力调查工作，先后组织100多个成员部门、企事业单位参加调查，准确掌握各种潜力数据，更新完善数据库。市、县（区）两级国防动员委员会以新数据为依据，结合担负任务，同步修订国防动员12种预案。发挥民兵应急分队“建在身边、抓在手中、用在关键”的作用，全年组织民兵应急分队参加地方抢险救灾一百余次。加强新形势下征兵工作研究，采取“抓住三个先机（兵役登记时机、学校临近放假时机、“八一”建军节庆祝时机），用好三块阵地（基本阵地——电视广播报纸，流动阵地——户外广告屏、公交出租车载电子屏，前沿阵地——学校、村、社区）”措施，广泛开展宣传，按照公平公正定兵的原则，严格按程序集体定兵、择优定兵，完成年度新兵征集任务。（张　滨）

预备役部队

【思想政治工作】 2015年，中国人民解放军山西陆军预备役步兵第二四八团持续学习中共中央总书记、军委主席习近平系列重要讲话精神和全军政治工作会议精神。开展“学习践行强军目标,做新一代革命军人”主题教育活动,组织官兵到太行山八路军革命纪念馆参观学习,引导官兵践行强军目标,争做有灵魂、有本事、有血性、有品德的“四有”革命军人,每名官兵围绕“四有”军人标准谈认识、定目标、讲打算。基层采取营队小集中、连队大集中的方式,组织“新一代革命军人样子”大讨论,强化预任官兵对投身预备役部队建设、践行强军目标的理解掌握。通过开展官兵恳谈会、谈心交心和体会交流活动,掌握部队改革期间官兵思想反映,针对性搞好教育引导。围绕《中国共产党廉洁自律准则》《中国共产党纪律处分条例》进行专题辅导授课,机关党支部利用活动时间组织学习讨论,官兵廉洁自律、防微杜渐的意识得到加强。（闫　波）

【战备训练】 年内,预备役步兵第二四八团结合“战备值班规范整治月”活动,组织进行学业务、学技能、学操作、考能力的“三学一考”活动。加强营门规范化执勤,完善应急器材配套,加强针对性训练演练,着力提升应急处置能力。以基础训练考核为牵引,组织首长机关开展基础体能和基本技能强化训练,组织1个建制营、1个炮兵连和2个直属连进行集训考核。开展新大纲试训论证工作,组织快速动员首长机关指挥所演练、分队演练、战时成建制综合演练及非战争军事行动应急动员演练等课目的训练,探索新大纲施训的方法路子,受到总部军区工作组的肯定。8月中下旬,参加师备战和“三项试点任务”(总部赋予的新大纲实训论证、北京军区赋予的夜训任务、军区赋予的应急力量规范化建设),团快速动员中指挥所开设和“四项成果”(一份专题报告、一批问题梳理、一套训练规范、一组典型课目)静态展示课目,受到与会领导的肯定。（闫　波）

【基层建设】 年内,预备役步兵第二四八团整组期间,营连通过细致摸排、优选兵员、核实建档、入队训练,完成兵员补退工作,并重点解决“任务重叠、组织交叉、一兵多职”等问题。按照省军区《关于进一步加强新形势下人武部、预备役团建设的意见及等级考评办法》和师新修订的《预备役营(连)全面建设等级考评办法》一项一项对照抓建。针对营连发展不平衡的问题,团首长带机关先后17次深入基层帮建指导,对营连全面建设情况进行全程指导帮带,三营结合营部搬迁,先后投入12万余元进行规范化建设,炮兵营组织全营班长以上骨干开展为期一周的能力集训,修理所和卫生队补充配套物资器材50余件(套),工兵连完成连部阵地新建,营连整体建设水平明显提升。（闫　波）

【后勤装备保障】 年内,预备役步兵第二四八团坚持党委理财,开展财经管理专项整治,连续三年压减行政性开支预算,团行政消耗性开支较往年大幅减少。组织武器库清查整顿和个人存放枪支弹药清查收缴活动,先后与转业干部和现役官兵签订“枪弹零持有承诺书”,未发现个人私存枪弹的问题,武器装备与账目完全相符。研究推进新营房搬迁工作,抓好各类库室、重点目标的配套建设,在市委、市政府协调下,于8月上旬完成办公楼、车炮场、兵器室、餐厅整体搬迁,11月中下旬完成新公寓楼搬迁,官兵办公生活环境得到改善。（闫　波）

【安全管理】 年内,预备役步兵第二四八团按照两级军区安全工作部署,对照总部提出的8个方面重大安全问题、省军区10个方面问题和师9个方面323项具体内容,开展安全大检查活动。梳理问题95项,逐条列表制定整改措施,反复督导抓好整改。针对纪念抗日战争胜利70周年和部队改革敏感期特点,及时进行安全形势分析,组织形势政策和战备管理教育,突出抓好重要岗位、重点人员、要害部位安全防范,确保官兵思想纯洁可靠,部队高度安全稳定。（闫　波）

武警阳泉市支队

【思想建设】 2015年,中国人民武装警察部队山西省总队阳泉市支队按照总队党委提出的“小而精,过得硬”要求,分析部队建设形势,按照“强班子、强干部、强基层、重内涵”的抓建思路,稳扎稳打、固本强基,依法抓建、精细落实。自觉用中共中央总书记、军委主席习近平系列重要讲话精神统领官兵思想,把学习贯彻古田会议精神作为年度政治工作的重中之重,抓好党委中心组理论学习和基层官兵理论武装。定期分析官兵思想,组织“学习践行强军目标,做新一代革命军人”主题教育活动和“深化军队改革专题教育”辅导。广泛开展“新一代革命军人样子”大讨论和“强军风采”系列活动,争做有灵魂、有本事、有血性、有品德的“四有”革命军人。严格落实月教育、周预警、日提示等制度。开展“先进文化警地 联建联创联谊”活动,推进警营先进军事文化建设,官兵文化素养和部队建设内涵得到提升。（苏万龙）

【履行职责】 年内,武警阳泉市支队狠抓军事能力建设,完成以执勤处突为中心的各项任务。开展执勤隐患大排查大治理,推进看守目标AB门建设。结合年度“维稳处突战役”,组织各类临时勤务,参与完成武装押解、城市武装巡逻等任务。依托教导队组织各类集训、比武、会操、考核、对抗等活动。集中开展战训法培训,加强和改进各级指挥训练和战术训练水平。完成“卫士-15”演习任务,进一步理顺指挥关系,健全指挥机制,磨合指挥要素,提高应

急指挥能力。（苏万龙）

【基层建设】 年内，武警阳泉市支队成立抓基层领导小组，制定《党委机关按纲指导服务基层计划》和《大队“前沿指挥所”建设规范》，进一步规范工作秩序，督促工作落实。开展“纲要学习周”活动，基层按纲抓建氛围日益浓厚。党委机关坚持每月至少深入基层中队蹲点帮建一周，认真研究解决基层遇到的难题。印发《基层政治工作规范》，开展争创基层先进中队，争当优秀基本官兵的“双争”活动评比，引导官兵创在岗位、争在平时。制定《阳泉市支队党委激发干部队伍内动力的九条措施》，着力解决事关干部切身利益的实际问题，提升干部队伍的事业心、责任感。年内，有1名优秀士兵提干，4名战士考入军校。老兵复退后，及时建立健全各级各类组织，采取专题辅导、集中教育、实践活动等方法，确保组织机构健全、功能作用发挥。开展岗位练兵活动，提高综合能力素质。修订完善《党委机关蹲点帮扶实施办法》和《按纲建队考评实施细则》，对连续5年未跨入先进行列的3个基层中队（郊区中队、五中队、勤务中队）实施重点帮扶，处于帮扶层的郊区中队和盂县中队进步明显，郊区中队被总队评为先进中队。（苏万龙）

【后勤保障】 年内，武警阳泉市支队强化“精准保障”理念，以“三个服务”（为中心任务和战斗力服务、为部队建设服务、为基层官兵服务）为牵引，不断增强保障效能。开展后勤岗位练兵活动，有效提升“五员”（炊事员、给养员、军械员、卫生员、驾驶员）的专业技能。及时修订完善3类18种应急保障预案，进一步完善应急力量编成，规范应急物资储备。先后10余次开展车辆紧急拉动、战场自救互救、饮食保障和故障排除等综合保障演练，部队应急保障能力明显提高。修订完善《阳泉市支队财务管理规定》，科学编制《支队2015年预算安排方案》，严把经费“审核、审批、报销”三道关口，精心部署、有序推进财务大清查工作。开展“伙食管理规范年”活动，定期组织市场调研，落实伙食管理制度，因地制宜发展种（养）殖，官兵对伙食满意率达98%以上。（苏万龙）

【居民楼火灾处置】 12月26日20时30分，武警阳泉市支队机关营区对面小康小区二号楼三单元突然发生火灾。自卫哨哨兵发现情况后，立即向支队值班室汇报。参谋长王诚迅速带领司令部直属队官兵协助先期到位的公安消防参与火灾现场处置任务。参谋长王诚结合现场实际，划分两个处置小组，分别担负疏散楼内居民、维护现场秩序任务。21时，经过参战官兵的营救，共疏散人民群众30余人，火灾现场无一人伤亡。（苏万龙）

【新兵野营拉练】 12月3日至5日，阳泉支队新训大队组织为期3天的新兵野营拉练。支队机关前指、指保人员、机动中队特勤排和新训大队官兵参加。总行程112千米，其中徒步行军91千米、摩托化行军21千米。（苏万龙）

【捣毁制枪制爆团伙】 12月21日13时，阳泉支队作战值班室接到市公安局通报，在市内发现一处可疑制枪、制爆窝点，要求特战官兵前往协同处置。接到命令后，支队长张文才迅速向一中队特勤排下达作战命令，并带领特战官兵前往处置。到达现场后，官兵立即完成对目标地域的立体式封控。经详细侦察，两名犯罪嫌疑人并不在屋内。为防止打草惊蛇，联指决定兵分两路，一部分兵力继续留守在目标地设伏抓捕，一部分追踪嫌疑车辆进行伺机抓捕。16时12分，两名犯罪嫌疑人正准备乘车潜逃时，埋伏已久的参战官兵配合民警迅速将其抓获，当场缴获手枪1支、子弹10发。之后，官兵还根据侦破线索，先后在矿区、城区抓获另外两名犯罪嫌疑人。整场行动缴获长短枪11支、钢珠弹1000余发、爆炸物若干。（苏万龙）

人民防空

【概况】 2015年，阳泉市人民防空办公室按照中央《关于深入推进人民防空改革发展若干问题的决定》的要求和全省人防工作会议的安排部署，继续加强班子队伍建设，全面推进全市人防建设，强化基层党建和党风廉政建设，完成省人防办和市委、市政府下达的工作任务。被省人力资源保障厅和省人防办授予“山西省人防工作先进集体”称号。（李　巍）

【人防工作会议】 3月13日，市人防办召开人防工作暨党风廉政建设和反腐败工作会议。总结2014年全市人防工作，安排部署2015年全市人防工作及党风廉政建设和反腐败工作，表彰全市人防系统2014年涌现出的先进单位和优秀个人。人防办机关、事业单位干部职工，企业副科级以上干部，各县区人防办及阳煤集团人防办等有关部门负责人参加会议。

会上，市人防办党组书记、主任尚永葆与各县区、办属有关单位签订“安全生产工作责任书”“党建工作目标责任书”“党风廉政建设目标责任书”和“一岗双责目标责任书”。要求各部门、各单位做好安全培训和宣传工作，切实提高安全生产意识，把安全责任落实到岗位、落实到人头，坚决预防和杜绝各类安全事故的发生。（李　巍）

【训练演练】 年内，市人防办按照省人防办年初下达的《山西省2015年度人民防空训练计划》要求，结合阳泉市实际，制定《2015年度阳泉市人民防空训练计划》《2015年度人防专业队训练工作安排》和《2015

年度人民防空抢险抢修直属专业队训练计划》。4月,在训练中联合市第四人民医院医疗救护专业队在郊区窑沟村进行野外现场救援演练,实地锻炼市人防办和第四人民医院医疗救护专业队现场救护能力。8月,市人防办参加省人防办组织的“山西地震人防指挥通信保障协同演练”,按照“山西地震人防指挥通信保障协同演练脚本”,围绕预设地区可能出现的地震灾害,通过开设基本指挥所和移动指挥所,运用光纤视频会议系统、卫星通信、短波通信、3G通信等指挥通信手段进行互联互通,完成省人防办要求的指定动作,达到预期效果。(李　巍)

【《阳泉市人防建设“十三五”规划》编制完成】 年内,根据省人防办部署,市人防办于6月启动《阳泉市人防建设“十三五”规划》编制工作。召开党组(扩大)会议进行安排部署,成立规划编制领导组,制定编写方案,确定编写思路和编写提纲,并报省人防审查备案。各单位、各部门根据职责任务,撰写各自领域发展目标规划,市人防办进行综合汇总,8月完成初稿,通过省人防办验收。(李　巍)

【多媒体警报报知系统建设】 年内,市人防办按照全省人防融合式发展的工作要求,吸引社会投资参与人防建设。首先在户外多媒体多功能防空防灾预警报知系统建设中进行尝试。政府、社会、个人共同投资70多万元,在市人防办公区和五龙精品家具城建设两块全彩电子大屏,并进行多媒体预警报知设备的接入控制。6月24日,警报系统中央站升级全部完成,电子大屏防空防灾预警报知功能及平时宣传功能随时切换,完成省办要求的电子屏多媒体多功能防空防灾预警报知系统应用任务。(李　巍)

【防空地下室人防工程首次举行挂牌仪式】 9月1日,市人防办为阳煤集团采煤沉陷综合治理工程四矿居住小区西区防空地下室工程举行首次挂牌仪式,标志着全市人防结建工程步入法制化、规范化建设的轨道。挂牌的人防工程属于阳煤集团采煤沉陷综合治理工程的组成部分,结合居民居住建筑修建,做到平战结合。市人防办按照《中华人民共和国人民防空法》对人防工程的要求和建设标准,为该人防工程颁发“人防工程认可书”,进一步增强有关工程建设部门的国防意识,对全市人防结建工作良性发展发挥引领示范作用。(李　巍)

【“六进”活动】 年内,为使人防知识家喻户晓,市人防办开展了“六进”活动。进党校,在市委党校举办新录用公务员培训班开展人防知识巡展宣传,派专人进行现场讲解,介绍阳泉市人防的成长历程,讲解公务员在新时期人防建设中的任务职责。进企业,利用阳煤集团人防办青工培训机会,派专人讲授《三防知识》《警报建设与规划》等人防课程,同时进行为期两天的人防知识展板宣传。进学校,继续与教育局合作,通过播放《防空防灾教育》光盘,在全市中小学开展人防教育,受教育人数超过10万人。进社区,9月18日,在阳光广场设置2015年阳泉市城区防空警报统一试鸣日宣传点,进行防空防灾知识科普宣传,并在新世隆超市、五龙精品家具城、移动大楼等电子大屏进行防空警报知识宣传。进农村,与市第四人民医院医疗救护专业队进行野外现场救援演练的同时,向郊区窑沟村村民进行人防知识宣传。进网络,完善阳泉市人民防空政务网建设,及时全面宣传人防知识、人防工作,互联网媒体宣传进入常态化。(李　巍)

【防空警报统一试鸣】 经市政府批准,全市防空警报于9月18日上午10时统一鸣响。为使防空警报试鸣活动取得良好效果,市人防办按照《中华人民共和国人民防空法》的规定提前5日在新闻媒体刊登、播放政府公告。9月18日上午10时整,全市55台参鸣警报器同时鸣响。

随着城市区域的扩展和住宅小区面积的增加,音响覆盖断层增多等问题影响和制约着全市防空警报建设。年内,市人防办与防空警报设置点单位沟通,安装和更换5台警报器,超额2.5倍完成年度警报建设任务。(李　巍)

【指挥所“一中心 三部门”设施设备改造升级】 10月16日,市人防办对指挥所“一中心 三部门”(指挥控制中心、情报信息部、政治工作部、综合保障部)要素房间进行改造升级。制定各部门的职责、工作制度,制作作战指挥地图,并按配置要求完成会议桌椅、电脑、电话等办公用品的配备,人防指挥部与“一中心、三部门”实现互联互通。随着指挥所设备设施大范围升级改造,通信保障系统、视频会议系统、集中控制系统、监控系统、网络系统以及和所属区县的互联互通能力得到提升,并且实现同步使用平板电脑完成对所有设备的操控。(李　巍)

【北斗卫星导航定位系统投入使用】 “北斗卫星导航定位”系统建设是2015年人防重点实施项目。10月29日,经过认真安排和周密部署,投资70余万元的北斗导航系统全面投入使用。利用车载或手持北斗装备实时获取人防指挥车辆、专业队伍及重要人员的位置、速度、航向、姿态等信息,可供人防指挥机构掌握准确的战场态势信息,提高指挥精确度和及时性。(李　巍)

民主党派

民革阳泉市委

【思想建设】 2015年，中国国民党革命委员会阳泉市委员会以开展“坚持和发展中国特色社会主义学习实践活动”为主线，组织党员学习中共十八届五中全会精神、中央统战工作会议精神、中共中央习近平总书记系列重要讲话精神等，切实提高党员的思想政治素质。开展“观故居，走多党合作之路”活动，到福建省福州市参观民革前辈陈绍宽故居，进行爱国主义教育。举办新党员培训班、参政议政培训班，全员参与民革中央举办的网络参政议政成果评选投票活动。开展纪念抗日战争暨世界反法西斯胜利70周年系列活动，组织党员到武乡八路军纪念馆、左权八路军纪念馆参观，陪同民革广西壮族自治区省委参观百团大战纪念馆，与民革党员商文静联合举办纪念抗日战争胜利70周年“我心中的红色记忆”二胡专场音乐会。组织成员到平定县牺盟会五县中心旧址、南沟村、北塂村进行调研，收集抗战史料，撰写开发打造红色旅游项目的调研报告。开展“伸出博爱之手——民革基层组织牵手困难群众”活动，为社会弱势群体捐款捐物，奉献爱心。主委赵海润参加范子侠将军纪念碑揭幕仪式，并主持学术研讨会，会见范子侠将军的儿子——山东省枣庄市政协副主席、民革枣庄市委原主委范国光先生。副主委李若冰利用节假日时间采访百名抗战老兵，拍摄许多珍贵的照片资料，并编辑发行书刊《致敬老兵》。全年报送统战信息20多篇，统战论文17篇。全年共向各种报刊投稿80多篇，106篇稿件被民革中央网站和省、市报纸杂志刊登，其中32篇稿件被民革中央网站采用刊登。　（赵志刚）

【组织建设】 年内，民革阳泉市委共发展新党员5名，均为大学以上学历和中高级职称，为民革组织补充新鲜血液。不断探索创新专委会工作的新路径，采取加强培训与深入调研、推出成果与年终考核相结合的方法加强专委会工作，建立专委会工作的长效机制，激活专委会工作的生机和活力。加强制度建设，试行《党员回访制度》等规章制度，做到制度健全，各项工作有章可循。建立完善后备干部管理机制，对20多名中青年后备干部实行动态管理，抓好骨干成员的理论学习和教育培训活动，加强党务岗位的实践锻炼。创优支部工作，健全支部考核的规章制度，以工作实绩作为评选先进支部和优秀党员的依据。北大街支部参加中共阳泉市委统战部组织的支部观摩交流活动，并受到表扬。李强、李永幸被民革山西省委评为“先进党员”。　（赵志刚）

【参政议政】 年内，民革阳泉市委围绕市委、市政府的中心工作和“十三五”规划的编制建言献策，组织党员对红色旅游开发、小微企业发展、社区建设、电子商务发展、生态环境等方面进行专题调研，与民革晋城市委联合开展古村落保护和现代农业发展专题调研，撰写10篇调研报告。向中共阳泉市委统战部、市政府报送10篇“我为十三五规划”建言献策调研成果。阳泉市人大、政协“两会”期间，各级人大代表、政协委员建言献策，上交大会发言3篇、提案议案30多件、集体提案8件。主委赵海润撰写的提案《关于整合红色旅游资源，努力打造抗日烽火燃太行红色旅游品牌》和《关于加强全省抗战文物遗址保护修缮的建议》被省政协列为重点提案，在省政协重点提案督办会上提出的建议受到省政府有关部门的高度重视和采纳。民革市委的集体提案《关于治理研石山的建议》被市政协列为重点提案督办，《山西政协报》对该项重点提案的督办情况进行全面报

民主党派　工商联

道。民革党员、市人大代表李素鱼撰写的议案《加强城市环保工作的建议》被市人大列为重点议案办理。《加大市政设施维修改造力度提高城市品位》《建议尽快增建或改建连接上站和下站的人行通道》《构建良好旅游环境 整合旅游文化资源提升我市旅游文化产业的竞争力》《我市当前经济形势下的思考与建议》等提案均得到采纳和落实。2015年,民革阳泉市委共上报社情民意30多篇,赵海润和吴晓文撰写的《应尽快建立健全农村宅基地退出机制》被山西省政协评为“优秀社情民意信息”,吴晓文获省政协“反映社情民意信息先进个人”称号。 (赵志刚)

【社会服务】 年内,民革阳泉市委和郊区畜牧兽医发展中心合办3期农民养殖科技培训和农民新型职业技术培训班,培训农民300余人次,免费为农民发放养殖科技教材600余册。组织养殖户到宁夏、晋中、天津等地参观学习,为农民养殖户进行技术指导。“六一”期间,联合汇丰堂大药房到枣园村慰问幼儿,送去价值2000元的慰问品。帮助枣园村争取到15万元扶持资金,组织开展技术培训,为枣园村的发展注入新动力。与新华东街社区联合举办“同心编织五彩梦 携手共建文明城”系列活动,举办义诊、法律咨询、就业服务等活动。联合上站支部开展版面展览宣传、赠送图书、保健知识讲座等活动,展出档案知识和非物质文化遗产宣传展板,赠送历史、科普读物1000余册,市医学会秘书长范正栋为社区居民举办常见病预防保健知识讲座,发放千余册图书和科普保健宣传读本。联合阳煤支部开展“生命长青 健康常在”养生专题讲座,王建明、梁捧元两位民革党员分别作“冬季心脑血管疾病的预防”和“冬季疾病防控”的讲座。北大街支部开展医疗科技服务和健康宣传活动,现场发放宣传资料两万余份。 (赵志刚)

【祖统工作】 年内,民革阳泉市委到福建省泉州市开展祖统工作专题调研活动,参观施琅纪念馆、闽台缘博物馆、泉州海外交通史博物馆、八马茶叶总部等地,了解台资企业工业园区的发展趋势和发展情况,与民革泉州市委班子成员进行座谈,就祖统工作进行交流沟通。中秋节期间,组织党员中的台属通过电话、贺卡、写信等方式加强亲情联系。注重涉台参政议政工作,撰写《建议金门战役牺牲的解放军将士遗体运回大陆并与台湾方面协商在金门建立金门战役纪念碑》等5篇参政议政文章。 (赵志刚)

民盟阳泉市委

【思想建设】 2015年,中国民主同盟阳泉市委员会以开展“坚持和发展中国特色社会主义学习实践活动”为主线,组织骨干盟员学习中共中央统战工作会议精神、学习中共山西省委书记王儒林开展“三严三实”专题教育重要讲话精神、学习民盟山西省委十届四次全会精神,准确把握中共阳泉市委、市政府的工作中心和年度工作目标。7月2日,集体学习《人民日报》社论《干在实处、走在前列——热烈庆祝中国共产党成立94周年》,共同回顾中国共产党94年的光辉历史。11月2日,全文学习《中国共产党第十八届中央委员会第五次全体会议公报》。 (王凤娥)

【组织建设】 年内,民盟阳泉市委共发展新盟员16人,其中大学本科以上学历13人,平均年龄37岁,继续保持盟员发展的精英化和年轻化,有效保证民盟组织的可持续性。高专支部、医卫支部、矿区支部在创建规范化基层组织过程中,筹备建成支部活动室,宣传版面和各项规章制度分别上墙,支部档案进一步规范。市委会多次选送市委委员、基层支部主委、骨干盟员参加盟省委、中共阳泉市委统战部、市委组织部组织的各种培训学习,40余名盟员先后参加民盟山西省委通讯员工作会议、“统战论坛”、阳泉市第十二期全市党外干部培训班等培训,加强盟员的自身建设。民盟阳泉市委获得民盟山西省委颁发的“基层组织建设工作创新奖”。 (王凤娥)

【参政议政】 年内,民盟阳泉市委围绕全市改革发展大局和中心工作,深入调研,反映实情,认真履行参政党职能。一是多次参加中共阳泉市委、市政府、市政协和市委统战部举办的重大事项情况通报会、征求意见会、培训会、双月座谈会及调研、视察等各类活动30余次。二是民盟阳泉市委中的13名市人大代表和政协委员在阳泉市人大、政协“两会”期间共提交集体提案7件、代表议案4件、委员提案30余件,其中集体提案《关于尽快规划搬迁建设阳泉市殡仪馆的建议》被列为重点提案,受到社会各界的关注。王凤娥、杨慧荣代表盟市委作《关于大力培养新型职业农民的建议》《关于对小微企业设立应急转贷资金的建议》的大会发言,曹曼作《关于加强我市地接旅游资源开发利用的建议》的大会发言。年内,组织有代表性的盟员参加中共阳泉市委与党外代表人士“双月座谈会”,陈龙纲、杨玉明等代表盟市委就“关于促进我市金融工作的建议”“建立健全风险评估机制完善依法治市制度建设”等5个方面提出切实可行的建议。三是参加盟省委举办的“加强社会主义协商民主建设”理论研讨会,阳泉民盟副主委兼秘书长王凤娥、学院支部主委崔艾举参加会议并作发言。他们撰写的《社会主义协商民主的再思考》《民主党派如何在政党协商的深入开展中发挥作用》入选理论研讨会论文汇编。四是盟市委共组织上报社情民意信息100余篇,被盟省委、市政协等采用73条,盟中央采用2条。全年编辑《阳泉盟讯》80期,盟员结合实际撰写理论文章、

心得体会 70 余篇，在各类媒体上发表信息 300 余条。　（王凤娥）

【社会服务】　年内，民盟阳泉市委适应新形势、新要求，不断创新社会服务模式，有力推动社会服务的扎实开展。2 月 15 日，对“同心共建”联系村、“农村教育烛光行动”帮扶点——平定县东回镇祁家峪村的困难群众进行慰问，为他们送去 20 套棉被、床上用品及米面油等慰问品。5 月 19 日，盟市委为祁家峪村争取到 200 棵侧柏树苗，并组织骨干盟员和村民一起植树，使盟员加深与村民的感情。按照阳泉市党外代表人士“走基层，献良策，比贡献”活动月和阳泉市同心共建网格化统战工作示范社区(农村)工作安排，4 月 2 日，盟市委在康达社区举行“同心共建”座谈会。10 月 21 日，重阳节期间，盟市委在康达社区开展口腔保健知识讲座及口腔义诊活动。11 月 10 日，联合太原盟市委到平定县东回镇马山中学开展“农村教育烛光行动”帮教扶贫活动。（王凤娥）

【纪念抗日战争胜利 70 周年系列活动】　年内，民盟阳泉市委举办纪念抗日战争胜利 70 周年和纪念民盟阳泉市委成立 30 周年系列活动。5 月 19 日，盟市委组织全体委员、基层支部委员等骨干盟员 30 余人到平定县东回镇七亘村参观七亘大捷纪念碑、七亘大捷烈士公墓园，现场接受革命传统教育，缅怀革命先烈。8 月 19 日，到阳泉市展览馆参观《纪念中国人民抗日战争暨世界反法西斯战争胜利 70 周年摄影图片展》。8 月 25 日，到平定县巨城镇南庄村，郊区荫营镇辛庄村、西南舁乡咀子上村，钻地道、看展览、忆传统、缅怀英模。　（王凤娥）

【基层组织建设年活动】　年内，民盟阳泉市委根据盟中央、盟省委“活力基层组织建设年”活动的相关部署，切实推进全市基层组织建设工作。10 月中旬，民盟十一中支部联合医卫支部、平定支部、高专支部、科技支部的骨干盟员到延安参观学习，接受革命传统教育。10 月下旬，矿区支部联合郊区支部、十五中支部、教育支部的骨干盟员到黎城黄崖洞及武乡八路军纪念馆参观学习，接受爱国主义教育、廉政教育和国防教育。11 月，盟市委组织市委委员、各基层支部主委分批到深圳、厦门进行民盟基层组织建设学习调研，在深圳还对全球领先的信息与通信解决方案供应商——华为企业进行学习考察。　（王凤娥）

民建阳泉市委

【思想建设】　2015 年，中国民主建国会阳泉市委员会始终坚持以中国共产党领导的多党合作制度为根本任务，始终围绕会章的纲领和要求开展各项工作，始终围绕民建中央和民建山西省委的重大决策和安排，部署落实各项工作。年内，组织开展各类学习培训活动。3 月 19 日，全体会员听取全国人大代表石文斌传达全国人大、政协“两会”精神。6 月 27 日，市委会邀请中共山西省委统战部副部长张云泽辅导讲解中央统战工作会议精神。基层组织坚持开展按规定学、结合实际学、向老前辈和代表性人士学、集体学和会员自学的“四学习”活动，并写出心得体会，提高会员理论素质和修养。　（史克祥）

【组织建设】　年内，民建阳泉市委发展新会员 13 人，平均年龄 36 岁，其中大学本科 7 人、硕士研究生 1 人，使会员的结构更加合理、更具活力。在发展新会员方面，由过去的把好“三关”(入口关、传承关、履职关)增加为把好“七关”(入门关、培养关、协商关、考察关、谈心关、教育关、履职关)，加快和保障会员由组织上“入会”向思想上“入轨”、行动上“到位”的转变。在制度建设上，市委会完善有关的政治、组织、会议、活动、考勤、机关管理等 12 项规章制度，同时充实规范市委委员联系基层组织和专委会、关心关爱会员、意见建议沟通反馈等制度，用制度规范行为、约束自我、提高效率，形成工作的常态化。　（史克祥）

【参政议政】　年内，民建阳泉市委认真履行参政议政职能，为推进政府科学决策发挥积极作用。全年组织 10 余次专题调研活动，形成《关于提升阳泉公交运营服务水平的建议》《创新普法工作推进法治阳泉建设》《关于解决阳泉市中小微企业融资难的几点对策》等 5 篇调研报告。为阳泉市人大、政协“两会”提交议案、提案 31 件，其中市委会集体提案《关于设立阳泉市创业创新投资基金的建议》《关于新医改后乡镇卫生院工作的建议》等 8 件提案，引起相关部门和社会的广泛关注。市委会还配合民建山西省委副主委薛维梁对阳泉市城区老工业基地的改造搬迁进行专题调研，提出针对性意见建议。市委会全年累计反映社情民意信息 90 件，其中 84 件被中央统一战线网、人民政协网、民建中央网、《团结报》和《人民政协报》等媒体采纳。　（史克祥）

【社会服务】　年内，民建阳泉市委结合新常态、新形势，关注社会、关注民生、关注热点，拓展社会服务内涵，探寻社会服务的新形式、新途径。年初，市委会分别与 3 个社区，1 个农村签订同心共建协议书，并分别进行对接、调研和服务。6 月 4 日，主委刘兆林带领相关人员到义井街道办事处南边堰社区进行调研。6 月 30 日，城区总支组织会员到小阳泉社区为社区居民进行法律、教育、金融、医疗、养老等有关民生方面的咨询，并向居民散发 300 份宣传资料。6 月 25 日，矿区总支到赛鱼社区进行调研，民建会员与社区干部进行座谈，并根据社区实际制定相应的服务规划。市委会多次组织相关会员到平定县冠山镇后沟村进行对接帮扶。年内，有 100

余名会员与居住地社区建立“双向服务联系卡”,围绕建言献策、扶贫帮困、志愿服务、联谊交友、科技文化服务等方面,着力实施双向服务项目。（史克祥）

【纪念抗日战争胜利70周年暨民建市委成立30周年系列活动】 年内,民建阳泉市委为纪念抗日战争胜利70周年、中国民主建国会成立70周年和民建阳泉市委成立30周年,举行了系列活动。8月29日,市委会组织50多名会员到平定县七亘村参观七亘大捷纪念碑、七亘大捷战斗遗址和七亘大捷烈士公墓园。组织编撰《民建阳泉30年》和画册《光彩》,并拍摄专题片《足迹》。11月8日至12日,民建阳泉市委带领市委委员、各基层组织负责人到重庆渝中区开展以“牢记使命、坚定信念、弘扬传统、同向同行”为主题的专题学习教育活动,参观中国民主党派历史陈列馆和中国民主建国会成立纪念碑。（史克祥）

【张少琴到民建阳泉市委调研】 10月8日,全国人大常委会委员、中华全国总工会副主席、民建中央副主席张少琴一行到阳泉市,就民建基层组织建设工作进行座谈、调研。省政协副主席、民建省委主委王宁,民建省委副主委刘蓉华、薛维梁,市领导陈永奇、王旭明、李云峰、刘兆林等陪同调研。座谈会上,市民建主委刘兆林汇报了民建阳泉市委会工作情况,12名会员代表进行交流发言。张少琴听取工作汇报后,对民建市委会各项工作给予充分肯定。下午,张少琴一行还到民建会员企业方大添加剂(阳泉)有限公司、山西建工申华暖通设备有限公司进行调研。（史克祥）

民进阳泉市委

【思想建设】 2015年,中国民主促进会阳泉市委员会以开展“坚持和发展中国特色社会主义学习实践活动”为主线,以庆祝民进成立70周年和纪念抗日战争胜利70周年为契机,教育并引导广大会员认真学习中共十八届三中、四中、五中全会精神,中央、省委统战工作会议精神,民进十三届四中全会精神等。全年参加各种学习达340人次。8月,为庆祝民进成立70周年暨纪念抗日战争胜利70周年,民进阳泉市委举行“口述历史话传统”“我身边的先进”“文艺演出”等活动。11月13日至15日,阳泉市副市长、民进阳泉市委主委任衍钢和民进阳泉市委副主委高爱萍参加民进山西省委七届八次常委会议,学习中共十八届五中全会公报和民进中央十三届十二次中常会精神。（杨 芳）

【组织建设】 2015年是民进中央确定的“基层组织年”。民进阳泉市委把组织建设作为重点,确保民进组织健康有序发展。一是加强领导班子建设。民进阳泉市委通过培训、调研等方式加强领导班子建设。5月,副主委高爱萍参加民进中央在中央社会主义学院举办的民进全国市、县级组织专职副主委培训班;10月,主委任衍钢、副主委李君参加中共山西省委统战部在北京怀柔举办的党外干部培训班;11月,委员苏巧艳参加民进山西省委举办的骨干会员培训班。二是充实基层组织队伍。年内,民进阳泉市委发展新会员12名,其中研究生学历1名、本科学历8名、专科学历3名,平均年龄39岁。三是深化地市民进组织间的相互交流。民进阳泉市委与民进运城市委、民进朔州市委相互走访、交流、学习。四是加强后备干部队伍建设。年内,医卫支部主任王英杰在中共阳泉市委组织部、市委统战部开展的“在全市范围选派八名党外干部赴县区各街道办事处挂职锻炼”活动中,被派往矿区贵石沟街道办事处挂职。11月,8名会员参加民进山西省委举办的骨干会员培训班。五是完成届满基层支部换届工作。民进阳泉市委根据民进会章规定,按照组织程序,完成机关支部、豫剧团支部、三郊支部等8个届满支部的换届工作,并对师专支部、矿区支部、市直二支部、医卫支部4个支部进行支部领导班子调整。六是强化机关建设。民进阳泉市委组织机关干部参加各种学习、座谈、议题会等25人次。市委会全年编辑简报57期,组织并报送民进中央、民进省委、市政协等各种大型材料7篇,提交统战论文12篇。（杨 芳）

【参政议政】 年内,民进阳泉市委围绕中共阳泉市委、市政府的中心工作,以及事关全市经济社会发展的重大问题,采取集中调研与个体调研相结合的方式,积极建言献策。一是围绕专题联合开展调研。4月8日,结合中共阳泉市委统战部开展的“走基层、献良策、比贡献”活动,与市政协学习和文史委联合组织部分市人大代表和市政协委员围绕全市旅游文化发展情况开展调研,形成《关于阳泉市旅游文化发展状况的调研报告》。5月17日,民进山西省委副主委高新文,阳泉市副市长、民进阳泉市委主委任衍钢一行到西岭村围绕创建美丽宜居乡村工作开展调研。7月,邀请山西农业大学研究生态、环境等方面的专家教授联合调研农村农业污染情况,专家教授通过深入了解、详细掌握污染产生的原因和现状,向民进阳泉市委反馈《阳泉市一些区域农村环境存在问题》的报告。二是选定课题调研。民进阳泉市委围绕“三农”问题先后到郊区河底、大阳泉、义东沟等村,围绕农村农田水利建设、村务公开财务管理等情况开展调研。11月19日,组织会内各级人大代表、政协委员、基层骨干会员围绕“十三五”规划到太原市阳曲县青龙镇就古村落建设开展专题调研。三是带着课题个体调研。会内各级人大代表和政协委员带着课题下基层访民情,开展单独调研。阳泉市人大、政协“两会”期间，民进阳泉市委共提交议案、提案70件，集体提案6件，代表委员个人议案、提案64件。其中，民进阳泉市委提交的《大力发展电子商务应上升为阳泉转型发展的城市战略》被市政协确定为一号重点提案。部分委员分别就《关于统筹谋划市“十三五”铁路交通新布局的建议》《加快发展市职业教育的建议》《关于温河水利工程环境集中治理和统筹开发的建议》等在市政协联组会议上作发言。年内，民进阳泉市委共提交社情民意信息137条。其中，《建议加快职业技术学院新校区建设》等41条被阳泉市政协采纳，《关于加快发展我省旅游文化的建议》等13条被阳泉市政协上报省政协，刘华庆撰写的《部分政协委员和民主党派人士对促进京津冀协同发展的建议》被全国政协采纳，民进阳泉市委提交的《关于对完善食药机制的建议》被全国政协转送。年内，在中共阳泉市委统战部举办的党外人士双月座谈会上，高爱萍、梁燕青等分别围绕打造旅游文化名片、促进法治阳泉建设等方面提出建议。（杨　芳）

【社会服务】 年内，民进阳泉市委发挥自身优势，开展文化帮扶、智力支教、医疗义诊等一系列社会服务活动。一是文化帮扶进农村进社区。2月9日，市委会组织会内书法家和书法爱好者到矿区东山社区开展“送春联进社区”活动，为社区居民送去400余副春联。5月，市委会与市林业局绿化委协商，为西岭村争取到100棵侧柏绿化山村。7月24日，联合山西民进艺术团到平定县巨城镇西岭村开展文化下乡慰问演出活动。二是开展医疗义诊。市委会组织会内医务人员两次到平定县巨城镇西岭村为300余名村民进行义诊，并向村民发放预防及治疗感冒常用药、各类常见病防治宣传手册、日常健康保健手册等。11月18日，市委会邀请市医疗急救中心主任王存义到矿区东山社区开展“同心共建”“关注健康关爱生命”健康知识专题讲座，并向社区赠送价值1300余元的常用药品。三是开展智力支教。2月，按照民进中央、民进省委要求，发动全体会员为贵州省毕节市金沙县捐赠适合中小学生及教师阅读的书籍1000余册，价值10860元。4月17日，在市委会牵头下，民进太原市委基层支部向阳泉市郊区苏家泉小学捐赠800余册图书及一些饮品，价值2万余元。5月17日，与民进省委、民进太原市委联合邀请省城的数学、物理、化学、英语4位优秀教师到郊区杨家庄中学开展支教讲学活动。12月2日，市委会组织会内6名优秀教师赴郊区燕龛学校开展支教讲学活动。（杨　芳）

【民进成立70周年暨纪念抗日战争胜利70周年系列活动】 8月16日，民进阳泉市委举行庆祝民进成立70周年暨纪念抗日战争胜利70周年系列活动。民进山西省委副主委任建国，副市长、民进阳泉市委主委任衍钢，中共阳泉市委统战部常务副部长高和平等参加活动。“口述历史话传统”演讲会上，3位老会员结合各自经历进行演讲，表达自己对民进组织的热爱。“我身边的先进”宣讲会上，4位基层支部会员围绕身边可感、可学、可敬的“双岗建功”事迹，讲述“身边的先进”。文艺演出活动上，会员自编自导自演，通过歌曲、诗歌朗诵等形式颂扬革命先辈艰苦卓绝、保家卫国的革命大无畏精神，表达会员对祖国的热爱之情。（杨　芳）

农工党阳泉市委

【思想建设】 2015年，中国农工民主党阳泉市委员会坚持学习贯彻中共十八届三中、四中、五中全会精神以及习近平总书记系列重要讲话精神，以开展“坚持和发展中国特色社会主义学习实践活动”为载体，切实履行参政党职能。5月31日，农工党阳泉市委参加由农工党山西省委举办的“学精神·学党章·学党史”知识竞赛活动，并获得优秀奖。8月8日，农工党阳泉市委召开纪念中国农工民主党建党85周年座谈会，回顾党史，缅怀先贤，引领广大农工党员继承革命遗志，坚定多党合作信念。8月10日，为纪念抗日战争胜利70周年，农工党阳泉市委组织部分党员到狮脑山百团大战纪念碑敬献花篮，参观百团大战纪念馆，缅怀革命先烈，学习革命历史。11月，为纪念农工党创始人邓演达120周年诞辰，农工党阳泉市委组织市委委员和各基层支部负责人到南京拜谒位于南京中山陵的邓演达烈士墓，共同缅怀他的高尚情操和爱国革命精神。11月，农工党阳泉市委被农工党中央评为“中国农工民主党优秀地市级组织”，阳煤集团总支被评为“中国农工民主党先进基层组织”。（马洪亮）

【组织建设】 年内，农工党阳泉市委共发展新党员10人，平均年龄37岁，均为本科及研究生学历，其中高级职称3人、中级职称5人，医卫界7人、其他界别3人，在坚持发展主体界别的同时，进一步改善组织结构，为市委会的发展储备后备干部和人才。市委会还积极参加中共阳泉市委统战部组织的民主党派基层组织观摩活动，学习借鉴先进经验做法，推进基层支部规范化建设，并按照《农工党阳泉市委基层组织工作考评方案》的要求，组织开展基层组织年度考评工作，有效强化监管职能，促进基层支部发展。（马洪亮）

【参政议政】 年内，农工党阳泉市委围绕中共阳泉市委、市政府工作中心，结合实际，深入农村、社区、学校、企业及偏远革命老区进行调研。3月22日，市委会组织党内政协委员到盂县华亨铸件有限公司、盂县永恒工艺厂调研民营企业发展情况,与企业负责人进行座谈交流,为民营企业的发展提出建议和意见;4月7日,市委会到郊区咀子上村、辛庄村调研当地旅游项目的开发建设情况,并形成《大力发展乡村特色旅游,推动农村经济发展》的提案;5月30日,市直二支部组织党员到郊区东村开展学习调研,实地考察当地小水利工程建设和种植情况;9月2日,市委会组织党内经济界党员到市电商商会进行调研,调研全市电商发展情况,形成《推进农村电子商务服务体系建设的建议》的调研报告。阳泉市人大、政协"两会"期间,农工党阳泉市委提交团体提案13件,党内政协委员提交个人提案21件,为促进全市经济社会发展、实现富民强市建言献策。（马洪亮）

【社会服务】 年内,农工党阳泉市委充分发挥人才优势,整合党内资源,联合社会力量,开展形式多样、丰富多彩的社会服务活动。一是"六一"期间,农工党基层支部多次开展"关爱儿童阳光行"捐资助学活动。5月27日,郊区支部组织党员到杨家庄乡南杨家庄村幼儿园看望慰问幼儿,为孩子送去学习用具和书籍等节日慰问品;5月28日,平定支部组织党员到锁簧镇陈家庄村和东锁簧村的小学和幼儿园,给学生送去学习用具和体育用品;6月27日,农工党市直三支部与平定支部的20名农工党党员到平定县冶西镇赵家庄小学,与12名单亲孩子结成"帮扶对子",向孩子赠送2000多元的学习用具和生活用品。二是农工党阳泉市委依托党内医药卫生界人才集中的优势,组织党内医疗专家利用节假日开展义诊惠民服务。5月17日,农工党阳泉市委组织20余名党内专家到郊区小河村开展第八届"中国环境与健康宣传周"活动,为村民进行测心率、量血压、验血糖等健康检查,并发放各种宣传资料;8月8日,市委会与市直一支部到咀子上村开展帮扶义诊活动;8月28日,市委会组织十余名医疗专家到平定县岔口乡主铺掌村,开展送医下乡义诊活动;10月21日重阳节,市委会组织党员到郊区旧街乡测石村开展"国际科学与和平周"活动,为村里的100余位老人和广大村民进行义诊服务;11月1日,市委会联合阳泉市经济信息中心到盂县西烟镇黑石窑村开展"健康服务进农村"义诊扶贫活动,为村里的留守老人和儿童进行健康检查。（马洪亮）

九三学社阳泉市委

【思想建设】 2015年,九三学社阳泉市委以学习贯彻中共十八大精神为重点,强化理论政策时事教育,开展形式多样的学习活动以增强思想建设实效性。组织九三学社阳泉市委领导班子成员、基层支社主委和骨干社员学习全国人大、政协"两会"精神、中央统战工作会议精神、九三学社山西省委九届四次全委会议精神等,进一步增强执行中国共产党的路线、方针、政策的自觉性和坚定性。9月1日,九三学社阳泉市委召开纪念抗日战争胜利暨九三学社创建70周年大会。9月,九三学社阳泉市委还组织社市委委员及部分基层负责人到重庆九三学社中央爱国主义教育基地参观九三学社成立历史遗址纪念碑、中国民主党派历史陈列馆、红岩革命纪念馆和白公馆,并到九三学社重庆市委进行考察学习。（李宏业）

【宣传工作】 年内,九三学社阳泉市委充分利用新闻媒体,对社市委各项工作进行宣传报道。全年共发表新闻报道26篇,九三信息28篇。其中,人民政协网刊载3篇、光明网刊载3篇、社省委网站刊载7篇、山西新闻网刊载5篇,《阳泉统一战线》《阳泉日报》等市级报刊及媒体网站刊载56篇。继续做好"一刊一网"工作,努力把社讯、网站打造成社员了解社务工作的资讯平台。全年出版《阳泉九三》2期,约10万字。（李宏业）

【组织建设】 年内,九三学社阳泉市委新发展成员10人,其中硕士研究生学历2人、大学本科8人,平均年龄33岁,为社市委注入新的活力。截至年底,社市委共有基层支社8个,有社员143名,其中女社员60名,高级职称的65名,社员平均年龄47岁,结构趋向高素质化、年轻化。社员中有省人大代表1名、省政协委员1名、市人大代表1名、市政协委员15名、县区政协委员14名。（李宏业）

【参政议政】 年内,九三学社阳泉市委围绕阳泉市经济结构调整、生态建设、"三农"问题、节能宜居等关系人民群众切身利益的热点、难点问题进行实地考察调研,并提出切实可行的建议。

主委李天祥带领社内人大代表、政协委员、各支社骨干社员分别到城区老工业基地、市煤气公司、保安煤矿、平定县岔口乡理家庄村等地开展调研活动。在全市人大、政协会上,共提交团体提案8件,政协委员提案及人大代表议案20余件。其中,《加快实施老工业基地搬迁改造工作 打造晋东现代城市综合体》的团体提案被政协列为重点提案,李银花撰写的《关于乡村旅游的建议》被列为市人大十大议案之一,安临斐撰写的《适时对桃北东路进行改造的建议》已被落实修建改造。杨红梅、安临斐、张秋明3人在市政协会上作《加快实施老工业基地搬迁改造工作 打造晋东现代城市综合体》《山城危桥多存隐患 呼吁重视尽快改造》《加强校企联系,促进经济发展》的联组发言。（李宏业）

【社情民意】 年内,九三学社阳泉市委共撰写社情民意98篇。其中,社省委采用68篇,《山西政协报》采用6篇,《阳泉日报》采用1篇,市政协《社情民意》采用3篇。主委李天祥撰写的社情民意《运用高新技术检修地下管道》、安临斐撰写的《尽快落实旧桥改造》、张巧花撰写的《制定失独家庭救助政策》《加强城市道路人行道治理》被社省委、省政协采用。安临斐撰写的《加强路灯维修维护的建议》、张巧花撰写的《南庄路马路市场问题亟待解决》、张秋明撰写的《对阳泉市核桃种植业风险防范和保障机制建设的建议》、阎丙成撰写的《推进农产品质量安全监管的建议》等引起市有关部门和领导重视。社市委被社省委评为“社情民意工作三等奖”。　（李宏业）

【社会服务】 年内，九三学社阳泉市委继续搞好“九阳科技合作”活动，为农民购买生物有机肥100余吨，为合作基地开发新项目申请扶持资金4万余元，还帮助基地争取到政府“一事一议”专项资金18万元。社市委委派社内专家骨干成员到北京平谷区调研节能建筑房屋建设、到甘肃省武威市调研中药材机械化种植收获等项目，为做好社会服务工作献计出力。社市委多次组织文化卫生支社社员到“同心共建”矿区平潭东社区听民声、察民意、知民情，由高级声乐教师帮助社区“春之声”合唱队提高技艺。开展文化教育、医疗保健、法律咨询和援助等服务，为社区老弱居民开展义诊，对行动不便的老人上门问诊把脉，送去温暖。社市委被社省委评为“社会服务工作三等奖”。（李宏业）

【纪念抗日战争胜利暨九三学社创建70周年大会】 9月1日，九三学社阳泉市委召开纪念抗日战争胜利暨九三学社创建70周年大会。会上参会社员共同重温《九三学社成立宣言》，一同观看九三学社历史教育片，3名社员代表和入社联系人代表分别发表感言，并为中华人民共和国成立前出生的老社员颁发“青松奖”。　（李宏业）

工商联

阳泉市工商业联合会

【思想建设】 2015年，为做好非公有制经济人士的理想信念教育活动，山西省阳泉市工商业联合会领导班子确定以学习贯彻中共十八大，十八届三中、四中、五中全会和习近平总书记系列重要讲话精神为重点，以守法诚信为载体开展理想信念教育活动。一是做好宣传，正面引导。针对非公有制经济人士的特点，利用数字技术、网络技术、移动通信技术等新媒体形式，开通工商联网站和微信，联络凝聚非公有制经济人士和非公有制企业界人士，通过互动交流，宣传诚信对企业经营发展的重要意义。二是专题培训。5月19日，市工商联组织民营企业家参加省工商联举办的晋商大讲堂——现代企业制度和“减负60条”政策宣传解读培训会。11月27日，市工商联邀请法律专家，为全市工商联系统和20余位民营企业家专题讲授企业现代化管理中的法律问题。年内，市工商联领导班子还组织市工商联和县区工商联驻会领导和工作人员专题学习《山西省工商联会员发展和组织建设规划（2014—2017）》和《山西省工商联关于加强对商会工作指导的意见》。　（郭晋兴）

【参政议政】 年内，市工商联认真履行政治协商、民主监督、参政议政职能，发挥党和政府联系非公有制经济人士的桥梁纽带作用。政协阳泉市十二届四次会议期间，市工商联共撰写集体提案和委员个人提案13件、委员大会发言1份，内容涉及民营企业人才引进、融资、转型发展、城乡学前教育和幼儿园建设、体育设施建设和缓解交通压力等多领域的多个方面。市十四届人大五次会议期间，市工商联会员中的人大代表共提交代表建议18件，内容涉及全市工业园区建设、超载车辆整治、公交总站建设、发展电子商务等多个领域。全年共搜集反映委员社情民意10份。为解决全市群众关注的热点问题和难点问题，提出意见和建议100多条。市工商联把“双月座谈会”的议政议题与开展“走基层、献良策、比贡献”活动结合起来，开展一系列调研活动，到多家民营企业和多个社区访问民情、了解民意，与社区牵手“同心共建”工作，为社区群众送去就业、科技、文化、健康和法律等多项服务。　（张秀亲）

【学习考察】 8月初，市工商联和各县区工商联一同到全国先进社团组织“大连市创发企业商会”学习企业商会的管理经验，并把他们的经验整理出书面报告资料。市工商联围绕搞好商会管理这一专题到市电子商务商会作讲解交流，为提高全市基层商会建设发挥借鉴作用。8月中旬和11月下旬，市工商联和县区工商联一同到抚顺市、烟台市、威海市和丹东市工商联学习服务非公有制经济和促进“两个健康”（促进非公有制经济人士健康成长和非公有制经济健康发展）活动的新举措和新经验。调研后，市工商联形成《关于赴抚顺、大连等市调研学习的情况报告》，就如何借鉴提出办法和措施。学习考察组在与兄弟市交流之际，与抚顺市、大连市、烟台市、威海市和丹东市的商会，分别签订友好商会协议。　（郭晋兴）

【企业服务】 年初，省委、省政府提出在经济领域实现“金融、科技、民营经济”三大突破。市工商联按照突破民营经济发展难题的要求，开展民营中小微企业发展情况的调研活动。一是深入民营企业走访，为促进民营企业发展提供对策建议。先后与县区工商联通过实地走访、发放调查问卷，与民营企业负责人面对面交流,了解企业发展中存在的困难和问题,探讨解决的办法。围绕民营经济和民营中小微企业“融资难、融资贵”“人才短缺、高层人才少”等难题,与政府有关部门、民营企业人士交流征求对策建议,形成20多条建议报省工商联。二是搭建交流平台,让民营企业与政府部门实现面对面对接。4月9日,组织召开全市民营经济发展座谈会,市领导与民营企业家面对面商讨民营经济发展遇到的难题,共同寻求解决方案。会后,市工商联提交座谈会意见建议报告,市领导批示政府各有关部门采纳落实。三是学习省民营经济发展推进大会讲话,并在全市民营企业中贯彻落实。9月初,省委、省政府召开全省民营经济发展推进大会,市工商联组织机关人员收看实况转播。会后,组织县区工商联和部分民营企业负责人学习大会讲话,并要求写出书面思考,其中,市工商联主席张秀亲撰写的《助推民营经济健康发展的“九大”创新思考》在《山西统一战线》第五期全文刊载。四是举办全市“民营企业发展瓶颈突破研修班”。10月26日至31日,市工商联组织50余位民营企业负责人到上海交通大学,以“民营企业发展瓶颈突破”为题举办专题研修培训班。参加培训的企业家还实地考察飞雕电器集团、爱哆哆实业公司。 (郭晋兴)

【建立电子商务服务平台】 年内,市工商联在原有搭建的“六个平台”(数据、科技、融资、内联外引、维权、风采展示)基础上,重点建立电子商务服务平台。《山西省关于加快电子商务发展的指导意见》出台后,市工商联认真研究学习,并迅速会同市委统战部、团市委,商讨推动阳泉市电子商务与民营中小微企业融合发展的办法。2月开始,市工商联通过三个阶段开展工作。第一,确定商会成员组成方案。依据有关规定,制定商会成员产生办法;第二,确定58家商会理事单位;第三,确定阳泉市电子商务商会的组织架构。4月16日,召开阳泉市电子商务商会成立大会。会议产生第一届电子商务商会会员169名,电商商会理事58名,选举产生会长和5名副会长。商会成立后,市工商联充分发挥这一平台的作用。一是推动电子商务商会服务农村发展。5月19日,电子商务商会在平定县东回镇前黄安村举行服务农村发展对接座谈会。6月25日,电子商务商会会员深入郊区乡村走访,同种植、养殖农户对接交流。8月13日,召开农村电子商务推进大会。二是推动电子商务商会服务传统产业。7月3日,市工商联组织电子商务商会会员到平定县砂器产业对接交流,就企业产品实现线上和线下对接进行探讨。7月16日,市工商联同电子商务商会的企业家一起深入城区文化产业对实现线上线下融合发展进行观摩。12月12日,阳泉市电子商务商会举办“阳泉·双十二电商产品推介会”,组织线上线下50余家本地企业的500余种畅销商品集中展销。三是推动电子商务商会服务企业融资难问题的破解。7月22日,举办以“互联网+金融——如何破解中小微企业融资难题”为题的首期“众创、众筹、众助”电子商务发展沙龙活动。市工商联组织市金融办、市商业银行、市远洋小额贷款公司专业人士,与30余位企业代表人士座谈,围绕破解中小微企业融资难题进行面对面交流。7月28日,在电子商务商会实战攻略培训班上,市工商联主席张秀亲同山西汇众电子商务公司董事长宋建龙一同为学员授课,传授互联网思维、“互联网+传统企业转型”等方面的知识,拓展电子商务服务民营经济发展的新模式。10月27日,市委统战部、市工商联、团市委在上海交通大学联合举办阳泉市电子商务与民营企业融合发展沙龙。沙龙邀请上海小马创业村创始人马俊杰、上海心度信息技术有限公司CEO李京林、上海狼横电子商务有限公司创始人陈晨作为嘉宾出席。3位嘉宾向参加沙龙的全市民营企业家介绍自己的创业经历、企业经营模式、市场开拓情况、企业品牌产品。 (张秀亲)

阳泉市总工会

【概况】 2015年,全市各级工会认真贯彻落实中央和省委党的群团工作会议精神,围绕经济社会发展大局,坚定政治方向,依法履职尽责,各项工作取得新进展。中央、省委党的群团工作会议召开后,阳泉市总工会对学习贯彻会议精神作出部署,提出明确要求,党组成员深入各基层工会开展“走基层、转作风、促工作”大调研,召开多种形式座谈会,跟进对接阳泉市委《关于加强和改进党的群团工作的实施办法》的总体要求、主要任务和落实举措,逐项明确责任分工和时间表、路线图。各级工会在党委领导下,贯彻落实中央、省市委精神,开展“四化”(机关化、行政化、贵族化、娱乐化)问题整改工作。市总工会成立“四化”专项整治工作领导小组,制定工作方案,将省总工会提出的42项任务进行分解,落实到各部门、各产业,形成面向基层、服务职工的良好氛围。年内,市总工会被授予全省工会系统“2015年度先进市总工会”称号。 (王一珉)

【组织建设】 年内,市总工会以全国总工会“基层工会建设落实年”和省总工会“组织建设年”活动为契机,扎实开展“建会、建制、建家”三大行动,不断强化基层工作的基础地位。全面实行实名制登记、动态化管理、网格化建设,升级数据库系统,夯实组织基数,挤干会员水分,剔除僵尸工会,形成进退有序、方便快捷、接转顺畅的会员动态管理系统。以“组建月”和“农民工入会集中行动”为抓手,用三个月时间集中建会,特别是针对商事制度改革后大众创业的实际和灵活就业人员增多的状况,采取区域组建、行业组建、联合组建等多种模式,推进组织联合化,实现工会组织的有效覆盖。快递、家政服务、旅游三个行业性市级工会联合会相继建立,3000多名农民工入会。2015年,全市新增工会组织152个,发展会员13041人,其中农民工会员11389人。完善职工之家创建的考评细则,按照达标、先进、示范三个层次,实行分级创建、分层管理,修订经费补助办法,选树一批模范职工之家和优秀工会工作者,调动基层工会建家的积极性。 (王一珉)

【自身建设】 年内,市总工会依法严格工会经费的收支管理,全力做好上解经费工作,完成省总工会任务指标。开展财务专项检查,加强工会资产监管,工会经费支出结构进一步优化,经费使用更加科学有效。强化事前把关、事中监管、事后纠正的经费审查工作机制,完成7大类108项实务审计,加强经审工作规范化建设,开展经审工作示范单位和优秀审计项目评选活动,工会经费审查监督效能和质量有效提高。强化典型培养选树力度,形成一批鲜活的典型群体。健全完善目标责任考核评价机制,对40个基层工会重点工作推进情况进行督导。响应创建省级文明城市号召,开展具有工会特色的精神文明创建活动,市总工会机关成立“五一”志愿服务队,开展一系列形式多样、富有实效的志愿服务活动。加强工会干部教育培训,举办市总工会全体干部职工、县区工会主席培训班等主体班次,提升工会干部的能力水平,全市工会展现出风清气正、求真务实的良好风貌。各产业工会立足实际、发挥优势,在推进产业发展、维护职工权益等方面发挥积极作用。工人文化宫发挥“学校和乐园”作用,加强阵地建设,合理配置资源,扩大职工文体活动覆盖面,满足广大职工的精神需求。女职工工作成果显著,各项特色活动精彩纷呈,有效维护女职工特殊利益。工会信息、统计、档案、信访、援疆、工运研究、网站建设等工作都有序推进。 (王一珉)

【“五小”竞赛活动】 年内,市总工会为应对经济下行压力,全力抓好以“五小”(小发明、小创造、小革新、小设计、小建议)竞赛为主的职工经济技术创新活动。建立党政领导挂帅,工会牵头组织,职能部门密切配合的组织体系,形成上下一体,各司其职,整体联动的竞赛格局。市总工会确定全年实施一千个“五小”竞赛创新项目,层层分解任务指标,实现目标导向与职工申报的有效衔接。发挥典型示范引领作用,全市选择71个示范企业作为重点,其中市总工会主抓17个,直接部署、具体指导、跟踪检查,并通过召开现场会、推进会等方式,及时总结经验,推广成果。全市共有273个企业参与“五小”竞赛活动,参赛职工15.9万人,申报创新项目1275项,实施完成314项,创造经济价值3.26亿元,其中30项获全省“五小”竞赛优秀成果奖,25项参加全省企业职工“五小”竞赛优秀成果展。2015年,全市共推选4名全国劳模、1名全国先进工作者,1个全国五一劳动奖状、1个全国工人先锋号,27个省五一劳动奖章、省五一劳动奖状、省工人先锋号,命名10个高技能人才(劳模)创新工作室,组队参加山西省第五届职工职业技能大赛,获综合团体总分第三名。 (王一珉)

【维护职工权益】 年内,市总工会认真履行维权职责,围绕维护职工权益,开展了以下工作:全面实施工资集体协商提质增效行动计划,召开阳泉市工资集体协商工作推进会,向全市企业经营者致一封公开信,赠一本《工资集体协商法律政策读本》,市、县总工会开展集中要约行动,推动全市各类企业参与协商,扩大协商覆盖面。市总工会举办实景式的工资集体协商模拟比赛,使协商过程进入比赛现场,达到现场展示、交流互鉴、推动工作的效果。开展工资集体协商质量与成效考核,在全部建制的2190个企业中,模范占到28.1%,先进占到30%,选树协商典型34个。加强工资集体协商指导员队伍建设,出台指导员管理办法,明确责任分工,加大考核力度。按照“六权治本”中“阳光行使权力”“合力监督权力”的要求,市总工会牵头起草《阳泉市国有企业财务等重大信息公开实施办法(试行)》,以市政府名义下发文件,推动市属国有企业重大信息公开实现常态化。编制《企事业单位职工民主管理实务操作指导手册》,指导基层开展规范化建设。开展“点对点”互促共进活动,市总工会选择搞得好的8家单位作为示范点,选择具有培养潜力的25家作为联系点,实施两者对接,互促共进,全市企务公开民主管理建制率达97%以上。劳动保护工作力度继续加大,“安康杯”竞赛参赛单位970家,参赛职工32万人,群众性特征更加明显。群众性事故隐患排查活动更为自觉,各级群监员共发现安全隐患117350条,整改率达到90%以上。煤矿井口安全工作站作用越来越大,全市17个煤炭生产主体中,建立工作站31个,特聘群监员1553人,津贴全部落实,制度更加健全,作用日益明显。宣传《山西省女职工劳动保护条例》,召开阳泉市女职工“爱心妈咪小屋”建设工作推进会,聚集各方资源,建立40家女职工“爱心妈咪小屋”,其中20家达到省级标准,10家被评为“山西省女职工示范妈咪小屋”。 (王一珉)

【“救助—维权—服务”体系建设】 年内,市总工会加强“救助—维权—服务”体系建设,开展了一系列工作。以落实“制度保障”为主线,着力构建常态化的职工生活保障机制,开展“一县一年一主题,一年解决一问题”活动;开展扶持创业促就业行动,选树8名创业促就业优秀带头人;举办春秋两场大型招聘会,共推出90多个工种的2000多个岗位,近1000人达成就业意向;开展夏送清凉、金秋助学、送温暖活动,全市各级工会筹集1406万元,慰问困难职工19980人;第十期职工大病医疗互助活动补偿职工4167名,支付互助金1170万元;坚持农民工欠薪月报告制度,定期开展欠薪排查,及时掌握拖欠情况,主动协调有关部门,帮助农民工解决欠薪问题。市总工会召开农民工入会暨服务工作座谈会,在市县两级建立应急周转金,设专人专窗专账,公布热线电话及联系人,24小时不间断值守,完善与人社部门的沟通机制,实现信息共享;拓展项目,精准施策,为特困职工增加健康体检和发放公交IC卡两项服务;为709名患大病职工,给予两次专项医疗救助;聘请4名心理咨询师到12个单位举办专场心理咨询,受益职工2000余人。同时,市总工会成立法律顾问委员会,设立法律服务中心,出台职工法律服务及法律援助五年规划。全国总工会党组书记、副主席、书记处第一书记李玉赋到阳泉市慰问调研时,充分肯定全市工会保障和帮扶工作成绩。 (王一珉)

【宣传教育工作】 年内,市总工会开展一系列活动,强化对职工的宣传教育工作。先后举办“缅怀革命先烈·弘扬抗战精神”红色电影展播活动,在广大职工中高扬共筑“中国梦”的主旋律;将职工书屋建设普及至100人以上工会及社区工会联合会,市级300多家书屋达到三星级以上水平;开展争当学习型职工读书活动;举办全市职工书画、摄影、剪纸、羽毛球比赛等。各种职工文体活动以小型为主,广泛展开。 (王一珉)

中国共产主义青年团阳泉市委员会

【概况】 2015年,中国共产主义青年团阳泉市委员会围绕党政工作大局,以青少年政治思想引领为第一任务,以围绕中心、服务大局为工作主线,以维护和发展青少年合法权益为着力点,以建设基层服务型团组织为统揽,以进军网络新媒体为主攻方向,突出青年就业创业、青年安全生产、青年微公益三项重点。年内,共青团阳泉市委被共青团山西省委评为“2014 年度山西省少先队先进单位”,在“彩虹影院”公益项目中获第二届中国青年志愿服务项目大赛银奖。（张丽萍）

【团市委第十四届四次全体(扩大)会议】 3 月 30 日，共青团阳泉市委十四届四次全体(扩大)会议召开。共青团阳泉市第十四届委员会委员、候补委员,各县区团委、市直各单位、各乡镇、街道团组织负责人等 100 余人参加会议。市委副书记王旭明出席会议并作重要讲话。团市委书记李海民作工作报告。大会审议通过《共青团阳泉市第十四届委员会委员、候补委员卸职确认案》，书面传达十二届全国人大、政协三次会议,团中央十七届三次会议等相关会议精神。（张丽萍）

【阳泉市青联六届四次常委会议】 3 月 11 日,市青联召开六届四次常委会议,回顾总结 2014 年工作,安排部署 2015 年工作。市青联常委,各界别工作委员会主任、副主任以及拟增补的市青联委员等 70 余人参加会议。会议听取、审议并通过《阳泉市青联六届三次常委(扩大)会议工作报告》《关于召开阳泉市青年联合会七届一次全委会的决议》,增补 8 名市青联委员,增设青年社会组织界别委员会和电商界别委员会。（张丽萍）

【“五四运动”纪念活动】 4 月 29 日,共青团阳泉市委召开纪念“五四运动”96 周年各界优秀青年代表座谈会。座谈会上,团市委书记李海民汇报全市共青团工作情况。电商创业青年代表、三度软件公司总经理李彦军,全省首家青少年社会工作站建设者任红梅,校外教育创业青年代表吕良等青年代表,结合自身实际,围绕主题活动作交流发言。5 月 4 日,共青团阳泉市委举行“争做向上向善好青年”主题团日活动,纪念“五四运动”96 周年暨中国共产主义青年团成立 93 周年，阳泉市 280 余名团员青年代表参加活动。（张丽萍）

【“亲 & 青 Family”青少年综合服务平台】 年内,团市委出台《关于在全市范围内开展示范性青少年综合服务平台创建活动的通知》,联合矿区团区委创建段南沟社区“亲 & 青 Family”青少年综合服务平台,该平台服务项目涉及青年社区“职”通车、关爱“双阳”(朝阳:城市留守儿童;夕阳:空巢老人)行动、雏雁之家(关爱城市留守青少年)等领域,辐射 5 个社区的 1.4 万名青少年。全市启动青少年综合服务平台示范创建项目,其中,矿区段南沟社区青少年综合服务平台获得团中央 10 万元经费支持。3 月,由团中央组织部部长万速成带队的团自身建设专项调研组一行到阳泉市,实地调研矿区段南沟社区青少年综合服务平台。5 月 15 日下午,“亲 & 青 Family”城区青少年社工站在小阳泉南社区启动成立,团市委组织“12355”阳泉青少年服务中心 20 余名专家志愿者到社区,实地了解基层青少年维权服务工作,交流青少年维权服务经验。（张丽萍）

【小桔灯梦想课堂】 5 月 20 日下午，阳泉市青少年权益关爱行动启动暨“小桔灯梦想课堂”开课仪式在平定县西关小学举行。仪式上,市综治委预防青少年违法犯罪专项组、团市委、市综治办联合聘任 281 名青少年权益关爱使者并为他们配发工作手册；心知旅心理咨询中心国家级心理咨询师郑历清为学生讲授如何树立正确的理财观、如何花好零花钱；北京聚智堂教育集团免费向阳泉市各中小学捐赠中小学电子图书和音视频资料。（张丽萍）

【“12355”公益大讲堂】 年内,团市委开展“12355”公益大讲堂,聘请 13 名专家，整合北京聚智堂教育集团资源,将北大、中科院心理所、全国关工委家长教育学院的师资力量下沉到基层为学生、家长及教师开展中高考阳光行动 10 场、青少年公益大讲堂 56 场，接听热线电话 98 次,覆盖青少年 15223 名。（张丽萍）

【青年就业创业工作】 年内，团市委为青年就业创业重点搭建七个平台。一是搭建创业融资平台,深化团银合作，发放青年创业贷款 8449.2 万元。二是搭建就业宣传平台,定期举办周五专场招聘会 38 期，帮助 1305 人实现就业。三是搭建技能提升平台，开展农村青年创业就业技能培训、订单式培训等，培训青年 2483 人。四是搭建见习对接平台，输送 875 名青年上岗见习。五是搭建创业实战平台,举办市县(区)两级青年创业大赛 6 场，评选出 170 个优秀项目，为参赛选手争取银行信贷支持，并建立创业导师一对一帮扶机制。六是搭建典型推选平台,开展“领头雁”培养工作,成功推选全国创富好青年田玲、全国农村致富带头人张怀军等一批优秀创业青年典型。七是搭建电商创业平台,促进线上线下交流共赢，与市委统战部、市工商联联合推动成立阳泉市电子商务商会，吸纳线上线下会员 169 家;开展电子商务对接帮扶,扶持 90 名青年开展电商创业工作;开展省市内外电商调研 10 次，举办 O2O 青年创业论坛、“狮脑山论剑”电商沙龙等线上线下对接活动 11 场;号召青年投身“互联网 +”创业行动，开展各类电商培训 18 场,培训电商人才 842 人,承办团中央“农村青年电商培育工程”示范培训班,电子商务商会对传统产业转型的推进带动作用逐步呈现。(张丽萍)

【弱势青少年群体帮扶】 春节期间，团市委举办“青春传递正能量爱心汇聚中国梦”青年文明号真情助困活动，资助各类弱势青少年群体 143 人，发放爱心物资和励志奖学金8万余元。各级青年文明号志愿服务队开展下基层、进社区、入万家活动60余场次,与困难、残疾青年结成“一助一”帮扶对子,为他们提供生活照顾、医疗保健、子女家教等服务。开展青春扶贫行动和关爱留守儿童行动20场,参与活动500余人,整合资金13万元,结对帮扶留守儿童184名。盂县凯通商贸有限公司持续开展“爱心彩虹公益影院”活动,每个月免费为外来务工人员子女和留守儿童放映影片。“六一”期间,团市委到市盲聋人学校、自闭症爱心家园、培智学校、社区贫困儿童家庭等开展慰问活动。关注脑瘫及肢残、自闭等少年儿童群体,联合市康复医院到盂县、郊区、平定县免费筛查300余人次,为50人提供免费康复训练、矫治手术。开展希望工程圆梦行动,筹款41.2万元,帮助89名贫困大学生圆梦大学。承办山西省青基会的2015年山西希望工程圆梦行动暨“芙蓉学子”助学金发放仪式。 (张丽萍)

【青年志愿者微公益行动】 年内,团市委以省级文明城市创建为契机,持续壮大青年志愿者队伍,推进“中国青年志愿者信息管理平台”团员注册志愿者工作,全年注册25858人,占全市团员青年的48.3%,引导广大青年开展形式多样的志愿者微公益活动。开展“萤火虫”志愿服务微公益行动;启动2015年阳泉市首届青年志愿者文化节暨网络文明志愿行动;开展“写给志愿者的百字情书”征集活动;举行阳泉市青年志愿者服务文明城市创建主题团日活动,组建服务文明城市创建志愿服务队5支;组织党员干部和青年志愿者参加“文明城市共建共享——文明单位在行动”集中活动;利用微信、微博、黑板报、标语、宣传单等多种形式,开展“保护母亲河行动”宣传活动;组织开展“青春建功美丽中国”活动、“自助骑行游·低碳环保行”等活动,参与人数达1500余人;承办全国保护母亲河行动领导小组办公室、团中央农村青年工作部“绿色长征”公益健走“夹金山—懋功”冲关赛活动。 (张丽萍)

【青少年理想信念教育】 年内,团市委依托“青年马克思主义者培养工程”“阳泉青年大讲堂”等载体,开展“与人生对话——我的中国梦”主题教育活动70场;“迈入青春门,走好成人路”主题教育活动26场,其中14岁集体生日11场、18岁成人仪式15场;“彩虹人生——奋斗的青春最美丽”分享活动7场。此外,还开展“争做向上向善好青年、争做文明守法好网民”活动26场,开展纪念“五四运动”96周年主题团日活动42场。通过开展各项主题活动,教育引导青少年树立良好理想信念。 (张丽萍)

【团组织建设】 年内,团市委加强非公有制企业团的组织形式、运行机制、联系途径等团建要素的创新与整合,全年全市新建非公有制企业团组织155家。团市委按照区域化建组织、区域化配干部、区域化搞活动、区域化建阵地的要求,建立共建委员会12个、“青春家园”11家、亲青加油站移动展示平台40个,使驻地青年文明号全部到所在街道报到工作并开展活动。举办全市街道区域化团建培训工作4场,培训团干和青年骨干450人。依托新媒体联系团干和青年,建立微信公众订阅号4个、微博3个、微信群12个,在全市形成城市街道团建网格化管理、阵地化服务、社会化运作、功能化发展的区域整体性工作格局。团市委在全市27个中学中职共青团规范化学校开展“活力团支部”创建工作,运用新媒体对入选的中学中职共青团“活力团支部”进行微信展示、投票,最终决出10个“活力团支部”班级。 (张丽萍)

【“红领巾相约中国梦”系列活动】 年内,团市委围绕“红领巾相约中国梦”的主题,开展了一系列活动。全市各级少先队组织开展“学雷锋”“清明祭扫”等教育活动,观看由中宣部和央视少儿频道制作的《社会主义核心价值观》动漫片。开展“关注少代会,争当小主人”主题队日活动,组织少先队员收看第七次全国少代会开幕式新闻报道。参与全省大中小学“生态文明美丽山西”青少年征文活动,征集环保作品31篇。开展“绿色环保梦”——水科普知识进课堂主题队课活动。承办全省“蓝色科技梦”主题教育实践活动,刘慈欣等23人被聘为校外科技辅导员。举办“优秀传统文化进校园”宣讲30场。开展阳泉市纪念少先队建队66周年“我是向上向善好队员”主题队日活动。开展安全自护教育宣讲20余场次,覆盖少先队员4000余人次,发放1万本《中小学生安全预防与自救手册》。完成市、县两级红领巾汉字听写大赛,市级参赛队在全省比赛中取得优异成绩,市少工委荣获全省红领巾汉字听写大赛“优秀组织奖”。 (张丽萍)

【新媒体工作】 年内,团市委着重打造和提升阳泉共青团官方微博、微信、网站等新媒体平台,实现市县两级网站、微博、微信全覆盖,持续做好“职来职往”“花季护航”等品牌栏目,编发阳泉青年微信365期。按照团省委工作要求,团市委把青年网络文明志愿者队伍建设与注册志愿者工作结合起来,动员各级专兼职团干部、少先队辅导员、团员青年、注册志愿者等加入青年网络文明志愿者队伍,全市已注册登记青年网络文明志愿者3193人。同时启动2015年阳泉市首届青年志愿者文化节暨网络文明志愿行动,200余名志愿者集体宣读“青年网络文明志愿行动倡议书”,并参加“清朗网络、青年力量”网络文明志愿者代言活动;在基层团组织中开展青年网络文明志愿行动座谈会、“清朗网络·青年力量——青年网络文明志愿行动”等活动,倡导青少年依法上网、文明上网、理性上网。阳泉市共青团新媒体工作在“山西省政务新媒体综合影响力”排行榜中被评为“山西基层单位政务新媒体综合影响力奖”和“共青团系统政务新媒体应用奖”。（张丽萍）

阳泉市妇女联合会

【概况】 2015年，阳泉市妇女联合会认真落实中央、省委党的群团工作会议精神，围绕全市改革发展稳定大局，服务基层、服务妇女。年内，市妇联开展“不让毒品进我家”宣传活动、“读好书、颂美德、畅想中国梦”主题演讲比赛、优秀创业女性报告会走进校园等活动，探索妇女儿童维权工作的新机制、新格局，各项工作取得新成绩、新进展。市妇联被中国妇女报社、《农家女》杂志社评为“2015年度舆论工作先进单位”。（卢志英）

【受家暴妇女得到救助】 1月1日，平定县妇女王某某遭受丈夫残害案发生后，市妇联高度重视、积极介入，采取各种办法为受害妇女排忧解难，尽最大可能维护她的合法权益。一是关注并督促公安部门尽快结案；二是与医院协调减免受害者部分医药费，并对受害者进行心理疏导；三是与所在乡镇联系为受害者补办医保，并为其争取到500元特困救济；四是市妇联救济受害者1000元；五是与市法律援助中心联系，为受害者提供免费法律援助；六是将受害者的孩子安置到福利院，并解决孩子上学问题。（卢志英）

【“廉内助”示范培训班】 2月5日，市纪委、市委组织部与市妇联联合在全市廉政教育培训基地，举办首期阳泉市村级主干“廉内助”示范培训班。来自平定县、盂县、开发区乡镇所在村、先进村、模范村等村的104名两委主干家属及3个县（区）的纪委副书记、组织部副部长、妇联主席参加开班仪式。市委组织部工作人员宣读《争当廉内助、建设幸福家》倡议书。市纪委常委卢东华、市委党校副教授李玉萍分别作专题讲座。来自平定县、盂县的村两委主干家属代表、妇联主席、组织部副部长、纪委副书记分别作表态发言。第一期培训班结束后，第二、三期廉内助培训班分别在平定县、盂县举行，培训对象覆盖全市960个行政村的村干部家属。（卢志英）

【关爱妇女儿童】 春节前夕，市妇联主席朱玉芳到盂县上社镇车轮村、佛堂村、肖家汇村走访慰问瑶族、彝族、苗族、土家族、毛南族5位少数民族贫困妇女，为她们送上节日的祝福，并送去慰问品和慰问款。2月18日（农历腊月三十），市妇联组织女领导、女企业家、巾帼志愿者等组成的爱心妈妈队伍一行50余人带着新春的问候和价值3万多元的文具、玩具和压岁钱等节日礼物，到市福利院与孩子一起包饺子、过春节。这项由妇联领导倡议、妇联机关干部发起的爱心志愿活动，从2006年到2015年从未间断，爱心妈妈志愿者达万人次，捐赠的钱、物累计20多万元。（卢志英）

【“三八”国际劳动妇女节系列活动】 年内，为纪念“三八”国际劳动妇女节设立105周年，市妇联开展一系列活动。3月4日，市妇联召开“三八”国际劳动妇女节先进表彰大会。市妇联主席朱玉芳作题为《学习贯彻习近平总书记系列重要讲话精神、动员广大妇女为实施“四大战略”实现富民强市贡献力量》的工作报告。会议表彰100名“三八红旗手”和100个“三八红旗集体”。3月6日上午，市妇联在市妇儿活动中心召开“庆三八 谈国策 话发展”各界妇女座谈会。来自全市机关、企事业单位及各行各业妇女代表30余人参加座谈。3月8日，市妇联联合市人社局举办“阳泉市第七届女性人才专场招聘会”。3月10日，市妇联举办以“搭建供需平台、促进妇女就业”为主题的阳泉市“春风送岗”妇女专场招聘会。3月11日，市妇联开展维权高潮日暨“十送”基层（送健康、送法律、送文化、送家教、送科技、送政策、送信息、送培训、送荣誉、送岗位）“六进”家庭（廉洁、法律、德孝、绿色、安全、健康）平定现场活动。活动现场为村民发放《妇女权益保障法》《土地确权》等各类宣传资料6000多份，开展法律咨询100多人次。（卢志英）

【“巾帼领头雁”示范培训班】 4月12日，由市委组织部、市妇联、市民政局联合举办的2015年“巾帼领头雁”市级示范培训班正式开班。市妇联主席朱玉芳以《贯彻落实男女平等基本国策，加快新农村建设步伐》为题作讲座。98名来自全市各村（社区）两委的妇女主干参加集中培训。5月12日至14日，市妇联还组织由各县区推荐的4名农村两委巾帼主干参加由省委组织部、省妇联共同举办的2015年农村（社区）“领头雁”省级示范培训班。郊区平坦镇赛鱼村党支部书记余拉娥以《扎实根基、一心为民、做好群众贴心人》为题在会上进行经验交流。（卢志英）

【“最美家庭”表彰暨家庭志愿者服务活动进村（社区）启动仪式】 5月14日，阳泉市第二届“最美家庭”表彰暨家庭志愿者服务活动进村（社区）启动仪式在郊区李家庄村召开。市委副书记王旭明宣布阳泉市家庭志愿者进村（社区）活动正式启动。会上表彰命名10户最美家庭，10户最美家庭提名奖，100名“十好”（好婆婆、好公公、好妻子、好丈夫、好母亲、好父亲、好儿女、好媳妇、好女婿、好岳父）个人，50户平安家庭，50户文明和谐家庭。（卢志英）

【“六一”慰问活动】 “六一”期间，市委副书记王旭明，市人大常委会副主任吴丽萍，市政府副市长、妇儿工委主任任衍钢,市政协副主席许文珍带领妇儿工委成员单位负责人,分4路走访慰问盂县东梁乡东梁中心小学、郊区桃苑学校、市实验幼儿园、城区实验幼儿园、平定县岔口乡岔口小学,向广大儿童致以节日的问候,并送去12.8万余元慰问金及价值5万元的书籍。6月1日上午,市委领导到市盲聋人学校看望学生和教职员工,与大家共度"六一"儿童节,市妇儿工委、市妇联联合向学校捐助价值1万元的图书以及100件衣服。6月1日下午,市妇联组织女领导干部、女企业家、巾帼志愿者、妇联干部组成的"爱心妈妈"队伍到市福利院,为那里的孩子带去3万余元的节日礼物,与他们共度"六一"儿童节。6月5日,市妇联领导到东回镇前黄安村小学慰问少年儿童,给孩子送去节日的祝福并给他们带去价值2万元的玩具、图书、衣服等慰问品。5月28日,市妇儿工委、市妇联在盂县东梁乡东梁中心小学举办以"美德美梦美少年"为主题的全市庆祝"六一"主会场活动,市妇儿工委成员单位代表宣读《致全市少年儿童的慰问信》。举行全市第二十二批春蕾计划资助仪式,市委、市政府、市妇儿工委成员单位、盂县妇儿工委成员单位以及社会各界爱心单位向东梁中心小学发放慰问品和慰问金9.4万元。 (卢志英)

【"6·15儿童保护日"宣传活动】 6月15日上午,市妇儿工委、市妇联在平定县实验小学举行"6·15儿童保护——'2015绿丝带行动" 宣传活动。市教育局、平定县妇儿工委的领导,平定县妇联、公安局、教育局等窗口部门的志愿者,平定县各乡镇妇联主席以及平定县实验小学教师、学生和新闻媒体记者2500余人参加活动。宣传活动意在呼吁全社会要以"6·15儿童保护日——绿丝带行动"为契机,进行广泛宣传,深入践行保护儿童的承诺,不断营造全社会关爱儿童成长、保护儿童权益的氛围,促进形成"儿童优先"的社会理念,共同保护和促进儿童健康成长。与会领导现场为参加活动的巾帼志愿者、教师、学生发放宣传资料3000余份,市妇联还向平定县实验小学赠送价值5000元的工具书。 (卢志英)

【"家规家训"进家庭】 7月21日下午,市妇联在城区滨河西社区开展号召广大家庭悬挂家规家训启动仪式,号召全市广大家庭悬挂家规家训。活动现场,市妇联工作人员向辖区居民发放宣传资料,并向到场居民讲解"家规家训"进家庭的重要性。10位书法家挥毫泼墨,书写"天道酬勤""家和万事兴"等经典家规家训,随后,市妇联和社区工作人员一起到滨河西社区余桂英家中悬挂"天道酬勤"的家规家训。 (卢志英)

【阳泉市存林巾帼志愿服务队成立】 7月28日上午,阳泉市存林巾帼志愿服务队成立仪式在二矿蔡洼街道小南坑小学广场举行。市委副书记王旭明到会并为志愿者授旗。市妇联主席朱玉芳作动员讲话。来自5个县区、6大系统(政法、宣传、文教卫生、财税金融、工矿企业、市直机关)的志愿者代表上台授旗,志愿者代表、市交警二大队女子护学岗的刘亚男带领全场200余名志愿者集体宣誓。成立仪式结束后,有的志愿者在二矿广场就地开展免费理发、义诊、法律咨询、文艺健身等志愿服务活动,还有一部分志愿者到狮脑山驻地,为子弟兵擦玻璃、缝袜子,并送上背心、床单、消暑用品。 (卢志英)

【"阳泉妇女"官方微信公众号开通】 7月28日,市妇联开设的"阳泉妇女"官方微信公众号正式上线。该微信号主要通过宣传党的方针政策,发布工作动态,展示全市各地妇女事业发展成果,为妇女群众提供维权、家教、婚姻家庭等各类服务指引和资讯。同时支持法律咨询、活动公告查询等,还方便妇女群众随时、随地了解妇联工作最新动态。 (卢志英)

【市婚姻家庭纠纷人民调解委员会暨心理健康辅导室成立】 8月11日,阳泉市婚姻家庭纠纷人民调解委员会暨婚姻家庭心理健康辅导室成立。来自全市三区两县的55名律师、婚姻家庭咨询师、心理咨询师、心理保健师分别被聘为阳泉市婚姻家庭纠纷人民调解委员会委员和阳泉市婚姻家庭心理健康指导师。霍海珍任婚姻家庭纠纷人民调解委员会主任、高润元任婚姻家庭心理健康辅导室主任。9月18日下午,阳泉市婚姻家庭人民调解委员会召开会议,对心理辅导室值班工作进行详细安排并对心理辅导员提出具体要求。10月底,市妇联组织霍海珍等多位婚姻家庭咨询师、高级心理保健师到盂县西烟镇、郊区妇儿妇女儿童活动中心连续开展十几场婚姻家庭关系调适讲座。 (卢志英)

【"送家教到基层"巡回宣教活动】 8月16日下午,阳泉市妇联系统"送家教到基层"巡回宣教活动在新澳城社区拉开帷幕。开幕式上阳泉市家庭教育讲师团讲师李巧英老师为广大家长作题为《树良好家园建幸福家庭》家庭教育讲座。8月22日上午,由阳泉市妇联与信通中国旗下财富事业一部阳泉分公司联合举办的大型公益讲座——家庭教育专场在阳泉宾馆多功能报告厅举行,来自山西工程技术学院的孔晓莉老师结合多年研究,以"孩子、爱、幸福"为题作讲座。10月7日至8日,市妇联分别到矿区东山社区、段南沟社区开展"送家教到社区"活动,活动中阳泉市家庭教育讲师团讲师霍海珍,给社区居民作《如何成为一名合格的家长》的讲座。巡回宣教活动还到城区金三角社区、滨河西社区,郊区育才小学、河底小学，盂县仙人乡、第二实验小学等学校和乡村（社区）开展专题讲座32场。年内，各级妇联围绕工作重点，层层开展家教活动近200场。（卢志英）

【国妇办调研阳泉市妇女儿童发展"两纲"实施情况】 9月17日，由国务院妇儿工委办公室常务副主任王卫国带队的调研组到阳泉市，就中国妇女儿童发展纲要在阳泉市实施情况进行调研。市委副书记王旭明，市政府妇儿工委主任、副市长任衍钢等相关领导陪同调研。调研组先后到平定古窑陶艺有限公司、城区新华东街社区、市福利院、市直机关幼儿园、郊区平坦镇桃林沟村、郊区妇女儿童活动中心等地，对全市妇女儿童文化生活环境、妇女文化活动、妇联法律援助等方面的情况进行详细调研。调研中，王卫国对全市妇女儿童事业发展取得的成绩给予充分肯定。（卢志英）

【政风行风热线专题访谈】 3月12日7∶30至9∶30，市妇联副主席韩静、副调研员杨玉珏、宣教部部长王瑞花、权益部部长王文利及市司法局法制宣传处处长王少岩、矿区法院立案庭庭长赵荣荣做客阳泉市电台政风行风热线栏目，就市妇联"三八"活动及热点问题进行探讨。11月25日7∶30至9∶00，市妇联权益部部长王文利、特邀嘉宾矿区法院立案庭庭长赵荣荣做客阳泉市电台政风行风热线栏目，以"反对家庭暴力、建设幸福家庭"为主题进行探讨并回答热线问题。（卢志英）

阳泉市科学技术协会

【概况】 2015年，阳泉市科学技术协会坚持"围绕中心，服务大局，抢抓机遇，突出特色，创新发展，务求实效"的工作思路，挖掘科技团体资源，开展文明城市创建，着力提高全民科学素质，努力为广大科技工作者服务。年内，市科协被中国科协评为"2015年全国科普日优秀组织单位""第30届全国青少年科技创新大赛基层赛事优秀组织单位"，在第十一届宋庆龄少年儿童发明奖活动、第十五届中国青少年机器人竞赛（山西赛区）联赛和第四届中国科普摄影大赛中被山西省科协评为"优秀组织单位"。（郭金慧）

【科普日活动】 9月，市科协围绕"万众创新，拥抱智慧生活"的活动主题，组织开展"全国科普日"暨第十二届"科普三晋"系列活动。9月18日，中国科技大学科技哲学部主任、教授、博士生导师徐飞在阳泉市经济技术开发区管委会为领导干部及全市各界科普工作者代表作《文明转型与创新发展》讲座，标志着全国科普日活动正式启动。其间，市科协组织开展"科学对话"阳泉巡讲活动，邀请中国科学院地理与资源研究所研究员赵士洞、《天文爱好者》杂志常务副主编李冰、中国科学院国家空间科学研究中心研究员张厚英、原中国气象局国家卫星气象中心研究员夏青四位专家为市林业局、市一中、工程技术学院、平定县东关中学等开展科普报告会20场，培训人员1500人，涉及教育、环保、气象、林业等多个领域。其间，各级科协组织和广大科技工作者、科普志愿者到乡村、社区、学校、工厂等场所，开展形式多样、内容丰富的科普宣传活动，发放《常见病预防科普知识手册》《我的健康新理念》系列丛书等科普读物5000余册；各县区也通过不同形式的活动进行科普宣传。据统计，活动中，全市共有50多家单位、2万多人参加宣传活动，展出科普挂图、展板500余张（块），发放科普资料3万余册。（冯　静）

【"基层科普行动计划"实施】 年内，中国科协继续实施基层科普行动计划，整个计划由科普惠农兴村计划和科普益民计划两部分组成。阳泉市共有5个农村专业技术协会、4个农村科普示范基地、3名农村科普带头人、1名绿色通道优秀农村科普带头人申报科普惠农兴村计划。经过省科协、财政厅和中国科协、财政部的讨论、评比、筛选，盂县种子推广协会、平定县科普惠农服务协会、平定县娘子关金禾种养协会、平定益牧养猪协会被评为全国优秀农村专业技术协会，分别获得奖补资金20万元；郊区曹和平被评为全国农村科普带头人，获得奖补资金5万元；郊区北庄鑫海蔬菜种植基地、盂县武正祥获得省级表彰，被评为山西省科普惠农先进集体和农村科普带头人，分别获得奖补资金10万元和3万元。科普益民计划经过层层评审，矿区平潭街街道办事处马家坪社区获得省科协的表彰并获得10万元奖补资金。全市2015年基层科普行动计划共获得上级奖补资金108万元。（冯　静）

【全民科学素质工作】 根据省科协全民科学素质会议的指导精神，市科协制定《全民科学素质工作2015年工作要点》，召开全市全民科学素质工作推进会，对全市各成员单位和各县区"十二五"期间全民科学素质工作进行总结，分类录入全省全民科学素质考核体系。1月，市科协组织相关单位到平定县巨城镇南庄村进行文化科技卫生"三下乡"活动；5月，联合相关单位举办以"创新创业 科技惠民"为主题的科技活动周活动；开展以"科学减灾 依法应对"为主题的防灾减灾宣传周活动和以"共建网络安全 共享网络文明"为主题的网络安全宣传周活动。阳泉市科协被省科协作为全省唯一一家市级科协推荐至中国科协参加全国"十二五"期间全民科学素质工作优秀单位评选。（冯　静）

【社区科普大学成立】 年初，市科协制定《阳泉市科协关于深入推进社区科普大学建设工作的实施方案》,开始筹备全市社区科普大学各项事宜。9月25日,阳泉市社区科普大学挂牌成立仪式在矿区平潭街街道办事处东山社区举行。在成立仪式上,市科协党组书记、副主席王文科宣读《关于成立阳泉市社区科普大学的通知》,为各县区分校正式授牌,并表彰2014年至2016年度阳泉市优秀科普示范社区。阳泉市社区科普大学作为公益性科普组织,是提高居民综合素质的阵地和窗口,全市各县区分别设立分校,各街道及社区建立教学点。年内,全市成立社区科普大学39所(矿区16所、城区22所、郊区1所),其中,矿区沙坪街道里沙坪社区科普大学较有特色,开设课程有书法、绘画、舞蹈、营养保健、家庭自救、电脑入门等20余种,学员达2500余人。　(冯　静)

【矿区全国科普示范区创建工作验收】　10月26日,省科协普及部部长刘子良,省科协副调研员梁琦,市科协党组书记、副主席王文科等组成的全国科普示范县(市、区)创建工作检查组一行5人,对矿区创建全国科普示范县(市、区)工作进行检查验收。检查过程中,检查组一行观看《矿区创建工作纪录片》,听取关于创建工作开展情况和主要指标完成情况的专题汇报,按照创建办法和测评指标查阅创建档案,并到阳煤集团新景矿科协、赛鱼小学科学宫、里沙坪社区和桃北中街科普宣传一条街进行实地考察。经过综合打分,矿区被评为"2016—2020年度全国科普示范县(市、区)"。　(冯　静)

【《阳泉科普》】　年内,阳泉市科普宣传教育中心共编印出版《阳泉科普》6期6000册,免费向"五大人群"(未成年人、农民、城镇劳动者、领导干部和公务员、社区居民)发放。市科协与市气象学会共编辑出版《气象科普知识手册》(1、2)1万册,用以满足广大人民群众对气象知识的需求。　(石彦俊)

【科协官方微信平台上线】　年内,市科协开通官方微信平台,设置"微科服""科普园""山城秀"三个主栏目,每个主栏目下又开设不同主题的子栏目。官方微信平台自6月正式上线开通以来,市科协推送科协系统的工作动态,介绍公众关心关注的健康养生科普常识,展示全市优秀科技工作者的风采,同时还推送有关阳泉历史、文化等具有人文关怀的信息,满足公众多样性、个性化获取信息的需求。　(石彦俊)

【中国流动科技馆平定巡展活动】　5月,市科协与平定县科协联合组织"中国流动科技馆"山西巡展平定站活动。此次巡展活动围绕"体验科学"的主题分"科学探索""科学生活""科学实践"三个展区,由50件展品和一套移动球幕影院组成。通过此次巡展,使平定县和阳泉市的老百姓、青少年"零距离"接触高科技,为公众参与科普、了解科普、支持科普,提升公众科学素质提供方便。　(郭金慧)

【2人获山西省优秀科技工作者称号】　年内,市科协向省科协推荐优秀科技工作者和团队,经过层层筛选,山西北方晋东化工有限公司总工艺师、研究员级高级工程师李便花,阳泉煤业(集团)有限责任公司总工程师令狐建设获第八届"山西省优秀科技工作者"称号。　(郭金慧)

阳泉市文学艺术界联合会

【概况】　2015年,阳泉市文学艺术界联合会继续深化素质提升、人才培养、品牌带动、形象塑造"四大工程",团结和带领广大文艺工作者凝心聚力,奋发有为,开创文联工作和文艺工作的新局面。"深入生活、扎根人民"主题实践活动、文艺惠民活动等有序开展,广大文艺工作者到社区、农村、重点工程建设工地进行一线创作。300多部作品在省级以上展览赛事中获奖,10余本文艺图书出版,多部作品入选省级以上重点扶持选题,首部数字电影《伏击》农村院线订购场次突破4万场,电影《大寒》拍摄完成,刘慈欣的科幻作品《三体》获世界科幻大奖——"雨果奖"。　(孙雪艳)

【文联四届三次全委会】　1月28日,市文联召开四届三次全委会,80余人出席会议。市文联主席侯讵望作《把握导向 锐意创新 努力开创文联工作新局面》的工作报告,全面回顾2014年的工作,安排部署2015年工作。　(孙雪艳)

【纪念抗日战争胜利70周年系列活动】　为纪念抗日战争胜利暨世界反法西斯战争胜利70周年,市文联开展一系列活动。一是6月29日,由市文联主办,市电影家协会、市作家协会、市评论学会承办的"红色电影巡回展"在北山公园拉开帷幕,《太行山上》《浴血雁门关》《夜袭》等抗战影片在北山公园、平定县评梅广场、盂县红旗广场、郊区政府广场、阳煤集团及市区部分社区巡回展映,为期一周。二是8月8日,由市文联、市书法家协会联合举办的"太行儿女情"中国人民抗日战争暨世界反法西斯战争胜利70周年晋东五县三区书法联展在市展览馆开幕。展览从5月开始筹划、6月中旬开始征稿,共收集行、草、隶、篆、楷等作品161件。三是抓好红色文化主题创作,编辑出版《卫国岁月——娘子关1937》。8月14日,市文联举办《卫国岁月——娘子关1937》图书首发式。该书由史辉华历时2年创作完成,由团结出版社于5月出版。该书还原娘子关战役的来龙去脉,是一部纪实文学作品。其间,各县区和其他文艺团体还围绕抗日战争胜利主题,开展形式多样的纪念活动。(孙雪艳)

【文艺惠民活动】　"三节(元旦、春节、元宵节)"期间,市文联组织书画家到市一院、市食品厂、郊区枣园村和平定县甘井村等地义写春联，创作春联5000余副。组织书协会员参加省文联、省书协主办的“我们的中国梦——一百名书法家送万福送欢乐”文化惠民活动。7月，中国文联、中国影协创作采风团到百团大战纪念馆、“晋东小延安”——荫营镇辛庄村、（路北）抗日四区政府旧址、抗战地道遗址等地采风。7月25日，采风团在郊区召开抗日战争题材电影创作座谈会。艺术工作者与省、市文联、郊区有关领导和本土艺术工作者共同探讨山西抗日战争史研究现状和未来努力方向。25日晚，由中国电影家协会主办，市文联与郊区区委、区政府、市文化局承办，郊区文联协办的“百花放映”千场电影惠万民活动开幕式在郊区荫营镇上千亩坪村文化广场举行，数千余名观众观看演出。（孙雪艳）

【“深入生活 扎根人民”主题实践活动】 年内，市文联开展“深入生活 扎根人民”主题实践活动。一是采风、笔会活动。7月8日，市文联、市作家协会联合举办“走基层、观渔场”采风活动，市文联领导、干部职工，市作家协会、盂县作家协会会员40余人到上社镇九龙居养殖有限公司、风坡山和藏山南路文化园等地采风，创作诗歌、摄影等作品在《阳泉日报》进行刊登。10月22日，市文联和郊区文联联合举办“深入生活、扎根人民”西南舁乡大西庄采风、笔会活动。创作书法美术作品70余幅，并为村民书写多幅“福”字、“寿”字。二是基层文艺辅导。8月14日，市文联组织书法家到义东沟社区，为社区青少年进行书法培训指导。三是扶贫慰问。春节前夕，市文联到盂县梁家寨乡黄树岩村开展慰问活动，为困难群众送去米、面、油等生活物资和慰问金。6月4日，市文联干部职工、市作协部分优秀作家和市一院部分工作人员到黄树岩村开展扶贫慰问及作家走基层活动，捐赠图书50余册，组织医生、护士为村民免费检查身体。四是重点工程采风。9月22日，组织市作协、市摄协20余名会员到山西天元城市矿产资源循环利用产业集聚区、平定莹玉陶瓷无铅骨质瓷项目等阳泉市重点工程进行采风。（孙雪艳）

【“作家进高校 书香满工院”主题座谈会】 6月16日下午，由市文联和山西工程技术学院联合举办的“作家进校园 书香满工院”主题座谈会在工院举行。市作协副主席郭祯田、中国著名科幻作家刘慈欣、赵树理文学奖获得者李月丽等十余名优秀作家及60多名工院师生文学爱好者参加座谈会。会上，作家分享各自的创作经历，并为大学生文学创作提供意见和建议。（孙雪艳）

【文艺志愿服务团成立】 11月20日，阳泉市文联文艺志愿团成立大会在市图书馆召开。市文联领导、各文艺家协会及各县区文联主要负责人近50人参加会议。大会宣读《关于成立文艺志愿服务团的决定》和《文艺志愿服务团及各分团领导机构组成人员名单》，审议通过《阳泉市文联文艺志愿服务团章程》，并为新增的市民协、市摄协等6家文艺志愿服务分团授旗，市文联副主席赵存珍担任阳泉市文联文艺志愿服务团团长。阳泉市文艺志愿招募活动5月启动，截至年底，共有400人报名文艺志愿者。市文联所属11个文艺协会、5个县区文联均组建文艺志愿分团。（孙雪艳）

阳泉市归国华侨联合会

【概况】 2015年，阳泉市归国华侨联合会继续坚持“两个并重”（国内、海外工作并重，老侨、新侨工作并重），推进“两个拓展”（拓展海外工作、拓展新侨工作），着力创新工作载体，大力夯实基层基础，切实转变工作作风，不断加强自身建设，各项工作均取得新成绩。年内，被中国侨联授予“2011—2015年度全国侨联系统维权工作先进集体”称号。（李 琛）

【参政议政】 在山西省十二届人民代表大会第三次会议上，市侨界的省人大代表、政协委员共提出意见、建议、议案8件。在政协阳泉市十二届四次全委会上，市侨联提交团体提案1件，侨界委员提交个人提案6件。在社会联组会议上，侨界委员梁静就团体提案《关于尽快解决煤矿老窖水对娘子关泉域污染问题的建议》进行大会发言。

2015年，市侨联向市政协报送社情民意信息35篇。其中，《尽快解决煤矿老窖水对娘子关泉域污染问题》的社情民意信息由市政协上报省政协，并被省政协单篇采用；《关于公交IC卡充值方便群众的建议》的社情民意信息被市政协采用，并在《阳泉日报》上刊登；《加快推进“医养结合”养老模式》等2篇社情民意在《阳泉统一战线》刊登。上报侨情专报信息6篇，其中《进一步加强检察机关执法公信力机制建设》等3篇信息被中国侨联采用。参加市委统战部组织的“双月座谈会”5次，提出意见建议5条，内容涉及工业、农业、教育、金融等领域。（李 琛）

【服务经济发展】 2015年，市侨联发挥桥梁纽带作用，为阳泉市经济发展做出贡献。

5月，市侨联邀请匈牙利华侨樊赛光先生实地考察天元废旧家电回收基地，向天元家电旗下的绿环科技有限公司推荐线路板处理等国际技术性项目。8月，阳泉市天元家电负责人到欧洲对该项目进行实地考察。10月，聘请清华大学两位专家教授再次赴欧洲对该项目进行深入考察，并通过公证处与专利人签署中国市场总代理的合同。12月，樊赛光先生带领专利人依史特凡（ISTVAN）和皮特尔（PETER）先生到阳泉天元家电绿环科技有限公司进行实地考察和市场调研。

5月26日,香港环保科技联盟主席、中国动力(控股)有限公司总裁容嘉和,环保动力电动汽车有限公司总裁助理黄伟,深圳侨商智库研究院侨交会海外部总监杜瑞云一行考察阳泉市新能源汽车产业,并实地考察阳泉华鑫电气有限公司,肯定华鑫电气生产电动汽车零部件的实力。

6月9日,台湾大麦数字音乐股份有限公司董事长廖德风、执行长朱富裕一行考察阳泉市部分院校,阳泉市华商企业山西首能泉润煤炭销售有限公司总经理武小涛与台湾方面签订大麦数字音乐山西培训基地合作意向书。

8月,深圳首届中国华人华侨产业交易会期间,阳泉市侨联、市侨联法律顾问委员会作为支持单位,在市委、市政府的大力支持下应邀组团参加活动。市投资促进局、市经济信息化委员会、市侨联3个部门及市侨联法律顾问委员会、市华侨商会2个商协会,山西欧德宝电子工程有限公司、平定冠窑砂器陶艺有限公司、平定冠霖农业科技有限公司3个华商企业共计8个单位16人组团前去参展并进行项目签约。展会上商品交易额共计6万余元人民币。 (李 琛)

【服务社会】 年内,市侨联认真做好"精准扶贫"和"同心共建"工作,积极参与社会建设,助力社会和谐发展。5月17日,全国助残日期间,市侨联走访慰问"同心共建"联系点德胜街社区和旧街乡闫家庄村,慰问困难群众、困难残疾家庭24户,为他们送去慰问金、慰问品近万元。市侨联联合市农村服务中心,邀请市果树站专家送培训、送技术、送资料到帮扶村,市果树站站长樊树龙为村民进行果树管理知识讲座,并到田间地头进行现场指导。下半年,市侨联同平定县冶西镇西岭村签订"同心共建协议",侨联领导和机关工作人员多次到西岭村,开展实地调查,并制定有针对性和可操作性帮扶规划,内容涉及发展连翘种植、笨鸡养殖、电商培训等。2015年元旦、春节前夕,市侨联与帮扶村平定县冶西镇西岭村两委班子领导对村里的困难群众开展慰问。市侨联为德胜街社区制作法制宣传版面10块,聘请智阳律师事务所的律师为社区居民进行法律知识讲座并提供各种法律咨询。 (李 琛)

【依法护侨】 重阳节前夕,市侨联筹资1.4万元,为30名55岁以上的老归侨、老侨联工作者免费健康体检。市侨联按照"三必访(生活困难的必访、身体生病的必访、年龄大的必访)"原则,全年共走访慰问老侨、困难归侨侨眷、侨联工作者和新移民亲属76户,发放慰问品、慰问金3万余元。

注重侨法宣传和信访工作。一是在市委党校举办"新时期侨联工作第三期培训班",培训内容涉及中共十八届四中全会精神解读、侨务政策讲述、廉政教育讲座、法制建设辅导,对广大侨联干部、侨界骨干人士在政治素质和业务能力提高的同时,增强依法护侨的法治意识。二是印制《市侨联维权知识手册》300本,发放给各县区侨联及"同心共建"联系点。三是参加省侨联开展的"学法守法用法,共建法治侨界"法律知识竞赛活动,共收回竞赛答题卡500余份。市侨联,城区、矿区、郊区、盂县侨联获得优秀组织奖,有32人获得知识竞赛优秀个人奖。四是接待来信来访20余次,通过电话、网络接受各类咨询30余次,直接接待涉侨案件1件,协调解决问题率达到90%以上。 (李 琛)

中国国际贸易促进委员会阳泉市支会

【展会工作】 2015年,中国国际贸易促进委员会阳泉市支会在研究市场变化的基础上,根据企业生产实际和经济转型跨越发展的目标,精选国内外各种展会,引导阳泉企业和产品"走出去"。

3月31日至4月3日,市贸促会组织阳泉华岭耐火材料有限公司、王垅耐火材料有限公司等19家耐火企业和国际贸易公司参加在上海举办的第十一届中国国际耐火材料及工业陶瓷展览。展会上,市贸促会首次对展位进行特装,并制作反映阳泉市耐火行业发展水平的影像宣传片和宣传册,整体推介打造"阳泉耐火"品牌,参展效果明显提高。发放宣传资料4000余份,签订合同60万美元,意向650万元。

6月28日至30日,市贸促会组织山西天元金科电器科技股份有限公司和盂县华亨铸件有限公司参加在呼伦贝尔市海拉尔区举办的第十一届中俄蒙经贸洽谈暨商品展销会。展会上,天元的单筒迷你洗衣机受到中外客商的青睐,纷纷要求代理。华亨铸件有限公司与当地水泥及煤炭企业,建立合作关系。

8月8日至10日,市贸促会组织有关县区商会和企业参加在甘肃酒泉举办的第六届中国(甘肃)国际新能源博览会。会上,阳泉市企业与中国华电、上海电气、阳光电源、三峡集团西北分公司等企业进行对接洽谈,重点推进三峡公司在郊区建设的风电场项目。

10月23日至27日,市贸促会组织阳泉市裕盛源农产品开发有限公司和盂县华亨铸业有限公司参加在呼和浩特市举行的首届中国—蒙古国博览会。展会上,裕盛源公司生产的50箱750千克醋不到一天半全部销售一空,特别是在布展时就有当地企业要求代理。盂县华亨铸业有限公司与内蒙古自治区3家企业达成合作意向,并向励泰生物资源有限公司发送样品。 (冯海龙)

【耐火产业影像宣传光盘制作】 年内,市贸促会按照全市经济工作会议精神和促进耐火产业上档升级的要求，在调研的基础上制作阳泉耐火整体宣传册和宣传光盘。年初，市贸促会对全市耐火产业开展摸底调研，走访主要耐火企业和长期工作在耐火战线的资深耐火经理人，确定项目的推介思路和重点，包括阳泉市耐火基本情况介绍，资源储量和分布情况、装备情况、耐火企业、重点和特色产品情况以及质量控制和研发机构情况介绍。在专业人员协助和业务骨干的共同努力下，形成对阳泉市耐火整体推介宣传项目脚本草案，并聘请专业机构组织进行照片、影像、文字资料信息采集、编辑、配音、审核，并在上海耐火材料展览会上进行中英文视频展示。展览结束后，根据展览展示的效果和企业、用户的反应，市贸促会又进行进一步的修改完善，完成影像宣传光盘的制作。影像宣传光盘填补全市耐火产业无对外影像资料的空白，为加大耐火产业宣传力度、树立阳泉耐火产业整体形象和品牌优势、促进交流合作、促进产业转型升级发挥作用。 （赵红梅）

【出证认证】 年内，市贸促会共代理签发一般原产地证明书427份，比2014年增长30.6%。联系办理国际商事证明书5份，办理优惠原产地证20票，通过北京贸促会代办使馆产地证认证18份，发票认证25份。新注册办证企业1家。截至2015年年底，在市贸促会注册的外向型企业达45家。办证的企业全部申请办理CA证书，为下一步原产地证电子化报关做好准备工作。 （赵红梅）

【对外联络】 年内，市贸促会深化与现有国内外友好商协会的联络，并与三亚贸促会签订合作协议。参加在河北省唐山市举办的首届京津冀国际投资贸易洽谈会，向中外嘉宾发放《阳泉投资指南》和《阳泉招商引资重点项目册》40余份。会议期间考察开城电器公司并与总经理张力明进行洽谈。 （赵红梅）

阳泉市残疾人联合会

【概况】 2015年，为做好全市“二级以上残疾人特殊救助”和“两个补贴”（重度残疾人护理补贴、贫困残疾人生活补贴）工作，保证农村户口每人每月70元、城镇户口每人每月120元的补助金足额发放，阳泉市残疾人联合会制定实施方案，各县区积极应对，成立工作组，确保“普惠+特惠”的救助工作顺利实施。全年为4000名一级重度残疾人、一级贫困残疾人和11464名二级以上重度残疾人发放救助资金476.61万元。年内，全市共办理第二代全国残疾人证31488张。 （史秋林）

【康复工作】 年内，阳泉市共投入资金514.75万元对3524名贫困残疾人实施康复救助，其中国家和省项目救助2931名、项目经费429.75万元，市项目救助160名、项目经费62.85万元，县项目救助294名、项目经费22.15万元（城区3万元、郊区12.95万元、平定县6.2万元），福利基金会项目139名。为确保项目顺利完成，市残联成立领导组，并出台相关项目实施方案及配套实施办法，评审确定康复定点机构，与各定点机构签订责任状，明确任务目标、资助条件、工作流程、经费管理及职责分工，协调各县区残联组织定点康复机构专业技术人员到各乡镇对各类贫困残疾人摸底调查，按照救助对象标准进行审核、公示，对符合条件的安排至定点康复机构进行康复训练、实施手术等康复救助。加强督导检查，在项目实施过程中，市残联分管理事长及康复科成员多次到定点机构通过实地查看、查阅资料及家长面谈或电话回访等方式进行检查指导，及时发现和解决存在的问题，确保各救助项目规范、有序开展。年内，市残联还制定《阳泉市残联2015年康复人才培养实施方案》，对各县区110名社区康复协调员进行培训。组织参加国家、省级康复管理和专业技术培训31人次。市残疾人康复中心购置康复设备、扩大训练场地、改善训练环境，并聘请省级康复专家进行康复技术指导，进一步完善省、市、县三级残疾人康复服务网络，加强康复机构专业化、标准化建设。2015年度山西省“阳光伴我行”集善明门儿童轮椅项目捐赠轮椅31辆，山西省“让爱滋润 点亮人生”——集善如新华茂牌均适奶昔固体饮料项目捐赠阳泉市均适奶昔固体饮料200盒；山西省2015年第一期“集善工程——海王集团捐赠保健品项目” 捐赠阳泉市蛋白粉72罐。 （史秋林）

【志愿助残阳光服务站】 11月，阳泉市城区北大街街道滨河西社区、下站街道太上街社区，矿区段南沟社区、平潭街道大院社区，开发区居馨社区、宏苑社区6个社区分别建立志愿助残阳光服务站，实现志愿助残工作制度化、常态化。阳光服务站是阳泉市助残志愿服务工作的重要载体，依托阳泉市青年志愿者协会爱之翼服务队、阳泉日报社笑脸智慧社区项目部以及各自所在社区，整合社会各界资源，通过“一对一”“多对一”的方式，为社区内的残疾人提供理发、法律咨询、心理辅导、家政、代购、医疗保健等全方位精准的个性化志愿服务。 （史秋林）

【残疾人创业协会工作】 年内，市残疾人创业协会扩大工作范围，组织残疾人投资经营快递点、淘宝店、手工艺品店、水果店、修理店等，还联系矿区住建局，与其签订小广告清理工作协议，带动更多的残疾人通过自己的劳动获得收入。在不到半年的时间里，他们经营的淘宝网店月营业额已有3万余元。阳泉日报社、阳泉电视台等当地媒体对创业协会的事迹进行报道，并邀请其参加大型公益活动，现场出售残疾人手工艺品。随着创业协会名气越来越大，越来越多的残疾人加入到协会中，在其成立不到一年的时间里，会员由最初的15人增加到70多人，先后帮助16名残疾人实现就业。6月，创业协会在矿区成立残疾人工会组织，首批有约40名残疾人入会，《山西晚报》等省级媒体对其进行报道。 （史秋林）

【残疾人教育工作】 年内，市残联根据山西省残疾人福利基金会《关于做好山西省第二期“正保积善助学”项目实施工作的通知》（晋残福基函〔2015〕2号），为全市有需要的35名残疾人及其家属提供学习卡，方便残疾人子女及残疾人家属在网上学习残疾人陪护及残疾人就业指导等方面的知识。根据省残联《关于山西省彩票公益金资助贫困残疾人家庭子女大学生（2015年度）项目申报工作的通知》（晋残联〔2015〕76号），为阳泉市11名残疾人家庭子女各提供3000元现金资助。阳泉市出台《阳泉市人民政府办公厅关于转发阳泉市特殊教育提升计划（2014—2016年）实施方案的通知》（阳政办〔2015〕57号），集中力量新建、改建一批标准化学校，全面推进全纳教育，使每一个残疾孩子都能接受合适的教育。市残联从筹集到的就业保障金中拿出1.54万元，资助18名适龄残疾学生就读。 （史秋林）

【就业培训及保障金征收工作】 年内，全市共完成城镇残疾人职业技能培训516人次、农村实用技术培训541人次，新安置残疾人就业548人，全市实名制录入残疾人就业和职业培训信息管理系统1217人，征收残疾人就业保障金1232万元。 （史秋林）

【“一店三基地”创建工作】 年内，市残联开展省级“一店三基地”（盲人按摩店，残疾人实训基地、扶贫基地、就业创业基地）建设工作，截至年底，已确定郊区广鑫源耐火材料厂为“残疾人实训基地”、平定县东回镇牧鑫合作社为“残疾人扶贫基地”、平定县世昌养殖场为“残疾人就业创业基地”，还选取刘斌等6家盲人按摩店为省级盲人按摩示范店。另外还根据省残联要求，安排资金25万元，创建市级“一店三基地”，“三个基地”各扶持资金5万元，每个按摩店安排资金1万元。经认真考察，确立盂县丽昌有色金属制造有限公司为“市级残疾人实训基地”，安置残疾人员45人、培训残疾人员51人；确立阳泉市煤鑫经贸有限公司为“市级残疾人创业基地”，安置残疾人员5名；确立阳泉益佳鑫养殖专业合作社为“市级残疾人扶贫基地”，安置残疾人员7人、辐射带动残疾人员20余人。还创建10家盲人按摩示范店。 （史秋林）

【残疾人贫困户建档立卡】 年内，市残联根据省残联转发的《中国残联关于加紧做好农村残疾人贫困户建档立卡精准识别工作的通知》的文件精神，结合阳泉市实际情况，成立残疾人贫困户建档立卡工作小组，并将任务分解到各县区，督促其分解任务到乡镇、村，结合精准扶贫“回头看”节点，做好贫困残疾人精准识别工作，切实将符合条件的残疾人贫困户纳入建档立卡范围。 （史秋林）

【发放残疾人机动轮椅车燃油补贴】 年内，市残联继续为全市贫困残疾人机动轮椅车发放燃油补贴，投入29120元，按照每人260元的标准，对符合条件的112名残疾人发放补贴，其中城区36人、矿区28人、郊区4人、平定县27人、盂县17人。各级残联依据省残联文件精神，结合实际情况，分别制定实施方案，并会同同级财政局联合下发文件对辖区内残疾人机动轮椅车燃油补贴发放工作进行安排部署。区县残联组织召开街道、社区专职委员会议，认真组织调查摸底、信息统计等。负责具体发放任务的各个县区残联尽量采用银行卡的形式进行发放，其中郊区、矿区采取现金发放的形式。市残联通过电话回访，确认补贴全部发放到残疾人手中。（史秋林）

【贫困残疾人家庭无障碍改造工作】 年内，市残联根据全市贫困残疾人家庭无障碍改造进展情况，对盂县50户贫困残疾人家庭实施无障碍改造。提早做好准备工作，督促盂县开展摸底调查工作。在改造任务实施中，严格过程监管，市残联专门成立无障碍改造专项领导小组深入调研，确保资金使用到位，根据需求差异进行个性化改造，尽最大努力让贫困残疾人家庭满意。在完成30户改造任务目标的基础上，额外补报完成20户任务。 （史秋林）

【宣传及文体工作】 年内，为组队参加山西省第七届特殊教育学校学生艺术会演，市残联联系市教育局，商讨舞蹈参赛的具体实施方案，并联合发文鼓励各特教学校参赛。组织阳泉市盲聋人学校学生参加省第七届特殊教育学校学生艺术会演，获得集体优秀奖以及两个个人辅导奖。围绕“全国助残日”“特奥日”“爱耳日”“爱眼日”等重大节日，配合康复、教育、扶贫等各项业务工作，在全市5个县区发动社区干部及志愿者、医务人员250余人，举办30期讲座，发放宣传材料9000余份。结合残疾人文化周、健身周，指导基层开展文艺、体育活动，扩大残联工作的覆盖面和影响力，营造良好的理解、尊重、关心、帮助残疾人的社会氛围。 （史秋林）

【精神和智力残疾人托养中心竣工】 阳泉市郊区精神和智力残疾人托养中心大楼建设工程于2013年11月21日奠基，2014年年初开工建设，2015年10月投入使用，11月10日正式通过有关部门竣工验收，工程建设历时两年，建筑面积2529平方米，项目总投资657万元，可容纳托养80名至100名残疾人。市残联还向省残联争取资金20万元，集中采购配套设备，为托养中心早日投入使用奠定基础。截至年底，该中心接收托养人数29人。 （史秋林）

政法委及综治

【违法犯罪活动打击】 2015年，全市公安机关共立刑事案件6923起，破获2020起。其中立危害严重的“八类刑事案件”（杀人、纵火、投毒、抢劫、强奸、绑架、爆炸、故意伤害等八种暴力恶性案件）318起，较2014年下降10.7%，破获208起；现行命案发16起，破16起，命案侦破工作自2012年起连续4年实现全破；破获经济案件231起，挽回经济损失3000余万元；打掉黑恶势力犯罪团伙14个，抓获各类逃犯577名，查处治安案件9193起，打击处理各类违法犯罪人员9539名。全市检察机关全年批准和决定逮捕各类刑事犯罪455件607人，起诉949件1289人（含旧存），始终保持对各类违法犯罪活动的高压态势；加大惩治和预防职务犯罪力度，共查办职务犯罪67件98人，其中立查贪污贿赂犯罪案件46件76人，立查渎职侵权犯罪21件22人。全市审判机关全年受理各类案件16900件，审结、执结14258件（含旧存），分别较2014年增长24.2%和16.7%。市司法局强化社区服刑人员监管力度，累计接收社区服刑人员2660人，其中1822人顺利回归社会，重新犯罪率仅为0.18%，低于全国平均水平，自2011年起连续5年未发生重大恶性重新违法犯罪和有重大影响的案件。防范邪教工作扎实开展，打击处理邪教“法轮功”“全能神”等案件64起90人，其中“12·08”和“1·19”专案受到省公安厅嘉奖。隐蔽战线坚持网上网下相结合，准确研判形势，加强情报信息预警，落实重点人、重点部位管控措施，深入推进反渗透、反恐怖斗争。（赵克玉）

【涉枪涉毒案告破】 12月21日，市公安局加强组织领导，集中优势力量，全面摸排调查，循线重拳出击，一举破获一起涉枪涉毒重大案件，摧毁犯罪团伙3个，抓获犯罪嫌疑人29名，缴获各类枪支19支以及大量弹药、制枪工具等。案件告破后，省委书记王儒林，省委副书记、省长李小鹏，省委副书记楼阳生，省委常委、省委秘书长王伟中，副省长、省公安厅厅长刘杰等领导分别作出重要批示，对阳泉市公安机关的侦破工作给予充分肯定。市委书记陈永奇要求全市公安部门迅速落实上级领导指示精神，深挖细查，不留遗漏，并以此为契机，在全市开展“严厉打击涉枪涉毒”专项行动，尤其对涉黑涉恶团伙依法严打，确保全市安全稳定。（赵克玉）

【三部微电影在全国大赛中获奖】 年内，阳泉市政法机关和政法干警创作拍摄的《茶殇》《片警侯哥》《觅踪追凶》三部微电影在全国大赛中获奖。1月，由市人民检察院和矿区人民检察院联合创作拍摄的微电影《茶殇》，获“全国检察机关首届预防职务犯罪专题微电影大赛特等奖”和“全省检察机关首届预防职务犯罪专题微电影大赛一等奖”。9月，由市公安局专职治安巡防支队办公室主任李建全创作拍摄的微电影《觅踪追凶》，获“第三届中国昆山法治微电影大赛优秀影片”奖。12月，在第二届“中国梦·劳动美·幸福路”全国职工微影视大赛上，市公安局选送的《片警侯哥》获“故事片铜奖”，《觅踪追凶》获“故事片优秀影片奖”。《片警侯哥》的主人公侯明华是矿区公安分局马家坪派出所社区民警，曾获“2013全国口碑警察”“全国公安系统爱民模范”和“感动山西十大人物”等多项殊荣。（赵克玉）

【法学会工作】 年内，市法学会注重发挥法学和法律人才较为集中的优势，鼓励广大会员结合阳泉市经济体制、社会管理机制、司法制度改革中所涉及的法律问题，进行法学研究探讨。市中级人民法院获“全

法

治

省法院系统理论调研课题组织奖”,有3篇论文分获研究成果一等奖、二等奖和优秀奖,其中由市中级人民法院刑事审判二庭庭长裴元钊等人撰写的《农村基层人员职务犯罪实务问题及相关理论问题的调研》,由省高级人民法院院长左世忠牵头申报并中标最高人民法院重点课题,实现山西法院申报最高人民法院重点课题零的突破,得到省委书记王儒林的批示与肯定。与此同时,市法学会参与化解涉法矛盾,为法治阳泉建设贡献力量。针对群众日益增长的法制需求,市法学会开展了形式多样的法律咨询服务,先后开展农民工法律咨询服务7次、针对拆迁补偿开展法律服务咨询5次、针对青少年保护开展法制宣传教育9次、针对农村干部违法犯罪问题宣讲5次、针对医患纠纷举办法律法规报告会15次等,受众1万余人次。另外,引导法学会律师会员参与重大信访案件评查论证20余件,参加公开听证10余次,使信访群众息诉罢访。市法学会会长段永章参与了法律宣讲和涉法矛盾纠纷调处工作,市法学会3名会员受聘为市中级人民法院特邀调解员。山西省医疗纠纷调解委员会阳泉工作站全年共调处医疗纠纷案93件,调解成功率达95%,医患满意率分别达95%和94%。(赵克玉)

【政法干部培训】 11月16日至21日,市委政法委、市委组织部共同组织的全市政法干部司法体制改革培训班在上海交通大学举办,市中级人民法院、市检察院、市公安局、市司法局以及各县区政法委、阳煤集团和开发区综治办的52名干部参加培训。培训班邀请上海交通大学、浦东干部学院、复旦大学的教授和专家学者,分别作了《中国司法体制改革热点问题研究》《社会管理创新的法制保障》《国情认知与政治走向》《打造“忠诚、干净、担当”的政法队伍》等专题讲座。为了强化培训学习效果,市委政法委和市委组织部组织学员走出课堂,到被誉为“全国司法体制改革探路先锋”的上海市第二中级人民法院,学习该院司法体制改革的具体做法和成功经验,并就司法体制改革热点问题与该院有关人员进行交流。学员还到浦东新区潍坊街道社区、中共一大会址纪念馆、钱学森图书馆、田子坊创意产业园和自贸区,开展了一系列有针对性的现场教学活动,不仅使学员加深了对课堂教学内容的理解,而且开阔了视野、拓宽了思路,对进一步做好政法综治工作具有积极作用。(赵克玉)

【一批典型获省部级以上表彰】 年内,全市政法队伍涌现出一大批先进集体和个人,分别受到省部级以上表彰奖励。郊区上千亩坪村、矿区东山社区被司法部、民政部评为“全国民主法治示范村(社区)”。盂县被司法部评为“全国法治县(市、区)创建活动先进单位”。平定县公安局巡警大队被公安部选树为国家级“青年文明号”。郊区司法局荫营司法所被司法部评为“全国模范司法所”。盂县司法局苌池司法所被司法部评为“全国先进司法所”。阳泉二监被全国质量协会、全国总工会、全国妇联、共青团中央、全国科协等五部委联合评为“全国质量管理小组活动优秀企业”,此为全省监狱系统唯一获奖单位,也是全国监狱系统第四次获此殊荣的单位。城区司法局上站司法所所长谢振华被最高人民法院评为“全国模范司法所长”。李冬梅被公安部评为“全国好警嫂”。

市中级人民法院诉讼服务大厅被省高级人民法院评为“全省法院司法为民典型”。市中级人民法院未成年人案件综合审判庭、市检察院未成年人刑事检察处被省人民检察院授予“全省优秀青少年维权岗”称号。在全省政法系统“双十佳”评选中,阳泉市有4个集体被评为“山西省严格执法公正司法先进集体”,有2名个人被评为“山西省杰出政法干警”、1名个人被评为“山西省优秀政法干警”、4名个人被记二等功。(赵克玉)

【执法监督】 年内,市委政法委采取六项措施开展执法监督工作。一是从2014年年底到2015年3月,组织开展执法司法领域突出问题专项整治活动。二是推进“阳光司法”工程,网上办案、司法文书公开、执行信息公开、办案信息查询、多媒体服务和监督管理等六大信息公开平台建设在全省均处于领先水平,市中级人民法院网上办案系统共录入案件73458件,全年公开上网生效法律文书6264件,发布失信被执行人758人。三是6月组织开展贯彻落实省委政法委“刑事诉讼16项配套制度”“民事诉讼法两个规范性文件”“轻微刑事案件快速办理机制”以及涉法涉诉进京信访化解等4个专项执法检查。四是9月启动案件评查工作,5个评查小组在一个半月的时间内对40件案件进行集中评查,对存在的问题进行通报点评。五是贯彻落实领导干部干预司法活动、插手具体案件处理的记录、通报和责任追究工作,促进司法机关依法独立行使职权。六是清理执结党政机关为被执行人的执行案件。全市执法工作满意度达到78.28%,高于全省平均水平。(赵克玉)

【涉法涉诉信访改革】 年内,市委政法委积极开展涉法涉诉信访改革工作。一是组织开展涉法涉诉信访积案化解。全年自排化解涉法涉诉信访积案60件,全部核销完毕。二是依法处理非正常上访。坚决打击扰乱社会秩序违法上访人员,全市共依法追究违法信访人员6人,震慑了部分常年进京非正常上访、缠访闹访、违法上访的重点人员,引导信访人员回归依法有序、理性信访的轨道。三是组织开展全市涉法涉诉进京非正常上访集中清理专项活动。省委政法委交办的进京非正常上访案件7件9人次，于10月底全部化解核销完毕，化解率居全省前三。全市涉法涉诉进京非正常上访人数持续下降，由2012年占全市进京非正常上访量的45%下降到2015年的0.5%。四是信访问题排查研判机制进一步固化，信访网电一体化工作机制初见成效，领导接访工作机制落实有力，依法导入机制更加顺畅，纠错补瑕机制成效明显，通过五项改革机制的建立完善，基本实现涉法涉诉信访秩序的好转。五是做好涉法涉诉信访救助工作。年内，对11案18名涉法涉诉信访群众和刑事被害人进行救助，发放救助金33万元，彰显了司法人文关怀，促进了案件化解和社会稳定。（赵克玉）

【赵克玉原创《“三严三实”三字经》出版发行】 12月，市委政法委研究室主任赵克玉自行编创的《“三严三实”三字经》，由内蒙古出版集团、内蒙古人民出版社正式出版发行，书名为《秦国仁书现代新三字经》。该书经原创作者赵克玉授权，由著名书法家秦国仁用自书和欧楷两种字体抄录，由全国人大常委会原副委员长布赫题写书名，当月两次印刷，印数达15万册。《“三严三实”三字经》是赵克玉于2015年6月经过查阅大量资料、先后易稿数十次，而撰写的一篇“三严三实”专题教育心得体会文章。该文共6部分1152字，通篇采用三字一句、四句一组的表述形式，全面阐述了习近平总书记关于“严以修身、严以用权、严以律己，谋事要实、创业要实、做人要实”的深刻内涵。全文熟练运用成语典故、名言警句、俗语谚语和网络用语，有效丰富了主题表达方式和效果。《“三严三实”三字经》一经推出，立即引起社会各界的广泛好评，中央人民广播电台和中直党建网、中组部共产党员网、中宣部党建网、法制网、光明网、中华网、人民网、央广网等十余家新闻媒体纷纷转载此文。（赵克玉）

【综治工作概况】 年内，全市综治系统以“建设平安阳泉”为目标，以“六六创安”（打好打黑除恶等“六场硬仗”，开展对社会治安重点地区“六项整治”，推进社会治安防控体系“六网覆盖”，化解征地拆迁等“六类纠纷”，抓好刑释解教人员等“六类特殊人群”管控帮教，深化以“平安社区”等为主要内容的“六安联创”活动）为载体，以社会治安防控体系建设为主线，打响打好综治工作“七大战役”，维护了全市社会政治平安稳定，为经济社会持续发展提供了坚强保障。一是抓领导、建机制，打响打好综治工作集团战；二是抓打击、出重拳，打响打好综治工作歼灭战；三是抓排查、强整治，打响打好综治工作进攻战；四是抓源头、严防范，打响打好综治工作防御战；五是抓重点、细化解，打响打好综治工作攻坚战；六是抓管控、促服务，打响打好综治工作阵地战；七是抓基层、聚合力，打响打好综治工作群众战。全市实现“十提高、十没有”，即隐蔽战线斗争水平提高，没有发生影响国家安全的事件；反恐处突水平提高，没有发生暴力恐怖事件；防范处理邪教水平提高，没有发生“法轮功”等邪教组织滋扰闹事事件；应急处置水平提高，没有发生重大群体性事件和个人极端事件；治安防控水平提高，没有发生重大影响的刑事治安案件；矛盾纠纷排查调处水平提高，没有发生影响重大的信访事件；重点管控水平提高，没有发生重大公共安全事件；网络舆情处置水平提高，没有发生影响恶劣的舆论事件；基层社会服务管理水平提高，没有发生影响重大的民生事件；政法队伍素质提高，没有发生影响重大的政法干部违法犯罪事件。（赵克玉）

【社会治安重点整治】 年内，全市综治部门不断加大重点整治力度，平安环境进一步改善。组织开展“城中村”治安整治专项行动。在62个“三村一部”（城中村、城边村、近城村和城乡接合部）中确定其中10个作为全市首批重点“城中村”，推行重点整治工作“六个一”工作法，即一套整治方案、一个整治标准、一名包案领导、一个牵头单位、一个具体负责人、一个整治时限，重点整治工作规范化水平明显提升。4月29日，市综治委组织召开全市“城中村”社会治安集中整治工作现场推进会，对郊区、开发区“城中村”整治工作做法进行推广，发挥了先进典型的示范引领作用。在重点整治工作中，全市共排查出问题82个，整治82个，整好率100%。全面强化对党政首脑机关、要害部门等重点单位的治安管控，组织开展消防、特殊行业、复杂场所、道路交通、城市公共交通、寄递物流、食品药品、互联网等重点行业和领域的专项整治行动，开展打黄扫赌、治爆缉枪等社会面安全管理专项行动，对公共安全的管理力度加大，全市社会治安环境进一步改善。（赵克玉）

【治安防控体系建设】 年内，市综治委从三方面入手，推进治安防控体系建设。一是从公共防控入手，一手抓配套制度建立、推进体系规范运行，一手抓警力装备落实、推进体系长效运行，继续推进以立体化架构、网格化布警、实战化平台、扁平化指挥、随警化保障为核心的“五化”社会治安防控体系建设。全年十大巡区共出动警力108525人次，受理报警7882起，盘查嫌疑人员2121人次、嫌疑车辆物品961辆次，抓获现行违法犯罪嫌疑人77人，救助群众1528起，市公安局110接处警服务台受理主城区街面“两抢一盗”类警情比2014年下降9.8%，“五化”社会治安防控体系取得良好的社会效果和实战效果，逐步在实践中走出一条具有阳泉特色的街面巡控应急新模式。二是从科技防控入手，全面开展“天网”二期工程建设，提升社会治安科技防控能力。全市新增“天网”视频监控探头10974个,其中公共点912个、社会点10062个,城市区视频监控覆盖率达到90%,农业县区达到60%,公安机关对社会治安的动态管控能力大大提高。全年全市利用视频监控系统破获刑事案件267起、查处治安案件307起。三是从基层防控入手,进一步提升基层警务工作水平。创新基层警务工作模式,建立以基层警务室为单元,以多警种合成为主体,以群防群治力量为依托,以阵地控制和单位内部防控为基础,以全时空巡逻防控为基本勤务方式,集打击、防范、控制、管理等多种功能于一体的基层治安防控机制,基层治安管理水平进一步提高。城市区建成规范化社区警务室127个,农业县区建成警务室87个,群众街头"见警率"以及违法犯罪现场处置率明显提高。2015年全市公众安全感为89.81%,高于全省平均水平。 (赵克玉)

【矛盾纠纷排查化解】 年内,市综治办认真贯彻全省矛盾纠纷大调解左权现场推进会精神,深入做好矛盾纠纷排查化解工作。按照"四落实、六统一"(人员落实、组织落实、经费落实、制度落实;标牌统一、印章统一、人民调解标识统一、程序统一、制度统一、文书统一)的标准,建立健全县、乡、村三级矛盾纠纷调解中心。集中开展危爆物品寄递清理整顿和"六大领域"(征地拆迁、村矿村企、劳动关系、环境污染、医患纠纷、交通事故)矛盾纠纷排查化解专项行动。郊区的"和事佬"、市人民检察院的未成年人关护中心、法院系统的诉前调解等各具特色的调解组织作用明显,大批矛盾纠纷化解在基层,化解在萌芽阶段。全年全市共排查各类矛盾纠纷2213起,调处2051起,调处成功率92.67%。

此外,严格落实社会稳定风险评估前置程序,确立稳定风险评估登记和备案等5项制度,规范工作流程,建立专家库,先后对阳大铁路、鑫磊2×35万千瓦发电项目等15个重点工程项目进行风险评估,共发现8类107个风险点,针对不同的风险点提出相应的防范化解工作措施,切实将全市重点工程项目、重大决策和重大活动的风险降到最低,实现矛盾纠纷源头预防、稳定风险源头管控的目标。 (赵克玉)

【社会服务管理创新】 年内,市综治办对乡镇(街道办事处)综治委、综治办的组织机构和人员构成进行重新调整,加强村(社区)和企事业单位综治组织建设,县区综治工作经费、网格长工作补助,以及县区、乡镇(街道办事处)、村(社区)三级基层社会服务管理中心运行经费得到落实,综治工作基础进一步夯实。推进基层社会服务管理中心建设,5个县区、经济技术开发区、44个乡镇(街道办事处)、1073个村(社区)的基层社会服务管理中心建成并投入运行。全市三级综治服务平台累计受理平安建设、公共服务、应急处置等5大类事项24.5万件,处置24.3万件,处置率达99.2%。部门信息总量汇集57万条,全省排名第四。矿区社会服务管理中心建设跻身全国一流,得到省委书记王儒林的充分肯定。年内,完成市级综治视频会议系统建设,提升了全市政法综治工作信息化水平。(赵克玉)

【六类特殊人群管控】 年内,在确定重点工作内容、锁定重点目标的基础上,全市各级综治组织按照边谋划、边完善的思路,以目标任务为引领,以重点内容为纽带,以点带面、以强扶弱,积极稳妥地推进六类特殊人群服务管理工作,取得阶段性成效。一是社区矫正取得新进展。出台《全面推进社区矫正工作的实施意见》,全市5个县区中,矿区、郊区、平定县、盂县4个县区建起社区矫正信息管理平台,对556名社区服刑人员实施手机定位管理,覆盖率超过2/3。二是安置帮教取得新成果。服刑在教人员信息核实率达99.7%,预释放人员回执率78.95%,两项指标全省排名第一。全市6个安置帮教基地累计安置刑释解教人员259人。三是重点青少年服务管理取得新成绩。聘任青少年权益关爱使者281名,举办"青春传递正能量、爱心汇聚中国梦"青年文明号真情助困活动,资助各类弱势困境青少年143人8万余元。四是吸毒人员服务管理取得新进步。组织开展形式多样的禁毒宣传教育活动,对4179名各类吸毒人员进行登记造册,社区戒毒1153人,强制隔离戒毒1329人,社区康复204人。五是易肇事肇祸精神障碍患者管理取得新突破。先后下发通知,对重性精神疾病患者的归口管理、摸底排查和诊断复核等工作进行规范,对3540名精神障碍患者全部进行登记造册、分片管理。六是艾滋病人服务管理取得新成效。全市自愿咨询检测完成1907份,监管场所完成1095份,管理艾滋病病毒感染者和艾滋病病人151例,全市艾滋病防治工作初步形成政府组织领导、部门各负其责、全社会共同参与的防治局面。 (赵克玉)

【铁路护路联防工作】 年内,市综治委严格落实铁路护路联防工作责任制,加强对铁路护路联防工作的领导,形成党委重视、综治委牵头、护路办主抓、有关方面积极配合的工作格局。全市各级护路组织以推进"网格管路、科技护路、矛排稳路、整治保路、宣传兴路、队建强路"为手段,以推进护路网格化管理、科技化建设和强化队伍素质建设为重点,开展"基层基础建设年"和"涉路问题百日大排查大整治"活动,全面强化铁路护路联防工作制度化、规范化和科学化水平。开展爱路护路宣传教育,增强广大群众的爱路护路意识,调动全社会参与爱路护路的主动性和积极性,营造爱路护路的浓厚氛围。强化对铁路沿线主要站场、重点路段和复杂道口的执勤巡逻,及时排查调处各类涉路矛盾纠纷,有效预防和减少了各种涉路案(事)件的发生。全年没有发生涉路刑事案件、危及行车安全事件、涉路爆炸案件、破坏铁路设施案件和涉路越级上访事件。(赵克玉)

法治政府建设

【政府法律顾问制度】 年内,市政府下发《阳泉市人民政府关于在全市普遍建立政府法律顾问制度的意见》和《阳泉市人民政府法律顾问工作规则》,聘请了5位资深律师作为市政府法律顾问。县(区)政府聘请律师9位,矿区为38个社区配备法律顾问,着力解决打官司难和打官司贵的问题。全年开展政府法律顾问咨询活动20余次,法律顾问代理市政府应诉7起。政府法律顾问的参与,进一步规范了政府行为,提高了政府依法决策的水平,推进了法治政府建设。(任　婷)

【法制宣传】 8月,市法制办组织开展了依法行政宣传月活动。宣传活动围绕市委、市政府总体战略部署,深入贯彻中共十八届三中、四中全会精神,通过网络、电视、报纸、微信、电子大屏、现场宣传等形式,开展法制宣传。各县区、市直各部门累计集中宣传近百次,标语宣传10余次,展板宣传20多块,发放宣传资料1600余份,在全市营造了浓厚的依法行政工作氛围,扩大了依法行政的社会影响力。除宣传月集中宣传外,全市各行政执法单位还结合各自工作特点,开展了形式多样的宣传活动。(任　婷)

【规范性文件管理】 年内,阳泉市认真贯彻落实《山西省规范性文件制定与备案规定》《山西省行政机关规范性文件制定程序暂行办法》,将备案审查的合法性、适当性、协调性3大标准细化为8项,明确规范性文件备案审查的程序和文书格式。12月28日,市政府常务会议审议通过《阳泉市人民政府法律顾问工作规则》《阳泉市行政执法责任制规定》《阳泉市重大行政决策合法性审查办法》。12月31日,印发《阳泉市人民政府法律顾问工作规则》《阳泉市行政执法工作责任制规定》。把公众参与、专家论证、风险评估、合法性审查、集体讨论决定确定为重大行政决策法定程序,建立行政机关内部重大决策合法性审查机制及重大决策终身责任追究制度,全市39家市级行政执法权单位中有12家制定了重大决策审查制度。市政府法制办全年下发征求意见函4件,参与市政府重大决策讨论并出具意见书5件,审查发文5件,参与市委、市人大常委会、市直机关规范性文件征求意见8次,组织规范性文件征求意见座谈会2次,回复省法制办法规规章征求意见函6件,对市十四届人大五次会议建议进行答复1件。市、县(区)政府和政府各部门每两年对规范性文件进行一次全面清理,对不符合法律法规、规章规定,或者相互抵触、依据缺失,以及不适应经济社会发展要求的规范性文件,予以修改或废止。4月,市政府法制办组织全市47家相关行政执法单位开展了全面清理涉煤规范性文件工作。(任　婷)

【案卷评查】 4月,市政府法制办下发《阳泉市人民政府法制办公室关于在全市卫计、食药、物价系统开展行政执法案卷评查工作的通知》,就案卷评查工作作出安排。评查工作采取单位自查、集中评查、重点抽查的方式进行。5月至8月为集中评查阶段。市政府法制办对三个系统的262卷行政处罚案卷从主体认定、证据收集、程序规范、法律适用、办结适用、结办时限、案卷文书质量等方面进行评查打分,并对存在的问题下达整改意见书。10月,省政府法制办对此项工作进行检查,对阳泉市的工作给予肯定。(任　婷)

【行政执法行为规范】 年内,市政府法制办开展全市行政执法系统2015版行政执法证件发放工作,共发放行政执法证件1497本。通过严格落实执法人员资格审核和持证上岗,杜绝没有执法资格人员从事执法行为,确保执法主体合法,规范了执法行为。(任　婷)

【行政复议和行政应诉】 年内,市政府法制办坚持"依法、公开、高效、便民"的原则,统一行政复议文书,完善行政复议制度,并督促各县区政府全部建立复议机构,配备相关工作人员。市法制办全年受理审结复议案件6件。全年市级行政应诉案件共7件,应诉过程中按规定向法院提交相关材料,尊重法院的判决、裁定和司法建议。(任　婷)

法　院

【概况】 2015年,阳泉市两级法院围绕阳泉市经济社会发展大局,继续按照"三抓两转一提高"(抓服务、抓管理、抓教育,转变工作作风,转换工作机制,不断提高司法公信力)的工作思路,全面加强审判执行工作和法官队伍建设,圆满完成各项工作任务。全年共受理各类案件16900件,审结、执结14258件(含旧存),比上年分别上升24.2%和16.7%。其中,市中院受理各类案件3745件,审结、执结3428件(含旧存),比上年分别上升14.3%和13.2%。

刑事案件审判　年内,市两级法院共受理各类刑事案件1482件,审结1291件(含旧存),比上年分别上升28.9%和26.1%;其中市中院受理刑事案件289件,审结245件(含旧存)。按照省委"三个高压态势"的要求,推进打黑除恶专项斗争,对涉黑恶势力团伙犯罪的49名被告进行了审理;切实加大职务犯罪惩治力度,受理省高院指定的原忻州市委书记董洪运、原省交通厅长段建国等一批重大职务犯罪案件;依法办理刑罚执行部门提起的减刑、假释案件1868件，其中对37件应当公开审理的案件进行公开开庭审理，依法办理了68件特赦案件。

民商事案件审判　年内，市两级法院共受理各类民商事案件10041件，审结8318件(含旧存)，比上年分别上升27.1%和21.5%；其中市中院受理民商事案件1167件，审结998件，比上年分别上升31.4%和40.7%。全市法院主动发挥审判职能，依法审理金融借款合同、民间借贷等纠纷案件1779件，涉案标的20.9亿元，有效维护金融秩序的稳定；审结劳动争议、劳务合同案件494件，统筹保护劳动者权益和企业的生存发展。郊区法院认真落实重点企业联系制度，及时帮助企业化解经济下行时遇到的各类涉诉纠纷，为企业挽回经济损失2000余万元。

行政案件审判　年内，全市法院共受理行政案件255件，审结208件(含旧存)，比上年分别上升107.3%和89.1%；其中市中院受理行政案件104件，审结80件(含旧存)，比上年分别上升82.3%和63.3%。推动行政首长出庭应诉制度落实，建立行政机关负责人全程参与模式，制定并下发行政机关负责人出庭应诉书，对于化解行政纠纷起到积极作用。　(任承荣)

【案件执行】　年内，全市两级法院切实强化执行工作，化解执行难题。一是开展“转变执行作风，规范执行行为”专项活动，对194件涉金融、涉民生和一年以上未执案件进行集中执行，执行到位资金2.18亿，同时对2007年以来的执行案件信息进行核查，修改完善1万余件案件的信息。二是开展集中打击拒不执行法院判决、裁定等犯罪行为的专项活动，以涉嫌拒执罪和非法处置查封、扣押、冻结财产罪向公安机关移送8案9人，判处1案2人；移送公安机关协助查找并采取拘留措施的下落不明的被执行人154案158人，公安机关已控制11案11人；全市法院采取司法拘留措施50案51人，维护了法律权威。截至年末，全市法院共受理执行案件3125件，执结2452件(含旧存)。其中，市中院受理执行案件226件，执结153件(含旧存)。　(任承荣)

【涉诉信访】　年内，全市两级法院全面加强涉诉信访工作，充分保障合法诉求。全年受理申诉和申请再审案件124件，办结117件；接待来访群众3000余人次。坚持领导干部亲自接访、带案下访，市中院院领导接待群众信访300余人次。开展“以群众举报乡村干部腐败为切入点，集中解决群众信访诉求问题”的专项活动，处理信访案件29件。加强国家赔偿审判，受理国家赔偿案件5件，审结4件。年内，建设完成远程视频接访系统，开通网上申诉信访渠道，提升信访工作的信息化水平。　(任承荣)

【司法公开】　年内，全市法院深化司法公开，构建阳光司法机制。一是在审判流程公开方面，实现诉讼服务大厅、互联网络、手机短信三位一体全公开，实现当事人通过手机终端、网络终端、大厅终端均可随时查询案件信息。二是在裁判文书公开方面，全市两级法院坚持应公开尽公开的原则，全年共上网文书6267份，上网文书的数量和比例继续位居全省前列。三是在执行信息公开方面，全市法院全年发布失信被执行人758人，被执行人自动履行或执行完毕的有109人。(任承荣)

【司法信息化建设】　全市法院超前规划、集中部署、强力推进，建设完成数字法院业务应用系统和司法信息集中控制中心，实现立案、审判、执行、信访全程网上办案，实现从中院到基层法院、基层人民法庭三级司法数据实时更新、联动共享，阳泉中院成为受省高院表彰的唯一中院；建设完成执行指挥中心和查控中心，实现对执行工作的可视化管理及通过网络采取财产查询、出入境控制、购房置业限制等执行措施，提高执行效率。　(任承荣)

【司法服务】　年内，市两级法院优化司法服务，落实便民举措。一是建设完成高效便捷的诉讼服务大厅，全面推行立案登记制，按照有案必立、有诉必理的要求，对符合当场立案登记的案件，均当场立案，切实保障当事人诉权。二是强化司法救助，减缓当事人诉讼费用410万元，确保困难群众打得起官司。三是强化与群众的互动沟通，建立新闻发布会工作机制，及时公开法院工作动态、回应群众关心的热点问题，全部开通官方网站和微博微信，利用新媒体宣传报道法院工作。四是进一步完善基层服务网络，延伸司法触角，市中院设立基层法律服务点11个，郊区法院在不设人民法庭的乡镇设置基层法律服务点，盂县法院依托三个人民法庭开展巡回审判。五是建立完善未成年人犯罪记录封存制度，加强对未成年人的司法保护。同时，通过进校园宣讲法律、举办法院公众开放日、开设法制教育长廊等，强化对未成年人的法制教育。　(任承荣)

【诉前调解】　2015年，全市法院积极参与人民调解、行政调解、司法调解“三位一体”大调解体系构建，和村委会、居委会、工青妇等组织密切协作，引导当事人就地、就近选择合理方式解决纠纷，全市法院共诉前调解案件1134件。为减轻当事人诉累，市中院联合市司法局下发《关于建立保险合同纠纷诉调对接工作机制实施方案》，各县区法院也出台相关配套实施细则，充分发挥法院审判与行业调解的联动优势，共同妥善处理保险纠纷案件，降低保险消费者的维权成本。　(任承荣)

【司法监督】　年内，全市法院自觉主动接受监督，不断改进工作。一是坚持重大工作部署、重要工作事项，及时主动向党委、人大报告，依靠党委领导、人大监督和社会各界的支持，解决工作中存在的问题和困难，确保审判权的公正行使。二是继续依托人大、政协联络处，完善和加强人大代表联络机制，组织开展“人大代表法庭行”活动，邀请全国、省、市、县区人大代表旁听庭审、观摩调解、视察基础设施建设，畅通代表监督渠道；进一步扩大人民陪审员参审范围，年内，共有4884人次人民陪审员参审案件3846件。三是重视检察机关的法律监督，加强与检察机关的工作沟通和交流，全年受理检察机关提起的再审抗诉案件11件和检察建议2件。　（任承荣）

【队伍建设】 年内，全市法院注重加强队伍建设，提升队伍司法能力和水平。一是集中开展“三严三实”（严以修身、严以用权、严以律己，谋事要实、创业要实、做人要实）主题教育活动，强化基层党组织建设，研究制定党建责任清单，完善支部学习制度、组织生活制度，提升党员干部的党性修养和组织意识。二是推进党风廉政建设，强化“两个责任”落实，组织开展《廉洁自律准则》和《纪律处分条例》的学习。加大督促检查力度，完成对5家基层法院的司法巡查，开展纪律作风专项整顿，全年查处违纪违规干警13名。三是推进法官能力建设。组织开展案件质量评查、裁判文书评比和庭审观摩活动，加大法官、书记员培训考核力度，提升审判质效；加强业务培训工作，先后选派干警参加上级法院组织的各类培训224人次；强化调查研究，三年来共申报省高院重点课题21个，中标课题数量、获奖情况均排名全省中院第一，同时，市中院完成的《关于农村基层组织人员职务犯罪实务问题及相关理论问题的调研》课题中标最高院重大调研课题，实现山西法院中标最高院重点课题零的突破。　（任承荣）

检　察

【服务经济社会发展】 年内，市人民检察院适应全市经济发展新常态，严厉打击破坏市场经济秩序犯罪活动，共批捕43人，提起公诉63人。依法严惩招标投标、资金划拨与管理使用领域危害经济发展的职务犯罪，查办此类案件7件9人。重视打击民生领域专项资金的职务犯罪，立查国家工作人员虚报冒领、贪污挪用等职务犯罪35件59人。继续开展破坏环境资源立案监督专项活动，监督公安机关立案3件3人。主动参与法治阳泉建设，既通过司法办案向全社会传递正确价值取向，又加强法治宣传和以案释法，推动在全市形成良好法治氛围和法治习惯。　（蔡文丽）

【职务犯罪查办和预防】 年内，市检察机关切实加大惩治腐败力度，共立案侦查贪污贿赂犯罪案件46件76人，比上年上升18.8%，其中大案40件，占立案件数的86.9%；深入开展查办农民群众身边职务犯罪案件专项工作，立查国家工作人员和农村基层组织人员以虚报冒领、侵吞截留实施的贪污贿赂犯罪案件26件40人，惩治涉农领域腐败犯罪成效明显。持续加大贿赂犯罪查办力度，共立案侦查36件60人。反渎部门严肃查办发生在各领域、各环节的渎职侵权犯罪案件，共立查21件22人，其中重特大案件11件12人。进一步拓展办案领域，查办工商、民政、经信委等新领域渎职侵权犯罪7件8人。同步介入重大安全生产责任事故调查，共立查事故所涉渎职犯罪案件9件9人。同时，预防部门围绕法治阳泉建设推进“十百千”（十个领域、百个项目、千个联络站）等专项活动，完成预防案例分析14次，开展预防宣讲156次，进行行贿犯罪档案查询5162次。　（蔡文丽）

【社会维稳】 年内，全市检察机关坚持把维护社会稳定作为基本任务，统筹打击犯罪与化解社会矛盾。全年共批准和决定逮捕各类刑事犯罪455件607人，起诉949件1289人。其中，批准逮捕故意杀人、故意伤害、强奸等严重暴力犯罪和“两抢一盗”等多发性侵财犯罪嫌疑人210人，提起公诉288人。认真落实宽严相济刑事政策，对构成犯罪但无社会危险性的，决定不批捕176人；对犯罪情节轻微依法不需要判处刑罚的，决定不起诉45人。充分发挥未成年人定向关护中心作用，坚持对未成年人犯罪少捕慎诉，使20名涉罪未成年人不捕、不诉后得到良好帮教，促进改过自新。化解社会矛盾方面，更加注重在检察环节有效预防和化解矛盾纠纷，共受理举报、控告、申诉案件1278件，立案复查刑事申诉案件22件。两级检察长接待信访839件1897人次，办理民事申诉和解案件18件。　（蔡文丽）

【诉讼监督】 年内，检察机关充分发挥检察机关的法律监督职能，维护社会公平正义。一是完善行政执法与刑事司法衔接联席会议工作机制，监督行政执法机关移送案件6件6人。对侦查机关依法应当立案而未立案的，监督立案29件；对不应当立案而立案的，监督撤案19件。二是强化刑事审判监督，对有错误的刑事判决、裁定，依法提出抗诉25件。三是做好量刑建议工作，提出建议1123条，被法院采纳1071条，采纳率为95.4%。巩固“减刑、假释、暂予监外执行”专项检查活动成果，监督纠正刑罚执行和监管改造场所违法189人次，严防“以权赎身”“提钱出狱”。立案侦查监管干警职务犯罪案件1件1人，起诉监管干警职务犯罪案件2件2人。四是强化对民事、行政裁判工作的监督，向法院提出再审检察建议4件，发出审判活动违法监督检察建议122件、执行监督检察建议46件，均被采纳。　（蔡文丽）

【荫营地区人民检察院概况】 2015年,阳泉荫营地区人民检察院以执法办案为中心,全面把握刑事执行新的工作理念,认真履行各项工作职能。

在查办刑罚执行和监管活动中的职务犯罪方面,全年共办理审查起诉案7件7人,比上年增加75%。其中,司法领域党员干部职务犯罪案件2件2人,作出有罪判决2件2人;在押罪犯监内又犯罪案件5件5人,作出有罪判决4件4人,不起诉1件1人。

在刑罚执行检察方面,共检察收押罪犯近200人次,释放罪犯近1100人次;审查监狱呈报罪犯减刑材料近2000份,多次派员出席减刑案件庭审调查;严格按照法律规定依法审查监狱呈报保外就医材料数10人件。

在监管活动检察方面,继续开展在押人员非正常死亡检察、禁闭室检察、生活卫生检察、监管场所安全防范检察、刑事执行特别专项检察,对发现的违法情况及时、适时向司法机关发出纠正违法通知书。

在预防职务犯罪方面,一是针对查办案件时暴露出来的刑事执行监管场所在人员、财产、物资等管理和制度落实方面存在的问题,及时提出检察建议。二是针对近年来职务犯罪案件频发的情况,以办理的案件为反面教材,开展职务犯罪预防警示教育工作。三是发挥省、市警示教育基地的职能,通过职务犯罪服刑人员现身说法、检察干警以案析法,开展法制教育。先后有市委组织部“领头雁培训班”、阳泉市委编制办公室、阳泉市矿区人大等单位900余名党员领导干部接受警示教育,增强广大领导干部的法律意识和廉政意识。 (孙慧源)

公　安

【概况】 2015年,全市公安机关以建设“平安阳泉”“法治阳泉”为目标,以全面深化公安改革为动力,以“四项建设”(基础信息化、警务实战化、执法规范化、队伍正规化建设)为抓手,以开展“三严三实”专题教育为契机,以加强领导班子和队伍建设为根本,着力推进公安事业发展进步,圆满完成了承担的各项职责任务。

打击刑事犯罪 全市公安机关始终坚持严打方针,深入开展打黑除恶、打击“两抢一盗”、打击电信诈骗犯罪等一系列专项行动,始终保持对各类刑事犯罪活动严打的高压态势。2015年,全市共立刑事案件6923起,破获2020起;立“八类”(杀人、放火、盗窃、抢劫、爆炸、绑架、抢夺、强奸)危害严重的刑事案件318起,破获208起,其中现行命案发16起,破获16起,命案破案率达到100%;破获经济案件231起,挽回经济损失3335.9万元;打击处理各类违法犯罪人员9539名,抓获各类逃犯577名,其中命案逃犯8名。

强化治安管理 2015年,全市公安机关深入开展社会治安综合治理。在治爆缉枪专项斗争中,共收缴封存过期电雷管76698枚、过期炸药9299.7公斤、枪支68支、子弹9381发,并对收缴的2850公斤工业硫黄安全销毁。在“百城禁毒会战”和“网络扫毒”专项行动中,共破获涉毒案件849起,其中部级毒品目标案件2起、省级毒品目标案件1起、网络贩毒案件2起,查获各类毒品35.76公斤。年内,全市共查处治安案件9193起,查处违法人员8243名。同时,大力开展交通、消防安全整治,共查处各类交通违法行为390165起,行政拘留266人,道路交通事故4项指标全部下降。报废黄标车2447辆,率先完成省政府下达的任务。强化消防安全监管,共消除火灾隐患5121处,下发责令改正通知书2144份,临时查封38家,责令“三停”(停止施工、停止使用、停止作业)单位51家,行政拘留4人,火灾起数和火灾经济损失比上年分别下降了53.92%和43.85%。 (张振嘉)

【安保工作】 年内,全市公安机关围绕“四个坚决防止”(防止重大暴力恐怖事件、全国系统和社会稳定的重大政治事件、重大群体性事件、个人极端暴力事件及重大公共安全事件)和“三个确保”(确保安全是做好70周年系列安保工作的重要前提、确保安保对象绝对安全、确保各项安保维稳工作措施落地见效)的安保工作目标,以最高标准、最强部署、最严措施、最佳状态,深入开展反恐大排查,不断加强社会面防控,突出抓好易燃易爆物品等危险物品管理,严把出省进京治安检查站,盯死看牢重点人员,强化重点要害部位、重要基础设施安全守护,认真做好突发性事件应急准备,确保全国“9·3”和全省、全市“9·7”纪念活动期间社会大局稳定。9月30日上午,在革命烈士纪念广场举行阳泉市2015年烈士纪念日烈士公祭活动。全市公安机关精心组织,通力协作,全警动员,全警参战,圆满完成公祭活动安保工作。 (张振嘉)

【部督毒品案件破获】 2015年2月7日,市公安机关联合河北警方,在广东、河北同时展开行动,一举捣毁以赵军红为首的特大贩毒团伙,共抓获涉毒违法犯罪嫌疑人18名,缴获冰毒30余公斤、麻古7余克、开心果15粒,涉案汽车2部,成功告破公安部2014—931号部级联合侦办毒品目标案件。12月9日,市公安机关联合河北警方,在广东、河北同时展开行动,一举捣毁以阿华为首的特大贩毒团伙,共抓获涉毒违法犯罪嫌疑人10名(其中两名为外省网上逃犯),缴获各类毒品20余公斤,查扣涉案车辆2部,搜缴匕首1把及部分吸贩毒工具,成功告破公安部2015—1143号部级毒品目标案件,将这一由山西盂县人、河北石家庄人、山西太原人、广东广州人相互勾结,横跨三省四市的特大贩毒团伙成功捣毁。 (张振嘉)

【“五化”社会治安防控体系】 年内，全市公安机关进一步完善提升以立体化架构、网格化布警、实战化平台、扁平化指挥、随警化保障为核心的“五化”社会治安巡逻防控体系，制定《阳泉市公安局扁平化指挥工作规范》《街面武装巡逻勤务运行规范》《街面武装巡逻绩效考核办法》等配套制度，严格工作考核，规范体系运行。截至年末，十大巡区共出动警力100503人次，受理报警7976起，盘查嫌疑人员1876人、嫌疑车辆物品734辆(次)，抓获现行违法犯罪嫌疑人62人，救助群众1456起，取得良好的社会效果和实战效果。充分发挥群防群治队伍作用，开展“零发案”创建活动，加大自巡自查力度，共发现治安线索1000余条，抓获违法犯罪嫌疑人近200名，“零案社区”占到全市社区总数的87%。　(张振嘉)

【“天网”工程】 年内，市公安局继续加强“天网”工程建设，共投入资金3819.14万元，完成视频监控点10974个。全年通过视频技术直接破获刑事案件76起，协助破获案件173起，直接查处治安案件83起，协助查处209起，服务救助群众195人，为相关部门提供服务415次。　(张振嘉)

【民生警务建设】 2015年，全市公安机关推进“民生警务、亲民公安”建设，稳妥地深化户籍制度改革，取消农业户口与非农业户口性质区分的户口类型，取消对合法稳定职业及社保年限的条件限制，全面实施居住证制度。全年累计录入流动人口15194人，办理居住证12990人，办证率85.49%。交警部门开通网上办证办照、手机短信提示、机动车预约检验等服务，消防部门开通“96119”消防便民热线，指挥中心开通“110”接处警短信回访系统。同时不断强化“阳泉公安便民服务在线”以及微信公众号和手机APP平台建设，方便群众在线办理各项业务，为群众提供更加优质高效的服务。　(张振嘉)

【公安改革和“四项建设”】 2015年，全市公安机关坚持把“四项建设”作为公安改革的具体实践，以积极的态度、稳妥的步伐全面推进并初见成效。一是在基础信息化方面，对全市公安机关主要业务系统进行摸底调查，共统计出各类业务系统95个，其中市级库36个、省级库29个、部级库26个、正在建设4个；狠抓信息采集录入工作，已采集基础信息17亿余条，部分信息已经在实战中发挥作用。二是在警务实战化方面，筹建合成作战指挥室，构建完善集情报、指挥、处置一体运行的扁平化实战指挥体系；制定《全市警务实战化建设实施方案及任务分工》，明确各部门、各警种的职责任务和完成事项。三是在执法规范化方面，实行执法办案五级审核把关机制和执法质量三级考评机制，认真开展执法质量考评和复议应诉工作，市、县两级公安机关与检察机关设立侦查监督检察室，城区公安分局、矿区公安分局、平定县公安局成立案管中心，没有发生执法安全事故。四是在队伍正规化方面，把思想政治教育放在首位，组织开展“秉公执法、人民公安为人民”主题教育活动；加强队伍教育训练，共组织开展“轮值轮训”、岗位练兵、业务技能培训等29批1600余人次，公安队伍战斗力明显提升。　(张振嘉)

【“12·21”涉枪案】 12月21日12时许，市公安机关获取线索，有嫌疑人在矿区洪城河5区一居民楼内从事非法储存、制造枪支弹药和爆炸物品的违法犯罪活动。接到报告后，市公安局高度重视，立即启动重大案件侦办机制。迅速调集市、区两级公安机关精干警力，第一时间赶赴案发现场，并成立由局长尚建军任组长的“12·21”专案指挥部。经调查，该住户为阳煤集团新元煤矿轮岗待业职工许某某。在其居所发现加工枪械的电焊机1台、台式电钻1台、气压钳1把等加工工具，猎枪1支、仿制狙击枪等长短枪支9支，可组装10支长短枪支的枪械配件，疑似木柄手榴弹2枚、疑似迫击炮弹1枚，煤矿专用水溶性炸药1管，改造的射钉枪子弹52发、射钉枪子弹196发、钢珠枪弹丸500余颗，砍刀、匕首等管制刀具6把。指挥部在要求排爆组严格按照操作规范对现场疑似手雷、炮弹展开排爆的同时，命令现场警戒组对该楼住户进行紧急疏散。16时，排爆工作顺利完成。16时15分，外围抓捕组抓捕犯罪嫌疑人许某某，并当场缴获已上膛的仿54钢珠手枪一把。经过4个小时的连续作战，“12·21”案件胜利告破。　(张振嘉)

【涉众型经济犯罪查办】 2015年，全市公安机关连续侦办6起非法吸收公众存款案，非法吸存金额达1.6亿元。年内，一些非融资性担保公司、商务咨询公司借“投资担保”之名行“非法集资”之实，后资金链断裂无法正常“运转”，引发大量受害群众到公安机关报案。通过对涉嫌非法集资公司进行大排查、大清理，依法对山西金鼎昌投资有限公司、山西鑫源鼎投资有限公司、晋润泽投资有限公司、鑫鑫源创业投资管理有限公司、达威投资担保有限公司、阳泉达威商务咨询有限公司等6起涉嫌非法吸收公众存款案进行立案侦查。经查，2013年9月以来，河南伊川县姜某池、侯某敏、陈某民、侯某兵、王某社等人相互联络，先后来到阳泉注册成立投资公司、咨询公司。这些公司以高息回报为诱饵，非法吸收公众存款累计1.6亿元，先后有1300余人受骗。　(张振嘉)

【虚开发票案】 12月16日，市公安局经侦支队成功破获一起公安部督办的“5·20”虚开增值税专用发票集群战役特大案件，成功抓获犯罪嫌疑人魏某某。经查明，山西阳泉日月新煤炭经销有限公司在2011年6月14日至15日期间,为谋取非法利益,在没有真实业务往来的情况下,接受陕西省延安市洛川升基鑫龙新型能源有限责任公司虚开的增值税专用发票共计116份,发票金额1153.8万余元,税额196.1万余元,价税合计1349.9万余元。（张振嘉）

【获奖情况】 10月8日,由公安部、全国妇联共同主办的“好警嫂”推选宣传活动中,警嫂李冬梅获全国“好警嫂”称号。10月21日,在省妇联举行的2015年度“三晋最美家庭”揭晓仪式上,市局技侦支队副支队长石立江家庭被授予“三晋最美家庭”称号。平定县公安局巡警大队被省厅选树为国家级“青年文明号”单位,树立公安机关良好形象。（张振嘉）

消　防

【概况】 2015年,阳泉公安消防支队围绕“抓基础、保稳定、谋发展”的工作目标,着力加强领导班子、队伍素质、灭火救援能力、火灾防控、战勤保障等建设。年内,全市共发生火灾170起,比上年下降49.9%,死亡2人,受伤2人,直接财产损失323.42万元。（任兴峰）

【消防设施建设】 年内,阳泉市开展社会公共消防设施建设工作,推动全市消防事业的发展。一是市政府投入专项经费60万元,为全市老旧小区和社会福利机构安装独立感烟报警器,拨付50万元经费用于微型消防站建设。二是矿区政府投资310万元,将“智慧消防”纳入创建“智慧矿区”工程。三是各县区政府均将微型消防站建设经费纳入财政预算。全市176家设有消防控制室的消防安全重点单位,建成微型站151家,完成率达85.80%;156个乡镇、社区,建成微型消防站65个,完成率达58.10%。（任兴峰）

【火灾防控】 年内,市消防支队开展劳动密集型企业、人员密集型企业、彩钢板建筑消防安全治理、夏季消防检查、易燃易爆场所消防安全整治等各类专项行动8次,拆除彩钢板建筑2万余平方米,印发《劳动密集型企业消防安全管理标准》。为厘清行业部门监管职责,严格落实火灾追究责任制,市政府两次召开火灾事故现场会,对6个责任单位和12名相关责任人作出处理。全市省保以上文物古建筑单位全部成立志愿消防队,配备了手抬机动泵,全市消防安全环境得到明显改善。（任兴峰）

【执勤战备】 年内,市消防支队开展灭火救援演练活动,先后完成人员密集场所、易燃易爆场所、劳动密集型企业、高层和地下建筑、文物古建筑等8个科目的实战演练,全市共熟悉演练重点单位810余家,并进行1次综合应急实战拉动演练、2次地震救援演练、1次反恐演练,有效锤炼了队伍,提升部队灭火救援的实战能力和水平。（任兴峰）

【信息化建设】 年内,市消防支队协调市公安局在指挥中心安装了数字集群电台,实现接警后可直接向路面执勤交警发布疏导交通的指令;投资200余万元在全省率先实现模拟转数字电台的工作;在电子沙盘的基础上,组织研发《消防作战指挥辅助决策系统》,为作战指挥提供决策辅助;下发《阳泉市公安局关于加强火警处置警种联动工作的通知》,实现资源的整合与合成指挥的新模式。（任兴峰）

【队伍建设】 年内,市消防支队针对盂县梁家寨离现役消防队较远,又是旅游景区这一客观原因,与县政府、景区协商,在度假村建立景区专职消防队;为解决娘子关镇政府专职队人员征召困难的现状,与当地5支驻军达成灭火救援协议。全市累计建成多种形式消防队伍14支,招录专职消防队员285人,配备执勤车辆41台,初步形成专群结合、遍布城乡、覆盖全市的消防力量体系。（任兴峰）

司法行政

【法治阳泉】 年内,阳泉市以“法律六进”(进机关、进单位、进学校、进企业、进农村、进社区)为载体,以机制建设为抓手,以法治创建为目标,稳步推进各项任务。一是先后召开依法治市领导组会议、“法治阳泉”建设推进会、法治文化座谈会,研究部署全市法治建设工作重点。二是开展“法律六进”活动。累计开展活动400余次。三是落实“谁执法谁普法”的普法责任制,在全市政法部门和行政执法部门推行“以案释法”工作机制,建立“以案释法”联络员,通过案例发布、庭审直播、开设以案说法栏目等形式,把以案释法全面拓展到立法、执法、司法、守法的全过程。四是充分利用法治文化广场、普法教育网、农家书屋、社区文化中心、休闲广场、廉政教育基地等文化设施,开展“法治建设大家谈”“法治文化大家建”“法治故事大家讲”“法治理论大家学”系列活动,营造法治氛围。五是圆满完成“六五”普法总结验收工作。全市共组织5个检查验收组,对120多家单位进行系统量化考核,全面总结各地各部门实施“六五”普法规划取得的成效。六是继续开展“民主法治村”“民主法治社区”和“依法治理标兵单位、示范单位”等创建活动。郊区荫营镇上千亩坪村、矿区平潭街道东山社区被评为“全国民主法治示范村(社区)”,阳泉市被评为全国“六五”普法中期先进城市。（李淑卿）

【法律服务】 2015年,市司法局整合资源,组织引导法律援助、律师、公证、司法鉴定各类人员为阳泉市经济社会发展和保障民生提供高效优质的法律服务。

法律援助　年内，阳泉市借助信息化网络平台，开通运行法律援助远程视频服务系统，组织城市优势法律服务资源，向法律资源缺乏的偏远地区群众开展"点对点""面对面"的法律援助。推进城乡法律援助工作站点建设，打造"半小时法律援助服务圈"，在社会救助站、侨联、交调委等社会相关部门建立站点，率先在全省实现军人军属法律援助工作站全覆盖。2015年，全市共办理法律援助案件763件，接待群众法律咨询6000余人次。

律师工作　年内，阳泉市全面加强律师队伍管理，联合公检法司召开律师工作会议，开展依法治国教育活动，提升律师队伍政治意识、大局意识、服务意识。进一步完善律师执业保障和执业救济机制，建立律师与律师事务所违法违规执业惩戒制度，增强律师的群众认同感。全市律师共担任政府、企事业单位法律顾问118家，办理各类案件1168件，解答法律咨询4500余人次。其中，刑事案件204件、民事（经济）案件748件、行政案件33件、非诉讼案件57件。

公证工作　年内，阳泉市开展公证质量评查活动，重点对证据保全、现场监督、合同协议、强制执行、遗嘱继承等要素式公证文书进行评查。全市各公证处共办理公证业务6327件，其中国内公证5307件、涉外公证1002件、涉港澳台公证10件。

司法鉴定工作　年内，司法鉴定管理工作以强化机构建设和司法鉴定人员业务培训为着力点，重点抓好鉴定机构、人员的能力验证培训，全面提升司法鉴定水平，完善监督管理制度和投诉处理程序，鉴定质量进一步提高。

公共法律服务体系　年内，积极推进公共法律服务体系建设，进一步健全法律服务网络，整合法律服务资源，拓展法律服务领域，提升法律服务质量。建设县级法律服务中心，集中受理和解决群众的法律服务事项，提供综合性、"一站式"服务。加快解决欠发达地区群众法律服务资源不足问题，在全省率先实现全市1071个村（社区）法律顾问全覆盖。村（社区）与155名法律顾问全部签订了法律服务协议书，悬挂了法律服务公示牌，共发放便民服务卡15000余张，举办法制讲座89期，开展法制宣传100余次，发放宣传资料18200余份，接受群众法律咨询400余次，参与修订涉法文书69件，参与调解纠纷162件，化解群体性事件6起，承办法律援助案件7件。　（李淑卿）

【社会矛盾化解】　年内，全市司法机关注重发挥人民调解的基础性作用，进一步提高人民调解工作水平。截至年末，全市备案在册的人民调解组织1147个、人民调解员4984名。一是推进道路交通事故、保险等行业性、专业性人民调解工作，建立市级婚姻家庭纠纷人民调解委员会，新增加专业性、行业性人民调解组织5个，年末全市专业性、行业性人民调解组织达到26家。二是逐步提高人民调解员队伍素质。按照"专兼结合，以专为主、志愿者为补充"的要求，2015年全市农村调委会选聘人民调解员2697人，招募人民调解员志愿者167人。同时，组织开展人民调解员的"深度培训"，有效提高人民调解员的政策、法律水平和实战技能。在参加司法部、全国普法办举办的"我的调解故事"为主题的征集展播活动中，矿区贵石沟街道枣岭山社区人民调解员赵丽平的调解故事《做好社区和谐餐》荣获三等奖。三是与市中院联合制定出台《关于建立保险合同纠纷案件诉调对接工作机制的实施办法》，并指定城、矿两区基层法院为先行试点单位。四是在全市组织开展化解矛盾纠纷专项活动，有效维护社会的和谐稳定。2015年，共组织矛盾排查327次，受理矛盾纠纷2049件，涉及7538人，调解2213件，调解成功2051件，调解成功率93%。防止群体性上访36批次，涉及378人次，防止民间纠纷转化为刑事案件6件，涉及17人，防止群体性械斗1起，涉及20人。　（李淑卿）

【隔离戒毒】　年内，阳泉市不断优化戒毒教育矫治工作模式，强化安全防控、安全排查，加强制度建设和规范化管理，狠抓各项基本管理制度和基本执法程序的落实，全力维护场所安全稳定，连续11年保持"六无"（无逃脱、无非正常死亡、无毒品流入、无所内案件、无重大疫情、无生产安全事件）受到省司法厅和省戒毒局的嘉奖。积极探索，注重"四个强化"，努力提高学员个别教育水平。强化课堂教学功能，充分发挥心理咨询的作用，大力开展场所文化建设和大队品牌建设；强化劳动教育和职业技能培训，努力提高教育矫治工作水平；强化防病治病防疫工作和医疗基础性工作；强化戒毒企业生产安全管理，开展戒毒企业经营管理秩序专项整治工作，进一步规范企业内部管理。　（李淑卿）

【社区矫正】　年内，市司法局出台《全面加强社区矫正工作意见》，推进社区矫正法治化建设；在四个县区建立"社区矫正管理中心"，实现入矫宣告、监管教育、适应性帮扶、信息处理、应急处置、解除矫正各环节规范化；全面推行社区服刑人员信息化管控，全市建立手机定位、人脸识别、指纹签到"三位一体"的电子围墙，实现矫正对象信息监管"全覆盖"。高标准完成社区服刑人员提请特赦工作任务，对全市符合条件的63名在矫服刑人员实施集中特赦，落实宽严相济的刑事政策，全年无重大重新犯罪案件发生，保持安全无事故。　（李淑卿）

【安置帮教】　年内，市司法局全面落实必接必控政策，通过推行《刑满释放人员信息核查通报制度》、领导督办制度,举办刑满释放人员信息管理培训班,促进全市刑满释放人员衔接管理工作的信息化。全年全市衔接刑满释放和解除矫正人员1169名,安置1123人,衔接帮教率100%,安置率达96%。重点帮教对象和"三无"人员接回率达到100%,一般帮教对象接回率达到85%以上,未发生重大重新违法犯罪。(李淑卿)

【基层基础建设】 年内,全市司法机关坚持"钱往基层花、人往基层走、劲往基层使"的工作思路,不断强化基层基础建设。全面加强司法所规范化建设,将司法所真正打造成化解矛盾、宣传法治、服务群众的一线综合平台,平定县司法局柏井司法所和盂县司法局北下庄司法所被省厅命名表彰为第六批省级规范化司法所。(李淑卿)

仲 裁

【仲裁宣传】 2015年,阳泉仲裁委员会秘书处进一步强化仲裁法宣传力度。一是与有关机关部门配合将《中华人民共和国仲裁法》纳入全民普法范畴,提高仲裁法制宣传的社会普及面。二是召开第四届阳泉仲裁委员会仲裁员大会,完善仲裁规则、仲裁收费办法及仲裁员聘任名单,为推进全市仲裁事业良性发展奠定坚实基础。三是组织工作人员多次深入企业召开部分企业代表和部分律师代表参加的座谈会,在广泛征求他们对仲裁工作的意见建议的同时,开展法律咨询活动,宣传仲裁法律,先后发放法律宣传材料100多份,接受咨询50多人次。四是利用新闻媒体、网络、广播等形式,扩大仲裁宣传渠道。先后两次作客"行风热线"栏目宣传仲裁知识,为群众现场解答法律问题。(张慧琴)

【仲裁案件办理】 2015年,阳泉仲裁委员会加强仲裁办案工作,提升调解仲裁工作的服务水平。一是严把程序关。坚持依法办案、独立办案、调解为先、证据为重、维护权益,确保办案质量。二是严把事实证据关、适用法律关、法律文书关。针对案件具体情况,全面详细分析案情,慎重确定仲裁结果,规范制作法律文书,确保每个仲裁案件都得到公平公正审理。三是结合仲裁工作实际,突出和解、调解在仲裁中的重要作用,特别是加强庭前调解工作,使大量简易纠纷在未进入仲裁程序之前就及时得以解决,减少双方当事人负担。全年共受理686起仲裁案件,办结649件,仲裁案件结案率达到93%,和解、调解率达到98%,自动履行率达到97%以上。(张慧琴)

【仲裁工作基础建设】 2015年,阳泉仲裁委员会秘书处创新服务机制,全面提高仲裁服务能力和水平。一是结合仲裁委员会换届工作,对《仲裁规则》进行全面修订,共涉及37处,修订后的仲裁规则由10500字变为16067字,条目由107条变为77条,更加科学化、规范化。二是结合换届工作新制定《仲裁证据规定》,全面规范、明确规定仲裁办案过程中的举证、质证和证据认定的具体方法和程序,共52条5000字,进一步完善了仲裁制度。三是建设仲裁服务电子查询系统等仲裁服务管理平台,为当事人提供快捷、准确的查询服务,提高服务效能,改善服务环境,为建设标准化、规范化仲裁庭奠定良好基础。(张慧琴)

典型案例

【张保受贿罪 滥用职权案】 被告人张保,原任长治市委副书记、市长。在举办2011年长治攀岩节活动期间,张保违反规定处理公务,致使1196万余元公款脱离政府财政监管,转入其情人宋利为法定代表人的由人民代表网改制后成立的黎源之声网络传媒科技股份有限公司账户,宋利使用大量虚假票据虚列攀岩节支出,将该款项中的550余万元据为己有,在建设长治市文化创意传媒产业园区期间,张保滥用职权干预国有企业三元煤业经营决策,致使黎源之声从三元煤业取得转股款、费用款共计12731万元,宋利使用大量虚假票据虚列费用,给三元煤业造成经济损失7634万余元;在其担任中共长治市委副书记、长治市人民政府市长期间,张保利用职务便利接受他人请托,为他人谋取利益,非法收受人民币30万元。2015年4月10日,阳泉市中级人民法院对张保受贿、滥用职权案进行公开宣判:被告人张保犯受贿罪,判处有期徒刑10年,并处没收财产5万元;犯滥用职权罪,判处有期徒刑5年;数罪并罚,决定执行有期徒刑13年,并处没收财产5万元。被告人受贿所得赃款30万元,予以追缴,上缴国库。(胡忠宏)

【首例口头上诉案件立案】 5月18日下午,一对年逾七旬的老夫妻出现在市中院立案大厅,经了解,尹某某、武某某夫妻二人对基层人民法院不予受理的民事裁定不服,要求上诉。由于二原告年事已高,且文化程度较低,不能提交书面的上诉状。得知此情况后,立案一庭工作人员当即对老人进行询问,认真核实二原告的身份信息,听取他们的上诉请求,并制作了笔录,接受二原告的口头上诉。

尹某某、武某某诉阳煤集团侵权纠纷案,是市中院首例接受当事人口头上诉的案件,对于切实保障当事人诉权,为当事人提供便捷高效的立案服务,贯彻执行最高人民法院《关于人民法院登记立案若干问题的规定》,具有重要的意义。(胡忠宏)

经济管理

发展和改革

【转型综改工作】 2015年，全市20个市级转型综改重大项目累计完成投资55.5亿元,完成年度计划的111.02%，超计划11.02个百分点。西烟风电场二期完成升压站和配网带电，完成全部23台风机并网发电。泉西路工程建成通车。其他项目均按计划推进。将生态新城、天元“城市矿产”、南娄非金合晶、华北奕丰农业4个项目上报列入省级转型综改重大项目。年内,4个省级转型综改重大项目累计完成投资20.66亿元，完成年度计划的107.1%，超计划7.1个百分点。其中生态新城项目:三泉、魏家峪保障房工程部分楼座完成地勘,进行土石方工程;大西庄保障房工程部分楼座基础开工;冯家庄保障房进行供热、供电、绿化等配套建设;恒大帝景项目进行住宅楼主体建设;市检察院刑侦楼项目正在进行内部装修、管线施工等;漾泉二期正进行西段平阳路土方挖填,北段道路回填,鸡场段灰土回填、强夯、土石方挖运。天元“城市矿产”园区:已建成家电生产车间、库房;家电拆解生产线投产,注塑车间试生产。南娄非金合晶项目:对项目施工图电气控制设计和生产线设计进行调整。华北奕丰农业项目:新建饲料加工厂、有机肥加工厂完工,进入试生产阶段。（冯晓琴）

【项目储备】 2015年,市储备项目动态总投资9000亿元,完成省下达任务(6305亿元)的143%;全年新开工项目490个,占当年开工建设项目的74%；新开工项目总投资439亿元，占当年开工建设项目总投资的44%。（冯晓琴）

【“飞地”经济】 年内,阳泉市共有21个“飞地”项目,总投资218亿元,涉及轻工、物流、装备、旅游、新能源等多个行业。其中竣工投产或部分竣工投产项目5个,累计完成投资11亿元,即天元绿环再生综合回收利用项目、金星物资机械产业基地项目、鑫利达桃林沟欢乐世界一期项目、联升办公设备制造项目、天元金科绿色家电生产项目;在建项目1个,即顺康蒙牛阳泉物流基地项目(总投资2.5亿元,累计完成投资0.7亿元)；签约项目5个，即双益工贸地源热泵项目、国药物流基地项目、长富新能源石头造纸项目、山西汽运阳泉分公司广货(山西)分拨交易中心项目、阳泉天然气销售公司天然气液化项目;洽谈或储备项目10个，即浙江新农大型农产品批发市场建设项目、瑞阳CNG加气站项目、长富新能源生物质发电项目、亿都家居建材城项目、中广国际传媒城市文化综合体开发项目等。（冯晓琴）

【采煤沉陷区治理】 2015年,市发改委编制完成《阳泉市深化采煤沉陷区治理规划(2014—2017年)》,采煤沉陷区治理工作共涉及3个县区、9个乡镇、18个村、5541户、14498人。为进一步明确责任,有效推进工作,在山西省率先提出以市政府与各县区签订目标责任书,各县区与各乡镇签订目标责任书的形式落实工作要求和工作责任,该项工作得到省发改委和省农居办的高度肯定。同时,通过建立周报、月报以及月调度会等制度,进一步强化项目协调推进机制,有效推动项目进展。截至年末,9个乡镇项目全部开工,开工率为100%,完成投资4.355亿元,在全省排名第五。（冯晓琴）

【新能源建设】 2015年,全市新能源项目争取总规模达195.8兆瓦，其中:“路条”70兆瓦,共2个项目,分别是阳泉光原光伏矿区20兆瓦分布式发电项目、石家庄东方能源股份有限公司建设中电投平定锁簧50兆瓦太阳能光伏发电项目;备案

125.8 兆瓦，共 8 个项目，分别是平定晋东置业新建 4 兆瓦分布式光伏发电项目、平定县平东光伏新建 5.5 兆瓦光伏农业大棚分布式电站项目、平定县大兴农业专业合作社新建 5.5 兆瓦光伏农业大棚分布式电站项目、平定县阳盛广源养殖专业合作社建设 5.8 兆瓦光伏农业大棚分布式电站项目、盂县晋阳牛村二期 50 兆瓦光伏电站项目、盂县西烟镇 15 兆瓦农业光伏发电项目、阳泉昌盛日电太阳能科技有限公司新建郊区 20 兆瓦分布式光伏发电项目、中广核盂县西烟风电场三期 20 兆瓦项目。

截至年末，晋阳光伏一期 5 万千瓦并网发电，二期 5 万千瓦中的 3 万千瓦基本完工准备并网发电，其余 2 万千瓦有序推进；中广核风电两期 97.8 兆瓦并网运行，三期 20 兆瓦项目于 10 月末批复，进行开工准备工作。2015 年末，全市建成并网发电新能源项目共计 163.3 兆瓦。（冯晓琴）

【全国中小城市综合改革试点获批并启动】 年内，阳泉市成功列入国家中小城市综合改革试点城市，山西省仅阳泉和晋中两市入选。根据国家发改委要求，市发改委组织编制了《阳泉市国家中小城市综合改革试点实施方案（2015—2016年）》，并于 2015 年年末获省发改委批复。按照这个方案，全市将围绕产城融合、城市投融资、土地要素、民生保障、城市治理等五个重点领域进行综合改革试点，探索促进中小城市健康发展的体制机制，为全省、全国中小城市改革发展探索路径、积累经验。（冯晓琴）

【全国城区老工业区搬迁改造政策落实】 年内，阳泉市成为山西 5 个享受国家城区老工业区搬迁改造政策城市之一。中央专项资金将在 8 年之内重点支持创新能力建设、企业环保搬迁改造、老厂区老厂房老设施改造和工业遗产保护利用、市政基础设施建设改造、老旧区改造等 5 个方面的项目。这对于阳泉市推进产业结构调整、再造产业竞争新优势，完善城市综合服务功能、提高城镇化发展质量，保障和改善民生、维护社会和谐稳定具有重要意义。（冯晓琴）

【独立工矿区改造搬迁】 年内，阳泉市矿区和平定冶西 2 个独立工矿区申报成功改造搬迁政策。国家将从 2015 年开始用 3 年时间支持基础设施、公共服务设施、居民避险安置和接续替代产业平台建设，以改善独立工矿区发展条件和居民生活条件，带动转型发展。（冯晓琴）

【“1215”工程】 年内，市发改委扎实开展“项目提质增效年”活动，突出抓好铁路、公路、低热值煤发电等十大领域“1215”（100 个前期项目，200 个新开工项目，100 个续建项目，50 个竣工投产项目）工程，重点推进阳大铁路、泉西路、漾泉大道二期等十大标志性工程和采煤沉陷区治理、棚户区改造、城镇供排水扩容提质等十大重点项目工程包。十大标志性工程除远盛电厂外全部开工，累计完成投资 54.2 亿元，为计划投资的 74.8%；十个重大项目工程包累计完成投资 183.1 亿元，为计划投资的 103%。其中，市发改委先后组织召开或参与阳大铁路领导组专题、调度、协调会议 60 余次，多次向铁路总公司、北京铁路局、省发改委和相关部门汇报工作，集中时间、集中人力、集中精力，完成阳大铁路与石太客专的接轨批复、项目可研批复和初步设计批复等前期工作，项目于 5 月 28 日开工建设，成为山西省第一条地方全资铁路。（冯晓琴）

【资金争取】 年内，市发改委积极争取国家、省资金支持，大幅拓展社会资本投资领域，激发市场主体投资活力和动力。全年共有 54 个项目争取到国家、省资金支持 26 亿元，有力支持了农林水、交通基础设施、城建环保、社会公益事业、保障性安居工程、产业转型等领域项目建设。积极申报国家专项建设基金。全年四批共有 4 个领域 7 个专项 23 个项目获得 9.24 亿元支持，占全省同期争取总额（87.62 亿元）的 10.5%。积极推广 PPP 模式。先后选取总投资 263 亿元的 37 个项目，通过《山西日报》《发展导报》等媒体公开征集合作方。其中，汽车客运南站工程、市餐厨垃圾和有机废物综合处理工程等 6 个项目入选全国 PPP 项目库；阳大铁路、市污水处理厂二期等 5 个项目列入全省 PPP 项目库。截至年末，市污水处理厂二期由格盟国际采取 BOT 方式合作建设，成为山西省 PPP 示范项目之一。（冯晓琴）

【投资体制改革】 年内，市发改委取消行政事业性收费许可证发放等事项 2 项，调整政府出资的投资项目审批等事项 4 项，减轻企业负担事项 2 项，取消银行贷款承诺等核准前置审批事项 18 项；扩大城区、矿区备案权，由原来的 3000 万元，扩大到 5 亿元以下，与市级和扩权县具有相同的项目审批权限。同时，在《阳泉市政府投资核准目录（2014 年本）》的基础上，按照“非省要求必须由市级政府审批部门审批的事项外，一律下放县区”的原则，修订完成《阳泉市政府投资核准目录（2015 年本）》，共取消 6 项，下放 3 项，承接省 1 项。开展流程再造，提高办事效率。2015 年，市级共审批（核准、备案）事项 39 项，较上年同期增加 4 项。（冯晓琴）

【循环经济工作】 年内，市政府出台《阳泉市循环经济总体规划及近期行动计划》，编制完成《阳泉市创建国家循环经济示范市实施方案》，建立了市“十三五”循环经济项目库，明确“十三五”加快建立循环经济工业、农业、服务业体系的工作重点和对策措施。在全省率先启动应对气候变化和温室气体排放清单的编制工作。召开全市“十三五”应对气候变化规划和温室气体清单编制工作启动会暨培训会，通过以会代训，以会促学的方式，全面安排部署规划和清单编制工作。截至年末，已完成部门和企业有关资料的收集工作。 （冯晓琴）

【调查与研究】 年内，市发改委研究宏观经济中的重点、难点和热点问题，特别是面对宏观经济形势发生的一系列重大变化，注重从战略性、区域性和政策性的角度进行深入研究分析。继续编印《调查与研究》，为发改系统关注热点、研究发展提供交流平台，营造勤奋学习、钻研业务、调查研究的浓厚氛围。2015年，共刊发 4 期，刊登研究文章 30 余篇，涉及民生发展、工业经济增长、项目建设等领域。 （冯晓琴）

国有资产管理

【概况】 2015 年，市国有资产管理主要经济指标超额完成年度考核目标。全年出资企业年末资产总额 154.9 亿元，完成考核指标的 111%；净资产 23.2 亿元，完成考核指标的 101%；营业收入完成 45.4 亿元，完成考核指标的 101%。 （都超超）

【重点项目建设】 2015 年，出资企业重点实施 12 个项目，其中市水泵厂有限公司、阀门股份有限公司“退城进园、搬迁改制”项目，市蔬菜副食有限公司和市电工机械有限公司搬迁改制项目进展顺利；全年共实施 8 个棚户区改造项目，新开工建设棚户区安置房 1112 套，基本建成 1172 套，8 个项目总投资 10.4 亿元，2015 年计划完成投资 1 亿元，实际完成投资 2.4 亿元，完成目标任务的 240%。 （都超超）

【国资国企改革】 年内，阳泉市加快推进国资国企改革，取得明显成效。一是统筹推进党政机关与所办企业脱钩改革。按照政企分开、政资分开、所有权与经营权相分离原则，制定《阳泉市党政机关与所办企业脱钩改革实施方案》，率先在全省范围内推进市级党政机关与所办企业脱钩改革，市属经营性国有资产集中统一监管。二是全面完成小型商贸服务企业民营化改革。市国资委根据行业特点和企业实际，采取企业职工组建民营公司、租赁原企业资产经营等“一企一策”的方式，对国有控股的五一照相馆、阳泉旅店、兴达旅店、东风旅馆等旅店、照相企业进行民营化经营改制。年内，全面完成 7 户市属商贸服务企业民营化经营改制。三是加快推进停产企业清理退出。全面完成市电石有限公司、电器厂有限责任公司的破产关闭前期工作。对市乡镇企业焦炭（供销）公司实施歇业关闭，对市国泰耐火公司实施国有股退出改革。四是企业改革重组迈出新的步伐。市建工集团整合重组市轻纺供销公司，通过重组，优化资源配置，加快困难企业棚户区改造步伐。推进市信达投资公司所属晟鑫期货经纪有限公司股权多元化改制，与合作方签署合作意向，完成企业的资产负债审计和评估工作。 （都超超）

【国资经营监管】 年内，国有资产经营与监管工作取得新成效。一是企业经营管理取得新成效。市粮油公司加快经营结构调整，积极寻求新的经济增长点，争取回中央储备粮 4 万吨代储业务，为企业带来 375 万元补贴收入。市五交化公司大力建设电子商务平台，探索“互联网 +”营销模式，以网络销售拓宽市场渠道、节约经营成本。阳泉水泵厂开发了 MD280-65L 多级耐磨泵等 10 种新产品，“离心泵叶轮口环与泵体密封环结构”等 4 项发明获国家专利。华龙、矿百超市等商贸企业积极对商场进行改造，提升了经营档次，增加了营业收入。二是加强资产租赁监管力度。针对企业资产租赁存在的不规范、国有资产流失等问题，组织财务骨干组成检查组，对企业进行资产租赁专项检查。在此基础上，开展了为期 3 个月的资产租赁专项整治活动，发现并纠正存在的一些问题。三是进一步加大对企业领导人员的管理。针对企业领导人员管理中的“松、软、宽”等问题，加大对企业领导人员经济责任审计。通过严格审计，加强对企业领导人员的监督管理，发现并纠正企业领导人员经营管理方面存在的一些突出问题，进一步规范企业领导人员从业行为。四是进一步加大不良贷款处置力度。对 132 户企业农业银行 5.12 亿元不良贷款，已达成整体打包、缩水处置意向；对华龙购物中心在农业银行[illegible]1111.6 万元不良贷款进行缩[illegible]置，增加净资产 812.7 万元。[illegible]一步加强“三项费用”监管。针对[illegible]业小车运行费、差旅费、业务招待费“三项费用”管理问题，开展为期两个月的专项治理，进一步规范监管企业“三项费用”的管理和使用。六是进一步创新监管方式。为全面准确掌握国有资产情况，夯实资产管理基础，市国资委加快设计开发国有资产信息管理系统，进一步推进国有资产管理的信息化、规范化、系统化和智能化。 （都超超）

【安全生产和维稳】 年内，市国资委督查组坚持每季一次的全面督促检查，全年累计深入企业督促检查 300 多户（次）。全年共排查各类安全隐患 400 多项，落实资金 400 多万元，对排查出的隐患全部进行整改治理，整治率达 100%。同时不断加大安全培训和宣传教育力度，进一步提高干部职工的安全意识和安全素质。全系统未发生人员伤亡事故，安全生产形势稳定好转。信访维稳工作方面，市国资委系统全年共接待来信来访群众 428 人，涉及职工欠（垫）缴养老医疗保险、办不了退休手续、职工住宅供水供暖、棚户区改造等 8 大类问题，共解决 55

件信访案件，做到了事事有落实、件件有答复。特别是着力解决了2004年阳钢实施破产后1400多名自谋职业人员、市国泰耐火材料有限公司等一系列信访难题。国资系统全年赴省进京非正常上访案件为零,切实维护了企业和社会的和谐稳定。 （都超超）

国土资源管理

【耕地保护】 2015年,阳泉市全面落实耕地保护责任,着力改田造地。一是层层签订耕地保护责任状,确保耕地保有量为6.83万公顷(102.45万亩),基本农田保护面积为5.67万公顷(85.05万亩)。二是大力推进造地工程。全市共立项67个项目，拟新增耕地415公顷(6226.3亩),完工25个,新增耕地121.5公顷(1822.68亩)。2015年,省厅下达土地整理任务1466.7公顷(2.2万亩),全部由平定县完成,年内完成可研评审,准备立项。三是开展全市永久基本农田划定工作。全市基本农田划定工作已申请省厅验收,年内根据省厅验收核查及整改意见,对城市周边范围内的划定比例进行复核与调整。四是开展土地专项整治项目。认真开展土地整治项目、土地出让突出问题、征地补偿三个专项整治工作,对出现的问题进行整改,进一步规范各项工作。 （赵振宁）

【年度建设用地配置】 2015年,全市建设用地下达总计划394公顷(5910亩),截至年末，执行计划93.2720公顷(1399.08亩),占下达计划的23.67%,共有4个批次建设用地项目。全市国有建设用地供应59宗，供应面积118.3670公顷(1775.5亩),其中出让41宗(公开出让29宗),出让面积55.4821公顷(832.2亩),出让价款57060.5501万元;划拨18宗,划拨面积62.8849公顷(943.27亩),含供应保障性住房用地3宗、29.2335公顷(438.5亩)。加强土地利用动态巡查工作，建立《动态巡查工作制度》。市本级（城区、矿区)范围内36宗土地全部完成巡查工作。 （赵振宁）

【土地 矿产资源节约利用】 年内,阳泉市扎实推进资源节约利用,提高利用效率。一是推进城乡建设用地增减挂钩工作。郊区增减挂钩工作在已复垦近20公顷（300亩)的基础上,调整拆旧区的位置;盂县增减挂钩工作完成拆旧复垦区位置变更。二是推进以“三率”(开采回收率、采矿贫化率、选矿回收率)为核心的矿产资源节约集约利用标准体系建设。建立矿产资源储量动态监督管理体系,基本实现对矿产资源从勘探开发直至闭坑的全程动态监督管理。全市需换证的52座煤矿中35座已换领长期采矿许可证。市国土部门完成57座煤矿和20座非煤矿山企业的储量年报工作以及223座矿山的年检工作，年检率100%。成功出让5座非煤矿山,成交价款446.35万元。全年征收煤矿采矿权价款5965万元，追缴2014年度前的采矿权价款36955.1826万元。 （赵振宁）

【地质环境管理】 2015年,市政府和各县(区)政府及市直相关部门签订了地质灾害防治责任状,出台《年度地质灾害防治方案》,完善三级地质灾害防治体系。各县区均对地质灾害隐患点进行全面巡查,全市共排查出地质灾害隐患点250处。全市共签订责任状380份,发放“告知书”250份,“避灾明白卡”10080份和“工作明白卡”250份。组织开展应急演练21次,参加人数4600余人。开展宣传活动,利用“5·12”防灾减灾日和“4·22”世界地球日的契机开展集中宣传活动,发放科普知识手册和宣传画10000余份,发送世界地球日宣传主题信息1万条。处置1起地面坍陷滑坡险情。实施地质灾害治理项目,平定柏井五村滑坡项目和盂县庄头村崩塌两个项目有序推进。开展农村人居环境搬迁工作,2015年省政府下达地质灾害避让搬迁任务87户,由平定县全部承担,已拆除70户,完成了任务的80.5%。截至年末,非煤矿山编制矿山地质环境保护恢复与治理方案编制备案2家,煤矿方案正在进行编制。 （赵振宁）

【土地 矿产资源秩序整顿】 年内,市国土部门强化执法监察,维护国土资源开发秩序。一是严厉打击非法采矿。开展了6次打击非法违法采矿突击检查专项行动，出动巡查8000余次,对全市所有矿山企业和关闭矿井以及历史上形成的非法违法采矿坑点进行全面排查,查处各类非法违法采矿118起(非法采矿77起、超层越界10起、以探代采31起),其中立案查处52起、移送公安2起,立案查处的案件已全部结案;查扣非法采矿设备159台（件)，非法采出的矿产品732.1吨,罚没款244.24万元。二是完成土地卫片执法检查工作。非新增建设用地466宗，面积517.82公顷(7767.37亩)，耕地220.43公顷(3306.57亩);新增建设用地781宗,面积450公顷（6751.06亩)，耕地225.98公顷(3389.79亩),其中合法用地为44宗，面积60.59公顷(908.89亩),耕地43.29公顷(649.39亩);违法用地为553宗,面积365.38公顷(5480.74亩),耕地176.24公顷(2643.53亩),立案处理421宗,非立案处理132宗，结案416宗，罚款2681.705万元,没收违法建筑物、构筑物面积41.96万平方米，党政纪处分200人。三是重视信访工作。市国土局共接到“12336国土资源违法举报电话”261个,全部及时登记、转办;共受理各类信访件126件，结案75件,结案率60%。 （赵振宁）

【基础业务工作】 年内,阳泉市国土资源管理基础业务工作扎实开展。一是土地规划工作。郊区、盂县、平定三个县区开展土地利用总体规划调整和完善工作，土地规划评估工作全部完成并在省厅备案。平定县土地总体规划修改方案已经省政府批准；郊区和盂县土地利用总体规划修改方案通过省厅评审。完成市宁波北路、平阳路、洪城北路和市物质集团木材公司安居工程土地预审。阳大铁路作为省级重点工程，已通过省厅土地预审批复。二是确权发证工作。全市共完成831个村189150余宗宅基地权属调查和地籍测量；市辖区（城区、矿区）发放国有土地使用证873个、国有土地他项权利证66个，涉及抵押面积166184.949平方米，贷款金额31390万元。三是信息化建设工作。市级电子公文流转正式运行，继续对"一张图"核心数据进行更新和维护。开展网上行政审批工作，完成公文、地籍、建设用地、规划、矿产管理、测绘等流程和综合监管平台的需求变更调研及调试工作，并部署到服务器上。四是测绘管理工作。完成阳泉市建成区1：500城区地形图更新测量工作、1：2000基础信息更新建库项目和阳泉市数字城市更新影像航摄工作。完成国家航空遥感影像阳泉摄区1：2000航空摄影获取成果，航摄面积1212平方公里。开展建成区1：500开发区地形图的更新测量。（赵振宁）

质量技术监督

【概况】 2015年，阳泉市质监工作在质量管理、计量管理、执法监督和安全监管等方面取得新进展。

质量管理　年内，制定出台《阳泉市质量发展2015—2016年行动计划》和《阳泉市质量工作考核办法》，并配套制定印发《2015年县区政府质量工作考核细则》，形成政府牵头组织，发改、经信、质监等14个部门齐抓共管的工作机制和考核机制；下发《阳泉市推行产品质量安全责任保险工作方案》，在全市重点企业中逐步推行；印发《2015年阳泉市重点产品质量状况分析工作方案》，编写完成"全市耐火制品和陶粒砂生产企业质量状况分析报告"；继续推行首席质量官制度并组织召开现场交流会议；对33家生产许可证获证企业进行年度审查，对防爆电器生产企业、轻小型运输设备获证企业、危险化学品获证企业进行专项检查；深入开展优秀QC小组推选工作，向省质协推荐7家单位的20个优秀QC小组，6个优秀班组、2个优秀企业、1个卓越领导者和3个优秀推进者；严把重点工程质量关，对15家重点工程原材料供应生产企业进行全面检查。

计量管理　年内，组织全市11家压力表、矿用甲烷测定器计量器具制造企业进行法律、法规培训，对10家计量授权机构和11家压力表、甲烷测定器生产企业开展证后监督检查，对市供电公司、阳煤发供电工区、市煤气公司、阳煤煤层气开发利用分公司等4家授权机构进行监督抽检；组织法定机构和企业的18名计量检定人员开展甲烷测定器、燃气表"技术比武"活动，新建离子色谱仪检定装置等六项市级社会公用计量标准，提高计量检定服务能力和技术保障水平；开展民生计量监督检查、电子计价秤专项整治，发放宣传资料100余份；组织"计量知识进校园""放心计量进医院""免费检测进社区"和计量实验室开放活动，政府列支27万元对社区（乡村）卫生所（站）和集贸市场在用计量器具实行免费检定。全年共检定、检测计量器具28121台（件、套），其中强制检定计量器具22959台（件、套），依法检定计量器具5162台（件、套）。

执法监督　年内，市质监部门以消费者关注的农资产品、汽车及其配件、汽柴油、日用品、食品接触用不锈钢制品、空气净化器和童车等为重点产品，开展"质监利剑"和"双打"行动。加强监督抽查，对不合格的9家生产销售单位进行后处理，产品涉及纤维制品、计量器具、装饰装修材料等。通过签订责任书、组织约谈、经验交流、业务培训、监督检查等措施，帮助机动车安检机构排查隐患6起，提出整改意见和建议18条。年内，全系统共办理各类行政案件32起，其中现场案件1起、立案案件31起，万元以上案件20起、5万元以上案件2起，罚没款56.2万元。

安全监管　年内，市质监部门以"特种设备安全大检查"活动为主线，集中开展电梯、锅炉、燃气充装单位等特种设备"分类分阶段专项整治"，检查生产使用单位800余家，各类特种设备7900余台套，排查出安全隐患1400余条，下达《责令整改通知书》260余份，查封存在重大安全隐患的特种设备27台。健全完善并继续实施"特种设备安全监察联席会议制度""最不放心单位监管制度""执法人员跟班检验学习制度"和"检验隐患通报制度"，市质监局组成7个督查督导组，对6个县（区）局（分局）和103家生产使用单位进行督查督导，发现并督促整改隐患127条。在督促企业完善应急预案的基础上，组织5次电梯应急演练。全年未发生特种设备安全事故。（王莉萍）

【标准化战略推进】 年内，阳泉市质监局积极开展标准制修订工作，《工业导爆索》《火炸药生产厂房设计规范》国家标准、《供热计量系统运行技术规范》行业标准正式发布实施；《镁铝系耐火材料化学分析方法》等7项国家、行业、省级地方标准编写完成进入审批阶段；抓好农业示范区建设，高质量完成国家级"大寨饮品核桃生产标准化示范项目"的年度建设任务，"冬春蔬菜种植标准化示范区"等农业标准化示范项目示范带动效应明显，参与编写《山西省农业标准化示范区建设指导案》，受到省局表彰；加强服务标准化工作，《社区文化体育活动服务规范》通过山西省地方标准立项审批，编写完成并进入报批阶段；

"平定公交客运公共服务综合标准化试点""阳泉居家养老服务业标准化试点"项目申报国家级服务业标准化试点项目,前期的标准体系建设及其运行工作效果明显;广泛开展标准化服务,全年有12项体现全市产业优势的创新性产品通过标准提升正式进入市场,阳泉市成为山西省首批企业产品和服务标准自我声明公开和监督制度试点市。(王莉萍)

【认证监督检查】 年内,市质监局进一步加强认证监督检查工作。一是组织了23次3C企业证后巡查、40次资质认定证后巡查,健全完善了11家3C强制性产品认证获证企业和40家资质认定计量认证获证实验室的管理档案。二是完成39家检验检测机构"服务业信息统计"填报工作。三是组织开展儿童玩具强制性产品认证专项检查,对3家大型超市、2家批发市场进行重点检查。四是继续深入开展自愿性认证网格化监管和行政监督工作,检查各类自愿性认证企业15家,抽取质量管理体系获证企业47家。五是组织3家食品检验机构、3家质量技术监督检验机构参加全省白酒、煤炭检定项目的实验室能力验证,在阳泉市首次自行组织开展2个项目2个参数的能力验证。六是在全省率先完成GB21861-2014标准变更及检验软硬件系统升级改造工作并通过验收。(王莉萍)

【基础建设】 年内,市质监部门进一步夯实基础建设工作。一是推动建立装备制造业计量测试中心、标准化信息服务平台、电梯远程监控中心;购置自动扶梯综合监测仪,显著提高检验效率和质量。二是拓展检验项目,对全市首台集装箱正面吊运起重机实施检验检测,填补了山西省集装箱吊运起重机方面的空白;与中国特种设备检测研究院合作,开展全市首台超临界电站锅炉检验项目的检测工作;完成运用TOFD对热力管网的首次检验工作,填补了全市TOFD检测领域的空白;主持研制的"具有重力杠杆式防脱钩装置的起重吊钩"技术项目被国家知识产权局授予"实用新型专利证书";"电梯限速器测试仪利用GPRS网络无线传输数据的研究"项目获市科技进步二等奖,并奖励1万元。三是加速推进国家耐火中心建设工作,聘请专家对耐火中心的体系运行情况及人员进行严格的培训,编写修订质量手册、程序文件、作业指导书等一系列体系运行文件。四是新增热电阻、心电监护仪等9个计量检定项目,积极筹备双金属温度计等计量检定项目的增项和车用汽柴油、酱油、食醋、饮用水、木家具等9种产品20个参数的扩项工作。(王莉萍)

【质监宣传】 年内,市质监部门围绕特种设备安全大检查、"3·15"消费者权益日、质量月、世界计量日、世界认证认可日等重要节日及重大活动进行了宣传报道,全年在各级各类媒体上共刊登(播发)新闻稿件302条,其中国家级59条、省级79条、市级164条;编发《阳泉质监月讯》12期、《质量技术监督信息》91期,其中,被省局、市委、市政府等上级单位信息媒体和刊物采用59条次,被采用率达64.8%,做到了日常工作周周有报道、重要活动日日见新闻,扩大了工作的影响力,取得了较好的宣传效果。(王莉萍)

【《阳泉特色品鉴》印制完成】 年内,阳泉市首部辑录全市名牌产品企业、阳泉特色企业、非物质文化遗产项目和风景名胜的宣传画册——《阳泉特色品鉴》印制完成。该书由市委宣传部、市质监局主办,市工商局、市旅游局、市文化局、阳泉日报社等单位协办,全文约1.5万字,配以210余张精美的图片,分名牌产品企业、阳泉特色企业、非物质文化遗产项目和风景名胜四部分,图文并茂地展示阳泉市名优特产品企业及特色文化产业项目,不仅体现了阳泉随着经济发展所产生的巨大变化,更彰显了阳泉由古至今的文化传承、内外兼收的文化底蕴。(王莉萍)

【矿区基层文化园区国家级服务业标准化项目】 年内,受国家标准化管理委员会委托,省质监局组织相关方面的专家7人组成考核评估组,对阳泉市承担的"阳泉市矿区基层文化园区国家级服务业标准化试点项目"进行了终期评估。经评审,顺利通过验收。这是全市首个通过验收的国家级服务业标准化试点项目。该项目是全国唯一一家以基层文化建设为内容的服务业标准化试点,始建于2012年12月,由矿区政府组织,矿区文体局、矿区质监局、平潭街道办事处等共同参与建设。项目以地方特色文化产业和基层文体活动开展和管理为核心,主要内容包括:一是"文化一条街"的标准化建设。在矿区平潭地区洪城路建设"文化一条街",对矿区及全市的特色文化产品及非物质文化遗产进行集中生产、展示、销售,并对"文化大集"、文艺展演等集中宣传推介活动进行标准化管理。二是基层社区文化体育活动的标准化建设。以矿区平潭街道办事处所辖社区开展的基层群众文体活动和健康和谐社区建设为中心,对"社区文体艺术节"、传统文化庙会、大众健身娱乐、基层文化设施建设等各类活动进行服务标准化管理。项目开展以来,市、区两级政府高度重视,通过多方面的共同努力,服务业标准化试点工作有序开展、扎实推进,形成了包括22个国家有关法律、法规文件,27个服务通用基础标准、32个服务保障标准、48个服务提供标准在内的基层文化园区服务标准体系,并有效运行。通过标准化建设进一步规范了基层文化管理,促进了文化产业的快速发展和文化品牌实力的提升。园区内社区晋剧、锣鼓、合唱、健身操、广场舞等基层文化体育活动蓬勃开展，版画、剪纸、煤雕、木刻画、铝箔画、葫芦画等文化产品市场竞争力明显增强，特别是剪纸已成为阳泉市文化名牌产品，多次参加各类比赛并获奖。（王莉萍）

【阳泉成为全省首批企业产品和服务标准自我声明公开和监督制度试点市】 根据国标委地方文件要求和省质监局工作安排，阳泉市作为山西省首批试点市开展企业产品和服务标准自我声明公开和监督制度试点工作。这一制度将逐步取消政府对企业产品标准的备案管理，落实企业标准化主体责任，实现简政放权、激发市场主体活力。重点是进一步整合标准信息资源，加强信息化平台建设，为企业提供更加便捷的标准化工作服务。企业产品和服务标准自我声明公开将全部实现网上办理，不再受办公时间和地点的约束。鼓励企业进行标准自我声明和公开，同时鼓励标准化专业机构对企业公开的标准开展对比和评价，强化社会监督。（王莉萍）

【"3·15"质量安全打假宣传活动】 年内，市质监局围绕"携手共治 畅享消费"活动主题，开展了"五进一打"质量安全打假宣传系列活动。"五进"，一是民生计量进超市，组织执法人员深入商场、超市，向广大消费者宣传计量维权常识，现场受理群众投诉、举报，严查计量违法行为，共发放宣传资料200余册，抽查电子计价秤52台，抽检定量包装商品15类，受理群众咨询10余起，受理群众举报2起，免费检定电子计价秤20余台，发现未经检定的电子计价秤2台，并依法责令相关超市进行整改；二是标准服务进企业，深入规模以上企业和重点服务企业，免费发放相关标准，宣传标准、质量、计量等知识，现场为企业"问诊把脉"，帮助其提高产品质量；三是质量安全进校园，深入校园，向学校师生讲解、宣传产品质量安全知识和识假辨假常识，帮助广大师生提高识假辨假能力，正确选购合格产品；四是特设宣传进小区，深入电梯等特种设备集中的小区，宣传特种设备安全使用常识，进一步增强公众的忧患意识、社会责任意识和自救互救能力，推动"平安阳泉"建设；五是农资打假进田间，抽调专门人员组成"农资执法打假队"和"农资专家技术服务队"，深入乡村的田间地头开展"农资打假下乡"行动，现场受理农民投诉举报，为农民开展免费检测，帮助指导农民朋友了解肥效、甄别伪劣、合理施肥，积极营造农业生产良好环境。"一打"即执法为民打假劣，组织3—4个执法小组，根据消费者投诉的线索，顺藤摸瓜，端窝打点，依法从严、从重、从快惩处一批制售假劣产品的不法分子，形成打击假冒伪劣的高压态势。（王莉萍）

【"5·20世界计量日"宣传活动】 年内，市质监局围绕"计量与光"主题，组织开展"5·20世界计量日"系列宣传活动。一是开展"计量知识进校园"活动。走进阳泉市卫生学校举办医学计量知识专题讲座，从与学生密切相关的身高、体温、心率、眼镜度数等知识入手，引导学生了解医用计量器具以及医用计量器具量值准确对医疗诊断结果的影响。二是开展"放心计量进医院"活动。深入康达医院和阳泉市生殖健康服务中心，组织对医疗机构在用医疗计量器具进行检查。现场抽查心电图仪、B超、监护仪、血压计等计量器具40余台（件），发放宣传资料100余份。三是开展"免费检测进社区"活动。深入矿区平潭西社区，现场为社区卫生站、广大市民免费检测血压计、人体秤等计量器具200余台(件)，发放宣传资料3000余份，向社区居民讲解民用"四表"(水表、电能表、燃气表、热能表)、电子计价秤等常用计量器具使用过程中的注意事项。四是开展计量实验室开放活动。5月20日当天，邀请60余名企业计量管理人员、检测人员以及200余名朝阳小学学生走进实验室，实地参观计量器具校准、检定检测设备。通过现场讲解、现场演示等形式，详细生动地介绍了常见计量器具量值传递原理，营造关注计量、重视计量的良好氛围。（王莉萍）

【"世界认可日"系列宣传活动】 2015年6月9日，市质监局组织开展2015年"世界认可日"系列宣传活动暨"认证认可服务'一带一路'建设愿景与行动"。一是开展认证认可知识宣传。组织各县（区）局（分局）通过张贴海报、悬挂横幅、发放质量手册、知识问卷、受理咨询等方式向市民宣传认证认可知识，并制作宣传标语在各单位电子屏幕上滚动播放。二是组织《检验检测机构资质认定管理办法》宣传贯彻培训。组织全市检验检测机构负责人集中学习《检验检测机构资质认定管理办法》，进一步规范检验检测市场，保障企业合法权益。三是举办认证监管人员业务培训。组织各县（区）局(分局)认证监管人员开展认证行政监督业务培训，对《资质认定(计量认证)获证实验室证后监督管理制度(试行)》和《强制性认证产品获证企业巡查制度》进行细致讲解，对认证信息的报送、监管表格的填报、监管平台的运用等做具体说明。四是开展认证认可入企服务。结合日常监管工作，开展认证服务，深入阳泉市龙泉安通汽车检测有限公司等获证机构，帮扶企业开展机动车检验标准升级改造工作并通过更新确认。（王莉萍）

【"质量月"活动】 年内，市质监局围绕"迈向质量时代 建设质量强国"主题，组织开展"质量月"系列宣传活动。一是开展质量安全知识媒体宣传活动。在《阳泉日报》等新闻媒体开辟专栏，系列宣传质量、标准、计量、认证认可、监督、特种设备安全等质量监督管理相关知识和近年来的主要工作。二是对质量监督检验结果进行通报。三是开展质量论坛暨“首席质量官”现场交流活动。组织有“企业首席质量官”任职资格的人员召开质量论坛暨管理现场交流会,相互交流任职后的经验,并邀请国优和省优全面质量管理小组和班组的代表现场进行交流发言,参观重点企业,推动全市重点企业推行首席质量官制度。四是开展重点企业信用报告发布活动。在建材、农资等涉及民生的重点企业中,选择一批行业龙头企业编写企业质量信用报告,利用企业网站、报纸、电视等媒体,或以召开新闻发布会的形式向社会进行发布,推动企业进一步落实质量安全主体责任。五是开展质量、特种设备安全知识“六进”活动。深入企业、机关、学校、乡镇、街道社区和农村,散发宣传质量和特种设备安全知识资料,普及质量、特种设备安全常识,提高全社会的质量安全意识。六是组织中小学生走进质量教育社会实践基地进行参观学习,提高社会实践能力,增强学生质量安全意识。七是集中开展质量安全整治活动。结合全市正在开展的“锅炉攻坚战”“电梯大会战”,加强对特种设备重点企业、重点区域、重点设备的检查,消除安全隐患,确保特种设备安全;继续开展“质检利剑行动”和“质量提升行动”,加大对质量违法大案要案、社会关注热点问题的督查督办力度,提高质量安全保障水平;组织开展认证认可、工业生产许可证、涉民生强检计量器具、机动车安检机构等专项检查,严厉打击违法行为。 (王莉萍)

工商行政管理

【概况】 年内,市工商局适应深化改革、职能转变新形势,着力深化商事制度改革,大力推动市场主体发展,积极维护市场经济秩序,努力优化营商环境和消费环境,加强队伍建设,突出重点、统筹推进、综合施策,为全市经济社会转型跨越发展做出积极贡献。

市工商局落实和推进商事登记制度改革,先后推行企业注册认缴登记制、年报制、放宽经营场所登记条件、下放初审权以及推行“三证合一”登记模式等改革措施。截至年末,全市累计登记注册各类市场主体65016户,比上年增长14.1%;2015年新登记各类市场主体11866户,比上年增长24.6%,其中内资企业222户、私营企业2419户、个体工商户8988户、农民专业合作社237户。市工商局结合实际,创新性地推出《关于深化工商登记制度改革的实施意见》,重点包括两项内容。一是将注册资本500万元以下的企业登记权限下放各县、分局;二是重新划分市局企业登记审核权限,规定注册资本1000万元以下的企业由受理人员“一审一核,当场办理”,1000万元以上的企业由受理人和科长核准,分管局长不再审批,最大限度地放宽市场主体准入。该意见实施以来,凡手续齐全的企业,在行政审批大厅当日就可办结,办结率达90%以上。

阳泉市持续实施“品牌兴市”战略,全市有效注册商标量达1669件,2015年新申请注册商标311件,申请量增幅连续五年保持在10%以上。其中,中国驰名商标3件,山西省著名商标51件。 (李文娟)

【信用体系建设】 年内,市工商局按照国家工商总局推行的“全国一张网”和“以网管网”的要求,不断提升大数据综合运用能力,实现企业网上审批和网上年报,共发布企业年报公示信息5200条;与相关6部门和各县(区)政府设立的“工程建设领域项目信息公开专栏”实现链接,发布项目信息4万余条;推荐上报国家级诚信市场1个、省级诚信市场10个并全部通过认定,阳泉天元家用电器有限责任公司被评为国家级诚信市场。截至年末,全市共有国家级“守重”企业14户、省级“守重”企业242户、市级“守重”企业500户。 (李文娟)

【企业融资帮扶】 年内,市工商局主动了解企业需求,依托“政、银、企”战略平台,利用信用贷款、股权出质、动产抵押、商标权质押和支持组建小额贷款公司五大融资平台,共为企业融资14.98亿元。 (李文娟)

【“22+123”助推经济发展】 年内,市工商部门通过深化政策、窗口、融资、数据信息四项服务,在继续落实服务阳泉经济发展“22条”的基础上,延伸推出“123”(开辟一个绿色通道,搭建融资和信息两个平台,建立行政指导、跟踪帮扶和创业培训三项机制)服务新举措,为阳泉市中旭鑫源敬老产业开发公司和阳泉金翰福养老服务有限公司两家注册资本在10亿元以上的项目提供政策讲解和业务指导,帮助其办理注册登记;促成红星美凯龙等30户较大规模企业落户阳泉;在为总投资分别为64亿元和45亿元的阳煤集团乙二醇项目、阳大铁路等重点项目注册登记中,通过实行事前介入、专人负责、全程跟踪服务的方式,在较短的时间内为其办理了登记注册。 (李文娟)

【重点领域市场监管】 年内,市工商部门通过开展限制竞争行为、注册商标专用权保护、整治虚假广告等七项专项执法行动,有效维护市场经济秩序,全年共查办各类案件337起,罚款206万余元。其中“双打”(打击侵犯知识产权和制售假冒伪劣商品)专项行动中,市工商局案件查办数量占全省工商系统三分之一之多,在全省2015年度“双打”工作考评中名列前茅;开展2015“三节”(元旦、春节、元宵)市场整治“百日大会战”,共查办案件107起;牵头实施虚假违法广告专项整治,对总局广告监测发现和群众举报的380条(次)违法广告线索进行调查核实。2015年,阳泉市"无违法广告"发布条次在全省11个地市中排名第一;对全市各类投资公司进行集中排查,共排查企业191户,对查无下落的省局登记企业函告省局,对市工商局登记的,按规定列入异常名录。

竞争执法工作 年内,市工商部门重点查处公用企业和依法具有独占地位的经营者的强制交易和限制竞争行为,对阳泉市郊区自来水公司滥收费用案件进行立案查处,没收违法所得6.7万元;对阳泉市公共交通总公司利用自身公用企业优势地位,向用户收取折旧费的限制竞争案件进行查处,责令其停止违法行为,罚款7万元;与市邮政局联合查处1起摩托车经销商销售冒用邮政专用标志车辆的案件。全年共查处不正当竞争案件16起,限制竞争案件2起。

商标专用权保护 年内,市工商部门继续深入开展打击侵犯知识产权和制售假冒伪劣商品工作,针对涉及人民生命安全、社会影响大、反映强烈的侵权和假冒伪劣突出问题,确定整治重点,开展专项整治执法行动,净化市场环境,保护商标所有人的合法权益,共检查大型市场主体123户,实施行政指导4件、媒体报道4次。严格查处制售假冒伪劣产品的违法行为、侵犯注册商标专用权行为,立案查处23起。

广告监管 年内,市工商局把房地产、医疗、金融、通信等领域作为重点整治对象,牵头实施虚假违法广告专项整治,对总局广告监测发现、有关部门移送和群众举报的违法广告线索,全部进行了调查核实。专项整治期间,共立案查处各类违法广告案件37起,罚款21.88万元。截至年末,全局共立案查办各类违法广告案件58起,罚款36.2万元。

传销防范 年内,市工商局继续深入开展创建"无传销社区"(村镇、院校等)活动,运用"打击、防范、预防、宣传"等手段,对"拉人头"、骗取"入门费"等传销活动人员相对聚集地开展摸底排查,同时不定期召开联席会议,加强部门协作。利用《禁止传销条例》和《直销管理条例》颁布十周年活动之际,大力宣传国家法律、法规,增强广大人民群众自觉抵制传销和防范传销的意识和能力,提高群众远离传销、举报传销的自觉性。

超限超载治理 年内,市工商局治超办组织开发区分局和郊区分局治超办对开发区和郊区行政区划变动涉及的煤货场重新进行界定,配合市治超办进行3次专项督查,共出动执法车辆1473车次,执法人员3414人次;检查汽车修理厂、汽配部1558户次;散发宣传资料5000余份,悬挂条幅10条;检查储(售)洗(选)煤(货)场及涉煤企业839户次;清理取缔非法煤(货)场6户。

无证照经营整治 年内,市工商局配合全市开展的"安全生产月"活动,加大对无照经营行为的查处力度,依法查处危险化学品经营企业违法采购危险化学品的行为,关闭取缔和严厉打击非法违法生产经营危险化学物品行为,共出动检查人员1320人次、执法车辆1156台次,巡查重点行业365户,下发责令改正通知书556份。

商品质量监测监管 年内,市工商部门强化流通环节商品质量监测,集中对服装、电器、汽配、儿童玩具四大类99批次商品进行抽检,合格69批次,不合格30批次,合格率70%;抽检成品油80个批次,涉嫌14个批次不合格;抽检黄金饰品79个批次,合格率74%;共抽检各类商品380个批次,其中合格292个批次、不合格88个批次,合格率76.8%。 (李文娟)

【消费维权新格局】 年内,市工商局在充分发挥643个"12315一会两站"维权站点的基础上,开通注册号为"阳泉红盾在线"的微信公众服务投诉平台,进一步拓宽消费者投诉渠道,12315中心全年共受理消费者申(投)诉2737件;组织全市"携手共治 畅享消费"3·15主题宣传活动,活动当日,对10大类165种假劣商品进行集中销毁。(李文娟)

【法治工商建设】 年内,市工商局全面落实"六五"普法规划,开展"法律六进"(进社区、进学校、进市场、进企业、进村镇、进机关)活动,通过实施"九个一、两模拟"("一旬一案一点评""一月一法一考试""一季一所一评查"和模拟法庭、模拟听证)专题培训和完善"4856"(四审八核严把五点六不通过)案件核审机制,全年共评审案件337件,核审率达100%。2015年,市工商局荣获"全国'六五'普法中期先进单位""山西省依法治理标兵单位""山西省文明和谐创建先进单位""山西省五一劳动奖"。 (李文娟)

出入境检验检疫

【概况】 阳泉出入境检验检疫局主要承担阳泉市和晋中东五县(寿阳、昔阳、和顺、左权、榆社)的卫生检疫、进出境动植物检疫和进出口商品检验、鉴定、认证和监督管理的涉外经济行政执法机构。涉及出入境的主要商品有甜蜜素、耐火砖、砂轮、陶瓷、氯化钡、金属镓、润滑油、机电产品。

2015年,阳泉出入境检验检疫局共检验检疫出入境货物401批,货值2450万美元,与2014年相比批次、货值分别增长-10.29%和-11.65%。其中,检验检疫出境货物390批,货值1537万美元,与2014年相比批次、货值分别增长-9.51%和-35.64%;检验检疫入境货物11批,货值913万美元,与2014年相比批次、货值分别增长-31.25%和137.14%。全年共检出不合格出入境货物3批,金额65万美元。

全年签发各类原产地证350份,金额1465万美元,比2014年分别增长 23.67%和 -5.12%。其中,签发普惠制原产地证书 239 份,签证金额 1192 万美元,比 2014 年分别增长 9.13%和 6.52%。(赵佳佳)

【物品检验 物种监测】 年内,阳泉出入境检验检疫局重点加强对德国进境集装箱及木质包装的检验检疫,做到批批检验,共截获 2 批小杆线虫,避免了国外疫情疫病的传入。外来有害生物监测工作方面,在郊区、平定县、盂县、榆社县、左权县、寿阳县等 10 个县区 38 处区域设置了诱捕点,实现辖区实蝇监测全覆盖,标志着市出入境检验检疫局承担的阳泉地区外来有害生物监测工作进入实施阶段。每月对诱捕器进行检查、收集和鉴定。(赵佳佳)

【服务出口】 年内,阳泉出入境检验检疫局帮助企业顺利出口,同时对农业产业出口进行指导。一是对实施分类管理的方大添加剂(阳泉)有限公司进行动态调整,由三类调整为二类,提高了通关速度,减轻企业负担,增加了企业的订单,促进企业扩大出口。二是推动农产品出口,山西康泰来农业生态科技有限公司生产的 1 批货值 1.8 万美元的食用菌菌包首次出口韩国,这是阳泉市继农产品出口美国市场后,又开拓出的另一新市场。三是昔阳双孢菇示范区的建设,昔阳县拥有双孢菇种植面积 120 万平方米及一家食品加工企业。为促进农产品出口,市出入境检验检疫局与昔阳县政府相关部门召开 2015 年联席会议,研究商谈出口双孢菇质量安全示范区建设。多次赴昔阳实地考察、派员参加省局的多项相关培训,邀请山西出入境检验检疫局植检处、食检处的专家赴现场指导调研,同时给县政府提供文件、资料、政策,帮助食品企业实验室能力建设,开展 ISO 9000 体系和 HACCP 体系认证,9 月,顺利通过了国家级出口食品农产品质量安全示范区现场考核,11 月,昔阳县荣获"国家级出口双孢菇质量安全示范区"。(赵佳佳)

审计管理

【概况】 2015 年,阳泉市审计局共完成审计项目计划 403 项,共审计和延伸审计单位 413 个,查出违规资金 249384.22 万元,管理不规范资金 489637.06 万元,促进增收节支 13125.71 万元,核减政府投资 10215.28 万元,向有关部门移送案件线索及处理事项 75 件,报送审计要情及专报 6 篇,提出审计建议 466 条,已采纳整改 291 条。(张大鹏)

【预算执行情况审计】 年内,市两级审计局对重大建设项目推进、重大政策贯彻落实及促进简政放权等 22 项政策措施落实涉及的住建、发改、财政、科技、环保等 29 家主管部门和责任单位进行跟踪审计,涉及财政资金 141270 万元,对其中 10 家责任单位结合预算执行情况审计进行重点延伸,并将该项工作作为一项长期性任务逐月跟踪问效。截至 2015 年 11 月,共发现问题 50 个,促进落实事项 31 个,正在督促整改 19 个。

审计中突出对预算执行和全部政府性资金运行情况的总体把握,主要通过"七个更加关注",即更加关注财政资金的政策性、民本性、绩效性、安全性、公共性、完整性与效能性,在提升预算执行审计层次上下功夫,力争从体制、安全、绩效的角度来审视市级财政运行情况,推动财政体制改革不断深化,共完成预决算执行情况审计 58 项,查出问题金额 271045.61 万元,向有关部门移送处理事项 10 件。主要突出三方面内容,一是以增收增效为目的,积极应对结构性减税等问题,继续挖潜财力空间,通过查收堵漏,促进清缴盘活财力和补征补缴各种财政性资金 4.3 亿元,并统筹用于年内预算支出,有效缓解了阳泉市经济下行的压力;二是以提高资金使用绩效为目的,通过关注市级财政绩效评价工作推进情况,提出评价面窄、评价指标体系不够健全等问题,财政部门针对审计建议,出台《阳泉市绩效管理工作考核办法》《阳泉市预算绩效运行监控管理办法》等制度,为推动财政绩效评价工作扩面提质提供保障;三是以促进部门依法行政、阳光执法为目的,重点关注中央八项规定、约法三章等落实情况,并对全市 35 家预算单位"三公"经费进行审计,发现个别单位无预算列支公务接待费、超预算列支公务用车运行维护费、未按规定渠道归集列支三公经费等六个方面的问题,并促使在全市印发促进出台《关于进一步加强公务卡使用管理的通知》和《关于规范市直预算单位预算执行工作的通知》等,推进全市财经制度建设。(张大鹏)

【城镇保障性住房审计】 年内,市审计局对全市保障房安居工程涉及的 24 个项目开工情况、29 个项目基本建成情况、48 个项目工程建设和质量管理情况进行审计,并延伸调查了 61 个保障性安居工程项目相关单位和企业、13 个街道办(乡镇)、33 个居(村)委会及 73 户家庭。通过审计发现部分项目建设停滞、资金落实不到位、保障性住房分配管理和使用不规范、保障性安居工程用地和建设方面操作不规范等问题,并针对审计发现的问题提出 4 条建议,向有关部门移送处理事项 7 件,促进完善了市住房保障制度体系,堵塞了管理漏洞。(张大鹏)

【农村信用社资产负债损益审计】 年内,市审计机关对市农村信用社 2013 年和 2014 年资产、负债、损益情况进行交叉审计,共查出问题金额 116598 万元,向省信用联社移交处理事项 2 件,向省信用联社阳泉办事处移交处理事项 15 件,向市纪委移交处理事项 1 件,对全市农村

信用社系统依法依规经营起到警示教育作用,促进阳泉市农村信用社的健康发展。 (张大鹏)

【全省农业综合开发资金审计】 2015年,市两级审计局抽调近30名业务骨干赴晋城市高平、阳城、陵川三地对2010年至2014年度农业综合开发项目进行审计。审计主要按照省审计厅的计划安排和要求,注重强化对农业综合开发项目立项、实施、效益和资金筹集、管理、使用情况的审计质量控制,共查出违规金额819万元,管理不规范金额3923万元,向有关部门移送处理事项7件,移送人员1名。 (张大鹏)

【政府投资审计】 年内,市审计局按照阳泉市城市扩容提质、产业结构调整及投资体制改革的要求,以加快城镇化改革和提高建设资金效益与管理水平为目的,前移关口、提前介入、全程监督,并对阳大铁路、阳泉职业技术学院等政府投入大、社会关注高的投资项目实行常态化的审计监督。全年共完成投资审计项目275个,向社会公开结果报告5篇,核减投资10215.28万元,其中阳大铁路建设跟踪审计开展以来已出具审计建议书10次,编发简报3期,不仅遏制了施工单位高估冒算问题,而且通过适时跟踪,有效防范和化解政府投资风险。 (张大鹏)

【经济责任审计】 年内,市审计局确定经济责任审计项目17项,其中市级9项,包括国有企业领导人审计4项。同时,制定《2015年经济责任审计工作方案》,明确了稳步推进重点部门、重点单位和重要岗位领导干部经济责任审计和根据不同类别领导干部的职责权限与岗位特点着力监督检查部门领导守法、守纪、守规、尽责的审计思路与重点。全年完成经济责任审计14个,查出违规金额1627万元,管理不规范金额6136万元,提出审计建议37条,为有效推动"六权治本",培育良好政治生态发挥积极作用。 (张大鹏)

【行政事业单位审计】 年内,按照审计全覆盖"分类管理、区别对待、循序渐进"的要求,阳泉市审计局在确保完成上级审计项目和市级重大项目审计的基础上,坚持项目安排在内容范围上向政策落实审计等新领域拓展,在时间范围上向涵盖事前、事中、事后的全过程跟踪审计拓展,在对象范围上从局部向全面拓展。2015年完成财务收支审计22个,查出问题金额3628.47万元,达到公共资金使用部门的全覆盖。 (张大鹏)

物价管理

【概况】 2015年,阳泉市把稳定价格总水平作为首要任务,多措并举。全市居民消费价格总水平(CPI)累计上涨0.4%,涨幅分别低于全省和全国平均水平0.2和1.0个百分点,在全省11个地市中累计涨幅由高到低排名第10位,为保持物价稳定起到积极作用。 (冯晓琴)

【惠民措施】 根据《阳泉市人民政府办公厅关于做好稳定物价工作的十条措施》安排,对蔬菜市场实施"一元菜"管理。根据情况及时制定和变更"一元菜"的品种和价格,期间各销售点共销售一元惠民蔬菜587万公斤,为平抑市场物价起到积极作用。2015年春节前,共动用价格调节基金374万元,对投放的4900吨粮油、150吨肉、25万公斤鸡蛋、200万公斤蔬菜、250万个馒头系列食品等进行适当补贴,在7个大型超市、5个农贸市场、9个主要粮店、10辆蔬菜直销车以及全市放心早餐点实行限时、限价、限量惠民供应,以控制粮油副食品价格的过度上涨,确保节日市场供应平稳有序。通过一元菜的实施及春节价补工作,有效平抑了市场物价。 (冯晓琴)

【价格监测】 年内,市物价部门建立多套报价制度,对51余种主要食品进行监测,实现日、周、旬、月、主要节假日全时段监测。并在监测制度的基础上,建立9个固定监测点,若干零时监测点,范围涵盖全市三区两县及开发区,全面建立起价格监测体系和应急反应机制。6月1日药品价格放开后,对两个大医院、四个大药店的142种药品价格每月24号上报,以了解放开后药品价格变动情况。同时建立蔬菜日报公示制度,对全市当日11种主要蔬菜价格采集、汇总,通过《阳泉日报》、阳泉广播电视台等渠道进行公示。 (冯晓琴)

【"12358"价格举报电话】 2015年国家发改委实现"12358"价格举报电话四级联网,从而使价格举报工作迈上一个新的台阶。为确保"12358"价格举报电话畅通无阻,做到"件件有回音,事事有着落",充分发挥其联系政府和广大人民群众的桥梁和纽带作用。截至年末,"12358"价格举报电话共受理价格投诉举报252起。其中,当场咨询答复211起,受理举报41起。全年消费者投诉举报的价格问题多为物业收费和停车场收费等。(冯晓琴)

【部分服务价格放开】 年内,阳泉市按照国家和省局"关于放开部分服务价格的通知"等文件精神,及时放开土地价格评估等7项专业服务价格;放开部分交通、铁路运输服务价格及相关经营服务性收费;放开机动车安检、环检收费,二手车交易服务收费;放开车用压缩天然气气瓶检验收费等政府定价事项;落实了自2015年6月1日起,除麻醉药品和第一类精神药品仍暂时由国家发改委实行最高出厂价格和最高零售价格管理外,取消了政府制定其他药品价格的管理制度。 (冯晓琴)

【城镇居民用气阶梯价格实施】 年内,市物价部门在科学测算的基础上,拟订《居民天然气分级用量阶梯价格听证方案》,并根据《山西省物价局政府制定价格听证办法实施细则》的有关规定,分别于2015年7月27日、28日、29日召开平定县、郊区、盂县居民天然气分级用量阶梯价格听证会。结合实际,提出《阳泉市实行天然气阶梯价格制度实施方案》,经广泛征求县区政府意见并上报市政府同意后,于2015年12月按照时间进度下发阳泉市《关于居民天然气实行阶梯价格制度的通知》。据此,市居民天然气阶梯价格制度从2016年1月1日起正式实行。 (冯晓琴)

【资源性产品价格改革】 年内,市物价部门积极推进资源性产品价格改革工作。气价方面,对省内天然气存量气和增量气的门站价格实行并轨,将现有门站价格分为居民用气价格和非居民用气价格两类,并实行最高限价管理;按照分步到位的原则,制定阳泉市非居民用气价格,重申和进一步理顺了集中供热用气价格和车用天然气最高零售价格。电价方面,为推行居民用电试行峰谷分时电价政策,根据山西省物价局要求,进行反复测算和调查研究,为省局出台此项政策做了基础性工作。年底,省局下发《关于居民用电试行峰谷分时电价政策的通知》,根据文件要求,阳泉市符合条件的用户可自愿选择实行峰谷分时电价政策,此项政策从2016年1月1日起试行。 (冯晓琴)

投资促进工作

【概况】 2015年,市投资促进局围绕"一圈两角"重点区域和"一带一路""京津冀" 协同发展国家战略,抢抓机遇,主动招商,一批带动性、标杆性强的项目纷纷落户,投资促进工作取得良好成绩。一是项目签约情况。全市通过省、市、县会审并签约的项目共186个,项目总投资780.1亿元,完成市级任务679亿元的114.9%。二是资金到位情况。全市共有254个项目实现外来投资到位,到位资金318.7亿元,完成市级目标任务300亿元的106.2%。其中省外境内项目119个,到位资金150.5亿元,占比47%。三是项目储备情况。全市共策划包装招商引资项目493个,总投资4413亿元,完成全市任务目标3300亿元的133.7%。 (尹俊伶)

【招商工作】 年内,阳泉市创新招商思路,明确招商重点,打造招商平台,改进招商方式,瞄准"一圈两角",采取专业化手段强化招商。

一是领导挂帅抓招商。市级领导亲自带队赴沈阳、本溪、武汉、广州、深圳、天津、长沙、佛山、杭州和上海等地,推进12万吨石头造纸、激光熔覆技术、智慧光伏电站基地、三峡新能源风电等项目,成功对接项目30个,实现意向项目11个,促成了总投资292亿元的11个项目成功签约,顺利推进总投资70亿元的8个项目。8月山西省组织的"央企山西行"活动,市委书记陈永奇带领市代表团与参会央企签订了总投资177亿元的项目。

二是借助平台抓招商。市投资促进局组织有关部门和各县区参加了第九届中博会、第十八届渝洽会、2015西部进口展及国际投资大会、2015厦洽会、第十七届高交会等,以及省政府组织的晋粤产业合作项目推介会、山西省—环渤海地区产业合作推介对接会、跨国公司入晋暨产业合作推介会等各类大型展会和招商活动,借助平台全力宣传推介,开展项目对接洽谈活动。通过对接洽谈,成功签订风电场、镍铁合金节能环保等8个项目,涉及总投资78亿元。一批知名企业专程到阳泉市,就投资环境、投资政策、投资领域和产业状况等进行深入考察。

三是委托代理抓招商。继续加强与阳泉市在天津、广州两家委托代理招商合作,结合阳泉市产业规划,成立专业化小分队,组织开展由项目企业参加的外出招商活动。年内,与世联行公司、广州无线电集团、迪森公司、天津渤华公司、天津汇通天下公司等企业的12个项目达成初步合作意向,成功对接了腾讯、广汽传祺、新润成陶瓷、宏帆集团、协鑫新能源、铁汉生态等企业。

四是市县协同抓招商。一方面,组织各县区参加国家和省各类大型展会,形成了政府组织、县区对接的抱团招商,各县区结合各自优势,充分利用活动寻找项目合作。另一方面,各县区也借助参加活动之机,自行组织了形式多样的招商活动。城区在深圳举办"2015山西阳泉城区(深圳)招商引资推介会",平定县在武汉成功举办"山西平定投资环境暨项目推介会",开发区在上海举办电子信息及云计算产业招商座谈会等。 (尹俊伶)

【招商服务】 年内,市投资促进局进一步完善局领导包县区、部室包项目的工作责任制,确定30个重点招商引资项目,分别明确责任领导和责任人;继续推行"旬督查、月排队、季通报、半年总结、全年交账"和定期例会的工作制度,对项目进行跟踪督促,了解项目进展情况和企业发展状况;继续做好外商投诉受理工作,及时协调解决项目推进过程中遇到的困难和问题,帮助北京金隅公司反馈采矿权问题,并协调督办相关部门落实。通过投促信息开展宣传工作,全年共审核发布66期,位列市直部门"政务信息"采编工作第四名。积极协同配合阳泉日报社,刊登有关招商引资宣传报道共72篇;及时开通微信平台,加大与客商的沟通对接力度,从而在字里行间发现商机,了解招商引资的最新动态。 (尹俊伶)

【区域合作】 近年来,国家提出"京津冀"协同发展战略,阳泉作为山西省东大门，紧邻华北平原，与北京、天津、石家庄距离较近，在承接环渤海经济圈产业转移方面具备一定的地理优势。年内，通过省投促局牵头，并根据市领导指示，报请入会；其间，成功邀请联席会办公室主要领导来阳泉市进行入会前的考察和指导工作；多次以观察员身份参加联席会的各项活动；在9月10日太原举办的环渤海市长联席会第十七次市长会议上，经成员市投票通过，成功加入环渤海合作市长联席会，成为含天津、沈阳、大连、石家庄、青岛、烟台、唐山共50个成员市之一，标志着阳泉市在深化区域合作方面迈出了坚实的一步。与此同时，围绕省级活动积极对接一带一路、长江经济带战略，与相关地区政府及企业进行多方面的交流沟通，寻求合作。（尹俊伶）

信息工作

【数字城管项目】 年内，市信息中心按照住建部“数字城管”建设标准，和阳泉市“数字城管”建设实施方案要求，完成了以下项目建设工作。一是全市52平方千米的部件数据普查，共计普查部件个数为164601个；二是住建部要求的9大子系统和结合阳泉市情况扩展建设的3个子系统的系统建设；三是呼叫中心的软、硬件平台建设；四是一级平台、二级平台的网络部署（各二级平台线路接入即可）；五是各区信息采集员的登记；六是“数字城管”培训教材和运行制度编制。阳泉市“数字城管”项目建设体现了两方面特点，一是坚持集约共享，充分利用智慧阳泉已建软硬件设施和已经整合的数据资源，如共享天网工程视频，极大地节约了投资；二是具有后发优势，充分应用新技术，如增加全市主要干道360度全景影像数据、每一个城市部件不但有地理编码还有部件实拍影像等。（杨燕美）

【智慧城市建设】 年内，市信息中心积极推进智慧城市建设，建设“智慧阳泉指挥中心”和“智慧阳泉数据中心”，在全省考核中被评为“优秀”等次。同时配合各单位积极推进教育信息化项目、城市地下管网普查项目、食品药品信息化监管项目等一批信息化项目。

智慧阳泉指挥中心　年内，中心整合的应用由28个单位35个应用上升为30个部门50余个信息化应用。同时该中心还是国土局地质灾害应急指挥中心和政法委社会综治指挥中心，而且市数字城管指挥中心组建后也将入驻该中心。

智慧阳泉数据中心　中心是依托移动公司建设1000M2IDC机房。截至年末，已有教育、人社、国土、农业等部门机房入驻，全市占用机柜30个。信息中心建设的阳泉市政务云平台已部署20个部门27个应用系统。

智慧公交项目　项目建设主体为市公交公司。涉及公众端的有电子站牌、手机查询、免费车站和车内无线上网，截至年末，该项目手机查询已经完工，部分电子站牌已建成。（杨燕美）

【无线网运行维护】 2015年，市信息中心主抓无线网的运行维护，出台《阳泉市免费无线网测试维护办法》，坚持及早发现问题、及早处理问题，保持优质工作状态。新建一批覆盖点，对270个CPE的电源进行改造，4G专网承载的各项应用逐步开展，新建的公交车免费上网开始实施。（杨燕美）

【网络舆情信息监测】 年内，市信息中心指定专人及时了解互联网动态，编辑《舆情信息》供市领导参考，全年共编发138期、489条，其中被市长批转到各县区、各部门办理的有22条（件），内容涉及私挖滥采、私搭乱建、环保、供暖、工资拖欠、生活保障、老百姓出行等问题。2015年，制作了《互联网动态》电子版138期在内网发布，专供市委书记、市长点击浏览。（杨燕美）

【互联网新闻报道】 年内，市信息中心发布要闻播报、部门视频、专题视频等各类视频新闻820多条，约1600多分钟，及时更新主打栏目，在网上发布各种文字新闻信息7400多条。每日更新的栏目有阳泉快讯、县区动态、国际国内、本网头条、今日关注、省内要闻、它山之石等；不定期更新（每周2—3次）栏目有媒体阳泉、热点聚焦、部门信息等。（杨燕美）

【政务信息公开】 年内，市信息中心指导督促全市各县区及市直各单位信息公开和直接承办市政府信息公开。全年共发布市政府文件105个，上报省政府信息1190条，被采用360条。为抓好此项工作，中心起草多份相关文件，以市政府文件印发全市执行。年末由市政府办公厅安排，组织专人对18个县、区和市直单位进行督查。此项工作阳泉在全省排名第一。（杨燕美）

【电子政务网络服务】 2015年，市信息中心对机房和10个节点的交换设备全部进行了改造，骨干网改为环线，全部按MPLS-VPN协议运行，全网达到4800芯千米。截至年末，全市接入该网的市直单位75个，接入终端电脑7000余台，基本覆盖了全市主要党政机关。在全省电子政务外网建设考核评审中，阳泉市排名第一。（杨燕美）

【信息化项目审查】 年内，市信息中心在项目审查中严把技术关，指导各项目单位进一步优化技术方案；严把投资关，推进和信息中心已建资源的共享，节约了项目投资，提高了财政资金的使用效益。全年共审查项目31个，涉及单位24家，审查资金6845.4万元，审定资金3812.5万元；在充分共享“智慧阳泉”信息资源的基础上，帮助多个项目单位进行方案优化，在项目功能只增不减的情况下节约财政资金3032.9万元。仅数字城管项目，原预算投资2300万元，经市场考查和共享共建，实际支出不到300万元。 （杨燕美）

无线电管理

【“黑广播”查处】 2015年，阳泉市无线电管理处共查处4例黑广播。由于“黑广播”发射的无线电信号对民航频段易造成干扰；播放的内容又多为虚假、低俗广告，诱人上当；功率设置大，会影响到附近居民的身体健康，危害极大。管理处立即进行部署，安排技术人员实施户外监测定位，提前与相关部门进行协调，共同采取行动，对黑广播进行现场查处。1月6日晚，市无管局联合市公安局、市文广新局等部门，对市首例“黑广播”进行查处。23日，市无管局同公安部门、文广新局查处了另一起黑广播。12月14日、18日，阳泉管理处联合相关部门，对位于小阳泉和矿区的两起黑广播进行查处。 （宋建宏）

【擅自设台案件查处】 2015年，阳泉管理处在完成大功率及重点无线电台站、频率监测核查工作中，发现有一擅自设台的“村村响广播”，经定位和查找，确定其发射机位于桃林沟村游乐园内。阳泉管理处人员入村了解具体情况，对村委会负责人现场宣讲国家相关法律法规以及擅自设台的危害性，下达关停处理决定。该村委会对管理处的处理决定表示认可，并立刻关停该设备，采取有效措施进行整改。 （宋建宏）

【无线电管理宣传】 自2015年9月9日开始，为庆祝《中华人民共和国无线电管理条例》颁布实施22周年，增进全社会对无线电管理法律法规的认识，阳泉市无线电管理处按照宣传月活动方案，充分利用现场宣传、电视、报纸和短信等媒介平台，开展广泛深入的宣传活动。

9日至10日，管理处深入平定县、郊区和盂县开展宣传，选择在平定县七一市场、郊区中心购物广场和盂县人民广场等人流密集的商业区进行现场宣传，散发无线电法律法规、漫画等资料共计百余份，并向过往群众讲解无线电相关知识。11日上午，管理处在德胜街与天桥商业街交叉的电信营业厅门前举行无线电管理宣传暨打击非法电台成果展示现场活动。活动中，展示了近年来在打击“黑广播”、伪基站和卫星电视干扰器等工作中查处的黑电台设备，以及考试保障工作中查处的无线电作弊器材等，充分展示无线电管理工作与人民生产生活密不可分的关系。同时，管理处人员耐心地解答了群众提出的相关问题，活动中共散发宣传资料200余份。“阳泉新闻”和阳泉日报社记者对管理局现场宣传活动进行了采访、报道。管理处在11日当天，还通过三大电信运营商短信平台，向手机用户发送无线电管理宣传短信。 （宋建宏）

中小企业管理

【概况】 2015年，阳泉市中小企业局紧紧围绕推进经济建设、加快转型发展的中心任务，为推进全市转型跨越发展奠定了坚实的基础。全市新培育小微企业1733户。阳泉经济技术开发区小微企业服务站荣获2014年度全省优秀小微企业服务站。

经济指标 年内，全市民营经济累计完成增加值92.5亿元，比上年下降13.36%；营业收入304.81亿元，比上年下降20.64%；上缴税金16.81亿元，比上年下降26.08%；实现利润12.1亿元，比上年下降26.31%。全市民营经济户数40693户，民营经济从业人员达21.59万人。全市中小企业累计完成增加值66.58亿元，比上年下降12.56%；完成现价总产值133.6亿元，比上年下降26.63%；营业收入210.5亿元，比上年下降13.72%；上缴税金13.19亿元，比上年下降30.19%；实现利润8.18亿元，比上年下降33.23%。全市中小企业7007个，中小企业从业人员达12.35万人。

企业培育 年内，阳泉市中小企业局大力实施中小微企业成长工程。一是培育“小升规”企业。建立及完善小升规基础库，入库企业119个。2015年市中小企业“小升规”入库企业7个，分别为阳泉市顺泰和工贸有限公司、山西压缩天然气集团晋东有限公司、平定华丰陶瓷有限公司、阳泉市古州陶瓷有限公司、阳泉市华盛裕洗选煤有限公司、阳泉元丰建材有限公司、盂县华亨铸件有限公司。二是培育“小巨人”企业。2015年培育“小巨人”企业梯队名单41户。

政策宣传 年内，市中小企业局落实支持民营经济发展的政策措施，促进民营经济健康快速发展。一是利用网络宣传。利用中国中小企业阳泉网宣传扶持中小微政策，鼓励中小企业和服务机构积极登陆山西省中小企业公共服务网络平台，通过浏览网页及时查阅和掌握政策。二是开展微信宣传。建立中小企业政策微信宣传群，实时进行扶持中小企业政策的更新和宣传，提高政策的知晓率和覆盖面。三是加大服务力度，开展送政策下基层活动。结合工信部和山西省开展的“大众创新、万众创业”活动周，将省中小企业局编印的《扶持中小微企业最新政策》等送到城区、矿区、开发区中小企业局，累计发放200余套。深入城区中小企业担保中心、开发区麟豪防盗门有限公司、明诺、金星等4家企业进行调研，了解企业生产经营情况，实际讲解国家和省市扶持中小微企业的政策。四是做好政策起草。结合实际，配合相关部门起草《阳泉市关于加快民营经济发展实施意见》，从拓宽发展空间、壮大市场主体、提升质量效益、加大要素支持、完善服务体系、加强组织领导等六个方面制定一系列措施。

项目扶持 年内，市中小企业局积极争取、落实国家、省和市对中小企业扶持的各项资金，重点扶持成长性好的中小企业项目。一是为3家企业争取到"2014年申报的劳动密集型小微企业财政补助资金"共计4万元；为3家企业争取到2014年申报的"2013年度山西省支持中小微企业加速壮大专项资金项目"共计10万元；阳泉经济技术开发区小微企业服务站，获2014年度全省优秀小微企业服务站"以奖代补"经费补助1万元；4家企业获山西省中小企业技术中心资金支持110万元；申报2014年山西省中小微企业品牌发展专项资金项目共计16个，其中"中国驰名商标"1个，"山西省著名商标"15个，15个"山西省著名商标"品牌获省级品牌建设专项资金合计75万元的支持。二是做好产业集聚区窗口平台的监督和绩效管理工作，在阳泉市耐火产业集群窗口平台和平定陶粒砂产业服务窗口平台进行调研，并督促两个窗口平台认真搞好公共服务平台网络建设专项资金项目绩效评价自评工作。三是积极申报省级中小企业公共服务示范平台。经自愿申报、地市推荐、专家评审等程序，市平定莹玉陶瓷有限公司、阳泉中科盈创企业管理咨询服务有限公司被山西省中小企业局认定为第四批山西省中小企业公共服务示范平台。

融资服务 一是向金融机构推荐优势中小企业，促成银企合作，在合作的金融机构中，阳泉城商行为200余家中小企业贷款143266万元、交行为10户企业贷款2952万元、工行为23家小微企业贷款9241.12万元。二是帮助融资性担保机构落实国家风险补偿政策支持，落实2015年金融机构风险补偿金申报工作，全市有两家金融机构申报，光大银行阳泉支行获得3万元风险补偿。三是加强银企对接，全面推广"助保贷"。2015年，各县区财政提供的风险金共计4180万元，累计为134家中小微企业发放贷款2.91亿元。 （张晨雪）

【企业创新交流与合作】 年内，市中小企业局促进中小企业创新交流和国内国际合作，引导和支持民营企业发展循环经济、低碳经济，支持民营企业积极推进技术创新，逐步改变装备陈旧、工艺落后、产品初级的现状，激发一批有品牌、有市场、有潜力的民营企业做大做强。一是同市投资促进局大力配合，积极推介市中小企业参与第十八届中国国际投资暨采购会。二是2015年9月组织市部分县（区）中小企业局及企业参加2015中国—阿拉伯国家博览会。三是2015年10月组织市砂器产业和产品参加第十二届中国国际中小企业主题博览会，大力宣传特色产品，突出展示陶瓷砂器产业，山西平定亮晶晶砂锅有限公司、平定县冠窑砂器陶艺有限公司、山西鑫杰陶艺有限公司3家优秀中小微企业20多种产品进行参展。 （张晨雪）

【民营经济运行特点】 2015年，阳泉市民营经济运行呈现四个特点。

一是降幅逐步收窄。2015年，全市民营经济累计完成增加值92.5亿元，比上年下降13.36%；季度降幅分别为：一季度，全市民营经济累计完成增加值23.64亿元，比上年下降18.57%；二季度，全市民营经济累计完成增加值47.94亿元，比上年下降20.1%；三季度，全市民营经济累计完成增加值65.31亿元，比上年下降20.3%。

二是经济效益下滑。2015年，全市民营经济实现利润12.1亿元，比上年下降26.31%。其中，一季度，全市民营经济实现利润4.3亿元，比上年下降18.41%；二季度，全市民营经济实现利润7.95亿元，比上年下降19.29%；三季度，全市民营经济实现利润11.29亿元，比上年下降28.6%。

三是规模工业企业低位运行。全市114家规模以上工业企业，全年完成增加值21.74亿元，比上年下降22.88%；营业收入68.72亿元，比上年下降23.91%；利润总额0.36亿元，比上年下降85.73%；上缴税金3.95亿元，比上年下降25.23%。

四是产品产量6升12降。2015年，列入统计考核的18种产品，有6种产品产量继续保持增长，分别为：原煤64.55%、食用植物油8.94%、肉制品7.94%、焦油122.22%、陶瓷62.89%、服装持平。有12种产品产量出现负增长，分别为：型煤-34.99%、洗精煤-19.58%、水泥-44.19%、耐火砖-48.13%、焦炭-4.17%、铸铁件-58.48%、水泥预制件-0.91%、生铝矾土-41.2%、铁矿石-48.48%、食醋-10.27%、磁性材料-32.5%、杂粮系列-0.27%。 （李建华）

工业

综合工作

【概况】 2015年,阳泉市工业经济围绕全年目标任务,努力化解各种不利因素,呈现下降幅度逐月收窄的运行态势,进入8月后,连续5个月实现当月正增长。

工业经济降幅收窄 年内,全市规模以上工业生产呈现出下降幅度逐步收窄的走势,完成增加值178.84亿元,比上年下降4.1%,比省考核目标低8.1个百分点。分季度看,一季度下降14.9%,上半年下降11.7%,前三季度下降7.7%,全年下降幅度4.1%,比降幅最高的2月末(-30.9%)收窄幅度26.8个百分点。分轻重工业看,轻工业完成工业增加值5.0亿元,增长20.8%,占全市工业比重2.8%;重工业完成工业增加值173.8亿元,下降4.6%,占全市工业比重97.2%。分隶属关系看,只有市属企业实现增长,完成工业增加值17.47亿元,占全市比重9.77%,比上年增长22.25%,拉动全市工业增长1.68个百分点;中央企业完成工业增加值4.74亿元,占全市比重2.65%,比上年下降1.09%,影响全市工业增长0.03个百分点;省属企业完成工业增加值86.47亿元,占全市比重48.35%,比上年下降10.39%,影响全市工业增长5.36个百分点;县区企业完成工业增加值71.15亿元,占全市比重39.23%,比上年下降1.08%,影响全市工业增长0.41个百分点。分企业规模看,大中型企业完成工业增加值132.54亿元,比上年下降6.9%,降幅高于全市2.8个百分点,占全市比重74.1%。分县区看,平定县完成工业增加值26.7亿元,比上年增长1.6%,占全市的14.9%,拉动全市工业增长0.22个百分点;盂县完成工业增加值54.9亿元,比上年增长1.0%,占到全市的30.7%,拉动全市工业增长0.3个百分点;郊区完成工业增加值15.0亿元,比上年增长0.4%,占到全市的8.4%,拉动全市工业增长0.03个百分点;城区完成工业增加值5.1亿元,比上年下降7.8%,占到全市的2.9%,影响全市工业增长0.23个百分点;矿区完成工业增加值73.2亿元,比上年下降9.5%,占到全市的40.9%,影响全市工业增长4.1个百分点;开发区完成工业增加值4.0亿元,比上年下降15.4%,占到全市的2.2%,影响全市工业增长0.35个百分点。分行业看,煤炭行业完成工业增加值129.04亿元,占全市工业比重72.2%,比上年下降2.52%,影响全市增长1.87个百分点;电力行业完成工业增加值13.88亿元,占全市工业比重7.8%,比上年下降5.44%,影响全市增长0.38个百分点;冶金行业完成工业增加值5.73亿元,占全市工业比重3.2%,比上年下降16.57%,影响全市增长0.53个百分点;机电行业完成工业增加值7.43亿元,占全市工业比重4.2%,比上年下降18.42%,影响全市增长0.8个百分点;炼焦行业完成工业增加值0.7亿元,占全市工业比重0.4%,比上年下降8.09%,影响全市增长0.03个百分点;建材行业完成工业增加值8.32亿元,占全市工业比重4.7%,比上年下降6.44%,影响全市增长0.27个百分点,其中,耐火行业完成工业增加值4.2亿元,占全市工业比重2.3%,比上年增长8.5%;化工行业完成工业增加值1.35亿元,占全市工业比重0.8%,比上年下降44.0%,影响全市增长0.49个百分点。其他行业完成工业增加值12.38亿元,占全市工业比重6.9%,比上年增长4.75%,拉动全市增长0.26个百分点。

调控产品10增19降 全市重点调控的30种产品中,增长的有10种,占到33.3%,其中,原煤增长2.3%,氧化铝增长9.7%,铝材增长73.2%,耐火材料增长3%,食用植物油增长13.1%,钢绞线增长4.1%,蓄电池增长119.9%,石墨及碳素增长20.6%,软饮料增长19.5%,自来水增长 8.5%；下降的有 19 种，占到 63.3%，其中洗煤下降 14.1%，焦炭下降 6%，变压器下降 14.8%，煤层气下降 6.6%，电力线缆下降 27.9%，润滑油下降 14%，水泥下降 25.7%，砖下降 58.6%，发电量下降 10.9%，铝锭下降 84.4%，钕铁硼下降 68.8%，阀门下降 22.6%，家具下降 1.8%，泵下降 73.5%，乳制品下降 6.4%，铸铁件下降 18.4%，食品添加剂下降 7.3%，商品混凝土下降 15.3%，矿山专用设备下降 18.5%。停产的产品为粉末冶金。（王立泽　丛　斧）

【综合协调服务】 年内，阳泉市经信委以搞好煤、电、运等生产要素的综合协调服务为抓手，推进煤电一体化进程。全市 4 户省调发电企业实现煤电一体或签订长效合同全覆盖，阳光发电公司与百度云计算阳泉中心、阳煤电石、太钢岚县矿业、春雷铜材等 4 户企业签订大用户直供电协议，交易电量 6 亿千瓦小时，提高发电企业机组利用小时数近 500 小时，降低用电企业成本 2400 余万元。支持和帮助用电企业申报用电增量奖励，共为 21 户企业申请奖励资金 1253.96 万元。为应对经济下行压力，牵头制定《关于进一步促进工业稳增长的若干措施》（工业 22 条），促进工业稳增长。研究出台《工业企业支持服务重点工程建设工作推进方案》，发布阳泉市重点产品推荐目录，涵盖冶金、化工、建材、装备、LED 等行业，鼓励和引导市内重点工程项目在同质、同价条件下，优先就近采购使用本地产品，努力扩大本地工业品使用比率。制定《全市重点工业企业帮扶活动实施方案》，牵头组织各帮扶工作组深入全市 98 户工业企业现场办公，针对性解决企业存在的困难和问题。先后协调处理了电力项目建设、百度云计算项目用电、天元家电项目建设、阳煤集团所属 9 大项目建设等相关问题。为切实减轻企业负担，落实省政府 60 条减负措施，起草《阳泉市减轻企业负担促进工业稳定运行的若干措施》62 条，并经市政府研究通过下发。建立减轻企业负担联席会议制度，强化沟通协调，形成分工协作、齐抓共管的企业减负长效机制，全年为企业减轻负担 15.72 亿元。（王立泽　丛　斧）

【工业结构调整】 年内，市经信委按照“稳定煤炭、加快电力、扩大煤化、做强装备、创新冶金、重组耐材”的结构调整思路，推进传统产业改造提升和新兴产业发展壮大。河坡发电公司“上大压小”2×35 万千瓦发电项目实现并网发电，生活垃圾焚烧发电 2×1.5 万千瓦项目、晋能集团盂县鑫磊 2×35 万千瓦低热值煤发电项目正式开工建设；阳煤西上庄 2×66 万千瓦低热值煤发电项目通过核准；阳煤远盛 2×35 万千瓦发电项目、山西国际能源裕光煤电 2×100 万千瓦发电项目核准所需支持性文件除环评报告外，其余全部取得，具备核准后一个月内浇灌首灌混凝土的条件；有序推进盂县—河北南网 500 千伏输变电工程，进一步提高外送电能力；风能、太阳能等新能源发电项目取得进展。全市现有、在建、前期电力项目总装机 1000 万千瓦。全部项目建成后，电力产业将成为继煤炭产业之后的第二大支柱产业。阳煤集团 60 万吨乙二醇项目一期 20 万吨已累计完成 27.7 亿元；阳泉市凯丰耐火材料有限公司年产 2 万吨非金属矿物超细粉生产线、庚光高温 5 万吨不定型耐火材料项目、元丰建材年产 20 万吨石灰石粉技术改造项目、王垅耐火材料生产线技术改造项目基本建成。百度云计算一期累计完成投资 18 亿元，年内完成投资 3.35 亿元，继 2#、4# 模组运行的基础上，完成 1#、3# 模组建设投运工作。华越机械高端液压支架油缸、山西贝特瑞金刚石纯化粉项目进展顺利。盂县 10 万吨非晶合金变压器带材等制造项目前期有序开展。年内，全市非煤产业完成增加值 49.8 亿元，占全市工业比重 27.9%，比省考核目标高 5.7 个百分点；全市工业投资完成 259.6 亿元，比上年增长 18.2%，占全社会投资比重的 43.22%，其中新兴产业完成投资 138.9 亿元，比上年增长 14.1%，占工业投资比重的 53.51%。（王立泽　丛　斧）

【节能降耗】 年内，市经信委组织开展能源效率标识、焦化行业能耗限额标准、固定资产投资项目节能评估、火电行业运行和燃煤发电机组超低排放改造实施等专项监察，督促企业自查整改，促进企业贯标达标。围绕重点节能工程，在工业领域推广先进适用节能技术和节能新产品，鼓励引导企业开展节能技术改造，使技术节能在降耗中起到关键作用，全年共推进实施重点节能技术改造及资源综合利用项目 10 项，其中山西双远建设工程有限公司拌和站油改气等 9 个项目竣工投产，完成投资 1.64 亿元，实现节能 1.3 万吨标煤。运用市场化手段，推进节能工作开展，实施阳煤集团一矿、二矿、新景矿井下巷道照明系统 LED 照明改造项目，氧化铝二期蒸发循环式系统 2 台冷水泵、2 台热水泵节能项目，阳煤发供电分公司第三热电厂 4# 炉声波吹灰改造等合同能源管理项目，共利用合同能源管理资金 3149.6 万元。落实《阳泉市电机能效提升实施方案（2013—2015）》，先后推广高效电机 480 台 24550 千瓦，电机系统节能改造 130 台 11000 千瓦，完成任务的 141%；淘汰改造低效电机 750 台 41050 千瓦，完成任务的 100.3%。开展节能宣传活动，制定下发《关于 2015 年阳泉市节能宣传周和低碳日活动安排的通知》，组织市电视台、电台、阳泉日报社、阳泉政府网等媒体深入企业和单位采访，设立节能专题和专栏。深入各县区、重点耗能企业及居民社区发放宣传册 2000 余份、宣传扇 2000 余把，在社会上形成良好的节能氛围。年内全市万元 GDP 能耗下降 2.51%，比省下达的 2.5%节能目标多下降 0.1 个百分点。（王立泽　丛　斧）

【阳泉市首笔自愿节能交易】 开展项目节能量交易是发挥市场配置资源决定性作用、推进节能工作的一种新机制。用能单位可将技术改造或淘汰生产装置形成的节能量作为资产,通过出售而获得收益,有利于增强节能的内生动力,同时也为落实国家关于能耗等量或减量量换的政策要求、严格控制高耗能行业能耗增量提供了市场化解决办法。阳泉金隅通达高温材料有限公司是2013年新建企业,受2013年投产调试、2014年停产技改等因素影响,生产一直处于非正常状态,两年产量仅达到生产能力的30%左右,致使该企业节能量仅完成节能指标进度的70%。为促进企业落实各项节能政策措施,更好地履行社会责任,经征求国家有关部门意见,在参照其他试点省市做法基础上,阳泉冀东水泥有限责任公司将其990吨标煤的节能量转让给阳泉金隅通达高温材料有限公司,成为阳泉市首笔自愿节能量交易。 (王立泽 丛 铧)

【资源综合利用】 年内,市经信委推进煤矸石、煤层气、粉煤灰和废旧家电、电池等综合利用,全市资源综合利用水平有了明显提高。推动阳泉天元集团"家电销售—报废家电绿色回收—无害化处理—资源再制造—再销售"的商业模式创新,建成废弃电器电子产品、报废汽车回收拆解2个项目和1条洗衣机生产线,设计能力为年回收拆解废弃电器电子产品165万台,拆解报废汽车2万辆,年产洗衣机50万台,项目达产后,年销售收入可达5.3亿元。阳煤集团山西吉天利科技有限公司废旧铅酸电池及电子产品无害化处理项目建成,在建设吉天利国家"城市矿产"示范基地的同时,打造集废铅蓄电池、锂离子电池、报废汽车拆解、七类废物、废钢等资源回收、交易、科研、深加工为一体的全新循环经济产业基地,形成"废铅蓄电池回收—无害化处理—材料资源化利用—铅蓄电池生产—销售—废铅蓄电池回收"的闭合循环产业链。2月4日,工信部和环保部联合公告了包括阳煤集团山西吉天利科技有限公司、风帆股份有限公司清苑分公司等14家企业在内的《符合〈铅蓄电池行业准入条件〉企业名单(第三批)》,全国共有27家铅蓄电池生产企业通过行业准入。年内,通过政策引导、资金扶持,全市资源综合利用企业达到52家。煤矸石、粉煤灰等工业固体废弃物综合利用量达到1171.7万吨,固废资源综合利用率完成72.2%,比省下达71%的资源综合利用目标任务高1.2个百分点。 (王立泽 丛 铧)

【园区建设】 年内,平定县龙川工业园区规划调整完成,为阳煤乙二醇、晋东化工集团等项目落地建设创造了条件。阳泉开发东区工业园规划编制工作经市政府常务会议研究通过,明确园区产业定位、用地空间、道路交通、基础设施建设等重点事项,为装备产业、信息产业发展奠定了基础。天元废旧家电拆解及绿色家电项目、国际能源盂县裕光煤电2×100万千瓦燃煤超超临界空冷发电机组项目等一批龙头落户园区。 (王立泽 丛 铧)

【"两化融合"】 年内,市经信委推介山西华鑫电气有限公司申报工信部"两化融合"(信息化与工业化的高层次深度结合,以信息化带动工业化、以工业化促进信息化)管理体系贯标试点企业,推介山西建工神华暖通设备有限公司、阳泉市长青石油压裂支撑剂有限公司申报互联网与工业融合创新试点企业。组织19户企业完成企业评估诊断和对标工作,形成辖区内企业"两化融合"发展水平评估表,指导企业明确发展重点和定量目标,探索科学、分类、定量、持续推进区域"两化融合"的新模式,逐步建立市、县协同推进工作机制。 (王立泽 丛 铧)

【信息化建设】 年内,按照"宽带中国"示范城市建设要求,阳泉市成立了以分管市长为组长的"宽带中国示范城市建设领导组",出台《宽带中国示范城市建设实施方案》,明确指导思想、发展目标、主要工作、保障措施,促进了全市宽带网络建设。截至年末,全市城市家庭20Mbps及以上宽带接入能力达100%;农村家庭4Mbps及以上宽带接入能力达99.3%;固定宽带家庭普及率达73%;3G/4G移动电话人口普及率达67%;4M及以上宽带用户渗透率达100%;8Mbps及以上宽带用户渗透率达57.6%。全市移动电话用户数达151万人,其中3G用户数达53万人,4G用户数达49.3万人。全市基站建设规模达6716个,其中3G基站2137个,4G基站建成2111个,实现城区及乡镇全覆盖。推动市政府与中国联通山西省分公司签订"互联网+"合作协议,对整合政府信息资源、提高政府工作效率和服务水平、促进信息化与工业化、城镇化和农业现代化深度融合、推动信息惠民工程实施起到促进作用。 (王立泽 丛 铧)

【《阳泉市减轻企业负担促进工业稳定运行的若干措施》出台】 为落实省政府《关于印发山西省减轻企业负担促进工业稳定运行若干措施的通知》精神,市经信委召集35个有关单位先后召开2次专题会议,广泛征求各部门意见建议,起草《阳泉市减轻企业负担促进工业稳定运行的若干措施》。该措施共62条,其中涉企行政权力方面1条、涉企收费方面24条、政策支持方面13条、创优环境方面24条。在涉企行政权力方面,取消、接收省下放、改为属地管理的涉企行政权力事项262项。其中,取消30项,接收省下放14项,改为市、县、区属地管理218项。该措施于4月1日起执行。 (王立泽 丛 铧)

【《关于加快民营经济发展的实施意见》出台】 年内,为推动民营经济发展，阳泉市委、市政府出台《关于加快民营经济发展的实施意见》。该意见设8部分34条，主要措施包括拓展发展空间、壮大市场主体、提升质量效益、加大要素支持、完善服务体系、加强组织领导五大方面。在拓宽发展空间方面，重点是放宽市场准入，放开民间投资领域，推进简政放权；在壮大市场主体方面，重点是鼓励大众创业鼓励做大规模加强商协会建设优化招商引资机制；在提升质量效益方面，重点是加快产业转型，推进现代农业产业，发展现代服务业，壮大产业集群，支持品牌建设，规范完善法人治理结构；在加大要素支持方面，重点是加大财税支持，扩大有效信贷，拓宽融资渠道，解决用地问题，提高技术创新能力，提升民营企业家管理素质，支持引进人才，完善职业技能培训体系；在完善服务体系方面，重点是健全社会中介服务，完善公共资源交易平台建设，保障民营企业合法权益，加强诚信建设，加强安全生产，加强区域交流合作。该意见明确提出：到2020年，民营经济增加值占全市GDP的比重达到50%左右，年均提高3个百分点以上；民营经济从业人员年均新增1.5万人以上，占全市新增就业人数的60%以上；民间投资占全市固定资产投资的比重年均提高1个百分点以上。该意见还就体制机制、考核督查、统计监测、结对帮扶、宣传引导、思想政治工作及党的建设做出具体规定。　（王立泽　丛　耸）

【参加第十二届中国国际中小企业主题博览会】　10月10日至11月4日，阳泉市经信委组织相关企业参加了第十二届中国国际中小企业主题博览会。博览会由工业和信息化部、国家工商行政管理总局、广东省人民政府和马来西亚国际贸易与工业部联合主办。山西平定亮晶晶砂锅有限公司、平定县冠窑砂器陶艺有限公司、山西鑫杰陶艺有限公司3家优秀中小微企业20多种产品进行了展示。　（王立泽　丛　耸）

煤炭工业

【阳煤集团概况】　2015年，阳煤集团坚持外延增长与内涵提升并重，企业各项经营指标稳定攀升，营业收入实现2017亿元，利税实现55亿元。全年投资总额237亿元，总资产达2050亿元。煤矿人均效率实现1181吨。位列中国煤炭企业10强、全国企业百强、世界企业500强之中。

截至年底，阳煤集团生产、技术改造和新建矿井48座，产能9520万吨/年，其中，生产矿井29座，公告生产能力6700万吨/年；技术改造矿井16座，设计生产能力1320万吨/年；新建矿井3座，设计产能1500万吨/年。阳煤集团煤炭产业职工总数136295人，其中，合同工73944人，劳务派遣工3330人，其他用工31763人，离退休职工27258人。煤炭产量完成7623万吨，比上年增加350万吨，增幅4.82%；品种煤产量完成1238万吨，比上年增加60万吨，增幅5.06%，其中块煤588万吨、喷粉煤646万吨、粒级煤4万吨。煤炭产业收入174亿元，比上年减少48亿元，减幅21.62%；煤炭利润完成4745万元，比上年减少4.99亿元，减幅91.33%；煤炭销量完成7060万吨，比上年增加158万吨，增幅2.29%；煤炭价格完成238.76元/吨，比上年减少97.49元/吨，减幅28.99%；煤炭安全死亡9人，死亡率0.118人/百万吨，比上年增加0.049人/百万吨，增幅71.64%。

战略调整　年内，阳煤集团第四次调整发展战略，实现了从20世纪90年代“煤与非煤并重并举”、2008年后“强煤强化”、2012年后“煤电化一体”，至2015年形成以煤炭开采和洗选为主业，煤化工、煤电铝产业为“两翼”，地产建筑、装备制造、金融、现代服务业同振发展的“一主两翼七大板块”产业格局，并将“127”发展战略作为提升企业的重中之重。把企业经营策略适时调整到“大强并举”上来，启动“一揽子”降本增效措施，阳煤建设迈出实质性步伐。鉴于电力产业拉动煤、支撑化铝的战略作用，布局电力产业发展，组建售电公司，生产、在建和取得“路条”的电力装机容量达600万千瓦，电力产业发展构架稳步搭建。

安全管理　2015年，阳煤集团全面贯彻《中华人民共和国安全生产法》要求，重新梳理安全生产责任制，修订《领导干部安全问责规定》，坚持事后问责与重大安全隐患追责、非伤亡事故和“安全红线”问责并重，全年共问责死亡事故4起，涉及问责92人，对6名队级干部、27名科级干部、42名处级干部进行党纪政纪处分，撤职、免职（降级）26人，经济处罚120万元。阳煤集团领导挂牌包保检查696次，其中，煤矿398次，非煤单位288次，对10个重点单位包保122次。

辅业产业　2015年，阳煤集团地产集团对外承揽项目工程辐射至蒙古、北京、重庆、太原、临汾、阳泉及周边地区，收入完成92亿元，比上年增加0.3亿元，增幅0.3%；利润完成5.3亿元，比上年增加2.6亿元，增幅95.2%。装备制造产业实现营业收入50.79亿元，利润10031万元。阳泉煤业集团国际贸易有限公司实现销售收入505.55亿元，其中，煤炭业务完成49.42亿元，比上年减少4.07亿元；大宗物资业务完成431.05亿元，比上年增长1.83亿元；化工产品业务完成13.56亿元，比上年减少21.48亿元；设备采购完成11.51亿元，比上年增加2.70亿元；全年累计利润总额-4886.67万元。阳泉煤业集团物资经销有限责任公司累计实现销售收入155.56亿元，其中，物资采购供应业务23.76亿元，比上年减少14.34亿元；贸易业务92.96亿元，比上年减少8.96亿元；利润总额完成2517.58万元。　（牛青麓）

2015年度阳煤集团主要指标完成情况一览表

表 12

指　标　名　称	计量单位	本年累计	上年同期	同比增减	增长%
一、综合					
1. 营业收入	万元	19962363	20475016	-512653	-2.50
其中:煤炭产业	万元	1741688	2222131	-480444	-21.62
化工产业	万元	5552302	3983387	1568915	39.39
铝电产业	万元	2817810	2938536	-120726	-4.11
装备制造及新兴产业	万元	570190	723699	-153509	-21.21
建筑建材地产业	万元	992302	995075	-2773	-0.28
物流贸易业	万元	7368874	8546066	-1177192	-13.77
中小企业及服务业	万元	919197	1066122	-146925	-13.78
2. 利税合计	万元	576953	765863	-188910	-24.67
(1)利润总额	万元	3893	20775	-16882	-81.26
(2)税　　费	万元	573060	745088	-172028	-23.09
3. 资产总计	万元	20564448	18283255	2281193	12.48
4. 负债合计	万元	17651716	15013404	2638312	17.57
5. 生产经营总值	万元	6847810	7676165	-828355	-10.79
6. 工业总产值	万元	5159177	5981356	-822179	-13.75
其中:在地统计	万元	2243730	2862707	-618977	-21.62
7. 工业销售产值	万元	5093356	5962590	-869234	-14.58
8. 出口交货值	万元	13072	34319	-21247	-61.91
9. 工业增加值	万元	2111595	2495255	-383661	-15.38
其中:在地统计	万元	723920	1034812	-310892	-9.52
10. 投资完成额	万元	2373772	2703500	-329728	-12.20
其中:阳泉地区	万元	1034122	980701	53421	5.45
11. 综合能源消费量	万吨标煤	349.38	347.97	1.41	0.41
其中:在地统计	万吨标煤	331.68	333.95	-2.27	-0.68
12. 万元产值综合能耗	吨标煤/万元	1.319	0.970	0.350	36.06
其中:在地统计	吨标煤/万元	1.478	1.151	0.328	28.47
13. 阳泉地区用电量	万千瓦小时	288955	346680	-57725	-16.65
14. 全部职工期末人数	人	155306	164185	-8879	-5.41
15. 全部职工平均工资	元/人	45661	53816	-8155	-15.15
二、煤炭					
1. 原煤产量(上报数)	吨	76226691	72718898	3507793	4.82

续表 12-1

指　标　名　称	计量单位	本年累计	上年同期	同比增减	增长%
其中:在地统计	吨	38837941	37232606	1605335	4.31
2. 商品煤产量	吨	71602715	69580658	2022057	2.91
其中:阳泉地区	吨	40497591	35031477	5466114	15.60
3. 商品煤售价	元/吨	238.76	336.25	–97.49	–28.99
其中:阳泉地区	元/吨	261.72	371.06	–109.34	–29.47
4. 原煤单位成本	元/吨	215.29	303.32	–88.03	–29.02
5. 品种煤产量	吨	12382842	11786638	596204	5.06
其中:块煤产量	吨	5882169	5630937	251232	4.46
喷粉煤产量	吨	6455853	5855656	600197	10.25
粒级煤产量	吨	44820	300045	–255225	–85.06
6. 煤炭销量	吨	70601879	69018034	1583845	2.29
7. 掘进总进尺	米	366012	413276	–47264	–11.44
8. 煤炭外运量	吨	68521706	66552140	1969566	2.96
9. 煤炭期末库存	吨	3290705	2040435	1250270	61.27
10. 回采面平均单产	吨/个·月	122219	134956	–12737	–9.44
11. 掘进面平均单进	米/个·月	180.73	184.15	–3.42	–1.86
12. 生产掘进率	米/万吨	45.52	52.62	–7.10	–13.49
13. 综采机械化程度	%	100.00	100.00	–	–
14. 掘进机械化程度	%	84.24	88.70	–4.46	–5.03
15. 原煤生产人员效率	吨/工	6.470	5.570	0.900	16.16
16. 回采面工人效率	吨/工	55.885	51.007	4.879	9.56
17. 掘进面工人效率	米/工	0.134	0.139	–0.005	–3.40
18. 商品煤灰分	%	21.91	21.42	0.49	2.29
19. 原煤电力消耗	千瓦小时/吨	27.49	27.16	0.33	1.22
20. 百万吨死亡率	人/百万吨	0.118	0.069	0.049	71.64
21. 采区回采率	%	79.73	80.06	–0.33	–0.41
三、非煤主要产品产量					
1. 化工产品总产量	实物吨	9222312	9427770	–205458	–2.18
其中:尿　素	吨	4415730	3957641	458089	11.57
甲　醇	吨	438283	690300	–252017	–36.51
聚氯乙烯	吨	54398	93106	–38708	–41.57
离子膜烧碱	吨	402698	406944	–4246	–1.04

续表 12-2

指 标 名 称	计量单位	本年累计	上年同期	同比增减	增长%
聚乙烯醇	吨	45638	40686	4952	12.17
1,4– 丁二醇	吨	63163	69043	–5880	–8.52
白乳胶	吨	17256	20272	–3017	–14.88
碳 铵	吨	250002	343863	–93861	–27.30
纯 碱	吨	—	29855	—	—
复合肥	吨	165409	174234	–8825	–5.07
炸 药	吨	2037	3455	–1418	–41.03
辛 醇	吨	204237	186457	17780	9.54
聚四氢呋喃	吨	23609	31900	–8291	–25.99
焦 炭	吨	703757	486063	217694	44.79
硝酸铵	吨	111668	189398	–77731	–41.04
电 石	吨	233891	307247	–73356	–23.88
液 氯	吨	285322	289723	–4400	–1.52
2. 化工产品总销量	实物吨	9029576	8879086	150490	1.69
3. 发电量	万千瓦时	564643	497948	66695	13.39
4. 供热量	万百万千焦	749	778	–29	–3.68
5. 商品铝	吨	95077	139021	–43944	–31.61
6. 氧化铝	吨	664323	605670	58654	9.68
7. 金属镓	公斤	31403	25963	5440	20.95
8. 输送带	平方米	3112909	2544074	568835	22.36
9. 水 泥	吨	660746	1000866	–340120	–33.98
10. 瓦 斯	万立方米	136865	114099	22765	19.95
11. 免烧砖	万块	253	610	–358	–58.60
12. 液压支架	台	1218	1938	–720	–37.15
13. 采煤机	台	14	10	4	40.00
14. 掘进机	台	20	25	–5	–20.00
15. 变压器	台	615	824	–209	–25.36
16. 铅酸蓄电池	千瓦安时	250991	114121	136870	119.93
17. 机械电器加工产品	万元	158989	211386	–52397	–24.79
18. 施工单位产值	万元	410310	592716	–182406	–30.77

（牛青麓）

阳煤集团在中国和世界 500 强企业排名一览表

表 13　　单位：亿元

年　度	营业收入	名　次	
		中国 500 强排名	世界 500 强排名
2002	34.1	306	—
2003	44.3	310	—
2004	60.1	288	—
2005	91.4	279	—
2006	136.9	227	—
2007	184.7	206	—
2008	226.2	217	—
2009	343.7	179	—
2010	496.0	128	—
2011	755.6	108	—
2012	1197.6	93	—
2013	1803.1	68	407
2014	1917.9	79	391
2015	1811.3	88	409

说明：1.中国和世界 500 强企业排名主要以企业上年度营业收入数据为依据，由高到低进行排序。2."中国企业 500 强"是由中国企业联合会、中国企业家协会按照国际惯例进行的年度排名，从 2002 年首届中国企业 500 强排名开始，至今已举办十四届，被视为观察和了解中国企业的风向标。3."世界 500 强"是中国人对美国财富杂志每年评选的"全球最大五百家公司"排行榜的一种约定俗成的叫法。《财富》世界 500 强排行榜一直是衡量全球大型公司的最著名、最权威的榜单，由《财富》杂志每年发布一次。阳煤集团从 2013 年开始首次入围，连续三年进入世界 500 强。　（牛青麓）

截至 2015 年阳煤集团八大园区累计投资情况一览表

表 14　　单位：万元

项目名称	规　模　能　力	投资估算	截至年底累计完成投资
寿阳园区	—	1035508	309094
于家庄矿井项目	500 万吨 / 年煤矿	365000	3506
寿阳明泰电厂项目	2×35 万千瓦低热值煤电厂	328994	50400
寿阳乙二醇项目	20 万吨 / 年乙二醇	341514	255188
晋东园区	—	961548	290041
仪村矿井项目	500 万吨 / 年煤矿	365000	—
昔阳电厂项目	2×35 万千瓦低热值煤电厂	300000	—
昔阳氯碱化工项目	22 万吨 / 年离子膜烧碱、20 万吨 / 年 PVC	296548	290041
晋北园区	—	3144100	28800
白家沟矿井项目	1000 万吨 / 年煤矿	630000	—
宁武电厂项目	2×35 万千瓦低热值煤电厂	314100	28800
化工项目	60 万吨 / 年甲醇制烯烃、40 亿立方米 / 年煤制天然气(一期 20 亿立方米 / 年)	2200000	—

续表 14-1

项目名称	规模能力	投资估算	截至年底累计完成投资
翼城园区	—	1630000	0
隆化北煤炭项目	500 万吨 / 年煤矿	400000	—
电厂项目	2×35 万千瓦低热值煤电厂	300000	—
化工项目	2×30 万吨 / 年煤制芳烃	930000	—
稷山园区	—	243196	243196
丰喜稷山尿素联产 LNG 项目	30 万吨合成氨、52 万吨尿素联产 6.5 万吨 LNG	243196	243196
阳泉园区	—	1247425	304110
西上庄煤炭项目	500 万吨 / 年煤矿	365000	31723
西上庄电厂项目	2×66 万千瓦低热值煤电厂	520000	0
平定乙二醇项目	40 万吨 / 年乙二醇(一期 20 万吨 / 年)	362425	272387
新疆园区	—	1515873	937463
煤炭项目	800 万吨 / 年煤矿	390000	—
电厂项目	2×35 万千瓦低热值煤电厂	276796	172914
化工项目	40 万吨电石、20 万吨 BDO、6 万吨 PTMEG	849077	764549
太原园区	14 万吨 / 年己二酸、20 万吨 / 年己内酰胺、20 万吨 / 年粗苯加氢精制及 3 万吨 / 年重苯加工搬迁	1348587	1277137
合　计	—	11126237	3389841

（牛青麓）

2015 年度阳煤集团列入山西省重点工程投资完成情况一览表

表 15　　单位:万元

项目名称	建设规模	总投资	计划投资	完成投资
平舒七元铁路专用线	总长 15 千米	171820	20000	4294
寿阳博奇低热值煤发电项目	2×350 兆瓦 / 年	328994	80000	29400
左权低热值煤发电项目	2×660 兆瓦 / 年	450000	130000	14811
西上庄低热值煤发电项目	2×660 兆瓦 / 年	520000	50000	0
阳煤集团设计研发中心	6.76 万平方米	72200	55000	15012
太化新材料园区	20 万吨 / 年己内酰胺,14 万吨 / 年己二酸,12 万吨 / 年聚甲酸	1348587	200000	250500
晋北煤制天然气项目	20 亿立方米 / 年	1200000	30000	0
寿阳乙二醇项目	20 万吨 / 年	341514	120000	145805
昔阳氯碱项目	40 万吨 / 年离子膜烧碱、40 万吨 / 年 PVC	296548	112900	152552
平定乙二醇项目	20 万吨 / 年	362425	120000	100000
丰喜稷山焦炉气综合利用生产尿素联产 LNG 项目	30 万吨合成氨、52 万吨尿素联产 6.5 万吨 LNG	192500	50000	54200
大宁双孢菇项目	11500 吨	35000	17000	8323
合　计		—	984900	774897

（牛青麓）

【阳煤集团入股阳泉市商业银行】 12月24日，阳煤集团与阳泉市商业银行在阳泉宾馆会议中心签订股份认购协议。市委副书记、代市长董一兵，市政府秘书长王明厚，阳煤集团公司总会计师廉贤，市商业银行行长李首明出席签约仪式。阳煤集团出资2.7亿元，认购阳泉市商业银行13500万股。阳煤集团入股阳泉市商业银行可在短时间内扩大商业银行资产规模，进一步优化商业银行治理结构，提高内部控制水平，扩大影响力和市场份额，提升抵御风险能力，实现持续发展。同时，可以使阳煤集团优化资本配置，在转型升级中提升盈利能力，促进双方经济共同发展。（牛青麓）

【一矿概况】 2015年，阳煤集团一矿连续4届12年蝉联"全国文明单位"，并首次荣获"全国五一劳动奖状"称号，成为年度唯一获此殊荣的省属煤炭企业。

安全工作　狠抓全员"规矩意识"强化，引导职工敬畏制度、遵章守纪。共整改各类隐患54824条，抓处操作领域违章4568人次，罚款79.6万元，实现强化干部作风与规范职工行为的互融共促。持续加大科技兴安力度，投资1729万元增容瓦斯监控系统，完善抽放系统抑爆装置，改造杨坡堰防越级跳闸系统，完成高家沟降阻工程，敷设抽放管路8704米，施工抽采进尺150935米，抽排瓦斯1.525亿立方米。投资298万元新增井下光纤测温系统，提高火灾预警能力。严格安全重点部位、关键环节管控，保证63次巷道贯通、28次排瓦斯、134次调改风安全无误。严格安全教育制度落实，共培训职工17873人次。全矿保持良好发展态势，瓦斯零超限延长至2035天，为改革发展营造了稳定的安全环境。

煤炭生产　占全矿产能半数以上的大采高工作面，从年初开始就顶板破碎、频繁冒落制约初采。随即工作面又揭露2条95米×47米、120米×95米的构造，最大影响范围达57架。通过采取针对性措施提高打、装、放效率，过构造日进达2.2米，仅用79天顺利通过构造区，截割岩石量74146立方米，效率远超预期。在西翼生产受阻情况下，为破解运输能力这一制约北翼产能提升的瓶颈，出台激励政策，确定45万吨运量底线，把矿车运输能力提升近30%，弥补全矿整体产能不足亏空。举全矿之力加快北翼皮带巷施工进度，历经3年筹建的北翼皮带巷于11月13日成功投运，开启了矿井高效运输时代。推广液压锚杆台车、扒渣机岩巷作业线，平均效率提升20%以上，并创出岩巷炮掘月进245米新水平。全年完成820万吨商品煤、28016米进尺指标，全矿实现利润6.2亿元，位于阳煤集团前列。

矿井建设　创新大采高工作面设计思路，实现大采长、大走向生产，针对过空巷难题，试验高水分子材料充填技术，为集团公司技术革新探出新路。探索邻采空侧巷道治理技术，在81303工作面试验推广小煤柱开采工艺。推进综采自动化试验，推广综采端头支架，健全井下"信集闭"系统，开创矿井安全高效发展新局面。全面建成集70个子系统为一体的综合集控中心，可动态监控生产运行状况，随时处理突发故障。升级扩容工业视频系统，完成井下变电站、压风机房、主排水泵房等集控改造，减员57人。完善大型机电设备在线故障智能监测系统，升级信息化网络平台，推行巡检系统应用，新增虹膜稽核系统，显示了信息化改造的巨大优势和无限潜力。开展群众性"五小创新"，研发科技成果1289项，创效近千万元。加强劳动用工整顿，坚持旷工人员动态除名制度，解除劳动合同39名。加大轮岗放假力度，动态减员686人，人均效率达1260吨。（牛青麓）

【二矿概况】 2015年，阳煤集团二矿不断完善管控措施，制定瓦斯治理三年规划，研究"一矿一策、一面一策"具体方案，全面推行区域钻抽技术，全年千米钻机进尺完成8万米，瓦斯超限事故比控制指标降低50%，实现安全生产无事故。在煤炭生产方面，以15#煤11区、12区、13区为切入点，全面盘活矿井衔接，采区总数减少为7个；以81102、81219为代表的工作面相继投入生产，具备了稳产高产的条件。全矿商品煤产量完成800万吨，创历史最好水平。品种煤产量完成248万吨，其中块炭完成105万吨、喷粉煤完成143万吨；同时煤泥烘干、瓦斯抽采利用等项目创利创效，增收4026万元。在吨煤综合售价比计划降低84.92元的情况下，全年销售收入达19.83亿元；吨煤单位成本完成210.49元，比上年降低78.05元。利润完成集团公司下达的指标，人均工资达63959元。（牛青麓）

【五矿概况】 2015年，阳煤集团五矿完成商品煤650万吨，比上年增产75万吨，完成品种煤196万吨，比上年增产32万吨，创建矿以来最好水平；完成进尺25518米，完成计划的100.07%；完成本煤层钻孔进尺16万米，完成计划的135%；完成本煤层瓦斯抽放量55.58万立方米，完成计划的111%；完成邻近层瓦斯抽放量2.4亿立方米，完成计划的109%；瓦斯抽采利用创收2670万元；完成商品煤综合售价256元/吨，比上年降低63元/吨；完成吨煤成本231元/吨，比上年降低46元/吨；销售收入完成16.6亿元，比上年减少3.3亿元；利润完成7764万元，比考核指标增盈8763万元；在岗人均工资63833元，人均效率完成986吨/人，超额完成集团公司953吨/人的效率指标；中小企业五公司销售收入完成10.79亿元，比上年减少0.26亿元。在生产方面，综采工作面实际揭露构造24个，共计割岩量91228立方米，影响产量72.5万吨。面对褶曲、断层、陷落柱和瓦斯制约等不利因素,推广使用端头支架,生产效率明显提高,采煤三队、采煤一队分别完成全年计划的 130.28%和 129.75%;推进一次成巷工艺,提高掘进效率,掘进二队二组以 252 米再度刷新矿采空侧巷道月单进纪录;强化调度协调指挥,全年共分析查处事故 512 次,保证了产量进尺任务的圆满完成;加强机电和运输管理,严格机电设备检查制度,强化运输环节改造,机电设备事故比上年降低 24%,为生产任务的完成提供了系统保障。在矿井建设方面,在 8501 工作面使用综采电液控支架,在 83207 工作面试验 ZF7000 型大阻力、浅截深的"三软"煤层综放面成套装备,掘开系统推广使用岩巷作业线,使用湿式喷浆机、移动矸仓、扒渣机、矸石溜、液压锚杆钻机等新装备,全矿单产单进水平有了明显提高;推进井下高压供电系统防越级跳闸技术改造和皮带集中控制改造,实现南翼、中央区、西北翼采区运煤皮带的集中控制。(牛青麓)

【新景公司概况】 2015 年,阳煤集团新景公司深入开展瓦斯治理"大反思、大会战、大整治"活动,"一矿一策、一面一策"措施稳步实施,推进瓦斯治理三年规划,试验水力压裂、冲孔造穴、气相爆破等新技术,实施千米钻机、地面预抽、保护层开采,初步形成井上下立体抽采格局。芦南主扇改造完成,张家岩主扇停运,矿井通风系统进一步优化。加强抽采系统建设,安装在线监测设备 39 套。本煤层瓦斯抽采进尺和"以岩保煤"钻孔进尺均完成计划任务,瓦斯抽采量达 9435 万立方米,矿井瓦斯抽出率 60%以上。煤与瓦斯突出分级预警系统建成投运,智能瓦斯巡检系统在 7211 工作面试运行,防治瓦斯装备智能化水平稳步提升。在生产经营方面,9# 煤层试采取得成功,增加可采储量 7000 万吨。强化生产衔接准备,全年拆安 11 个回采工作面,2111 工作面实现带架搬家。掘开系统克服人员少、构造多、任务重等困难,万吨掘进率达 55.2 米;重点巷道、瓦斯治理巷分别超进 146 米、179 米;技改进尺超进 1348 米。在经营管理方面,销售收入实现 15 亿元,吨煤成本比上年降低 77 元。优化支护设计,3# 煤二次动压巷、走向高抽巷每米成本分别降低 100 元、190 元。张家岩主扇停运节约电费 180 万元。修旧利废、回收复用 6197 万元。巷道资本化账务处理 3.27 亿元,减轻了成本负担。职工在岗人数比上年减少 1048 人,人均效率比上年提高 10.18%。 (牛青麓)

【地方煤炭工业概况】 2015 年,市煤炭工业管理部门为克服煤炭市场低迷不利局面,起草制定《阳泉市减轻企业负担促进工业稳定运行若干措施》,提出"实现原煤全部洗选配"等 12 条工作意见。参与组织省、市稳定煤炭经济运行联席会议,完善"区域煤炭价格周报"制度,优化煤炭产品结构,完善宏观调控制度,优化市场运行环境。全市地方煤矿累计生产原煤 2303.69 万吨,比上年增长 1.58%;原煤入洗率比上年提高 3 个百分点,达到 65%。累计销售煤炭 2154.44 万吨,煤炭产销率保持在 90%以上;累计实现销售收入 43.89 亿元。各级政策红利为企业减负达 11.5 亿元。此外,市煤管系统制定《关于调整有关行政权力事项的通知》,取消、下放 17 项煤炭行政权力,整理汇总 145 项煤炭行政权力及执法清单,开展煤炭执法专项整治,减少审批事项,简化审批流程,提高了办事效率。 (赵 晶 陈 琦)

【煤矿安全生产管理】 年内,市煤炭管理部门制定下发《做好 2015 年煤矿安全生产工作意见》等 5 个安全生产指导文件,落实市、县两级政府和煤炭局领导干部挂牌责任、包片责任和煤矿五人小组包保责任,组织开展"安全生产大检查""煤矿隐患排查治理""盂县区域遏制重特大事故攻坚战"等数十项安全检查专项行动,坚持执行煤矿安全周一例会,及时将安全隐患消除在萌芽状态。市、县两级煤炭部门累计开展煤炭执法行动 1082 次,出动人员 5603 人次,检查各类煤矿企业 409 矿次,下达执法文书 376 份,查出问题隐患 4584 条,整改 4410 条。(赵 晶 陈 琦)

【煤矿瓦斯水害防治】 在瓦斯防治方面,实施瓦斯抽采全覆盖工程,确定郊区保安煤矿瓦斯并网、平定阳胜煤矿瓦斯发电等 9 项地面和井下抽采及利用项目,加强煤矿瓦斯等级管理,建立瓦斯地质预测预报制度,提高煤矿瓦斯综合治理水平。全市煤矿瓦斯抽采 3.73 亿立方米,比上年增长 10%,平均抽采率达 70%,利用瓦斯 1.49 亿立方米,顺利完成年度目标任务。在防治水害方面,实行水害防治预测预报周报制度,开展防治水区域联防工程,绘制完成以玉泉煤业为中心的 7 矿井水害区域分析图,实现防治水工作由被动防御向主动出击、由措施防范向工程治理、由局部治理向区域治理的转变。全市地方煤矿共疏放采空区积水 840 万立方米,解放资源储量 800 万吨,延长了水患矿井的服务年限。 (赵 晶 陈 琦)

【煤矿建设】 年内,市煤管系统组织专人对金融机构和煤矿企业进行调研,积极帮助煤矿企业拓宽融资渠道、实现银企对接,努力克服煤矿建设资金紧张问题。盂县秀南、平定伟峰 2 座矿井综合竣工转产验收,全市地方煤矿生产矿井数量达 18 座;盂县皇后、郊区神堂、郊区坡头 3 座矿井进入联合试运转;全年 252 个煤矿建设单位工程全部符合国家规定,通过竣工验收。全市建设矿井完成固定资产投资 10.3 亿元,超过年度计划 3 个百分点,煤矿建设各项任务圆满完成。地方生产矿井安全质量标准化建设全部达到二级以上,其中 4 座矿井保持一级安全质量标准化水

平。有5座煤矿通过现代化矿井达标验收。 （赵 晶 陈 琦）

【职工培训】 年内，市煤管系统组织完成市直5座煤矿复工复产人员准入和用工管理的前置验收，对18座煤矿的12424名从业人员进行年检备案。督促5座正常建设矿井预存工资保证金240万元。强化煤矿职工教考培训，对2437名职工提供职业技能培训，为1062名煤矿职工完成技能鉴定。煤矿"变招工为招生"实现100%，地方煤矿从业人员素质明显提高。 （赵 晶 陈 琦）

【煤矿地面项目建设】 年内，市煤管系统围绕"煤与非煤联动发展"战略，大力支持和帮助煤矿企业上马转型地面项目。中广核山西盂县风电项目一期工程建成投产，晋阳新能源光伏发电一期50兆瓦实现并网，山西鑫磊2×35万兆瓦低热值煤发电项目进展顺利。全市上马的23个非煤项目中，建成投产8个，在建3个，开工准备12个。8个生产项目累计实现销售收入6.31亿元，上缴税费5593.68万元。3个在建项目累计完成固定资产投资5.01亿元。 （赵 晶 陈 琦）

【阳泉煤销公司概况】 2015年，山西煤炭运销集团阳泉有限公司深化"增量增效、提质增效、降本增效"三大举措，在逆境中保持平稳运行，圆满完成"十二五"生产经营和改革发展各项战略目标。一是全系统4481名站点职工于3月底全部安置，498名原公路站点及统一经销人员于7月底划归国新能源公司，实现平稳有序过渡；二是集中有限资金抓好和谐、皇后2个基建矿井收尾；三是抓住补缴资源价款政策机遇，3.5亿元资源价款按规定时间节点缴纳，所有矿井长期采矿证换发结束；公路运销体制改革、基建矿井收尾、长期采矿证办理三大任务按时完成。截至年底，公司下设3个县（区）公司、9个全资或控股公司、10座煤矿、4个铁路发煤站，资产总额147亿元，员工1.52万人。年内，实现煤炭产量1450万吨，完成晋能集团考核指标的145%；销售总量1507万吨，完成考核指标的100.5%；营业收入170亿元，完成计划指标的113.5%；利润总额1.53亿元，完成考核指标的102%。此外，公司从巷道支护、工作面回收、旧欠清收、融资续贷、压缩库存、减人提效等方面狠抓精细化管理，争取晋能集团支持委贷资金7.46亿元，融资37.66亿元，清收货款8.3亿元；可控费用支出12495万元，基建项目审减9906万元，设备进项税抵扣2909万元，节约基建资金投入12815万元，压减库存12048万元，修旧利废5237万元，吨煤平均成本较上年降低62元。

安全管理 阳泉煤销公司突出抓好瓦斯治理，坚持"通风可靠、抽采达标、监控有效、管理到位"的瓦斯综合治理工作体系，做到不掘突出头、不采突出面，瓦斯抽采不达标不作业；落实防治水措施，坚持预测预报、有掘必探、先探后掘、先治后采，综合运用物探、钻探和化探等手段，累计探放积水52万立方米，保证了采掘工作顺利进行；严格煤矿领导带班下井制度，开展"查大系统、除大隐患、防大事故"动态检查、五人小分队突击检查等240多次，排查整改各类隐患4624条，处罚金额268万元，有效遏制了零星事故。

销售物流 发挥"统一销售、统一物流、统一结算"的优势，稳定了煤炭销售市场局面。公路、铁路分区域拓展市场，结对子联系用户，首保大用户、战略用户和终端用户，变"坐地营销"为"上门服务"，实现了产销平衡。公路销售公司全年煤炭销量1200万吨，货款回收和资金周转率进一步提高；铁路销售公司拓展五大电力市场份额，开展点对点直销业务，圆满完成全年300万吨的发运任务。物流公司以规范管理、强化服务、提高效率为抓手，精简挂靠车辆，提高了运行效率。（张海刚）

【荫营煤矿概况】 2015年，荫营煤矿狠抓安全稳定，提高经济效益，保持民警职工收入和矿区生产、生活秩序稳定。全年生产原煤215万吨，销售190万吨，其中块炭生产49万吨，块率23.54%，比上年净增3.1%，煤炭成本比上年下降14.94%，实现税费1.17亿元。在安全管理方面，荫营煤矿开展隐患排查治理，加大安全投入，煤矿安全生产六大系统全面建成投运，本质安全型矿井初建成效，百万吨死亡率由"十一五"期间的0.7降低为0，井下生产连续五年杜绝重伤以上生产事故，连续5年杜绝重大生产事故。在提高管理水平方面，生产布局日趋合理，回采工作面机械化率和机械化程度均达100%，原煤单产89711吨/个·月，提高134.95%。在信息化建设方面，数据中心机房于4月安装完成，与原办公局域局、监狱安防局域网、省局网络实现互联互通；陆续部署入侵检测系统、网络安全审计系统、网管系统、安管系统、CA认证系统、电子签章系统、防杀毒系统、桌面终端管理系统等信息安全系统；部署政务办公平台、即时通信系统、办公自动化系统，实现网上发文应用，内部门户网站和狱政档案管理系统开通试运行，监狱信息化建设工作迈出新步伐。年内，1500多户棚户区改造项目进入收尾阶段，职工居住条件和居住环境得到改观。荫营煤矿通过了山西省创建文明和谐单位标兵复查验收。 （赵贵田）

【固庄煤矿概况】 2015年，固庄煤矿以加强作风建设、落实从严管理为保障，推进生产组织和经营管理，实现了整体工作稳中有进。在煤炭生产方面，合理制定采掘计划，理顺生产环节，全年生产原煤92.26万吨，生产均衡率达90.56%；销售煤炭93.17万吨，实现产销平衡。同时，严格执行年度资金使用计划，加强库存管理，控制储备资金，采取完善劳务加工模式、加大外欠货款清收力度、实现库存材料调剂等措施加强内部审计,降低经营风险;由于煤炭售价持续大幅下跌,全年亏损1.13亿元。在安全管理方面,强化作业规程和安全技术措施,强化矿井地质及水情水害预测,落实综合探测规定,精心组织开展反风演习、水害应急演练、机电与运输会战等,确保了安全生产。通风科"净化器"防尘QC小组和地测科测绘班组分别被命名为全国优秀质量管理小组和全国优秀质量信得过班组,固庄煤矿被评为全国质量管理小组活动优秀企业,第四次荣获"全国文明单位"称号。 (赵志江)

电力工业

【概况】 截至年底,阳泉市火力发电总装机容量280.3万千瓦。其中阳光发电公司装机4×32万千瓦、河坡发电公司装机2×35万千瓦、阳煤集团兆丰自备电厂装机3×13.5万、第二热电厂装机3×0.6万千瓦、第三热电厂装机2×3.5万千瓦+1×6万千瓦、南煤龙川发电公司装机2×13.5万千瓦。年内,电力行业完成工业增加值13.88亿元,占全市工业比重7.8%,比上年下降5.44%,影响全市增长0.38个百分点。全年发电959382万千瓦小时,比上年减少10.9%,其中,山西河坡发电有限责任公司发电56949万千瓦小时,比上年减少45.9%;山西阳光发电有限责任公司发电505588万千瓦小时,比上年减少10%;阳泉市南煤龙川发电有限责任公司发电95103万千瓦小时,比上年减少7.9%。 (王立泽 丛 耸)

【国网阳泉供电公司概况】 2015年,国网阳泉供电公司克服经济下行压力,主动服务地方发展,提供优质服务,完成售电量40.56亿千瓦小时,营业收入21.13亿元,上缴税金0.9亿元。先后荣获国家电网公司文明单位、山西省平安单位、山西省电力行业优秀企业、国网山西省电力公司安全生产优胜单位、省直五四红旗团委等荣誉称号,连续两年获得全国安康杯竞赛优胜单位,连续3届保持全国文明单位称号。

用电情况 全社会用电量61.24亿千瓦小时,比上年降低10.68%。其中,第一产业(权重0.88%)用电量0.54亿千瓦小时,比上年降低0.19%;第二产业(权重77.55%)用电量47.50亿千瓦小时,比上年降低14.99%;第三产业(权重12.19%)用电量7.47亿千瓦小时,比上年增长4.39%;居民生活(权重9.37%)用电量5.74亿千瓦小时,比上年增长14.79%。

安全生产 年内,阳泉供电公司强化电网调控和风险预警,精心组织春检、秋检和迎峰度夏、度冬等季节性检修和隐患排查治理,完成"两节""两会"、全国蹦床赛等重大节点和活动的保电任务,确保全市电力安全可靠供应。累计排查专线专变用户、关闭煤矿、非居民用户计6万余户,全部下达整改通知书,从源头上打击私挖滥采行为。相继开展消防、霓虹灯、森林防火等专项安全大检查,维护安全生产秩序和大安全格局。针对煤矿等高危重要客户,滚动完善"一户一案",全面优化高危客户精益管理。国网阳泉供电公司人身、设备、电网保持"零事故",安全生产突破5181天,在全省供电系统保持第一。

电网建设 年内,阳泉供电公司将电网规划融入全市经济社会发展,编制完成"十三五"阳泉城乡配电网规划报告。投入运行220千伏河坡电厂送出工程,确保河坡电厂"上大压小"项目提前并网。开工110千伏脉坡、黄砂岩输变电和岩会牵引站线路工程,全力保障"鑫磊

2015年阳泉供电公司前十位用电客户情况一览表

表16 单位:亿千瓦小时、%

序号	用电客户	累计	比上年增长额	比上年增幅
1	阳泉煤业(集团)股份有限公司	4.38	0.24	5.79
2	阳泉煤业(集团)股份有限公司发供电分公司	2.29	–0.01	–0.32
3	山西兆丰铝业有限责任公司氧化铝分公司	2.26	0.02	0.94
4	阳泉冀东水泥有限责任公司	1.20	0.06	5.12
5	山西兆丰铝业有限责任公司自备电厂	1.08	0.03	2.56
6	北京铁路局石家庄供电段	0.94	–0.0058	–0.06
7	阳泉市上社煤炭有限责任公司	0.82	–0.0035	–0.42
8	山西晋沪碳素有限责任公司	0.81	0.01	1.22
9	山西省阳泉荫营煤矿	0.80	0.05	0.61
10	山西亚美建筑工程材料有限责任公司	0.77	–0.08	–9.81

说明:此表依据阳泉供电公司售电情况统计 (曲丽峰)

工业园区”、新城建设和阳大铁路等重点项目可靠供电。特别是在阳大铁路项目建设中，主动与市政府、项目组对接，建立常态沟通互访机制，协调推进线路迁改和岩会牵引站线路工程建设。以提高城乡地区供电能力和可靠性为重点，在年初投资1.03亿元基础上，积极向国网山西省电力公司争取，又追加投资5408万元，全年投资累计达1.57亿元，为历年来最多。全年新建改造台区119个、线路25条，5532户“低电压”问题有效治理。2015年农网工程在全省率先开工、完工，建成9个安全文明用电示范村。晋北—江苏±800千伏特高压直流输电工程出台电网建设征地补偿标准，各项属地工作高效推进，9月29日举行了首基开挖仪式。

社会责任　年内，阳泉供电公司贯彻落实省、市关于减轻用电企业负担要求，及时调整暂停、减容、临时用电三类业务，减免17个大工业用户基本电费411.54万元，缓缴6个高压临时用户接电费33.6万元。着力减轻阳煤集团负担，完成阳煤35千伏机关站、馨悦家园小区负荷接收，二矿、五矿地区负荷转接至110千伏辛兴站。主动融入生态文明建设，推动光伏发电、煤改电等能源消费新模式，首个自然人分布式光伏发电项目取得市发改委备案证，完成金联置业污水源热泵、大西庄村分户电热膜采暖等电能替代项目。从保障项目落地见效出发，先行垫资建设大正伟业用户工程，全力确保重点项目早用电、早投产。

服务工作　年内，阳泉供电公司坚持“你用电，我用心”，从客户需求出发，全方位提供优质供电服务，客户投诉保持全省最少，客户满意度达99%以上。创新服务客户“零距离”举措，推行“网格化管理、片警式服务”，出台“最严”客户投诉考评制度，社区客户经理实现全覆盖。建成配网抢修指挥中心，建立高效的抢修复电机制，组建专业化抢修队伍，就近调配抢修资源，实行故障报修24小时全天候响应，抢修达到现场时间、故障恢复时间分别缩短6分钟、22分钟。持续简化业务流程，针对市政府确定的重点项目推行一对一、VIP等特色服务，创新推行“串改并”和“一证受理”“同城异地受理”业务，客户平均接电时间缩短3.98天，往返次数减少2次。针对日益凸显的物业与小区供电矛盾，实施合表用户打开工程，累计打开合表用户5.6万户，切实让居民享受“同网、同价、同服务”。拓宽缴费渠道，推广“掌上电力”手机APP、支付宝等新型缴费方式，为客户提供“差异化、互动化、规范化”服务。（曲丽峰）

【阳煤集团电力产业概况】　截至2015年年底，阳煤集团拥有控股电厂装机120.79万千瓦，包括发供电分公司14.8万千瓦、兆丰自备40.5万千瓦、南煤龙川27万千瓦、山东恒通22.5万千瓦、高浓度煤层气发电5.09万千瓦、低浓度瓦斯发电5.5万千瓦、余热机组5.4万千瓦。在建电厂装机容量472万千瓦，包括新疆电厂一期70万千瓦、寿阳电厂一期70万千瓦、左权电厂二期132万千瓦、西上庄电厂132万千瓦、宁武电厂一期70万千瓦。年内，阳煤集团发电量完成564643万千瓦小时，比上年增加66795万千瓦小时，增幅13.42%；供热量完成749万吉焦，比上年增加171万吉焦，增幅29.66%。实现工业总产值20.08亿元，比上年增加2.16亿元，增幅12.05%；营业收入19.81亿元，比上年增加2.18亿元，增幅12.37%；实现利润总额3.61亿元，比上年增加1.25亿元，增幅52.59%。

阳煤集团抓住国家电力体制改革、项目审批权限下放、“晋电外送”“疆电外送”“省际合作”等一系列有利政策，以低热值煤为主，建设园区自备电厂，基本实现园区热电需求自给。推进新疆、寿阳、阳泉西上庄、昔阳、翼城、山东恒通等园区配套自备电厂；瞄准大容量、高参数和低热值煤大型坑口火力发电机组、热电联产机组，加快与各发电集团的合作步伐。6月26日，阳煤集团寿阳2×35万千瓦电厂项目取得核准文件，项目建设采用PC总包模式。7月25日，项目开工，锅炉基础浇灌第一罐混凝土，全面进入建设施工阶段，全年完成投资5亿元。西上庄2×66万千瓦电厂项目前期手续办理工作顺利进行，取得除环评外的全部支持性文件，同时完成初步设计编制并通过集团公司内审，三大主机完成招标，同步开展项目厂址拆迁扫障工作，完成投资1.5亿元。6月26日，宁武2×35万千瓦电厂项目取得核准文件，8月18日，项目开工，锅炉基础浇灌第一罐混凝土，进入建设施工阶段，全年完成投资0.31亿元。新疆一期2×35万千瓦电厂项目土建基本完工，全年完成投资6.55亿元，累计完成投资18.31亿元。7月15日，左权2×66万千瓦电厂项目取得核准文件；8月12日，项目开工，锅炉基础浇灌第一罐混凝土，进入建设施工阶段，全年完成投资1.5亿元。（牛青麓）

【阳煤电力销售公司成立】　年内，阳煤集团抓住国家投资体制改革和电力体制改革两个政策性机遇，布局“十三五”电力产业发展，以煤电均股合作为突破，多途径推动电力产业发展。12月29日，阳煤电力销售有限公司成立并揭牌。（牛青麓）

【阳光发电有限责任公司概况】　2015年，山西阳光发电有限责任公司以增加企业效益为中心，以提升标准化、精细化管理水平为重点，坚守安全“红线意识”，持续开展“电力安全一级达标”“岗位动态达标”活动，推进企业安全文化建设。8月26日，公司安全生产标准化一级达标经复审后在山西省能监办备案，获得国家“电力安全生产标准化一级企业”称号。截至年末，实现安全运行无事故2939天。发电量完成50.56亿千瓦小时，厂用电率完成6.92%，供电煤耗完成315克/千瓦小时，利润总额创公司历史最高水平。

生产管理　年内,公司通过开展"一级达标"持续改进工作,从安全生产目标、教育培训、生产设备设施、作业安全等13个方面解决安全生产隐患,规范安全生产管理。在全面排查隐患基础上,重点对液氨站、制氢站、油库等场所进行排查,共发现隐患510条,整改470条,隐患整改率92.2%。公司组织对55个应急预案进行修订完善,制定应急预案演练计划,组织各类应急演练7次。

项目技改　公司优化检修周期,结合检修计划和机组临停,共进行计划检修4次,停备临修9次,重点进行了3号机组B级检修,1号、2号、4号机组C级检修等,完成机组季节性检查、供热系统整改等工作任务,提高了设备可靠性,为完成全年发电任务指标奠定了基础。对220千伏变电站进行设备升级改造。其间,四条母线交替停电,多路开关和刀闸同时更换,还包括NCS设备的安装、调试等工作。在公司全体员工努力下,改造顺利完成,未发生人身轻伤及以上事故,未发生设备损坏事故,未发生延误停送电事件。

环境治理　按照省政府新环保治理要求,公司稳步推进4台机组超低排放改造工作。至年底,3号机组超低排放改造完成,其余3台机组改造工作有序推进。公司坚持强化环保设施日常管理,定期召开公司环保工作会议,细化日常管理,对环保设施运行、维护及监管方面的相关制度进行修编,明确职责分工,落实责任考核,加强环保设施的运行维护工作。年内,完成抗战胜利70周年空气质量保障任务,取得1号机组除尘器改造环保竣工验收批复并落实了环保电价。

企业管理　年内,公司在全面预算基础上,对发电量、供电煤耗、厂用电率、发电水耗、标煤单价等各项主要生产经营指标进行全过程管控,发挥职能部门作用,提升经营管理水平。定期召开生产、经营、政工、技术监督等例会,全面检点每月、每季度工作情况,通报主要技术经济指标和经营指标情况、重点工作情况,并对影响因素进行原因分析，制定相应措施督导落实。以"提高职工队伍技能素质,促进企业发展"为主题,继续开展"阳光杯"职工职业技能大赛,通过大赛进一步推动知识型、技术型、创新型技术员工队伍建设。公司还将"五小"(小发明、小创造、小革新、小设计、小建议)创新竞赛活动作为劳动竞赛活动的突破口,大力推动创新竞赛活动,"废水反渗透设备清洗工艺改进项目""一单元DCS系统电源失电报警""提高斗轮机集电器使用寿命"分获竞赛优秀成果一、二、三等奖。大力推进在线培训、互动式培训、专业化培训三大培训体系建设,完善在线培训学习系统题库和学习课程,补存客观题1535道、简答题1305道。此外,还组织新环保法解读培训、写作培训、国学弟子规讲习班。招标管理和合同管理培训等多场专题培训,参加培训人员1089人次。　（傅玉珠）

【河坡发电有限责任公司推进2×350兆瓦热电联产项目建设】 山西河坡发电有限责任公司集中供热管网工程位于郊区生态新城,占地面积14.69亩(1公顷),总建筑面积4178平方米,于2012年9月13日开工,是由山西国际能源集团有限公司（格盟国际能源有限公司）和阳泉市政府共同投资建设的,总投资41870万元。2015年,该公司推进2×350兆瓦超临界热电联产项目建设，同时确保现役2×50兆瓦+2×100兆瓦机组安全稳定运营,完成各项工作。全年完成发电5.69亿千瓦小时、供热244万吉焦、实现利润3926万元。按照市政府安排，旧机组仍作为2015年供热期主力热源,公司组织机组设备检修维护工作,确保机组处于良好备用和稳定运行状态,同时采取有效措施,保障脱硫、除尘系统稳定运行，继1月至3月稳定供热后,10月29日,启动机组开始承担新一期供热任务。生产用水全部采用城市中水，工程实现废水零排放,二氧化硫、粉尘排放浓度等指标均达到或优于国家新颁布的环保标准。　（李晓璐　吕增峰）

【李小鹏调研阳泉市电力项目建设】 4月28日，省长李小鹏到阳泉调研电力项目建设工作。阳光电源盂县100兆瓦地面光伏电站是招商引资项目，由上市公司阳光电源股份公司投资建设，一期工程实现当年批复、当年开工、当年投产运营。李小鹏详细了解项目运营效益，实地查看工程建设质量，对企业抢抓市场机遇、高效推动项目建设的做法表示赞赏。他希望企业再接再厉,加强生态环保,保证工程质量,提高土地利用效率,加快实施二期工程。在盂县，李小鹏还调研了国际能源裕光煤电2×100万千瓦燃煤发电项目,并召集阳泉市部分电源项目单位召开现场办公会。他要求各级各部门要密切协同配合,提供优质服务,加强督促指导，帮助企业不折不扣落实投资计划，切实发挥好低热值煤发电等重大项目投资总量大、市场前景好、带动能力强的优势,以重点工程建设的新成效，带动固定资产投资增速回升，促进经济平稳健康发展。　（王立泽　丛　华）

冶金工业

【概况】 截至年底，阳泉市冶金行业完成工业增加值5.73亿元，占全市工业比重3.2%，比上年下降16.57%，影响全市增长0.53个百分点。主要产能为电解铝28.5万吨,全市仅有2户电解铝企业，兆丰铝业公司(能力22.5万吨/年)、阳泉铝业公司(能力6万吨/年,已停产)。

电解铝不含税平均价10482元/吨，比上年同期降低780元/吨。氧化铝价格1676元/吨，比上年降低429元/吨。　（王立泽　丛　夆）

【山西兆丰铝业有限责任公司概况】 山西兆丰铝业有限责任公司成立于1994年，2008年5月，在原山西兆丰铝冶公司的基础上，吸收合并原阳煤集团氧化铝项目筹建处、煤矸石综合利用电厂组建成立。截至2015年底，共有从业人员3527人，资产82亿元，下设分子公司15个。其中，分公司3个，分别为电解铝分公司、氧化铝分公司、煤矸石电厂；二级子公司9个，分别为兆丰金属镓业公司、兆丰信远物资经销公司、兆丰运输公司、兆丰东大设计研究院、阳煤千军汽车部件公司、兆丰天成铝材公司、兆丰铝土矿公司、兆丰矿石综合利用公司、阳煤盂县铝土矿公司；三级子公司3个，分别为盂县西林江铝土矿公司、盂县小岩沟铝土矿公司、阳泉市农业开发有限公司。公司主要从事铝土矿开采、氧化铝和金属镓生产、煤矸石发电、商品铝生产，拥有氧化铝产能110万吨，电力装机45.9万千瓦时，电解铝21万吨等。年内完成收入273.6亿元，其中销售收入完成34亿元、贸易收入完成239.5亿元，完成年度计划的88.31%。实现利润-3.59亿元，比年度计划减亏4048.41万元。　（牛青麓）

【信发集团加盟兆丰铝业】 兆丰铝业公司作为阳煤集团的二级子公司，从成立开始到2013年初一直由阳煤集团负责经营。2013年5月3日，阳煤集团积极探索混合经济所有制模式，与杭州锦江集团签订合作协议。9月，锦江集团对兆丰铝业公司进行托管并按照民营企业管理模式运营，2014年3月开始深度托管，至年底锦江集团托管结束。2015年1月，阳煤集团与山东信发集团签署合作协议，信发集团派出管理团队进驻接管并进行增资扩股工作。按照阳煤集团与山东信发集团签订的合作协议约定，山东信发集团首期增资扩股预付款2亿元于9月汇至兆丰铝业公司账户。根据合作补充协议，电解铝分公司、自备电厂2个分公司，山西兆丰镓业有限公司、山西兆丰天成铝材公司、山西兆丰矿石综合利用公司、阳煤千军汽车部件有限责任公司和山西兆丰信远物资经销有限公司5个子公司从兆丰铝业公司剥离到阳煤集团新环宇国际贸易公司，信发集团只对剥离后的兆丰铝业增资扩股。该经济行为于10月20日经山西省国资委批准。信发集团下属3个子公司各占股比22%，阳煤集团股份占33.275%，系第一大股东，相对控股，两个公司分账运行。　（牛青麓）

2015年兆丰铝业公司下属企业情况一览表

表17　　单位：万元、%、人

公司名称	资产总额	控股比例	主要经营业务	营业收入	在岗职工
山西兆丰信远物资经销有限公司	19294.04	100	金属及金属矿、非金属矿及制品、煤炭、机械设备、钢材、木材、建材、电子产品、文具用品、体育用品、化工产品（不含化工危险化学品及一类易制毒化学品）的批发及进出口贸易	2194224.64	12
山西兆丰镓业有限责任公司	7037.85	51	制造、销售金属镓，自营本公司所产产品的出口业务	2358.24	63
山西兆丰东大冶金技术研发应用有限公司	477.14	51	铝行业新产品、新工艺、新技术的技术开发、工业试验、推广应用，铝土矿开采、电解铝生产及铝深加工技术咨询、技术改造、技术转让、技术服务，销售机械设备(不含小轿车)、建材、钢材、橡胶制品、铝矾土，物流服务(不含道路货物运输)	0	3
山西兆丰运输有限责任公司	777.92	100	销售机械设备、氧化铝、铝锭、建材、耐火材料、汽车(不含小轿车)、润滑油脂、仪表仪器、电子产品(不含卫星地面接收设备)，装卸、搬运，道路普通货物运输，零售氢氧化钠、氢氧化钠溶液(许可至2016年8月25日)、物流运输代理、汽车租赁	1463.77	49
山西兆丰铝土矿有限责任公司	19085.44	100	加工、销售铝矾土矿石	0	91
山西兆丰矿石综合利用有限公司	2592.32	100	矾石加工(筹建)销售；普通机械设备制造；房屋租赁	0	1
山西兆丰天成铝材有限责任公司	48475.11	51	铝厂品的深加工及销售	97256.63	281
山西阳煤千军汽车部件有限责任公司	21784.73	51	汽车零部件及配件制造	6552.57	233

（曲丽峰）

化学工业

【概况】 截至年底，阳泉市化工行业完成工业增加值1.35亿元，占全市工业比重0.8%，比上年下降44.0%，影响全市增长0.49个百分点。 （王立泽 丛 耸）

【阳煤化工投资排名位列全省首位】 9月，中国化工企业管理协会、中国化工情报信息协会发布2015中国化工企业500强排行榜，阳煤集团公司多家化工企业榜上有名，阳煤化工投资公司位列第15位，在省内企业中排名第1位。 （牛青麓）

【阳煤集团威虎公司概况】 2015年，阳煤集团威虎公司炸药产量完成2037.44吨，比上年减少1417.608吨，完成计划的50.94%；浓缩液产量完成1915.2吨，比上年多产437.58吨，完成计划的127.68%。炸药销量完成2212.448吨，比上年减少1331.62吨，完成计划的55.31%；浓缩液销量完成1865.6吨，比上年增加158.85吨，完成计划的124.37%。实现销售收入4074.12万元，比上年减少801.45万元。职工年人均工资29453元，比上年减少2547元。利润亏损218.43万元，减亏198.58万元。安全未发生任何事故。

安全工作 以吸取“8·12”天津危化品爆炸事故教训为契机，干部走动巡查、隐患排查治理、事故教训反思、安全包保督导、安全质量标准化和“百日”安全活动等工作有序推进，危货车辆安全管理步入正轨，先后排查189条安全隐患全部落实整改。

成本管控 推进粉乳、胶乳2个车间整组提效，在线从业人员由原60人减至35人，优化了生产线人力资源结构。注重大宗材料采购源头控制，松香、硝酸铵、多孔硝酸铵、分散剂、添加剂、复合蜡等6种材料采购价格均低于上年同期水平，其中松香每吨降幅25%，硝酸铵降幅13%，多孔硝酸铵降幅12%，分散剂降幅6%，添加剂降幅5%，复合蜡降幅3.5%。

员工培训 采取集中培训、以会代培、考教结合等形式，全年共组织各类培训40期1847人次，其中公司内部培训20期1178人次、外委培训6期11人次。138名从业人员取得安全培训合格证；80名“三项岗位”人员全部持证上岗。员工参培率、合格率均达100%。（牛青麓）

【山西北方晋东化工有限公司概况】 截至2015年年末，山西北方晋东化工有限公司占地面积284万平方米，资产总额5亿多元，注册资金5004.6万元，员工1400余人。在精细管理方面，晋东化工贯彻兵器工业集团公司“全价值链体系化精益管理”战略要求，编制了18种产品、31道工序的标准作业指导书，提高了标准化作业水平。在合理化建议方面，完善信息管理平台，共征集合理化建议687条，采纳449条，列入实施380项，实现节创价值159万元。在管理提升方面，制定《管理创新与精益项目管理办法》，鼓励各类人员围绕降低采购成本、降低“两金”占用、降低材料消耗、改善军品均衡生产、改善业务流程等主要内容，开展质量效益全面提升活动，共确定加强成本管控、建立绩效考核体系、优化供应链管理等9个管理创新与精益改善项目，质量效益全面提升活动取得实效。在安全管理方面，开展隐患排查治理，加强三级危险点、重大危险源、10人以上危险作业场所管理；顺利通过兵器工业集团组织的安全生产标准化复评验收，达到“二级”企业；全年未发生安全生产事故。在质量管理方面，充实产品检验人员队伍，强化质量监督检查，重点产品一次交验合格率100%，其他产品一次交验合格率98.6%，全年没有发生重大及以上质量问题和相关问题的用户投诉。在干部队伍和人才队伍建设方面，组织部分中层干部重新竞聘上岗工作，有16名原中层领导退出，新提拔7名中层干部，总职数减少9个，减少比例10.84%。调整后，中层领导人员队伍中具有大学本科以上学历（含在职）比例达73%，70后80后占比54.4%。为解决公司核心、关键人员短缺问题，储备更多优秀人才，制定《重点院校毕业生引进办法》；组织评选公司“三层次”人才64名，并签订年度任务书。 （云建新）

装备制造业

【阳煤集团装备制造业概况】 2015年，阳煤集团装备制造产业实现营业收入50.79亿元，比上年减少16.30亿元，降幅24.29%。其中，实体收入26.22亿元，比上年减少7.14亿元，降幅21.39%；贸易收入24.57亿元，比上年减少9.16亿元，降幅27.16%。完成利润10031万元，比上年增加5080万元，增幅102.6%，在完成全年6906万元指标的同时，完成1亿元减亏增盈利润指标。

安全管控 围绕全年安全生产目标，全面贯彻安全生产责任体系，坚持领导干部包保督查和走动巡查，完成督查34次，查出问题8057项次，内部考核金额382799元；开展安全短板摸排和整改，发现和整改短板问题21项次，加强了特种设备、易燃易爆品、吊运、登高、酸洗、大型结构件支护、矿井检修、项目建设设备搬迁和安装、节日期间交通安全等动态管理；开展了安全生产月、应急救援演练、消防宣传日等一系列活动，安全生产观念深入人心。

技术革新 产业技术革新呈现“贴近煤矿实际、贴近先进理念、贴近精品品质”的良好发展态势。以煤矿实际需求为纲，一是结合集团公司矿井数字化、自动化建设，

2015年阳煤集团装备制造产业收入情况一览表

表18　　单位:万元、%

单 位	全年计划			全年实际			比计划±	完成计划百分比	比同期±	比同期增减百分比
	总收入	实体	贸易	总收入	实体	贸易				
合 计	520500	324500	196000	507885	262230	245656	-12615	97.58	-162972	-24.29
华 越	185000	93000	92000	197812	75925	121887	12812	106.93	-59498	-23.12
华 鑫	110000	110000	0	111359	68251	43108	1359	101.24	-68920	-38.23
奥 伦	92000	46000	46000	95600	48525	47074	3600	103.91	3797	4.14
忻 通	70000	40000	30000	36371	32951	3420	-33629	51.96	-35001	-49.04
广瑞达	30000	15000	15000	32727	15608	17119	2727	109.09	-836	-2.49
创 力	30000	17000	13000	30795	17747	13048	795	102.65	-1605	-4.95
中 浩	3500	3500	0	3222	3222	0	-278	92.07	-908	-21.99

2015年阳煤集团装备制造产业利润情况一览表

表19　　单位:万元、%

单 位	年度计划	减亏增盈指标	本年数	比计划±	比计划增减百分比	同期数	比同期±	比同期增减百分比
合 计	6906	10000	10031.40	3125.40	45.26	4951.35	5080.05	102.60
华 越	2600	3765	3771.75	1171.75	45.07	1077.00	2694.75	250.21
华 鑫	1400	2028	2028.05	628.05	44.86	1404.18	623.87	44.43
奥 伦	706	1021	1027.20	321.20	45.50	635.93	391.27	61.53
忻 通	1200	1738	1739.56	539.56	44.96	855.00	884.56	103.46
广瑞达	340	492	504.86	164.86	48.49	313.58	191.28	61.00
创 力	560	811	811.95	251.95	44.99	559.00	252.95	45.25
中 浩	100	145	148.03	48.03	48.03	106.66	41.37	38.79

推进液压支架高端化、电液化、智能化发展，支架电液化比例达74%;二是结合井下煤炭运输需求，持续提升皮带机运量、运距,全年完成DTL140、DSJ140等32部皮带机设计制造;三是结合集团公司修理质量上档次要求,广瑞达公司引入半导体激光熔覆技术和设备,成立再制造中心，提高产品耐磨、耐热和抗腐蚀性,具备修理再制造能力。以先进理念为导航,一是忻通与德国布朗公司合作,开发先进重型刮板机,沙克链轮、双面溜槽、细轴破碎等一系列先进理念应用,大幅提升刮板机产品的耐用性和维护简便性，在新元公司试用良好；二是广瑞达公司开发SZB630/90高强度耐磨矸石刮板机,填补了国内矸(岩)石运输专用设备空白。以精品品质为努力方向,一是华越创力公司革新采煤机摇臂加工工艺，大幅提升加工效率;二是各企业开展新产品研发攻关,电动绞车自动涨紧装置、卷带装置、1.4米皮带机自移机尾、快速移动掘进皮带机等研发成功,并进行工业试验或投入使用。

成本管控　围绕年初确定的工艺技术优化降成本、采购费用对标降成本、整组提效降成本、十二项费用降成本等方面开展管控,取得良好效果。工艺技术优化方面,主要针对现有产品和修理工艺进行整理和修改,在确保产品和修理质量不降低前提下,优化产品设计,提升原材料利用率;采购费用降低方面,组织开展采购物资大排查工作,确定249种自采物资，其他物资从集团公司供应处集中采购,发挥两种采

购模式优势,实现采购成本降低;十二项费用降成本方面,全年计划602.9万元,实际455.48万元,比上年降低337.3万元,降幅达42.55%,是集团公司降幅最大的板块之一。此外,装备制造局加强工资管控力度,在岗职工全年工资总额1.1亿元,比上年节约3000万元,降幅达21.4%。

项目建设　华越公司高端液压支架项目以国际、国内一流企业为标杆,先后多次优化开发区高端支架制造项目设计方案,项目后期充分发挥信息系统优势,全面推行"两化融合",并于11月投入生产试运行。忻通公司搬迁升级项目采用流式生产布局,吸取布朗公司相关经验,购置145台先进装备,成为制造先进重型刮板机的重要保障。广瑞达公司按照工艺、设备和荷重等级要求,对厂房布局进行优化升级,开展了内部整合和工艺流程重新排布,设备综合利用率大幅提升。（牛青麓）

轻纺食品工业

【城镇集体工业联合社概况】 2015年,阳泉市城镇集体工业联社围绕联社党委确定的"保障民生、保证安全、谋求生存、探讨改革、挖掘亮点"的工作思路,精心组织,合力攻坚,全面完成各项目标任务,联社直属企业完成工业总产值2101.6万元,为年计划的175.1%;实现工业增加值458万元;产品销售收入1926.9万元,为年计划的192.7%。租赁收入457万元,为年计划的101.6%。截至年末,下辖直属企业24户(含7户改制企业),其中,劳动部门认定特困企业20户,困难企业2户,基本正常运行企业2户。职工总数5273人,其中离退休人员3616人、在册职工1657人;在册职工中,在岗职工218人、下岗职工1439人。

企业改革　按照市政府年度企业改革重点任务部署,上报市委2015年企业改革工作要点;指导协助平阳街改造涉及的3户企业召开职工大会,完成破产关闭准备工作并上报市政府审批;编制2015年联社转型综改"行动计划"工作方案;报送城区老工业企业搬迁改造情况,完成高频焊管、家居、色织、彩印、装潢公司、供销公司南外环场地申报资料;与新城委、城投公司多次协商电机厂、轻机厂搬迁事宜并达成一致意见;提出城区老工业区搬迁改造实施方案意见和建议;指导帮助企业完成生态新城规划工程建设涉及企业的前期测算工作。改制办组织专人对6个改制企业后续费用进行逐人逐项测算、比较,为今后工作打下较好基础;电机厂围绕异地搬迁建厂,细化搬迁方案,实现职工利益最大化。

工艺美术　为2户工美企业争取到省财政项目扶持资金20万元;完成工艺美术协会年检工作;完成《阳泉市工艺美术行业普查报告》普查编写工作;编撰出版《山西·阳泉工艺美术》画册,该书被全国(含中国台湾)33个省、市、自治区的191所大学图书馆永久收藏;组织会员单位、艺人参加技能大赛和各类展览;完成工艺美术专业技术职务任职资格评审工作;配合省检查组开展传统工艺美术保护发展资金阳泉市项目绩效评价检查,编制自查报告,并对历年的10个扶持项目进行绩效考核;配合省工美《中国工艺美术全集·山西卷》编撰,开展全市范围的调研及资料收集;"阳泉工艺美术"基本建成开始运营。（白建光）

【三来食品建企30年】 11月25日,山西三来食品有限公司举办建企30周年庆典活动。其间举行了庆典答谢会、客户联谊会、创新创业研讨会、劳动模范表彰会。三来食品前身是阳泉市欣青食品厂,始建于1985年,于1996年改成股份制,更名为山西三来食品有限公司。截至2015年底,厂区占地面积1.8万平方米,建筑面积8000平方米,职工220人,总资产5000万元;主要生产马铃薯颗粒全粉、糕点(烘烤类糕点、油炸类糕点、蒸煮类糕点)、月饼,是阳泉市一家规模较大的资深食品加工企业。2015年实现收入3427万元,上缴税金180万元;生产全粉3500吨,主要销售客户是达利食品集团及下设分公司,以及河南临颍、山东淄博、广州、等地;食品生产700吨,主要销往华龙集团及8个分店和40多个零售点。（王　瑾）

【"麦特优"走俏山城】 开设麦特优烘焙店是阳泉食品总厂有限公司在调整产业结构中的一项重点工程。2013年,先后投资300万元引进新型现代化生产线和自动化食品加工生产设备,改造生产车间和工艺,实行标准化操作、无菌化包装,从硬件上为烘焙产业调整奠定基础。2014年,公司又投资200万元,引进先进焙烤设备,对门面房进行改造升级,从广东聘请专业面包制作师负责工艺技术,确保产品品质,并相继在白草堰、滨河香榭大道、南山路、华盛街、平定步行街开店;2015年12月,又在矿一中对面开设北大街店。截至年底,"麦特优"烘焙店员工50人,管理人员10人,平均年龄25岁。主营现烤面包、手工饼干、西点、生日蛋糕、婚礼蛋糕等百余种烘焙产品及现磨咖啡、奶茶、果汁等十余种饮品,成为继"颐寿"老品牌后又一富有时代气息的西式烘焙品牌,实现了放心早餐、烘焙糕点两条腿走路的经营战略。（吕慧敏）

农业

综合工作

【概况】 2015年,全市粮食总产量2.49亿公斤,完成任务的113%。全市新增设施蔬菜70.87公顷(1063亩),完成任务的106%,总面积达920公顷(1.38万亩),其中新增食用菌面积27万平方米(总面积85万平方米)。杂粮播种1.67万公顷(25万亩),总产量0.4亿公斤,完成目标任务。新发展果园和改造老果园378.33公顷(5675亩),完成任务的284%。新发展中药材1460公顷(2.19万亩),完成任务的438%。肉、蛋、奶产量分别达3.4万吨、3.54万吨、0.52万吨,生猪饲养量56万头,肉鸡出栏350万羽,肉羊饲养量30万只,牛饲养量1.5万头。此外,全市农村居民人均可支配收入达11494元,增长7.0%,完成任务的107%。阳泉特产网、阳泉市新农商网络科技有限公司和盂县"美淘村"等电商平台相继开通运行。　(徐雪峰)

【农业项目建设】 年内,全市实施农业"515"工程,即建设5大标志性工程,落实10大重点工程,全面铺开50项推进工程。新瑞利邦肉牛养殖、平定县阳盛广源日光温室、康泰来现代农业、鑫源伟业肉羊繁育养殖园区、桃林山庄乡村休闲观光等项目落地开工。全市现代农业投资完成24.3亿元,完成任务的101%。同时,在山西省农业博览会上成功签约招商引资项目9个,签约资金26.2亿元,比上年增长45%。　(徐雪峰)

【农技推广】 年内,全市开展4项农技推广工作。一是完成部级、省级粮食万亩高产创建示范项目4个,组织实施2666.67公顷(4万亩)玉米丰产方项目。二是测土配方施肥技术推广4.33万公顷(65万亩),有机肥施用2.67万公顷(40万亩),秸秆还田3.67万公顷(55万亩)。三是通过创建现代农业示范园区、规模健康养殖、改良种养品种,推广新技术、新品种、新材料、新模式。四是郊区、平定县、盂县23个乡镇(区域)农技推广站人员全部入编到岗,全年培育农业科技示范户1831户、培训基层农技人员220名、建设示范基地12个。　(徐雪峰)

【新型职业农民培训】 年内,全市通过精选培育对象、"菜单化、点餐式"培育模式、强化后期跟踪服务等,采用"走出去"与"请进来"、课堂授课与基地实训、院校培训与技能提升相结合模式,完成生产经营型、专业技能型、社会服务型、引领带动型职业农民培育3506人,全部完成任务。此外,市农广校完成中专学历教育200人。　(徐雪峰)

【农村人居环境改善】 年内,全市开工农村人居环境改善项目18个,总投资14.9亿元。全年完成投资12.36亿元,完成省定任务9.6亿元的128%。一是完善提质工程。农村道路提升、安全饮水、造林绿化、村级幼儿园改造、日间照料中心建设、农网改造、煤气天然气进村入户等工程进展顺利,完成投资2.92亿元。二是农民安居工程。地质灾害治理工程完成投资850万元,农村危房改造完成投资3920万元,采煤沉陷区治理完成投资4亿元。易地移民搬迁完成投资1.55亿元,主体工程完工率93%,超额完成省定60%的任务。三是环境整治工程。投资1亿元建成10座垃圾中转站,建设和规范垃圾处置点185个,超额完成省定150个的任务。全市乡村实现常态化保洁,保洁总面积达684.9万平方米。12个村完成生活污水治理项目,建成污水收集管网16211米。创建环境卫生达标村289个,超额完成省定160个任务。四是美丽宜居示范村创建。建成5个省级、18个市级、88个县级美丽宜居示范村,完成投资9.17亿元。　(徐雪峰)

【农产品加工】 全年全市农产品加工企业销售收入 25.32 亿元,规模以上农产品加工企业销售收入 24.3 亿元,比上年增长 20.5%。全市酿造业销售收入 1.51 亿元,比上年增长 16.2%。 (岳 虹)

【农产品加工龙头企业推荐和认定】 年内,全市开展农产品加工龙头企业推荐和认定工作。山西大寨饮品有限公司、阳泉市裕盛源农产品开发有限公司、阳泉市万和油脂有限公司、山西大正伟业农牧有限公司、阳泉田园乳业有限公司等 22 个农产品加工企业被推荐为"513"工程("513"工程,是按照省、市、县三级总体规划、分层次推进、重点扶持的原则,在现有农业产业化国家级及省级龙头企业中选择 30 个企业、在全省资源型企业转产和招商引资企业中选择 20 个投资额在亿元以上的企业,作为省级梯队重点培育的 50 个企业; 选择 100 个有一定规模、发展前景好、带动力较强的农产品加工龙头企业,作为市级梯队进行培育和指导;选择 300 个成长性好的农产品加工龙头企业,作为县级梯队进行培育和指导)重点龙头企业。其中省级梯次龙头企业 4 个, 分别为山西大寨饮品有限公司、阳泉市裕盛源农产品开发有限公司、阳泉市万和油脂有限公司和山西大正伟业农牧有限公司。此外, 阳泉市万和油脂有限公司、阳泉鑫源世纪农业有限公司、山西泰东农业科技有限公司、山西大正伟业农牧有限公司、平定县鑫生园养殖基地、平定金得蜂蜜饮料有限公司、山西华北奕丰生态园有限公司、山西溢盛源农业科技开发有限公司、盂县乌河农业开发有限公司、阳泉蔬菜副食有限公司蔬菜瓜果批发交易市场等 34 家农产品加工企业被评定为市级农业产业化重点龙头企业。 (岳 虹)

【招商引资】 年内,全市农业招商引资 26.2 亿元, 较上年的 18.01 亿元增长 45.5%,其中平定县 14 亿元、盂县 6.4 亿元、郊区 5.8 亿元。 (岳 虹)

【农企融资服务】 年内,全市优选推荐 30 个农业项目开展银企对接。邮储银行参与调研农业融资项目 20 个,融资 5000 万元。平定县出资 1000 万元作为农保贷资金, 放款 4000 万元;郊区出资 500 万元作为农保贷资金,放款 500 万元。万紫农业开发有限公司在上海股权托管中心挂牌上市,是全市首家股权上市的农业加工企业。 (岳 虹)

【休闲农业】 全年全市休闲农业营业收入 4.5 亿元, 规模型休闲农业企业、园区、农庄 41 家,其中农业观光型 8 个、农事体验型 10 个、生态休闲型 10 个、农家度假型 13 个。省级休闲农业与乡村旅游示范县区 2 个,分别为盂县和郊区;省级休闲农业与乡村旅游示范点 17 家,分别为盂县蕊晶果树种植专业合作社、盂县金绿元蔬菜种植有限公司、盂县铭晟农业开发有限公司、郊区荫营镇辛庄村、郊区桃林沟农业科技观光示范园、山西美好家居服务有限公司生态园、山西华北奕丰生态园、阳泉市评梅景区开发中心、娘子关旅游景区开发中心、郊区平坦镇后峪村、阳泉市阳胜宝宏种植有限公司、盂县藏山翠谷、阳泉龙台山生态旅游有限公司、郊区西南舁乡咀子上村、平定县冶西镇上南茹村、盂县北下庄乡燕子崖村、阳泉市盂县金玉米农庄。 (岳 虹)

【农产品质量安全专项整治】 年内, 全市农业系统组织开展农药及农药使用专项整治、"瘦肉精"专项整治、生鲜乳违禁物质专项整治、兽用抗菌药专项整治、畜禽屠宰质量安全专项整治、病死畜禽无害化处理专项整治、"三品一标"(无公害农产品、绿色食品、有机农产品和农产品地理标志)专项整治和农资打假专项整治行动。抽查农药产品标签 320 个,合格标签 317 个、不规范标签 3 个,合格率 99.06%。监测养殖场 55 个,共检测样品 138 个,检测合格率 100%。抽检生猪尿样 2265 头,未检出"瘦肉精",全部合格。农业部抽检全市屠宰场生猪"瘦肉精"4 次,全部合格。生鲜乳完成农业部 2 个批次 6 个样品的采样, 检测全部合格。全年全市共出动执法人员 1130 人次,检查农资生产、经营网点 469 个次,下达责令改正通知书 15 份; 立案查处农资案件 6 起,其中经营假种子案 3 起、经营肥料未备案 1 起、经营种子标签不合格案 1 起、经营未取得农药生产许可证农药案 1 起,罚没款共计 96518 元。全年各县区行政处罚案件处罚率达 100%。 (吕 璐 陆 达)

【农产品质量安全诚信体系建设】 年内,为加强和提升农产品质量安全保障能力建设,全市实行农产品质量安全诚信体系动态管理。企业对照建设标准, 结合自身实际,随时申报更高级别档次。市、县农业部门依据申请及时初验、考核,对考核达标企业进行再定级。考核优秀企业如出现管理松懈或有其他违法违规事件,一经查实,将被撤销"阳泉市农产品质量安全诚信企业"称号。考核达 A 级企业保持巩固,B 级企业查遗补漏,C 级企业进行整改。全年考核组共考核企业 35 家,其中新增企业 20 家、升级企业 14 家、未升级 1 家,考核达 A 级企业 13 家、B 级企业 19 家、C 级企业 3 家。 (吕 璐)

【农产品质量安全监管平台启用】 年内,为提高全市农产品质量安全监管信息化水平, 全市投资 30 万元建成"阳泉市农产品质量安全监管信息平台", 将全市农产品生产企业、农业投入品经营企业及各级农产品质量安全监管人员信息输入监管网络,实现数据上传、资源共享、信息公开,及时跟踪服务和监督。平台包括 8 个模块,即农业概况、投入品管理、生产档案管理、检测信息管理、权限管理、应急预警管理、信用评价管理、质量追溯管理。12家蔬菜、食用菌、养殖和屠宰企业成为首批监测点，配备速测仪器，进行定期监测。截至年底，首批监测点12家企业档案等基础性资料收集完成，首批监管平台、12台（套）检测设备及试剂、大屏幕显示器投入运行。　（吕　璐）

【农产品质检站建设项目管理培训】9月22日至24日，全市召开山西省农产品质检站（中心）建设项目管理培训班。省农业厅相关领导和全省11个地市分管农产品质量安全监管机构负责人及37个县农委主任、检测机构负责人100余人参加会议。会上市农委监管科作题为《树诚信、搭平台，创新监管模式，努力提高全市农产品质量安全监管水平》经验介绍。会后全体参训人员参观市农委农产品质量安全监管信息平台、平定县海山商贸有限公司屠宰场和山西美好家居服务有限公司。　（吕　璐）

【农产品市场准入职责移交】　根据山西省农业厅、水利厅和食品药品监督管理局《关于加强食用农产品质量安全监督管理工作的意见》（晋农质监发〔2015〕5号）文件规定，食用农产品质量安全监管体制调整后，《中华人民共和国农产品质量安全法》规定的食用农产品进入批发、零售市场或生产加工企业后的质量安全监管职责由食品药品监管部门依法履行，农业行政主管部门不再履行食用农产品进入市场后的相应质量安全监管职责。12月31日，市农委经市政府批准后将农产品市场准入职责移交至市食品药品监督管理局，并送达《关于移交我市农产品市场准入检测点工作及检测人员和仪器设备的报告》。　（魏彦丽）

【农产品电子商务】　8月，阳泉市首家综合性农产品电子商务公司阳泉特产网挂牌运营。山西冠霖农业、山西十月秋农业等46家主要农产品加工企业和部分示范合作社加入该网进行线上销售。截至年底，阳泉特产网销售额达190余万元。　（张白英）

【数字农业】　年内，阳泉数字农业综合信息服务系统项目通过市科技局项目验收，并获2015年度科技进步三等奖。短信系统新增注册用户2500户，其中晋农天天“12316”新增700户、阳泉数字农业短信服务系统新增1800户，两套短信系统注册用户共计8352户，实现全市农业经营主体基本覆盖。晋农天天“12316”注册用户涵盖全市主要农业经营主体，包括科技示范户1428户、养殖专业户454户、种粮大户491户、示范合作社279户、设施蔬菜种植户89户、中药材种植户43户、经济作物种植户93户、蔬菜瓜果种植户292户、杂粮种植户735户。　（张白英）

【农村土地承包经营权确权登记】年内，全市农村土地承包经营权确权登记工作落实经费1656万元，其中市级656万元、郊区200万元、平定县300万元、盂县500万元。全市土地确权统一航拍采集正射影像图工作完成，制作4566.9平方千米的正射影像工作底图。全市有879个村完成清查摸底工作，占确权村数的93.71%；753个村完成底图标绘和实地调查工作，占确权村数的80.28%；156个村进行公示，占确权村数的16.63%；123个村开展入户调查核实准备公示，占确权村数的13.11%。　（赵丽萍）

【农村土地流转与仲裁体系建设】年内，全市在盂县开展土地流转服务体系示范县建设，县级和14个乡镇建立了土地流转服务中心，配备电脑、打印机、显示屏、档案柜等设施设备，设立农村土地流转登记备案簿，制定和规范土地流转管理工作制度、规程和土地流转监测制度等，统一土地流转合同文本，开展信息发布、合同签订指导、合同鉴证和政策咨询等工作。全年全市土地流转面积0.75万公顷（11.3万亩），占承包经营总面积的13.8%。同时，推进土地承包仲裁体系建设，在郊区、平定县、盂县建立仲裁庭，部分乡镇设立调解庭，依法开展土地承包经营纠纷调解仲裁工作，全年调解仲裁案件结案率100%。　（赵丽萍）

【农村集体“三资”管理专项整治】年内，全市共查出农村集体“三资”（资金、资产、资源）管理问题1403个，涉及人数253人，涉及农用地面积4335公顷（6.50万亩）。其中，已整改问题1381个，整改率98.4%，给予党纪政纪处分127人，移送司法机关处理7人。　（赵丽萍）

【农业经营主体发展】　年内，全市新发展农民专业合作社195家，其中培育省级、市级、县级示范社分别为8家、12家、22家。截至年底，全市农民专业合作社总数2271家，其中国家级、省级、市级、县级示范社分别为25家、73家、118家、195家。此外，申报并通过认定的家庭农场154个，其中省级示范家庭农场1个。新发展“一村一品”省级专业村72个、市级专业村20个，全市累计达321个。　（徐雪峰）

【农村集体产权制度改革试点建设】年内，盂县西潘乡进圭村被确定为全市农村集体产权制度改革试点，并出台《盂县西潘乡进圭村集体经济产权制度改革（试点）实施方案》，成立村集体经济组织产权制度改革工作组。截至年底，试点已进入清产核资、折股量化阶段。　（赵丽萍）

【涉农安全监管】　年内，全市开展涉农安全监管工作。一是产地认证和产品认证。认定无公害产地0.14万公顷（2.1万亩），认证无公害农产品14个，分别完成任务的105%、140%。二是农产品质量安全监管。

开展农产品质量安全专项整治行动,累计投资2200余万元建成覆盖市、县、乡(镇)、企业(园区、基地)“四级”农产品质量安全检测体系;开展生产经营户诚信体系建设,建成全省首家农产品质量安全监管信息平台,市级农产品质检中心建设项目有序推进;省级抽检蔬菜样品90个,合格率100%,市级抽检蔬菜、畜产品样品181个,合格率99.45%,全部超出省定96%的要求。全年没有发生农产品质量安全事件。三是动物卫生监督及畜禽屠宰监管。动物检疫合格证明电子出证和《动物检疫记录工作规范》全覆盖,产地检疫、屠宰检疫出证率、病害动物无害化处理率均达100%。四是重大动物疫病防控。基层动物防疫体系健全,春秋集中应免动物免疫率100%,群体免疫率90%以上,年度监测任务免疫抗体合格率77%以上。全年投入防疫经费130万元,没有发生区域性重大动物疫情。五是饲料、生鲜乳、兽药、畜产品质量安全监测。饲料安全监测48批次,生鲜乳抽样2批次,兽药抽样30批次,监测合格率均达100%。六是农业综合执法。全年出动执法人员1137人次,检查农资生产、经营网点469个次,下达责令改正通知书15份;立案查处农资案件4起,罚没款67589元;县级行政处罚率100%。(徐雪峰)

【农产品质量安全监测】 年内,市农产品质检中心对全市种植业、养殖业农产品进行抽样监测,共抽取各类农产品194个,其中蔬菜水果样品148个、猪肉猪肝等畜禽产品46个。其中,畜禽产品样品检测项目为鸡蛋进行四环素类抗生素兽药残留和违禁添加物三聚氰胺检测,猪肉、猪肝进行瘦肉精主要药物盐酸克伦特罗、莱克多巴胺检测,生鲜乳进行违禁添加物三聚氰胺检测。全部样品由中心实验室用酶抑制率速测法速测后,用气相、液相色谱仪对42种农药残留定量检测。经检测,蔬菜、水果和食用菌样品中有3个样品农药残留超标,合格率为97.97%,比上年提高近三个百分点;畜禽样品所检测项目全部合格,合格率为100%。(魏彦丽)

【农产品农药残留监测】 年内,晋中市农产品质检中心对阳泉市蔬菜农药残留进行4次例行抽样,由省农产品质监中心进行检测。每次抽取蔬菜样品30个,共抽取蔬菜样品120个,其中蔬菜生产基地样品48个、大型超市35个、批发市场37个。经检测,合格率为95.8%,5个样品超标,其中3个基地样品、1个超市样品、1个批发市场样品。芹菜、韭菜、食用菌和苹果专项监测中,1个芹菜样品和1个韭菜样品农药残留超标,食用菌、苹果样品全部合格。(魏彦丽)

【农产品市场准入检测】 年内,11个市场检测点重点对进入市场销售的蔬菜、水果和猪肉进行检测。蔬菜、水果抽样进行有机磷类和氨基甲酸酯类农药残留检测,双汇、众品、千喜鹤、雨润和云阁5大品牌猪肉抽样进行瘦肉精主要药物盐酸克伦特罗和莱克多巴胺检测。全年共检测蔬菜、水果和猪肉样品4万多个,合格率99%以上。为确保检测准确性,市农产品质检中心对市场检测点检测不合格样品全部送回中心实验室进行复检,对市场检测点检测合格样品抽取10%复检。(魏彦丽)

种植业

【种子质量抽检】 3月,市种子管理站抽检种子经营单位10家,共扦取玉米品种15个,代表不同批次玉米种子25000公斤,各品种所检项目(净度、水分、发芽率)均达国家质量标准,没有发现不合格种子。另外,抽检山西潞玉种业、山西诚信种业、北京中农大康有限公司等省内外种子生产企业14家,对其证照资质、包装标签等进行检查,未发现违法违规和假冒侵权现象。(李世英)

【种子市场管理专项行动】 年内,市种子管理站出动40余人次,对全市90家种子经营门店进行检查,所检查单位占全市种子经营单位的80%。通过检查显示,全市种子价格波动幅度小,品种齐全,数量充足,市场运行情况平稳。同时,部分经营单位存在经营档案不健全、委托合同不规范、进货票据不齐全、种子包装粗制滥造、封口生产时间和种子批号模糊不清等问题。对存在问题,市种子管理站责令其限期整改,整改率100%。(李世英)

【玉米病害防治试验】 4月26日,市植保站联合保丰专业防治队在平定县张庄镇赵家庄村和王家坪村进行玉米病害防治试验,试验面积6.67公顷(100亩),赵家庄村、王家坪村各3.33公顷(50亩)。试验田为近几年来病害重发地区,主要针对玉米大斑病、玉米丝黑穗病、玉米黑粉病频发情况,采取播前灭菌、生育期保护、发生期防治方法,达到压低田间菌源、降低病害发生频率、减轻病害发生程度目的。试验选取常用杀菌剂4种,包括氟硅唑、多菌灵、代森锰锌、三唑酮。通过现场试验高压喷雾车和讲解各种防治药剂使用方法,使农民解决各种操作问题,了解各种病害发生原因及防治方法。(赵 欣)

【农机引进】 年内,市农业技术推广站赴河北藁城、正定现场观摩谷子种植机械化示范作业,并根据谷子种植不同时期,逐步引进谷子播种机、中耕机、割晒机和脱粒机。其中,引进的单行小型谷子精量播种机先后在盂县仙人乡张庄村、平定县岔口乡范家堰村等地试种,与对照田相比亩均省间苗工1.5个、节省谷种0.25公斤。(梁建毕)

【新品种区域试验】 年内,全市开展中晚熟普通玉米区域试验、大豆区域试验、玉米生产试验、谷子区域试验项目10个，参试新品种121个，试验面积2.14万平方米，试点6个，分别为平定农作物展示示范场、盂县良种场、巨城镇南庄村、荫营镇矾窑村、西南舁乡西南舁村、西烟镇西村。（李世英）

【农作物新品种展示】 年内，市种子管理站组织开展农作物新品种展示示范。全市共有示范点10个，示范面积25.53公顷（383亩），示范品种108个（次），作物有玉米、谷子和大豆3类，所有示范品种全部为近年来国家审定或省审定的新品种。主要有中晚熟玉米示范品种79个，面积19.2公顷（288亩）；平定县、郊区谷子展示品种16个（次），面积2.4公顷（36亩）；郊区、平定县、盂县大豆示范面积0.6公顷（9亩）；盂县种畜场马铃薯展示品种4个，面积0.53公顷（8亩）；其他作物2.8公顷（42亩）。（李世英）

【良种补贴】 年内，全市实施国家农作物良种补贴项目和省杂粮良种补贴项目。国家良种补贴作物为春播玉米和小麦，每亩补贴10元，共计补贴686.21万元。其中，盂县玉米2.36万公顷（35.46万亩），补贴354.6万元；平定县玉米1.76万公顷（26.45万亩），补贴264.5万元；平定县小麦0.05公顷（0.8亩），补贴8元；郊区玉米0.45万公顷（6.71万亩），补贴67.1万元。省杂粮良种补贴作物为谷子和大豆，每亩补贴10元，共计补贴78.91万元。其中，盂县杂粮0.34万公顷（5.06万亩），补贴50.6万元；平定县杂粮0.15万公顷（2.26万亩），补贴22.6万元；郊区杂粮0.04万公顷（0.57万亩），补贴5.7万元。截至年底，各县区补贴工作全部完成。（李世英）

【杂粮种植】 年内，全市小杂粮种植1.68万公顷（25.2万亩），总产量4475.2万公斤，单产177.59公斤，比上年增长3.8%。其中，谷子0.63万公顷（9.45万亩）、产量1777.49万公斤，马铃薯0.24万公顷（3.64万亩）、产量895.05万公斤，红薯0.12万公顷（1.87万亩）、产量409.42万公斤，大豆0.17万公顷（2.53万亩）、产量358.53万公斤，杂豆0.19万公顷（2.89万亩）、产量271.46万公斤。另外，全市油料播种0.19万公顷（2.58万亩），产量247.73万公斤，比上年略有增加。（梁建毕）

【杂粮作物新品种试验示范】 年内，全市杂粮新品种试验示范点有8个，适宜本地种植优质品种有20个，总试验示范面积13.33公顷（200亩）。8个试验示范点分别为盂县西潘乡李庄村、下社乡下细腰村、仙人乡狮子神村，郊区西南舁乡东南舁村、大西庄村，平定县良种场，平定县东回镇前黄安村和岔口乡范家岩村。谷子试验新品种为晋谷34号、36号、40号、41号、42号、59号，长农35号、金谷35号，长生008号、10号，张杂谷10号、13号、14号等。年底测产数据显示，单产超过450公斤有2个品种，其中晋谷34号最高单产达453.3公斤/亩、晋谷40号最高单产达457.2公斤/亩。大豆试验新品种为晋遗30号、晋豆19号、汾豆65号、晋科4号、晋遗31号和汾豆78号、79号等。其中晋遗30号亩产达248.5公斤，居大豆试验品种第一位。（梁建毕）

【杂粮产业推进座谈会】 12月24日，全市召开杂粮产业推进座谈会。各县区分管农业县区长、农委主任、重点乡镇负责人、部分杂粮种植专业合作社、加工企业负责人和市农委、市农机中心有关领导参加会议。阳泉市三来食品有限公司、九州香农业科技有限公司和盂县西潘乡李庄村西李合作社等9家企业和合作社代表做典型发言。各县区分别汇报交流杂粮种植、加工、销售情况以及存在困难、问题。市农委农艺专家总结回顾全市小杂粮“十二五”取得成果，指出存在问题，对“十三五”小杂粮产业发展规划重要内容做了说明。（梁建毕）

【果业生产】 年内，全市果树总面积0.44万公顷（6.63万亩），挂果面积0.31万公顷（4.58万亩），淘汰果树面积136.67公顷（2050亩）。全年完成果业提质增效工程378.33公顷（5675亩），超任务完成145公顷（2175亩），完成率162.1%。新栽果树238.67公顷（3580亩），其中郊区102.67公顷（1540亩）、平定县21.33公顷（320亩）、盂县114.67公顷（1720亩），树种以苹果、梨为主；改造中低产果园139.67公顷（2095亩），其中郊区70.33公顷（1055亩）、平定县36公顷（540亩）、盂县33.33公顷（500亩），主要集中在西南舁乡、河底镇、荫营镇、旧街乡、孙家庄镇西盂北等老果园基地。全市水果总产量2800万公斤，比上年增产300余万公斤，总产值达1.26亿元。（樊树龙）

【中药材产业】 全市全年新种植中药材0.15万公顷（2.19万亩），其中盂县0.08万公顷（1.15万亩）、平定县0.04万公顷（0.64万亩）、郊区0.03万公顷（0.4万亩），超任务完成0.01万公顷（0.19万亩），完成率109.5%。全市中药材人工种植面积0.24万公顷（3.67万亩），其中盂县0.10万公顷（1.53万亩）、平定县0.07万公顷（1.11万亩）、郊区0.07万公顷（1.03万亩），采收面积0.06万公顷（0.91万亩），采挖量955.6吨（干货），产值1833.6万元。品种以黄芩、黄芪、柴胡、桔梗、连翘、板蓝根为主。全市千亩以上中药材种植单位有7家，种植户近1000户。平定县由晋冠园农业专业合作社带动，以荒山为主种植连翘；盂县由山西亿鑫通达中药材种植有限公司带动，以大田种植黄芩、桔梗等道地中药材为主；郊区由山西锦丰种植有限公司带动，以发展林下种植道地中药材为主。同时，盂县启耀中药材种植专业合作社、华安

种植专业合作社等中药材高标准、规范化示范种植单位初步建立连翘育苗基地。（樊树龙）

【中药材现场交流与培训】 10月10日，全市召开中药材现场交流培训会。会上，来自郊区、盂县、平定县农委，全市中药材种植专业合作社和种植大户40余名参训人员相互交流与学习，并观摩盂县启耀中药材种植基地东梁乡西梁村春夏播黄芪、西烟镇南头村2年生射干、西烟镇山河村2年生桔梗和黄芪、西烟镇脉坡村夏播远志和柴胡，盂县文茂种植专业合作社2年生柴胡，盂县辰厚种植专业合作社3年生黄芩，盂县建平优质核桃种植专业合作社夏播黄芪和核桃套种种植等8个中药材示范点。（樊树龙）

【中药材测产】 10月6日至8日，市农委果树站专业人员对盂县辰厚种植专业合作社、山西启耀中药材种植专业合作社等采收种植单位进行测产，以获取全市各类中药材人工种植真实产量。测产采取五点取样法（先确定对角线的中点作为中心抽样点，在对角线上选择4个与中心样点距离相等的点作为样点），采集样点70个。盂县辰厚种植专业合作社核桃树下套种黄芩3年生，管理相对粗放，土壤肥力严重不足，缺苗断垄现象严重，测产面积0.27公顷（4亩），采集样点20个，平均亩产655.8公斤，亩产值收入2098元，因年内中药材市场黄芩价格持续走低，产值与效益不佳。盂县启耀中药材种植专业合作社测产药材品种3个，分别为黄芪、桔梗、射干，管理规范，土地平整，土壤肥沃。1年生黄芪测产面积0.27公顷（4亩），采集样点20个，平均亩产687.8公斤，亩产值收入3288元（其中药材收入1788元、种子收入1500元），除去种子、化肥、人工1000元，亩收入2288元，效益比传统种植业显著。2年生桔梗测产面积0.27公顷（4亩），采集样点20个，平均亩产1630.9公斤，亩产值收入4892.7元，除去种子、化肥、人工1000元，亩收入3892.7元，平均每年亩纯收入1500元左右。3年生射干测产面积0.13公顷（2亩），采集样点10个，平均亩产1365.4公斤，亩产值收入5461.6元，2年种子亩产值收入4000元左右，除去种子、化肥、人工费用1000元，亩产值8461.6元，平均每年亩纯收入2000元左右，效益显著。（樊树龙）

【果业与中药材技术培训】 年内，全市在郊区西南舁乡、盂县柳沟村和西盂北村举办苹果春季修剪、树形改造、夏季果园管理等技术培训；在平定县新城村、盂县南头村等主要道地中药材种植区域举办黄芪、柴胡、远志、桔梗、黄芩等中药材栽培技术培训。全年全市共举办各类水果、中药材技术培训班40余期，培训果农、药农6000余人次，印发培训资料1.2万份(册)。（冯瑞瑞）

【果业与中药材实用技术推广】 年内，全市推广树形改造、防雹网、疏花疏果、果实套袋、生物覆盖、果园生草、增施有机肥和中药材野生抚育、林药间作、玉米中药材套装等先进实用技术。全市树形改造133.33公顷（0.2万亩），疏花疏果3000公顷(4.5万亩)，果实套袋1000余万个，生物覆盖和果园生草666.67公顷（1万亩），增施有机肥1733.33公顷(2.6万亩)，林药间作666.67公顷（1万亩），中药材野生抚育333.33公顷（0.5万亩）。（冯瑞瑞）

【新品种及新技术试验示范】 年内，全市开展新品种、新技术试验示范工作。一是水果品种试验示范。西南舁乡大西庄村水果基地引进中华梨王、玉露香梨、中华钙果、新红宝苹果等7个水果品种，搭建钢架结构防雹网，安装滴灌、微喷、小管出流等节水设施。西南舁乡王家庄村建成樱桃示范基地13.33公顷（200亩），引进滴灌设备6.67公顷（100亩）。通过引进新技术可改善靠天等雨现状。二是中药材试验示范。试验在盂县启耀中药材种植专业合作社、山西仁和通达中药材种植有限公司、晋冠园农业专业合作社等5个示范点开展，试验品种为防风、生地、苦参、党参、丹参等13个，面积6公顷（90亩）多，播期分为春播和夏播。由于前期干旱少雨，出苗差，部分出苗后有死苗现象，后期遭受暴雨袭击，整体试验示范不理想。（冯瑞瑞）

【蔬菜及食用菌生产】 年内，全市蔬菜种植总面积0.73万公顷（11万亩），较上年增长1%；蔬菜总产量23.5万吨，较上年增长6.8%；总产值43800万元，较上年增长22.3%。商品菜种植面积0.4万公顷（6万亩），较上年增长1.6%，总产量17.6万吨，较上年增长6%。设施蔬菜种植面积993.33公顷（1.49万亩），较上年增长7.8%，总产量8.63万吨，较上年增长7.8%。食用菌生产面积112.8公顷（1692亩），食用菌产量7400吨，较上年增长48.6%。全市农民人均蔬菜纯收入804元，较上年增长23.60%。（王英利）

【设施蔬菜建设】 年内，全市新增设施蔬菜面积70.87公顷（1063亩），其中新增日光温室28公顷（420亩）、钢架大棚15.8公顷（237亩）、新增食用菌生产面积27.07公顷（406亩）；新建3.33公顷（50亩）以上温室大棚基地7个，新建1万平方米以上食用菌基地5个。（王英利）

【菌包出口】 年内，在盂县新建的山西康泰来农业生物科技有限公司向美国西弗吉尼亚州和韩国出口自产食用菌菌包和香菇菌包25万棒，并与美国西弗吉尼亚州签订2016年出口订单160万包。（王英利）

【蔬菜“三新”示范工作】 年内，市、县两级蔬菜中心开展蔬菜水果新品种、新技术、新材料引进、试验、示范工作。一是新品种试验示范。引进各类新品种30多个(其中草莓5个、小南瓜3个、小西瓜2个、西红柿8个、茄子2个、西葫芦3个),培育穴盘苗60多万株。其中,布利塔茄子、金香玉南瓜、天香草莓、黄莺一号樱桃西红柿、京秀西瓜等26个品种表现出高产抗病优势,秋季在全市推广种植133.33公顷（2000余亩）。二是新技术试验示范。针对阳泉市果蔬种植"温室一年两茬高效栽培模式、长季节高效栽培模式及休闲观光采摘模式",推广小高垄栽培、膜下滴灌、"两网一膜"(防虫网、遮阳网、塑料棚膜)、杀虫板、杀菌灯、植物补光灯、臭氧发生及空间电场等配套技术10余项,其中空间电场防控病害、蜜蜂授粉、醋糟菇渣施肥等试验效果明显。三是新材料引进。引进最新一代功能性棚膜——PO膜，与传统聚氯乙烯膜相比,PO膜使用寿命长,透光性、保温性好,可降低综合成本。同时,可延长棚膜流滴期,降低棚内空气湿度,减少病害发生,为蔬菜作物营造更加适宜的生长环境。（王英利）

【市蔬菜服务中心获奖】 7月,阳泉市蔬菜技术服务中心在山西省蔬菜产业大会上获"山西省蔬菜产业优秀服务单位"称号,系全省11个地市级蔬菜部门中唯一连续两年获此称号单位。（王英利）

【测土配方施肥】 年内,全市测土配方施肥技术推广面积4.33万公顷(65万亩)。为保证测土配方施肥项目实施，全市举办培训班8期(次),培训技术骨干212人次,培训农民603人，发放各种培训资料1350万余份，发放施肥建议卡10560份。（刘　园）

【秸秆还田旱作节水技术】 年内,全市推广秸秆还田覆盖旱作节水技术,秸秆利用以覆盖还田、机械粉碎还田为主，配合少量堆沤还田和过腹还田。全年全市完成秸秆还田面积3.674万公顷(55万亩),采用覆盖还田面积1.1万公顷(16.5万亩),占还田面积30%，采用机械粉碎翻压还田面积2万公顷（30万亩),占还田面积54.5%,其他采用堆沤还田和过腹还田两种方式。（刘　园）

【土壤墒情监测】 3月25日，全市开始实施土壤墒情监测,按照省农业厅要求，上半年每月10日、25日定期监测土壤0~20厘米、20~40厘米土壤含水量，评价墒情和旱情等级,并在中国节水农业信息网上公布土壤墒情结果和发布土壤墒情简报。截至6月25日，通过市农业信息网发布墒情监测信息7期,为全市农业生产领导部门和广大农户提供决策依据和信息服务。（刘　园）

【高标准农田建设】 年内，全市投资200万元在平定县建设高标准农田106.28公顷(1594.2亩)。通过土地平整工程、田间排灌工程、小型水源工程、农田防护工程、田间道路工程、地力培肥与土壤改良工程、农田输配电设施配套工程等，改善项目区农业生产条件和生产水平，提高耕地综合生产能力，促进粮食稳产高产。（刘　园）

【有机肥推广】 年内,全市有机肥推广施用面积2.67万公顷(40万亩),主要采用秸秆直接还田+精制有机肥模式，当季还田就地耕翻技术。该技术模式保留多年秸秆覆盖习惯，增加精制有机肥使用,减少化肥使用。应用精制有机肥后,作物茎秆粗壮,抗倒能力增强，秸秆腐熟过程中产生高温杀死部分病菌、虫卵、草籽,病虫危害程度减轻。（刘　园）

【"吨田宝"化控技术和玛菲试验】 年内,全市选定在盂县开展"吨田宝"(中国农业科学院作物科学研究所国家发明专利产品)化控技术试验,试验品种为玉米,试验点为岭西岩、柳沟、西盂北、苌池和袁梁5个村,面积6.67公顷(100亩),玉米可见叶8片至9片时,亩用量30毫升兑水15公斤进行叶面喷施。通过试验表明,喷施过"吨田宝"的玉米比对照品叶色要绿，旱象较轻，收获籽粒颜色也较对照品发红,成熟较早,成熟度更好,且植株高度降低,田间倒伏较少,增产效果明显。玛菲是一种液体肥料,具有抗病解害功能,可修复受损细胞,而且富含天然保水因子，可以提高植株抗旱性能。盂县仙人乡遭受雹灾后，植株茎叶打成麻状，喷施玛菲地块植株较对照植株恢复生长较快,且抗旱能力更强。（梁建华）

【农作物病虫害发生与防治】 年内，全市农作物病虫害总体呈中等发生,病害重于虫害,呈现前期病虫同发、中期虫害重、后期病害重的特点。病虫发生总面积7.42万公顷次(111.24万亩次),防治面积4.03万公顷次(60.45万亩次),其中专业化统防统治面积0.39万公顷次(5.8万亩次),挽回损失3.4万吨,实际损失1万吨。多数病害发生期较上年推迟,玉米大斑病较上年推迟20余天。苹果白粉病重发,主要害虫玉米螟轻发生。蚜虫发生面积较大、程度中等,暴发性黏虫轻发生,小地老虎发生程度中等。

玉米病虫害　全年全市玉米病虫害累计发生面积3.88万公顷次(58.25万亩次)，防治面积1.34万公顷次(20.05万亩次)。其中,虫害发生面积1.50万公顷次（22.55万亩次),防治面积0.66万公顷次(9.9万亩次)；病害发生面积2.38万公顷次(35.7万亩次),防治面积0.68万公顷次(10.15万亩次)。玉米病虫害发生程度总体中等，病害重于虫害,发生期略迟于上年,主要病虫为地下害虫(小地老虎为主)、大斑病、丝黑穗病。

蔬菜病虫害　全年全市蔬菜病虫害发生面积0.39万公顷次(5.82万亩次)，防治面积0.37万公顷次(5.62万亩次)。其中,虫害发生面积

0.19万公顷次(2.78万亩次),防治面积0.18万公顷次(2.68万亩次);病害发生面积0.20万公顷次(3.04万亩次),防治面积0.20万公顷次(2.94万亩次)。

果树病虫害　全年全市果树病虫害累计发生面积0.35万公顷次(5.32万亩次),防治面积0.33万公顷次(5万亩次)。其中,虫害发生面积0.18万公顷次(2.71万亩次),防治面积0.20万公顷次(2.96万亩次);病害发生面积0.17万公顷次(2.61万亩次),防治面积0.14万公顷次(2.04万亩次)。果树病虫害发生程度总体中等,虫害略重于病害,较上年推迟,持续时间长,主要病虫为果树腐烂病、白粉病、红蜘蛛、金纹细蛾、蚜虫等。

马铃薯病虫　全年全市马铃薯病虫害累计发生面积0.07万公顷次(1.1万亩次),防治面积0.07万公顷次(1万亩次),主要病虫为马铃薯28星瓢虫和晚疫病。其中马铃薯28星瓢虫发生面积0.04万公顷次(0.6万亩次),防治面积0.03万公顷次(0.5万亩次)。

暴发性害虫　全年全市二代黏虫轻发生,发生面积0.03万公顷次(0.5万亩次),防治面积133.33公顷次(0.2万亩次);三代黏虫轻发生,发生区域分散,发生面积0.02万公顷次(0.3万亩次),防治面积66.67公顷次(0.1万亩次);小地老虎普遍发生,发生程度3级,发生面积0.10万公顷次(1.55万亩次),防治面积0.07万公顷次(1万亩次)。

杂粮作物病虫害　全年全市杂粮作物病虫害中等发生,比上年略重,发生面积0.08万公顷次(1.15万亩次),防治面积0.04万公顷次(0.6万亩次)。其中,粟灰螟偏轻发生,发生面积66.67公顷次(0.1万亩次);粟叶甲中度发生,发生面积133.33公顷次(0.2万亩),防治面积133.33公顷次(0.2万亩)。　(赵　欣)

【绿色植保生物防控技术示范】　8月12日,市植保站组织技术人员10人、大型高压喷雾车2台在郊区山头村开展玉米螟绿色植保生物防控示范,现场投放赤眼蜂蜂卡200片、喷洒防苏云杆菌和白僵菌13.33公顷(200余亩)。　(赵　欣)

【植保项目验收】　3月12日,山西省植保站组织有关省级农技专家组成项目验收组,对郊区农业技术推广中心承担的"植保田间观测场及应急药械库建设项目"进行验收。验收组听取项目单位汇报,并依据项目批复文件、投资计划及有关规定,实地查验项目土建工程和购置仪器设备,查阅相关档案资料,经过讨论,认为项目单位完成了建设任务,项目功能已经具备,同意通过省级验收。　(赵　欣)

【农药市场检查】　1月20日,全市开展为期两个月的农药市场安全生产检查。检查范围是农药生产经营使用各个领域,重点是农药生产县、农药经营集中场所、蔬菜水果生产县、乡村农药使用集中区域。重点检查农药生产、农药经营许可证、农药市场监管和农药使用存在问题,采取自查与抽查相结合方式。各县区农委和各经营单位进行自查,各县区农委对辖区所有农药生产经营单位进行检查,市农委对各县区、各单位检查情况进行抽查。通过检查,全市农药经营单位合法经营意识逐步提高,未发现违规经营和违规使用农药行为。　(赵　欣)

【应急防治物资储备】　年内,为预防和控制农作物重大病虫害灾情,市植保站投资21万元购置应急防治物资,其中购置农药3吨、发电机2台、电动喷雾器50台、推车式高压喷雾车10台、光控型频振式杀虫灯150台、黄色黏虫板2000张、其他防控器械1158件(套)。　(赵　欣)

【病虫预测预报】　全年全市发布病虫情报8期230余份,准确率95%;报回病虫情报414份,其中白泉区域测报站报表356份、农民特约情报员病虫情报58份;向省测报站发模电4份、周报40余份;与市电视台协作在《新闻快车》播出2期农作物病虫趋势预报;利用阳泉植保网、阳泉农业信息网发布病虫预报、防治技术等植保信息50余条;开通阳泉数字农业服务系统短信平台,编发病虫预测预报手机短信9条,发送手机短信2.88万条次。　(赵　欣)

【农作物病虫测报培训】　4月9日,全市组织开展农作物病虫测报暨防治技术培训,各县区农委分管领导、植保站长、各监测点测报员,各乡镇农技员30余人参加。此次培训特邀山西省植保植检总站病虫害防治专家和高级农艺师授课,内容为农作物病虫田间调查及预测预报、谷子常见病虫害识别及防治技术、玉米常见病虫识别及防治技术、玉米主要病害识别及防治技术。　(赵　欣)

【植物检疫宣传】　9月,全市组织开展"阳泉市植物检疫宣传月"活动。一是开展现场宣传咨询。组织专职检疫人员在市区及各县区人口密集区域设立专门咨询处和宣传展台、张贴挂图、发放宣传材料,宣传植物检疫法律法规、植物产地检疫及调运检疫申办流程、主要检疫性有害生物识别及预防控制知识。二是开展培训指导。组织种子经营大户、果树种植大户、种粮大户、种苗生产经营及农产品调运企业集中开展植物检疫知识培训;深入各县区花卉、水果批发市场现场讲解植物检疫相关法律法规和知识,指导经营单位及时办理种子、苗木调运检疫手续。三是开展结对活动。各县区植保站同重点种子销售企业结对,上门提供植物检疫服务,宣传植物检疫责任与义务。活动期间,通过媒体宣传14次,发送宣传短信800余条,悬挂张贴标语80条,设现场咨询点10个(次),现场接待咨询

200人次，巡回宣传6次，培训指导400余人次，发放植物检疫宣传资料4000余份，检查种子、花卉经营单位14家。（赵　欣）

【农药标签抽查】 4月，市植保站联合农业执法队开展全市农药标签抽查活动，重点单位市级抽查，其他经营单位各县区全覆盖抽查，抽查对象是全市41家农药经营单位销售的农药产品。其中，市级抽查6家农药生产经营单位，抽取标签76个；县级抽查35家农药生产经营单位，抽取标签244个。经查验核对，合格标签317个，不规范标签3个，合格率99.06%。（赵　欣）

【绿色防控示范区建设】 年内，全市新建绿色防控示范区6个，投入资金5万元，其中市级1个33.33公顷（500亩）、县级5个86.67公顷（1300亩），辐射面积1000公顷（15000亩），涉及农作物苹果、玉米和蔬菜，主要推广昆虫信息素、杀虫灯、黏虫板、防虫网及生物农药防治技术。全年累计投入杀虫灯429台、杀菌灯80台、低毒高效农药730箱、色板2万余张，投放天敌昆虫30万余头。（赵　欣）

【绿色技术培训】 年内，市农委开展绿色技术培训5次，参训人员800人，印发各类资料2万份。培训内容包括科学安全合理用药重要性，如何识别农药真伪、用药注意事项及地下害虫识别与防治，蔬菜病虫害发生规律及防治方法，杀虫灯、黄蓝板、性诱剂使用等。培训方式为田间调查农作物病虫害发生及防治情况、现场解答问题与教室座谈、讲解相结合。（赵　欣）

【涉农资金督查】 10月15日至12月底，全市督查整治4个跨年度中央现代农业发展资金集中连片建设项目，其中3个项目（盂县2个、平定县1个）通过验收、1个项目进行整改（郊区鑫海种植专业合作社50万元中央集中连片建设项目）。

山西康泰来农业生态科技有限公司150万元中央集中连片建设项目是全市2014年第一批列入中央集中连片建设项目，建设地点在盂县西烟镇南社村，2014年5月开工，同年8月完工，建成全钢架大棚、工厂化生产车间及日光温室10公顷（150亩）。2015年10月23日项目通过省市专家组验收。

平定新盛蔬菜种植专业合作社100万元中央集中连片建设项目是全市2014年第二批设施集中连片建设项目，建设地点在平定岔口乡甘泉井村，2014年9月开工，2015年11月完工，总投资450万元（中央投资100万元），新建日光温室4.67公顷（70亩）、大棚4公顷（60亩）。2015年11月23日项目通过省市专家组验收。

盂县西南蔬菜专业合作社、盂县晟睿种植有限公司100万元中央集中连片建设项目是全市2013年第一个集中连片建设项目，建设地点在盂县西烟镇南社村、盂县南楼镇上南庄村，总投资500万元（中央投资100万元），新建日光温室6.67公顷（100亩）。其中，西南合作社2013年完成3.33公顷（50亩），经省农业厅批复变更项目实施单位，晟睿种植有限公司2015年完成3.33公顷（50亩）。2015年12月15日项目通过省市专家组联合验收。（王英利）

养殖业

【畜牧业概况】 全年全市畜牧业生产发展总体平稳。一是区域发展优势凸显。平定县作为全省22个“一县一业”畜牧基地县之一，实施以猪、鸡养殖为主导产业战略，年内生猪、禽类饲养量分别达21万头、465万羽，分别占全市的38.2%、54.7%。盂县作为全省肉牛发展重点县区，年内牛、羊饲养量分别达1.2万头、19.5万只，分别占全市的85.7%、72.2%。郊区作为省级现代农业示范区，重点发展蛋鸡养殖，年内蛋鸡存栏201万羽，占全市的50.1%。二是发展方式得到转变。截至年底，全市畜禽规模养殖场达316个，生猪规模化率72.0%，蛋鸡规模化率75.5%，牛羊规模化率55.3%。同时，种（植）养（殖）加（工）相结合、畜沼果相循环、草畜肥相衔接发展模式逐步推进，走出畜牧业循环发展新路子。三是重大动物疫情形势总体平稳。年内，全市完善市联系县、县包乡、乡包村、村包场（户）等行政业务“双包”联系制度，按照“职责明确、责任到人、强化监管、扩大监测”的要求，将日常监管、风险监管和全程监管相结合，开展兽药、生鲜乳和瘦肉精等专项治理，打击各种违规违法行为。生鲜乳三聚氰胺检测合格率100%，饲料质量安全检验合格率100%，兽药产品监督抽检合格率100%，“瘦肉精”在饲料、养殖、收购、贩运等环节检出率0%。全年全市没有发生区域性动物疫情和重大畜产品质量安全事件。全年全市肉类总产量3.39万吨，比上年增长1.57%，完成任务105.9%；禽蛋总产量3.54万吨，比上年增长0.09%，完成任务101.1%；奶类总产量0.52万吨，比上年下降9.06%，完成任务104%。生猪出栏35.01万头，比上年下降0.27%；蛋鸡存栏401.1万羽，比上年增长3.58%；肉鸡存栏31万羽，比上年下降11.43%；羊存栏17.68万只，比上年增长28.73%，出栏10.02万只，比上年增长37.1%；牛存栏1.26万头，比上年增长27.6%，其中奶牛存栏0.18万头，比上年增长6.13%，牛出栏0.42万头，比上年增长122.74%。（王　晨）

【动物检疫】 全年全市共完成动物产地检疫224.47万头（只、羽），其中猪8.82万头、牛64头、羊588只、禽213.6987万羽，其他动物18861头（只、羽），规模养殖场产地检疫率达100%。全年检疫入场屠宰生猪 8.33 万头，检出病害猪 25 头，检出的病害猪全部按规定进行无害化处理，检疫率、出证率、无害化处理率均达 100%。屠宰环节对生猪“瘦肉精”抽检 2499 头，经检测全部合格。（王丽娟）

【动物卫生执法监督】 年内，动物卫生监督执法人员共监督检查养殖企业 102 个，下达整改通知书 13 份，提出整改意见 83 条；屠宰环节共监督检查屠宰企业 22 次，下达整改通知书 5 份，提出整改意见 35 条；新发动物防疫条件合格证 63 个，年审 24 个；审核发放动物诊疗许可证 2 个，注册执业兽医师 1 人。（王丽娟）

【病死动物无害化处理】 年内，全市投入 100 万元建设养殖场病死动物无害化处理设施，共建成无害化处理焚烧车间 8 个、焚烧炉 14 个。其中，13 个病死动物无害化处理焚烧炉投入运行，共无害化处理病死猪 17394 头。（王丽娟）

【动物检疫电子出证】 年内，为推动全市动物卫生监督信息化建设，市农委加大动物检疫电子系统建设投入，增加备用电脑 10 台，打印机 10 台，用于动物检疫电子出证工作。全年全市电子出证系统共出具动物检疫合格证明 23725 份，其中，动物 A 证 440 份、动物 B 证 4723 份，产品 A 证 255 份、产品 B 证 18307 份。（王丽娟）

【动物卫生监督执法宣传】 12 月，全市启动动物卫生监督执法宣传月活动，以开展执法检查、举办执法培训班和发放宣传资料等方式，推进动物卫生监督法律、法规进机关、进社区、进乡村、进企业、进单位。活动期间，市农委邀请省内权威专家对全市 100 名官方兽医开展执法专业培训。全年全市共出动执法人员 550 人次，检查各类养殖场、屠宰场、诊疗机构 560 余户，下达整改意见 80 余条，向社会群众现场发放宣传挂图、资料 5600 余份，通过媒体新闻宣传 8 次，网络信息宣传 5 期，接受市民、养殖户咨询 310 人次。（王丽娟）

【养蜂技术推广】 年内，为推广“蜜蜂春繁分区管理饲养技术”“双王群繁殖饲养技术”“保蜂罩繁蜂技术”“两扣两放王治螨技术”“蜂群人工育王换王技术”“标准化(数控)养蜂法”等养蜂实用技术和标准化规模养蜂技术，市养蜂技术推广站深入养蜂农户开展现场指导培训。全年全市新增蜂群 5000 群(蜂群总数突破 3 万群)，新发展养蜂农户 16 家，蜂蜜等蜂产品总产量 700 多吨。（王　刚）

【蜜蜂新品种引进】 年内，市养蜂技术推广站先后引进和推广“松丹一号”“美意”“北京一号”“长兴蜜王”等 10 个优良高产蜂种，并分别派放到全市各良种繁育点，通过二级繁育为全市养蜂农户推广种蜂王(台)4500 多只，部分蜂农还到各个良种繁育点进行移虫育王，杂交培育生产用蜂王，提高蜂群生产性能。全年全市蜂种良种率达 100%。（王　刚）

【蜂病防疫】 年内，为有效控制蜂病发生，市养蜂技术推广站分批购置蜜蜂常规蜂病防疫用药，免费给蜂农发放，共发放蜜蜂消毒、治螨、预防爬蜂、防治白垩病等防疫用药 500 多盒(瓶)。（王　刚）

【标准化规模养蜂技术示范推广项目】 11 月，标准化规模养蜂技术示范推广项目完成总结验收，基本实现饲养管理标准化、防疫用药标准化、良种繁育标准化、养蜂机具标准化、蜂产品生产标准化。为了推广标准化规模养蜂生产技术，全年全市建立标准化规模养蜂示范点 9 个，培训农民 600 余人次，发展蜂群数 3 万箱，培育养蜂户近 700 家，其中，50 群以上规模养蜂户 160 多家，100 群以上规模养蜂户 30 多家。全年全市蜂业产值 2400 万元，增收 500 多万元，蜂蜜产量平均增加 30%，群均产量达 40 公斤。（王　刚）

【蜂产品发展】 年内，市养蜂技术推广站引导蜂农开发生产巢蜜、蜂王浆等蜂产品，帮助 10 余位农户生产巢蜜，并为平定县蜂农袁付锁引进“免移虫生产蜂王浆”设备进行蜂王浆生产，为平定县乐丰合作社引进“真空消泡装置”“气动灌装机”等设备，促使蜂产品质量上档次。另外，全市蜂产品电商也有所发展，有 8 家蜂农在淘宝网上开展蜂产品销售，10 余家蜂农通过微信、QQ 等网络平台销售。（王　刚）

林　业

【造林绿化】 全年全市完成各类造林 0.75 万公顷(11.22 万亩)，全部完成年度计划，其中，“两山”(省级工程，涉及阳泉市的刘备山、狮脑山)造林工程 0.43 万公顷(6.39 万亩)，“两网”(省级工程，涉及阳泉市的桃河流域)绿化工程 0.21 万公顷(3.1 万亩)，“两林”(省级工程，涉及阳泉市的干果经济林，包括市级核桃种植)富民工程 0.12 万公顷(1.73 万亩)。义务植树 210 万株，占年度任务的 110%；村庄绿化 50 个，占年度任务的 167%；城周新增景观型林地 300 公顷(4500 亩)，通道绿化提档升级 300 余千米。在全省造林督查中，阳泉市综合评价为全省造林绿化良好地市(良好为最高等次)。（张　艳）

【魏家峪环城绿化工程】 魏家峪环城绿化工程是全市 2015 年重点造林工程，总规模 80 公顷(1200 亩)，树种主要有油松、刺槐、香花槐和五角枫。苗木规格油松 1 米高圃地定植苗、0.6 米高“2 + 3”容器苗，刺槐、香花槐、五角枫胸径3厘米截干2.5米高；造林预整地标准穴状为0.8米×0.8米×0.8米、鱼鳞坑0.8米×0.6米×0.6米；造林密度每亩148株、110株。工程分5个标段，由山西汇江绿化工程有限公司、朔州市九州农牧有限公司、阳泉市保安龙泉沟绿色生态园、平顺县绿洲农林有限公司及阳泉景程园林绿化工程有限公司等单位承担。年底，完成土地平整工程。 （张 艳）

【林业产业】 年内，全市经济林基地建设按照“生态建设产业化，产业发展生态化”的要求，在扩大建设规模基础上，提高管理水平和服务质量，实现造管并重。全年全市林业产业总产值收入达93514万元，其中，第一产业产值41592万元，占总产值45%；第二产业产值45146万元，占总产值48%；第三产业产值6776万元，占总产值7%。一是经济林产业。新发展干果经济林0.12万公顷（1.73万亩），调运核桃、仁用杏等经济林苗木6.82万株，改造核桃低产林533.33公顷（8000亩）。全年全市核桃产量600万公斤，产值1.8亿元。二是苗木产业。建立以国有场圃为龙头、民营育苗企业和育苗大户为骨干、乡村个体育苗户为补充的苗木生产体系，完成育苗面积0.3万公顷（4.5万亩），新育苗木0.03万公顷（0.48万亩）。其中，郊区完成育苗0.05万公顷（0.8万亩），新育苗0.01万公顷（0.1万亩）；平定县完成育苗0.1万公顷（1.5万亩），新育苗0.01万公顷（0.15万亩）；盂县完成育苗0.13万公顷（2万亩），新育苗0.02万公顷（0.23万亩）。 （张 艳）

【干果经济林】 截至年底，全市经济林总面积2.80万公顷（41.99万亩），其中核桃2.70万公顷（40.4万亩）、花椒0.03万公顷（0.5万亩）、红枣0.03万公顷（0.5万亩）、仁用杏0.03万公顷（0.47万亩）、柿子0.01万公顷（0.22万亩）。核桃种植涉及郊区、平定县、盂县32个乡镇813个村庄，其中盂县1.45万公顷（21.68万亩）、平定县0.90万公顷（13.57万亩）、郊区0.32万公顷（4.79万亩）。全年全市新增核桃基地0.07万公顷（1.04万亩），其中盂县0.04万公顷（0.63万亩）、平定县0.02万公顷（0.22万亩）、郊区0.01万公顷（0.19万亩），调运苗木28.09万株，其中盂县15.9万株、平定县5.4万株、郊区6.79万株，新育核桃苗木4.39万公顷（65.8亩）。全市经济林干果总产量789.25万公斤，收入16886万元，其中，核桃614.2万公斤，收入15892万元；红枣129.89万公斤，收入766万元；花椒8.325万公斤，收入209.2万元；柿子36万公斤，收入18万元。山西大寨饮品有限公司、山西欢乐喝彩食品有限公司等干果加工企业，年产值19500万元；干果经济林产业收入36386万元，全市农民人均增收727元。 （张 艳）

【森林公园建设】 截至年底，全市有森林公园7处，经营总面积0.53万公顷（7.96万亩），其中省级森林公园5处、城郊森林公园2处，已申报建设中森林公园6处。2015年森林公园建设以改善旅游服务环境为主，开展基础设施建设。狮脑山森林公园完成场部至老阴背2.4千米水泥硬化及其配套挡墙、护坡维修工程；冠山森林公园建设1000平方米草坪、小游园，并粉刷整修牌楼、凉亭，新建多功能流动厕所2个；药林寺森林公园对旅游步道、临时休憩点、环卫设施等进行维护，并在公园内各个景点及主要岔道、路口增设各类警示宣传牌；诸龙山森林公园对诸龙殿屋顶进行古建维修，新建林区步道2000米；和谐生态园对园区环境及道路进行维护和整修，并投资30余万元种植通道树1500株、修剪树木10万株，在园区重点设施地方增添防盗监控；松树山城郊森林公园在景区环境、景观建设上加大投入，加强后期管护工作，主要功能性服务设施改善；刘备山城郊森林公园投资1910万元，用于公园绿化、管道铺设、环境治理以及张飞庙主殿、刘备庙围墙修建。 （张 艳）

【森林防火】 年内，全市各县区签订防火责任书30多万份，发放防火告知书50万份；投入森林防火资金1200余万元；重点林区周边可燃物清理1.60万公顷（24.06万亩），新建防火隔离带0.77万公顷（11.5万亩）；出动督查车辆347台次、人员973人次，整改火险隐患135处，整改率达100%。特险期内，市、县、乡三级79支专业灭火队全部进入战备状态，一旦发生火情，可快速出击消灭火灾。全年全市发生森林火灾2起，过火面积73.06公顷（1095.9亩），较上年下降65%，受害林地面积15.42公顷（231.3亩），较上年下降18.7%，火灾受害率0.13‰，低于0.45‰省控指标。 （张 艳）

【林业有害生物防治】 全年全市林业有害生物发生面积0.49万公顷（7.28万亩），其中核桃腐烂病0.12万公顷（1.82万亩）、大青叶蝉0.03万公顷（0.4万亩）、柏大蚜33.33公顷（0.05万亩）、金龟子20公顷（0.03万亩）、红脂大小蠹40公顷（0.06万亩）、核桃举肢蛾0.07万公顷（0.98万亩）、槐尺蛾13.33公顷（0.02万亩）、油松毛虫46.67公顷（0.07万亩）、野兔0.26万公顷（3.85万亩）。全年全市无公害防治各类林木病虫害0.15万公顷（2.23万亩），无公害防治率达99%，各级森林防护部门共筹措防治资金40万元，动用喷雾器械3.5万台次，投工4万个。 （张 艳）

【林业植物产地检疫】 年内，全市依法开展林业植物产地检疫工作，检疫出圃苗木575.33公顷（8630亩），签发产地检疫合格证108份，种苗产地检疫率达100%。检疫执法中，未发现违法调运、使用疫木案件。 （张 艳）

【林地资源管理】 截至年底,全市依法办结建设项目永久使用林地2起,均为省市重点建设项目,占用林地面积9.65公顷(144.75亩),临时使用林地2起,使用面积13.05公顷(195.75亩),收取森林植被恢复费84.71万元。 (张 艳)

【森林采伐限额和凭证采伐】 年内,全市开展林木采伐专项检查,重点对郊区、平定县、盂县上年采伐情况进行检查,并对其2015年林木采伐进行抽查。截至年底,全市核发林木采伐许可证95份,消耗林木蓄积3264.78立方米。其中,省林业厅核发林木采伐许可证5份,消耗林木蓄积94.63立方米;郊区核发林木采伐许可证17份,消耗林木蓄积709.87立方米;平定县核发林木采伐许可证31份,消耗林木蓄积1720.39立方米;盂县核发林木采伐许可证42份,消耗林木蓄积739.89立方米。另外,国有林消耗蓄积229.75立方米,占年采伐限额8.5%;集体林消耗蓄积2983.89立方米,占年采伐限额36.63%。 (张 艳)

【重点保护野生植物资源核查】 8月24日至9月18日,根据全市重点保护野生植物分布情况,市林业局对全市重点保护野生植物进行核查。经核查,全市共有重点保护野生植物12种,其中,国家级保护植物4种,分别为银杏(栽培)、核桃楸、杜仲(引种后实生)、刺五加;省级保护植物8种,分别为脱皮榆、青檀、漆树、文冠果、狗枣猕猴桃、山茱萸、党参和桔梗。郊区有国家级重点保护野生植物1种、省级1种,平定县有国家级3种、省级7种,盂县有国家级2种、省级6种。 (张 艳)

【森林执法】 年内,全市森林公安机关共接到报警108起,出警358人次,刑事立案10起,侦破2起,分别为非法收购濒危野生动物制品案和盗伐林木案,撤销刑事案转为行政案件1起,抓获犯罪嫌疑人3人。全年办理林业行政案26起,其中盗伐林木案1起、滥伐林木案11起、毁林案3起、擅自改变林地用途案4起、非法收购林木案1起、盗窃林木案1起、野外违规用火案3起、经营无标签种苗案2起,行政处罚单位1家、个人26人,行政罚款24.49万元。 (张 艳)

【第九次森林资源清查】 5月6日,全市第九次森林资源清查正式启动,此次清查新增固定样地24个,新增比例12%。清查启动后,市县两级林业部门分别成立工作领导组,并组织了以市级技术人员为骨干、县乡两级技术人员为补充的资源清查队伍。通过培训,全市65名技术人员全部具备清查工作技术能力。清查工作开展以来,每道工序都符合技术规程要求,坚持时间服从质量。截至年底,已完成247个固定样地清查工作。 (张 艳)

【古树名木保护管理】 年内,40株古树名木列入省级投资保护范围,其中郊区15株、平定县10株、盂县15株。全市新增古树名木1188株,其中开发区24株、郊区73株、平定县282株、盂县809株。按古树等级分,一级古树171株,二级古树165株,三级古树852株。 (张 艳)

农业机械

【概况】 2015年,全市农机总动力达147.5万千瓦,其中新增农机总动力0.8万千瓦,完成任务0.8万千瓦的100%。全市共有拖拉机9541台,其中大中型拖拉机1643台、小型拖拉机7898台;拖拉机配套农具14903部,其中大中型2553部、小型12350部。此外,全市还有耕整机1566台、机引犁3418台、旋耕机4043台、深松机116台、机引耙522台,玉米收获机178台、马铃薯收获机105台、青饲料收获机6台、牧草收获机34台。

农业机械化 全市综合机械化水平达58.93%,机耕面积4.68万公顷(70.16万亩),机播面积4.28万公顷(64.14万亩),机收面积9565公顷(14.35万亩),其中玉米机收面积8221万公顷(12.33万亩)、马铃薯机收面积1334公顷(2.0万亩)、小麦机收面积10公顷(150亩)。全市机械深松面积0.33万公顷(5万亩),机械化免耕播种面积0.43万公顷(6.41万亩),机械化农作物秸秆还田面积2.33万公顷(35.02万亩),机械化保护性耕作面积1.25万公顷(18.81万亩)。

农机社会化 全市共有农机专业合作社53个,其中,2015年新建农机专业合作社5个,创建农机示范合作社2个,创建机械化示范家庭农场2个,新增农机大户4户,创建农机示范大户4户。全市共有农机维修厂家维修点124个,其中,2015年新增农机维修网点3个,新增星级农机维修网点1个。

农机补贴 全年全市各级农机部门共扶持农户467户,补贴购置农机具724台(套),补贴资金408.162万元,带动农民投资1100余万元,主要购置动力机械、种植施肥机械和耕整地机械。

农机推广 全市新增机械化保护性耕作面积0.08万公顷(1.2万亩),完成任务0.07万公顷(1万亩)的120%。玉米机械化收获面积达0.82万公顷(12.3万亩),完成任务0.33万公顷(5万亩)的246%;马铃薯机械化面积达0.13万公顷(2万亩),全部完成任务;玉米秸秆还田面积2.33万公顷(35万亩),完成任务2.07万公顷(31万亩)的112.9%。

农机培训 全年全市共培训农机人员1150人,其中新型职业农民220人、管理人员85人、农机技术人员270人、农机作业人员575人;召开各类农机培训15次,其中新型职业农民培训2次、新技术推广培训8次、农机安全培训3次、农机加工技术培训2次。培训内容包括新型职业农民与新型农业经营主体知识、职业道德与素养、农业机械的用途与选购、农业机械基本工作原理与主要工作部件、农业机械的安全操作使用、农业机械的调整维修保养、农业机械油料选用、农机化新技术的掌握和运用、农业机械田间作业技术规范、农业机械化法律法规和经营组织管理服务、农村有关政策及市场经济理念等。

农机质量监督　年内，市农机局联合市工商局、市消费者协会在郊区荫营广场开展以“携手共治，畅享消费”为主题的农机质量“3·15”宣传咨询活动，为农民送法律、送知识、送技能、送服务。此外，还开展农机市场整顿与打假专项整治行动，检查农机补贴定点销售企业及农机零配件销售企业7家，检查拖拉机、微耕机、旋耕机等各类农机具203台(件)。

磨坊油坊升级改造　年内，全市农村磨坊油坊升级改造项目完成，各项目单位严格按照实施方案进行，资金使用合理，新建3个高标准农产品处理及初加工装备技术示范点。

农机安全　全年全市农机事故死亡人数控制在省农机局下达的指标即千台重伤率0.3‰内，未发生农机安全事故。(杨秀明　时晋生)

【农机“863”重点工程】 农机“863”重点工程，即农机化服务体系工作、农机购置补贴工作、农机推广工作、机械化保护性耕作工作、农机安全监理工作、农机市场监管工作、农机培训工作、农产品加工管理工作8项重点工作，山区农业机械化示范基地、玉米全程农业机械化示范基地、马铃薯全程农业机械化示范基地、农业机械化示范村示范农场、农家小油坊放心油示范项目、农机补贴创收示范合作社6项突破性工作，中药材机械化服务基地、小杂粮机械化服务基地、林果业机械化服务基地3大服务基地。2015年，该项工程目标任务基本完成。其中，天裕农机专业合作社和文秀种植专业合作社承担平定县张庄镇宁艾村60公顷(900亩)机械化作业任务，完成机播面积20公顷(300亩)，机收面积60公顷(900亩)；盂县西烟镇南头村玉米全程机械化示范项目完成全程机械化作业面积200公顷(3000亩)；在盂县秀水镇南村、东梁乡辛庄村千亩马铃薯示范基地全程机械化种植示范基地带动下，周边10多个村也开展马铃薯全程机械化作业。(时晋生)

【马铃薯机播现场会】 3月30日，市农机中心在盂县下社镇上细腰村召开“阳泉市(脱毒)马铃薯机播现场会”，市科委、市农委及周边乡村马铃薯种植大户100余人参加。现场会进行马铃薯机械化播种演示，一次性完成开沟、施肥、播种、铺膜等作业，垄体饱满流畅，株行距均匀一致，漏播少，效率是人畜力10多倍，适合大面积推广应用。(时晋生)

【无人植保飞机作业试验】 年内，市农机中心引进珠海奥宇航空科技有限公司生产的阿波罗10升、16升四旋翼植保飞机各1架，是全市首次引进无人植保飞机。7月14日，市农机中心在郊区霍树头村举办农用无人机植保现场演示会及职业农民现场实训会。7月23日，在平定县巨城镇南庄村对谷子、玉米进行无人机叶面肥喷洒试验。试验结果，与人工喷雾、机动喷雾相比，无人机作业每天可喷洒40公顷(600亩)，而人工操作每天喷洒0.67公顷(10亩)；无人机作业每亩需药液1升，比其他方式可减少50%以上。同时，无人机作业为低量喷药，操控人员远离施药区域，避免农药中毒；无人机旋翼形成下压气流实现动态喷洒，效果较行走式机具更好。(时晋生)

【机耕路建设】 年内，全市完成机耕路建设23.5千米，总投资260万元，100公顷(1500亩)耕地实现机械化作业。其中，东回镇前黄安村有耕地167.93公顷(2519亩)，建设水泥硬化机耕路12千米、土石机耕路5.5千米，覆盖全村65%以上的耕地。(时晋生)

【农机应急演练】 年内，为检验农机事故预案、农机部门分工配合、迅速反应处置能力，市农机局在平定县冶西镇东庄村和郊区河底镇五架山村分别进行拖拉机和联合机事故应急演练。事故模拟一台旋耕机在作业过程中由于操作失误造成人员重伤，应急救援指挥组(包括应急救援组、事故勘察组、后勤保障组)接到报告后，组织相关人员赴现场开展救援工作。通过演练，各级农机部门达到分级负责、分工明确、反应迅速、运转有序、处置有力、上下协调、部门配合效果，处理重特大事故能力得到提升。(时晋生)

【农机项目获奖】 年内，市农机中心承担的“马铃薯全程机械化生产技术示范推广”项目通过市科技局科技成果验收，并获阳泉市应用研究三等奖。该项目针对马铃薯生产中用工量多、劳动强度大的特点，经引进、试验和生产考核选出适宜丘陵山区马铃薯全程机械化生产机具，实现农机和农艺融合，建立马铃薯机械化生产种植模式。项目实施两年来，累计推广示范面积178.13公顷(2672亩)，平均亩产1968.7公斤，亩增产406.9公斤，亩节约成本70.9元，亩节约用工7.9个，提高功效11.5倍，收净率提高3%。年产值增加176.6万元，年净利润增加111.4万元。(时晋生)

水利

综合工作

【概况】 2015年,全市各类水务投资3.04亿元,其中省级以上1.12亿元、市级1.02亿元、县乡自筹0.9亿元。全市治理水土流失面积0.39万公顷(5.86万亩),完成实灌面积0.87万公顷(13万亩),39处饮水安全工程全部完工,水库移民后期扶持项目完工8处,义井河河道治理工程、南川河河道治理工程完工,城市饮用水水质改善工程完成80%,市污水处理二期工程开工建设,市污水处理厂提标改造工程基本完工,城市污水处理率达85%,娘子关供水二期续建工程完工,全市安全度汛。1月,阳泉市被水利部、全国节约用水办公室授予"第四批全国节水型社会建设示范区"称号;4月,市自来水公司被中华全国总工会、国家安全生产监督管理总局评为"全国'安康杯'竞赛优胜单位"。 (陈阳春)

【水务权责清单编制】 年内,市水务局共梳理出水务权责清单192项。其中,行政许可类3项,行政处罚类122项,行政强制类12项,行政征收类8项,行政检查类30项,行政奖励类1项,行政裁决类2项,其他类14项。 (陈阳春)

【行政审批办事指南】 年内,市水务局出台《阳泉市水务局关于明确行政审批办事指南的通知》,规定行政审批事项的审批依据、办事条件、办理程序、承诺时限、申报材料、收费标准等工作,解决行政审批事项项目、流程和环节不公开、不透明的问题。 (陈阳春)

水利工程

水保生态建设

【国家水保重点建设工程】 全年全市共完成水土流失治理面积0.39万公顷(5.86万亩),总投资1572万元。其中,整修基本农田0.01万公顷(0.17万亩),营造水保林0.11万公顷(1.60万亩)、经济林0.01万公顷(0.20万亩),封禁治理0.26万公顷(3.89万亩)。郊区以温河流域水土保持治理为重点,完成水土流失治理面积0.01万公顷(0.2万亩);平定县以南川河流域国家水土保持工程为重点,完成水土流失治理面积0.24万公顷(3.6万亩);盂县以乌河流域国家水土保持工程为重点,完成水土流失治理面积0.14万公顷(2.06万亩)。 (陈阳春)

【生态大户表彰】 年内,在全市农村工作会议和全市水务工作会议上,阳泉市对2014年通过验收的30名水保生态大户进行表彰奖励。全市农村工作会议表彰10名水保生态大户,每户奖励资金4万元;全市水务工作会表彰20名水保生态大户,每户奖励资金3万元。 (陈阳春)

饮水安全工程

【概况】 全年全市农村饮水安全工程完成投资734万元,其中中央资金440万元、地方配套资金218万元、县级财政资金76万元。其中,盂县完成投资247万元,0.53万人受益;平定县完成投资279万元,0.59万人受益;郊区完成投资208万元,0.45万人受益。全年全市建成饮水安全工程39处,提高31个自然村、1.3万农村人口和农村师生的饮水安全标准,农村自来水普及率达95%。 (陈阳春)

【水质检测中心建设】 为加强农村饮水安全工程水质检测,提高预防控制和应急处置农村饮用水卫生突发事件能力,全年全市投资水质检测能力建设项目336万元,共建成市级、郊区、平定县、盂县4个农村饮水安全水质检测中心,检测指标均达42项。 (陈阳春)

【盂县下南庄提水工程】 盂县下南庄提水工程位于盂县秀水镇下南庄村，总投资35万元，2015年4月开工，10月完工。铺设直径110毫米PE输水管道3000米，新建加压泵站1处，维修旧高位蓄水池1处。工程可解决全村百姓饮用水水质不达标问题。 （陈阳春）

【盂县南村提水工程】 盂县南村提水工程位于盂县西烟镇南村，总投资36万元，2015年4月开工，10月完工。新打130米深井1眼，铺设直径110毫米PE输水管道1200米，维修高位蓄水池1处，配深井潜水泵1套。工程可解决全村新农村建设用水问题。 （陈阳春）

【平定县马家锁簧引水工程】 平定县马家锁簧引水工程位于平定县锁簧镇马家锁簧村，总投资32万元，2015年4月开工，10月完工。新建200立方米高位蓄水池1个，铺设直径90毫米PE输水管道2500米，新建供水站1处。工程可解决全村672口人饮水安全问题。 （陈阳春）

【郊区韩庄净水工程】 郊区韩庄净水工程位于郊区荫营镇韩庄村，总投资29万元，2015年4月开工，10月完工。工程以村中深井为水源，建设净化水厂1座，配套反渗透净化设备1套，铺设直径90毫米PE输水管500米。工程可解决全村2129口人饮水安全问题。 （陈阳春）

农田水利工程

【概况】 全年全市农田水利工程完成总投资466.4万元，全部为国补资金。实灌面积完成0.87万公顷（13万亩），其中平定县0.28万公顷（4.2万亩）、盂县0.37万公顷（5.5万亩）、郊区0.22万公顷（3.3万亩）。 （陈阳春）

【膜下滴灌工程】 年内，全市开展盂县辰厚、越霄山、鑫森等7项膜下滴灌工程，主体工程已完工，完成总投资466.4万元，全部为国补资金，新增膜下滴灌面积434.67公顷（6520亩）。 （陈阳春）

水库建设

【病险水库除险加固】 年内，全市开工建设平定县岭南河、岔口、原坪、后底沟4个水库除险加固工程，共争取资金1409万元，其中省级以上资金1073万元。截至年底，岔口水库和岭南河水库除险加固工程批复总投资842万元，已完成主体工程；原坪水库和后底沟水库总投资568万元，已基本完工，完成总投资80%。 （陈阳春）

【乌河水库工程】 乌河水库位于盂县西潘乡均才村，设计总库容953万立方米，主要建设由大坝、溢洪道、放水洞等组成的面板堆石坝水库。省发改委于2014年2月批复初步设计以及批复总投资8786万元。截至2015年年底，已完成土地和林地淹没调查、公路改线初步设计审查，并完成施工、监理、设备招标工作。 （陈阳春）

【山南水库整修】 年内，阳泉市投资105.13万元对山南水库进行整修。其中，投资14.8万元完成供电线路更新改造，投资23.67万元对溢洪道挡墙坍塌段维修，投资66.66万元对龙潭桥附近山体落石隐患处理。 （陈阳春）

水资源开发与保护

【娘子关供水二期续建工程】 年内，娘子关供水二期续建工程基本完工。该工程概算投资2.02亿元，设计日供水能力12.96万吨，2013年9月开工建设，主要建设内容：一级泵站；一级泵站至二级泵站、二级泵站至0#洞1.2米压力扬水管道；二级泵站剩余土建和设备安装工程；三级泵站剩余土建及设备安装工程；西岭、娘子关变电站的扩容改造和变电站至一、二、三级泵站供电线路的架设；全线自动化工程；坡底泉2#水源泵站、水源泵站的备用泵站等收购和改造，部分城市管网改造。截至2015年年底，工程基本完工，累计完成投资1.25亿元。一、二、三级泵站工程以及扬水管道工程以及站外供电工程的土建、安装、调试均已完工，全线信息化工程设备安装初级调试完成。城市管网改造工程共有7段，其中北大街至青年路（约306.5米）、桃源桥至五渡桥（约949.1米）、五渡桥至大连东街（约944.4米）、五渡转盘至奥伦胶带（1183.1米）、新泉桥南口至阀门厂（625.6米）、青年路至巨兴小区（932米）全部完工，立交桥至一水厂完成工程量59.3%（约4744.9米）。 （陈阳春）

【市污水处理二期工程】 5月，市污水处理二期工程开工。工程一次性规划12万吨/日，分期实施，先建8万吨/日，预留4万吨/日用地，总建设用地11.16公顷（167.35亩）。工程先期建设总投资3.2亿元，其中厂区建设2.5亿元、新建配套污水管网0.7亿元；采用BAR-DENPHON（巴顿甫）+混凝+过滤深度处理+消毒处理工艺，出水水质执行《城镇污水处理厂污染物排放标准》（GB18918-2002）中一级A标准。配套管网工程是在桃河铺设7.51千米DN1800污水管网，义井河铺设0.98千米DN1500污水管网。截至年底，粗格栅、细格栅、生物池、二沉池、清水池、鼓风机房及变配电间、混合反应沉淀池、曝气沉砂池开工建设，完成土建工程的60%；污水配套管网工程开挖沟槽7.97千米，管材敷设7.86千米。2015年累计完成投资2.31亿元，其中管网7200万元。 （陈阳春）

【城市饮用水水质改善工程】 该工程总投资1.7亿元，建设规模为3.5万吨/天，采用自清洗过滤器+二级纳滤工艺,通过降低饮用水的硬度和硫酸盐浓度,实现饮用水水质各项指标均达国家饮用水卫生标准。工程采用EPC总承包模式,由太钢碧水源公司建设,市财政分期偿还投资。工程于2014年11月开工,到2015年年底累计完成投资9000万元,其中,办公楼主体工程已完工,沉井地下部分共20米全部下沉到位,软化水车间完工并开始设备安装调试工作。(陈阳春)

【市县(区)污水处理厂提标改造工程】 7月,市污水处理厂提标改造工程开工,建设规模6万立方米/天,采用MBBR生物处理工艺,出水水质达GB18918-2002一级A标准,总投资6481.83万元,全部由政府投资。截至年底,工程基本完工,A、B、C组生物池均已进水调试。平定县污水处理厂、盂县污水处理厂、郊区污水处理厂、娘子关污水处理厂提标改造工程均于年内完工,完成进水调试。(陈阳春)

【泉口环境整治工程】 坡底泉、滚泉、桥墩泉、路口岸泉泉口环境整治工程为省重点水源地保护投资项目,项目投资35万元。工程实施位置为娘子关泉水源地,包括娘子关镇坡底村、河北村、娘子关村。建设内容:在坡底泉建141.3立方米泉池1座,相配套测流室1座及6.9米长测流1平方米标准断面1座;在滚泉、桥墩泉建6平方米测流井室各1座;在路口泉建4.2平方米测流井室1座。4月工程开工,8月完工并通过验收。(陈阳春)

【流量监测断面太阳能自动监控工程】 5月,桃河、温河、坡底泉、滚泉流量监测断面太阳能自动监控工程开工。工程总投资10万元,建设内容为在娘子关泉流量监测的桃河断面、温河断面,坡底泉流量监测断面、滚泉流量监测断面安装太阳能发电系统及高清网络摄像机系统。8月,工程全部完工并通过验收。(陈阳春)

【娘子关水源地监控工程】 工程为省下达的重点水源地保护项目,投资30万元,12月8日完成采购招标工作,年底基本完工。主要建设内容为在娘子关五龙泉、石板磨泉周边及五龙泉保护示范园安装网络摄像机26台,其中网络高清球机2台、固定立杆8根。(陈阳春)

【娘子关泉域(阳泉范围)岩溶地下水流场演化及成因分析科研项目】 项目为省水利厅科技与外事处下达的科研项目,投资30万元。4月至8月,市水务局对平定县、盂县、郊区泉域范围岩溶深井进行踏勘,调查深井110多眼,确定地下水流场观测井50多眼并开始定期监测。截至年底,科研报告已编制完成。(陈阳春)

【重点水源地安全保障达标建设】 2011年娘子关水源地列入全国重要饮用水源地名录,是全省六大重点水源地之一。2015年,按照海河水利委员会对重要饮用水水源地安全保障达标建设工作要求,市水务局完善水源地各项管理制度、文件、资料整编等工作,并从娘子关水源地水量安全建设情况、水质安全建设情况、监控安全建设情况和管理安全建设情况4方面总结"十二五"期间水源地安全保障建设工作开展情况。通过自评,娘子关水源地2015年度达标建设评估分数为77分,评估等级为中。(陈阳春)

水务管理

水资源管理

【取水许可监督管理】 年内,市水务局实施取水许可及水资源论证制度,严格审批程序,缩短办事时间,使办理过程更加透明,程序更加规范。同时,各县区加大取水许可台账录入工作,取水许可台账录入率达100%。全年办理取水许可9项,批复水量78.06万立方米。(陈阳春)

【最严格水资源管理制度出台】 2015年是全市落实最严格水资源管理制度第一年。市政府先后出台《阳泉市人民政府关于实行最严格水资源管理制度的实施办法》(阳政发〔2014〕27号)《阳泉市人民政府办公厅关于印发阳泉市实行最严格水资源管理制度工作方案和考核办法的通知》(阳政办发〔2014〕147号)和《2016—2020年阳泉市实行最严格水资源管理制度工作计划及指标分解》等文件,明确全市水资源开发利用控制、用水效率控制、水功能区限制纳污"三条红线"4个指标体系(用水总量、万元工业增加值用水量降幅、农田灌溉水有效利用系数、重要江河湖泊水功能区水质达标率)。(陈阳春)

城市供排水

【概况】 全年全市总供水量1.82亿立方米,其中地表水1.15亿立方米、地下水0.49亿立方米,其他供水0.18亿立方米。全年全市总用水量1.81亿立方米,其中生活用水5500万立方米、生产用水1.05亿立方米、生态用水(包括中水回用部分)2164万立方米。(陈阳春)

【城镇公共供水】 年内,全市城镇公共供水企业完成供水量5183.39万吨,其中,市自来水公司4010.94万吨,平定县自来水公司578.9万吨,盂县自来水公司517.8万吨,郊区自来水公司153.26万吨(郊区部分水源为市自来水公司供水)。(陈阳春)

【污水处理和中水回用】 全年全市完成污水处理量4142.27万吨,污水处理率达85.5%。其中,市污水处理厂完成污水处理量2391.95万吨,污水处理率达86.1%。中水

回用量完成943.33万吨，中水回用率达22.7%。（陈阳春）

【规费征收】 全年全市完成水资源费征收2600万元，市级河维费征收1600万元，市级污水处理费征收904万元。（陈阳春）

综合经营

【小水电站发电】 年内，全市小水电站共发电595万千瓦小时。其中，夫城口水电站完成发电量235万千瓦小时，北峪口水电站完成发电量130万千瓦小时，梁家寨水电站完成发电量100万千瓦小时，绵河水电站完成发电量130万千瓦小时。（陈阳春）

【农村水电增效扩容改造项目完工】 2015年，阳泉市农村水电增效扩容改造项目为继续开展盂县夫城口水电站和北峪口水电站增效扩容改造工程，总投资496万元。夫城口水电站增效扩容改造工程总投资401万元，主要建设内容：更新2台水轮机、发电机、调速器及进水阀等主要设备，更新辅助系统管路及设备，更新配套电气设备，维修金属结构，厂房维修。工程于2014年3月开工，2015年3月完工，改造后装机容量2×800千瓦，年发电量达788万千瓦小时。北峪口水电站增效扩容改造工程总投资95万元，主要建设内容：更新2台水轮机、发电机及调速器等主要设备，更新辅助系统管路及设备，更新配套电气设备，更新金属结构，厂房维修。工程于2014年3月开工，2015年1月完工，改造后装机容量2×200千瓦，年发电量达194万千瓦小时。（陈阳春）

【水产品产量增长】 年内，全市养殖水面53公顷（795亩），比上年增加2%；投放鱼种190吨，成鱼产量840吨，比上年增长3.7%；实现渔业产值2030万元，比上年增长3.1%。（陈阳春）

【渔业标准化健康养殖项目】 年内，盂县汇龙水产养殖专业合作社承担农业部渔业标准化健康养殖项目。项目6月开工，11月底完工，12月通过省水利厅验收，建成标准流水池塘4100平方米，投放虹鳟苗种5万尾，年预计可产商品鱼40吨。（陈阳春）

水政执法

【水土保持监督执法】 年内，全市开展以县区为主的水土保持监督执法。郊区重点对燕龛煤炭有限公司程庄煤矿矿井兼并重组整合项目、坡头煤业有限公司矿井兼并重组整合项目、神堂煤业有限公司矿井兼并重组整合项目、中国铝业股份有限公司山东分公司阳泉铝矿山头南矿区项目进行水土保持监督检查；盂县重点对辰通煤业有限公司矿井兼并重组整合项目、中广核风电有限公司盂县西烟三期2万千瓦风力发电项目、鑫磊循环经济产业园基础设施项目、山西盛旺管业有限公司25万吨球墨铸管扩建项目、跃进煤业有限公司新建矿井水处理项目进行水土保持监督检查。对检查中发现的问题两县区均进行及时处理。平定县水保监督站联合国土、交通、市政等有关部门，对矿山、公路和市政等重点行业开展水土保持监督检查，并按照水土保持方案要求，落实拦挡、排水、覆盖、绿化等措施，督促生产建设项目单位将弃土弃渣运往水土保持方案指定地点堆放、防护，交纳水土保持补偿费。（陈阳春）

【水产品药残检测】 年内，市水务局对全市在养所有水产品进行药残快速检测95次，合格率达97.2%以上。平定县境内水产品在省水利厅抽检中，检出3个药残超标样品，平定县水务局对阳性样品生产单位进行查处罚款，并进行无害化处理。全年全市阳性样品结案率达100%。（陈阳春）

【水生生物资源养护】 年内，市水务局贯彻落实《中国水生生物资源养护行动纲要》精神，在全市水域滩涂推广健康养殖模式，加强珍稀水生野生动物保护，启动滹沱河盂县段省级"拟鲿"水产种质资源保护区申报工作。（陈阳春）

防汛抗旱

防　汛

【雨情 灾情】 2015年夏季全市降水偏少，多为分布不均的雷阵雨天气，降水6月、7月偏少，8月偏多1成至2成。6月至9月，全市降雨257.44毫米，与常年平均相比偏少57.1毫米，偏少2成；盂县降雨259毫米，与常年平均相比偏少69毫米，偏少2成；平定县降雨213毫米，与常年平均相比偏少102.5毫米，偏少3成。2015年汛期主要降水有2次：第一次是7月17日局部地区突降暴雨，每小时降雨量达52.4毫米；第二次是8月2日至3日部分地区降暴雨，城区降雨量达88.2毫米，郊区降雨量52.5毫米，平定县降雨量64.2毫米，盂县降雨量44.6毫米，全市53个雨量监测站有31个雨量站超过50毫米，其中郊区杨家庄乡观测站降雨量达98.0毫米。

7月17日的强降水造成开发区后底沟西巷发生城市严重内涝，1名学生发生意外溺亡。全年洪灾为一般突发事件。（陈阳春）

【防汛物资储备】 全年全市储备防汛物资主要有水泥、铅丝、钢材、木材、草袋、编织袋、铁锹、钢镐、汽油、水泵等19个品种，价值275万元。其中，市直储备物资17个品种价值172万元，县级储备物资18个品种价值103万元。全市共组织抢险队伍13800人，其中市直3400人、县级10400人，抢险车辆729辆，其中市直

416 辆、县级 313 辆,抢险队伍和抢险车辆汛前全部到位。 (陈阳春)

【河道清障】 全年全市完成河道清淤清障 65.4 万立方米。其中桃河市区段清淤清障 6.1 万立方米、平定县清淤清障 26.9 万立方米、盂县清淤清障 25.4 万立方米、郊区清淤清障 7 万立方米。全市河道清淤清障共投工 3945 个,投资达 1149.4 万元。 (陈阳春)

【荫营河山洪沟道治理项目】 6 月,荫营河山洪沟道治理项目得到省水利厅批复,投入资金 896 万元。主要建设内容为河道疏浚、旧堤加高、旧堤加固、旧堤勾缝、新建堤防等。工程于 2015 年 9 月开工,年底完工。 (陈阳春)

【防汛应急抢险】 进入 2015 年汛期后,全市各级防汛抗旱指挥部及抢险队伍进入临战状态,接到险情报告,第一时间组织抢险队赶赴险情一线进行抢险救灾。7 月 17 日强降雨,1 名学生在开发区后底沟涉水被淹,全市公安、消防、防汛等部门人员第一时间紧急救援,但仍不幸遇难。8 月 3 日强降雨,全市出现多处险情,小阳泉 83 号居民楼因山体滑坡楼道被泥土掩盖大量人员被困、义井河 2 号桥河道内 1 名群众被洪水围困、桃河乱流村段部分河堤垮塌影响道路安全、市针织厂 7 号楼护坡坍塌、南大西街小阳泉教委楼挡墙松动、市水泵厂宿舍被淹等多处险情发生后,市、县防汛抗旱指挥部责成有关部门赴现场协调处理,采取及时救援、警戒、撤人等应急抢险措施,被困人员全部脱险,各处险情均得到有效控制。 (陈阳春)

抗 旱

【旱情】 1 月、3 月全市降水较少,2 月、4 月、5 月降水较多。6 月上旬降水少,大部分地区发生轻度以上干旱,29 日前后出现中到大雨,旱情得以缓解。7 月上旬无降水,干旱迅速发展。1 月至 7 月上旬全市降水量 151.0 毫米至 172.7 毫米,比常年平均偏少 33.8 毫米至 43.7 毫米,偏少 2 成。根据综合监测,全市北中部地区发生轻度以上气象干旱,南部达中度以上气象干旱,南部土壤表层(0 厘米至 20 厘米)达特重干旱,下层(30 厘米至 50 厘米)达中度干旱。 (陈阳春)

【旱灾影响】 全年全市旱情为一般突发事件。

对农业影响 全市春播面积 6.5 万公顷(97.5 万亩),其中粮食作物 6.02 万公顷(90.34 万亩)、经济作物 0.47 万公顷(7.0 万亩)。春播前出现干旱,降水不足,土壤墒情差,谷子推迟播种,对农作物收成造成影响。7 月中旬至 8 月中旬,强对流天气频繁,短时强降水、冰雹、大风造成个别乡镇农作物、林果受损。全市农作物中度干旱面积为 4.33 万公顷(65 万亩),其中郊区 0.7 万公顷(10.5 万亩)、平定县 1.43 万公顷(21.5 万亩)、盂县 2.2 万公顷(33 万亩);受灾面积 333.33 公顷(0.5 万亩),其中郊区 46.67 公顷(0.07 万亩)、平定县 133.33 公顷(0.2 万亩)、盂县 153.33 公顷(0.23 万亩)。

对人畜影响 全年全市 7 个乡镇、68 个行政村、2.02 万人、1500 头大畜发生临时性饮水困难。其中,平定县 3 个乡镇(张庄镇、东回镇、岔口乡)、19 个行政村、0.68 万人、490 头大畜缺水;盂县 2 个乡(北下庄乡、仙人乡)、35 个行政村、0.88 万人、750 头大畜缺水;郊区 2 个乡镇(西南舁乡、荫营镇)、14 个行政村、0.46 万人、260 头大畜缺水。全市缺水村庄主要为纯旱井区,由于干旱造成水源短缺。盂县重旱区位于县东部地区,有 12 个行政村、1144 户、4673 人、356 头大畜要到庄只深井供水点拉水,拉水时间较长村子有里山南、外山南、北山、张庄、杨树洼等。平定县张庄镇东部神峪、史家山等 5 个行政村、122 户、464 人饮水困难,干旱时到十几千米以外供水点拉水,每吨水费用 20 元以上;岔口乡的岔口、良道、红峪等行政村 3129 人、125 头大畜因旱缺水需雇佣车辆从巨城镇集中供水工程点拉水,成本高达 30 元/吨。郊区西南舁乡咀子上村、霍树头村和乡敬老院等干旱时到 8 千米以外的荫营镇前洼供水点拉水。 (陈阳春)

【抗旱应急水源工程】 全年全市抗旱应急水源工程共 11 项,总投资 2607 万元,分别是盂县北下庄乡、牛村镇、孙家庄乡、下社乡、梁家寨乡、路家村镇、西潘乡 7 个工程和平定县锁簧镇、东回镇、巨城镇、石门口乡 4 个工程。工程全部建成后可实现年供水 105 万立方米,解决 11 个乡镇 5.21 万人干旱年基本用水。2015 年,有 10 项工程全部建成,完成投资 2085 万元。 (陈阳春)

国内外贸易

【概况】 全年全市社会消费品零售总额完成288.3亿元，比上年增长4.3%。其中,限额以上社会消费品零售总额75.81亿元，比上年下降14.6%。全年全市外贸进出口总额完成20489万美元,比上年增长4.5%,高于全省平均增幅13.8个百分点,增幅全省排名第一。其中,出口总额完成15182万美元，比上年增长1.7%,高于全省平均增幅7.5个百分点，全省排名第三；进口总额完成5307万美元,比上年增长13.4%,高于全省平均增幅27.1个百分点,全省排名第一。 （李建军）

【绿色市场认证】 年内,市商务粮食局引导商贸流通企业开展以“推广绿色低碳采购,培育绿色低碳市场,引导绿色低碳消费”为主要内容的“三绿”市场认证工作。在企业自愿、市商务粮食局推荐下,10月下旬,由商务部、省商务厅相关单位组成专家组对市蔬菜瓜果批发交易市场、新世隆超市开展认证工作调研和培训指导。年底,两家企业已通过国家绿色市场认证,并颁发绿色认证证书和铜匾。 （李建军）

【陶粒砂基地生产和出口建设】 年内,全市重点培育陶粒砂产业,建设省级外贸转型示范基地——陶粒砂基地,拓展国际贸易平台,陶粒砂产业生产、营销规模不断扩大,连续3年成为全市出口主导产品,阳泉市也成为全国三大陶粒砂生产和出口基地之一。 （李建军）

【春节市场供应】 年内,为保障春节期间全市消费市场供应充足、物价平稳,市商务粮食局向市场投放猪肉500吨、食糖320吨、食用油600吨以及冬春蔬菜150万公斤,各大商场、超市广开货源渠道,丰富商品种类,繁荣节日市场。此外,全市年夜饭消费火爆,节日商品热销,生活必需品量足价稳。据对华龙超市、泉美大酒店、东海大酒店、粮油公司、蔬菜公司、云阁肉制品公司、华联商厦和天利时尚购物广场8家重点商贸企业监测,农历大年三十至正月初六,8家企业累计销售1295.65万元,客流量约11万人次。同时,为保障“两节”期间市场供应平稳,2月13日，市商务粮食局工作人员到蔬菜市场、食品生产企业、大型超市等进行市场检查,规范节日期间市场秩序,保障消费者合法权益。 （李建军）

【“购物季”促销活动】 年内,市商务粮食局组织商贸流通企业开展促销活动，指导商贸流通企业以节假日、店庆等为契机,拉动内需,扩大消费,并下发《2015年阳泉市促消费活动实施方案》,开展为期三个月的“购物季”促消费活动。其间,11家企业累计销售1.8亿元。（李建军）

【“山西品牌中华行”参展】 年内,全市市属企业组团参加“山西品牌中华行”活动,山西平定亮晶晶砂锅有限公司、山西富硒香农业有限公司等企业在天津、西安、西宁、哈尔滨等7个城市会展中,展出平定砂锅、富硒小米、富硒醋等产品,为阳泉市名优特产品进入东北、西北市场奠定基础。 （李建军）

【“山西品牌丝路行”参展】 8月25日至27日,市商务粮食局组织山西天元金科电器科技股份有限公司和平定莹玉陶瓷有限公司参加“山西品牌丝路行”吉尔吉斯斯坦站展会。省商务厅厅长孙跃进陪同吉尔吉斯斯坦第一副总理莎尔帕舍夫到天元金科公司和莹玉陶瓷公司展位参观。在天元金科电器公司展位上,公司总经理毛宏亮详细介绍节能环保洗衣机等展品,莎尔帕舍夫表示希望天元金科公司能与吉尔吉斯斯坦合作投资建厂。9月13日至17日,阳泉市各企业组成代表团参加“山

商业贸易

西品牌丝路行”俄罗斯站展会。展会期间,方大添加剂(阳泉)有限公司与来自俄罗斯、斯里兰卡、吉尔吉斯斯坦、土耳其27家食品添加剂进口企业见面,并与18家企业进行实质性洽谈,最终与14家达成采购意向,采购金额60余万美元。此外,阳泉市代表团还随省代表团参加“2015年莫斯科国际食品展开幕式、山西品牌丝路行(俄罗斯站)启动仪式”“山西品牌丝路行(俄罗斯站)投资促进说明会”。(李建军)

【市场监测预报】 年内,市商务粮食局按时督促商务部生活必需品、重点流通企业、重要生产资料、应急商品等监测系统样本企业做好数据上报及“春节”“国庆”黄金周日报监测工作,及时掌握市场动态,做好消费品市场运行情况分析,并制定《2015年阳泉市市场运行监测工作绩效考核办法》,完善市场运行监测和分析机制,增强监测数据准确性、及时性和实用性。全年累计在阳泉商务预报平台发布商务信息603条。 (李建军)

【农村商贸配送中心建设】 年内,省财政资金拨付130万元推进盂县供销社有限公司牛村、孙家庄、苌池乡镇商贸配送中心建设,涉及建筑面积4394.44平方米,辐射52个村、6.1万人,年底均已开业。 (李建军)

【电子商务】 年内,市商务粮食局采取措施推进电子商务工作。一是草拟《阳泉市加快电子商务发展实施意见》及扶持政策,在全省首家召开农村电子商务推进大会。二是实施电子商务育才工程,先后培训电子商务管理、操作应用人员300人。三是成立阳泉市电子商务商会,有会员169人,市三度软件有限公司负责人李彦军出任会长。四是推动农村物流横向整合、农产品销售平台建设、乐村淘等电子商务项目发展,培育阳泉万和油脂有限公司成为全省首批电子商务示范企业。截至年底,全市电子商务交易主体180家,其中B2C电子商务企业3家、淘宝店157家、农村电商主体10家、O2O线上餐饮服务企业10家,建设中的电子商务园区、楼宇(包括众创空间)6家,农村电商体验店400家。 (李建军)

【家政服务】 为落实省商务厅家政服务员培训任务120人(补助资金14.4万元)的任务,年内,市商务粮食局下达《阳泉市商务粮食局关于开展家政服务培训工作的通知》,委托阳泉市江山物业有限公司和平定县家乐下岗职工家政服务有限公司各培训家政服务员60人。经验收,阳泉市江山物业服务有限公司、平定县家乐下岗职工家政有限公司共计培训家政服务员261人,超出年度目标任务112.5%。(李建军)

【商贸物流业固定资产投资】 全年全市商贸物流业固定资产投资目标任务8.94亿元,截至年底,落实项目46个,累计完成15.69亿元。 (李建军)

【生活必需品储备】 年内,市商务粮食局完善重要商品储备、应急商品储备和冬春蔬菜储备制度。与10家企业签订粮食、食用油、猪肉、食糖、农资储备协议,储备粮食88000吨、食用油950吨、猪肉500吨、食糖320吨、农资850吨;与阳泉市华龙超市等4家地震应急物资储备企业签订储备协议,储备方便食品300吨、瓶装水600吨;与市蔬菜副食有限公司和市华龙超市连锁集团签订冬贮菜储备协议,储备白菜、土豆、葱头、萝卜、蒜薹、芹菜6种蔬菜150万公斤,储存时间3个月,给予企业补贴资金60万元。 (李建军)

【酒类流通市场监管】 年内,市商务粮食局加强酒类流通市场秩序管理,组织市商务执法大队开展酒类流通溯源专项整治,共出动执法车辆1100车次、执法人员1654人次,检查经营户1106家,查获假冒汾酒系列酒305瓶、价值3.14万元,查处案件17件、案值7.33万元。 (李建军)

【单用途商业预付卡检查】 年内,市商务粮食局加强单用途商业预付卡管理,组织市商务执法大队和各县区经济信息化局对全市10个规模发卡企业进行专项检查,共出动执法人员84人次,检查发卡、售卡企业28户次。 (李建军)

【报废汽车回收监管】 年内,为规范报废汽车回收市场秩序,市商务粮食局依据《阳泉市报废汽车回收管理规定》《报废汽车回收拆解行业规范》,查验回收报废汽车3186辆。 (李建军)

【非法经营成品油专项整顿】 8月,全市开展为期一个月的打击非法经营成品油专项整顿。经过专项整顿,全市拆除黑加油点17个,查处流动加油车6辆。其中,平定县拆除黑加油点7个;盂县拆除黑加油点6个,查处流动加油车4辆;郊区拆除黑加油点4个,查处流动加油车2辆。 (李建军)

【侵权假冒产品整治】 年内,全市针对食品、药品、化妆品、农资、建材、机电、汽配等重点产品开展专项整治,共查处侵犯知识产权案件68件,案值31.58万元,查处制售假冒伪劣商品案件66件,案值13.32万元,3件重大案件移送公安机关,7人被公安机关立案侦查。 (李建军)

【外贸出口】 年内,市商务粮食局采取措施鼓励外贸出口。第一,文化产品出口。市委宣传部、市财政局、市商务粮食局、市文化局等9个部门共同出台《阳泉市文化产品和服务出口指导目录》,为全市对外文化贸易发展起到促进作用;组织文化企业参加2015年中国—东盟博览会文化展,并与泰国、马来西亚及中国台湾地区等地50多位专业客商进行商洽。第二,外贸转型升级公共服务平台建设。全市耐火材料、陶粒砂转型升级示范基地内出口企业新增阳泉中创陶粒有限公司等4家企业，超目标任务1家;省级外贸转型升级示范基地内公共服务平台服务企业增加2家，覆盖面增加15%。（李建军）

【参展参会】 年内,市商务粮食局组织10家企业110多名企业代表先后参加第117届、第118届中国进出口商品交易会(广交会),与俄罗斯、欧美、日韩、东南亚、南美、东欧、澳洲等50个国家和地区1180多位采购商进行商洽，分别成交1319万美元、1425万美元。此外，还组织9家外贸企业参加境外展览会,超目标任务4家。（李建军）

【外资利用】 年内，全市不断改善投资环境,外商投资取得一定成果。截至年底，全市实际到位境外资金30500万美元,完成年度目标(28980万美元)的105.24%。（李建军）

【对外经济合作】 年内,全市对外经济合作获权企业增加3家,分别为阳泉市中嘉磨料磨具有限公司、山西宏厦建筑工程第三有限公司、阳泉市豪门房地产开发有限公司，超目标任务1家。（李建军）

2015年阳泉市分企业进出口一览表

表20 单位:万美元、%

名称 \ 项目	12月	累计			
		总值	进口	出口	进出口与上年相比
平定莹玉陶瓷有限公司	6	144	0	144	-41.00
西格里泉海碳素(山西)有限公司	86	573	539	35	-21.10
阳泉市长青石油压裂支撑剂有限公司	0	474	0	474	-71.90
平定县天虹石油压裂支撑剂有限公司	0	328	0	328	-92.80
阳泉市兴陶压裂支撑剂有限公司	25	57	0	57	-96.00
山西春明激光科技有限公司	0	12	11	1	—
阳泉市中创陶粒有限公司	4	11	0	11	—
日本能源润滑油有限公司	14	1730	1730	0	-43.00
方大添加剂(阳泉)有限公司	129	1401	0	1401	-11.80
阳泉市优耐特国际贸易有限公司	1	6	0	6	-63.30
阳泉市福赛益特国际贸易有限公司	7	67	0	67	-74.10
阳泉市双龙盛国际贸易公司	33	437	0	437	102.00
阳泉市王垅耐火材料厂	25	220	0	220	21.20
阳泉市四同瑞驰贸易有限公司	0	2	2	0	34.00
山西省阳泉市五金矿产进出口有限公司	40	364	0	364	68.90
阳泉市信瑞商务有限公司	1	41	1	40	-39.90
阳泉市晨辉国际贸易有限公司	10	269	0	269	27.10
阳泉市明迈特国际贸易有限公司	2	19	0	19	161.20
阳泉市金方圆制衣有限公司	0	58	2	56	-46.10
山西天元浙晋国际贸易有限公司	0	59	0	59	264.30
阳泉市华旭国际贸易有限公司	0	2	0	2	18.60
阳泉市珂耐尔进出口有限公司	4	12	0	12	0.20
阳泉市联吉进出口有限公司	0	4	0	4	-91.00

续表 20-1

名称 \ 项目	12月	累计			
		总值	进口	出口	进出口与上年相比
阳泉市圣火炉料有限公司	14	122	0	122	7.50
阳泉市下千耐火材料有限公司	6	177	0	177	30.30
阳泉恒誉进出口有限公司	0	16	0	16	-79.20
阳泉市华岭耐火材料有限公司	0	34	0	34	-43.80
山西阳泉澳法合成材料有限公司	1	13	0	13	431.10
阳泉市中嘉磨料磨具有限公司	65	493	0	493	26.30
阳泉市林里耐火材料有限公司	7	56	0	56	-27.30
阳泉市永昱机电有限责任公司	4	54	0	54	-23.90
阳泉市金土耐火材料有限责任公司	0	4	0	4	-87.60
阳泉武圣进出口公司	0	29	0	29	-16.80
山西国阳新能国际贸易有限公司	624	3023	3023	0	280.00
阳泉市嘉和国际贸易有限公司	0	3	0	3	0.00
山西名扬电子有限公司	7	14	0	14	184.30
阳泉岩禾国际贸易有限公司	0	20	0	20	39.40
山西兆丰镓业有限责任公司	0	56	0	56	—
山西阳煤化工国际商务有限责任公司	2679	9139	0	9139	432611.20
山西阳泉如来山冶金工业有限公司	59	627	0	627	-14.60
盂县金刚玉石油压裂支撑剂有限公司	0	216	0	216	-84.20
盂县永恒工艺厂	5	55	0	55	-52.80
盂县中信焦化有限公司	0	44	0	44	-87.20
山西康泰来农业生态科技有限公司	3	8	0	8	—
总　　计	3861	20493	5308	15186	—

（李建军）

2015年阳泉市各县区进出口总额完成情况一览表

表21　　单位:万美元、%

县区 \ 项目	12月	累计						出口进度	出口进度排名
		总值	进出口与上年相比	进口	进口与上年相比	出口	出口与上年相比		
全　市	3857	20489	4.50	5307	13.40	15182	1.70	94.00	—
平定县	121	1599	-81.45	550	-16.03	1050	-86.81	12.18	6
开发区	209	3863	-27.03	1732	-42.93	2131	-5.66	87.16	3
城　区	57	828	0.86	3	-95.58	825	9.57	101.23	2
盂　县	67	950	-64.11	0	0	950	-62.86	34.31	5
郊　区	97	998	-25.63	0	0	998	-25.63	68.69	4
矿　区	3310	12255	1357.20	3023	279.78	9232	20415.56	18841	1

（李建军）

2015年阳泉市社会消费品零售额一览表

表22 单位:亿元、%

项目	累计		
	金额	比上年增长	比重
社会消费品零售额	288.3	4.3	100
(一)按行业分	—	—	—
批发业	76.05	9.3	26.38
零售业	174.6	1.5	60.56
住宿业	8.8	5.8	3.05
餐饮业	28.85	9.4	10.01
(二)按行政区域分	—	—	—
城区	158.04	3.9	54.82
矿区	23.21	11.0	8.05
郊区	14.9	4	5.17
开发区	13.68	1.4	4.75
平定县	32.78	4.2	11.37
盂县	45.69	3.9	15.85

(李建军)

物资流通

【概况】 2015年,阳泉市物资集团公司职工数1396人、所属单位8户,分别为阳泉市民爆器材专营有限公司、阳泉市旧机动车交易中心、阳泉市木材有限责任公司、阳泉市钢材市场、阳泉市物资再生利用总公司、阳泉市报废汽车拆解(回收)中心、阳泉市物阜资产管理中心、阳泉市物资集团公司企业资产管理中心;资产总额1.85亿元,负债总额1.41亿元,所有者权益0.44亿元。全年营业收入15800万元,比任务计划增加4100万元,完成全年计划的135%;利润-162万元,比上年减亏74万元,比任务计划多减亏18万元,超计划(-180万元)完成全年控亏任务指标。 (王贵润)

【所属企业歇业关闭】 年内,市物资集团公司所属7户企业(阳泉市化工轻工总公司、阳泉市建筑材料总公司、阳泉市金属材料总公司、阳泉市机电设备总公司、阳泉市物资贸易中心、阳泉市汽车摩托车市场、阳泉市炉料市场)歇业关闭收尾工作完成。一是档案移交、资产移交和债权债务归并处理工作已经完成,注销歇业关闭企业营业执照正在办理中。二是7户企业歇业关闭一次性费用总计1439.36万元,年底实际到位资金1390万元,尚余49.36万元未到位,涉及职工一次性费用全部兑现完毕。三是关闭企业的剩余资产(含库存物资)移交工作结束,歇业关闭企业职工宿舍楼物业管理接管全部完成。(王贵润)

【木材公司棚户区改造】 年内,阳泉市木材有限责任公司棚户区改造保障性住房建设任务目标为开工942套,其中配建公租房48套,投资6400万元,新建保障房执行绿色建筑标准比例不低于30%。工程于6月24日开工942套,至11月14日,一期7栋371套封顶,完成投资8552万元,超计划完成全年投资任务。 (王贵润)

【改革改制】 年内,阳泉市报废汽车拆解(回收)中心与阳泉市物资再生利用总公司改革改制工作启动。阳泉市报废汽车拆解(回收)中心与阳泉市交通集团达成合作意向,相关谈判进展顺利,拟采取组建多元化股份制企业模式,建立现代企业运营体制,接续再生资源循环利用中心二期项目建设,摆脱企业困境。阳泉市物资再生利用总公司依照《关于深化国资国企改革实施意见》开展改制前清产清档、改制成本核算以及改组改革相关方案编制等基础性工作。 (王贵润)

【资产增值】 20世纪90年代市物资集团公司所属海口海洋物资开发公司在海南省海口市投资购置3处房产,但因多种原因一直未办理房产登记手续。为实现资产保值增值,2015年,市物资集团公司启动对该项资产法律确权程序。6月底,3项不动产中数额最大的海口市明都大厦(二层楼)法律确权起诉书正式递交海南省海口市美兰区人民法院,11月23日法院下达民事判决书,判决该项资产所有者为阳泉市物资集团公司所属海口海洋物资开发公司。此房产面积872平方米,购置原值580万元,粗略估计现值2400万元。其余两处房产也计划采用相同模式进行资产确权。另外,全年市物资集团公司海口房产租赁收益52.4万元。 (王贵润)

【财务管理】 年内,市物资集团公司采取创新方式、完善制度、优化资产结构等措施强化财务管理。一是强化审计制度执行。在建立和完善管理制度基础上推行基层单位法定代表人职务调整离任审计、任中审计制度,全年共审计单位9户,包括7户歇业关闭企业经理离任审计以及2户正常经营企业主要负责人任中审计,并就审计结果召开专题会议通报。二是推行财务信息公开制度。为规范企业财务等重大信息公开工作,根据《中华人民共和国政府信息公开条例》《中华人民共和国公司法》等有关规定,结合企业实际,制定市物资集团公司《企业财务等重大信息公开实施办法》,全年发布公开信息5期。三是试行费用预算化管理。市物资集团公司机关、物阜资产管理中心、企业资产管理中心被列为2015年收支预算化试点单位(部门),由市物资集团公司财务科负责监管,通过一年试行,市物资集团公司可准确掌握各试点单位年度各阶段资金使用情况,也可控制各项费用支出。 (王贵润)

【安全工作】 年内,市物资集团公司围绕贯彻落实新《中华人民共和国安全生产法》紧抓安全工作。一是加强安全工作组织领导,将市物资集团公司领导班子成员、各科室负责人以及基层各单位行政主要领导、支部书记纳入安全领导组。二是加强制度建设和落实,制定《安全事故问责制度》《安全事故应急预案》《领导干部安全生产突查检查工作制度》等并加以落实,将事故控制指标和安全工作目标进行分解,制定工作目标责任书以及考核办法,使各单位安全防范意识得到提高。三是加强监管检查力度,全年安全检查76次,查出各类隐患15项,下达安全整改通知书11份,整改率100%。四是加强安全宣传力度,组织基层单位参加新《中华人民共和国安全生产法》学习培训,举办"掌握灭火知识,扑灭初期火情""远离火灾珍爱生命"为主题的消防演练和消防知识培训,并邀请消防专家指导演练和专门授课,开展"我身边的安全故事"有奖征文等活动,全年安全方面投资共计127万元。 (王贵润)

【信访维稳】 年内,市物资集团公司信访工作水平得到提高。一是开展预研预判。专门设立信访接待岗位,了解职工思想动态,对敏感问题进行预研预判,建立信访专线、职工交流微信群,及时了解和答复职工疑问,畅通职工信访渠道。二是规范处理信访案件。全年共处理信访案件8件,其中,办理系统内案件5件,按照国资委限期处理信访积案要求处理3件,所有案件都出具答复意见书和相关报告。三是强化重大节假日信访管控。实行三级联动机制,对重点人员进行三级防控,抓好教育监控工作,防止发生越级上访;落实"四个到位",即诉求合理的解决到位,诉求不合理的教育到位,困难上访人员救助到位,违法上访人员通过法律途径解决。全年对困难上访人员救助1人,督促法律途径解决事件2起。 (王贵润)

石油经销

【阳泉石油分公司概况】 2015年,阳泉石油分公司拥有铁路专用线1条,库容量5.13万立方米油库1座,成品油吞吐量39万吨/年,加油站67座。全年完成成品油销售18.94万吨,其中零售15.23万吨、直销3.71万吨,非油品销售3386万元。年内,公司被省工商行政管理局授予"重合同、守信誉"企业称号,是阳泉市唯一的省级安全文化建设示范企业,连续17年获省公司安全生产先进单位,下属公园加油站被中国石化集团公司油品销售企业授予2015年度"文明服务示范窗口"称号。 (帅栋梁)

【成品油市场供应】 年内,阳泉石油分公司采取多种措施保障成品油市场供应。在抓资源方面,加强与省公司协调沟通,争取油品资源最大兑现率,保证阳泉地区成品油需求;在抓销售方面,合理配置资源,强化调控措施,严把数量质量关,力保市场供应,严格经营纪律,积极化解矛盾,确保成品油市场稳定。 (帅栋梁)

【零售经营】 年内,阳泉石油分公司采取措施加强零售经营。一是出台《阳泉公司零售线条一季度促销方案》,强化淡季营销力度,对县区公司实行同比增量奖励措施,强化县区公司对零售业务组织落实。二是奖励服务促销量。根据省公司《"多卖一吨油"销售竞赛活动方案》要求,制定下发《阳泉石油分公司"多卖一吨油"销售竞赛活动方案》等,以加油站为考核单位,管控系统有效流水为考核依据,分时段、品号对员工服务奖励,着重考核加油员提枪服务,调动一线员工服务主动性。三是交叉营销促销量。先后与电信开展"电信翼支付充值加油卡立返4%优惠"活动,与交通银行开展"最红星期五"立返5%,与农业银行开展"满200送20",与平安、人保、大地保险公司合作开展办保险送加油充值卡,与长城4S店合作开展俱乐部优惠等活动,变单项营销向交叉复合营销转变。四是内强管理促销量。加强对加油站计量器具监督管理,对加油枪进行精度自检,保证所售油品质优量足。五是"油非互促"保销量。先后开展"喜迎'五一'劳动光荣""石化倾情 有礼相送""周末有礼 惠动山城"等一系列零售促销活动。 (帅栋梁)

【直销工作】 年内,阳泉石油分公司对直销管理工作进行职能调整。一是商业客户部向综合业务部门转变,客户经理实行一级管理,对县区公司不再有管理职能,县区公司大客户转为综合业务部维护管理,县区公司直销批发业务,符合小额配送的进小额配送业务,符合直批的进直批业务,实现平稳过渡。县区公司、零管部、非油品部,涉及厂矿企业的零售、团购业务,综合业务部负责协调配合管理。对县区公司直批业务只正向奖励,不再处罚。二是对客户经理加强直销、零售、非油品、加油IC卡知识学习培训,完成客户经理向综合客户经理转变,客户经理职责由单纯直销业务向零售、直销、非油品客户经理职能转变,围绕公司经营范围,成品油、非油、润滑油、加油IC卡、易捷卡进行捆绑营销,形成一支公司对外营销的业务团队,整体营销,服务客户。三是在直批业务完成基础上,增加业务考核内容和绩效奖励，发挥薪酬考核激励引导作用。四是立足阳泉，拓展业务空间，向河北和阳泉周边区外市场延伸，带动直批业务以外整体经营走出阳泉。（帅栋梁）

【非油品工作】 年内，阳泉石油分公司非油品工作取得一定进展。一是选择位置好、形象优的2个社区超市、11座中心站便利店进行功能改造，引进省内各地知名产品丰富商品。二是增加大部分易捷便利店展柜、展台，店内业务功能逐渐完善。三是结合易捷便利店周边环境、客户群体、商品需求差异，开展“周周有特价”“双节礼遇”“假日商品进社区”以及燃油宝销售竞赛、重点商品品鉴会等一系列活动，扩大易捷商品知名度。四是推进“油非互促”，与中国电信合作开展“翼支付”易捷便利店购物优惠4%活动。五是开展易捷便利下乡、下社区、下厂矿活动，带动销售，提升品牌效应。（帅栋梁）

【油气回收改造工程】 在上年油罐车、加油站油气回收基础上，年内，阳泉石油分公司又完成油库油气回收工程，共改造油库1座、油罐车11辆、加油站67座，实现油库、油罐车、加油站油气闭环回收利用。（帅栋梁）

【油品质量管理】 年内，阳泉石油分公司修订出台加油站油品损溢管理、损耗赔付、油品库存盘点等制度，规范油库发油环节、承运商运输环节、加油站卸油环节交接管理，零售损溢持续下降。此外，利用“3·15消费者权益保护日”“4·7质量日”“5·20国际计量日”和全国“质量月”等开展活动，提升中石化质优量足品牌形象。全年接受省质监局、省工商局、市质监局、市工商局油品随机抽检4次，抽样119个，质量指标全部合格。（帅栋梁）

【安全检查】 年内，阳泉石油分公司对各县区公司每月采取“1+3”模式进行检查，即县区公司指定1座加油站，市公司按加油站A、B、C档每档随机抽取1座加油站检查。同时，每月不定期深入县区公司从管理和经营两方面，就油品和非油品业务安全工作进行检查，并对上月检查发现问题复查。通过此项工作，各县区公司在安全工作方面创建标杆站1座、标准站3座。（帅栋梁）

粮油经销

【概况】 2015年，阳泉市商务粮食局围绕粮食安全，实施粮安工程，夯实储粮基础，全市粮食供需平衡、市场繁荣。全年共收购粮食0.8亿公斤，完成年度目标任务0.5亿公斤的169%；销售粮食2.35亿公斤，完成年度目标任务1.3亿公斤的181%；产销衔接调入粮食1.72亿公斤，完成年度目标任务1.3亿公斤的132%。全年供应部队优质粮油384吨，其中调剂8.6吨，保证驻市部队粮油供应充足、质量安全。（赵晓娟）

【机构改革】 年内，阳泉市商务粮食局内部机构改革全部完成。新组建的市商务粮食局机关行政编制39人，其中局长1人、副局长4人、总会计师1人、纪检组长1人。姬德耀任党组书记、局长。内设机构13个：办公室、规划财务科、市场秩序科（“12312”商务举报投诉服务中心）、市场运行调节科、商贸服务管理科、对外贸易科、外资管理科、对外经济合作科、开发区服务管理科、储备粮油管理科、粮食市场管理科、行政许可科、纪检组（监察室）。此外，各县区粮食局与当地经济信息化局合并为经济信息化局，挂商务粮食局牌子。（李建军 赵晓娟）

【粮食收购】 年内，市商务粮食局采取措施加强粮食收购。一是加大政策宣传力度，调动农民卖粮积极性，指导农民科学存粮并合理使用科学储粮装具，防止出现坏粮；二是做好腾仓倒库及库房清仓消毒工作，共收购仓容0.25亿公斤；三是对粮食收购所需机械设备进行全面检修；四是加强对粮食市场监督检查，防止出现“打白条”、严厉打击压级压价、坑农害农行为等问题，切实保护农民利益。全年全市收购粮食0.8亿公斤。（赵晓娟）

【粮食轮换】 年内，全市完成省级储备玉米轮换任务5000吨，市级储备粮轮换任务14194吨。为高效、高质完成轮换任务，西河滩国家粮食储备库确定“控制风险、降低成本、提高经济效益”轮换办法，并多次到平定县、盂县等地了解玉米质量，考察价格行情，掌握外地市场信息，明确收购价格和等级，制定收购方案。春节过后，玉米收购工作全面开展，在保证服务同时加强对入库玉米检验化验工作，确保入库玉米质量，接卸量最高日达700吨，10天时间完成4000吨玉米收购入库工作，并通过上级部门验收。第一季度省级储备玉米5000吨轮换任务全部完成，10月通过验收检查。同时，市级储备粮14194吨轮换任务也基本完成。（赵晓娟）

【粮食储备】 年内，省粮食局安排新增市级储备小麦1万吨，调换5000吨市储玉米为小麦任务。上烟、西河滩、辛集3个库点用20天时间将15000吨小麦入库工作全部完成，入库小麦质量均符合国家标准二等以上，同时由于在小麦价格还没有形成涨势情况下完成入库工作，库存成本降低。截至10月底，全市新增储备规模和调换任务全部完成，市级储备折合小麦59250吨，比重达67%以上，市级原粮储备达82340吨（其中小麦56590吨、玉米25750吨），基本满足市民6个月口粮消费，满足全市人口3个月口粮消费。（赵晓娟）

【储粮管理】 年内，全市开展春季、秋季“四无”（无虫蛀、无霉变、无鼠害、无雀扰)粮仓检查工作,对全市粮食系统所属国有粮食购销企业承储中央、省、市、县(区)级储备粮油和商品粮油库存,在粮食库存账实相符、账账相符,库存粮食质量,“三专四落实”(专仓、专人、专账管理,品种、数量、质量、储存地点落实)执行情况,科学保粮方法及科学保粮率、规章制度建设情况,各级储备粮油轮换完成情况等方面进行检查。全系统“一符六无”(账实相符,无害虫、无变质、无鼠雀、无事故、无陈化、无污染)粮仓达标率96%以上,“三专四落实”率100%。（赵晓娟）

【粮库建设】 年内,全市粮库建设取得一定进展。一是山西省粮食仓储设施专项调查工作。根据省粮食局安排,市商务粮食局完成12个各类规模以上从事收储、加工、物流中转以及其他涉粮业务企业调查。二是仓库提升改造。西河滩国家粮食储备库投资50万元,修建岩棉彩钢车棚,对部分仓房顶部烫顶,对配电室、面粉厂以及门房房顶维修补烫,对扦样室室内外粉刷和地面硬化,对周边围墙进行维修改造。市商务粮食局联合市财政局组成验收小组对其进行验收并出具验收合格报告。此外,上烟库投资40万元、西河滩库投资10万元,购置出入库设备和检化验仪器并更新检化验仪器、抛粮机、输送机等大型粮食出入库设备,安装粮食扦样器,年内完成验收。三是危仓老库维修改造。省粮食局拨付2014年“危仓老库”维修改造项目维修资金80万元,其中平定县张庄库30万元、郊区粮油收储中心20万元、阳泉国家粮食储备库30万元,主要用于维修“危仓老库”上漏下潮和隔热保温。10月,该项目通过验收。此外,经过调查摸底,市商务粮食局确定2015年至2016年“危仓老库”维修改造项目为平定县张庄库、岔口库、锁簧库、石门口库以及阳泉国家粮食储备库、西河滩国家粮食库、粮油批发市场4072.5万公斤仓容维修改造,涉及阳泉市平定县、阳泉国家粮食储备库、西河滩国家粮食库、粮油批发市场4个项目单位,项目资金预计376万元,其中自筹117万元。四是郊区三郊粮库万吨新库建设。为改善全市粮食仓储设施条件,市商务粮食局决定在阳泉市郊区荫营镇杨树沟村(郊区粮油收储中心三郊库点)建设库容量1万吨粮食仓库,占地7136.68平方米,投资580万元,其中中央补助150万元、市级配套150万元、区级配套280万元。截至年底,项目建设所有前期准备工作(施工手续)完成,项目开工建设。（赵晓娟）

【粮食产业】 年内,市直属库面粉厂改进面粉加工技术取得良好效益。西河滩国家粮食储备库面粉厂聘请技术员对机器设备生产线进行调试,并加强日常维护和修理,规范洗麦机操作,出粉率保持在75%左右,用户反馈问题和退换现象减少。上烟库面粉厂连续两年成为山西省军粮面粉供应商,2015年省军粮配送计划1890吨,实际为全省10个地市军粮供应站配送1912吨。两库面粉厂日加工能力达300吨,全年共加工小麦8119吨,销售面粉7035吨,实现利润60万元。此外,市商务粮食局协助阳泉市“三来”食品申报主食产业项目,取得省粮食系统扶持资金100万元。全年全市国有粮食企业统算盈利8.4万元,完成目标任务5万元的168%。（赵晓娟）

【爱粮节粮宣传】 6月16日至7月5日,全市开展“尚德守法 全面提升食品安全法制化水平”为主题系列宣传活动。活动期间,举办市粮食质量检测中心开放日,公开仪器操作演示过程;开展夏粮收购质量安全检查工作;举办食品安全宣传活动,发放宣传资料1000份,回复群众咨询800人次,并展示“三虎”面粉等粮油产品。10月16日,在第35个世界粮食日,围绕“社会保护与农业,打破农村贫困恶性循环”和“兴粮惠农进万家”主题,全市开展世界粮食日宣传周活动,发放宣传资料2000份,并邀请新闻媒体进行报道。活动期间,市商务粮食局抽调各行业专家组成8个宣讲小组(每组5人),赴西南舁、岔口等村向农民宣传国家粮食政策,重点宣传讲解国家粮食生产扶持政策、鼓励措施,以及粮食收购质价标准,粮油市场信息等。（赵晓娟）

【粮食市场检查】 年内,全市开展粮食市场检查。一是储备粮检查。6月、7月、8月、10月、11月市商务粮食局开展粮食收购专项监督检查,对全市取得粮食收购资格的20家粮食经营者进行资格核查,并对粮食收购者执行收购政策情况、“五要五不准”(要敞开收购,随到随收,不准折腾农民;要公平定等,准确计量,不准克扣农民;要依质论价,优质优价,不准坑害农民;要现款结算,不打白条,不准算计农民;要优质服务,排忧解难,不准怠慢农民)粮食收购守则、储备粮收购、轮换情况进行检查,确保全市夏粮、秋粮收购工作顺利进行。二是市级成品粮应急储备检查。为确保全市应急成品粮油储备数量真实、质量完好、管理规范、储存安全,市商务粮食局于8月1日至15日对全市应急成品粮油储备库存和质量进行检查。各承储单位于8月1日至10日开展自查,市商务粮食局于8月11日至15日进行抽查,共发现问题11个,实施行政处罚8起。（赵晓娟）

【粮食安全生产】 年内,市商务粮食局强化工作举措,开展应急演练,确保粮食安全。5月20至9月20日,开展全市粮食系统夏季消防安全检查,对工作机制、消防队伍建设、应急预案、设施器材、防火措施、管理措施各项内容进行检查。7月至12月,开展粉尘作业场所防范粉尘爆炸专项检查。9月1日,组织5个检查组在全市粮食系统开展粮食系统安全大检查,查出一般隐患11处。（赵晓娟）

供销合作商业

【农村电子商务建设】 年内,市供销社采取多种措施推进农村电子商务建设工作。一是结合实际,研究制定全市农村电子商务建设发展规划,成立领导组和工作机构。二是指导基层供销社发展电商服务,并为其提供全方位服务。三是组织全市农村村级综合服务社和电子商务经营人员进行相关培训。四是通过对接各类电商服务平台,为农民提供网上代购代销、电子支付、水电费代缴、话费充值等服务,打造网上便民服务网络。五是联合有关电商企业成立平定县、郊区“乐村淘”和盂县“美淘村”等电商平台,平定县供销社被列入全国百家电子商务示范县。六是依托村级综合服务社网络终端,打通农村物流“最后一公里”。 (刘 伟)

【农村便民店发展】 年内,市供销社在保证已有建店数量和规模基础上,加快农村便民店标准化、信息化建设,对农村便民店按照基础设施、经营品种、配送比例、服务质量等内容进行五个星级评定,全市三星级以上便民店达80%以上。在加强市、县配送中心配送功能方面,逐步在全市各个乡镇建立小区域配送中心,增加配送品种,改善服务质量,努力做到点、面、网同步,数量与质量同步,规范与提升同步,配送率与覆盖面同步,经济效益与社会效益同步。 (刘 伟)

【专业合作社建设】 截至年底,市供销社领办、参办、协办的核桃、小杂粮、养殖等各类专业合作示范组织44个,入社农户3500余户,带动相关农户1万余户,在全市农村形成较大辐射带动作用。由市农资公司领办的萌生马铃薯专业合作社拥有各类农机具46台(套),组织农民种植新品脱毒马铃薯12.5万公斤,推广种植谷子等小杂粮新品种33.33公顷(500余亩),已发展成为国家级农民专业合作社示范社。 (刘 伟)

【农资供应】 年内,市供销社系统依靠自身优势,克服各种困难,采取有效措施,组织开展各类农资供应工作。一是各级供销社及农资公司从市场调查入手,深入用肥量较大的乡村、农户家中,了解农民对春耕化肥需求,根据用肥情况,多方筹措资金,从正规渠道和大型化肥生产企业进货,减少中间环节,精打细算压缩各种费用,消化价格上涨因素让利于农民。二是配合政府有关部门质量、价格检查,确保农民用上放心肥、优质肥。三是以阳泉市农资配送中心为依托,一头抓货源,与河南心连心化肥生产企业建立总经销、总代理业务,稳定货源;一头抓市场,立足农民、依靠农民,种植大户带动一般种植小户,培育销售网络,从而形成规模经营。四是各县区社在新建农资配送中心基础上,强化配送能力,并在抓好化肥经营同时,以市场为导向,选择引进不同玉米优良品种向农民推广。全年市供销社系统共销售、储备各种化肥万余吨,农膜数十吨。 (刘 伟)

【社区蔬菜小杂粮便民店建设】 年内,市土产公司作为社区蔬菜小杂粮便民店建设实施单位,不断提升管理和服务质量。与蔬菜小杂粮种植户建立加盟联营机制,解决菜贱伤农、菜贵伤民问题;与平定县半沟村溢丰红薯专业合作社合作,由10多个便民店为其定点销售,使合作社农民得到实惠;为郊区东村等地种植户销售黄瓜、西红柿等本地蔬菜100余万公斤,促进本地蔬菜产业稳定发展。春节前,市土产公司承担市政府限价供应市民蔬菜任务,限价供应6种蔬菜28万公斤,让利于民16万元。截至年底,市土产公司已建成配送、分拣、周转仓库840平方米,在居民流动集中区建起蔬菜批零市场2个,社区建成便民蔬菜店114个,实现全市主要社区全覆盖目标。 (刘 伟)

【循环经济园区建设】 年内,市供销社所属天元家电公司循环经济园区建设粗具规模,形成回收、处理、生产、销售全产业链条,在循环经济产业发展中取得一定进展。在参加“山西品牌丝路行、重走丝绸之路”活动中,开拓中亚、东欧等潜力市场,出口总额100多万美元,全年收汇80万美元。同时,成立互联网企业,建立电子商务公司,实现线上、线下、物流三网联动以及O2O网店全覆盖,市场竞争力不断增强。 (刘 伟)

药材经营

【概况】 2015年,阳泉药材公司在企业改革改制、市场开发等工作方面下功夫,企业经营逐步稳定。全年营业收入4398万元,完成全年经营指标3850万元的114.2%,比上年4285万元增长2.63%;利润亏损72万元,比经营指标亏损75万元减亏4%,比上年亏损108万元减亏36万元,减亏33.3%;在岗职工工资兑现率100%。 (郝晋辉)

【企业改制】 年内,阳泉药材公司先后与省国药公司、国药控股国大药房就企业改制进行洽谈、协商,但都没有结果。在此基础上,公司领导确定先局部后整体改制思路,在保证国有资产保值增值、职工利益不受损害、业务流程符合GSP要求前提下,将企业经营改制为责任经营,责任经营采取自主经营、自负盈亏、自担风险、利益分成模式。11月5日,公司代表与责任经营人签订责任经营协议书,企业改制初步完成。 (郝晋辉)

【企业经营】 年内,阳泉药材公司积极拓宽经营思路,寻找经营增长点。一是成立市场经销部、医院部、基药部3个物流配送部门,将市场划分、责任目标、品种代理捆绑结合,合理布局大医院、基药配送、零售终端三块市场,巩固发展市场占有,同时还参加全省药品集中招标并取得阳泉地区基药配送资质。二是对供应商进行筛选,对客户进行重新审定,区域市场分工明确,库存商品资源共享,提高供应时效。三是对各经营部门进行细致量化考核,改变原有工资机制为绩效考核,使员工收入与企业效益及个人劳动付出结合,提升员工工作积极性。四是在上年GPS认证基础上,完善企业购销体系和质量管理体系,并对职工进行3次相关业务知识培训,规范经营行为,巩固认证成果,确保经营药品质量。 (郝晋辉)

【资产租赁规范】 年内,阳泉药材公司开展专项整治规范资产租赁行为,提高资产使用效益,确保资产安全完整和保值增值。一是加强专项整治工作领导,成立以公司总经理为组长的专项整治工作领导组。二是制定《企业资产租赁管理办法》和资产租赁合同范本,规范企业资产租赁行为。三是对各单位资产租赁情况进行督促检查,确保资产租赁专项工作有序进行。四是对专项整治工作不认真、不负责、简单应付,对突出问题隐瞒不报、整改不力,甚至顶风违纪违规企业和个人,加大问责力度,严肃处理,追究相关人员责任。 (郝晋辉)

【重大财务信息公开】 年内,阳泉药材公司贯彻落实企业重大财务信息公开制度,成立以总经理为组长信息公开领导组,建立公司网站对企业重大事项及时进行公开。对企业财务信息、经营指标等在企业网站公开,对人事任免、入党等人事调整在单位内部公示,对企业经营机制转换、各项制度修订等以会议形式讨论公开。 (郝晋辉)

【职工利益维护】 年内,为维护职工利益,保持企业稳定,阳泉药材公司采取一系列措施。一是完善企业信访制度,调整信访领导组,对职工关心热点难点问题,能解决的及时给予解决,不能解决的及时与职工进行沟通,取得职工理解。二是筹集资金36万元保证职工医疗保险金和大病统筹金按时缴纳。三是为职工人均提高收入7%,稳定职工情绪。四是筹集资金36万元解决部分退休职工代垫养老金问题和部分职工住房集资款问题,为241名职工办理大病互助,为5名职工办理特困证。 (郝晋辉)

【企业安全】 年内,阳泉药材公司从思想、制度、管理、隐患、落实等方面进行安全经营监督管理。一是健全完善安全经营责任体系,落实安全经营"一票否决制",并多次召开安全专题会议,研究分析和安排部署安全经营工作,要求各单位、部门确保安全经营。二是要求各单位、部门常抓安全教育,组织员工进行安全经营学习,并邀请市消防总队专业人员对公司领导及各部门、库区、药店负责人进行消防安全知识培训。三是调整充实公司安全经营领导小组、安全监察机构和安全经营管理职责网络,并由公司总经理与各单位、经营部门签订"社会综合治理责任认定书"将安全工作责任层层落实。四是全年对库区、经营场所和零售药店安全情况进行4次检查,对检查出的安全隐患下达隐患整改通知书,限期整改,整改无效的对有关责任人严格责任追究,全年公司安全经营工作良好,未发生任何安全经营事故。 (郝晋辉)

盐业专营

【概况】 全年阳泉盐业分公司购进各种盐13019吨,完成年计划的83.4%,其中,食用盐购进5688吨,完成年计划的67.1%;工业盐购进7123吨,完成年计划的104.8%;畜牧盐购进145吨;软水盐购进63吨。全年销售各种盐13707吨,完成年计划的91.5%。其中,工业盐销售7513吨(精工盐销售548吨),食用盐销售5933吨(入口食盐销售5686吨、食品加工盐销售247吨),畜牧盐销售194吨,软水盐销售67吨。 (王美卿)

【食盐营销】 年内,为打击私盐,阳泉食盐分公司联合食药、公安等部门对400多家经营户进行为期1个多月检查,重点对集贸市场、学校、食品加工企业检查,取得一定成效。6月,食盐销售开始增长。9月,公司又印发宣传资料近3000份,向客户宣传专营政策,公布服务投诉电话和涉盐违法举报电话。此外,为提升食盐销售,公司在配送方式上取消5件起送货规定,采取定期循环配送和电话预约配送相结合,食盐配送量由上年的2216吨增加到2483吨,增长12%。 (王美卿)

【市场开拓】 年内,阳泉盐业分公司提出依靠低端盐占领市场、依靠中高端盐增加效益的长远战略设想,以全市8个大超市为试点,以低钠盐、天然海晶盐为重点,全面深化批零合作,与每个超市进行座谈和沟通,中高端盐品全部进入8个大超市。沃尔玛、华龙、华龙宜购3个大型超市均设立专柜,沃尔玛还在通道口专门设立天然海晶盐堆头。同时,连续3个月开展由公司副经理负责,大部分中层干部参与的周五到周一超市理货促销。此外,利用"5·15防治碘缺乏病日""10·8全国高血压病日"以及行风热线等向消费者宣传推广新盐种。全年新品种盐销售221吨,占入口食盐的4%,比上年增加113吨,增长104.6%。 (王美卿)

烟草专卖

【概况】 2015年,山西省阳泉市烟草专卖局(山西省烟草公司阳泉市公司)围绕年度目标任务,以“稳中求进”为主基调,以“销量稳定、结构提升、税利增长”为总目标,确保全年各项任务指标全面完成。全年全市销售卷烟50079箱,实现税利3亿元,比上年增长19%。(赵丽娟)

【卷烟经营】 年内,卷烟营销工作突出“五坚持一强化”。坚持销售工作统一领导,层层落实,季度末、半年末、节日期、难销期,及时研究,强化督导,协调推进,统筹有力;坚持月度计划目标驱动,实行责任区域目标月度排名考核通报制度,落实考核激励;坚持销量进度动态调控,日清、周结、旬调,把脉市场,精准分析,优化策略,实时公布区域销售进度,营造追赶氛围;坚持月度运行工作对接,以“市场状态、税利进度、货源组织”为要素,强化沟通,掌握信息,听取建议,落实货源;坚持访销方式灵活应用,综合“固定、滚动、混区、主副、定向”访销等方式,实施“线上+线下”访销,抢时间,挖潜力,拓市场,争销量;强化品牌培育,突出“稳销一类、多增二类、力保三类、调控四类、补充五类”思路,重点保持一类主导品规,加大二类和细支新品规上柜,积极调控三类,力保销量、结构良好势头。(赵丽娟)

【专卖管理】 年内,阳泉烟草公司围绕“管好市场、维护环境、保驾护航”,采取干部包队包片、全体专卖人员包区包户、每周集中专项清理整顿市场、无证户转化管理及零盒公开摆售违法卷烟处理等措施,加大“打网络、抓监管、治非法”整治力度,从“源头防范、日常监管、综合治理”入手,立体管控,成效明显。全年共查处违法案件357起,查扣违法卷烟270.19万支,涉案金额163.52万元;破获网络案件1起,抓获犯罪嫌疑人3名,判刑2人,直诉1人。(赵丽娟)

2015年山西省烟草公司阳泉市公司卷烟销售情况一览表

表23 单位:箱

区域	总量	一类烟	二类烟	三类烟	四类烟	五类烟	无价类烟
市区(含城区、矿区、郊区)	26855.79	5290.72	2021.79	11823.63	5189.13	2513.50	17.02
平定县	11558.17	1306.15	479.66	4556.14	3279.80	1931.64	4.79
盂县	11664.96	1438.01	590.32	5280.11	2844.47	1504.86	7.18
合计	50078.92	8034.88	3091.77	21659.88	11313.40	5950.00	28.99

(赵丽娟)

交通邮电

交通

铁路

【阳泉火车站概况】 截至2015年年末，阳泉火车站行政机构设办公室、劳动人事科、计划财务科、安全科、安全监控室、技术科、施工管理室、运输和统计科、乘务管理室、职工教育科、经营开发科，综治环治办公室。党群组织设党委、纪委、工会、团委，辖党群工作办公室。下设阳泉调度车间、运转一车间、运转二车间、运转三车间、客运车间、阳泉北站、货检车间、白羊墅运转车间8个生产车间及信息化、综合服务和阳泉行车公寓3个非生产车间。石太线中间站有头泉、上安、岩峰、井陉、南张村、井南、南峪、娘子关、程家、下盘石、岩会、乱流、赛鱼站及支线上新井、凤山15个车站，共计156个生产班组。多元经营企业有阳泉铁路实业总公司和阳泉、白羊墅2个劳动服务公司。年末职工总数1981人，其中，干部340人，女职工137人，高、中、初级专业技术人员分别为2人、56人、145人，工人技师124人。

年内，阳泉站运输收入39.64亿元，其中客运收入1.28亿元、货运收入38.36亿元；运输总支出37.77亿元；运输业劳动生产率5.39次/人日；非乘务单位担当动车、高铁人员劳动生产率6.94万辆千米/人；客运发送量258.2万人，其中阳泉站78.3万人，阳泉北站124.9万人、管内石太线各中间站55.0万人；货物发送3870.1万吨；日均装车1575车，日均卸车232车，静载重67.3吨；中转时间3.2小时、停站时间18.1小时，日办理车6164辆。多元经营企业总收入1214.41万元，利润3.14万元。截至12月31日，阳泉站连续实现安全生产2142天，实现第5个安全年。 （武海生）

【设备管辖及任务担当】 阳泉站横跨河北、山西两省，中心里程位于石太线107千米+300米，车站等级为一等站，业务性质为客货运兼办的综合性车站,技术性质为编组站。管辖石太线东至头泉站、西至赛鱼站17个车站。阳泉站主要客运设施有候车室4个、售票厅1个、行包房2处、旅客站台30个、旅客天桥通道2座、旅客地下通道3个、雨棚2座；阳泉客运固定旅客列车8列，日均发送旅客2416人。阳泉站主要担负着山西省阳煤集团所属一、二、三矿和新景矿，国有统配煤矿山西省阳泉市荫营煤矿、固庄煤矿、南煤集团（南庄煤矿）及阳泉市聚晟煤炭运销公司、晋中聚晟煤炭运销分公司的煤炭外运组织任务；石太线阳泉站管辖沿线内各中间站的旅客运输、货物到达和外运；阳泉市三区（城区、矿区、郊区）两县（平定、盂县），山西昔阳和河北井陉周边地区的石油、化工、煤炭、非金属矿、矿建及军运物资的到发；部分上下行货物列车解体和编组及中转等技术作业。阳泉北站位于石太客专线108千米+400米,地处阳泉市西北部，距阳泉市中心46千米。主要客运设施有旅客候车室1个、售票厅1个、扶梯5部、旅客站台2个、雨棚2座、旅客地下通道1个。主要办理旅客到发业务，办理客运图定旅客列车63列；其中高铁29列、动车6列、普速车28列，日均发送旅客3424人。 （武海生）

【刘振芳到阳泉站调研】 3月11日，北京铁路局局长刘振芳到阳泉调研铁路工作，听取对铁路运输组织、服务地方经济的意见和建议。调研中，阳煤集团、南煤集团、荫营煤矿、固庄煤矿及河北省相关企业，阳泉市发改委、市经信委、市交通局等部门负责人围绕铁路货物运输、加强与铁路部门沟通合作、促进经济发展等方面提出建议。刘振芳表示，北京铁路局与阳泉市将始终坚持服从和服务于国民经济发展需要，互利共赢、协同发展。 （武海生）

【安全运输指挥中心启用】　年内，阳泉站针对车站安全监控、生产调度、货检平台管理分散问题，投入175万元建设安全运输指挥中心。并在阳泉站办公区重新整合集安全监控、生产调度、货检平台、应急指挥于一体的指挥中心，对现场生产和穿越正线调车作业、施工、非正常行车、设备故障等过程进行实时监控、远程指导。（武海生）

【阳大铁路开工】　5月28日，阳泉北至大寨铁路工程开工建设。省长李小鹏，常务副省长高建民，省发改、国土、环保等部门主要负责人，阳泉、晋中两市市长，北京铁路局局长刘振芳，铁三院总经理王洪宇及各行业代表参加开工仪式。该项目是省委、省政府确定的"十大标志性工程"重点项目之一，是阳泉市标志性工程和民生工程，是服务阳泉、晋中两市沿线客运和煤炭集运的客货共线铁路。全长79.07千米，设车站9座。其中，新建铁路长44.77千米，从既有石太客运专线阳泉北站引出，向南经盂县、郊区、平定县，分设阳泉北站、盂县东站、河底站、郊区站、杨家庄站、阳泉东站6站；既有铁路为平定至昔阳大寨段，利用阳涉铁路33.12千米，经过电化改造后增加客运功能，分设平定站、宁艾站、昔阳大寨站3站；新增北站到发线1.178千米。客运设计行车速度为每小时120千米至160千米，项目建设工期为3年。阳大铁路全线贯通后，将与石太客专、石太铁路、阳涉铁路连在一起，向北与朔黄、京原、京包线衔接，向南与邯长线、中南部铁路通道、太焦线连通，形成东纵铁路快速通道。（王九存　史晋阳）

公　路

【阳泉市交通运输局概况】　2015年，全市交通运输系统推进重点项目建设，提升交通运输保障服务能力，在全省目标责任考核中，市交通运输局被评为优秀单位。

重点工程　京昆高速公路山西段省界工程于12月22日竣工通车，打通2800多千米京昆高速公路最后一段；五盂高速全面完工；公交智能调度系统投入运营；五渡公交停车场主体完工；阳泉客运南站、阳盂高速公路平定北互通连接线主体完工；307复线一级公路二期工程于7月21日通车；阳大铁路征迁和综合枢纽建设稳步推进，土地征用完成74%，房屋补偿完成23%，迁移坟墓完成33%，林木补偿完成24%，企业评估完成49%，管线改移完成70%，征迁资金量完成32%。

公路建养　地方公路固定资产投资58270万元，完成年度目标的386%。农村公路列养率和四、五类危桥监管率均达100%。县公路优良率84.7%，比目标提高9.7个百分点。农村公路新改建工程210千米，其中，村通水泥（油）路提质工程196.8千米，完成省下达目标的211%；农村公路安全生命防护工程60千米，完成目标的100%。中建阳泉公司、宏大公司坚持路域环境整治和地质灾害防治相结合，全面提升所辖公路养护质量和品位，达到"美化、绿化、亮化、净化"目标。此外，克服资金不足等困难，多次对G307复线一期和S315部分路段进行维修，保障了出省通道畅通和沿线群众出行。

运输管理　编制权力清单，市交通运输局梳理出行政执法170项权力，并在网上公布，接受监督。制定《阳泉市行政审批服务中心交通分中心行政审批工作实施方案》，明确行政审批的组织领导、工作机构、职责任务及工作流程，并制定13项工作制度，构建统一、高效、便民的行政审批服务平台。加强市场监管，出动稽查人员12884人次、执法车辆3269辆次，检查车辆10584辆次、纠正违章787辆、行政处罚61起；交通路政管理部门检查车辆115.4万辆次，查处非法超限超载车辆7辆，全市超限超载率远低于0.2%的控制目标；出租汽车管理处出动稽查人员1500余人次，纠正违章700余辆次，查扣违章车辆18辆，查扣黑车1辆，净化了出租客运市场。推进企业减负，梳理出由属地管理的拟定减负项目108项，取消涉企收费项目2项。

安全工作　一是强化知责履责，安排全系统八项安全任务，并与局属各单位、各部门层层签订安全目标责任书，明确各部门安全责任。二是强化安全检查，市交通运输局领导采取"四不两直"（不发通知、不打招呼、不听汇报、不用陪同和招待；直插基层、直奔现场）多次到企业检查，查出并督促整改隐患400余条。行管部门重点检查各类危货运输企业20余次，抽查危货车辆80余辆次，现场抽查危货从业人员200余人次，排查治理隐患近50条。三是强化宣传教育，各单位利用手机信息平台进行安全警示嘱咐15675条，利用公交车、出租车LED显示屏等悬挂和滚动播放宣传条幅16562条、展板25块；对全市危货、客运驾驶员、乘务员等进行岗前安全培训2235次。四是强化应急保障，重新修订完善16个应急处置预案，组织开展3次消防演练和危险化学品运输应急处置演练，提高应急保障实战能力。五是强化失职追责，针对市公交总公司"6·5""7·23"两起重大安全事故，对责任人进行处理。

运输服务　在服务市民出行方面，加强场站枢纽建设，阳泉客运南站主体完工；新建桃北东公交停车场一期工程进入扫尾；集铁路、公交、客运、出租"四位一体"的阳泉交通客运枢纽站前期工作顺利推进。在科技信息服务方面，制定《货运车辆运行动态监管实施方案》，有11户客商申报服务；源头治超管理系统、GPS安全管理系统"二合一"升级改造项目完成立项和政府采购招标程序，开始组织施工；全省首个"阳泉市农村公路综合信息服务平台"研发成功，设立6个数据库群，20个数据库，涵盖农村公路规划、建设、养护、管理、运营、服务等信息；公交智能调度系统实现公交车辆运营调度智能化、运行信息化和可视化，掌上APP和电子站牌方便了乘客出行和换乘。全年完成客运量2605万人，旅客周转量78364万人千米；完成货运量4995万吨，货物周转量352390万吨千米。为全市经济社会转型跨越发展提供了道路运输服务保障。（王九存　史晋阳）

【《阳泉市道路运输管理志》出版】 1月，阳泉市首部道路运输管理行业专志——《阳泉市道路运输管理志》由山西出版传媒集团、山西人民出版社出版发行。该书包括历史沿革、管理机构、运政管理、党群团体、企业选介、人物和文献辑存等内容，全书80万字，记录了阳泉市交通运输的历史，展示了交通战线干部职工的高尚情操和奉献精神，是一部内容丰富、史料翔实的专业志书。（王九存　史晋阳）

【新能源公交车投入运营】 3月，由市财政出资统一购买的20辆新能源公交车办结相关手续，完成IC卡刷卡器、车载电子设备等配套后，在4路公交环线投入运行。新公交车以压缩天然气（CNG）为能源，车身颜色为香槟金与红色相间，可载78人，最高时速69千米。车前、后门踏板位置距地面更低，且踏板由之前的3层减为2层，乘客在上下车时更为方便。（王九存　史晋阳）

【免费公交线路开通】 5月1日，阳泉市首条免费公交线路——荫营城区循环公交线500路开通。市交通部门与市公交总公司协商，郊区政府投资近百万元开通该线路，日运行21趟次，单程25分钟，线路往返13千米。沿途设刘备山、荫营车管科、坪上桥头、坪上村、街上村、后沟口、镇政府、荫营、荫营中学、市二院、郊区交通局、郊区政府、佳瑞园、高速公路口、下千亩坪、上千亩坪等16个乘车站点，郊区及驻地企业20多万人口可免费乘坐。（王九存　史晋阳）

【阳泉至娘子关一级公路收费站投入运营】 根据山西省人民政府《关于同意娘子关至阳泉一级公路娘子关至水峪段设置收费公路收费站的批复》及省交通运输厅、省财政厅、省物价局通知精神，娘子关收费站在平定县娘子关镇石桥村处设置，于7月21日起正式运营收费。由中建阳泉基础设施投资有限公司投资建设的娘子关至阳泉一级公路，是阳泉市路网规划“五纵五横四循环”中横四线的重要组成部分，路线全长20.552千米。阳泉段起点位于巨城镇水峪村与一期工程阳泉至水峪段顺接，娘子关段终点在娘子关镇东晋冀界处接于阳井线旧路。途经巨城镇、上董寨、下董寨、娘子关电厂、城西、石太铁路和娘子关镇，跨越温河、桃河、绵河。双向四车道一级公路，设计速度为每小时60千米，建大、中桥20座，分离式隧道5座，天桥1座，互通1处，五进五出的娘子关收费站1处。娘子关收费站收费年限30年，共设置9个收费岗亭，10条车道。其中5条通往石家庄方向、5条通往阳泉方向。收费标准按照车型及车辆吨位征收。（王九存　史晋阳）

【农村公路综合信息服务平台试运行】 11月26日，市道路管理处组织有关部门和专家，对“阳泉市农村公路综合信息服务平台”项目进行应用评审，同意进入试运行阶段。该平台建成“三个中心、六个平台、N+子系统”，即公路路网中心、公路地图中心和公路搜索中心，建设项目信息服务平台、公路路政信息服务平台、公路养护信息服务平台、公路统计信息服务平台、分析决策信息服务平台、三维实景信息服务平台，建设市场信用系统、农村公路通达信息系统、GPS视频监控信息系统、公路多媒体信息系统和公路智库信息系统。平台符合国家提出的“互联网+”战略要求，对提升阳泉市智能交通发展水平起到示范引领作用。（王九存　史晋阳）

【晋冀连接段全线贯通】 12月22日，京昆国家高速公路晋冀接线段正式通车，此为京昆高速公路实现全线贯通的收尾路段。京昆高速（平阳段）简称平阳高速，起点位于阳泉市平定县杨树庄，终点位于太原市阳曲县，全长124千米。于2010年3月开工建设，双向6车道，设计时速100千米。2012年3月，除与河北省相接的省界16千米路段外，其余路段通车运营。此次贯通的即为这16千米路段。同日，京昆高速石家庄至冀晋界公路项目也正式运行通车，起点为石家庄曲阳桥枢纽互通，与石家庄北绕城高速公路相接，经正定县、鹿泉市、井陉县、井陉矿区，西与平阳高速公路相接，主线全长65千米，双向6车道，平原区段设计时速120千米，山区段设计时速100千米。上述高速路段串联成线，缓解了太旧高速公路的交通压力。京昆高速公路全长2800多千米，平定至阳曲晋冀连接段是实现全线贯通的收尾路段，是连通晋冀两省的第六个高速公路出口路段，更是推动山西对接京津冀协同发展

娘子关收费站车辆通行收费标准简表

表24　　单位：元

车辆吨位	每车次收费	车辆吨位	每车次收费
2.5吨(含)以下	10	2.5吨至5吨(含)以下	15
5吨至10吨(含)以下	20	10吨至20吨(含)以下	30
20吨至30吨(含)以下	60	30吨以上	70

说明：绿色通道及其他免费车辆执行国家及山西省有关规定　（王九存）

战略的重要通道。通车标志着京昆高速公路全面贯通，太原至石家庄行车时间缩短至2小时，对落实国家“一带一路”战略、对接京津冀协同发展、融入环渤海经济圈具有重要意义。 （王九存 史晋阳）

【绿色交通构建】 年内，阳泉市采取多项措施控制污染排放，加大执法养护力度，努力构建绿色交通。在推进全市营运类黄标车淘汰工作方面，市交通运输局成立全市营运类黄标车淘汰工作领导组，将任务层层分解，明确相关负责人和各阶段淘汰任务，市交通运输系统治理黄标车任务810辆，11月底全部淘汰完毕。在鼓励企业使用清洁能源型公交车、出租车方面，全市80%的公交车和2200多台出租车全部使用新型能源，减少了废气排放。在对货车行驶不遮盖、沿路抛洒、非法超限超载等违法行为整治方面，市路政处加强执法巡查力度，重点对307复线、义白一级公路两侧建筑控制区内乱搭乱建、倾倒垃圾、占道经营等违法行为开展专项整治，杜绝车货总重超过55吨车辆上路行驶，严厉打击短途非法超限超载违法行为，创造了良好的公路通行环境。 （王九存 史晋阳）

【公交车纳入智能调度管理】 年内，市交通运输系统通过建立电脑营运管理系统和连接各停车场站的智能终端信息网络，加强对营运车辆的指挥调度，推动智慧交通与低碳城市的建设。这一系统通过对域内公交车进行统一组织和调度，实现公交车辆定位、线路跟踪、到站预测、电子站牌信息发布、油耗管理等功能，以及公交线路的调配和服务能力，实现区域人员集中管理、车辆集中停放、计划统一编制、调度统一指挥，人力、运力资源在最大范围内的动态优化和配置，降低公交运营成本，提高调度应变能力和服务乘客水平。该项目总投资987万元，2014年6月完成政府采购招标，中标单位为青岛海信网络责任有限公司。公交智能调度管理系统和“智慧阳泉”共用服务器，符合资源共享节能原则。通讯率先使用传输速度快的4G设备，车载终端使用双模块，既可使用北斗卫星定位系统，也可使用GPS卫星定位系统，相互间可灵活转化。截至2015年年底，全市491辆公交车全部纳入智能调度管理，市民可登录“掌上公交”查询线路和车辆进站时间，科学合理安排出行。 （王九存 史晋阳）

【阳泉公路分局概况】 2015年，阳泉公路分局围绕全年工作目标，主动作为，勇于担当，圆满完成各项任务。

公路建养 年内，阳泉公路分局养护里程417千米，年末公路优良路率78.9%，公路技术状况指数84.9。G307线路面改造工程全长42.92千米，总投资1.14亿元，6月20日开工，9月30日完工；省道双阳线安保工程计划投资1677万元，至年底完成投资485万元，完成总投资的29%；国道207线暂石桥危桥改造工程为拆除旧桥，新建3～16米现浇连续混凝土板桥，计划投资428万元，至年底完成投资149万元，完成总投资的35%；省道石阳线路面恢复工程全长0.35千米，投资223万元，全部完成；国道307线挡墙恢复工程投资264万元，全部完成；中修工程12项，投资205万元，全部完成；进行翻浆处治5156平方米，完成投资119万元；处理水毁45处，完成投资77万元。

公路路政 年内，阳泉公路分局全面启用路政管理信息系统，以路政执法规范化建设为手段，进一步提高依法治路能力。路政案件95起，发现率、查处率、赔偿率和结案率均达100%。治超工作严守关口，累计检测车辆287万辆，超限率为0.002%。累计排查一般隐患38处，整改38处，整改率100%。全年无越级上访事件发生，安全形势保持良好。此外，还建立和完善制度体系，修订完善制度108项，梳理汇总分局行政审批类权力清单22项。 （韩 静）

【国道307线路面改造工程应用新技术】 为积极推行低碳环保施工理念，充分利用旧路沥青、石料等材料，国道307线路面改造工程部分路段采用底基层冷再生铺筑技术。该技术是一种全新路面旧基层再生利用新工艺，利用专业机械对路面旧基层进行处理，然后取旧料经过试验分析，重新设计废料、水泥和碎石配比，按照新配比进行拌和，再摊铺形成路面基层。在该项改造工程中，全长42.92千米的路面中有17千米采用新技术，占到全线近40%。不仅提升工作效率，降低施工对沿线的环境污染，而且减少50%的废渣排放，新技术经济高效，环保节能。 （韩 静）

【阳泉公路分局局史馆建成】 为更好地展示阳泉公路的发展概貌，记录阳泉公路人探索进取的辉煌足迹，8月，阳泉公路分局开始筹建局史馆。历时4个月，12月，建成对外开放。馆藏以“阳泉公路与时代同步，与文明同行”为主题，以阳泉城市的发展步伐为背景，分阳泉公路史、公路建设篇、公路养护篇、公路执法篇、公路经营篇和公路管理篇6个专题单元。精选实物60余件、图片150余幅，采取“传统文化”与“现代科技”相结合的模式展出。 （韩 静）

【国道307线路面改造工程】 国道307线路面改造工程是山西省2015年重点工程项目，也是交通部挂牌督办项目。工程由旧关至暂石、坡头至新店两段组成，全长42.92千米，总投资1.143亿元。6月25日开工，8月31日主体竣工，9月底全线完工并恢复通车。工程采用改性沥青面层与水稳碎石基层、冷再生底基层相结合的方式铺筑。完成主要工程量如下：20厘米冷再生底基层 176609 平方米,20 厘米水稳碎石底基层 116663 平方米,20 厘米水稳碎石基层 332668 平方米,6 厘米沥青混凝土面层 445583 平方米,4 厘米改性沥青面层 452706 平方米,浆砌片石边沟、急流槽 21180 立方米,片石混凝土矮墙 9131 立方米,钢筋混凝土防撞护栏 15088 米。项目施工分三个标段,第一合同段由山西省盂县公路管理段承建,第二合同段由山西省平定公路管理段承建,第三合同段由山西省阳泉郊区公路管理段承建,监理单位为阳泉诚达公路工程技术咨询监理有限公司,设计单位为山西诚达公路勘察设计有限公司。（韩　静）

【杨树庄至白泉公路改建工程】 省界杨树庄至白泉公路位于阳泉市北部，横跨阳泉郊区与平定县,东接河北井陉,是阳泉市规划的"五横、二纵、五循环"公路网中五横之第二横，也是沟通阳泉市东部、阳泉市郊区、平定县与河北省的一条经济大动脉。省界杨树庄至白泉公路改建工程于 2009 年 11 月开工分期建设,2015 年 5 月 26 日交工验收。工程全长 43.273 千米,完成投资 3.7 亿元。工程起点位于山西省与河北省交界杨树庄村,途经神水泉、神灵台、西家庄、小岭、铺北、东峪、郝家庄、岔口、罗面嘴、张山峪、雨下沟、五里庄、西南舁、下章召、韩庄、三郊、千亩坪,终点在阳泉郊区白泉。连接线长 4.429 千米,起点位于下章召,经河南口、上章召到终点苇泊接省道石阳线。全线采用二级公路技术标准,设计速度除 K4+000-K8+000 段受地形限制,采用 40 千米 / 小时外,其余路段均为 60 千米 / 小时。路基宽度 10 米至 12 米。全线隧道 3 座，净宽 10 米,净高 5 米,衬砌为复合式。路面结构:隧道内采用复合式路面,路面结构为 4 厘米 +6 厘米沥青砼路面与 20 厘米水泥砼面板,其余路段除西南舁至河南口段 2 千米采用 28 厘米水泥砼路面外，均采用 4 厘米 +6 厘米沥青砼路面。桥涵设计荷载等级采用公路—Ⅰ级。（韩　静）

【阳泉交通运输执法局概况】 2015 年,阳泉交通运输执法局下辖路政、运政、治超、海事、质监 5 个执法门类、61 个执法单位(部门、站点)、808 名执法人员。其中监管阳五高速(130 千米,已开通 40 千米)、太阳高速(124 千米,已开通 108 千米)、西环高速（22 千米)3 条运营公路,总长 276 千米（已开通 170 千米),执法人员 152 人,收费人员 457 人;监管在建高速公路——五盂高速 90 千米、太阳高速 16 千米;监管高速公路治超站点 10 个——阳五 3 个、太阳 5 个、西环 2 个;监管公路分局治超站点 8 个，交通局治超站点 8 个。公路局管辖国省干线 416.5 千米、执法人员 227 人,阳泉交通局管辖县乡村道路 4940.874 千米、执法人员 429 人;监管货运源头企业 489 家。市局为正处级建制,下设城区、矿区、郊区、平定、盂县 5 个基层分局和督查支队。（张　鑫）

【执法监督】 年内，阳泉交通运输执法局调整执法监督工作方式,由市局牵头查办案件转变为市局指导基层分局办案,并下达办案任务,制定奖惩制度，对市局业务科室和分局双向加压。5 个业务科室分两组,每月下基层不少于 15 天。各基层分局比进度、赛成绩,实施月排名、季考核。分局办案遇到问题和困难,市局出面帮助协调解决,建立"市局指导、分局实施、上下联动、逐级负责"的常态化工作模式。围绕整治重点内容,开展执法监督和"公路三乱"专项检查工作。全年累计开展执法、治超、安全生产、收费管理监督 2461 次,办理各类案件 73 件,办结 66 件,下达行政监督意见书,未整改回复待办结案件 6 件，其中 5 份被评为省局优秀案件。（张　鑫）

【行政执法评议考核】 年内,根据省局评议考核文件精神,阳泉局抽调 5 名业务骨干由副局长张晓阳带队组成行政评议考核第十一组,于 7 月 27 日至 8 月 5 日对晋城公路分局、山西省高平公路段、晋城交通运输局、阳城县交通运输局、阳城县交通运输局运管所、晋城、长晋、晋焦和高陵 4 个高速公司进行考评。实地督导 9 个单位,评查 22 份行政执法案卷,并配合晋城执法局组织完成执法人员考试,最终汇总形成 6 份反馈意见书向被考评单位反馈、3 份考评报告上报省局,圆满完成考评任务。同时,阳泉局业务科室协助省局第七考评组对市交通运输局及其所属 5 个执法单位、公路分局、阳五高速路政大队开展考评,坚持随行协调被考评单位、提供日常监督记录,确保考评工作顺利进行。（张　鑫）

【山西汽运集团阳泉公司概况】 2015 年，山西汽运集团阳泉公司完成营业收入 10058 万元,完成计划的 55.9%；实现利润 106 万元,完成计划的 124.7%；上缴管理费 85 万元,完成计划的 100%;完成换算周转量 45049 万吨千米,完成计划的 100%。安全生产工作保持

2015 年阳泉交通运输执法局监督情况一览表

表 25　　单位:次、份

监督项目	累计出动	车次	人次	下达监督意见书	完成案卷
执法监督	1163	1246	5605	37	34
治超监督	953	953	4164	15	13
安全生产监督	244	—	1057	16	16
收费公路监督	101	101	404	1	1

（张　鑫）

良好态势。

客运经营　年内，阳泉汽运公司面对旅客流动频率降低、单车实载率下降的局面，合理调整运力，各汽车站发挥站场集散客流功能，因地制宜，采取冷班次适度降低票价、同线路合伙并线运营等办法，深挖客源，降低单车运营成本，使各站营收控制在20%以内。榆社汽车站通过太原、榆次方向的单车大合伙经营，提高了单车对汽车站集散的依赖性，营收与往年相比不降反升。此外，还开展“打击非法营运、提升站场经营质量”专项行动，全公司增加票款收入78万元。

站场建设　榆社新站于4月开工建设，截至年底，主体工程完工，辅助设施稳步推进；寿阳站与阳泉站建设均在于驻地政府协调中；阳泉南站对接工作展开，公司成立领导组，由总经理负责对接。各汽车站结合当地地域优势和政策导向，大力推进集连锁超市、小件快运、快餐住宿、广告开发、加油、旅游、房屋租赁为一体的汽车站综合经营项目，构建具有战略意义的产业集群、经营综合体。在开辟新线路方面，新增盂县—太原车6个，新开寿阳—安阳、寿阳—石家庄、昔阳—内丘、盂县—石家庄4条新线路，增强了公司在客运市场中的品牌优势和地位。

货运业务　阳泉汽运把货运业务作为重点产业，出台《阳泉公司货运发展纲要》，提出“全面推进、重点突破、以货促车、以车增效”的发展思路，以货运自开票业务的开办和煤炭销售资质的取得为契机，为发展货运、重塑形象注入新动力。在做好平定苏村分公司和盂县货运分公司“自开票”业务的同时，在晋中地区5家有条件的基层实体申办货运“自开票”业务，3月底成立的晋东贸易分公司也开办了该业务。货源组织方面，在与阳泉市华正型煤厂洁净煤厂签订50万吨煤炭运输合同的基础上，3月又与河北元氏恒旺煤炭销售有限公司签订煤炭买卖运输协议，该协议的签订启动了盂县、平定2个货运分公司的煤炭贸易业务。同时，公司自筹资金200万元投入货运发展，保证货运经营在逆势中奋进。公司货运实现营收3719万元，煤炭交易量7.1万吨，货物运输量6.4万吨，自开票业务73.3万吨，实现利润88万元。

维修产业　年内，阳泉汽运注册了含汽车销售、售后服务、配件销售等资质在内的一般纳税人单位，将原小微企业规模进一步壮大。同时开拓市场，先后建立与阳煤集团、南煤集团合作关系，参与各类商家汽车销售代理招投标活动。自筹资金改善维修硬件设施，提高维修科技含量，不断补充专业技术型人才，维修水平明显提高。全年维修销售收入343万元，实现在逆势中的转型与提升。公司由过去单一维修向汽车销售、配件供应、售后服务站、救援维修为一体的汽车后服务市场经营的转型。

新兴产业　阳泉汽运抓住集团推广“晋善晋美”酒业的机遇，成立“晋善晋美”白酒销售团队，制定出台营销方案，从9月开展业务到年底共销酒3820件，实现销售额134.8万元，创利33.71万元。同时成立山西海威迅达进出口贸易有限公司，针对韩国商品和台湾科技薄膜产品开办代理业务，并建立互联网微商平台和实体门店，形成线上线下共同经营格局。翔鸽快运借助汽车站平台，业务量持续保持上升趋势，完成票数42512票，比上年增长36.9%。

“互联网＋传统产业”　受互联网经济快速发展影响，阳泉汽运先后组织3次互联网知识普及和培训。榆社“晋翔一卡通”业务取得成效后，阳泉汽运出台实施方案，先后在和顺、昔阳、左权开展“一卡通”业务，成为各汽车站辅助产业。在此基础上，公司以各汽车站为阵地，积极探索“互联网＋售票业务”工作的推进，并选择与畅途网战略联合；同时在小件快运、货运业务、物流业务方面探索与互联网融合。12月14日，公司召开“晋翔一卡通”发布会，明确“晋翔一卡通”项目运作模式和工作目标，截至年底，售卡299张，实现收入35282元。　（朱自明）

邮　电

邮　政

【概况】　2015年，阳泉市邮政管理局坚持依法治邮，积极转变职能，侧重提质增效，邮政业发展取得新成绩。全市邮政企业、快递企业增至34家，邮政营业局所、快递企业分支机构增至278个，从业人员1728人；邮政快递业网上购销经济规模总量为29.86亿元，快递件总量1493万件，比上年增长47%，每天均件4.15万件，全市人均发生量11件，在全省名列前茅。年内，阳泉成立华北地区首家县级邮政管理机构——盂县邮政管理局，率先完成山西省邮政管理系统县级机构组建工作。7月，阳泉市快递业工会联合会成立，境内中通、圆通、韵达、顺丰等13个快递品牌的职工加入工会。　（张海莲）

【市场监管】　年内，市邮政管理局加大执法力度，共检查邮政、快递营业场所301次，出动检查人员677人次，下发整改通知书31份，行政处罚4家企业，并于11月执行完毕。在规范快递市场方面，市邮政管理局于5月开展全市快递市场经营秩序整顿，对设立分支机构未备案的2家许可企业做出行政处罚。规范市场经营秩序，基本完成存量企业备案工作，备案成功网点76个，拿到分支机构名录未完成备案网点83个，有序推进新增企业备案工作。在提升行业服务质量方面，市邮政管理局在全市范围开展服务质量整治，根据每月消费者申诉情况及社会监督员反馈情况，在局网站公布每月快递企业服务质量排名,及时反映快递企业服务情况。11月,市局为快递行业和保险行业牵线搭桥,探讨快件延误、遗失、破损等问题的解决方案,为邮政行业引入保险机制,提升快递服务质量。在推动快递向西向下工程和推进快递企业"三化"(营业网点标准化、快件处理中心规范化和快递作业流程制度化)建设方面,鼓励企业加快下乡步伐,拓展农村市场,健全服务网络,加大对乡镇网点督查力度,推动乡镇网点规范经营。截至年底,乡镇快递网点数量140个,快递网点覆盖乡镇27个,覆盖率由78%上升至84.38%。指导各企业开展快递营业场所标准化建设,阳泉圆通建成1家标准店,阳泉中通建成10家标准网点。（张海莲）

【邮政服务】 年内,市邮政管理局积极做好邮政营业场所与业务开办变更申报及备案等相关服务工作,利用企业上报和实地核查相结合的方式,开展乡镇地区邮政普遍服务网点覆盖率及投递处理场所和建制村通邮情况调查,均达100%;对辖区内48家邮政局所的邮政服务开展"合标"检查,重点组织对农村地区及4个补白网点的普遍服务业务开办情况进行检查,被检查局所配备有符合安全规定的设施,开办普遍服务业务所需单证齐全,按照规定开展投递服务。（张海莲）

【中国邮政集团公司阳泉市分公司概况】 4月,山西省邮政公司阳泉市分公司更名为中国邮政集团公司阳泉市分公司,所属两个县级邮政企业统一更名为"中国邮政集团公司山西省××县分公司"。其成立标志着邮政系统彻底由"母子分公司制"调整为"总分公司制",有利于中国邮政整体化运营及市场化改革,进一步提高总公司管控力和风险控制能力。改革后的阳泉邮政分公司发挥邮政实物流、资金流、信息流"三流合一"优势,不断拓宽经营领域,服务地方经济,持续推进企业健康发展。

年内,中国邮政集团公司阳泉市分公司落实集团公司经营发展战略和省公司工作部署,着力政策落地、经营创新、能力提升、作风转变,整体工作保持稳健发展态势。业务收入比上年增长0.49%,完成省公司目标的100.45%,其中保险、函件、报刊、集邮、电商五个专业超额完成省公司预算目标,报刊专业完成102.84%,位列全省第二位。在人力资源管理方面,开展44批次的员工技能培训工作,新增130多人持证,全员持证率达93%;组建50多人的专职理财经理队伍;完善代理金融网点内部分配办法,人均收入较上年增长17.5%。

金融业务　阳泉分公司所辖网点全部完成自主转型和产能提升,服务、销售双管齐下,理财业务在全省竞赛活动中完成省公司计划的425.36%,位列全省第一位;储蓄余额在2015—2016年跨赛活动中完成省公司目标的130.04%。保险业务开展"首卖日、售卖周"、产说会等活动,收入规模均创新高,拉动金融板块和公司整体收入目标完成。

函件　发行　寄递业务　阳泉分公司开发出具有文化韵味和地域特色的"阳泉方言"明信片,深受消费者好评,荣获2015年中国邮政"大众最喜爱动漫游戏明信片"铜奖。开发《阳泉饭票》4000册,开展《阅读天下》《中国大阅兵》和《十八届五中全会学习辅导材料》等专项发行活动,2016年大收订共计开发7户,两县分公司全面破零。寄递业务定位"质量寄递",健全机构,加大投入,"百日会战"首战完胜,完成计划105%。完成计划进度和比上年增幅均列全省第二位。

集邮　电商　分销业务　阳泉分公司定位"大众集邮",生肖贺岁、珍邮品鉴、新邮预订、形象年册等专项营销活动全线飘红,成立全省首家老年主题邮局,积极开拓集邮新阵地。电商业务定位"实力电商",邮储短信业务保持较快发展,新增在网户数达38387户。分销业务定位"渠道分销","晋邮惠民"加盟店达267户,全市48个网点开办"邮惠购"业务,吸粉量31535人。在全省竞赛活动中,两项竞赛指标全部超额完成,成为唯一荣获组织奖的市分公司。（韩鹏飞）

【基础设施建设】 年内,阳泉分公司装修改造兴隆街店等4处代理金融网点,完成33个网点VMD视觉营销和山西工程技术学院校园主题邮局建设项目,建成429户便民服务站;新增自助填单设备9台、ATM/CRS设备10台、叫号设备23套、ETC设备5套、投递网PDA设备14台和网点O2O设备28台;更新机要邮件投递汽车6辆、报刊投递汽车3辆、新增快递包裹投递三轮摩托车14辆;组建7个市区揽投部,设置40条揽投道段;完成市县27名揽投人员招聘、培训工作;完成市到县高清视频会议系统改造和全市网点宽带扩容工程。（韩鹏飞）

【"老年邮局"运营】 2月6日,全国第八家、山西省首家"老年邮局"在阳泉市老干部活动中心挂牌成立并开始运营。"老年邮局"是以老年群体为主要服务对象的特色邮局,由阳泉市分公司集邮协会组织经营,老年集邮骨干义务营业,为老年客户提供集邮品、报刊订阅及平信、印刷品收寄等邮政服务,同时还定期举办集邮知识讲座。（韩鹏飞）

电　信

【中国移动山西公司阳泉分公司概况】 截至2015年年末,中国移动通信集团山西有限公司阳泉分公司(简称阳泉移动)下辖平定、盂县2个县分公司及市区、矿区、郊区3个营业部。公司本部设综合、财务、人力、党委办公室(党群、工会、纪检)4个机关部室和市场营销、客户服务、业务支撑、网络维护等15个专业部门和中心，有各类员工509人。公司主要经营移动话音、数据、IP电话和多媒体业务、计算机信息网络国际联网和基于移动通信业务的各类增值业务。除提供基本话音业务外，还提供数据、传真、IP电话、无线上网、宽带接入、视讯通、移动办公、信息点播、彩铃、彩信、手机证券等多种增值业务。拥有“全球通”“神州行”“动感地带”“G3”“and”“智慧家庭、智慧政企、智慧城市”等服务品牌。全年完成运营收入5.4亿元，移动通信客户规模达100万户，是境内收入、客户和网络规模最大，网络质量和服务最优的主导电信运营企业。3月，中国移动山西公司阳泉分公司荣获“全国文明单位”。此外，还荣获“山西省信息产业工会五一劳动奖状”，被中华全国总工会授予“全国模范职工之家”称号，8名员工荣获“中国移动优秀班组长”称号及“山西省信息产业工会五一劳动奖章”。（王少伟）

【市场经营与网络建设】 年内，阳泉移动分公司在市场经营方面致力推进4G发展，用户累计达25万户，普及率30%。加快宽带网络改造，PON网络家庭覆盖率排名全省第二，全年累计完成宽带业务收入1000余万元，排名全省第一。完成集团信息化收入5000万元，收入占比达11%。致力打造“和服务”品牌，推行“首问责任制”落地，整体客户满意度达83.27%，整体客户满意度领先度达9.87%，均排名全省第一。在省通信管理局2015年客户满意度调查中，阳泉移动分公司在移动电话、手机上网两个满意度项目上均位居全省33家地市电信运营企业首位。在网络建设方面，把打造4G精品网络作为建立和保持竞争优势的核心，4G基站总数累计达1300个，4G网络综合覆盖率达98.5%，全网4G日均流量达5000G，4G网络平均下载速率达45兆比特每秒。专线开通平均时长从10天缩至8.3天，专线故障率降至2.63%，专线投诉率降低至0.4%，故障处理时长从2.43小时缩短至1.93小时。宽带业务月均装机能力达到5000户，开通及时率达98.88%，投诉处理及时率达98.76%。全年小区退服率降低至0.21%，排名全省第二。在全省“2015年网络线条员工技能提升竞赛中”荣获团体二等奖，实现网络安全和信息安全零事故的目标。（王少伟）

【阮次山做客全球通大讲堂】 5月15日上午，由阳泉移动分公司举办的全球通大讲堂在阳泉宾馆报告厅开讲。市级四套班子成员，市中级人民法院、市检察院主要领导，各县（区）委书记、县（区）长、宣传部部长，省属单位、市直各单位、各大中型企业主要负责人共700余人到场聆听讲座。凤凰卫视资讯台总编辑兼首席时事评论员阮次山应邀作题为《世界乱局中的中国角色》的专题报告。全面介绍了当前国际形势发展和世界格局演变的新趋势、新特点，深刻分析了中国面临的重要战略机遇和挑战，表达了对中国建设成绩的自豪，并对背后所蕴含的中国强大军力进行全面分析，其独到的视角及开放的态度深受听众好评。（王少伟）

【中国联通阳泉分公司概况】 2015年，中国联通阳泉分公司移动用户发展11.9万户，其中新发展4G用户9.89万户，占比83.5%，在全省同类分公司中排名第一。网络支撑市场能力明显增强。6月，完成全光网络一期建设任务，宽带接入能力达42.38万线，10M及以上速率端口占比达96.72%，宽带覆盖行政村836个。改造非住宅楼宇595栋，住宅楼宇6562栋，行政村693个。完成6个PSTN端局，301个模块局和接入网点设备下电，退网设备容量14.7万线，退网机架474架；传统DSLM设备退网节点239个，退网设备420台，退网设备容量8.74万线。设备退网后腾退机房面积2951.5平方米，退铜17.91万线对千米。3G基站建设450个；4G基站新增630个，达到717个。实现了市区、县城城区的良好覆盖和100%乡镇的点覆盖。服务工作稳居全省前列，在全省一季度“春雷行动”服务劳动竞赛中获第二名；年内发生申诉31件，月均2.58件，达到管控目标；升级投诉19件，月均1.58件，达到管控目标；24小时投诉工单解决率平均72.79%。对部分生产组织架构进行优化、调整，实施基层责任单元划小、裂变，由原65个基层责任单元裂变为83个；并对划小后的基层责任单元承包人实施双向竞聘工作，共有422人进入基层责任单元。在成本配置上，实现基层责任单元直接发起费用报账或申领流程，同时将物业管理费、车辆修理费、车辆用油、运维燃料润料

2015年中国联通阳泉分公司部分经营数据简表

表26　　单位：万元、%

项　目	累计完成	比上年增幅	山西位次
主营收入	34060	–5.45	8
通服收入	33677	–4.94	7
2G收入	6159	–20.78	7
3G收入	7734	–30.49	4
4G收入	4419	—	—
固网收入	15365	–4.99	10
宽带收入	10134	8.58	8

（王　毅）

费、ONT、IPTV机顶盒、差旅费等纳入网上商城采购,网上商城总交易额完成1557.21万元(省公司内部商城交易额目标值932万元),完成167%。对所属区域涉及七大领域开展多次隐患排查治理,发现安全隐患112处,整改101处,下达整改通知书13份。完成审计项目811个,报审金额13152万元,审定金额12572万元,审减金额580万元,审减率4.41%。

【"全光市"工程验收】 7月14日,中国联通山西公司验收组到阳泉开展全省首家"全光市"工程项目检查验收工作。工程累计新增OLT设备126台、PON+POTS设备602台,布放光缆3.61万芯千米,新建光交98个,FTTB容量达到10万线,FTTH容量达到22万线,PON语音容量10万线,完成DSLAM宽带用户转化12.68万户,PSTN语音用户转化9.89万户,完成铜缆退网22万线对千米。完成光网改造党、政军企事业单位,写字楼、酒店商场等楼宇595栋,覆盖率达100%;小区1830个,覆盖率达100%;住宅楼宇6562栋,覆盖率达100%;覆盖行政村693个。 (王 毅)

【中国电信阳泉分公司概况】 2015年,中国电信阳泉分公司聚焦有效益规模发展目标,不断提升执行落实能力,确保全年各项经营指标顺利完成。

农村营销 在"农村跨越"计划落地方面,阳泉电信从渠道建设布局和集约产品策略方面入手,扩大渠道覆盖,提高渠道产能,加大农村全网通卖场和专营店建设,重点产品主要通过"9分卡"拉动规模,低价合约和融合礼包拉动收入。建立"支局+渠道+交费易网点"支局运营体系,以"一村一店"为原则拓展交费易网点。

渠道增能 阳泉电信快速拓建渠道,实现渠道增能。一是通过以销定补、码号终端优先、加强驻地网合作等优势吸引代理商,拓展全专营店。二是对天桥营业厅一层场地进行卖场化改造,增加"终端体验销售区""应用辅导站""手机精品配件区"等核心功能区域,采用一站式服务模式提升客户服务满意度。三是打造北大街华龙超市店、北大街转盘店、三星吉通专卖店3个商圈核心门店,拓展销售渠道。

客户提质 以提升流量活跃用户为目标,全面实现客户提质。一是构建维系体系,VIP客户由星客团队负责,2014年及2015年入网用户由各经营单位负责,2014年前入网用户由普客团队负责。二是配置维系资源,以流量活跃用户提升为经营目标,每提升1户均给予较高维系资源配置。三是针对不同用户群制定不同维系政策,通过存费送费、网龄折价购机+套餐打折等活动,开展差异化应用推荐。四是新用户提质,通过终端集约,聚焦中高档终端,开展用户质检,新发展用户整体管控较好。 (高 彬)

【"翼支付"业务】 年内,中国电信阳泉分公司创新业务模式,通过"翼支付"助力业务发展,加大与超市合作,开展各类营销活动,在提升用户网黏性、办理质押购机等方面效果明显。一是与华润燃气有限公司开展"心连的士"翼支付加气营销活动,并组织加气客户召开专项业务推介会暨天翼4G智能秀。二是联合中国石化阳泉分公司共同开展翼支付推介活动,现场受理翼支付加油卡及线下二维码支付体验。三是与伊利经销商进行合作,开展翼支付消费满20元返10元活动,吸引用户体验使用翼支付购物。此外,对网格内便利店、社区超市、餐饮娱乐等行业开展翼支付线下特约商户拓展活动,引导用户进行"翼支付阳泉"微信公众号关注及用户实名认证,有效提升活跃用户数量。 (高 彬)

【网络升级改造】 年内,中国电信阳泉分公司通过加快4G网络建设、开展网络升级改造,保障市场发展。完成省公司制定的年度缩容计划目标的123%,实现盂县东白水等固网机房退网,并在资源侧完成相关数据更新,提高设备利用率。完成中心机房第二关口局入网及固网中兴J10交换机退网工作,消除设备老化网络隐患,提高交换核心网络安全性,保证业务正常运行。开展LAN网络升级改造工作,完成65个小区改造建设,在省公司组织的劳动竞赛中获得第四名。加快4G网络建设,成立专项建设组,通过每日例会协调施工单位、监理单位、设计单位开展工作。 (高 彬)

【中国铁塔股份有限公司阳泉市分公司概况】 中国铁塔股份有限公司阳泉市分公司成立于2014年11月,是集铁塔建设、维护、运营,基站机房、电源、空调等配套设施和室内分布系统建设、维护、运营,基站设备维护为一体的国有通信设施综合服务企业。2015年,阳泉分公司有4个部门,员工23名。人均管理站址超过100个,远超人均25座铁塔的国际平均水平。承接电信运营商塔类建设任务502个,完成456座铁塔新建和改造任务,涉及投资2721万元,节省土地用地60亩(4公顷),比三家运营商计划的7121万元节省投资4400万元。

新建工程 年内,阳泉分公司根据境内3家电信企业新建需求,破解共享改造难题,提升工程建设能力,实现按期交付目标。至年底,新建站任务85个,完工66个,交付58个;改造站338个,完工333个,交付322个。

资产交割 按照存量资产清查方案及省公司要求,全市共清查物理站址2627个,涉及账面净值2.8亿元。11月30日前完成移动与电信接收确认工作,12月10日前完成联通接收确认工作,共交接2167个站址,交易价格2.6亿元。剔除在建工程站址及已拆站址后,共接收站址数2068个,铁塔2068座,机房

1200个。资产标签粘贴率、资产三性复合完成率、关键资料接收率、隐形负债确认率4项关键控制及考核点全部完成。

全年共收到运营商需求塔类477个,室分需求4个。截至年底,完成塔类交付432个,室分交付4个。年度需求满足率90.6%,其中移动91%、联通85%、电信96%。签订起租协议318份,新建站起租率80.6%,改造站起租率71.7%,总体起租率74%,全省排名第二。通过站址整合分析、现场勘测沟通、优化建设方案、客户经理驻地办公及月度共建共享会等方式,推进需求共建及站址资源共享。通过省管局渠道推进工作开展,组织、参与共建共享例会8次,客户经理驻地办公形成常态。全年承接的477个需求中,经过整合共建共享需求达到92%以上。（高旭峰）

【长途电信线务局概况】 2015年,阳泉长途电信线务局精细管理,严格考核,实现一、二级干线光缆无障碍,重要通信保障任务全部完成,安全生产无事故。

线路维护　年内,开展一、二级干线光缆线路标准化整治工作,共整治机房进线室6个,进局入孔450个,标石整治200块,增补路面不锈钢地碗3100块,增补塑料宣传牌50块,整修大型宣传碑2块,更换人孔破损井盖780块,更换电杆35根,路口升高跨路电杆75处,光缆接头盒回水弯整治46个,光缆纤芯大损耗处理5处。累计完成2项技术改造项目、5项大修改造项目,有效消除了线路隐患,提高了线路应对突发状况的能力。利用GPS巡检系统,完善巡护人员对线路监控力度,重新完成一、二级干光缆线路8条光缆、13个中继段共4407个采集点的采集任务,完成350千米电子化台账制作。并将采集信息同步提供给阳泉地下管线资源管理系统使用,利用该系统在其他管线单位工程施工审批前得到信息,及早介入施工配合,保证了干线国防光缆的安全畅通。完成外力盯守配合35处,投入盯守人员2000余人(天)。特别是在太旧高速护栏改造工程中,涉及境内84千米,在5个多月的改造工程中,共投入盯守人员约1800人(天),盯守车辆4台,行程4万余千米;并完成3处共计430米光缆下沉,确保了国防光缆安全。

安全生产　"安全月"活动期间,在机关院内悬挂大幅标语1条,重新粉刷车库等墙体安全标语20条,组织全局人员开展安全知识竞赛学习和答题。5月6日,中国人民解放军陆军预备役步兵第248团团直工兵连成立,标志着保护国防光缆进入新里程。在"5·17"期间,组成军警民联合护线宣传队,走访相关单位17个、施工工地6处,走访公安派出所1个;发放大小宣传品500个、散发宣传单1.5万份。往返行程190千米,提高了国防光缆品牌效应。

综合管理　在分局基层单位深入开展"以量计酬"考核制度,激励员工积极性。利用工余时间,开展形式多样的岗位技能练兵活动,提升员工岗位技能,并选拔优秀人员参加省线务系统组织的全省光缆技术练功比武竞赛,获得团体第三名、接续操作第一名的好成绩。利用微信平台,在"阳泉长线工作群"中,以图文形式实时报道工作动态,并开展"最美长线人"评选活动,将最美长线人的事迹在微信群中给予展示。（王晓东）

建设环保

城乡建设

综合工作

【概况】 截至2015年年底，阳泉市城市人口60.13万人（不含平定县、盂县），其中暂住人口1.71万人。城市面积651.99平方千米，其中建成区面积55.16平方千米。全年全市（不含平定县、盂县）城市市政公用设施建设完成投资110983万元（不含住宅）。完成投资按行业分：道路及排水完成投资63426万元，占总投资的57.15%；城市供水完成投资30636万元，占总投资的27.60%；集中供热完成投资14303万元，占总投资的12.89%；城市环境卫生完成投资1100万元，占总投资的0.99%；园林绿化完成投资1000万元，占总投资的0.90%；城市燃气完成投资518万元，占总投资的0.47%。（张振明）

【道路 排水】 2015年，阳泉市（不含平定县、盂县）城市道路长度累计达447.18千米，城市道路面积累计达642.79万平方米，人均拥有城市道路面积11.43平方米。城市排水管道长度累计达418.99千米，排水管道密度达7.61千米/平方千米。全市路灯盏数达17618盏。（张振明）

【城市供水】 2015年，阳泉市（不含平定县、盂县）城市供水管道累计达696.59千米，城市供水总量4163.63万立方米，城市供水普及率100%，人均日生活用水量0.123立方米（122.9升）。（张振明）

【集中供热】 2015年，阳泉市（不含平定县、盂县，含阳煤集团）新增集中供热面积190.48万平方米，集中供热面积达2719.48万平方米（其中住宅2165.43万平方米），集中供热普及率达96.03%。（张振明）

【园林绿化】 2015年，阳泉市（不含平定县、盂县）建成区绿化覆盖面积累计达2262.42公顷，建成区绿化覆盖率41.5%，比上年增加0.1个百分点。人均公共绿地面积达10.77平方米，建成区绿地率达35.78%。（张振明）

【城市燃气】 2015年，阳泉市（不含平定县、盂县）用气人口累计达58.9万人，燃气供气总量82124万立方米，全市居民用气普及率达98.05%。（张振明）

【保障性住房建设与房改工作】 2015年，山西省政府下达阳泉市保障性安居工程建设任务为开工新建15856套，其中公共租赁住房111户、城市棚户区改造15745户（含城中村2400户）；基本建成7800套；完成投资30.9亿元；公共租赁住房分配入住4061户。截至2015年年底，全市累计开工新建16359套（其中：廉租住房111套、城市棚户区改造3027套、城中村8008套、旧住宅区综合整治5007套、国有工矿棚户区改造206套），完成省下达任务的103.2%，全省排名第六；基本建成15671套（其中：廉租住房406套、公共租赁住房387套、经济适用住房705套、城市棚户区改造10068套、国有工矿棚户区改造2612套、煤矿棚户区改造1493套），完成省下达任务的200.9%，全省排名第二；完成投资30.88亿元，完成省下达任务的102.9%，全省排名第六；公共租赁住房分配入住2404套，完成省下达任务的59.20%，全省排名第四。阳泉市通过政府收购房源安置、政府搭建平台提供居民选购商品房安置、居民自由支配补偿款及探索利用土地置换开发企业适合安置的房源等多种方式积极推进，逐步提高货币化安置比例，截至2015年年底，已签订货币化安置协议1028户，正在实施的廉租住房租赁补贴户数为 3238 户，新增保障户 409 户。

全市各物业管理公司代管房屋建筑总面积达 1523 万平方米(其中住宅建筑面积 1374 万平方米),物业管理面积覆盖率达 74.1%，其中新建住宅小区物业管理面积覆盖率达 100%。

继续深化住房制度改革。在继续稳步出售公有住房的同时,加速推进住房分配商品化、社会化进程。全年出售公房 66 套，出售面积 5637 平方米。

公积金归集率进一步提高。截至 2015 年年底,全市参加住房公积金职工 14.15 万人,占应参加职工人数的 74.8%。全年归集住房公积金 8.46 亿元，支取住房公积金 31.16 亿元，发放公积金贷款 2.33 亿元，累计归集 60.59 亿元(不包括阳煤集团)。（张振明）

【乡村清洁工程】 年内,省、市、县(区) 共投入资金 3094.64 万元,配备乡村清扫保洁人员 3777 人,配备环卫监督人员 323 人,配发、租赁各类垃圾收集清运车辆 963 台。加强农村积存垃圾清运、“四堆”清理(柴堆、煤堆、粪堆、料堆)等工作。全市共建设和规范垃圾处置点 185 个,超额完成省下达任务,建成垃圾中转站 1 座,创建达标村 289 个,达标乡镇 10 个,完成乡村清洁工程年度任务。（张振明）

规划设计

【规划执法监察】 2015 年,市规划局与矿区、城区、郊区等相关职能部门联合对矿区沙坪街、郊区大阳泉村周边的违法私搭乱建建筑进行拆除,共拆除各类建筑面积 1852 平方米。与消防等相关部门联合开展楼体外挂霓虹灯、外挂灯箱广告专项治理工作。（李富军）

【城市规划实施】 年内,市规划局完成阳泉市绿色建筑示范区划定及专项规划编制、2016 年度城市规划实施计划。完成王珑片区控制性详细规划、主城区 10 平方千米控制性详细规划、主城区 17 平方千米控制性详细规划编制工作。启动开发区等城市片区(约 13 平方千米)控制性详细规划、市本级地下管线综合规划编制工作。平阳路一期、宁波北路一期、桃坡保障房规划设计方案,已通过市政府批准,三泉保障房项目已开工建设。（李富军）

【村镇规划】 年内,市规划局完成郊区桃林沟村、平定县七亘村、盂县北下庄乡东麻河驿村 3 个示范村规划编制任务。（李富军）

【房屋征收补偿】 年内,市规划局执行国务院《国有土地上房屋征收与补偿条例》,推进全市重点工程拆迁任务。完成洪城北路房屋征收工作,搬迁 98 户;启动万通西市场老工业基地改造项目房屋征收工作;开展房屋征收补偿专项整治工作,进一步强化管理、规范运行。（李富军）

【王珑片区控制性详细规划】 王珑片区位于阳泉市的东部,距市中心约 4 千米，隶属经济技术开发区。规划片区范围北接开发东区工业区,南至石太铁路,西邻义白路,东至圪台村，规划范围总用地面积 88.58 万平方米。（李富军）

【主城南部地区控制性详细规划】 阳泉市主城南部地区规划范围北起南外环路,南至义井煤矿,东起义平路,西至南庄煤矿。规划用地东西长约 4.7 千米，南北宽约 2.2 千米,规划范围用地面积 776.06 万平方米。（李富军）

【主城区 10 平方千米控制性详细规划】 规划区域分为三个片区:北片区、西片区、东片区。北片区规划范围南起桃北西路、北至平阳路、西起桃林沟路、东至泉中北路,东西长约 790 米、南北长约 2360 米,总用地面积约 198.4 万平方米。西片区规划范围南起南外环街、北至桃南街、西起泉西路、东至恒大路,东西长约 2995 米、南北长约 1920 米,总用地面积约 539.3 万平方米。东片区规划范围南起南外环街,北至桃南东路、李白西路,西起体育馆西路,东至李白东路,东西长约 1750 米,南北长约 1930 米,总用地面积约 306.5 万平方米。（李富军）

【主城区 17 平方千米控制性详细规划】 规划区域分为三个片区：荫营片区、开发区片区、狮脑山片区。荫营片区规划范围南起李荫路、江正大街,北至荫营矿、郊区自来水厂,西起双营路,东至阳五高速公路,东西长约 6130 米,南北最宽处约 3200 米，总用地面积约 762.5 万平方米。开发区片区规划范围南起桃河、规划南外环街,北至平阳路、旧 207 国道、大连东路,西起北山公园、泉中路,东至乱流村,东西最长处约 11500 米,南北长约 3900 米，总用地面积约 1317.1 万平方米。狮脑山片区规划范围为狮脑山路所环绕的狮脑山公园及狮脑山森林公园范围,东至南外环街,东西长约 4400 米,南北长约 2100 米，总用地面积约 1304.1 万平方米。（李富军）

【阳泉市郊区杨家庄乡南杨家庄村采煤沉陷区治理搬迁安置项目】 项目位于阳泉市郊区南杨家庄村(原村南 500 米),西侧紧邻义白路,南侧紧邻漾泉大道。项目总投资 35387.05 万元。项目总占地面积 11.8 万平方米，总建筑面积 17.15 万平方米，地上总建筑面积 12.65 万平方米，其中住宅 11.4 万平方米、配套公共服务设施建筑面积 1.25 万平方米、地下建筑面积 4.5 万平方米。绿地率 40%,建筑密度 18.5%,容积率 1.07。

多层住宅建筑均为 6 层,结构形式为砖混结构,屋顶形式为坡屋顶;高层建筑为11层,结构形式为剪力墙结构，屋顶形式为平屋顶。商业及配套公建为多层建筑,结构形式为框架结构。配套建设包括小区道路、给水、排水、供热、燃气、电气等基础设施。（董赪亮）

【阳泉市桃坡村棚户区改造安置房项目】 项目位于阳泉市桃坡村。项目总投资43353.12万元。项目总占地面积69999平方米,建筑总面积15.34万平方米。其中住宅建筑面积12.4万平方米,商业建筑面积1.1万平方米,物业管理及设备用房建筑面积5300平方米,地下建筑面积13100平方米。

小区共建有6幢18层高层住宅楼,8幢11层小高层住宅楼,1幢3层幼儿园建筑，并根据地形高差配套建设有沿街商业网点建筑、物业管理建筑、居民活动用房建筑、设备用房建筑及地下车库。小区内配套建设有道路(9662平方米)、绿地(29400平方米)、场地(3146平方米)及给水、排水、供热、燃气、电气等基础设施。（董赪亮）

【阳泉职业技术学院校区景观环境工程】 工程位于阳泉市生态新城漾泉大道北侧大西庄村东南。校区的景观环境设计,包括道路两侧绿化、台地间相互联系的节点景观及南侧挡墙错台景观、绿化等设计。新校区地块东西宽716米,南北宽518米。基地为丘陵地貌，起伏错落,整体趋势东西两侧及南侧较低,北侧地势较高,最大高差可达60余米。总用地面积319670平方米,景观环境面积101871平方米。工程投资约2000万元。（董赪亮）

城市建设

【市政工程管理局概况】 2015年,市政工程管理局全体干部职工团结一致、努力工作,克服重重困难,各项工作取得新进展。全年完成市政工程总产值13137.06万元。其中,市政工程有限公司完成总产值11499.8万元（外揽工程90项、产值10390.12万元），养护维修完成412.31万元,材料供应站完成71.57万元,专项工程1153.38万元。（张振明）

【市政设施管理】 年内,市政工程管理局共发现各类道路病害事项565起,市政设施缺损事项148起,应急处置类事项34起,道路跑漏水结冰事项30起,违章占、掘路及擅自侵占市政设施事项65起。受理各类临时占用或挖掘城市道路事项130起，收缴占道、掘路恢复费289.88万元。协调处置市住建局城建联动事宜和社会群众、社区反映的道路施工扰民、窨井跑漏水结冰、井盖缺损等事项86起。设施巡查覆盖率100%，占、破路事项办理及时,规费收缴率100%。（张振明）

【市政设施养护修复】 年内，市政工程管理局养护维修经费预算370万元，实际完成产值412.31万元，超额完成111.4%。其中,养护所全年维修车行道11716平方米，人行道1457平方米,砌筑路沿石61米,完成产值149.28万元,完成年度预算120万元的124.4%;排水所共疏通管道10.87千米、清挖排水渠750米、清淘各类井21510座次、更换各类井盖427套(块)、维修损毁井86座,完成产值130.36万元,完成年度预算120万元的108.63%；照明所全年维修、更换各类灯具33套,更换维修各类路灯2552盏，铺设、换装各类线缆4953米,更换路灯灯杆6根，更换节点柜控制系统17套,更换节点柜外壳10个,完成产值81.76万元,完成年度预算80万元的102.2%；桥梁所对南外环街1#、2#隧道洞口上部的排水沟,新泉桥、桃河桥栏杆,北深沟石砌挡墙,阳煤大桥钢梁渗水，平坦立交桥局部伸缩缝混凝土破损等及桥梁其他病害进行维修，共处理病害33项,完成产值50.91万元，完成年度预算50万元的101.8%。材料供应站全年提供水稳650吨，沥青砼2110.21吨，乳化沥青14.68吨,黄沙33.3吨,铲车台班28.75台次,完成产值71.57万元。（张振明）

【专项工程】 年内，市政工程管理局完成专项工程6项，完成产值1153.38万元。具体为:桃河蓄水池清淤工程完成358.89万元;新华东街、南庄路等五条道路中小修工程完成227.55万元;桃河桥、筒子沟桥等6座隐患桥梁维修工程除桃河桥、马家坡桥全面完工外,其他未完成,截至年底完成350万元;平定路、南外环路、赛鱼路标线工程完成71.18万元;桃河蓄水管护、水面保洁工程完成60.39万元;桃河蓄水排污口管护工程完成85.37万元。（张振明）

【地下管线建设管理】 年内,市政工程管理局协助市政府完成《阳泉市人民政府办公厅关于加强城市地下管线建设管理的实施意见》《阳泉市人民政府办公厅城市地下管线普查、信息平台建设及综合规划编制实施工作方案》等两个文件的底稿。召集各管线单位召开项目推进说明会,和各管线单位建立联系制度,积极收集、整理、汇总管线现状资料。和市各有关部门、各管线权属单位,及国内十余家管线探测、系统开发机构进行沟通、交流。编写完成《阳泉市地下管线普查、信息系统建设、综合规划编制项目建设方案》《地下管线普查、信息系统建设技术方案》等文件。配合评审单位对管线普查、信息系统建设项目进行评审,配合完善项目招标技术方案、项目招投标工作等。截至年底,地下管线普查和工程建设监理已完成招标工作,项目进入实地探测作业阶段。（张振明）

【安全工作】 年内，市政工程管理局结合“安全生产月”“知责、履责”等活动,认真做好安全工作。一是按照“一岗双责”要求,细化安全监管责任，认真落实安全生产岗位责任制。二是建立安全隐患排查治理体系,全年共排查出道路、排水、桥梁、隧道、照明等设施安全隐患 93 条,治理 49 条;审核专项工程和日常养护维修工程的开工报告 43 项,深入施工作业现场监督检查 170 次,下达整改通知书 18 份;对所辖区域进行消防安全检查 12 次,发现并督促整改隐患 5 处。三是开展全员“知责、履责”主题活动,配发“岗位安全生产职责告知卡”、实行“双向”承诺制(员工向班组长承诺,班组长向部门负责人承诺,部门负责人向分管领导承诺,分管领导向局长承诺,局长向全体员工承诺),开展岗位安全知识学习培训。四是制定《排水防涝应急预案》《2015 年防汛工作实施方案》,成立防汛指挥部,全面组织汛前、汛期工作。汛期期间,共出动机械设备 23 台(辆)次,人员 111 人次参与防汛和应急抢险。五是 7 月至 10 月,局属各所组织 4 次贴近实战、注重实效的应急演练,参演人数达 130 余名,出动机械设备 30 余台辆,进一步检验各项安全预案的适用性,提高涉安突发事态应急处置能力。 (张振明)

【设备管理】 年内,市政工程管理局加强设备的维护保养,要求操作人员加强设备日常检查保养并做好记录,对发现存在安全隐患的部位及时维修,设备管理部门以每月不少于一次的频次深入基层和施工作业现场进行抽检,有效保证设备的安全运行。全年共抽检设备 300 余台(辆)次,完好率达到 90%以上。在设备的购置和报废上,全年购置清污用车 6 辆,报废废旧摩托车 10 辆。为掌握机械设备现状,对 99 台(套)设备进行评价,为以后设备的购进计划、选型等提供依据。 (张振明)

【档案管理】 为进一步规范档案管理,使档案管理工作实现信息化,市政工程管理局改进传统的档案管理模式,按照市档案局有关要求和管理标准,开展档案整理、分类、检查、无纸化等工作。6 月至 11 月,抽调专人对 1975 年至 2005 年的文书档案、财务档案、人事档案等进行整理移交,录入电子档案。移交市档案局档案 29 卷又 2138 件,其中文书档案永久的 593 件、长期的 1102 件,财务档案 29 卷,人事档案 443 件。工程档案暂未上交,扫描完成工程档案 122 盒,完成工程档案电子目录输入 90 盒。市政工程管理局对二矿桥、阳煤大桥、沃尔玛通道工程、泉西路工程的档案资料进行验收,并提出整改措施。 (张振明)

【煤气公司概况】 年内,市煤气公司完成各项年度目标任务。新增各类煤气用户 8087 户,完成煤气销售量 16988 万立方米,销售液化石油气 740 吨,实现煤气销售产值 6485 万元,员工收入福利水平较上年提高 9.5%。完成安全投入 1023 万元,安全生产事故为零。 (张振明)

【安全生产】 年内,市煤气公司以安全生产“知责、履责”活动为依托,在企业安全建设上稳步前行。强势推进安全文化学习,不断提高员工安全意识,致力实现安全自觉。组织公司全体员工参加全覆盖安全教育培训,坚持安全管理晨会制度和生产单位一月一次的安全技能培训,实现全员持证上岗,全员安全意识全面强化,安全技能显著提高。在安全管理体系建设上,建立五级安全责任体系,完善安全生产管理委员会机构,配置相应的安全监管专业人员。安全管理制度进一步健全,实行层层责任分解,人人责任承诺,安全管理初步形成无缝隙闭合管理。在安全管理实践中,坚持问题导向,严格落实安全生产责任制,全面开展安全隐患排查整治,建立隐患分级治理制度,实现安全隐患排查治理长效化。重视岗位操作、严明岗位纪律、推行安全抵押、严格安全考核、严肃安全问责。继续加大安全投入,全年投入安全改造资金 1023 万元,改造老旧用户煤气设施 3000 户,改造各种占压、穿越、架空和引入管等隐患设施 201 处。强化安全宣传,增强社会影响度,长效化地开展“进社区、心贴心”安全警示教育和安全用气宣传,发挥报纸、电台、网络等媒体优势,扩大安全用气知识宣传的受众面和覆盖率,有效的对外宣传强化公共安全的共同责任意识,初步形成燃气安全社企联动共同维护管理的氛围。2015 年,公司从安全培训教育、装备改造提升、制度健全完善、安全宣传普及、严格考核兑现等几方面重拳出击,有效推动安全管理迈上新台阶。储供气分公司建起南区标准站,用户管理处实现用户安全检查标准化,管线分公司建立较完善的隐患排查治理新模式,液化公司、宏远公司实现安全管理新突破,公司全年实现安全生产无事故。(张振明)

【市场发展】 年内,市煤气公司通过大量翔实的战略分析,明确做大、做强、做优的战略构思,编制公司战略规划,为发展实践提供理论依据和行动纲领。全年贯彻“南联北扩东进,新城老城建站,郊区矿区开源”的发展方针,从气源、管网、市场三点一线全面推进,全力优化经营环境,提升发展保障能力。通过不懈努力,争取到保安煤矿瓦斯气源,全面启动西区储配站技术改造项目,组织实施郊区玉泉街煤气管网工程。三项重点工程建设完成后,供气辐射范围进一步扩大,为公司发展积蓄强大的发展后劲。在用气市场拓展上,发展华岭耐火、德诚玻璃纤维一期等工业用户,争取恒大帝景、日昱城等边缘竞争区域居民用户。全年共发展居民用户 8026 户,商业、福利用户 59 户,工业用户 2 户,新增用气负荷 5 万立方米/日。按照前瞻性大发展的思路,在并购市利丰煤气中心、联合华润燃气公司、引进大连派思股份公司风险投资等方面做有效探索。推动市政府出台《关于加强城市燃气安全

和管理工作的通知》,为强化燃气公共安全管理和保障企业权益提供有力的政策支持。(张振明)

【企业管理】 年内,市煤气公司按照"变革激励制度在先,提升管理制度在后,用激励再造管理"的原则,确立管理方针。在管理实践中,坚持务实业、求真效,按照"以终为始"的管理思维,放眼未来规划现在,围绕目标寻找措施。组织研发企业规范化管理模式,进一步优化体制架构并强化组织职能,修订完善管理制度和经济责任考核体系。严格落实安全、业务和文化三项考核,有效激活运营机制,保障执行效果。进一步夯实管理基础,在计量管理上结合用气稽查,更新公营事团用户故障计量设备22台(套),维修85台(套),准确煤气计量,堵塞偷气漏洞,为公司挽回经济损失6.2万元,有效保障公司权益。进一步规范各类原始记录报表,实现数据信息报送规范化。在2014年试点的基础上,扩大推行全面预算管理和增收节支专项考核,收到明显效果。启动管网地理信息、办公自动化、收费网络等内网协同管理系统平台,有效提高管理质量和管理效率。注重监察问责,让先进有方向有动力,让后进有戒律有底线,企业文化落地和安全监管两项工作得到提升,整体管理呈现出良性运行的局面。(张振明)

【企业文化】 年内,市煤气公司通过内化理念找逻辑、营造环境学标杆、体验文化讲故事等方法,实现学文化、讲文化由领导讲、管理层讲向员工人人讲的转变,使"安全、奉献、创新"的企业价值观、"忠诚、团结、进取、担当"的企业精神成为全体干部职工的共同追求,践行企业文化的故事在职工中口语相传,落实企业文化的标兵层出不穷,为公司企业文化建设积淀精神财富。先进企业文化建设进一步促进员工职业化建设,推动公司各级团队建设,推进服务提升和企业品牌创建。南区储配站、南区管理站、桃南管理站、公营事团管理站等先后完成站区外观形象塑造。为员工设计制作统一职业工装,公司整体形象有明显提升。公司研究申报的《国有公用行业企业文化建设模式研究》软科学项目被市科技局专家组评为国内先进水平,并荣获阳泉市科学技术进步软科学二等奖。向国家商标总局成功注册"阳焰"商标及LOGO。(张振明)

【热力公司概况】 2015年,市热力公司紧扣保供热这一核心目标,主动作为、敢于担当、超前谋划、多措并举,完成上级下达的年度目标任务,供热发展取得新突破。截至年底,市热力公司资产总额18.73亿元,固定资产总额19.01亿元,年度现价供热总产值完成4.25亿元,新增供热面积190.48万平方米,老旧供热管网改造20.9千米,供热收费率90.6%,室温合格率达98.3%,全员劳动生产率每人每年38.64万元,供热单位成本完成每平方米17.72元,供热单耗热量每平方米0.39吉焦,水每平方米32.87千克,电每平方米1.7233千瓦小时,利润总额负7398万元,较计划减亏602万元。(张振明)

【供热管网建设】 年内,市热力公司投资1.05亿元,先后建设国道307复线连接段供热管网工程、省道214线供热管网工程以及新建一次网、二次网、换热站工程52项,新建供热管网47千米,新建热力站9座,既有建筑热计量改造8.3万平方米,新建建筑分户计量16.6万平方米。在供热格局有所变动的大背景下,入网面积达2719.48万平方米,推动供热市场平稳、健康、有序发展。(张振明)

【企业管理】 年内,市热力公司全面实施过程性监督考核,6类27项考核方案贯穿公司各个部门,专项监督和过程考核作为完成任务、检验成效的有效抓手。机关职能部门采取关键绩效事件考核方法,引导其工作重心向公司重点工作、重要任务转移。基层单位采取"一步见底、一次亮标"的目标管理要求和责任制运作模式,通过量化、货币化、差异化定标,对20个供热服务站制定量化指标,搭建竞争平台。年内,公司投资300余万元,建成山西省供热行业首家职业培训中心,利用非运行期对供热服务站站长、副站长、技术员、维修工、收费员、统计员、大厅接待等357人次分6期进行全封闭式军事化培训和考试,补考不合格者不允许上岗,促进职工职业道德、职业素养、职业文化及职业技能的提升。完善公司生产运行、人力资源等20项规章制度,理顺8项工作流程,在OA办公平台上搭建11个管理模块,百余项子集内容,推进基础管理的建设。档案管理系统和OA管理系统实现无缝对接,实现档案管理数字化,档案全文搜索率由30%上升到70%,档案利用效果达到80%,具备申请AAA级档案管理标准。(张振明)

【安全生产】 年内,市热力公司成立安全生产委员会的基础上,分别在4个基层单位设置独立的安全组织,并配备专职安全管理人员,通过与各生产运行单位、基层单位与各站所层层签订年度安全工作目标考核责任状,强化每个岗位的安全责任。全年安全活动不间断,借"全国安全生产月"活动之势,先后开展井室、地沟演练和消防演练;开展"我身边的安全"全员岗位安全隐患排查;公司经理亲自撰写《致员工家属一封信》并制作"安全亲情卡",让职工家庭充分了解职工作业安全状况,加强职工家庭对职工的理解、关心和安全提醒;开展安全生产全员"知责、履责"活动,向每一名职工发放"岗位安全生产职责告知卡";通过"安全我行·我行动"百日安全系列活动,以

"演示、演练、演讲"为主线,进一步强化安全生产责任制落实。

为保证操作人员的健康与安全,公司还投资70.58万元配备28套地沟井室四合一气体检测仪,热源厂上煤溜巷道安装吸尘系统一套,购买安全帽、安全带、安全绳、手套、口罩等个人防护用品1000余件,硬件上做实安全防护工作。公司加大安全宣传教育的力度,通过定期召开安全生产会议、制定和学习《安全工作手册》《"五落实五到位"规定》,对管理人员进行安全培训,对电工、司炉工等特种作业人员进行取证培训,对普通职工进行供热企业安全事故典型案例专题培训,利用公司网站、《热力报》、标语、条幅等多种形式开展宣传教育活动,还购买《安全生产法职工学习手册》《班组长安全生产知识》《有限空间安全作业五条规定》等安全宣传资料2000余册,制作地标牌6000块,制作安全警示牌、宣传条幅、安全标语等250余条,制作职业病危害告知卡200张,职业病知识宣传版面2块,职业危害警示标志30个,多角度、多方位、多层次营造安全文化氛围,增强全员安全意识,做到安全宣传教育全覆盖。

在网络安全上,通过增加防火墙、三层网络交换机等设备,加强网络出口防护能力,防止重要数据被篡改、破坏、泄漏,实现办公网络与数据服务器网络隔离,防止因办公电脑中毒、感染数据服务器,确保公司信息网络的正常运行。年内,161座热力站全部实现无人值守,48座热力站安装视频监控系统,通过视频监控配合硕人数据监控,实现自控综合监控,提升热力站安全稳定运行能力。 (张振明)

【市场拓展】 年内,市热力公司在供热市场稳定发展的基础上,围绕服务,多方探求用户需求,利用内外部资源,拓展创效和服务项目,推进公司内部改革不断深入。在工程管理方面,阳泉市建筑设计院设备分所成立,开创供热设计进入规范化管理的新局面,全年完成公司重点、重大工程设计7项,一次网支线工程设计17项,热力站工程设计22项,拟入网用户小区热网配套工程设计72项,特别是国道307复线连接段管网工程进行DN1400特大口径管网敷设和穿越铁路护涵安装工程的实施,逐步掌握供热管道直埋无补偿冷安装的设计理念,提升公司设计水平。在贴近用户方面,结合全市消费水平、用户服务的多样化需求以及公司的经营理念,经过多次市场调查和反复分析论证,与象王公司达成合作协议,进军洗衣业,作为面向社会拓展服务业的切入点,结合"缴费有馈+直角洗衣"活动,得到用户的普遍赞誉。在培训方面,通过对职工培训总结经验、查找不足,力求在供热行业开辟思想教育基地和能力实训基地的"双基教育"专业培训机构,借助外部资源和公司平台,实现对外培训的创效盈利。供热工程公司、阳泉市热力直角洗染服务有限公司、阳泉市热力锐角物业服务有限公司涉足绿化、装修改造、管道保温等领域,并与有多年物业管理经验的品牌公司——北京燕侨物业公司洽谈达成初步合作意向,逐步拓展阳泉市物业管理市场,真正实现市场化运作,为公司创效开辟新路径。 (张振明)

【服务工作】 年内,市热力公司在对供热服务机构进行优化整合过程中,建成20个供热服务站,采取站点包干方式,将责任、权利下移,指标分解、考核到每个站点,做到人人学会算账、事事懂得谋划。技术人员下基层是基层服务站改革的亮点,通过点对点、面对面,更直接、更全面掌握用户第一手资料,及时提供技术支持,配合44个维修小组第一时间解决用户问题,增强服务的主动性和时效性。整个采暖期对供热管网末梢、供热薄弱环节、分户改造及支线改造用户、质量投诉用户等关键部位约2万户(次)分14批次进行室温监督,测量结果直接用于考核和监督反馈,由此激发各服务站点在热源紧张的情况下自行排查、自我检测和自主调衡的积极性。举办第六届用户缴费有馈系列活动使服务更加贴近用户。以"靓丽你的生活 我们一直在努力"阳泉热力2015年"缴费有馈+直角洗衣"系列活动为主题的有奖缴费活动取得良好实效,活动期间当期缴费115751户、当期用户参与率66.3%。调整信访信息网络平台的联络部门,在各服务站设立专职信访接待员,第一时间解决诉求,全年共接待用户信访诉求101件,全部回复。 (张振明)

【园林局概况】 2015年,市园林局按照"安全第一,预防为主"的方针,强化安全生产责任制的落实,健全完善各项安全防范机制,涉及生产任务的各部门主要负责人、安全管理人员和特种作业人员持证上岗率达100%。截至2015年年底,全市建成区绿化覆盖面积达2262.42万平方米,建成区绿化覆盖率41.5%,人均公园绿地面积10.77平方米,建成区绿地率达到35.78%。全年接待游客400余万人次。(张振明)

【行道树补植】 年内,市园林局投资50.31万元对街道行道树进行补植,主要在泉中北路、北大街、桃北西路等街道起挖死树80株,公园路、德胜街、迎宾路等街道修剪老龄化树木163株,街道补植各类苗木18182株。 (张振明)

【绿化精细化管护】 年内,市园林局出动绿化及卫生管理人员平均每日558人,清扫保洁面积平均每日53.9万平方米,清倒垃圾累计5483立方米,浇水约15万吨,拔杂草69万平方米,修剪树木29935株,整地13600平方米,修剪绿篱36.26万平方米,修剪草坪90.75

万平方米，补植各类苗木10.2万株，补种草坪、草花5966平方米。在绿化管理上，及时清理死树、病树、枯枝败叶，做好补栽补植。在卫生管理上，加强环境卫生的整治和美化，坚决整治乱堆、乱放、乱搭、乱建、乱刻、乱画等现象，做到无污水、污物，无乱建、乱堆、乱放等现象。（张振明）

【绿化行政审批 执法情况】 年内，市园林局受市住建局委托，行使审核办理砍伐、移植城市树木许可项目，损毁城市绿化植物和设施的赔偿事项等工作。全年共办理行政许可项目13件，处理赔偿案件8件，赔偿收费21万元，结案率达100%。（张振明）

【环境卫生】 2015年，全市环卫清扫保洁面积629万平方米，城市生活垃圾无害化处理量完成15.69万吨，无害化处理率达100%。全年污水处理量3770万立方米，污水处理率达88%。（张振明）

【城区环卫工作概况】 年内，城区环卫处提出"全天候保洁不断档"的目标要求，在作业方式上，实现"上午、中午、下午"零间隙保洁作业，从机制上解决保洁工作长效化问题，同时严格执行《环卫作业管理考核办法》各项规定，按照道路不同等级划分要求，延长保洁时间。制定管理人员跟班作业制度，把日常管理变为现场管理。确定清扫工作目标责任制，做到"时间、任务、质量、地段"四落实。强化人工清扫和机械化清扫相结合机制，全年共清扫市区主次干道212万平方米，清洗马路护栏总长1.7万米。（王世钧）

【垃圾清运】 年内，城区环卫处严格执行"日产日清""车走地盘净"的作业标准，对主要街道、繁华地段实行日产多清。同时在保证正常清运工作前提下，积极配合城区4个办事处及下辖社区、各相关部门开展环境卫生集中整治。严格内部考核，对清运工人、清运车辆及工作面进行专项检查，保证清运车辆外观干净清洁，沿路不抛撒、不外溢。全年日清垃圾284吨，年运垃圾10.4万吨。（王世钧）

【公厕管理】 年内，城区环卫处严格公厕管理规定，在人员的配置上，将过去的轮班制管理改变为定点式管理，实行"定人、定厕、定指标"的管理机制，重新修订公厕管理办法，从运行时间、清扫保洁、消杀、水电管理、设备管理5个方面进行明确规定。管理员分片管理，每班4次签字，杜绝迟开门、早关门、脱岗现象。在粪便清淘方面，周期性清挖水冲厕化粪池，保证畅通。旱厕清淘实行组长负责制，反映追究制。定期核对承淘厕数量、核定清淘量，杜绝漏淘现象。分期分批清挖茅根，保证正常清淘。全年共清淘粪便6万余吨。（王世钧）

【环境综合整治】 年内，城区环卫处以环境整治为中心，开展以清扫保洁、环卫管理、重点整治为内容的综合整治攻坚战。一是对市区的重点街道、重点街区和脏乱反弹的重点地段进行有效的整治。二是对300余处垃圾死角进行拉网式清理，共清理垃圾480余吨。三是对青年街、华盛街、南大街等15条街道进行集中整治。四是在整治过程中，根据市区主要街道、支次干道不同特点，结合部门工作职责的要求，制定和细化各部门的工作流程，责任到具体工作人员身上，保证整治工作顺利完成。（王世钧）

【环卫工作体制】 年内，城区环卫处在接管原先由市政管理局管辖的外环路、义平路、狮脑山街48万平方米的道路和新建设的泉西路12万平方米的道路环卫管理工作后，及时对各环卫所的管辖范围作出相应调整，使4个环卫所的管辖面积相对平均。调整后完善"三定（定人、定岗、定责）、四查（对工作地段的任务完成情况、作业情况、在岗情况实行一班四查岗）、五罚（将分管领导、部门责任人、包片责任人、管理人员、作业人员联结在一起，实行捆绑责任链条式管理）"的环卫工作体制，将环卫作业的每一环节进一步细化、精化、量化，实行标准化作业、标准化管理、标准化考核。同时在作业质量、作业标准、作业纪律、监督考核、奖罚问责等方面做明确的规定，保证212万平方米管辖路段清扫、保洁工作顺利开展。（王世钧）

【环卫工作试点】 年内，城区环卫处为全面探索创新环卫工作，确定桃南东街（移动大楼至隆鑫购物中心）、桃北东街（阳钢转盘至北国商城）两条路段为环卫工作创新试点。要求主要领导及分管领导会同各生产部门主要领导成立巡回检查组，对上述路段及城区主要大街就晚6点至晚10点环卫工作情况进行巡回督导检查，对发现的问题现场处理。同时对桃南东街加派保洁员19名，重点对沿街商业店铺在关门后清扫出店外的垃圾进行清理。保洁时间延长至晚上10点。对桃北东街肯德基门前垃圾点、众美服饰广场门口、玛丽购物门前、恒美家居广场门前、北国商场门前增加人力垃圾收集车11辆，对桃南东街（移动大楼至隆鑫购物中心）桥北街路口、三中门前、华联商厦马路两侧、隆鑫购物中心马路两侧增加人力垃圾收集车7辆，对上述主要路口、商业店铺集中地、人流密集区易产出垃圾的区域进行不落地收集，保障环境卫生质量。（王世钧）

【矿区环卫工作概况】 年内，矿区环卫处加强环卫作业管理，做好清扫、清运、清淘、环卫设施管理、公厕管理、绿化养护等环卫职能工作，清扫保洁率、生活垃圾无害化处理率均达到100%。全年清扫保洁面积91.96万平方米，清运各种垃圾11404.56吨，清淘粪便4000余吨。年内，桃北中街被省住建厅评为省级保洁示范街道，环卫工人赵泉祥被授予“全国先进工作者”称号。（孙燕平）

【日常环卫工作】 年内，矿区环卫处加大清洁力度，确保全区环境干净整洁。一是清扫工作。矿区环卫处加大对主干街道的清扫保洁力度。清扫保洁率达100%，机扫率达到68%，街道冲洗率达20%。4月至10月，完成辖区主干街道的洒水降尘作业，每日上午2次，下午2次，确保街道的干净整洁。二是清运工作。加强清运车辆的管理、维护和保养，垃圾做到日产日清。对北大西街、西河路、桃北中路的148家沿街店铺每天2次上门收集，保证垃圾不落地，收集率达90%以上。垃圾全部实行无害化处理，城市生活垃圾无害化处理率达100%。全年共清运各种垃圾11404.56吨。三是清淘工作。安排专人定期对主要负责的100余个化粪池及居民下水管道巡回检查，及时清淘疏通，保障居民的正常使用。全年共疏通居民下水管道7500余米，清淘粪便4000余吨。四是公厕管理。强化对公厕管理人员工作情况的督查，保证开放时间。夏季每天消杀蚊蝇1次，降低蚊蝇的滋生。制作统一悬挂公厕告示牌，对开放时间，换班打扫时间以及投诉监督电话等方面内容进行公示，为百姓提供干净、整洁、便利的公厕使用条件。五是环卫设施。全年共更换果皮箱240余个、维修300余个，更换垃圾桶300余个、维修100余个。六是绿化养护。区绿化大队共清理辖区绿化带、平坦立交桥桥北生活垃圾1900余吨，清理狮脑山入口杂草，河神庙路段摆放花盆3000余盆，布置花墙1万余盆，对辖区绿化带浇水800余吨。（孙燕平）

【安全生产工作】 年内，矿区环卫处把安全生产作为重点工作来抓，全年共召开19次处务会、11次专题安全工作会，培训安全生产岗位职工600人次、队长17人次，印制下发“岗位安全生产监管职责告知卡”和“岗位安全生产职责告知卡”700余张，建立安全工作台账式管理制度，举行应急演练1次，开展安全大检查60余次，排查出安全隐患20处，整改20处，整改率达100%。（孙燕平）

【环卫工人早餐补助】 2015年，为夜间作业的环卫工人提供每人每天5元的早餐补助是矿区区政府承诺的十件惠民实事之一。2015年12月1日起，开始为夜间作业的环卫工人发放早餐补助。（孙燕平）

村镇建设

【概况】 2015年，阳泉市继续推进平定县张庄镇、娘子关镇，盂县南娄镇、西烟镇，郊区河底镇5个省级重点镇的市政基础设施、公共服务设施、公园绿地、中心街区、居住社区、景观风貌整治和环境卫生整治项目建设。全年完成投资115736.5万元，其中，平定县张庄镇完成投资468万元、娘子关镇完成投资5050万元，盂县南娄镇完成投资1875万元、西烟镇完成投资101463.5万元，郊区河底镇完成投资6880万元。经过5年建设，5个镇区基础设施和服务功能不断完善，城镇品位和集聚功能不断提升，发展空间进一步拓展，辐射带动能力大幅提高，人民生活水平不断改善，招商引资环境不断优化，带动县域城镇经济快速发展。（张振明）

【农村危房改造】 年内，阳泉市政府按照改造前严格改造户认定、改造实施中严把质量安全，竣工后及时验收把关的总体思路，各级、各部门严格执行国家、省关于农村危房改造方面的规定和政策，保证危房改造工作顺利完成。全年农村危房改造任务实际下达1500户（盂县850户、平定县300户、郊区350户），完成投资3925万元（盂县2685万元、平定县420万元、郊区820万元）。截至年底，全市完成2460户（盂县1213户、平定县547户、郊区700户）农村危房改造，其中特困户超过300户，完成投资6805万元（盂县3774万元、平定县1161万元、郊区1870万元）。年内，各县区危房改造竣工验收工作已全部完成。（张振明）

【传统村落保护申报 规划及档案编制】 年内，为完成山西省住建厅第四批中国传统村落补充调查和推荐上报工作，阳泉市在各县区开展传统村落普查工作。经普查，推荐平定县巨城镇下盘石村、岩会村，岔口乡大前村、冯家峪村、主铺掌村，石门口乡西郊村，娘子关镇新关村，东回镇七亘村以及盂县仙人乡坳上村共9个古村落向省住建厅申报第四批中国传统村落。组织盂县大宋村，平定县娘子关村、上董寨村、下董寨村、西锁簧村、南庄村、宋家庄村7个村编制传统村落保护规划，并建立档案。8月19日，以上7个村保护规划已通过省住建厅专家评审。11月30日，以上7个村保护规划审查通知书已下达，由平定县、盂县住建局报送县政府批复实施。（张振明）

【传统院落保护修复工作】 年内，小河村投资80万元对石家花园内部的两个院落古建筑进行抢救性保护。拆除即将倒塌的大院石墙，并重新垒起恢复其原貌和功能；修复含清堂窑洞8眼、瓦房6间；修复古门楼1处，并重新垒起台阶；为含清堂重新铺院200平方米。大阳泉村投资32.32万元对张穆故居的刘爱亭古宅、德裕城郗文民故居和陆玺住房3个院落进行修复。对张穆故居的刘爱亭古宅和德裕城郗文民故居屋顶、墙面等进行维修，对陆玺住房房顶和前墙进行维修。（张振明）

【国家级特色示范村镇申报工作】 年内,阳泉市按照省住建厅相关文件要求,上报平定县娘子关村、辛庄村,郊区小河村申报国家特色景观旅游名镇名村。娘子关镇申报国家级园林城镇已通过省住建厅现场验收合格,相关资料已由省住建厅上报住建部。（张振明）

建筑施工

【概况】 2015年，全市在建工程181项,建筑面积427.85万平方米,工程造价71.58亿元。其中，市区40项,建筑面积95.62万平方米,工程造价14.04亿元；开发区31项,建筑面积85.15万平方米，工程造价8.98亿元;平定县44项,建筑面积42.00万平方米,工程造价4.5亿元;盂县12项,建筑面积69.49万平方米,工程造价13.9亿元;郊区54项,建筑面积135.59万平方米,工程造价30.16亿元。(张振明)

【安全监管】 年内,阳泉市把建筑企业安全生产责任落实、隐患排查制度落实、应急救援预案的制定及演练作为安全管理的重点,把深基坑、高支模、脚手架、建筑起重机械等关键部位和环节的安全隐患排查治理作为现场安全生产工作的重点进行督查检查,督促企业落实主体责任，及时消除安全隐患,保证全年的安全生产。组织开展春季复工安全生产大检查、质量安全专项整治大检查、建筑起重机械设备专项检查、房屋建筑工程安全生产大检查、深化“打非治违”和专项整治工作6次大检查。全年督查检查在建工程645项次,下达隐患整改通知书145份，排查安全隐患802条,督促整改治理771条,整改率达96%。全年未发生生产安全死亡事故。（张振明）

【安全生产全员“知责 履责”活动】 年内,市住建局按照山西省住建厅开展安全生产全员“知责 履责”主题活动的要求,印发《关于深入开展建筑施工安全生产全员“知责、履责”主题活动的通知》(阳建建发〔2015〕109号)。对内部科(室)及工作人员岗位职责进行梳理和修订,印发《阳泉市建筑安全监督站各科(室)及工作人员岗位安全职责》(阳建安发〔2015〕7号),制定各个岗位工作职责,完善“党政同责、一岗双责”等安全监管职责,制作“岗位安全监管职责告知卡”并印发给每个职工,做到“知责、履责”制度上墙,责任到岗。结合“安全生产月”活动和日常安全检查工作,开展宣传教育和培训,对施工企业、项目开展安全生产全员“知责、履责”主题活动情况进行监督检查,督促企业和项目建立完善“以知责促履责、以履责保安全”的长效机制,营造“人人都有责任心、事事都有责任制、处处都把责任落到实处”的安全生产工作氛围。（张振明）

【建筑工地消防安全管理】 年内,市住建局结合日常施工安全监督检查,对建筑工地的消防安全管理制度建设、消防设施和器材配置作为检查重点,认真排查。河南鲁山“5·25”火灾事故发生后,市住建局印发《关于开展房屋建筑和市政基础设施工程彩钢板建筑消防安全专项行动的通知》，对在建工程彩钢板建筑开展专项检查,检查彩钢板房建筑1.3万平方米，有0.4万平方米不达A级防火要求,分别下达整改通知书。全年督查检查在建工程645项次,排查消防安全隐患77条,并督促整改落实,全年未发生火灾事故。（张振明）

【建筑工地食堂食品安全监管】 年内,市住建局为保障从业人员身心健康,防止群体性食品安全事故发生,始终把建筑工地食堂食品安全作为安全管理的重点任务,把食堂环境卫生、索票索证制度的落实、炊管人员健康体检、食品安全事故应急预案的建立,作为督查检查的重要内容。全年排查食堂食品安全隐患19条,并督促整改落实,未发生食品安全事故。（张振明）

【建筑工地扬尘污染监控管理】 年内,市住建局把建筑工地扬尘污染监管作为重点工作,每次检查都把扬尘污染治理作为必检内容,特别对施工现场砌筑围墙设置、出入口硬化处理、车辆冲洗设施、易产生扬尘的物料苫盖等进行检查,发现问题及时提出整改意见。在纪念抗日战争胜利70周年活动期间,组成3个督查小组,由局长及分管领导亲自带队督查,开展为期半个月的不间断的专项督查检查。下达整改通知书18份,排查安全隐患及扬尘治理问题80条,并督促整改,保证活动期间全市房屋建筑工地扬尘污染防控工作的落实。（张振明）

【安全生产宣传教育及特种作业培训】 年内，市住建局重点开展新《中华人民共和国安全生产法》及相关建筑安全法律法规和规范标准的宣传教育。组织全市27名建筑安全监管人员参加省住建厅主办的新《中华人民共和国安全生产法》培训教育和《〈房屋建筑和市政基础设施工程施工安全监督工作规程〉格式文本(试行)》宣传贯彻;参与部分施工、监理单位年度安全培训工作,培训企业安全生产管理人员、监理人员300多人。召开“安全生产月活动”动员会,印发相关文件,进行安排部署,组织企业开展安全警示教育、安全知识竞赛、应急救援演练等活动;其间,抽调企业专业技术人员组成检查组对企业和项目开展“安全生产月”活动情况、高(中)考期间安全管理等工作进行监督检查,同时发放宣传资料，开展咨询服务。举办施工企业“三类人员”培训班4期,培训企业主要负责人、项目负责人、专职安全生产管理人员1090人。举办施工企业特种作业人员培训班4期，培训特种作业人员797名,包括电工、焊工、架子工、起重机

司机等 11 个工种。（张振明）

【建筑节能】 年内，全市新建建筑施工阶段节能标准执行率达 97%。市区新建建筑施工阶段节能标准执行率达 100%，县区新建建筑施工阶段节能标准执行率达 95%以上。可再生能源建筑应用主要以太阳能热水系统为主，设计备案太阳能热水系统使用面积 80.86 万平方米，应用率 66.8%。全市完成既有建筑节能改造面积约 20 万平方米，其中，热力公司完成 8.53 万平方米、平定县完成 5.2 万平方米、盂县完成 4.9 万平方米、康达小区完成 1.34 万平方米。其中热力公司、平定县、盂县改造内容为供热管网平衡改造和分户计量改造，康达小区改造内容为供热管网平衡改造、外墙围护改造和分户计量改造。全年共完成绿色建筑二星级设计标识面积 8.52 万平方米（恒大帝景花园首期 11#、13#、14# 及地下车库项目），已通过省住建厅评审和公示。（张振明）

房地产业

【概况】 2015 年，全市完成房地产开发投资 46.6 亿元，比上年下降 11.5%。房屋新开工面积 80.8 万平方米，比上年下降 54.5%。房屋施工面积 554.0 万平方米，比上年下降 17.6%。房屋竣工面积 52.4 万平方米，比上年下降 33.4%。商品住房平均销售价格 3569 元 / 平方米，比上年下降 0.3%(市本级 3900 元 / 平方米，比上年增长 0.15%)。商品房库存量 281.19 万平方米，商品住房库存 237.49 万平方米。（张振明）

【房地产交易市场管理】 年内，全市共办理各类房屋登记 20271 件，建筑面积 361.78 万平方米。其中，办理初始登记 7959 件，建筑面积 102.86 万平方米；转移登记 5742 件，建筑面积 57.26 万平方米；变更登记 194 件，建筑面积 5.54 万平方米；抵押登记 2592 件，建筑面积 124.95 万平方米；预告登记 3237 件，建筑面积 35.01 万平方米；更正登记 17 件，建筑面积 0.96 万平方米；补办房证 103 件，建筑面积 3.21 万平方米；其他登记 427 件，建筑面积 31.99 万平方米。

全年全市房地产交易手续费完成 392 万元，比上年增长 37%；房屋登记费完成 209 万元，比上年增长 30%；房地产测绘收入 245 万元，比上年下降 13%；房地产估价收入 243.8 万元，比上年增加 22%。

全年共办理各类房地产交易（含转让、抵押）6390 件，交易建筑面积 120.24 万平方米，交易金额 31.65 亿元。其中办理购买商品房 3120 件，成交面积 34.83 万平方米，成交金额 10.24 亿元（其中商品住宅 2985 套，成交面积 33.20 万平方米，成交金额 9.2 亿元）；办理房改房首次上市 492 件，成交面积 3.7 万平方米，成交金额 0.99 万元；办理其他存量房上市 1157 件，成交面积 10.5 万平方米，成交金额 2.9 亿元(其中住宅 1128 套，成交面积 9.7 万平方米，成交金额 2.61 亿元)；办理住宅抵押 1391 件，抵押面积 15.23 万平方米，抵押金额 2.96 亿元；办理非住宅抵押 230 件，抵押面积 55.98 万平方米，抵押金额 14.56 亿元。

全年发放各类房屋权属证书和登记证明 24216 本，比上年增加 27%。其中发放房屋所有权证 19386 本，房屋他项权利证 1655 本，预告登记证明 3175 本。

全年完成测绘 4678 户（幢），测绘建筑面积 159.49 万平方米（其中完成私产配图 4578 户、测绘建筑面积 44.18 万平方米，完成公产测绘 100 幢、测绘建筑面积 115.31 万平方米），完成测绘户数比上年增加 1.9%，测绘面积比上年减少 23.9%。完成房地产估价 708 宗，比上年增加 31.1%。代理预抵押登记 755 件，比上年减少 44.6%。代理预告登记 973 件，比上年减少 32.7%。（张振明）

重点工程

【泉西路工程】 工程北起宏成桥南口，向南下穿简子沟铁路，在物资集团西河滩库区修建环形高架桥，上跨石太铁路后，穿越工业学校东侧山体，连接南大西街，道路全长 1.18 千米，原计划总投资 3.47 亿元。在项目实施过程中，根据地质结构现状、拆迁征收可能和道路通行性能等实际情况，适时对工程建设进行局部调整，工业学校东区通道变更为敞开式通道，道路北口对桃南路下沉改造变更为与桃南路平交，变更后由于工程费用减少，工程计划总投资变更为 2.98 亿元。工程于 2014 年 3 月 18 日开工，2015 年 6 月 30 日通车，截至 12 月底，完成投资 2.7 亿元，其中 2015 年完成投资 1.32 亿元。（张振明）

【阳煤远盛热电厂集中供热配套管网工程】 工程包括新建热力管网一级网 19.8 千米，隔压换热站 1 座，热力站 30 座，实现集中供热面积 1300 万平方米，总热负荷 709.05 兆瓦，项目总投资 35941 万元，建设工期 3 年，建设资金由政府补助和企业筹措解决。工程于 2015 年 8 月 6 日开工建设，年内敷设 DN 1200 至 DN 1400 管网 3725 米×2，砌筑 DN 1200、DN 1400 截断井各 1 座，DN 1400 放气井 2 座，计量井 1 座，检查竖井 2 座，穿越白荫铁路顶管工程敷设管网 294 米×2。年内完成投资 7346 万元。（张振明）

【传统村落保护项目实施】 2015 年，阳泉市以保护传统村落和改善农村人居环境质量为出发点，以公共基础设施建设和环境卫生治理为重要内容，重点推进小河村、大阳泉村保护项目实施工作。

小河村传统村落保护项目 年内，项目完成投资 350 万元。传统村落防灾安全保障主要建设内容为治理村内防洪河道0.5千米，建设两座防洪坝，建设村内道路(消防通道)2.5千米，消防水池1处。截至年底工程全部完成，等待验收。农村环境整治主要建设内容为村西部居民搬迁安置区新建1100米的DN 400主干管网，村中部农业大棚区新建800米的DN 300支管网及污水顺流入村主街道暗涵，村中部农业采摘区新建800米的DN 300支管网及污水顺流入村主街道暗涵。截至年底，已经开挖管道铺设渠1300米，检查井洞6个。

大阳泉村传统村落保护项目　年内，项目完成投资334万元。传统村落基础设施改造主要建设内容为新建村内公路1千米，包括路基、排水沟清理、路灯等。截至年底，完成天河沿沟路段道路改造，消防垃圾处理，供排水线路建设，硬化道路516米，上水管铺设600米，下水管铺设450米；明清一条街拆除原路面街石1850平方米、总长535米，上下水管道铺设535米，街面砂石铺设535米，全部铺设完工，等待验收。农村环境整治包括古村环境整治，生活污水处理和生活垃圾处理三部分。主要建设内容为铺设污水管道1650米，配置检查井36个、公用垃圾箱25个、垃圾转运车1辆、人工保洁车4辆、吸粪车1辆。年内，铺设给排水管道1200米，清运垃圾500立方米，维修路面总长610米、面积1700平方米，完成路面恢复1200立方米左右，垃圾清运车、吸粪车完成招标。南街绿化亮化项目总投资34万元。年内，完成绿化池改造和路灯基础安装。　（张振明）

环境保护

综合工作

【概况】　2015年，阳泉市环境保护工作以开展“三严三实”专题教育活动为抓手，砥砺奋进，铁腕治污，环保工作取得新成效。全年化学需氧量、氨氮、二氧化硫、氮氧化物、烟尘、粉尘分别比上年下降1.69%、0.04%、6.28%、6.01%、0.29%、0.61%，全部达到减排进度要求。按照《环境空气质量标准》(GB 3095-2012)评价，市区二级以上天数为267天，比上年增加89天；空气质量综合指数6.69，比上年下降22.4%；在全省11个地市中排名第六，成为全省空气质量改善幅度最大的市。全市主要河流水质区域间差异较大，娘子关断面劣Ⅴ类水质，滹沱河闫家庄大桥断面达Ⅱ类水质。　（周培源　刘罡明）

【环境保护暨党风廉政工作会议】　3月11日，全市环境保护暨党风廉政工作会议召开。会议总结2014年工作，安排部署2015年工作，动员全市环保系统适应新常态、主动新作为，坚定信心，奋力攻坚，努力开创环境保护工作新局面。2015年，全市环保工作以开展学习讨论落实活动为契机，主动适应环境保护新常态，全力打好空气质量改善翻身仗、水环境保护攻坚战和污染减排持久战，强化执法监督、改革创新、宣传教育、队伍建设和党风廉政建设5项措施，切实改善环境质量，保障群众健康，圆满完成“十二五”环境保护各项目标任务。会上还对2015年全市环保系统党风廉政建设和反腐败工作进行安排部署。　（周培源　刘罡明）

【行政审批】　年内，市环保局环保窗口共受理行政许可事项89件，其中，竣工环保验收9件，建设项目环境保护设施验收5件，建设项目环境影响评价审批33件，核发排污许可证9件，辐射安全许可证核发、变更、申请、注销31件，建设项目试生产、试运行审批2件，所有行政审批事项全部在承诺期限内办理完毕。　（周培源　刘罡明）

【农村生态建设】　年内，市环保局加大农村生活污水防治，组织14个村(盂县5个、郊区5个、平定县4个)实施污水防治项目建设。14个村均完成项目实施方案的编制工作，560万元省级资金已拨付县区，7个村已开工建设，其余7个村也具备土建开工条件。（周培源　刘罡明）

【项目服务】　年内，市环保局把服务重点工程建设作为头等大事来抓，按照“一个项目、一名领导、一套班子、一支队伍、一抓到底”的工作要求，在项目储备、签约、落地、开工、建设和竣工全过程提供优质高效的服务。对属于本级审批的项目，坚持特事特办、急事急办的原则，开辟重点工程环评审批绿色通道，简化审批程序、下放审批权限、优化审批环节，大大提高审批效率。对属于上级审批的项目，主动提前介入，积极帮助协调，全力搞好服务。市、县(区)两级环保部门全年共审批项目环评358个，项目总投资256亿元。(周培源　刘罡明)

【环保宣传】　年内，市环保局围绕大气污染防治、空气质量保障等重点工作，在市电视台、《阳泉日报》等主流媒体开设专栏专题，通过消息、图片、现场连线、记者手记等多种形式，及时报道大气污染防治和空气质量保障工作的进展情况，宣传环保先进典型，曝光违法排污行为。6月5日，市环保局组织“环保开放日”活动，邀请100多位环保志愿者和普通市民走进市环保局，亲身参与和体验环保，实现与环保工作的“零距离”接触，切实增强广大市民的环保意识。在市电视台、《阳泉日报》等主流媒体开设专栏，大密度、高频率地滚动播放新《中华人民共和国环保法》、两高司法解释等，与市电视台制作《共创美好家园》《只为心中的蓝天》《雾霾防护知识》等一批环保公益广告片，在电视台5个频道黄金时段进行多频次滚动播放；大力宣传大气冬防攻坚

工作，在全社会形成人人关心环保、支持环保、参与环保、共同向污染宣战的氛围。　（周培源　刘罡明）

【三晋环保行】 8月24日至28日，省人大城环工委副主任高建平带领三晋环保行记者团以“加强水资源保护，保障饮用水安全”为主题到阳泉市进行实地采访。重点报道饮用水水源地保护和城市供水安全情况，工业企业废水处理设施建设运行情况及推行清洁生产、发展循环经济情况，城镇污水集中处理情况，农业和农村水污染防治情况，地下水污染防治和保护情况等。其间，三晋环保行记者团听取全市水污染防治工作的情况汇报，对全市三区两县的部分工业企业、污水处理厂和水源地进行实地采访。8月28日，阳泉市听取2015年三晋环保行记者团反馈意见。随后市政府、市环保局分别召开专题会议，落实发现问题整改工作。（周培源　刘罡明）

【抗日战争胜利70周年空气质量保障】 年内，阳泉市被列入抗日战争胜利纪念活动空气质量保障的重点控制区，市政府制定《阳泉市空气质量保障方案》，成立以分管副市长任组长，各县区、各有关部门为成员的阳泉市空气质量保障领导小组，明确各部门的责任分工，确保领导到位、责任到位、措施到位，并对会议前、会议期间的保障措施，以及会议期间发生重污染天气时的应急措施进行规定。市环保局还制定《纪念抗日战争胜利70周年阅兵式期间阳泉市空气质量保障督查方案》，成立5个由市政府副秘书长为组长的督查组，包县区督促检查环保工作。工作组由市政府督查室、环保局及相关部门人员组成，重点对各县区政府、市直重点牵头单位、各有关企业方案落实情况开展集中督查，确保做好空气质量保障工作。活动期间，空气质量达标率100%。　（周培源　刘罡明）

【大气冬防】 年内，市委、市政府把大气冬防定为“冬季行动”的八大攻坚战之一，市环保局按照“马上就办、真抓实干”的要求，迅速部署推进，立即开展行动，制定《大气冬防攻坚战役工作方案》《阳泉市“土小”燃煤矾石竖窑、石灰窑取缔关闭工作规范》和《阳泉市燃煤茶浴炉拆除改造工作方案》，召开专门会议，以解决“土小”燃煤矾石竖窑、石灰窑污染问题为突破口，按照市政府“彻底、干净、全部取缔”的决定，坚持无禁区、全覆盖、零容忍，全程督办，现场督战，督促各县区积极行动，采取爆破、机械拆除等强硬措施予以彻底摧毁，确保不能死灰复燃。同时，实行“一天一调度、一天一公示”。截至12月31日，全市共取缔“土小”矾石窑、石灰窑367支，其中，爆破50支、拆除317支。　（周培源　刘罡明）

环境治理

【概况】 2015年，全市环境污染治理主要围绕大气污染防治这条主线，开展净空工程专项行动、水环境保护等工作。通过一系列污染治理措施，达到减少污染物排放、改善环境质量的目的，全市污染减排任务全面完成。　（周培源　刘罡明）

【污染减排】 2015年，省下达阳泉市的减排任务分别是：化学需氧量、氨氮、二氧化硫、氮氧化物、烟尘和粉尘分别比上年减排1.64%、0%、5.87%、5.16%、0.25%、0.5%。全年通过工程减排、结构减排和管理减排等措施，上述六项约束性减排指标排放总量比上年分别下降1.69%、0.04%、6.28%、6.01%、0.29%、0.61%。年内，全市围绕省下达的总量减排约束性指标，制定下发《2015年主要污染物总量减排计划》《关于做好2015年规模化畜禽养殖污染减排工作的通知》以及一系列减排警示文件，将减排指标细化分解到各县区、重点单位和企业，通过倒排工程、定期督查、警示约谈，进一步强化减排措施。推进污水处理厂扩容和提标升级改造工程，市污水处理厂二期工程投资1.64亿元，基本完成主体工程和配套管网建设并注水调试，完成平定县、盂县、郊区、娘子关污水处理厂及市污水处理厂两条线的提标改造，郊区污水处理厂完成荫营镇区雨污分流管网改造工程，日增加水量3700多吨。现役燃煤机组已全部安装脱硫除尘设施，30万千瓦以上机组全部完成脱硝改造，并取消烟气旁路。坚持增量控制与存量削减同步，严格审核建设项目主要污染物总量，实施差别化总量置换，加大对重点减排项目的督察力度，建立减排协调共管机制，确保减排项目环保设施正常运转，全面完成“十二五”及2015年年度减排目标任务。启动实施排污权交易工作，提请市政府出台《关于在全市开展排污权有偿和交易工作的实施意见》，成立阳泉市排污权交易中心，搭建排污权交易平台，全年共完成排污权交易3宗，实缴国库金额274.14万元。　（周培源　刘罡明）

【大气污染防治】 年内，市委、市政府高度重视大气污染防治工作，出台《关于进一步改善大气环境质量的“十条措施”》《阳泉市2015年净空工程行动方案》等文件，大力实施治污、控煤、管车、降尘等专项行动。治污方面，督促阳光发电公司在完成脱硝治理和脱硫除尘技术改造的基础上，率先完成3号机组超低排放改造，完成阳煤发供电二电厂2台机组、三电厂3台机组脱硫除尘改造和兆丰自备电厂2台机组炉外脱硫设施建设；水泥行业在率先完成所有新型干法水泥脱硝设施建设的基础上，冀东水泥完成“电改袋”除尘改造；焦化行业完成盂县中信焦化和晋玉煤焦化的脱硫改造。控煤方面，淘汰高禁区（高污染燃料禁燃区）内的燃煤锅炉11台、166蒸吨，餐饮业累计完成油烟净化装置628家，安装率达97%，同时启动茶浴炉清洁能源改造,年内完成改造10台。车辆管理方面,淘汰黄标车2467辆,提前完成省定任务;完成剩余1座储油库和11座加油站油气改造;新建成机动车环保检测站3个,全市机动车环检率82.5%,发标率91.8%,首次实现环检率和发标率“双达标”。降尘方面,加大建筑工地和道路扬尘整治,督促市区所有建筑工地采取出口设置冲洗装置、施工现场封闭式围挡、施工现场主要道路硬化等措施;加强国省干道的道路保洁和抑尘工作,严查上路运输车辆苫盖不严、沿路抛洒等问题,加强城市道路保洁,有效控制扬尘污染。重污染天气预警及应对方面,投资340万元建成全市空气质量预报预警平台,完成PM 2.5源解析工作并通过专家评审,修订重污染天气应急预案,建立省、市、县三级联动和蓝、黄、橙、红四级预警机制,环保与气象部门加强重污染天气会商,全年共发布4次重污染天气预警并启动预案,有效降低重污染天气的影响。全力做好抗日战争胜利70周年纪念活动空气质量保障工作,采取超常措施,落实最严要求,确保各项措施落实到位,其间,共出动环保执法人员1350余人次,检查停产企业234家次、限产企业97家次、工地41家次、燃煤锅炉205台次,同时启动最高一级应急减排措施保障空气质量。（周培源　刘罡明）

【水环境整治】 年内,市环保局优先保护饮用水,对娘子关集中式饮用水水源地实施严格保护,督促平定县政府加快落实水源地污染企业搬迁。同时加快城市饮用水水质改善工程建设,年底完成软化水车间、综合办公楼、主要设备安装等工程。加快治理流域水,采取日常巡查、夜间暗查、错时检查、驻厂监察等方式,开展水污染防治督查工作,开展畜禽养殖业专项检查,有效保护河流水质。严格考核跨界水,开展各县区地表水跨界断面水质考核,实行“市县联动、同步监测”机制,合理划分各县区应承担的责任,严格考核,奖惩兑现,促进水质改善。（周培源　刘罡明）

环境执法

【概况】 2015年,市环保局严格执行新《中华人民共和国环保法》,认真贯彻落实《关于加强环境监管执法的通知》,统筹运用各种手段,实行严格的环境保护制度。一是源头严防。市环保局牢固树立生态红线意识,严把环保准入关。严格落实环评和“三同时”制度(建设项目中防治污染的措施,必须与主体工程同时设计、同时施工、同时投产使用),确保从源头控制污染。二是过程严管。按照“全覆盖、零容忍、严执法、重实效”的总体要求,开展环境保护大检查、违法违规建设项目清理整顿、餐饮业油烟整治和畜禽养殖业环保专项检查等活动,市环保局发挥统一协调和监督检查的作用,推进环境监管网格化管理。全局成立5个工作组,实行领导带队,分片包干,采取明查与暗查相结合、昼查与夜查相结合、在线监控与现场检查相结合的督查方式,到县区、企业、项目单位进行督促检查,始终保持打击环境违法行为的高压态势。三是后果严惩。严格落实按日计罚、查封扣押、限产限排等规定要求,严厉打击环境污染违法犯罪行为。查处违法企业108家、违法行为242个,罚款1327.34万元。（周培源　刘罡明）

【“铁腕斩污”专项行动】 4月至11月,市环保局开展“铁腕斩污”专项行动,共检查工业园区2家、企业267家,涉及焦化、化工、煤炭、火电、水泥、电解铝、涉重金属、污水处理厂、垃圾处理厂、规模化畜禽养殖场10个重点行业。通过检查,查处违法企业108家,违法行为242个,其中无环评手续63家、未验收45家、未按要求配套污染防治设施52家、以混排和偷排方式排放污染物39家、污染防治设施不正常运行24家、污染物超标排放22家。要求41家企业停产整改,下达限期整改通知书22份;要求3家企业限期治理,关停取缔37家。行政处罚6家,罚款45万元,除5家煤炭企业因审批权原因,已报省厅处理外,其他企业均下达分类处置意见。（周培源　刘罡明）

【畜禽养殖业环保专项检查】 4月1日至6月30日,市环保局重点对集中式生活饮用水水源地和生活饮用水保护区、自然保护区、风景名胜区、城市和城镇人口集中区等环境敏感区和河流两岸附近的养殖场进行排查,并对规模化畜禽养殖场进行专项检查。全市共出动240余人次对39家畜禽养殖场进行抽查并建立台账。平定县的规模化畜禽养殖场15家,13家办理环评手续、其余2家未办理,有10家养殖场进行竣工环保验收。娘子关饮用水源地保护区范围内有畜禽养殖户18家,其中渔场5家、养鸭场3家、养猪场5家、养鹿户1家、养鸡户1家、另外3户停产,18家养殖场均为家庭式小型养殖场。郊区的规模化养殖场5家,其中2家养殖场办理环评手续和竣工环保验收手续、其他3家办理环评手续。盂县有规模以上养殖场19家,其中12家养殖场办理环评手续、其余7家未办理,有7家养殖场进行竣工环保验收。（周培源）

【危险化学品和危险废物专项检查】 年内,市环保局出动执法人员130余人次,对山西兆丰铝业有限责任公司、锁簧稀土股份有限公司等30家涉危企业环境安全隐患排查整改情况进行现场督查,督查中发现位于平定县的金泰化工有限公司、万成泰化工有限公司、阳泉市古州威远物资有限公司存在应急物资储备不足的问题,执法人员向企业提出整改要求,现场督查中暂未发现重特大环境安全隐患。（周培源　刘罡明）

【餐饮业油烟污染综合治理】 年内，市环保局在全市范围内开展居民住宅楼内餐饮等经营行为环境污染专项排查整治工作。内容包括调查餐饮经营单位执行环境影响评价制度、排污申报登记及排污费缴纳情况，集中依法处理餐饮经营单位环境违法行为。为期半年的专项整治，对照国家对餐饮油烟废气排放标准、餐饮废水排放标准，将餐饮娱乐业的环境审批前置条件进行规范，通过使用清洁能源、安装油烟净化器、高空排放设施、油水分离器等污染治理设施，油烟污染环境现象已得到有效改善。（周培源 刘罡明）

【辐射环境安全执法检查】 2015年，全市共有20家涉源单位，在用射线装置单位88家，共有放射源309枚，其中Ⅰ类放射源1枚、Ⅲ类放射源2枚、Ⅳ类放射源209枚、Ⅴ类放射源97枚。全年共出动执法人员300多人次，执法车辆108余次，检查涉源单位20家、射线装置利用单位88家，制作执法笔录112份。通过检查，进一步摸清放射源、射线装置底数，健全和规范各项制度和工作程序，确保全市核技术利用活动符合国家有关要求，推动监管工作科学化、制度化、规范化、精细化，有效降低辐射事故发生率，保证辐射环境安全。（周培源 刘罡明）

【环保信访】 年内，市环保局畅通信访渠道，规范信访处理程序，想群众之所想，急群众之所急，扎实开展矛盾纠纷排查化解活动和领导接访活动，及时解决人民群众反映的各类突出问题，做到接待、登记、回复一站式服务，提升环境信访工作水平，维护社会稳定。全年共受理环境污染举报320件，其中水污染12件，大气污染252件，固废7件，噪声污染40件，三产污染类3件，畜养、农药化肥污染1件，建设项目类2件，其他类举报3件，结案率100%。（周培源 刘罡明）

【排污费征收】 年内，全市各级环保部门贯彻执行《排污费征收使用管理条例》，严格执法，采取各种措施，加大排污费征收力度。全年全市共征收排污费2203.84万元，其中，市环保局征收1387.32万元，平定县征收269.42万元，盂县征收124.94万元，郊区征收168.55万元，城区征收3.19万元，矿区征收10万元，焦炭企业征收240.42万元。（周培源 刘罡明）

环境监测

【概况】 2015年，阳泉市环境质量总体保持基本稳定。市区环境空气质量有所好转，平定县县城、盂县县城、郊区荫营镇环境空气质量有所下降；酸雨频率有所下降；地表水环境质量，桃河、南川河河流水质有所变差，滹沱河、乌河水质无明显变化，其他主要河流水质仍处于较高污染水平；城市地下水水质受到不同程度污染；声环境质量状况总体较好。（周培源 刘罡明）

【环境空气质量状况】 年内，市、县（区）两级环境监测站分别在市区、平定县县城、盂县县城、郊区荫营镇设立11个环境空气自动监测点位，实施环境空气质量日报监测。其中市区设6个监测点，平定县县城设2个监测点，盂县县城设2个监测点，郊区荫营镇设1个监测点。2015年空气质量有效监测天数365天。

一、市区环境空气质量状况

2015年，按照《环境空气质量标准》（GB 3095-2012）评价，市区环境空气质量达到优的Ⅰ级天数37天，达到良的Ⅱ级天数230天，优良率达73.2%；环境空气受到轻度污染的（Ⅲ级）天数为68天，占全年监测天数的19.1%；中度污染的（Ⅳ级）天数18天，占全年监测天数的4.9%；重度污染的（Ⅴ级）天数12天，占全年监测天数的3.3%；无严重污染（Ⅵ级）天气。空气质量综合指数为6.69，比上年下降22.4%。

细颗粒物（PM2.5）年均浓度范围7微克/立方米~245微克/立方米，年均浓度54微克/立方米（年均浓度二级标准限值35微克/立方米），与2014年相比减少18微克/立方米，超标0.54倍，超标率20.0%。

可吸入颗粒物（PM10）年均浓度范围16微克/立方米~419微克/立方米，年均浓度113微克/立方米（年均浓度二级标准限值70微克/立方米），与2014年相比减少43微克/立方米，超标0.61倍，超标率21.4%。

二氧化氮（NO_2）年均浓度范围9微克/立方米~159微克/立方米，年均浓度41微克/立方米（年均浓度二级标准限值40微克/立方米），与2014年相比减少1微克/立方米，超标0.025倍，超标率2.5%。

二氧化硫（SO_2）年均浓度范围4微克/立方米~389微克/立方米，年均浓度60微克/立方米（年均浓度二级标准限值60微克/立方米），与上年相比减少24微克/立方米，未超标，超标率7.4%。

一氧化碳（CO）日均浓度范围0.3毫克/立方米~4.2毫克/立方米（日浓度二级标准限值4毫克/立方米），平均超标率为0.3%，比上年下降1.0个百分点。

臭氧（O_3）日最大8小时浓度范围6微克/立方米~210微克/立方米（日最大8小时平均浓度二级标准限值160微克/立方米），超标率3.8%，比上年上升3.8个百分点。

二、县区环境空气质量状况

2015年，县区空气质量按照《环境空气质量标准》（GB 3095-1996）评价，平定县县城二级以上优良天数198天，优良率达54.2%，空气质量综合指数7.60；盂县县城二级以上优良天数211天，优良率达57.8%，空气质量综合指数7.72；郊区荫营镇二级以上优良天数218天

(监测天数356天),优良率61.2%,空气质量综合指数6.43。

二氧化硫(SO_2)污染状况:平定县县城、盂县县城、郊区荫营镇二氧化硫年均浓度范围分别为2微克/立方米~448微克/立方米、3微克/立方米~461微克/立方米、1微克/立方米~257微克/立方米,年均浓度分别为96微克/立方米、93微克/立方米、51微克/立方米。

二氧化氮(NO_2)污染状况:平定县县城、盂县县城、郊区荫营镇二氧化氮年均浓度范围分别为9微克/立方米~118微克/立方米、9微克/立方米~59微克/立方米、2微克/立方米~75微克/立方米,年均浓度分别为52微克/立方米、24微克/立方米、30微克/立方米。

可吸入颗粒物(PM10)污染状况:平定县县城、盂县县城、郊区荫营镇可吸入颗粒物年均浓度范围分别为19微克/立方米~574微克/立方米、14微克/立方米~418微克/立方米、14微克/立方米~362微克/立方米,年均浓度分别为120微克/立方米、116微克/立方米、89微克/立方米。

细颗粒物(PM2.5)污染状况:平定县县城、盂县县城、郊区荫营镇细颗粒物年均浓度范围分别为7微克/立方米~306微克/立方米、13微克/立方米~313微克/立方米、9微克/立方米~288微克/立方米,年均浓度分别为71微克/立方米、71微克/立方米、57微克/立方米。

一氧化碳(CO)污染状况:平定县县城、盂县县城、郊区荫营镇一氧化碳日均值浓度范围分别为0.1毫克/立方米~4.9毫克/立方米、0.3毫克/立方米~6.6毫克/立方米、0.001毫克/立方米~3.7毫克/立方米。

臭氧(O_3)污染状况:平定县县城、盂县县城、郊区荫营镇臭氧日最大8小时浓度范围分别为2微克/立方米~232微克/立方米、6微克/立方米~193微克/立方米、5微克/立方米~288微克/立方米。

三、降水污染状况

2015年,阳泉市区大气降水共采集41个样本,监测降水量497.7毫米,pH年均值为6.02,全年pH值介于4.93~8.46之间,最小值出现在9月5日,最大值出现在11月5日,酸雨(pH值<5.60的降水)出现2次,全年酸雨频率为4.9%。与上年相比,全年酸雨频率下降6.5个百分点。 (周培源 刘罡明)

【地表水环境质量状况】 年内,市、县(区)两级环境保护监测站对桃河、滹沱河、乌河、南川河、秀水河、温河的27个有效断面(方山断面断流)进行监测,其中,闫家庄大桥为国控断面,晓庄、娘子关、白羊墅、枣园村4个断面是省控断面,这5个断面中闫家庄大桥断面为滹沱河出境控制断面,晓庄断面为阳泉市桃河入境断面,白羊墅断面为桃河市区段的主要控制断面,娘子关断面为绵河出境控制断面,枣园村断面为乌河的控制断面。县、区各监测断面为市控断面,其中南坪断面为平定县南川河的主要控制断面,河下断面为盂县秀水河的主要控制断面、温池断面为盂县温河的主要控制断面,韩庄桥为郊区温河的主要控制断面。监测结果显示:27个水质监测断面,达到Ⅰ类水质的断面(优)2个,占7.4%;达到Ⅱ类水质的断面(优)1个,占3.7%;Ⅳ类水质的断面(轻度污染)1个,占3.7%;Ⅴ类水质的断面(中度污染)3个,占11.1%;劣Ⅴ类水质的断面(重度污染)20个,占74.1%。全市主要河流水质状况总体有恶化趋势,区域间差异较大,河流水质污染依然严重。

一、地表水水质状况

桃河　2015年,桃河水质属重度污染,与2014年相比,有所变差(2014年为中度污染)。各检测断面中:晓庄断面的水质类别为Ⅰ类,水质状况为优;白羊墅断面水质类别为劣Ⅴ类,属重度污染,其主要污染物为氨氮、化学需氧量、生化需氧量;重点流域国家考核娘子关断面水质类别为劣Ⅴ类,水质为重度污染,主要污染物为氨氮、化学需氧量。

滹沱河　闫家庄大桥为国控断面,水质类别为Ⅱ类,水质状况为优。

乌河　枣园村为省控制断面,水质类别为Ⅰ,水质状况为优。

南川河　南坪断面为劣Ⅴ类水质,属重度污染。主要污染物为生化需氧量、化学需氧量、氨氮。与上年相比水质状况有所变差。

秀水河　河下断面为Ⅴ类水质,属中度污染。主要污染物为化学需氧量。与上年相比水质状况有所变好。

温河　温池断面为Ⅳ类水质,属轻度污染。主要污染物为化学需氧量。韩庄桥断面为劣Ⅴ类水质,属重度污染,主要污染物为氨氮、化学需氧量。与上年相比温池断面和韩庄桥断面的水质状况等级无明显变化。

二、地表水主要污染物状况

(一)氨氮的监测情况

2015年,桃河晓庄断面氨氮年平均浓度为0.089毫克/升,未出现超标(地表水Ⅲ类标准1毫克/升);白羊墅断面氨氮年平均浓度16.5毫克/升,年均浓度超过Ⅳ类标准(地表水Ⅳ类标准1.5毫克/升)11.0倍,浓度范围为1.08毫克/升~42.2毫克/升,超标率达81.8%;娘子关断面氨氮年平均浓度2.42毫克/升,年均浓度超过Ⅲ类标准1.4倍,浓度范围为0.331毫克/升~6.24毫克/升,超标率为66.7%;滹沱河闫家庄大桥断面氨氮年平均浓度为0.187毫克/升,超过Ⅰ类标准(地表水类标准0.15毫克/升)0.25倍;乌河枣园村断面氨氮年平均浓度为0.056毫克/升,未出现超标。

平定南川河的南坪断面氨氮

年平均浓度5.16毫克/升，超过Ⅲ类标准4.2倍，超标率为83.3%；盂县秀水河的河下、温河的温池两个断面氨氮年平均浓度分别为1.72毫克/升和0.648毫克/升，河下断面超过Ⅲ类标准0.7倍、超标率100%，温池未超过Ⅲ类标准；郊区温河韩庄桥断面年平均浓度3.85毫克/升，超过Ⅲ类标准2.9倍，超标率100%。

桃河晓庄、乌河枣园村、温河韩庄桥、温河的温池、秀水河河下断面氨氮年平均浓度均有所下降，下降幅度在4.5%～35.6%之间；桃河白羊墅、桃河娘子关、滹沱河闫家庄大桥、南川河的南坪断面的氨氮年平均浓度有所上升，上升幅度在1.1%～285%之间。

(二)化学需氧量的监测情况

2015年，桃河晓庄年平均浓度为14.1毫克/升，未超过Ⅲ类标准(地表水Ⅲ类标准20毫克/升)；娘子关断面年平均浓度为20.8毫克/升，年均浓度超过Ⅲ类标准0.04倍，浓度范围17.0毫克/升～27.8毫克/升，超标率为41.7%；桃河白羊墅断面的年平均浓度95.8毫克/升，年均浓度超过Ⅳ类标准(地表水Ⅳ类标准30毫克/升)2.2倍，浓度范围37.4毫克/升～234毫克/升，超标率达100%；滹沱河闫家庄大桥断面年平均浓度为10.8毫克/升，未超过Ⅲ类标准；乌河枣园村断面年平均浓度为9.5毫克/升，未超过Ⅲ类标准。

平定县南川河南坪断面年平均浓度75.5毫克/升，超过Ⅲ类标准2.8倍，超标率达100%；盂县秀水河河下断面和温河温池断面年平均浓度分别为29.8毫克/升和24.5毫克/升，超过Ⅲ类标准0.5和0.2倍，超标率分别为100%、100%；郊区温河韩庄桥断面年平均浓度22.1毫克/升，超过Ⅲ类标准0.2倍，超标率60.0%。

滹沱河闫家庄大桥、乌河枣园村、温河韩庄桥、温河温池、秀水河河下断面的年平均浓度有所下降，下降幅度在1.6%～20.8%之间；桃河晓庄、白羊墅、娘子关、南川河南坪断面的年平均浓度均有所上升，上升幅度为5.1%～148%。（周培源　刘罡明）

【地下水质量状况】 年内，阳泉市地下水监测水井分别是五龙泉一级泵站、晋东化工厂新水井、桑掌桥自来水13#井、原辰光电厂2#井，监测泉眼为城西泉、五龙泉、水帘洞、苇泽关。监测结果表明，水质达《地下水质量标准》(GB/T 14848-1993)Ⅳ类标准的6个，为一级泵站、自来水13#井、城西泉、五龙泉、水帘洞、苇泽关，占被检测的75%；水质达Ⅴ类标准的2个，为化工厂新水井、电厂2#井，占被测井的25%。地下水除受自然地质因素影响外，还受到总大肠菌群不同程度的污染。主要污染物为总大肠菌群、硫酸盐、总硬度。（周培源　刘罡明）

【集中式生活饮用水源地水质状况】 阳泉市城市饮用水源以集中式供水为主，主要以东水源作为取水水源。经监测，东水源的水质类别为Ⅳ类，主要影响指标为总硬度、总大肠菌群。总硬度年均浓度值467毫克/升，总大肠菌群年均浓度值5个/升。　（周培源　刘罡明）

【声环境质量状况】 2015年，阳泉市市区功能区噪声监测共布设7个点位，其中一类区2个、二类区2个、三类区2个、四类区1个。监测结果表明，一、二、三、四类区昼间和二、三类区夜间等效声级的年均值均达到国家标准(执行《声环境质量标准》GB 3096-2008)。随着城市车流量的不断增加，城市生活区域结构的多样化，一类、四类区域夜间的噪声等效声级处于超标状态。

年内，市、县(区)两级环境保护监测站对市区55.16平方千米建成区面积、200个有效监测点位的区域环境噪声进行监测，平均等效声级为55.0dB(A)，等级为二级，区域声环境质量等级较好。

年内，市、县(区)监测站分别对市区49条主要交通干线路段进行监测，昼间平均等效声级为66.6dB(A)，平定县县政府招待所门前监测点的道路交通噪声平均等效声级64.6dB(A)，盂县西关桥东侧监测点的道路交通噪声平均等效声级65.9dB(A)，郊区政府招待所门前监测点的道路交通噪声平均等效声级67.0dB (A)。按照《环境噪声监测技术规范城市声环境常规监测》(HJ 640-2012)的评价，全市道路交通噪声质量等级为一级(好)。　(周培源　刘罡明)

财税 金融

财　　政

【财政收支】 2015年,阳泉市深化财政改革,强化收支管理,全年财政收支运行总体平稳。

财政收入　全市财政总收入全年完成84.85亿元，为年度预算的79.72%,减收21.59亿元,比上年下降13.48%,减收13.22亿元;其中一般公共预算收入完成44.16亿元,为年度预算的91.14%,减收4.3亿元,比上年下降6.13%,减收2.88亿元。分系统看，国税系统完成5.9亿元,为年度预算的61.56%,比上年下降33.3%;地税系统完成24.11亿元,为年度预算的87.05%，比上年下降9.54%;财政系统完成14.15亿元,为年度预算的126.57%，比上年增长22.52%。分级次看,阳泉市本级完成19.84亿元，为年度预算的81.87%,比上年下降10.57%；平定县完成4.83亿元，为年度预算的107.75%,比上年增长13.14%；盂县完成7.42亿元,为年度预算的80.42%,比上年增长7.25%;郊区完成4.45亿元,为年度预算的90.26%，比上年下降7.03%;城区完成2.73亿元,为年度预算的93.39%，比上年下降3.8%;矿区完成2.95亿元，为年度预算的90.52%,比上年下降5.32%;开发区完成1.94亿元，为年度预算的109.37%,比上年下降33.77%。

财政支出　全市全年一般公共预算支出执行100.71亿元，为年度调整预算的96.5%，比上年增长15.88%。其中,市本级支出执行33.29亿元,为年度调整预算的91.49%,比上年增长10.95%；平定县支出执行18.64亿元，为年度调整预算的99.69%,比上年增长19.22%;盂县支出执行18.95亿元,为年度调整预算的99.32%,比上年增长20.56%;郊区支出执行14.24亿元,为年度调整预算的98.77%,比上年增长20.02%;城区支出执行5.22亿元，为年度调整预算的99.2%，比上年增长13.96%；矿区支出执行7.22亿元，为年度调整预算的98.21%，比上年增长19.2%；开发区支出执行3.16亿元,为年度调整预算的99.56%，比上年增长3.39%。　（刘梦娇）

【城建支出】 2015年,阳泉市大力开展城市建设,提高城市综合功能。

市政建设支出　年内,财政投入市政建设10.45亿元，支出进度为91.67%。其中，一般预算63150.93万元，支出59369.19万元,支出进度为94.01%;基金预算50857.04万元，支出45174.27万元,支出进度为88.82%。主要支出项目为:5116万元用于保障性住房建设,10023万元用于泉西路工程建设，拨付义井公园工程款1678.6万元，追加生态新城当年地方政府债券预算指标1000万元,专项用于生态新城基础设施建设，追加地方债券预算指标3500万元专项用于保晋路工程建设,4774.04万元用于洪城北路拆迁扫障,1800万元用于还华通路桥广阳路工程款,1800万元用于市热力公司2015年重启河电供热运行资金。另外,追加当年地方政府债券预算指标10000万元专项用于漾泉大道二期与平坦立交桥连接路BT项目,追加当年地方政府债券预算指标14000万元专项用于冯家庄片棚户区改造安置住房BT项目,6000万元用于生态新城污水、供气、供水、供热管网还本。

综合交通支出　年内,安排农村公路养护资金350万元，配套“完善提质工程”资金1000万元,进一步加大对农村公路的养护和维修;安排资金1500万元,购买新型燃气公交车辆40台，有效缓解公交车辆短缺问题，方便市民出行;安排资金398万元进行公交智能调度系统工程建设,实现在调度中心对整个公交全部资源（车辆、各业务部门、站点)的监控、应急调度及管理；安排专项资金2500多万元用于补贴公交公司政策性亏损、职工、学生、老年人及特殊人员乘车补贴等,有效保证市公交公司的良性运转。

人居环境改善支出 一是市级采煤沉陷区治理工程配套资金2970万元,有效促进采煤沉陷区内受灾群众搬迁工作的顺利进行。二是大力支持地质灾害搬迁治理工作,为加快解除地质灾害对部分村庄的威胁,保障人民群众生命财产安全,在对全市农村地质灾害普查的基础上,确定2015年搬迁87户,全部为平定县村户。按省确定的搬迁建设标准为每户12.08万元,省、市、县级、个人5∶2∶2∶1的比例分担,2015年安排市级配套资金210.20万元,促进农村地质灾害治理搬迁安居工程的顺利实施。

保障房建设支出 2015年中央、省、市共投入保障性住房建设资金约4.0418亿元,包括棚户区改造、公租房建设、农村危旧房改造及沉陷区治理等,重点支持南庄保障性住房、义北廉租房、冯家庄片区棚户区改造等项目,有效改善了人居环境。 (刘梦娇)

【财政支农】 年内,阳泉市财政大力支持农村发展,提高农民生活水平。

"三农"投入 2015年,全市农林水项目共支出74671万元,为上年同期的136.55%。其中农业支出31043万元,为上年同期的146.36%;林业支出9748万元,为上年同期的118.86%;水利支出18053万元,为上年同期的171.52%;扶贫支出1007万元,为上年同期的129.6%;农村综合开发1105万元,为上年同期的95.59%;农村综合改革13228万元,为上年同期的113.05%;其他农林水项目支出487万元,为上年同期的43.72%。

支持农业增产增收 2015年拨付资金245.94万元,用于郊区河底镇东村村和西南舁乡西南舁村等3村基本农田整理项目,拨付平定县高标准农田建设资金372.51万元。拨付各县区新增建设用地有偿使用费资金2948万元,其中平定县1193.24万元、盂县1731.12万元、郊区15.14万元、市国土局8.5万元,专项用于基本农田建设和保护、土地整理、耕地开发支出等,大力改善农业生产基础条件。

涉农补贴发放 2015年,全市共补贴农户159464户,补贴面积55956公顷(839340.50亩),其中小麦1.39公顷(20.90亩)、玉米48680.89公顷(730213.36亩)、薯类1837.91公顷(27568.60亩)、杂粮5435.84公顷(81537.64亩)。发放补贴资金4275.89万元,用于粮食直补582.35万元,其中小麦209元、玉米365.11万元、薯类13.78万元、杂粮203.44万元;用于农资综合补贴3693.14万元,其中小麦0.13万元、玉米3212.94万元、薯类121.30万元、杂粮358.77万元。

农业保险保费补贴 2015年,全市投保玉米4.3万公顷(64.57万亩)、森林11.05万公顷(165.74万亩)、能繁母猪10664头、奶牛374头、设施蔬菜76.67公顷(1150亩)。市财政已经拨付中央、省、市级财政保费补贴资金1219.1万元,其中玉米881.3万元、森林268.7万元、能繁母猪45.4万元、奶牛7.4万元、设施蔬菜16.3万元。市级财政拨付配套贴息资金170.51万元。(刘梦娇)

【文化惠民政策落实】 年内,阳泉市继续落实各项文化惠民政策,支持科技创新发展。

支持文化事业发展 加强农村文化建设,及时下达农村文化建设资金623.67万元;下达农村公益电影放映补贴197.30万元。下达资金330万元,继续支持(三馆)及乡镇文化站免费开放;下达中央百团大战纪念馆免费开放补助77.06万元;下达中央专项(免费开放)400万元,市级配套80万元,对百团大战纪念馆进行布展、改造,纪念抗战胜利70周年。下达中央资金163.5万元支持市级体育场馆免费、低收费开放。下达文物保护专项资金490万元,进行国家、省重点文物维修保护;下达203.5万元,支持做好国家非物质文化遗产保护工作。及时下达公共文化服务体系建设资金995.74万元,扶持市、县文化体育传媒事业发展。2015年,市级财政拨付数字电视财政资金298.76万元,使农村偏远地区和城乡低保户免费、低费收看电视节目。按照省广电局、财政厅下达阳泉市的2014年广播电视直播卫星户户通目标责任书要求,以中央、省、市1∶1∶1负担,足额安排和拨付配套资金460万元,共计投入1380万元,支持广电台推进这一惠民工程建设。拨付艺术建设扶持资金162.8万元,支持艺术精品创作、文化产业项目发展。调整措施资金117万元兑现了130个贫困村"一村一年一场戏"文化惠民演出,落实市政府为民办实事项目。

推动科技创新 年内,市级安排研发项目资金1105万元,支持科技研发重点项目,科技成果转化。其中,科技产业化及产、学、研结合项目550万元、科技兴农发展计划项目300万元、社会发展和软科学研究计划项目255万元。另外,100万元用于知识产权试点市建设;200万元建立孵化器种子资金,支持科技园区建设国家级孵化器;40万元用于科技奖励;30万元用于科普及推广。 (刘梦娇)

【社会保障制度改革】 2015年,市财政大力支持社会保障,提高人民幸福指数。

社保补助标准提高 阳泉市城镇居民医疗保险和新农合分别从每人每月330元和320元提高到380元;农村五保集中和分散供养标准每人每年分别提高200元和100元,达到6400元和3400元;城乡居民基本养老保险基础养老金由每人每月70元提高到85元;城市最低生活保障标准由每人每月410元提高到430.5元,农村最低生活保障标准由每人每月225元提高到247.5元。同时出台失业保险支持企业稳定岗位、疾病应急救助基金管理办法、农村老年人免费体检方案等多项政策，努力为困难群体提供更好的保障。

医疗卫生体制改革　为促进医疗卫生事业发展，2015年，阳泉市共下达资金32380.24万元，其中，安排基本公共卫生服务资金5553.94万元，下达医疗卫生体系建设资金2171万元，下达基本药物制度各项财政补助资金971.4万元，下达各项重大公共卫生服务项目补助资金1222.98万元，下达医疗卫生人员及培训建设资金983.38万元，各级财政积极落实新农合财政补助资金21477.54万元。

夯实民政事业基础　2015年，共下达民政事业基础资金32544.95万元，其中，市财政分三次下达城乡低保资金24145万元，下达城乡医疗救助资金2531万元，下拨各类优抚资金3279.68万元，下达125名抗战老兵、老同志一次性生活补助金62.5万元，发放自主就业一次性经济补助568.35万元，发放待分配期间生活补助21.3万元，发放自谋职业金22万元，下达退役士兵职业教育和技能培训资金123万元，下达孤儿基本生活费260.54万元，下达流浪乞讨人员救助资金382.08万元；下达一级至四级伤残义务兵建房补助资金14.5万元，下拨自然灾害生活补助资金1135万元。

发展养老服务业　市财政高度重视社会养老服务业发展工作，通过多种措施使阳泉市初步形成公办和民办的养老机构、居家养老、日间照料中心等多种养老形势并存的格局。2015年共下达资金14837.93万元，其中，发放城乡居民基础养老金1.34亿元；下达农村老年人日间照料中心建设资金660万元，下达五保供养配套资金630万元，下达90岁以上老年人发放“长寿”慰问金137.93万元，安排10万元用于特困老人的生活救助。

完善残疾人社会保障体系　2015年市财政紧紧围绕残疾人社会保障体系和服务体系“两个体系”建设，以改善残疾人民生为重点，以服务残疾人为主线，建立健全残疾人社会保障体系。全年共下达1321.29万元资金，其中，拨付残疾人救助资金592.35万元，拨付各级财政资金505.27万元，拨付残疾人托养服务资金29万元，拨付224.17万元专项用于残疾人就业、农村残疾人实用技术培训和农村种养殖培训等，拨付残疾人无障碍改造资金10.5万元。

推进社会保险事业发展　为推进社会保险事业发展壮大，市财政全年共下达资金264273.03万元，其中，下达企业养老金176002万元；下达事业单位养老保险补助资金6340万元；下达城镇职工基本医疗保险金51535万元、职工大病保险金4453万元、工伤保险金9026万元、生育保险金2402万元、居民医疗保险金10540万元、居民大病保险金926万元，新农合大病保险金1696万元，下达失业保险金1353.03万元。　（刘梦娇）

【粮油及商贸事务补贴】　为确保全市粮油及重要物资“储得实、管得好、调得动、用得上”，2015年下达市储粮油费用补贴资金810.9万元，下达市储粮油利息补贴827.55万元，下达成品应急储备粮油补贴173万元；下达市级重要商品储备补贴100.5万元；下达食盐储备、轮换补贴资金10万元，下达应急方便食品和瓶装水储备45万元。重要商品储备及应急储备资金的拨付，加强政府对副食品市场的调控，保障全市人民群众的生活需求。（刘梦娇）

【食品药品安全建设】　2015年，市财政为食品药品安全建设提供了1357.91万元的经费保障，其中，安排食品药品安全监管、抽验和监测经费326.26万元，安排食品安全风险监测能力建设资金457万元，安排食品药品安全监督能力建设资金554.65万元，安排奖励举报食品安全违法行为有功人员专项资金20万元。　（刘梦娇）

【创业就业补贴】　为引导高校毕业生到城乡基层就业、激励高校生自助创业，2015年市财政共下达资金554.81万元，其中，下达高校毕业生见习补助资金200.96万元，下达岗位工资和社会保险补贴资金286.55万元，下达创业意识培训和创办企业培训补贴资金45.79万元，下达高校毕业生社保补贴资金21.51万元。　（刘梦娇）

【助力综改转型发展】　年内，市财政局充分发挥财政职能作用，推进综改转型发展。

争取上级支持　2015年，共争取上级一般和专项转移支付43.6亿元，比2014年增加8.32亿元，增长23.58%；省财政厅转贷阳泉市新增地方政府债券9亿元，比上年增加4亿元，地方政府存量债务置换债券26.45亿元，已全部安排至具体项目。这些资金极大缓解了财政紧张状况，有效增加全市经济社会发展的资金供给规模。

经济结构调整　开展涉煤收费清理工作，实施煤炭资源税从价计征改革，减轻企业负担，为全市经济社会可持续发展创造有利环境。综合运用基金引导、投资担保、贷款贴息、税费优惠、以奖代补、合法举债等手段，切实加大基础设施建设、产业结构调整、生态建设和环境保护等方面的有效投入，为全市经济转型创新发展提供了有力支撑。巩固涉煤清费成果，完善煤炭资源税省、市、县三级共享格局。积极落实减轻企业负担、促进工业稳定运行的措施，通过取消涉企行政权力事项，切实减轻企业负担，提高企业市场竞争力。主要包括：暂停提取煤炭开采企业矿山环境恢复治理保证金和煤矿转产发展资金，2015年全市减负8.43亿元；按照企业自愿原则，暂缓收取2015年度企业采矿权、探矿权价款，全市减负7亿元。2014年12月开始实施煤炭资源税从价计征改革，2015年全市实现煤炭资源税8.95亿元，减轻煤炭企业负担6.48亿元。

减免行政事业性收费 2015年规范、取消调整涉及阳泉市的共6项行政事业性收费和1项政府性基金，减轻企业负担8540.4万元。

推进金融振兴、科技创新和民营经济发展 2015年全市财政科技投入达到5813万元，市级安排各类研发资金1550万元，用于支持科技产业研发重点及产学研结合项目、知识产权试点市建设、国家级孵化器等。积极协助搭建政府、银行、企业合作融资平台，创新中小企业融资模式，2015年共争取上级融资模式创新奖补资金1100万元，新增“助保贷”贷款1.3亿元，累计贷款规模达到3.8亿元。加大对政策性融资担保机构的支持力度，拨付方舟担保公司风险准备金1378万元，增强企业抗风险能力，强化对中小企业的融资担保功能。截至2015年年末，累计为169户中小微企业提供担保6.17亿元，在保余额为5580万元；运用省拨企业资金链应急周转保障资金3000万元，为7户企业提供10次续贷和应急周转担保。加大对外贸企业出口信用保险保费补助力度，全年共拨付补助资金595万元，实现出口信用保险保费补助全覆盖。 （刘梦娇）

【财政预算改革】 年内，阳泉市进一步推进财税体制改革，推动建立现代预算管理制度。

健全预算管理制度 一是完善全口径预算体系。2015年起，按照新修订的《预算法》，市级及各县区建立全口径预算体系，一般公共财政预算、政府性基金预算、国有资本经营预算和社会保险基金预算“四本预算”一并提请市人代会审议，政府全部收支都纳入预算管理。二是严格预算编审程序。部门预算编审实行“单位申报，财政审核，市委、市政府决策，提请人代会审议批准”的程序，并在规定期限内批复各单位。三是细化支出预算分类。根据财政预算管理改革要求，结合实际情况，市级支出预算按保障方向区分为人员经费、基本公用经费、经常性项目、政策性项目、偿债项目、重点项目和其他项目七类，预算安排重点更加突出，为预算科学决策奠定基础。

推进预算信息公开 推进预算公开，有助于确保人民群众的知情权，是打造阳光政府的重要措施，是党中央、国务院在新形势下对财政预算管理的一项新的要求，也越来越成为社会各界关注的焦点。根据《阳泉市政府关于加强预算信息公开工作的通知》的要求，2015年市本级及6个县区均按时公开本级预决算信息和“三公”经费预决算信息，市本级应当实行预算信息公开的68个部门均公开了部门预决算和部门“三公”经费预决算信息。

推进支付方式改革 为提高财政资金使用效益，2015年，市财政要求项目支出预算资金的支付方式以直接支付为主，确需授权支付的，严格按照程序办理，切实提高了财政资金的时效性和安全性。

推进政府购买服务改革 2015年，政府购买服务工作稳步推进，根据各县区上报的统计表汇总，符合政府购买服务的项目共154项，执行23509.59万元。按级次分为：市级44项，13927.07万元；县级110项，9582.52万元。分县区情况为：平定县29项，2639.22万元；盂县23项，2187.41万元；郊区9项，1815.51万元；城区6项，2219.57万元；矿区19项，552.77万元；开发区24项，168.04万元。按服务受益对象分为：一是保障政府部门自身正常运转需要向社会购买的服务，共24项，2058.07万元，主要包括会议、印刷、安保、网络运行和信息化建设等服务项目；二是为政府部门履行宏观调控、市场监管等职能需要购买的服务，共74项，6052.14万元，主要包括规划编制、监测服务、勘测服务、绩效评价和可研评价等服务项目；三是为增加国民福利，受益对象特定，政府向社会公众提供的服务，共56项，15399.38万元，主要包括教育、养老、医疗、卫生、公交和与老百姓相关的应急物资储备等服务项目。

非税收入收缴改革 全面启动非税收入分成自动清分系统；推进执收单位财政汇缴专户零余额管理。截至年末，全市477家非税收入收缴单位中有392家进行了改革，资金总量为14.15亿元。全市非税收入完成141476万元，比上年增长22.61%，为年度预算的126.66%，超收29782万元。

预算绩效管理 2015年，市预算绩效管理工作在探索中前行，在建设中规范，在推进中提升。全方位、多层次开展预算绩效管理业务培训，不断强化预算单位开展绩效管理工作的责任和意识；收集整理出版了关于预算绩效管理工作的制度汇编，制定出台《阳泉市预算绩效运行监控管理办法》和《阳泉市预算绩效管理工作考核办法》；深入预算单位宣传预算绩效管理理念。结合实际工作，积极探索对财政管理水平、部门整体支出绩效评价指标体系的建设；逐步建立起项目、部门和财政三个层级的绩效评价指标体系。重点评价工作增点扩面，在对上年的31个民生类、重点类项目进行绩效评价的基础上，试点开展了7个部门整体支出绩效评价，其中重点项目绩效评价共计8.48亿元，比上年增长258%，占2015年度市本级项目支出额的39.3%；同时，积极探索开展对市本级财政管理水平的绩效评价工作。市财政局在全省预算绩效管理工作考核中名列第一。

推广政府和社会资本合作（PPP）模式 建立健全PPP工作领导协调机制，扎实开展基础性工作，加强PPP操作指南、合同管理、财政承受能力论证指引的政策指导、宣传和落实。积极筛选储备项目，落实“常态化申报、动态调整”工作要求，凡条件成熟的项目按程序开展实质性操作。

公务用车制度改革 根据市公务用车改革领导小组的安排,市财政承担公务用车的摸底测算、公车编制和处置、交通补贴资金发放等工作。经过前期多次摸底测算,对市直党政机关、参公事业单位报送的公务用车拟保留、封存和已报废车辆等情况进行审核,并积极筹措资金,为车改补贴资金的发放做好前期准备。经过统计和测算,全市公务用车改革后公务交通年总支出较改革前三年平均年总支出减少1494.26万元,节支率为7.61%。(刘梦娇)

【财政系统廉政建设】 2015年,阳泉市坚持“厉行节约”原则,切实落实中共中央关于改进工作作风、密切联系群众的“八项规定”“六项禁令”、纠正“四风”规定,提倡务实节俭,反对奢侈浪费。停止新建一切楼堂馆所,严格控制财政供养人员,控制“三公”经费确保只减不增。大力压缩车辆、调研、考察、考核、会议、庆典、接待等一般性项目支出。2015年全市财政拨款“三公”经费实际支出8407万元,比2014年下降20.17%;全市各部门2015年办公、印刷、邮电、差旅、会议、培训及福利费等一般性支出23133万元,比2014年下降1.03%。2015年市级财政拨款“三公”经费实际支出5048万元,比2014年下降13.58%;市级各部门2015年办公、印刷、邮电、差旅、会议、培训及福利费等一般性支出7558万元,比2014年下降6.99%。(刘梦娇)

【政府集中采购监管】 2015年,市财政以提高财政资金使用效益为出发点,以加强政府采购制度建设为切入点,以规范政府采购行为为立足点,努力增强政府采购透明度建设,严格进行政府采购监督管理。全年市级政府采购预算金额为25166.52万元,实际完成采购总规模18302.36万元,节约财政资金6864.17万元,资金节约率为27.28%。(刘梦娇)

【国库集中支付】 2015年,阳泉市财政通过国库集中支付系统支付各类资金77107笔,支付总额49.07亿元。其中,直接支付金额42.51亿元,占支付总额的87%;授权支付金额6.56亿元,占支付总额的13%。年内,累计审核规范用支付申请253笔,涉及金额9825万元。有效规范了预算单位考察、培训、会议、接待、购买等公务支出,防止超标准发放津补贴、奖金,改变预算用途、违规提取现金等行为的发生,切实提高财政资金的使用效益。(刘梦娇)

【财政投资评审】 年内,市财政在预算编制环节引入财政投资评审机制,实现财政科学化、精细化管理。全年共完成评审项目20个,审核资金47.86亿元(其中:阳泉北至大寨铁路项目投资概算35.99亿元),审减金额4.74亿元,审减率9.90%。(刘梦娇)

【公务卡管理】 按照《阳泉市市本级预算单位公务卡管理暂行办法》《阳泉市市本级公务卡强制结算目录》《进一步加强公务卡使用管理的通知》的要求,从严格财务审核、规范报销程序、落实管理责任、加强监督检查等方面来深化公务卡改革。截至年末,市本级共发放公务卡28495张,比上年增加1754张;激活5557张,比上年增加1065张;市直预算单位公务支出刷卡消费798万元,比上年增加147万元。(刘梦娇)

【“35581”廉政账户】 根据山西省委、阳泉市委学习讨论落实活动办公室的安排,结合对“违规收送礼金红包问题”开展的专项整治工作,国库科设立“礼金红包上交专户”和“贵重物品上交专库”。主要接收国家工作人员主动上交的违规收受的礼金红包和违规收受的贵重物品,并每周对礼金红包账户余额进行统计上报,2015年礼金红包专户余额1318.5万元,其中本金1317.93万元、利息0.57万元。(刘梦娇)

【民生支出】 2015年,市本级年初预算安排用于保障与改善民生的项目资金8.87亿元,比上年预算增长13.42%。主要包括教育、文化、社会保障与就业、医疗卫生、节能环保、城乡社区事务、农林水、交通运输、保障性住房、粮油储备等领域落实中央、省、市出台的一系列惠民政策。(刘梦娇)

【机关事业单位工作人员待遇调整】 2015年7月,市人社局、市财政局转发省政府批转省财政厅关于调整机关事业单位人员基本工资标准和增加机关事业单位人员离退休人员离退休费的三个实施意见,决定从2014年10月起提高行政事业单位人员基本工资和离退休费。政策规定对在职人员净增资兑现,公务员及参公人员人均月净增资350元,事业单位在职人员人均月净增350元,离退休费人均月增资300元。市级涉及增资的财政供养人员共15691人,其中行政事业单位在职人员10763人,离退休人员4928人。2015年全年加上补发上年市级所需增资经费9084万元,2015年7月已按月足额发放到个人手中。(刘梦娇)

2015年度阳泉市本级一般公共预算转移性收支决算录入一览表

表28　　单位:万元

预算科目	决算数	预算科目	决算数
一般公共预算收入	198405	一般公共预算支出	332886
上级补助收入	463183	补助下级支出	396300

续表 28-1

预算科目	决算数	预算科目	决算数
返还性收入	28161	返还性支出	19988
增值税和消费税税收返还收入	27313	增值税和消费税税收返还支出	16059
所得税基数返还收入	–2144	所得税基数返还支出	2819
成品油价格和税费改革税收返还收入	2992	成品油价格和税费改革税收返还支出	1110
其他税收返还收入	0	其他税收返还支出	0
一般性转移支付收入	237208	一般性转移支付支出	205973
体制补助收入	0	体制补助支出	0
均衡性转移支付收入	85402	均衡性转移支付支出	81994
革命老区及民族和边境地区转移支付收入	1448	革命老区及民族和边境地区转移支付支出	1438
县级基本财力保障机制奖补资金收入	8285	县级基本财力保障机制奖补资金支出	8285
结算补助收入	14586	结算补助支出	6474
化解债务补助收入	0	化解债务补助支出	0
资源枯竭型城市转移支付补助收入	0	资源枯竭型城市转移支付补助支出	0
企业事业单位划转补助收入	0	企业事业单位划转补助支出	0
成品油价格和税费改革转移支付补助收入	291	成品油价格和税费改革转移支付补助支出	0
基层公检法司转移支付收入	9017	基层公检法司转移支付支出	5320
义务教育等转移支付收入	12687	义务教育等转移支付支出	11675
基本养老保险和低保等转移支付收入	16805	基本养老保险和低保等转移支付支出	14482
新型农村合作医疗等转移支付收入	24815	新型农村合作医疗等转移支付支出	24815
农村综合改革转移支付收入	4460	农村综合改革转移支付支出	4460
产粮(油)大县奖励资金收入	0	产粮(油)大县奖励资金支出	0
重点生态功能区转移支付收入	0	重点生态功能区转移支付支出	0
固定数额补助收入	59412	固定数额补助支出	47030
其他一般性转移支付收入	0	其他一般性转移支付支出	0
专项转移支付收入	197814	专项转移支付支出	170339
省补助计划单列市收入	0	计划单列市上解省支出	0
下级上解收入	19791	上解上级支出	21008
体制上解收入	17209	体制上解支出	17180
出口退税专项上解收入	0	出口退税专项上解支出	0
成品油价格和税费改革专项上解收入	0	成品油价格和税费改革专项上解支出	0
专项上解收入	2582	专项上解支出	3828
计划单列市上解省收入	0	省补助计划单列市支出	0
接受其他地区援助收入	0	援助其他地区支出	0
接受其他省(自治区、直辖市、计划单列市)援助收入	0	援助其他省(自治区、直辖市、计划单列市)支出	0
接受省内其他地市(区)援助收入	0	援助省内其他地市(区)支出	0
接受市内其他县市(区)援助收入	0	援助市内其他县市(区)支出	0

续表 28-2

预算科目	决 算 数	预算科目	决 算 数
债务收入	0	债务还本支出	61028
地方政府债务收入	0	地方政府债务还本支出	61028
一般债务收入	0	一般债务还本支出	61028
地方政府一般债券收入	0	地方政府一般债券还本支出	13000
地方政府向外国政府借款收入	0	地方政府向外国政府借款还本支出	0
地方政府向国际组织借款收入	0	地方政府向国际组织借款还本支出	0
地方政府其他一般债务收入	0	地方政府其他一般债务还本支出	48028
债务转贷收入	304500	债务转贷支出	193972
地方政府一般债务转贷收入	304500	地方政府一般债务转贷支出	193972
地方政府一般债券转贷收入	304500	地方政府一般债券转贷支出	193972
地方政府向外国政府借款转贷收入	0	地方政府向外国政府借款转贷支出	0
地方政府向国际组织借款转贷收入	0	地方政府向国际组织借款转贷支出	0
地方政府其他一般债务转贷收入	0	地方政府其他一般债务转贷支出	0
国债转贷收入	0	增设预算周转金	0
国债转贷资金上年结余	17	拨付国债转贷资金数	0
国债转贷转补助	0	国债转贷资金结余	17
上年结余	24086		0
调入预算稳定调节基金	6600	安排预算稳定调节基金	7579
调入资金	27184	调出资金	0
1.政府性基金调入	27184	年终结余	30976
2.国有资本经营调入	0	减:结转下年的支出	30976
3.其他调入	0	净结余	0
收入总计	1043766	支出总计	1043766

（刘梦娇）

税　务

国家税务

【概况】 2015 年,阳泉市国税系统面对严峻复杂的组织收入形势,大力强化收入分析、纳税评估、税务稽查、欠税清缴和收入质量考核,部署实施“双百一千”收入攻坚计划,全力弥补收入缺口,全年国税收入累计完成 30.4 亿元。

面对严峻复杂的组织收入形势,市国税局严格执行组织收入原则和纪律,加大主观努力程度,全力缩小收入差距。一是强化组织保障。将市局风险分析监控中心一分为二,组建大企业风险应对团队和风险分析团队。同时,把市局信息中心转化为数据支撑中心。二是强化纳税评估。制定《2015 年税收风险管理重点工作规划》,明确市级重点税源企业、金融企业、营改增等五大类风险分析和应对主题;制定《税收挖潜增收行动方案》,实施“双百一千”攻坚计划。三是强化税务稽查。与市公安局联合部署开展黄金交易虚开增值税专用发票违法犯罪专项行动,集中开展打击发票违法犯罪活动,全力抓好税收专项检查、重点税源企业检查和全市商贸企业专项整治。四是强化税收分析。制定《关于进一步完善税收分析工作机制的意见》,初步构建横向分工协作、纵向紧密联动的分析制度和工作流程。组织开展阳泉市经济税收关联性分析、煤炭税收效应分析等专题分析,召开全系统收入形势分析会,及时掌握经济税源变化情况、税收增减情况、重点行业企业情况和各单位收入情况,为组织收入工作提供有效参考。五是强化收入质量评价。初步建立包

含 11 个指标的税收收入质量评价体系，坚持每月进行评价，形成收入质量评价报告，指导各单位提高收入质量。（郭凯华）

【依法治税】 年内，市国税系统坚持"依法治税"原则，严格规范税收各环节工作。一是规范行政审批权。认真落实行政审批制度改革各项举措，公开本级行政审批目录，制定本级行政审批服务指南。二是规范行政决策权。制定《重大行政决策制度》，配套制定了公众参与、专家论证、风险评估、合法性审查、集体讨论决定等 5 个制度，实行法律顾问制度，依法、科学、民主决策机制进一步健全。三是规范行政管理权。率先在全省国税系统推出《政务工作规范(1.0 版)》，对 18 类 96 个具体事项进行了规范。四是规范税收执法权。坚持以风险管理为导向，制定出台《基础管理工作规范》。严格重大税务案件审理，制定《重大税务案件审理操作规范》。全面规范纳税评估工作定位、程序，制定《纳税评估工作规范》。五是强化执法监督。认真开展税收执法督察，搭建税收执法风险监控平台，有效防范执法风险。（郭凯华）

【税收优惠政策】 全市国税系统把落实税收政策作为贯彻依法治税、服务改革发展的主要抓手，做实政策宣传、监控、反馈和督查工作，建立税收优惠政策落实监控指标体系，专项开展全市小微企业发展现状分析，对近年来税收优惠政策执行情况进行全面系统的检查，确保国家出台的一系列稳增长、促改革、调结构、惠民生的重大税收政策措施的全面准确落地。2015 年，包括小微企业税收优惠政策在内的各项税收优惠政策受惠面达 100%，共计减免退税 3.54 亿元；《阳泉市小微企业税收分析报告》受到市委、市政府高度评价，省委《山西信息》专条刊发并报中共中央办公厅。（郭凯华）

【税务稽查】 年内，市国税系统与市公安局联合部署开展黄金交易虚开增值税专用发票违法犯罪专项行动，集中开展打击发票违法犯罪活动，全力抓好税收专项检查、重点税源企业检查和全市商贸企业专项整治。全年查补入库税款 6046 万元。（郭凯华）

【税收征管改革】 2015 年，市国税系统全面贯彻总局、省局关于征管改革的一系列决策部署，结合阳泉实际，积极构建现代化征管格局。一是《全国税收征管规范》《全国税务机关出口退(免)税管理工作规范》和《国家税务局地方税务局合作工作规范(1.0 版)》全面落地。二是增值税发票系统升级版有序推行，覆盖全市所有增值税一般纳税人和起征点以上的小规模纳税人。三是推进"三证合一"登记制度改革。四是加强国地税合作，建立国地税联席会议制度，制定国地税联合办税实施方案，确定 29 项合作项目，明确了责任领导、责任部门和完成时限，进一步深化合作。（郭凯华）

【税种管理】 2015 年，市国税系统坚持风险管理导向，强化风险应对和日常监管，进一步加强税种管理。

增值税管理 探索建立遵从风险管理指标体系和优惠政策落实监控指标体系，认真落实省局下发的增值税专用发票风险应对任务，严格落实煤炭采掘企业进项税额抵扣政策，督促加强日常管理。2015 年，实现增值税收入 241682 万元。

企业所得税管理 一是全面落实税收优惠政策。2015 年度，全市符合小型微利企业条件并且盈利的 1043 户企业全部享受了小微企业税收优惠，政策受惠面达到 100%，小微企业优惠共计减免所得税 292.07 万元。二是以风险应对为核心推进后续管理。加强数据监控和分析，对重点税源企业、连续三年零申报企业、连续三年亏损企业及股权转让企业的开展评估和过程监控。

消费税、出口退税及车辆购置税管理 一是严格执行各项消费税政策。全市累计完成消费税 10561 万元，比上年增长 79.8%，增收 4687 万元。二是加强出口退税管理。全年共办理出口退（免）税 3469 万元。三是加强车辆购置税征收管理。全市共组织入库车辆购置税 18323 万元，比上年下降 9.4%，减收 1901 万元。（郭凯华）

【纳税服务】 年内，阳泉市国税部门打造便捷优质高效的纳税服务体系，推出以"三减一提速"为标志的便民利民措施。一是着眼减轻纳税人办税负担，推行《纳税人办税指引》，对开业登记到发票领用期间的 10 项业务实行并联一条龙处理。二是着眼减轻纳税人申报负担，免费推行网上申报系统和"12366"网上办税服务厅系统，全市 87%的单位纳税人实行了网上申报。三是着眼减轻小微企业融资负担，牵头与市地税局、市建设银行合作在全省率先搭建"税易贷"金融服务平台。四是着眼办税提速，大面积实行依申请事项即时办结，即办事项占依纳税人申请事项的 80%；自主研发"纳税人报送资料辅助系统"和"代开增值税发票货物清单填写辅助软件"；大力推行"E 税客"手机客户端；委托汽车销售 4S 店使用自助终端系统代征车购税。减负提速的各项举措得到纳税人的普遍欢迎和省局的充分肯定，"纳税人报送资料辅助系统"在全省国税系统推广，纳税人对国税机关的满意度为 87.71%，全省排名第二。（郭凯华）

地方税务

【概况】 2015 年，全市地税系统共组织各项收入 46.83 亿元，比上年下降 24.51%，减收 15.21 亿元。其中，地方税收完成 42.21 亿元，比上年下降 3.04%，减收 1.33 亿元；规费基金收入完成4.62亿元,比上年下降75.03%,减收13.88亿元。在地方税收中,地方公共财政收入完成35.02亿元,为省计划40.4亿元的86.68%,增长4.95%,增幅全省第一。 (赵 清 郭文君)

【重点税源监控】 2015年,市地税局加强重点企业、重点项目的税收管理,开展风险评估和跟踪监控,确保税收应收尽收和及时入库。全市地税系统监控重点企业848户,入库税款30.68亿元,占全市地税系统入库税款总额的72.7%。同时,阳泉市地税局进一步升级重点税源监控和风险预警平台,深入推进税收风险管理,全年共应对反馈省地税局推送税收风险任务8542户次、补税815.44万元。(赵 清 郭文君)

【税收优惠政策】 2015年,市地税局积极落实各项税收优惠政策。一是做好小微企业优惠政策的落实,以及营业税、个人所得税起征点提高、促进再就业等税收优惠政策落实工作。小微企业税收优惠政策惠及纳税人4400余户,减征免征企业所得税、营业税共2655万元。二是积极落实棚户区改造税收优惠政策,累计减免城镇土地使用税1098万元,减免印花税21.3万元。三是做好促进就业税收优惠政策工作,包括促进残疾人就业优惠政策、失业人员再就业优惠政策、大学生自主创业优惠政策、文化体制改革税收优惠政策,惠及114户纳税人。四是积极落实房地产税收优惠政策,落实首套房证明查询制度,为5163户符合条件的纳税户办理契税优惠手续,减征契税3368.62万元。五是加强固定资产加速折旧政策效应反馈,全市共有139户纳税人享受固定资产加速折旧税收优惠政策,减免税累计达96.85万元。六是严格按照国家税务总局、山西省地税局出台的有关困难性减免文件要求对符合条件的企业进行减免审批,共审批房土困难性减免企业4户,共减免房产税、城镇土地使用税合计259.97万元。年内,共有13668户(次)纳税人享受减免税优惠2.31亿元。(赵 清 郭文君)

【税务稽查】 2015年,市地税局围绕重点行业积极开展税收专项检查和专项整治工作,对资本交易、房地产开发、工程建设、金融保险、煤炭行业纳税人开展税收专项检查;对房地产和建筑行业企业开展专项整治工作,组织相关企业开展自查,根据自查情况确定入户检查对象,实施后续管理。对煤炭业、房地产、金融业等66户重点企业进行重点检查。全年全市地税稽查部门共计检查纳税单位120户,查补入库各项收入9830.12万元(含自查收入8213.82万元),其中:税款8391.73万元,滞纳金941.87万元,罚款496.52万元。同时,严厉打击发票违法犯罪活动,查处2起假发票大案,查获17张假发票,查补税款69.71万元;全市共计检查涉票纳税人79户,查处发票违法纳税人43户,查处违法凭证112份,涉及金额6543.05万元,查补税款3331.85万元,加收滞纳金88.62万元,罚款24.7万元。 (赵 清 郭文君)

【"三证合一"登记制度落实】 2015年,市地税局严格按照国家税务总局"三证合一"工作要求,协同工商、国税等部门积极落实"三证合一"登记制度改革,全年全市地税系统共完成1221户"三证合一"纳税人的涉税事项办理。同时,全面落实《全国税收征管规范(1.0版)》,将征管规范与《全国税务机关纳税服务规范》进行无缝对接,并对征管系统中的相关岗责流程进行优化,严格按照规范要求,将依申请事项全部前移至办税厅,进一步方便纳税人。 (赵 清 郭文君)

【国地税联合办税】 2015年,市地税局以盂县地税局为试点,积极落实《国家税务局地方税务局合作工作规范(1.0版)》,并拓宽合作渠道,积极推进国地税联合办税。全年盂县地税联合办税窗口办理涉税业务2800余项,征收税费198.27万元,进一步整合了税收资源,形成了征管合力,减轻纳税人办税负担的同时降低了征收成本。阳泉市地税局在盂县地税局试点的基础上,总结工作经验,优化合作方式,全力为实现全市范围内的国地税联合办税做好准备工作。 (赵 清 郭文君)

【煤炭资源税改革】 2014年12月,煤炭资源税开始实行从价计征改革,对此,阳泉市地税局进一步加强煤炭资源税税源监控分析,确保煤炭资源税改革顺利推进。2015年,按照省政府和市政府的安排,在全市牵头开展煤炭资源税改革专项检查行动,协同煤管、国税、财政等8个部门组成检查组,对全市有收入的38户煤炭生产企业进行"拉网式"专项检查,进一步摸清税源底数,针对发现的问题积极进行整改,进一步规范税收管理的同时促进了组织收入。年内,煤炭资源税收完成9.16亿元,比上年增长3.14倍。 (赵 清 郭文君)

【税收宣传】 年内,市地税局围绕"新常态、新税风"开展税收宣传工作。一是通过阳泉广播电台交通频道把税收政策、地税服务举措传到千家万户。二是"12366"纳税服务热线走进办税服务厅,现场接待并当面解答纳税人疑难,深化"便民办税春风行动"。三是通过阳泉地税微信公众号宣传最新税收政策、服务举措等地税动态。四是设立纳税人学堂,定期或不定期组织纳税人进行税收政策培训。五是印制包括小微企业税收优惠政策、煤炭资源税改革、《纳税服务规范》等内容的宣传册,根据纳税人类型不同,免费发放,提升税收宣传精确度。 (赵 清 郭文君)

【助力小微企业发展】 2015年，市地税局认真开展纳税信用评价工作，利用评价结果，与市国税局、市银监局及银行业金融机构合作。8月，在全省地税系统率先搭建"银税互动"服务平台，将纳税人无形的信用评价变成扶持小微企业自身发展的有形信用资金，有效缓解小微企业融资难、融资贵的问题。年内，"银税互动"守信激励措施已经惠及3户小微企业，共发放信用贷款360万元。　（赵　清　郭文君）

【规费基金管理】 年内，市地税局健全费源册籍，加强费源监控，把握收入主动权；继续加大"以查促收"、清理欠费力度，努力挖掘规费收入增长点；不断强化规费票据资金管理，通过建章立制、查改结合等方式，持续推进全市规费票据和资金管理规范化；突出重点，严密部署，做好规费征管软件数据整合清理工作，为规费征收纳入"金税三期"系统做好准备。严格按照上级要求对符合条件的纳税人予以停征、免征政府性基金，全年可停、免征9980户纳税人3762万元政府性基金。同时做好煤炭可持续发展基金欠缴漏缴底数的核实工作，在欠缴基金申报、开票、入库、信息查询和欠缴底数核减等环节提供优质便捷的服务，推进基金清缴工作顺利开展，全年累计清缴523.52万元，占欠缴煤炭基金的80.15%，清缴进度为全省第一。　（赵　清　郭文君）

金　　融

银 行 业

【概况】 2015年，阳泉市银行业认真贯彻落实稳健货币政策，信贷投放总量适度，结构优化，契合全市经济发展需要。

资产规模持续扩大，不良贷款有所增加。截至年末，全市银行类金融机构营业网点达到388个，法人机构33个，总资产达到1628亿元。2015年，阳泉市银行体系流动性合理适度，经营效益稳步上升，支持经济发展的能力显著增强。年末全市银行业金融机构不良贷款较年初增加3.96亿元，风险管理面临挑战。

存款快速增长，保证金存款推动明显。年末，全市金融机构本外币各项存款余额1352.7亿元，比年初增加198.6亿元，比上年多增195.7亿元，增长17.2%，增幅全省排名第一，高于全省平均水平11.3个百分点。从存款部门分布看，在证券市场持续震荡、互联网理财产品收益率下降以及住房公积金集中提取等因素影响下，住户存款余额较年初增加58.1亿元，比上年多增31.6亿元。在银行承兑汇票签发较多的带动下，保证金存款余额较年初增加147.1亿元，占非金融企业存款增量和本外币各项存款增量比重分别达到98.3%和74.1%，成为存款增长的主要推动力。从市场份额看，全国性银行存款增长平稳，地方性金融机构存款增速较快，阳泉市商业银行存款增加明显。

贷款增长适度，结构趋于优化。年末，全市本外币各项贷款余额为721.3亿元，比年初增加71.9亿元，比上年多增41.2亿元，增长11.1%，高于经济增长与物价上涨水平之和9.6个百分点，反映了货币政策定向调控等措施的逐步落实，为支持经济结构调整和转型升级提供了有利的货币环境。从投放节奏看，四个季度新增贷款分别为23.1亿元、8.3亿元、39.2亿元、1.3亿元，整体投放波动较大。从期限结构看，短期贷款增速较快，中长期贷款增长动力有所减弱，票据融资总体发展较快，年末余额有所回落。经济下行背景下企业有效投资需求不足，中长期贷款增长乏力。企业销售回款周期延长，对短期贷款和票据融资需求加大。从投放主体看，全国性大型银行投放规模相对较多，地方性金融机构贷款投放步伐相对放缓，大型银行和中小型银行的贷款格局总体稳定。

贷款利率继续回落，定价能力逐步增强。2015年，中国人民银行连续五次下调金融机构存贷款基准利率，逐步取消存款利率浮动上限，充分发挥利率杠杆的调节作

2015年阳泉市银行类金融机构情况表

表29　　单位：个、人、亿元

机构类别	营业网点			法人机构
	机构个数	从业人数	资产总额	
一、大型商业银行	104	2475	636	0
二、政策性银行	3	58	12	0
三、股份制商业银行	2	64	44	0
四、城市商业银行	20	419	234	1
五、主要农村金融机构	164	2165	390	3
六、财务公司	1	47	137	1
七、邮政储蓄	65	319	148	0
八、农村新型机构	29	399	27	28
合　　计	388	5946	1628	33

（高鑫娟）

用,推动社会融资成本下行。贷款定价基准的降低,直接带动金融机构对企业贷款利率水平平稳回落。人民银行阳泉市中心支行积极开展合格审慎评估,加强对金融机构的利率定价指导,维护公平有序的市场竞争秩序。地方金融机构利率定价流程逐步完备,风险定价和缓释能力不断增强。盂县农村商业银行被评为全国市场利率定价自律机制基础成员,阳泉市商业银行被评为山西省内市场利率定价自律机制观察成员。

大型银行改革继续深化,法人银行可持续发展能力增强。国有商业银行继续深化改革,进一步完善公司治理,不断改进激励机制导向,积极加快转型发展,逐步提升经营管理效率和风险防控水平。地方法人金融机构稳步发展,城市商业银行加快推进增资扩股,农村信用社服务县域发展功能进一步增强。截至年末,共成立27家小额贷款公司,汇民村镇银行运行良好,合理分工、功效互补、有序竞争的农村金融服务体系逐步形成。

跨境人民币业务稳步推进。2015年,全市共办理跨境人民币结算业务9077万元,跨境贸易的结算效率和服务水平明显提升。　(高鑫娟)

【人行阳泉市中心支行概况】 年内,中国人民银行阳泉市中心支行认真贯彻实施稳健的货币政策,制定出台《中国人民银行阳泉市中心支行关于促进阳泉金融振兴推动地方经济发展的实施意见》,综合运用货币政策工具,鼓励和引导金融机构主动作为,继续加大对重点领域和薄弱环节的金融支持,较好地满足实体经济发展的合理需求。2015年累计为全市重点项目和重点企业发放贷款超过60亿元,采矿业贷款余额较年初增加29.5亿元,比上年多增9.3亿元,有力地推动重点项目建设和重点产业转型;小微企业贷款余额较年初增加15亿元,增长11.9%,高于各项贷款增速0.8个百分点,融资难有所缓解;农村贷款较年初增加22.3亿元,农户贷款较年初增加2亿元,农林牧渔业贷款较年初增加0.9亿元,服务"三农"力度进一步加大;全年共发放支持创业贷款1.4亿元,年末个人消费贷款余额比年初增加7.2亿元,民生得到进一步保障和改善。　(高鑫娟)

【货币政策】 2015年,人民银行阳泉中心支行强化"窗口指导",制定出台《关于促进阳泉金融振兴推动地方经济发展的实施意见》。扎实推进存款准备金由时点法向平均法考核制度改革,4次下调辖区金融机构法定存款准备金率,对考核达标的县域法人金融机构执行存款准备金率降低1个百分点的优惠政策。探索实行辖内金融机构综合授信。全年累计发放再贷款7.12亿元,再贴现2.9亿元,带动全市涉农贷款、小微企业贷款增长分别高于各项贷款增速3.5个和1.1个百分点。与市金融办共同组织召开"2015年阳泉市政银企项目洽谈会",达成贷款合作意向71个、签约金额323亿元。积极支持重点优质企业运用新型融资工具进行直接融资,全年共发行短期融资券40亿元、中期票据50亿元。稳步推进利率市场化改革,将盂县农商行确定为省内市场利率定价自律机制基础成员、阳泉市商业银行确定为观察成员。累计在《金融时报》《阳泉日报》等主流媒体上刊载《履行央行职责 服务实体经济》等14篇宣传稿件。截至年末,全市金融机构各项存款余额1352.7亿元,比年初增加198.6亿元,增长17.2%,比上年多增195.7亿元;各项贷款余额721.3亿元,较年初增加72亿元,增长11.1%,比上年多增41.2亿元。此外,辖区金融机构还通过签发银行承兑汇票等方式,积极加大对企业的支持力度。全年全市银行承兑汇票余额达205.9亿元,比上年增加134.8亿元,增长189.6%。　(高鑫娟)

【金融稳定】 年内,人民银行阳泉中心支行组织制定《阳泉市地方法人金融机构重点监测评估方案》,对辖内高风险农合金融机构进行现场评估和风险排查,并对两家机构主要负责人进行约见谈话。对全辖13家银行业金融机构实施"一行一户"监测。扎实开展"两管理、两综合"工作,组织对工行阳泉分行和光大银行阳泉支行开展综合执法检查,完成建行保晋路支行等4家新设机构的审批和备案工作。认真开展信贷政策导向效果评估工作,组织对辖区14家银行业金融机构开展综合评价。全力做好存款保险制度组织实施工作,实现了全市五家投保机构投保资料合规完整、保费划缴及时准确。首次在阳泉市商业银行开展地方法人金融机构流动性风险"双盲"式应急演练,与太原中支货币信贷处联合在平定县农村信用社开展存款挤兑突发事件应急演练。(高鑫娟)

【金融服务】 年内,人民银行阳泉中心支行进一步增强金融服务意识,提高金融服务水平,促进了阳泉市经济和社会发展。一是提高外汇管理能力。年内,先后支持5户企业实施"走出去"战略、达成境外协议投资总额1.65亿美元,为百度云计算项目办理外方增资5900万美元。进一步健全完善跨境资金流动监测分析工作,累计对3735笔涉外收支进行非现场核查。对108笔1834万美元可疑交易进行现场核查,向2家企业和12家银行机构下发14份《风险提示函》。二是改善支付结算环境。全市农村"金融综合服务站"完成挂牌892个,占符合条件行政村的139%。组织对阳泉市商业银行中心机房信息系统接入运行进行验收,指导其建立同城灾备系统,并利用山西省中小金融机构资金清算服务平台增加了通存通兑、异地"一点清算"业务品种。此外,首次组织对银联商务、通联支付两家支付机构开展了综合评价。三是提升人民币管理水平。认真做好2015年版第五套人民币100元发行工作。在辖区布放了10台硬币存取、兑换自助设备，有力推进辅币硬币化工作。继续推进冠字号码信息流与现金实物流同步流转，太原中支在人行阳泉中支行举办了全省金融机构现场观摩会。四是强化经理国库职能。各级预算收入正确划分入库，各项财政支出及时准确支拨。电子缴税业务稳步提升，纸质缴款书比上年减少50%以上，70%的车购税业务通过POS机刷卡办理缴税。国库直接支付财政补贴比例比上年提高14.4%。创新开发了《国库业务知识在线测评系统》。五是推进社会信用体系建设。全年累计接待信用报告查询客户2万多人次。扎实推进《中征应收账款融资服务平台》推广应用，完成应收账款融资业务34笔、金额20.41亿元，占全市全年新增贷款的四分之一以上，位居全省第三。对“阳泉市中小微企业与新型农业经营主体信用信息服务平台”进行系统升级和数据更新，收录中小微企业1329户、新型农业经营主体48户，发放贷款20.47亿。六是提高金融统计及调查研究质量。按时完成存贷款统计口径调整工作，积极强化对银行机构贷款处置情况和大额存单发行情况的监测分析。扎实推进金融业综合统计，全市纳入统计监测的小贷公司达27家，保险公司达22家。完成天津分行和太原中支确定的《新常态下我国互联网金融监管问题研究》等三项重点调研课题，全行30余篇调研文章被《中国金融》《银行家》《华北金融》《山西金融》等刊物采用。七是加大反洗钱监督管理力度。组织草拟《山西省法人机构反洗钱风险评估指导意见（试行）》。指导阳泉市商业银行和晟鑫期货开展了内部风险自我评估，对4家机构进行现场检查，对1家违规金融机构给予罚款21万元的行政处罚。八是扎实金融消费权益保护工作基础。编撰《银行格式合同金融消费权益保护专项检查手册》。研制开发《中支依法行政信息管理系统》，在全市所有银行机构上线运行《金融消费权益保护信息管理系统》。首次在辖区开展金融消费权益保护环境评估，对辖区近3年金融消费权益保护情况进行了分析研究。（高鑫娟）

【阳泉银监分局概况】 2015年，中国银行业监督管理委员会阳泉监管分局紧紧围绕促改革、抓基础、防风险、强服务的工作思路，依法监管，严格履职，有效维护了全市经济金融协调稳健发展。在阳泉银监分局和辖内各银行业金融机构的共同努力下，全市银行业总体运行平稳，信贷保持合理增长，风险水平总体可控。年末，全市银行业金融机构资产总额1607亿元，较年初增加249亿元，增长18.36%；负债总额1554亿元，较年初增加246亿元，增长18.83%；各项贷款余额721亿元，较年初增加72亿元，增长11.08%；各项存款1344亿元，较年初增加199.56亿元，增长17.44%。（檀建涛）

【实体经济服务】 年内，阳泉银监分局主动适应新常态、积极引领新常态，制定出台《阳泉银监分局关于推进金融振兴提升银行业服务实体经济能力的意见》和《阳泉银监分局关于进一步减轻企业负担规范服务收费的意见》，引导辖内银行业加大支持实体经济的力度，通过展期、降低贷款利率、规范收费行为等措施，减轻企业融资成本，累计减免涉企收费1524.11万元；全市银行业围绕“盘活存量、用好增量”的要求，为全市城镇化建设和实体经济转型升级发挥了积极作用。全年累计发放226.31亿元贷款，主要支持如漾泉大道二期占地收储、西上庄煤电建设开发等重大基础设施建设、重点企业、重点工程。制定“小微企业金融服务二十条意见”，组织启动“银税互动”，开展金融知识宣传，从政策引导、搭建信息共享平台和普惠金融宣传服务等方面，引导辖内银行业加大对小微、“三农”等薄弱环节的支持力度，全市小微企业贷款和涉农贷款平稳增长，全市基础金融行政村覆盖率达82.81%。（檀建涛）

【风险防范与化解】 年内，阳泉银监分局主要从四个方面着手，做好风险防范和化解工作。一是抓难点，降风险。各机构积极消化存量不良，制定“一户一策”不良处置措施。通过采取清收和核销等措施，累计清收处置不良贷款7.71亿元，及时计提减值准备5.32亿元，缓释了信用风险。二是抓苗头，防风险。坚持问题导向，结合辖内银行业暴露的突出问题和风险，组织开展银行卡领域风险排查、借冒名贷款排查、信贷大客户风险排查、业务库及自助设备专项检查、国有银行抵质押贷款现场检查等36项检查，累计投入工作量达3025人·天，共发现制度不完善、系统设置缺陷、业务操作违规等八大类问题，对发现的问题立即进行整改，对涉及的17名责任人给予了处分或处罚。三是抓弱点，控风险。指导邮储银行和邮政公司，在全省率先实施邮政代理机构负责人资格认证制度，开发了内外部检查问题整改销号系统，提高了代理网点基层负责人的责任意识和风险防控水平，增强了问题跟踪整改质效。四是抓重点，保稳定。以“突出五个重点”（突出重点案防制度学习培训、突出重点机构排查、突出重点业务督查、突出重点风险防控、突出重点事件跟踪）为抓手，督导辖内银行业扎实开展“制度执行年”活动，对违规责任人给予责任追究，对有关违规人员经济处罚25.25万元。成功堵截暴力盗抢ATM机具等3起案件。指导辖内有关银行业机构及时、妥善处理了3起案件（风险）事件，有效维护了辖内银行业稳定。（檀建涛）

【银行业改革发展】 年内,阳泉银监分局按照在改革中化解风险、以风险化解促机构发展的思路,加快推进辖内法人机构改革改制。指导法人机构成立改革领导组,制定工作方案,有序推动改革和风险处置进程。多次向山西银监局、市委市政府汇报改革进程中存在的主要问题与困难,争取上级理解和支持,协调各方力量达成改革共识,凝聚改革合力。加大监管力度,派驻主监管员密切关注经营运行情况,提高现场检查频率,对检查发现的问题实施行政处罚,推动法人机构不断提高内生性风险防控的意识和能力。截至年末,阳泉商行10亿股增资扩股方案已获山西银监局批准,相关拟入股股东资料正在审核中。 (檀建涛)

【中国农业发展银行阳泉市分行概况】 2015年,中国农业发展银行阳泉市分行确立"主动适应,加快发展"的工作总基调,明确了全年工作思路,持续加大贷款投放和项目营销力度,坚决防控信贷风险,全面提升基础管理水平,以开展"三严三实"专题教育活动为主线,切实加强班子队伍建设,全年业务经营保持稳健运行,整体工作实现平稳发展。

年内,农发行阳泉市分行业务经营指标完成情况良好。一是人均存款增加。全行人均存款732.12万元,比上年增加315.54万元。二是人均中间业务收入增加。人均中间业务收入为9235.08元,比上年增加2269.57元。三是资产利润率提高。年内,全行资产利润率为1.38%,比上年增加0.33个百分点。四是成本收入比减少。全行成本收入比为49.74%,比上年减少12.44个百分点。五是人均利润增加。全行人均利润为21.38万元,比上年增加9.44万元。六是表外欠息下降率。全行表外欠息下降率为75.37%,完成省分行下达指标的238.67%。七是主营业务增长率。其中,全行中长期贷款累放42680万元,传统信贷业务增长率为5.18%。八是不良贷款两项指标继续保持零记录。 (李晓波)

【信贷支农】 年内,农发行阳泉市分行适应新常态,积极主动作为,集中力量支持市、县两级政府关注和关心的重点项目,扎实做好中国农发重点建设基金的发放和支付工作。一是全力支持粮油收储业务。全行全年累计投放粮食收储类贷款4320万元,支持企业调增市储小麦5000吨、新增储备小麦10000吨,保障了国家粮食储备战略的顺利实施,切实维护了全市粮食安全。二是倾力支持农业农村基础设施建设。全年累计投放中长期贷款8笔,金额42680万元,比上年多投放38380万元,贷款累放额、净增额、余额均创历史新高,实现了市、县两级三个行组全覆盖,有效支持了漾泉大道二期土储、盂县二期供水、盂县城北热源厂和平定县农村饮水安全工程等一批民生工程建设,取得良好的社会效益。三是快速精准投放重点建设基金。充分发挥逆周期调节作用,确保国家专项重点建设基金的顺利投放,有效拉动了社会投资。全年按要求完成三批次共计19个项目、投放基金7.12亿元,基金投放量居全省系统第二位,项目成功率、基金投放率均为100%,资金支付率达95%。 (李晓波)

【工行阳泉分行概况】 2015年,中国工商银行阳泉分行认真落实转型发展战略要求,积极应对新常态,抢抓发展机遇,加快改革创新,助力转型发展、改进金融服务,保障服务民生,攻坚克难,锐意进取,各项经营管理工作在逆境中稳步发展。

存款业务 以客户、产品和服务为抓手,强化客户维护拓展、大额资金监测、关键时点把控等措施,不断提升存款市场竞争力。年末各项存款突破200亿元,净增12.02亿元,余额、增量占比四大行排名第一。其中对公存款余额78.7亿元,较年初减少5.2亿元,储蓄存款余额106亿元,较年初增加5.7亿元,四大行占比排名均为第一。

信贷业务 持续纵深动态梳理市场,将满足客户金融服务需求作为工作的出发点和落脚点,加快项目储备、对接、落地转化,年末各项贷款余额110亿元,较年初增加8.38亿元,余额四大行占比42.9%,继续保持四大行首位。其中公司贷款余额98亿元,较年初增加6亿元,个人贷款余额12亿元,较年初增加2亿元,四大行占比排名均为第一。

中间业务 从培育新的增长点入手,努力改变收入结构单一的局面,构建基础产品支撑、重点领域拉动、新型业务创收的收入新格局。全年实现中间业务收入1.1亿元,较上年增加2005万元,四大行占比41.5%,占比排名第一。

资产管理 年内实现考核拨备前利润34553万元,比上年减少481万元。实现净利润22685万元,比上年减少1381万元;信贷资产质量不良率0.29%;全年实现"无案件、无事故、无重大经济损失"的三无目标。

服务优化 年内,推进智能化银行、自助+理财等模式的金融便利店建设和低效网点的迁改建工作,加快物理网点转型步伐。完成了5个智能银行的建设,3个附行式自助区后加钞改造,3个网点的迁建和5个离行式自助银行的新建等工作,渠道结构不断优化。充分借助视频监控、客户投诉管理系统和服务质量监测系统等平台,狠抓服务质量,切实提高服务水平,增强客户满意度,全年无有责投诉和恶性服务事件。 (赵 晶)

【农行阳泉市分行概况】 2015年,农行阳泉分行认真贯彻落实总、分行工作会议精神,积极适应、科学应对经济金融新常态,在资金组织、客户服务、不良清收、风险防控、作风建设等重点工作上集中发力,持续用劲，推动主体业务实现长足发展，取得了系统进位、份额提升、质量提高的良好成绩。

截至年末，全行各项存款余额为1148111万元，其中：个人存款余额为983083万元、对公存款余额为165028万元。各项贷款余额为654793万元，其中个人贷款余额为29497万元、法人贷款余额为616707万元、贴现余额为8589万元。“三农”业务中惠农卡存款余额达到15720万元，农户贷款余额达到2550万元。（王晓婷）

【渠道建设】 农行阳泉分行按照“渠道为王”“渠道致胜”的经营思路，持续加大渠道建设力度，2015年，新设一级支行1个、完成物理网点装修改造1个、建成自助网点5个，自助网点与人工网点的比例达到1.17∶1，自助网点数量在全市四大行占比达到53.85%，逐步形成领先于同业的独特竞争优势。（王晓婷）

【首笔票据池业务】 2015年9月9日，农行阳泉分行成功开办首笔票据池业务，实现了“零”的突破，为企业票据管理、票据融资提供了极大便利，也促进了企业资金向农行归集，提高了客户忠诚度和农行的市场竞争力。（王晓婷）

【“超级柜台”】 2015年12月，农行阳泉分行首批个人集中作业系统“超级柜台”自助设备，在全行18个网点投入使用。通过“超级柜台”的人工智能触屏引导和语音提示功能，客户可以用身份证在该设备上自主发起业务申请，一次可选择办理多项业务，后台成功后，打印出综合业务受理书，客户只需签名一次即可，极大地缩短了业务办理时间，能有效缓解银行排队难题，也减少了纸张的消耗，真正为网点“减负”、推动网点由交易处理向服务与营销转型又迈进一步。（王晓婷）

【中行阳泉市分行概况】 年内，中国银行股份有限公司阳泉市分行着力加强基础建设，优化经营机制，增强竞争能力，向着打造当地“最好的银行”战略目标步步迈进。截至年末，全行人民币存款余额108.57亿元，较年初负增长5.27亿元；人民币贷款余额62.52亿元，较年初增长7.93亿元；不良率0.12%，较年初下降0.81个百分点。

项目会战　年内，中行大力实施“项目会战”，为阳煤集团发放3亿元中期流动资金贷款，为其下属企业兴峪煤业有限公司提供1.5亿元授信支持；为山西兆丰天成铝材有限责任公司提供6000万元授信支持；为山西河坡发电有限责任公司提供1.84亿元授信支持；为山西天元绿环科技有限责任公司投放1300万元项目贷款；成功营销阳煤集团西上庄电厂、山西阳煤远盛热电“上大压小”项目。

ETC业务　年内，阳泉中行大力发展ETC业务，营销办理ETC快通卡6750张，完成省分行下达任务8000张的84.38%，预约锁定客户4188户，总完成率136.73%，全省第一。

经营管理　年内，阳泉中行进一步严格经营性网点与条线管理部门负责人履职机制，根据省分行关于二级分支行本部机构改革方案，积极落实机关部门架构整合要求，成立阳泉市分行内部控制委员会及内控合规专职检查组，按月召开内控委员会例会；成立流程优化工作领导组和办公室，有效推进全辖业务流程优化工作进程；成立信贷资产排查工作领导小组，对全辖全口径信贷资产风险状况进行排查，发现问题，及时整改，确保全行资产安全。

内控案防　年内，阳泉中行召开市分行2015年党风廉政建设暨纪检监察保卫工作会议，传达省分行会议精神，现场签订《2015年党风廉政建设责任书》《2015年防范案件和重大风险事件责任书》《2015年消防安全责任书》和“双十禁”承诺书；积极配合省分行稽核检查，认真整改并严肃问责；开展为期一个月的“算好内控账，发展有保障”大讨论活动，组织员工进行讲话学习、案例讨论、经验交流，营造良好的内控合规氛围，树立正确的合规发展理念。（赵鹏飞）

【建行阳泉分行概况】 2015年，建行阳泉分行积极应对外部经济下行压力，咬定“稳二类、再进位”目标，坚持转型发展，统筹推进业务经营、风险管理、内控合规和队伍建设工作，整体经营管理水平迈上了一个新高度。截至年末，全口径存款余额达142.20亿元，四行余额占比24.70%，排名第二，较年初新增2.90亿元；各项贷款余额82.85亿元，实现中间业务收入6622万元，较年初新增5.84亿元；四行占比24.38%，排名第二；较同期增量668万元。

资产质量　全行不良贷款余额814.79万元，比年初减少11986.56万元。其中对公不良贷款650万元，比年初减少12035.81万元；个贷不良贷款164.79万元，比年初增加49.25万元。不良贷款率0.10%，比年初下降1.56个百分点。逾期贷款余额475.63万元，比年初增加311.76万元。全部为个人类逾期贷款。逾期贷款率0.06%，比年初增加0.04个百分点。表外业务4104万元，比年初增加756.91万元，表外业务无垫款。押品重估比率为100%。评级覆盖率100%。

公司业务　一是以公司类产品发展为依托，不断提高金融服务能力。建行阳泉分行成功为阳煤集团制作融资租赁产品15亿元，投放租赁信贷资金13亿元，预计实现中间业务收入2200万元。同时，成功为阳煤股份办理2亿元银行城兑汇票，实现中间业务收入220万元。二是继续加大项目储备工作力度，积极转化储备项目。截至年末，建行阳泉分行项目储备11个，涉及电力、城市基础设施建设、煤炭等行业，其中成功申报山西河坡发电"关小上大"热电联产项目，总授信额度5亿元，预计明年开始实现信贷投放。同时积极争办阳泉市首个PPP项目主办权即阳泉市污水处理二期项目，已进入项目评估阶段。三是加快发展国际业务。积极为百度云计算项目进行资金安排，并主动加强与小企业中心的沟通合作，将国际业务产品推广深入到中小企业市场层面，成功将阳泉市最大的进出口企业阳泉市天虹石油压裂支撑剂有限公司落户建行阳泉分行。同时加大与外汇监管机构的合作，最终实现5户国际业务客户的拓展。此外，获得阳泉市辖内最大的一笔7200万澳元对外直接投资项目，这也是山西分行最大的对外直接投资客户之一，与该客户的业务合作，不仅丰富了建行阳泉分行的国际业务产品，扩大了国际业务的市场影响力，同时带来近100多万元中间业务收入以及近3.4亿元人民币资金的流入，为全年对公业务指标的良好发展奠定坚实基础。加强国际业务基础管理工作，建行阳泉分行在国家外汇管理局阳泉中心支局通报的2015年度外汇管理考核成绩中，以98.36分的成绩名列全市金融系统第一名，成为阳泉市唯一一家外汇管理进入A类行的金融机构，也是阳泉分行外汇业务历史上获得的最好考评结果。

机构业务　一是快速反应，积极应对公积金新政。建行阳泉分行为缓降存款，做了大量应对工作，针对中心短期流动性紧张的状况，开辟快速应急通道，在公积金定期存单贷款业务得到政策支持初期，仅用了三个工作日就实现了全省系统首笔万元贷款的顺利发放。二是顺利完成公积金"G"系统建设合作协议签约，将公积金系统建设项目推入实质阶段。三是对公保险业务破零，摘掉了零出单行处的落后帽子，增进了与对公客户和保险公司的黏度，丰富了业务品种，开展对公保险业务12笔，完成保费收入24359元，实现中收5732元。

小企业业务　一是首家启动"税易贷"业务，深耕实体经济，已经备符合信贷政策的税易贷客户23户。二是继续推进批量化、标准化、小额化营销，将助保贷产品融入"商圈"开办业务；结合省政府下达的政府补偿金，对辖区内小企业客户进行筛选，对于存量优质客户积极转贷，对于有潜在风险的客户压缩退出；坚持"以小为主、以微为重"的发展方向，推动大数据等重点信贷产品发展，"税易贷""创业贷"等"五贷一透"大数据产品均实现了零的突破。三是严格规范信贷资金流向，审慎选择项目准入，源头杜绝瑕疵客户。四是完善考核激励机制，正负激励并举，解决小企业信贷业务发展瓶颈。

个贷业务　一是储备优质楼盘，通过开展"扫楼扫市场"活动，积极走访阳泉市各大房地产开发商。共营销优质楼盘项目20个，合作金额20.24亿元。发放个人住房贷款35911万元。二是大力发展消费经营类贷款。"快贷"业务累计授信176笔1103万元，累计支用779笔1489万元，新增贷款862万元。同时"结算通卡授信业务"成功授信50万元，成为全省首笔"结算贷"业务，实现了该业务山西分行"零"的突破。三是优化业务流程，取消贷款公证环节。四是按照"前端充分发散、中后端充分集中"的经营管理模式，加大对前端中心的管理和考核，发挥个贷前端经营中心业务营销办理和客户发展主渠道作用。

信用卡业务　一是通过加大营销宣传。建行阳泉分行在做好网点营销的基础上，走出去营销，各基层行处积极联系当地驾校营销发卡，联系加油站，洗车点办理ETC；积极与商户、楼盘组织活动，促进发卡及用卡活动率提升。二是加大力度拓展分期业务。年内，建行阳泉分行参加大型车展等活动，并通过提前预热宣传汽车分期业务；与苏宁，联通，国美多次开展商户分期，账单分期促销活动，并与交通龙卡捆绑营销取得一定效果。三是利用优势政策，大力发展特约商户。发展天元家电、苏宁电器、壹兴商贸公司等有影响、上规模商户，同时，为发展客户、改善用卡环境，与美鹰、老三、凯旋门等6家洗车行签订洗车优惠协议，优惠幅度在9折左右，极大地提高了客户用卡方便和实惠。四是坚决压缩逾期不良，遏制上升势头。截至年末，共清理催收不良650万元，其中追讨回收325万元，不良率1.91%。　（张季强）

【交通银行阳泉分行概况】 2015年，交通银行股份有限公司阳泉分行以效益为中心，以转型创新为手段，以风险防控为保障，各项经营管理指标均实现争先进位。截至年末，交通银行阳泉分行本外币资产总额29.6亿元，人民币各项存款余额20.03亿元，较年初增长5.99亿元；市场占比3.45%，较年初上升0.98个百分点。对公存款余额13.94亿元，较年初增长3.96亿元；市场占比7.09%，较年初提高2.55个百分点。储蓄存款余额6.7亿元，较年初增长2.03亿元；市场占比1.67%，较年初提高0.42个百分点。各项贷款余额29.73亿元，较年初增长2.78亿元；市场占比7.64%，无不良贷款。全年实现经营利润8650.92万元，较年初增长3403.78万元，增速64.9%，经营利润总额全省排名第4，完成率116.49%，全省排名第1；完成经济利润5526.5万元，较年初增长4394.55万元，增速388.2%，经济利润总额全省排名第3，完成率140.6%，全省排名第1。

截至年末，全行在岗员工67人，其中高级管理人员4人、中层管理人员8人、大学本科以上学历的67人。全行内设部门5个，即综合管理部、营运管理部、授信与风险管理部、公司业务部和零售业务部；全行共有经营单位4家、离行式自助

银行 3 个。（王雪峰）

【服务地方经济】 2015 年，交行阳泉分行新增实质性贷款 3.08 亿元，贷款余额达到 29.73 亿元，有效地支持了地方实体经济发展。截至年末，有授信余额客户 14 户，贷款余额 28.86 亿元。其中对公客户 6 户，贷款余额 28.53 亿元，全部用于支持地方优质企业和优质项目；小企业客户 8 户，贷款余额 3300.57 万元。个人住房按揭贷款 4793.9 万元，净增 4349.5 万元。同时，通过创新业务为阳煤集团发放 10 亿元直投、20 亿元短融，累计为当地融入资金 50 亿元，重点支持煤炭、市自来水、煤气、热力、电力等民生保障和住房消费领域。（王雪峰）

【阳泉市商业银行概况】 2015 年，阳泉市商业银行主动适应经济发展新常态，不断深化改革和推进战略转型，进一步完善公司治理，加强风险管理和内部控制，着力改进和提高服务质量，全面提高市场竞争力，全行经营模式和发展状况明显改善，盈利能力和风险控制能力显著增强，各项业务实现了跨越式发展，经营业绩取得了历史性突破。截至年末，商行资产总额 234.4 亿元，各项存款达到 203 亿元，各项贷款 29.3 亿元，存贷比例为 15%，实现各项收入 9.36 亿元，实现拨备前利润 2.7 亿元，资本充足率达到 5.6%，核心资本充足率达到 4.95%，流动性比例为 62.5%，资产利润率为 0.54%，资本利润率为 11.2%，拨备覆盖率为 249%。年内，在繁华地段、业务密集区域设置 ATM 机 43 台，发卡量累计 4.8 万余张，其中磁条卡 1.4 万张，IC 卡 3.2 万张，存款余额 1.7 亿元，运行期间未发生任何风险事故。

截至年末，全行在岗员工 467 人，大专以上学历的 428 人，具有专业技术职称的 162 人（高级职称 1 人、中级职称 54 人、初级职称 107 人）。（史晓杰）

【机构优化与机制转型】 一是机构改革迈出实质步伐。新开业 3 家二级支行，即南山路支行、青年路支行和凤凰城支行。机构网点转型取得实质性突破。新成立 3 个部门：“小微贷直营中心”“金融事业部”和“北京投行部”。整合优化了 6 个部门：将业务结算职责整合划入财会计划部，将原市场拓展部、风险控制部、信贷管理部和银行卡部职能进一步调整丰富，更名为“金融市场部”“法律合规部”“公司业务部”和“零售业务部”，对监控中心进行外包管理，适应了新时期业务发展需要。2015 年新业务对于经营发展的贡献度超过 70%。二是信贷结构调整取得进展。年内，与上海乾康金融信息公司合作，引入德国 IPC 微贷技术，成立小微贷直营中心，并通过“信用放权的形式，简化申请流程，灵活担保方式”等多种措施，推动小微企业发展，缓解就业压力，促进地方税收收入的稳步提高。三是建立大资产大负债经营管理模式，夯筑转型发展基础。组建成立金融市场部，探索以大资产驱动大负债经营的新模式，逐步实现从信贷为主向资产管理为主转变。截至年末，与 8 家业务规模匹配的资产管理公司办理同业投融资业务 15 笔，投资金额为 60.4 亿元，各类资管计划全部按照合同约定兑付利息 4.8 亿元，占全行总收入的 55%以上。办理同业存放业务 46 笔，金额 82 亿元，实现利息收入 3.5 亿元，占总收入的 35%。利用资源平台及业务优势，2015 年为全行引入对公存款 143 亿元，占对公存款的 83%，取得历史性突破。（史晓杰）

【小微金融】 2015 年，阳泉市商业银行深化机制创新，构建适应小微金融特色的业务架构体系，引入德国 IPC 微贷技术，组建微贷直营中心，优化金融产品，满足不同需求，着力打造“随薪贷”和“随用贷”两款产品。点面结合推广，拓展微贷市场。一是拓展阳泉地区小商品的供应链、贸易链、资金链的链式客户集群。重点营销一级代理商、零售商。小微贷正式放款以来，成功营销了日化用品、小食品、方便面、桶装水、各类服装鞋帽等阳泉各大代理。二是挖掘优质授信客户的配套上下游客户。链式营销模式实现小微企业客户营销模式从零散向集群的创新性转变，以求最大范围内扩大与小微企业的接触面，为更多的小微企业客户提供金融服务支持。截至年末，共审批通过 547 户，授信总额 6690 万元。为 533 户小微企业，提供 6549 万元资金支持，资产质量优良、利息回收率 100%。（史晓杰）

【阳泉市农村信用社概况】 2015 年，全市农村信用社按照“转变作风、主动作为、回归本真、重塑信心”的发展思路，围绕渠道、产品、科技、考核、客户等方面夯基础、调结构，各项工作稳步有序推进。截至年末，各项存款余额 310.19 亿元，贷款余额 201.27 亿元，存贷市场份额位居全市银行业金融机构之首。阳泉市农村信用社共有机构网点 168 个，设省联社阳泉办事处 1 个，下辖平定联社、郊区联社、盂县农商银行 3 个县级法人机构，营业网点共计 164 个，其中信用社（支行）42 个、信用分社（分理处）96 个、储蓄所 26 个，从业人员达 2004 人，是全市营业网点和从业人员最多、服务范围最广的金融机构。

夯实业务发展基础　2015 年，全市农信社积极应对经济下行、发展风险暴露集聚等不利局面，在夯基础、控风险等方面做了大量工作。一是做实存款业务底子，夯实业务发展基础。二是改变贷款业务结构，真正回归“支农支小”的准确定位。三是规范授信业务管理。制定《阳泉市农村信用社新增授信业务公示办法》，加强对新增贷款的检查和监督。四是开展不良贷款清收处置攻坚行动，运用“高管包大户”等多种措施清收大额不良贷款，并重点对国家公职人员、内部人员和万元以下不良贷款集中清收,确保“颗粒归仓”。

平台建设　针对业务发展现状,办事处积极引进先进的管理经验和管理方法,推动“数据、产品、渠道”三大平台建设,进一步加快转型提质步伐。搭建数据保障平台。开发小微企业综合金融服务平台系统,通过推广APP,提高下载率、安装率和使用率,强化客户数据沉淀。搭建产品支撑平台。对接恒生电子研发的理财销售管理平台,全面销售民生银行的各类理财产品,并且系统已接入柜台上线。搭建渠道建设平台。合作开发微信、网络营销渠道,实现“线上＋线下”的服务营销,解决了当前营销渠道窄的问题。

优化业务结构　根据辖区实际,开展“惠农、惠商、惠小微”营销服务活动,指导县级行社将业务重心转向“三农”及小微客户,转向资产质量提升和风险化解。截至年末,全市农村信用社累计走访客户16453户,成功合作客户4047户;累计办理存款业务4.48亿元,办理理财业务0.15亿元,发放各类贷款1.34亿元;新评定信用户267户、创建信用村3个、创建信用街道和信用市场各1个。　(张　维)

【光大银行阳泉支行概况】 2015年,光大银行阳泉支行紧紧围绕“稳中求进、转型发展 打造服务领先银行”的工作方针,以稳中求进为总基调,以转型发展为路径,以改革、创新和服务为驱动力,各项业务稳健发展。年内,支行有员工53人,派遣制员工10人,下设公司业务部、零售业务部、风险管理部、计划财务部、办公室及支行营业部6个职能部门。

截至年末,支行本外币资产总额44.37亿元,较年初增加4.15亿元,增幅10.31%。各项存款余额35.89亿元,各项贷款余额36.84亿元。投行业务全年中收1350万元。信用卡业务实现收入20146.87万元,账面税前利润5700.50万元。社区支行全年销售理财金额3.08亿元,有效发挥了社区银行服务百姓的普惠金融职能作用。

在服务创新方面,一是为响应市政府大力支持中小微企业的发展,创新推出了“小微结算卡”“支票易”“税贷易”和“政采贷”四项政策。这些产品不需抵押、不需担保,一次申请、随时提款,放款快、效率高。二是自觉执行对小微企业服务收费减免政策,落实取消、规范22项金融机构收费项目工作,扩大了减费范围,2015年为抵押贷款的中小微企业客户免除评估费、抵押费、保险费共计64420元。三是渠道建设,通过合理配置资源,优化结构调整,进一步推进支行网点布局计划,更好地服务广大群众。四是内控管理,扎实开展维稳信访工作、日常服务工作、数据报送工作、安全保卫工作等,全年未发生实质性风险事件及刑事案件。　(李　龙)

保　险　业

【概况】 2015年,阳泉市保险业勇于创新,积极履行社会责任,大力提升保险业服务经济社会的能力,为经济社会发展提供了有力保障。全市实现保费收入27.18亿元,比上年增长13.77%,保险深度为4.41%(保费占全市2014年GDP比例),比上年增长0.51%,保险密度为1951元/人(全市人均占有保费),比上年人均净增235.8元。年内,全市保险业共承担各类风险保障约6138亿元,支付各项赔款和给付保险金12.12亿元。

保险主体扩增　年内,阳泉市保险服务主体已增加至23家,其中财产保险公司13家、人身保险公司10家,分布在市、县区的分支机构有60余家,保险从业人员达到6200余人。

2015年阳泉市财险经营状况简表

表30　　单位:万元、个

机构名称	成立日期	2015年度保费收入	2015年度赔(给)付支出	下设县级机构	总经理
人保财险	1950.11	34441.62	40513.5	13	常亮贵
太保财险	2002.9	3479.1	2612.51	3	江卫明
平安财险	2005.9	9415.81	5470.01	3	杜晨光
大地财险	2005.9	6459.61	4383.82	4	范文林
安邦财险	2008.3	301.85	252	0	李书田
国寿财险	2008.5	9841.53	10191.21	5	孙建文
阳光财险	2009.1	3109.02	1412.6	2	施占伟
永安财险	2009.5	1101.22	620.62	0	田秀庆
中煤保险	2012.5	4109.37	2457.22	4	张伟兵
华安财险	2013.8	926.39	254.47	0	赵旭峰
英大财险	2013.8	399.72	160.8	0	杨永祥
天安财险	2014.12	1250.75	409.80	0	王宏平
中华财险	2015.12	0	0	0	刘国庆
小　计		74835.99	68738.56	34	

(孙建海)

保障经济建设　年内，在重点领域的保险业务实现稳步增长，保险保障作用得到进一步发挥。全市23家保险公司共为境内厂矿企业、农业生产、家庭财险和人身保险提供各类风险保障约6138亿元，支付各项赔款和给付保险金12.12亿元。其中，"三农"保险为13.58万农户提供了12.5亿元的风险保障，支付农业赔款2267.06万元；承保企业财产和责任保险14415件，支付赔款2700.56万元；承保全市机动车辆171893辆，支付赔款57888.66万元；承保政府、企业各项工程76项，支付工程赔款1413.53万元。在市政府出台《关于加快发展现代保险服务业的实施细则》后，各保险公司积极创新保险产品，支持企业创新发展。如中煤保险公司开办贷款保证保险，为53家中小微企业提供3.15亿元的贷款保证保险，撬动了银行资金的投放，有效缓解企业资金压力，为企业发展提供了有力支撑。

参与社会管理　截至年末，中国人寿阳泉分公司和人保财险阳泉分公司共承保了城乡居民大病保险105.32万人，支付医疗赔款4940.08万元，受益的城乡居民达到12181人次。2015年，市保险业积极配合市公安局交通警察支队，建立"阳泉市道路交通事故快处快赔服务中心"，全市13家财产险公司入驻中心，对全市范围内发生的5000元以下，无人伤的机动车小额财产损失事故实行快速处理、快速理赔，大大减少因交通事故造成交通堵塞的情况发生。各保险公司针对重点领域和重点行业，积极开办医疗责任、食品安全、电梯安全、环境责任、旅行社责任等第三方责任保险，通过保险机制化解社会矛盾纠纷。同时，市保险业积极与市仲裁委、市司法局合作，先后成立"仲裁委保险纠纷调解中心"和"保险纠纷人民调解委员会"，并与城区、矿区的人民法院建立保险纠纷诉讼与调解对接机制。与市工商局消费者协会、"12315"投诉中心合作，建立消费者投诉站和"12315"联络站，实现行业调解、社会调解、司法调解的有机结合，保护了保险消费者合法权益，有效化解了社会矛盾，参与社会管理和服务能力明显提升。（孙建海）

【山西保险协会阳泉办事处概况】 2015年，山西省保险协会阳泉办事处以服务为核心，以自律为重点，围绕年初制定的工作计划，着力保障阳泉保险业平稳、健康、持续发展。一是落实"新国十条"，为阳泉保险业拓展新空间。2015年"新国十条"的出台，协会办事处积极与政府沟通，促成阳泉市政府出台《关于加快阳泉保险业发展意见方案或实施细则》，为阳泉保险业营造了新的发展环境，拓展了新的发展空间。二是适应新常态，为化解保险纠纷实现诉调对接。2015年协会办事处实现保险纠纷案件诉讼与调解的对接，与城区人民法院、矿区人民法院建立了诉调对接机制，规避保险纠纷案件诉累增加，把保险争议与纠纷解决在行业内部，消化在调解过程，变矛盾升级为和谐解决，营造了保险业和谐发展局面。三是积极配合，完成"快处快赔中心"筹建工作。2015年，经交警支队与办事处多次对快处中心筹建工作的商讨研究，联合下发《阳泉市道路交通事故快处快赔服务中心筹建方案》和《快处中心建设选址招选方案》，阳泉市道路交通事故快处快赔服务中心于12月26日开始试运行。四是主动作为，认真开展了行业的自律检查工作。2015年办事处全年共组织产、寿险自律检查5次，组织召开自律工作专题会议7次，维护了保险市场秩序，促进行业的健康发展。五是在原有与阳泉仲裁委保险纠纷调解中心合作的基础上，成立阳泉市保险纠纷人民调解委员会，为解决保险合同纠纷又开辟了一条新途径。年内共受理调解案件682起、涉案金额2610.87万元；成功调解606起，调解成功率为88.85%，调解协议执行率为100%。较好地维护了保险消费者权益，营造了行业、

2015年阳泉市寿险经营状况简表

表31　　单位：万元、个

机构名称	成立日期	2015年度保费收入	2015年度赔（给）付支出	下设县级机构	总经理
中国人寿	1950.11	67381.83	37517.5	4	苏风凯
太保寿险	2002.6	23444.19	1770.17	6	马　翊
平安人寿	2004.6	15127.42	454.82	2	胡　剑
泰康人寿	2007.7	18199.53	8495.02	4	陈永林
新华人寿	2009.8	13793.9	1126.46	2	王艳红
太平人寿	2009.8	11469.48	1974.35	2	赵福春
人保寿险	2009.12	11515.12	1104.05	4	王卫平
阳光人寿	2011.7	33662.67	0	2	张振军
英大人寿	2012.12	815.17	0.19	2	丁　盛
农银人寿	2015.8	1556.37	0	0	孙耀瑜
小　计		196965.68	52442.56	28	

（孙建海）

社会和谐发展环境。截至年末,山西省保险行业协会阳泉办事处内设有综合办公室、综合业务工作部和保险纠纷调解中心,员工8人,共有会员公司23家(财产险公司13家、人身险公司10家)。 (孙建海)

【中国人寿保险阳泉分公司概况】 2015年,中国人寿保险股份有限公司阳泉分公司按照“重价值、强队伍、优结构、稳增长”的经营思路,以及“强化对标、聚焦突破”的经营策略,围绕各项预算指标,抓业务、强队伍,抓管理、促经营,抓服务、防风险,“富员强司”达成新目标。全年总保费收入68667.59万元,比上年增长10.62%。个险首年期交保费8634.18万元,其中5年期保费3123.94万元、10年期以上期交保费5572.14万元;银保首年保费16860.46万元,其中首年期交保费2882.76万元;团体短期险保费2993.86万元;意外险保费1845.5万元。销售队伍实现大发展。公司总体市场份额34.21%。全年累计支付赔款和给付金4490万余元。 (王 钦)

【客户服务】 年内,中国人寿保险阳泉分公司不断提高对内的后台支持水平和对外的客户服务水平。一是开展客户服务专项活动。深入农村,开展农网服务28次,办理保全业务389件。二是提升柜面服务质量。在全省率先全面实现综合柜员制,坚持午间值班制,为客户提供绿色通道等,全年上门服务180人次。三是开展客户服务活动。持续打造国寿“1+N”服务品牌,先后组织VIP客户体检和“国寿客户节”系列活动。四是大力推广科技国寿。微回执、微回访达90%。累计开通国寿E宝账四级权限用户10842人,累计使用办理保全业务54722余笔。 (王 钦)

【经营风险防控】 年内,中国人寿保险阳泉分公司严防经营风险。一是加强内控体系建设。大力推广内控执行标准和内控承诺机制,配合外部审计,有效堵塞了管理漏洞。配合市人行开展反洗钱现场检查,并完成整改。二是落实关键岗位监督工作。开展“两个加强、两个遏制”专项自查工作,发现问题及时整改,进一步提高合规水平。三是发挥销售督察作用。风险预警系统共运行24个批次,排查成功率达97.07%,有效防范了风险。 (王 钦)

【平安人寿阳泉中心支公司概况】 2015年,平安人寿阳泉中心支作为中国平安人寿保险股份有限公司下属的三级机构,依托于总公司完善的治理架构,专业化的管理团队,建立起流程化、工厂化的后台作业系统,并借助电话、网络及专业的业务员队伍,为客户提供专业化、标准化、全方位的金融理财服务。截至年末,实现保费收入合计15127.42万元,共赔付保险金额454.82万元。 (姚 慧)

【太保寿险阳泉中心支公司概况】 2015年,太平洋人寿保险股份公司阳泉中心支公司进一步优化调整业务结构,加强干部队伍建设,着力推进公司内控管理,加强成本控制,坚持合规经营,稳中求进,进中求好,基本实现了平稳、健康发展。全年共实现保费收入23444.19万元,在阳泉市场占比份额为15.23%,排名第二。全年受理赔付案件338件,给付赔款1770.17万元,其中5万元以上大额赔付案件26件、10万元以上大额赔付案件6件,在大额赔付案件中,从报案、受理资料、立案、到结案的每个环节都安排专人进行跟踪进度,时时联系客户,受到广大客户的认可。年内,太平洋人寿阳泉中心支公司在人民银行阳泉中心支行关于对2014年度阳泉市金融机构反洗钱工作综合评估中荣获A类优胜单位。 (郝玉花)

【人保寿险阳泉市中心支公司概况】 2015年,人保寿险阳泉中支实行差异化经营,精细化管理,多元化发展,适应时代要求,积极转型创新,确定了“稳增长、强基础、重价值”九字方针,注重价值创造,注重售后服务,在市场营销、产品、运营服务等方面积极研究创新。公司以客户为中心,为客户提供美好生活、健康一生、无忧一生、百万身价等近两百个保险产品服务。自成立以来,合规经营,防范风险,业务快速发展,成本有效管控,全年公司实现保费规模11760万元,其中银保业务实现7553.69万,个人业务累计实现2449.16万元,团险、互动等业务稳步增长,实现1757.15万元。总保费占阳泉寿险市场5.85%,市场排名第七。 (高 月)

【人保财险阳泉市分公司概况】 2015年,中国人民财产保险股份有限公司阳泉市分公司紧扣精品主线,对标市场,改革推动,有条不紊地实施“六大工程”。全年实现保费收入3.44亿元,增速-15.43%,市场份额46.02%,赔款支出2.5亿元,赔付率62.17%。 (赵 虹)

【服务“三农”】 2015年,人保财险阳泉市分公司一是坚持落实四项关键举措,通过三项政策支持,目标跟踪考核,全力推进政策性农险全覆盖工程。二是成立重点客户维系领导组,积极拜访政府职能部门,强化费用前置推动业务发展。全年全市共承保盂县、平定、郊区玉米49.62万亩(3.31万公顷)、森林94.33万亩(6.29万公顷)、蔬菜大棚1150亩(76.67公顷),能繁母猪5582头、育肥猪440头,并积极探索羊养殖保险,承保831头,拓宽了险种覆盖面。年内,公司农险赔款支出1105万元。三是协助市财监处开展资金审核,清回财政补贴资金1097.41万元,圆满完成2015年度农险应收保费清理工作。四是全面开展农险业务质量自查,强化农险合规提升业务质量。五是加强“三农”网点改造和升级,积极推动农网产能提升，推广小额农村意外险等险种的覆盖。六是加快发展农房保险。年内，为4个行政村388户农户提供685.8万元的风险保障。（赵　虹）

【服务民生】　2015年，人保财险阳泉市分公司承保新农合大病保险和城镇职工大病保险项目。一是新农合大病保险开展情况。年内，累计赔付大病保险2196人，累计赔款1341.85万元。为保证工作的顺利开展，公司建立了完善的机构网络和人员队伍，开展各类培训，提高效能。实现了与县区新农合管理中心及乡镇卫生院的联合，大病保险服务深入乡镇。公司大力开展医疗巡查、稽核和案件调查工作，保证资金安全有效使用。2015年9月，开通新农合大病保险即时结报，实现了“一站式”服务。二是城镇职工大病保险开展情况。2015年城镇职工大病保险参保职工22.75万人，截至年末，赔款3068.39万元，赔付率73.44%。（赵　虹）

【服务优化】　2015年，人保阳泉分公司以理赔服务为牵引，以提高客户满意度为目标，结合业务发展实际，加大服务管理，效率效能指标、内部外部评价都有了较大的改观。一是聚焦重点工作，降低车险赔付。坚持面见客户查勘原则，强抓客户真实性信息收集；成立专业团队关注营业货车车损降赔，遏制车损大要案利益漏损；深入开展打假理赔专项行动，年内拒赔虚假案件39起，累计金额达159万元；加强人伤案件首次跟踪力度，强化过程跟踪，挤压案件不合理水分。二是聚焦服务水平提升，提高客户满意度。以“VIP客户服务”为抓手，打通绿色通道，提升客户口碑；深化手机查勘定损运用效能，加快案件处理；开通微信理赔服务，缩短理赔周期，提升客户满意度。三是聚焦理赔协赔制度，提升理赔后台服务支持能力。严格执行联席会议、重大案件、协赔员管理制度，发挥理赔服务支持业务发展的积极作用。四是推出业内首款负责财产损失和地震身故的储金型家庭综合保险产品。该产品集财产安全保障、人身安全保障及资金安全保障于一身，为城市和农村家庭综合风险提供了服务与支持，特别是为地震、洪水等巨灾风险防范提供了强有力的保障。推进了人保财险积极参与社会公共管理，探索巨灾防范体系建设的步伐。2015年，该产品为534个家庭提供风险保障1.76亿元。（赵　虹）

【太保财险阳泉中心支公司概况】2015年，太平洋财产保险股份有限公司阳泉中心支公司崇尚“诚信、敬业、创新、奋进”的企业形象，内强员工素质，外树企业形象，较好地完成了各项经营指标。一是完善激励机制，推动业务发展。年初，公司制定《2015年度经营管理考核办法》，进一步明确了各渠道、险种、县区机构目标任务和激励措施，逐月分解、落实。通过科学合理的激励机制，有效促进了业务快速发展。二是完成车险直销队伍的战略转型。根据以客户需求为导向的战略转型要求，制定《车险直销转型工作方案》，新设四个专业化渠道及一个业务部门。分别为：个人代理业务部、电网销业务部、交叉销售业务部、车商业务部及重大客户业务部。三是发展重大项目，提升品牌价值。重点关注县区和大项目业务拓展工作，全年从承保政策、服务手段等方面优化展业和服务工作。同时，积极维护现有重大业务，组建专业服务团队，年内阳泉市政府采购项目再次中标。

全年公司实现保费收入3481万元，其中机动车辆保险2822万元、非车险659万元，结构比为82∶18。综合成本率81.89%，综合费用率32.65%。年内，共接各类事故报案6426起，已结6235件，结案率97.02%；各类案件赔款1782万元，其中车险赔款支出1619万元、非车险赔款支出162万元，综合赔付率为54.37%。（李凤林）

【人寿财险阳泉中心支公司概况】2015年，中国人寿财产保险股份有限公司阳泉市中心支公司以推进“全面精细化、全面专业化”为指引，以“夯实基础、加快发展、突出两增”为主线，攻坚克难，主动作为，在业务、队伍、管理、合规等方面取得了新的成效。截至年末，总保费收入9841.5万元，市场份额达到13.15%，较上年提升了0.22个百分点，市场排名第二。非车险（不含农险）保费收入481.4万元；农业保险保费收入446万元，其中林业险128.5万元、种植险276.5万元、养殖险41万元。医疗责任险保费收入52万元，为2015年新增业务险种。全年已决赔案14936件，赔款支出7176万元，满期赔付率77.59%，数量结案率94.6%，金额结案率70.41%，案均处理周期22.4天。（艾果平）

【客户服务】　2015年，中国人寿财产保险股份有限公司阳泉市中心支公司致力于以“防风险、严监管、抓服务、促发展”为主线的客户服务。一是加强对车险理赔查勘服务中的平均赔付周期、亿元以下小额赔案平均赔付周期、赔案亿元保费投诉量等非现场服务，和报案电话候时、查勘员联系客户时效及到达现场时效、回访率、付款时效等现场服务的考核；成立积压案件专项清理领导组及工作组，指定专人专岗管理未决案件，对未决案件进行追踪、统计分析，全面清理积压案件，加快理赔处理时效，全年案件赔付周期保持在20天上下，年底数量结案率达到94.6%。车险非车险出单时效均优于省公司考核时效。二是积极应对因暴雨、洪水、雹灾等恶劣天气导致的保险事故，现场救灾抢险，开通理赔绿色通道，迅速组织查勘、定损，理算、支付赔款等善后工作；接收并处理多起车险、企财险、家财险及农险报案，聘请市农委专家一起完成了受灾农业险业务的阶段性理赔工作。三是配合上级公司开展2015年中国人寿新媒体品牌整合传播活动,先后号召公司全员关注“中国人寿”官方微信、“中国人寿”官方微博、“中国人寿财险”官方微信,在“国寿财险 牵手有礼”活动中转发分享相关信息;推广新型展业工具“国寿天财”电脑和手机系统的使用;4月开通了中支微信公众号,每天推送服务资讯,力争为广大客户带来更多更好的服务体验。（艾果平）

【平安财险阳泉中心支公司概况】 2015年,中国平安财产保险股份有限公司阳泉中心支公司秉承“诚信第一、效率第一、客户至上、服务至上”的服务宗旨,遵循“专业、价值”的经营理念,为广大客户提供优质的服务平台。截至年末,完成保费收入9415.81万元。其中,车险保费收入8941.62万元,达到94.96%,企财险保费收入84.86万元,家财险保费收入9.52万元,责任险保费收入169.84万元,货运险保费收入39.14万元,健康险保费收入53.79万元,意外险保费收入117.04万元。公司业务指标均保持以往的良好发展态势,在险种结构和市场占有率上有待进一步的提升。全年共受理理赔案件1.67万件,结案1.63万件,结案率97.6%,累计支付赔款3972.81万元。其中,机车险赔款3855.23万元(其中交强险赔款1128.66万元),企财险赔款60.62万元,家财险赔款10.88万元,责任险赔款4.53万元,货运险3.18万元,工程险赔款20.09万元,意外伤害险赔款7.74万元,健康险赔款10.53万元。（徐 杰）

证券 投资

【山西证券阳泉营业部概况】 2015年,山西证券阳泉分公司依托市场行情,发挥本地券商的优势,推动各项业务均取得了较大发展,全年完成营业收入12962万元。新增客户资产85905万元、客户9226户。完成货币基金销售日均余额24439.04万元,公募产品销售完成6225.91万元,私募产品销售完成26829万元。（李慧俊）

【阳泉信达投资管理公司概况】 2015年,受经济下行压力较大、股票市场先扬后抑、期货行业洗牌加剧、互联网金融的异军突起等诸多不良因素影响,阳泉信达投资管理公司虽然证券投资业务有所获利,但其他下属控股、参股公司经营业绩欠佳,全年共亏损1200余万元,比上年亏损有所减少。

期货经纪业务　年内,晟鑫期货经纪有限公司2015年分类评级获得B类B级,比2014年跃升两个级别,实现净利润-1105.94万元。一是牢牢把握底线,规避监管风险。公司于2015年7月已向股东借入为期六年的500万元次级债务,以在短期内缓解流动性压力和净资本监管风险。二是借助互联网+,布局互联网期货业务。同时,与互联网信息技术提供商探索“互联网云”托管。三是营业部经营亮点。大连营业部客户权益在年初的400多万元一跃至年内最高时点1600多万元;石家庄营业部手续费收入占到全公司手续费的50%之多;上海营业部一直保持客户权益占公司的半壁江山甚至更大比重。

小额贷款业务　年内,汇通小额贷款有限公司累计收回不良资产100万元,实现利润-119万元。一是保持风险控制高压态势,全面清收不良资产。二是合法合规开展业务,认真对待上级评级考核。3月,接受了金融办的监管评级考核,评级结果C级,全市排名第三。三是以培训为基础,全面提高员工素质。

保险代理业务　年内,鑫晟保险代理有限公司今年共完成保费收入350万元,手续费收入38.91万元,净利润-43.53万元,各项指标与上年同期相比有所下降。一是完善经营模式,扩展合作范围,签约的供应商已达13家。二是加强服务意识,巩固现有客户。（郝丽丽）

教育　科技

教　育

综合工作

【概况】 2015年，全市有各级各类学校和幼儿园795所，其中普通高校1所、成人高校1所、中职学校15所、普通中学81所、小学255所、幼儿园520所、特殊教育学校2所；各级各类学校和幼儿园在校学生19.81万人、教职员工1.57万人。2015年全市教育投入达到21.31亿元，为上年同期的110.24%。

年内，全市教育系统深化教育改革，全面实施素质教育，进一步完善学前教育、基础教育、职业教育、继续教育和高等教育协调发展的现代国民教育体系。学前教育三年毛入园率91.05%，九年义务教育巩固率98.85%，高中阶段教育毛入学率95.01%，高等教育毛入学率40%，主要劳动年龄人口平均受教育年限达到11年，全面完成阳泉市各个年度和“十二五”规划指标且超出国家标准，人民网、《山西日报》、省委机关刊物《前进》《山西经济日报》等主流媒体都予以报道。一是学前教育基本普及。继续实施“学前教育推进工程”，全年共投入2607万元，完成16所村级幼儿园和12所公办标准化幼儿园新、改(扩)建工程，建设总面积12820平方米，学前教育三年毛入园率91.05%。二是义务教育实现均衡。按照省定规划，2015年度阳泉市列入省和国家认定的义务教育发展基本均衡县(市、区)的城区和平定县经省级督导评估全部达标，并通过了国务院督导委员会专家组督导评估。三是高中教育彰显特色。积极倡导“在文化内涵上做文章，在道德层面上有特色，在教育质量上创品牌”，走特色学校发展之路，涌现出一批办学规范扎实、管理井然有序的特色学校，如郊区玉泉中学的艺术教育特长班、市十七中的航空服务班、盂县一中的农科教结合实践基地、阳泉一中的自觉教育以及全市所有省级示范高中开设的综合素质尖子生培养模式等，都在全市乃至全省形成了一定的品牌和影响力。四是职业教育稳步推进。年内，全市完成中职招生6020人，在全省率先全面实现中等职业教育免学费全覆盖。阳泉市盲聋人学校成为全省唯一一所从幼儿教育到高中教育全免费教育学校。五是高等教育有新突破。省政府“百日百项”重点工程项目——阳泉职业技术学院新校区工程前期手续及前期工程已经全部完成，12月启动主体工程建设。六是师资素质不断提升。采取校园直招的方式，招聘新教师26名，其中研究生18名；先后派出21名校园长参加7批次省级以上专题培训；选拔推荐31名省级以上优秀教师，打造学科教学的带头人；组织9923名教师参加继续教育远程全员培训，参训率、合格率均为全省第一；共有6144人次参加“国培计划”项目培训，并确定平定县为“国培计划项目县”，为期两年。七是持续推进校园文化建设工程。强化由外延式向内涵发展的转变，在全市师生中开展“文明礼仪教育活动”；中小学生课外活动参与率达100%，特长生比例占到学生总人数的60%，结集出版《校园文化建设掠影》画册，集中宣传一批特色明显的优质学校，形成广泛的影响力。八是校园安全进一步加强。2010年起，全市中小学、幼儿园建立警务室，公开招聘协勤校警436人。1月5日，《山西日报》头版头条刊登《平定农村2600余寄宿生坐上免费“校车”》，全面介绍平定接送车经验，并配发评论员文章《学平定做法，向平定看齐》。　（刘国栋　史治勇）

【中考招生考试】 2015年，阳泉市积极推进中考招生考试制度改革。一是调整高中招生范围。市十一中、市十五中、外国语学校、十七中民航班、市二中招生批次和招生范围都有一定调整。二是改革优质高中指标生分配及录取办法。全市优质高中指标生仍为统招生计划的70%,分配到相对薄弱的初中学校;指标生最低录取分数线由2014年的统招生录取分数线下50分调整为60分。 (刘国栋 史治勇)

学前教育

【概况】 年内,阳泉市共有各级各类幼儿园(班)520所(含全市小学附设幼儿班),包括城区42所(含开发区、市直)、矿区39所、郊区113所、平定县165所、盂县161所;其中省级示范园9所,市级示范园11所。在园幼儿32382人,3周岁至5周岁幼儿毛入园率91.05%。

年内,阳泉市学前教育以"全面普及学前三年教育"为目标,以"全面提升科学保教质量"为核心,按照"扩总量、调结构、建机制、提质量"的总体要求,通过实施第二期学前教育行动计划,进一步推动学前教育科学发展。一是科学编制第二期学前教育三年行动计划,做好发展规划。市教育局结合实际,制定《阳泉市第二期学前教育三年行动计划》(阳教字〔2015〕54号)。各县区结合实际,同时编制本县区第二期学前教育三年行动计划。二是实施"新建、改扩建公办标准化幼儿园工程",继续扩大学前教育资源。2015年确定新(改、扩)建公办标准化幼儿园12所,即盂县3所、平定县3所、郊区3所、城区1所、矿区2所。截至年末,共投入资金1205万元,全部完成建设任务。三是实施"农村幼儿教师素质提升工程",促进教师专业发展。市教育局制定《阳泉市幼儿园教师信息技术应用能力提升培训项目二级送培下乡项目实施方案》,重点针对农村幼儿教师进行岗位技能培训,5月中旬至6月下旬,市托幼工作领导组办公室组织"送培下乡"专家团队,深入平定县、矿区、郊区3个县区,进行技能培训。四是落实"帮扶工程",促进城乡学前教育均衡发展。在全市选取9所省级示范园与2所优质幼儿园作为帮扶园与全市35所乡镇中心幼儿园开展手拉手结对帮扶活动的基础上,各县区进一步发挥本县区优质园、乡镇中心园的示范辐射作用,与区域内薄弱园结对帮扶,实现帮扶工程全覆盖。五是规范管理,保障学前教育健康、科学发展。首先,注重宣传,营造良好的发展环境。5月,全市开展学前教育宣传月活动,各级各类幼儿园围绕"给孩子适宜的爱"这一主题,发放宣传资料、举办家长讲座、开展家长开放日活动、制作宣传小报、开通热线电话、举办亲子主题活动,并开展学习讨论,为家长们把脉"爱的温度",找准"爱的尺度"。其次,支持规范民办幼儿园发展,破解"入民办园贵"问题。市托幼办召开会议,专题安排全市各县区民办园收费情况普查,并联合市物价局相关科室到民办园占比重较大的开发区进行幼儿园收费工作专项检查,对民办幼儿园收费标准进行严格审查备案。同时严格实行幼儿园收费公示制度,主动接受家长和社会监督。第三,集中整治无证幼儿园,解决"无证园乱"问题。年内,全市共排查出无证园59所,经整改合格颁证7所,取缔19所,限期整改15所,待取缔18所。 (杨晓麟)

【星级幼儿园升级验收】 4月上旬、12月上旬,分别对3所申报升级的幼儿园进行评估验收,通过听汇报、查资料、看活动、问卷调查等形式,对开发区实验幼儿园、矿区阳煤集团升华实业分公司七中心幼儿园及盂县逸夫幼儿园进行五星级幼儿园升级验收,年末,全市合格幼儿园520所,其中,五星级幼儿园36所、四星级幼儿园40所。 (宋春燕)

基础教育

【概况】 2015年,阳泉市基础教育事业坚持全面实施素质教育,努力深化教育改革,大力推进教育创新,以"三抓(抓均衡、抓发展、抓规范)两推(推进"全面改薄"、推进校园文化建设工程)一提升(提升教育教学质量)"为主要抓手,做好各项工作。截至年末,全市共有小学255所,在校生84495人;有普通中学81所,其中完全中学7所、单办普通高中7所、普通初中52所、九年一贯制学校13所、十二年一贯制学校2所,有普通高中在校生28651人、普通初中在校生39779人。 (刘敬华 王斐)

【义务教育发展基本均衡县(区)建设】 年内,阳泉市以"创建全国义务教育发展基本均衡县(市、区)"为目标,推进义务教育均衡发展,城乡教育资源配置得到进一步优化,义务教育均衡发展水平明显提升。截至年末,阳泉市所属5个县区全部通过省级督导评估及国家级评估认定。 (刘敬华 王斐)

【中小学办学行为规范】 年内,市教育局制定《规范中小学办学行为专项整治工作实施办法》,确定了五项专项整治重点:(一)整治小学、初中入学"免试、就近、划片、分配"原则执行不严格,打招呼、送人情、钱学交易,入学登记信息造假;(二)整治高中招生中超计划录取的问题;(三)整治学校、教师诱导、暗示学生购买教辅材料、报纸杂志、到指定书店购买指定图书收取好处的问题;(四)整治在职教师违规有偿补课或到培训机构兼职补课的问题;(五)整治中小学校组织学生补课行为。在此基础上,逐项制定整改措施,明确责任主体,建立责任追究制度,整改时限,确保整治工作取得实效。此外,针对群众反响强烈的中小学招生问题,出台和相继制定了《关于2015年义务教育阶段学校招生工作的指导意见》《关于严格规范普通高中招生行为有关问题的通知》《关于2015年阳泉市优质高中招生指标分配实施方案》等一系列制度,使各类办学

行为都有章可循，各类违规现象得到整治。　　（刘敬华　史治勇）

【普通高中示范学校建设】　年内，阳泉市致力于加快推进普通高中示范学校建设步伐，提出“高中教育优质化、特色化发展”的办学目标，带动和促进全市普通高中办学水平的整体提升。截至年末，全市14所公办普通高中学校中，省级示范高中6所，招生人数占到全市普通高中招生总数的61.9%；市级示范高中6所，招生人数占到高中招生总数的30.4%。两项合计，全市普通高中示范学校总数占到86%，招生数占到92.3%，每个县区都有一所省级示范高中和一所市级示范高中，优质示范高中覆盖率达90%以上，满足了阳泉人民群众对优质高中教育的需求。2015年全市省级示范高中复评验收全面完成，阳泉一中、阳泉十一中和盂县一中作为首批验收的优秀学校，其办学经验被省教育厅结集出版，全省推广。（刘敬华）

【校园文化建设工程】　2015年，阳泉市在全市中小学实施“行为规范文明礼仪教育”为主题的校园文化建设工程，突出由校园文化硬件设施建设向学生内涵精神层面发展的转变，围绕“在校做个好学生、在家做个好孩子、在社会做个好公民”的主题，开展学生行为规范文明礼仪教育活动，要求每个学校和幼儿园都要根据本校（园）、本地、本年龄段的实际，制定出易理解、易记诵、易操作、易落实的“一日常规礼仪”，要突出年龄段、校际间、城乡间的差别，增强针对性、实效性。阳泉市教育局集中组织全市各级各类学校和幼儿园做好行为规范和礼仪教育内容选编、整理、辑录成册等准备工作。　　（张　青）

【普通高中学校办学条件标准化建设】　2015年，阳泉市启动普通高中学校办学条件标准化建设工作，市教育局制定了《阳泉市教育局推进普通高中学校办学条件标准化建设实施方案》，要求力争用三年时间，到2017年秋季开学前，全市所有普通高中办学条件达到《山西省普通高级中学办学基本标准（试行）》要求，基本实现布局合理、规模适度、功能完备、教育教学设施设备基本达标、生活服务设施满足师生需求、教育教学质量稳步提升的目标。截至年末，全市所有普通高中学校已完成自评工作，针对存在的问题提出整改意见，查漏补缺，完善硬件设施和相关制度，在此基础上县（区）教育局组织开展初评工作。　（张维堂　张　青）

【义务教育办学条件改善】　平定县、盂县被列为2014年全国农村义务教育薄弱学校改造项目县，改薄专项资金规划投入23951万元，其中中央资金20766万元、省级资金315万元、县级资金2870万元。中央“全面改薄”专项资金和省级资金主要用于支持项目县区课桌椅、教学实验仪器、音体美器材、生活设施（包括寄宿制学校宿舍、床位、厕所、食堂、饮水等）、运动场地、计算机、网络多媒体教室的建设和配备。按照“实用、够用、安全、节俭”的要求，将专项资金分解落实到项目。截至年末，平定县、盂县设施设备购置类“改薄”均全部完成，校舍建设类“改薄”盂县开工率92%，平定县开工率50%。　（张维堂　张　青）

职业教育

【概况】　阳泉市共有职业院校15所，按办学性质分，有高职2所，普通中专5所，职业高中6所，技工学校2所；按办学主体分，有教育部门10所，其他部门4所，企业1所；按办学区域分，有市属11所，郊区1所，平定县1所，盂县1所，阳煤集团1所。截至年末，全市建成国家级中等职业教育改革发展示范学校1所，国家级重点职业学校3所，国家级重点技工学校2所，省级重点职业学校3所；建成国家级专业实训基地4个，省级专业实训基地5个，省级示范专业（点）12个；创建五星级学校1所，四星级学校5所，三星级学校4所。郊区、平定县、盂县3个农业县区全部被评为“山西省县级职教中心建设达标县（市、区）”，率先实现市辖农业县区合格职教中心全覆盖。

2015年，全市进入各类中等职业学校学习的学生5600余人，占高中阶段教育招生总数的38.7%，职普招生比达0.63∶1，基本保持了职业教育和普通高中教育规模相当、同步发展的格局。（侯胜华　史治勇）

【中等职业教育免学费体制建设】　年内，阳泉市多措并举，保障中等职业教育免学费工作的开展。一是将中等职业教育免学费工作列入长效机制，并加强组织领导。二是完善目标责任、奖惩激励、资金保障、监督检查等工作机制。三是严格执行学籍电子注册制度。全年累计为14134名市属职业院校中职在校学生免除学费2313.38万元，覆盖面占全日制在校学生的100%。　（侯胜华）

【中等职业教育师资培训】　年内，市教育局以培养一批在教育教学中起骨干示范作用的“双师型”优秀教师和高水平的职业教育教学专家为目标，组织实施中等职业学校教师素质提高计划。全年累计组织选派61名管理人员和教师参加了各类培训。一是选派22名专业骨干教师参加国家级培训、1名青年教师参加企业实践培训项目。二是于1月29日组织涉及专业的10名学校教学负责人参加省教育厅举办的五项专业装备标准培训。三是于9月19日至21日，组织13名学校教学业务骨干参加教育部职业技术中心研究所举办的中等职业学校专业教学标准及国家规划教材培训。四是于9月21日至22日，组织9名重点专业和实训基地建设项目实施学校主要领导，参加省教育厅举办的重点专业和实训基地建设专项培训。五是为学习领会全省职教工作会议精神,明确贯彻落实工作要求,于10月26日至11月1日,组织市县(区)教育行政负责人、职业院校校长共计16人,分三期参加了教育厅组织的以加强职业学校管理、人才培养模式改革、实训基地建设和运行、专业课程建设、教师能力提升为内容的专项培训。 (侯胜华)

【山西省第九届职业院校技能大赛参赛】 4月16日至5月6日,山西省教育厅、山西省人力资源和社会保障厅、山西省总工会联合举办了山西省第九届职业院校技能大赛。阳泉市选派54名选手参加比赛,获一等奖1个、二等奖12个、三等奖18个,其中阳泉市卫生学校张婕获护理氧气吸入法项目一等奖、31名教师被大赛组织委员会授予"优秀指导教师"称号。(侯胜华)

【山西省第七届中等职业学校"文明风采"竞赛】 根据《关于举办山西省第七届中等职业学校"文明风采"竞赛的通知》精神,阳泉市组织开展了全市中等职业学校"文明风采"竞赛活动。在初赛的基础上,阳泉市推荐学生优秀作品参加省级复赛,31件作品获省级一等奖,51件作品获省级二等奖,48件作品获省级三等奖,29名教师作品获优秀教师奖,市教育局被授予"优秀组织奖"称号。 (侯胜华)

【山西省职业院校信息化教学大赛】 根据《山西省教育厅关于举办2015年山西省职业院校信息化教学大赛的通知》精神,为提升全市职业院校运用信息化手段开展教学实践的水平,阳泉市开展全市中等职业学校教师信息化教学大赛。在校级初赛的基础上,推荐6名教师的教学视频参加全省职业院校信息化教学大赛网络评审。经过专家评审,市卫生学校教师闫振华、安月英团队获中职信息化教学设计二等奖,阳泉市第一高级职业中学教师张璟媛获中职信息化课堂教学二等奖,郊区职业高级中学教师杜珍珍获中职信息化教学设计三等奖。(侯胜华)

高等教育

【山西工程技术学院概况】 2015年,山西工程技术学院有全日制在校生10643人,教学仪器设备总值10570万元,总占地面积73.7公顷(1105.48亩),校舍建筑总面积25.7万平方米,图书馆馆藏纸质图书68.43万册,专业配套的实验室57个,校内实习工厂1个,模拟矿井掘进巷道实训基地1个,校外实习基地52个,3个山西省高等学校实验教学示范中心,2个山西省虚拟仿真实验教学中心。

学校共有8个系、3个教学部,15个本科专业、33个专科专业。教职工532人,其中专任教师328人,有副高及以上职称142人(教授17人),具有硕士及以上学位的259人。学校有山西省普通高校教学名师7人、省级优秀教师13人、山西省"131领军人才"5人、省级优秀教学团队1个,有国家级教学改革试点专业1个、省级教学改革试点专业1个、省级特色专业4个、省级精品课程7门。

年内,学校被省总工会授予山西省"五一劳动奖状";顺利通过2015—2016年省高校文明单位(标兵)评估验收。 (苗亮亮)

【教学与科研】 2015年,山西工程技术学院申报的5个本科专业,顺利通过教育部备案和审批。申报2门省级精品资源共享课程,引进尔雅在线网络课程19门。获省级教改立项项目4项;山西省大学生创新创业训练项目9项,其中3项获国家大学生创新创业训练项目;校级教学改革项目立项10项。邀请全省青年教师教学基本功大赛获奖的4名优秀教师开展公开教学观摩活动。赵素梅老师的《伦理学》荣获教育部马克思主义理论研究和建设工程重点教材相应课程"精彩一课"。学校教师发表论文112篇;出版专著10部,其中1部专著获省社科优秀成果"百部(篇)工程"三等奖;组建"非煤资源勘探开采加工及环境保护协同创新中心";"量子调控技术实验室"成功申报阳泉市重点实验室。

年内,学校组织全国计算机等级考试、全国计算机高新技术考试、普通话测试、人社厅职业技能鉴定、煤炭厅职业技能鉴定各2次,考试或鉴定共计11450人次。举办创业意识培训班和创办你的企业SYB培训班各5期,培训应届毕业生431人。举办KAB创业基础教育培训班1期,培训学员144名。(苗亮亮)

【教师队伍建设】 2015年,山西工程技术学院公开招聘教师15人,其中重点院校毕业生11名。评聘教授2人、副教授11人、图书档案馆员1人。完成学校首次教师中级评审,评审12人。开展师德师风建设系列活动,举办师德师风专题讲座、新入职教师宣誓、评选师德先进个人等系列活动。加强教学督导和教学纪律检查,处理1名违纪教师。 (苗亮亮)

【招生与就业】 2015年,山西工程技术学院共招收本、专科全日制学生3305人,其中本科生1998人、专科1307人,完成全年招生计划的97.15%。招收各类成人学员1000余人。

年内,学校全日制本、专科毕业生共计2851人,其中本科毕业生440人、专科毕业生2411人。共举办38专场招聘会,网上招聘35场,发布就业信息73条,提供就业信息1918个。全年本科生就业率83.2%,专科生就业率61.3%。(苗亮亮)

【学生工作】 2015年,山西工程技术学院开展"我的中国梦""青春飞扬我的梦"等主题教育活动,用中国梦共同理想凝聚青年学生。相继举办校园文化艺术节、温馨宿舍建设月、高雅艺术进校园等活动。选拔两名辅导员参加山西省第三届高校辅导员职业能力大赛,获银奖1项、铜奖1项。

年内,学校“山花”合唱团参加山西省2015年“三晋之春”合唱比赛,获铜奖;青年志愿者协会参加“2015·善行100·温暖行动”大型公益活动,获国家级“‘2015·善行100·温暖行动’爱心团体”称号;信息系组队参加GE智能平台全国高校自动化大奖赛和山西省计算机应用大赛(安卓平台),均获三等奖;机电系组队参加华北五省机器人大赛,获三等奖2项。

年内,学校学生在全国大学生数学建模大赛中获国家二等奖1项、省级二等奖1项、省级三等奖2项;在全国大学生广告艺术大赛中,获国家优秀奖1项、省级一等奖1项、二等奖1项、三等奖3项;在山西省校园艺术大赛中,获一等奖1项;在“外研社杯”全国大学生阅读、演讲与写作大赛中获省级三等奖3项;在山西省大学生田径运动会上,获本科组团体总分第九名;在山西省大、中、小学生跆拳道锦标赛中,获3金2银8铜;在第三届“优优汇联杯”全国电子商务实践技能大赛中,获全国第4名;在第二届“大智慧杯”全国金融精英挑战赛中获国家三等奖2项。　（苗亮亮）

【基础设施建设】 2015年,山西工程技术学院完成新图书馆北侧台阶工程和一层西部照明灯具安装,新图书馆自习室初步具备使用条件;完成学生公寓2#、4#、8#至11#、14#、15#楼的维修改造,确保2015级新生入住;完成水塔公园北侧、西侧挡墙及台阶砌筑工程。　（苗亮亮）

【阳泉师范高等专科学校概况】 2015年,阳泉师范高等专科学校围绕“以特殊师范教育为主体,普通师范教育和教师继续教育为两翼”的“一体两翼”办学模式,着力提高课堂教学水平和教育教学质量,完善和落实教学管理制度,促进学校教育教学质量的稳步提高。

学校有全日制在校生3461人,总占地面积20.13公顷(302亩),建筑总面积10.97万平方米。学校共配置计算机671台,装备有4个微机房,校园网实现全覆盖。学院图书馆馆藏纸质图书25.32万册,电子图书17.4万册,报刊与期刊341种;图书馆设有专业阅览室、电子阅览室6个。

学校共有6个教学系、1个教学部、3个教学辅助机构。在册教职工299人,其中专任教师223人,副教授职称教师78人,具有硕士及以上学位的教师55人。专业设置有语文教育、数学教育、英语教育、现代教育技术、美术教育、音乐教育、体育教育、特殊教育、学前教育等9个专业。

教育科研方面,学校教师有2项省级以上课题完成结题;参编论著1部;在省级以上期刊上发表论文37篇,其中在中文核心期刊发表1篇;在第十二届全国学生运动会科学论文的征集报送中,共有6位老师报送7篇论文,获4个二等奖、2个三等奖、1个优秀奖。

继续教育培训方面,学校开设了继续教育远程全员培训班,全市共有9923名教师参加培训学习,其中高中2155人、初中3060人、小学4076人、幼儿园110人。同时,开设两个在职校长培训班:第6期校长提高班56人参加,第29期校长岗位培训班63人参加。

招生和就业方面,2015年阳泉师范高等专科学校招生898人;毕业生837人,就业人数697人,就业率为83.27%。

基础建设方面,特教实验实训大楼主体工程竣工并通过验收。特教实验实训大楼由中央投资5000万元,地方配套资金1300万元。主要功能有特殊专业教育的实验实训,包括律动教室、盲文教室、专用琴房、专用报告厅等和特殊教育的普通教室、教师办公室等。　（荆海龙）

【人才培养工作水平通过省级评估】 5月13日至15日,受山西省教育厅委托,以太原旅游职业学院院长王春玲为组长的评估专家组对阳泉师范高等专科学校进行为期3天的考察评估。

专家组成员在正式进校评估之前,认真研读了学校提交的自评报告,审阅了学校人才培养工作状态数据,初步核查了学校办学基本条件,制定了进校考察工作方案,提出了进校考察的重点意向。评估考察期间,专家组成员听取了学校自评工作汇报,实地察看校园环境、教学和生活设施及实训场所;核查学校基本办学条件;剖析专业3个,听、说、评课17门次,分别组织了6场座谈会,查阅了相关佐证资料;与学校领导、中层干部和教师深度访谈28人次;本着平等交流、促进发展的原则,专家组与校领导进行了学校改革与发展座谈会,与学校中层干部、系部主任、专业负责人等进行了内涵建设双向交流研讨。在多方面、多渠道采集学校人才培养工作有关信息的基础上,专家组认真分析与充分讨论,形成评估考察意见,同意通过评估。

同时,专家组就学校的人才培养工作提出了建设性的意见:学校要持续实施名师工程,强化双师队伍建设,建立健全引进和培养专业带头人与骨干教师的长效机制,提升教师科研水平;加强青年教师培养培训,完善青年教师成长激励机制,选送有发展潜力的青年骨干教师参加高层次培训;聘请行业专家任教,多举措多机制优化师资队伍;在全校教职员工中广泛开展现代职业教育思想的大学习、大讨论,挖掘职业教育与教师教育的内在联系,做好教育教学的顶层设计,深入市场调研,着力打造特色专业,挖掘有市场潜力的新专业,深入推进校校合作、校企融合,将

“工学结合” 的人才培养模式和理实一体化的教学模式全面落实到人才培养工作的各个环节,进一步深化教育教学改革;加快转型步伐,健全校系两级管理,加强干部队伍建设,强化民主管理意识,进一步提高学校的办学水平。 (荆海龙)

【教职工代表大会】 6月27日,阳泉师范高等专科学校召开了第一届教职工代表大会。参会人员中,教职工代表96人、列席代表15人、特邀代表5人。大会通过了《关于学校工作报告的决议》《阳泉师范高等专科学校章程》《阳泉师范高等专科学校十年发展规划的决议》。(荆海龙)

【山西广播电视大学阳泉分校概况】 2015年,山西广播电视大学阳泉分校领导班子带领全校教职工深化教学改革,完善教学模式,提高教育质量,努力促进学校向国家开放大学的转型发展。截至年末,学校在册在岗47人,在册提前离岗4人。学校共开设课程149门(本科85门、专科64门),其中面授教学125门、网络学习24门、实验教学4门、新生补修课10门。全年招生532人,其中开放教育427人、联合办学105人。 (郭赟嘉)

【“山西干部在线学院” 培训工作】 2015年4月,按照市委组织部干教科的要求,整理收集“山西干部在线学院干部基本情况摸底表”,与155家单位核对了相关单位性质和学员的信息。并对学员的学习情况实行分阶段式实时统计、通报、督促。2015年全市共有学员7118人,总上线率为82.85%,阳泉市“山西干部在线学院”学习合格率在全省位列第二。 (郭赟嘉)

【“阳泉干部在线学习中心”平稳运行】 2015年,“阳泉干部在线学习中心”干部在线培训在全市逐步展开,注册人数达到9424人,平台总上线率达72%,其中,达到60学时(完成学习任务)的学员人数共计4233人;有学习记录的学员共6757人,所占比例高达72%;参加过一门以上课程考试并合格的学员共4908人。年内,该中心平台成功上传48门课程资源,并制定在线平台出题规范。同时,学校与行政学院、精英在线等大型资源建设方展开广泛合作。根据中央对干部培训要求及时事热点,及时增加调整平台上的课程资源。 (郭赟嘉)

特殊教育

【概况】 2015年,阳泉市特殊教育学校设有2所,教职工61人,其中专任教师54人。全市有适龄三类(视力、听力、智力)残疾儿童318人,在校生307人,义务教育普及率达96.56%,在校生辍学率为0。年内,特殊教育学校生均公用经费5000元/生·年,学杂费、住宿费、课本费、作业本费、伙食费全部免费;在普通义务教育学校随班就读的残疾学生免除学杂费和课本费。 (张维堂 王 斐)

【特殊教育工作】 年内,阳泉市结合义务教育均衡县区建设,贯彻落实《阳泉市特殊教育提升计划(2014—2016年)实施方案》,加强全市特殊教育工作。一是完善特殊教育体系。城区培智学校实现九年一贯制,阳泉市盲聋人学校申办了特殊教育学前康复教育。二是公用经费逐年提高,特殊教育率先实现全免费。义务教育阶段特殊教育学校和随班就读的残疾学生生均预算内公用经费逐年提高,由2014年每生每年标准4000元提高至5000元。阳泉市残疾儿童青少年,从幼儿到高中阶段的学杂费、住宿费、课本费、作业本费和生活费在全省率先实现全部免费,经费由地方财政负担,确保残疾儿童少年受教育的权利。三是提高特教待遇,加大培训力度,加强教师专业化建设。特殊教育教师特教津贴比例从25%提高到50%;5月,组织开展了全市特殊教育教师课堂教学示范课展示活动,6名教师参加了展示,特殊教育学校的全体在职教师和阳泉师专特教专业的在校生观摩了展示课。四是特殊教育资源教室建设有序推进。根据特殊教育提升计划要求,平定县、盂县将陆续新建特殊教育学校,工程建设正在进行中。2014年城区北岭小学投资62万元新建的宣泄室、心理咨询室和多感官教室等3个资源教室已投入使用。 (张维堂 张 青)

德育与安全工作

【省级文明城市创建】 年内,阳泉市教育局在全市中小学开展“省级文明城市创建”活动,出台《阳泉市教育局关于阳泉市创建省级文明城市相关工作的实施意见》,内容包括具体工作目标、工作机构及职责、工作内容和工作要求。全市教育系统认真落实思想道德教育实践、社会主义核心价值观教育及“三爱”(爱学习、爱劳动、爱祖国)教育、师德师风建设、学生体质及心理健康、校园环境建设和教育教学创新等工作,坚持领导带头、上下联动,使工作扎实有效地持续推进。 (李枢评 杨一梅)

【市级评优表彰】 3月至5月,阳泉市教育局在全市中小学开展2015年度“三好学生”“优秀学生干部”“先进班集体”“优秀班主任”及“美德青少年”评选活动。经学校公开选拔和推荐,最终授予310名学生“阳泉市2015年度‘三好学生’”称号、143名学生“阳泉市2015年度‘优秀学生干部’”称号、175个班级“2015年度‘先进班集体’”称号、175名教师“2015年度‘优秀班主任’”称号、915名同学“2015年度‘美德青少年’”称号。 (李枢评 杨一梅)

【“少年向上 真善美伴我行”演讲比赛获奖】 4月至6月,阳泉市教育局组织学生参加教育部关工委“少年向上、真善美伴我行"演讲比赛，经过学校、县区、市级层层选拔，阳泉市选手王夕然同学进入全省决赛并获一等奖。（李枢评　杨一梅）

【"奋发向上 崇德向善"演讲比赛获奖】 7月，阳泉市教育局组织全市中小学生参加全国青少年爱国主义读书教育活动"奋发向上、崇德向善"演讲比赛，经过学校、县区、市级和省级层层选拔，阳泉市中学组选手张天烁进入全国总决赛并获三等奖。（李枢评　杨一梅）

【2所县区校外活动中心3所乡村少年宫通过省级验收】 8月，山西省教育厅、山西省财政厅组织专门验收小组对阳泉市矿区、盂县2所青少年校外活动中心及盂县北下庄小学、平定县槐树铺小学、郊区辛兴小学3所乡村少年宫进行验收，经过对各场所室内环境、硬件设施等工程类项目的检查验收，认定2所活动中心和3所乡村少年宫项目合格。（李枢评　杨一梅）

【李曜星作品入选全国中小学生书法展】 9月，阳泉市教育局组织全市中小学生参加教育部主办的少年传承中华传统美德之墨香书法展示活动，经过学校、县区、市级和省级层层选拔，阳泉市第三中学学生李曜星作品入选"人教墨香"全国中小学生书法展（中学毛笔组）。（李枢评　杨一梅）

【校外教育陶艺教师培训】 11月，阳泉市教育局邀请省级陶艺中心的专业老师和市陶艺方面的专家对全市37名来自4个县区青少年活动中心、10个乡村少年宫和部分学校的有关教师在平定县青少年活动中心进行为期5天的培训，内容包括陶艺理论知识和实践操作。（李枢评　杨一梅）

【校园安全隐患排查与整治】 年内，全市中小学校园安全工作坚持"排查与整治相结合"，边排查边整改，一般隐患发现一处立即治理一处，对于较大隐患，责成专人负责，落实资金，限期进行整改，对于学校自身解决不了的重大隐患，书面上报教育主管部门，并做好整改前的防范工作。建立学校重大安全隐患挂牌督办制度，凡发现的校园内重大安全隐患，分级实行挂牌督办制度，学校校长为整改责任人，各单位成立整改领导组，制定整改方案，限定整改时间，落实整改资金。市、县教育部门明确督办责任人，具体负责督查工作，对于校园周边问题，由学校上报，教育部门汇总整理，报送综治及政府相关职能部门协调解决。其主要做法：一是全市各级各类学校（幼儿园）100%建立《学校安全管理日志》制度，做到校园安全隐患逐日排查，逐日登记、及时整改；二是教育系统安全突击检查形成制度化，每半年市教育局主要负责人6次、副职7次，采取"四不两直"（不发通知、不打招呼、不听汇报、不陪同接待，直奔基层、直插现场）暗查暗访的方式，分别到学校了解安全现状、查找隐患、督促整改；三是和省、市安全生产的各项隐患排查治理工作同步进行，有安排、有方案、有机构、有措施、有落实、有成效。年内，市教育局共突查学校96所，发现一般安全隐患35处，提出指导意见120余条，并督促各学校加强安全管理，限期完成隐患治理。年末，隐患已基本整改完毕。（崔戎辉　史治勇）

【校园安全能力建设】 年内，阳泉市教育局牢固树立"珍爱生命，规避危险"的安全意识。以各类校园安全能力建设现场会、观摩会和推进会为载体，努力提升中小学幼儿园的校园安全能力建设水平。全市义务教育阶段学校开设安全教育课程，严格落实安全教育教学计划、教材、课时、教师、教研和考核"六到位"。市教育局要求各学校要按要求完成相关教学、演练任务和专题教育活动，各级教育部门要定时进行数据评估，并以此为依据加强安全教育管理，从而提升全市安全管理水平。4月至11月，召开一系列关于校园安全能力建设会议，会议通过现场观摩、经验交流和点评总结等方式，致力于加强中小学幼儿园安全能力建设，对每一阶段工作提出明确要求：校园安全工作要以"三化三建设"（安全教育课程化、安全演练常态化、安全职责全员化，校园安全保障体系建设、家校共管体系建设、安全工作考核体系建设）为抓手，突出重点，努力克服三种不利倾向（"麻痹大意的侥幸思想倾向""重教学管理，轻安全管理的倾向""校园安全工作是分管领导及相关处室的事，与其他人无关的倾向"），严格落实层级管理责任制，安全岗位职责全员化。（崔戎辉）

【安全管理人员培训】 为提高全市中小学（幼儿园）安全管理人员法治意识和校园消防安全管理工作能力，创新校园安全工作科学管理，推动学校安全教育标准化、信息化建设，织密织牢校园安全网，年内，阳泉市教育局组织三次学校安全管理人员培训。3月31日，全市校园安全管理干部180余人参加了市教育系统消防安全培训会，市消防支队防火处工程师郭永峰就消防安全法律法规和消防安全管理知识进行培训。10月20日，全市校园安全管理干部及信息人员40余人参加了"阳泉市学校安全教育平台操作培训会"，中国教育学会老师对平台功能进行讲解。会后，县区教育部门对辖区学校，学校对班级、班主任，班主任对学生进行层层培训和数据信息导入，安全教育信息化工作正式启动。10月22日，市教育局与市红十字会联合举办卫生安全应急培训班，全市教育部门分管安全领导、各学校安全工作负责人和校医，共300余人参加培训。山西省红十字会刘国栋老师讲解了"救护新概念、心肺复苏、创伤救护"等相关应急救护知识和技能。（崔戎辉）

教师队伍

【概况】 年内,阳泉市以合理配置教育人才资源、全面提高教师素质为核心,以实行教职工全员聘任制和岗位管理为重点,加大对各级各类学校机构的编制管理,调整优化中小学教职工队伍。一是以教师素质提升工程为引领,开展各类教师培训,大力加强教师队伍建设,深化义务教育学校校级领导和教师交流工作,促进义务教育均衡,构建教师终身学习机制。二是实行教师资格准入制度,建立起人员能进能出、职务能上能下、待遇能升能降的人事管理运行机制。截至年末,全市各级各类学校共有教职工15696人,其中普通高校教职工252人、成人高校教职工51人、中等职业学校教职工1194人、普通中小学教职工11598人、幼儿园教职工2540人、特殊教育学校教职工61人。 (穆瑞红 康月梅)

【市直属学校教师招聘】 年内,按照《市人力资源和社会保障局、市编制委员会办公室、市教育局关于2015年直属学校招聘教师方案》,市教育局联合市人社局、市编办、市人才交流服务中心,组成招聘小组赴西南大学、陕西师范大学、山西师范大学进行校园专场招聘,前后两次共招聘教师26名,其中研究生18名。 (贾 刚 李志刚)

【校长教师交流制度】 根据山西省教育厅《关于在全省义务教育学校推行校级领导和教师区域内交流试点工作的通知》(晋教人〔2010〕138号)精神,为充分调动教师交流工作的积极性、主动性,确保教师交流工作的实效,市教育局建立健全领导机制和管理机制,使交流工作逐步趋于制度化、规范化、常态化。年内,阳泉市交流校长76人,占应交流校长比例20%,已交流教师814人,占应交流教师比例12.6%,实现区域内义务教育学校校级领导和教师交流全覆盖,交流比例均超过10%。骨干校长教师交流人数192人,优质学校教师交流共计245人。(贾 刚 李志刚)

【职称评审】 年内,根据省人社厅、省教育厅有关规定,阳泉市严肃推荐与评审程序,实行分级审查、三次公示制度,完成2014年度中学高级教师申报工作、中学中级教师(小学幼儿高级教师)专业技术职务任职资格评审工作,以及2015年度中专讲师、高级讲师任职资格的申报工作。评审通过85名中学高级教师、149名中学一级教师、208名小学(幼儿)高级教师;评审通过4名中学初级教师、10名小学(幼儿)教师;评审通过12名高级讲师、29名讲师、6名中等职业学校助理讲师。 (贾 刚 李志刚)

【教师资格认定】 年内,根据《教师资格条例》,阳泉市教育局面向社会进行教师资格认定,共认定教师资格1042人,其中,幼儿园教师资格238人、小学教师资格706人、初中教师资格46人、高级中学教师资格37人、中等职业教师资格15人。 (贾 刚 李 慧)

【国培计划】 2015年,"国培计划"集中支持中西部乡村教师校长培训。一是中西部项目和幼师国培项目,采取顶岗置换、送教下乡、网络研修、短期集中、专家指导、校本研修等方式,对中西部地区乡村中小学幼儿教师进行专业化培训。二是示范性项目,加强培训团队建设,探索培训新模式,为各地开展乡村教师培训培养"种子"、打造"模子"、探索"路子"。全年共组织2大级别、12大类别、37个项目的培训,共有6144人次参加。其中37人参加"国培计划"——示范性培训项目、4707人参加"国培计划"——山西省乡村中小学教师培训项目,1400人参加"国培计划"——山西省乡村幼儿教师培训项目。(康月梅 史治勇)

【远程培训】 年内,市教育局采取网络分散自学与集中辅导相结合、专家引领与辅导答疑相结合、网上交流研讨与岗位工作实践相结合、网上学习与校本研修相结合的方式开展培训。全年共有9923名教师报名参加,其中高中2155人、初中3060人、小学4076人、幼儿园110人。截至年末,中小学教师的参训率99.98%,排名全省第一,学习率99.84%,合格率98.89%;幼儿教师参训率99.51%,学习率99.67%,合格率97.1%。 (康月梅)

【语言文字工作】 年内,阳泉市宣传和贯彻《中华人民共和国国家通用语言文字法》和《山西省实施〈通用语言文字法〉办法》。10月20日,市第二届"汉字听写大会"暨山西省"中国汉字听写大会"选拔大赛在城区北大街小学举行。经过初赛、县(区)复赛、市级决赛,城区第三中学代表队和矿区第十五中学代表队获得阳泉市第二届"中国汉字听写大会"团体总分前两名,代表阳泉市参加第三届"中国汉字听写大会"山西省参赛队伍选拔赛;同时开展省级语言文字规范化示范校和规范汉字书写教育特色校申报工作,经学校申报和县语委办初选,全市共上报5所省级语言文字规范化示范校和6所省级规范汉字书写教育特色校。全年组织普通话水平测试2次,参考1740人,合格1394人,合格率80%。 (康月梅)

教育经费

【义务教育经费保障机制改革】 年内,阳泉市义务教育经费保障机制改革配套资金全部落实。一是农村中小学生均公用经费标准达到小学(含取暖费)每生每年695元,初中(含取暖费)每生每年895元;寄宿制学校公用经费在此基础上增加100元,小学(含取暖费)每生每年

795 元，初中(含取暖费)每生每年 995 元；特殊教育学校公用经费每生每年 5000 元。所需资金由中央、省、市、县四级分担，中央与地方 6∶4 分担，地方中省、市、县按 5∶2∶3 分担。年内，共下达农村中小学公用经费(含取暖费)7551.80 万元，其中中央资金 4531.08 万元、省级资金 1510.36 万元、市级资金 610.14 万元、县区资金 900.22 万元，惠及学生 8 万余人。二是继续实施补助农村贫困寄宿生生活费。小学生 1000 元/生·年，初中生 1250 元/生·年。补助资金 175.33 万元，补助学生 2000 余人。所需资金按中央地方 5∶5 负担，地方负担部分省市县按 5∶2∶3 分担，受助学生比例为寄宿生的 23%。三是免除义务教育阶段寄宿生住宿费。补助标准为 108 元/生·年，所需资金分别由市、县两级政府按照 5∶5 的比例分担。共下达农村义务教育阶段寄宿生住宿费 70.87 万元，受惠学生达 7000 余人。四是实施义务教育阶段寄宿生"营养早餐"工程。对全市义务教育阶段寄宿生每人每天免费提供价值 1.5 元的牛奶，每年按 200 天在校时间计算。所需资金由市、县两级政府按照 5∶5 的比例分担。年内，共下达义务教育阶段寄宿生"营养早餐"工程专项经费 193.66 万元，惠及学生 7000 余人。五是免除义务教育阶段学生作业本费。年内，共下达义务教育阶段"作业本"费 359.37 万元，所需资金由市、县两级政府按照 5∶5 的比例分担，惠及学生 13 万余人。六是免除义务教育阶段学生教科书费，共下达资金 960.97 万元，惠及学生 13 万余人。七是免除城市义务教育阶段学杂费。补助标准为：小学 250 元/生·年，初中 310 元/生·年，所需资金由中央、省、市、县各级财政按照 5∶2.5∶1∶1.5 比例承担。年内下达免费资金 1128.10 万元，惠及学生 4 万余人。（郝文彪　王清林）

【学前资助】 年内，阳泉市继续实施学前资助制度。资助对象为家庭经济困难儿童、孤儿和残疾儿童。资助标准为 1000 元/生·年。受助儿童覆盖面按在园儿童数的 15%进行测算。实施学前教育资助制度所需经费除中央奖补资金外，不足部分由省、市、县按 4∶3∶3 比例分担。全年共资助家庭经济困难儿童 1 万余人次，发放资助资金 493.8 万元。（郝文彪　王清林）

【普通高中国家助学金发放工作】 年内，继续实施贫困学生资助政策，对普通高中家庭经济困难学生发放助学金，标准为 2000 元/生·年，所需资金由中央和地方按照 6∶4 的比例分担。全年共发放助学金 1203.6 万元，有 8000 余名家庭经济困难学生受益。（郝文彪　王清林）

【中等职业学校家庭贫困学生国家助学金发放】 2015 年，全市继续实施中职学校家庭贫困学生国家助学金的发放工作，对全日制正式学籍一、二年级在校涉农专业学生和非涉农专业家庭经济困难学生进行资助，资助标准为 2000 元/生·年，中央与地方资金配套比例为 6∶4。年内，共发放助学金 192 万元。有 2400 余名中等职业学校家庭经济困难学生受益。（郝文彪　王清林）

【中等职业学校免学费】 2015 年，全市继续落实对中等职业学校免除学费政策，免除学费的标准为：职业高中 2000 元/生·年，普通中专、职业中专 2500 元/生·年。其中，普通中专体育、艺术、戏剧、广播电影类 4000 元/生·年，普通技工学校 2500 元/生·年，高级技工班学生 2800 元/生·年。年内，全市共下达中央、省、市、县区免学费补助资金 2738.61 万元，有 1.7 万余名学生享受免学费资助政策。（郝文彪）

【国家助学金 国家励志奖学金和国家奖学金发放】 年内，继续实施普通高校国家助学金、国家励志奖学金和国家奖学金政策。补助标准为：国家助学金 3000 元/生·年，国家励志奖学金 5000 元/生·年，国家奖学金 8000 元/生·年，所需资金由中央、市县按 6∶4 的比例分担。国家助学金受助范围可占在校生的 20%，国家励志奖学金可占在校生的 3%，国家奖学金人数省教育厅根据大学生人数动态分配。全年各级财政投入 205.3 万元，受益学生 1000 余人。（郝文彪　王清林）

【大学新生入学资助】 全市继续实施大学新生入学资助项目，全年共资助省内大学新生 106 人、省外大学新生 98 人，共发放资助款 15.1 万元。（郝文彪　王清林）

【普通高校生源地信用助学贷款】 为帮助高校家庭经济困难学生完成学业，阳泉市进一步推进生源地助学贷款工作。每生每年贷款金额不超过 8000 元，研究生每生每年贷款金额不超过 12000 元。年内，全市共发放助学贷款 2498.10 万元，4491 名家庭经济困难学生受益。（郝文彪　王清林）

【农村幼儿园改造】 2015 年，省、市政府将农村幼儿园改造工程列为为民办的实事之一，由各级政府主要领导挂帅，相关职能部门配合，推进工程建设。全年全市共计投入 1402 万元，用于农村利用闲置校舍改(扩)建幼儿园工程，改造面积 7580 平方米，完成了对 16 所农村幼儿园的改建任务，农村学前教育资源进一步扩大。（郝文彪　王清林）

【特殊教育补助】 年内，山西省重新核定义务教育阶段特殊教育学校和随班就读的残疾学生公用经费补助资金预算，生均标准提高到每生每年 5000 元，所需资金按公用经费分担比例分担。同时，阳泉市对市盲聋人学校在校残疾学生免除伙食费，每生每天补助标准 16 元(含营养早餐)，所需资金由市财政负担，市盲聋人学校在

校 88 名残疾学生实现了全免费教育。　（郝文彪　王清林）

教育装备

【中小学实验教学说课活动】 9月15日，市教育局在阳泉市实验中学举办阳泉市中小学实验教学说课活动，评审经过材料审核、现场说课、评委打分几个环节，最终评选出阳泉市实验教学说课能手8名。这8名能手于9月21日至23日代表阳泉市参加山西省中小学实验教学说课活动，获特等奖1名，一等奖1名、二等奖6名，特等奖获得者李军明代表山西省参加由教育部组织的全国说课活动中取得了全国中小学实验教学说课活动二等奖。　（张　黎）

【中小学图书馆等级认定】 11月，市教育局根据教育部《中小学图书馆(室)规程(修订)》和山西省《关于进一步加强中小学图书馆(室)建设的意见》以及《关于对山西省中小学图书馆实施等级认定的通知》等文件精神，通过听取汇报、查看资料、实地核查、随机访谈、量化打分等方式对全市45所中小学图书馆进行等级认定，共有20所学校被认定为中小学二级图书馆，其中平定县9所、郊区6所、城区3所、矿区1所、盂县1所。截至年末，阳泉市中小学达二级以上图书馆的学校有148所。　（张　黎）

【山西省教育装备“三靠近”工作现场会】 为全面落实山西省中小学教育装备应用改革试点工作，推进教育装备应用管理创新，总结省教育装备应用改革试点启动会以来各试点学校工作经验。全省分小学、初中、高中三个组进行试点工作交流学习，高中组的试点工作交流活动即省教育装备“两开三靠近”(开放专业教室、开齐开全实验，使各类教育技术装备靠近教师、靠近学生、靠近课堂)工作现场会在阳泉市郊区荫营中学进行，6月30日，来自全省11个地市的41所高中学校校长参加了现场会，对荫营中学的“两开三靠近”工作现场进行观摩，会上荫营中学校长弓月庭进行了交流发言。　（孙秉达）

教育信息化

【概况】 年内，阳泉市电化教育馆积极推进教育信息化发展，全面贯彻落实《中共中央关于全面深化改革若干重大问题的决定》《国家中长期教育改革和发展规划纲要(2010—2020年)》、教育部《教育信息化十年发展规划(2011—2020年)》。完成阳泉市教育云平台及应用系统项目“三通两平台”建设的核心工程，基本建成覆盖全市中小学的数字化网络体系，实现宽带网络校校通、优质资源班班通、网络空间人人通，形成教育资源共建共享机制；扎实开展中小学教师教育技术能力建设计划，全面提升教育工作者信息素养。积极推进信息技术与学科教学深度融合，信息化环境下教学方式和教育模式不断创新，学生自主学习和个性化学习能力不断提升；全市信息技术教师素质不断提高，教育信息化的推广和应用，为阳泉市深化教育领域综合改革，实现教育信息化跨越式发展提供支撑。　（李荣兵　史治勇）

【阳泉市教育资源公共服务平台建设】 年内，阳泉市教育资源公共服务平台建设完成，该平台是阳泉教育云计算中心建设工程的核心工程，包括一个平台、七个应用系统：一个平台即教育云基础支撑平台(“3341”平台)：通过分级授权和既相对独立又相互共享的机制，形成市、县、校三级教育资源公共服务平台，班级、小组、个人三级网络学习空间，个人、学校、县区、市级四级教育教学资源共建共享库，以及以课程建设为主的一系列信息化教学辅助应用系统；七个应用系统即教育资源共享系统、网络学习空间系统、数字化高效备授课系统、教师互动教研系统、远程视频互动同步教学系统、教育管理系统、门户网站群系统。阳泉市教育资源公共服务平台提供的智能手机学习终端，使随时随地学习得以实现，使“课堂教学人人通”成为可能。平台使全市400余所中小学能够共享云计算中心软、硬件资源，为学校提供集约化的管理、应用服务，各学校不需再投资建设自己的软、硬件平台，即可实现数字化校园建设的大部分功能。截至年末，平台注册用户107579人，其中教师9531人，占到教师总数的74%；学生98048人，占到学生总数的62%。以矿区小南坑小学、阳泉十五中、阳泉十二中、市实验中学等为代表的试点学校，教师、学生注册量达100%。阳泉一中、阳泉十五中利用平台开展高一学生校本选修课学习，学生利用平台学习热情高涨。平台的优势体现在：一是免费提供丰富的优质资源，师生共建共享；二是学生学习的形式与时空得到极大丰富与拓展；三是为教育大数据分析与运用提供充分支撑；四是促进城乡教育精准扶持和均衡发展。　（李荣兵　史治勇）

【“一师一优课 一课一名师”活动】 年内，阳泉市电教馆协同市教研室在全市组织开展“一师一优课、一课一名师”活动。先后召开活动启动会、推进会、培训会等会议共4次。培训全市中小学“活动”管理员、教研员及部分学校骨干教师共50余人。参训教师通过实际操作，熟悉掌握“一师一优课、一课一名师”活动及活动平台的使用。2015年全市注册报名教师8001人，晒课教师1560人，晒课数量1685节。最终选出的36节市级优秀课例被推荐参加省级“一师一优课、一课一名师”活动。其中30节“优课”被评为省级优秀课例，8节“优课”被评为国家级优秀课例。　（代小霞）

【中小学电脑制作活动】 3月至7月，阳泉市组织开展2015年中小学电脑制作活动。本次活动共征集各类作品300件，评选出市级一等奖作品8件、二等奖作品27件、三等奖作品70件、优秀奖作品94件、优秀辅导教师4名、优秀组织奖6名。在市级评选的基础上，推荐33件优秀作品参加“山西省第十四届中小学电脑制作活动”，获省级一等奖作品8件、二等奖作品10件、三等奖作品8件、优秀奖作品5件、优秀辅导教师5名，市电教馆被评为省级最佳组织奖。在“全国第十五届中小学电脑制作活动”中，阳泉市获国家级二等奖作品1件、三等奖作品1件、国家级优秀辅导教师2名。（代小霞）

【普通高中信息技术考试】 6月11日至13日，阳泉市举行普通高中信息技术学业水平考试。全市共计16所普通高中学校在15个考点进行了141场考试(盂县荣昌学校在盂县一中借考)，考生报名总数为10086人，实考10073人，缺考13人。（乔　琪）

【初中信息技术中考加试工作】 5月19日至20日，阳泉市首次举行2015年初中毕业升学考试加试信息技术考试，全市73所初中学校共设69个考点，其中城区的育英学校在市实验中学借考、南庄路学校和漾泉学校在阳泉七中学借考，郊区的丰华学校在郊区李家庄中学借考。考生报名总数为14650人，实考14247人，缺考403人。其间，分别于5月和7月，组织了2次初中信息技术骨干教师培训，培训分5期完成，共培训280余人次。（乔　琪）

【中小学教育技术能力建设计划培训】 年内，阳泉市教育资源公共服务平台应用培训全面展开。组织实施中小学教师教育技术能力应用培训提升项目和中小学教师教育技术能力应用培训提升项目，共有376名教师参加。截至年末，完成全市骨干教师、管理员市级集中培训；两县四区的校长、管理员、骨干教师县(区)级集中培训；全市教研员网络教研平台集中培训；完成28所试点学校的进校培训，培训教职工约4000余人次。（李荣兵）

教育科研

【课改培训】 为促进广大教师转变观念，提高指导、使用新教材的能力，年内，市教研室组织开展5次课改培训。5月27日，市教研室邀请山西省课程改革专家指导组成员、太原师范学院教育系教授常学勤到阳泉市进行新课改培训，作了以《教学模式改革中存在的问题与建议》《综合实践活动课的指导与发展》为题的报告。全市共有校长、教师、教育工作者200余人聆听了报告。常教授一行对阳泉市高中学校开展综合实践活动、公民教育及领导力课程的情况进行了为期2天的调研和指导，与师生进行了座谈。10月20日，市教研室邀请西安交大教授、山西出版集团专家等3位书法家到阳泉市进行小学书法新课改培训，全市200名教师参加培训。11月18日，市教研室组织初中课堂教学改革与中考改革教师培训会，邀请山西教育出版社、山西省教科院学科专家进行中考各学科研讨指导活动，学科研讨共设初中数学、语文、英语、思品、物理、化学、历史、课改与考改等8个分会场，全市1000余名中学校长、教师和教育工作者参加了培训。培训活动的开展，促进了阳泉市的课改工作，让全市广大校长和教师开阔了思路，明确了课改与考改相互促进的关系，指明了教育教学和复习备考的方向。（张美玲）

【“学生社团活动的建设与管理”课题研究】 年内，市教研室主持的山西省基础教育教学改革14个创新项目之一、山西省教育厅“十二五”规划指令性课题“学生社团活动的建设与管理”正式开题，市教研室制定了《“学生社团活动的建设与管理”课题实施方案》，把社团活动纳入综合实践活动课程，引领学校开展有特色的课程建设，30个实验校全面启动了社团活动。课题研究中，全市中小学共成立各类新社团400余个。7月，在全国第六届中学生领导力大赛中，阳泉一中的领导力社团《访晋东红色故地，聚中华民族精神》项目获优胜学校特等奖，阳泉一中与阳泉十一中联合项目组《我们不再各自为战》获一等奖，阳泉一中《牵着蜗牛去散步》获二等奖。10月，市教研室到20余所实验学校专题调研社团活动情况。12月24日，在开发区实验小学举办全市“小学生社团活动的建设与管理”课题研讨现场会，会上观摩了开发区实验小学的社团活动，相互交流开展社团活动的经验。（张美玲　李润忠）

【网络教研活动】 5月，阳泉市在全省率先开辟了小学英语“一起作业网”网络实验教学活动，全市小学英语教师实现了网上布置作业。截至年末，全市一起作业注册学生人数21700人，认证持续使用人数8000名，网络实验教学活动丰富了教师教学的资源，激发了学生学习英语的兴趣。市教研室与市电教馆联合开展了阳泉市“一师一优课、一课一名师”项目评选活动，同时选送一百余节优质课参加省部级优课评选，其中8节课获教育部优质课、30节课获省级优质课、36节课获市级优质课。6月3日，市教研室举办人教版初中英语新课标教材网络培训会和小学英语新课标网络培训会，全市800名教师参加培训。（张美玲　肖　敏）

【《阳泉市教师小课题管理办法（试行）》出台】 年内，阳泉市教育局依据《中华人民共和国教育法》，在认真总结阳泉市各校小课题研究工作得失以及现实需求和反复论证的基础上，参照《全国教育科学规划课题管理办法》《山西省教育科学规划课题管理办法》以及《阳泉市教育科学规划课题管理办法》等有关规定,根据阳泉市教育局《关于小课题带动教师专业发展工程的实施意见》和《关于开展“小课题在中小学教师专业发展中的实践研究”课题研究的通知》等文件精神,制定出台《阳泉市教师小课题管理办法(试行)》,为下一步研究提供了积极有效的管理规范。《办法》分九章二十三条,从总则,组织,申报,实施,复评,经费,管理,成果的宣传、推广和评奖,附则等方面就小课题的管理作出了规定,为探索小课题研究与校本研训有机结合的途径和方法提供了积极有效的管理规范。（史治勇 杨 乐）

【市级重点课题立项】 年内,市教育科学研究所逐渐减少市级课题立项申报数量,试行聚焦教育决策部门急需研究的重要课题单独立项,推进教育科研课题精准研究。2015年共有两个大类42项重点课题立项:一是将市教研室承担的《小学生“绿色作文”教学模式的研究》课题列为阳泉市教育科学“十二五”规划重点课题,统一纳入阳泉市教育科学规划课题管理。二是为全面贯彻落实《山西省教育厅关于开展山西省基础教育教学改革项目试点工作的通知》精神,经省教育厅批准,“学生社团活动的建设与管理”作为山西省全面深化基础教育教学改革创新项目之一,已由省教育科学规划办公室列为省教育科学“十二五”规划指令性课题,省教育厅确定阳泉市为课题研究实验地市。并经市教育局批准,设立“学生社团活动的建设与管理”子课题,作为阳泉市教育科学“十二五”规划重点课题。同时,经市教育科学规划领导小组办公室组织学科专家评审,《关于高一学生参与学生社团活动与自主成长之间的关系研究》等41项子课题列为阳泉市教育科学“十二五”规划2015年度重点课题。（史治勇 杨 乐）

【市级课题结题鉴定】 年内,市教育局下发《关于阳泉市教育科学“十二五”规划课题2015年成果鉴定与结题验收的通知》。经过组织申报、初审材料、遴选专家、评审鉴定等环节,于7月召开阳泉市教育科学规划课题2015年成果鉴定与结题验收会。鉴定专家组依据《阳泉市教育科学规划课题成果鉴定等级评估参照指标》对全市申报的6项课题成果进行严格评审鉴定。其中,郊区三都学校“少教多学模式研究”被评定为A级优秀课题,平定县岩会初级中学“学案式教学在农村初中新课改中的实践与研究”等2项课题被评定为B级,郊区荫营中学“特色学校创建工作研究”等3项课题被评定为C级。（史治勇 杨 乐）

教育督导

【职业教育专项督导】 年内,根据国务院教育督导委员会办公室和省政府教育督导委员会办公室关于开展职业教育专项督导检查的通知精神,阳泉市成立专项督导检查组,按照学校自查、县级自查、市级自查三自查工作部署要求,依据国家确定的职业教育专项督导检查内容要点,设置《阳泉市职业教育专项督导基本情况报表》和《阳泉市职业教育专项督导分项分类措施与亮点、困难与问题自查表》,分解任务,逐项落实。4月19日至29日,专项督导组先后到3个农业县区和9所中等职业学校进行自查与抽查。从督导结果看,全市建立了以市为主、市县统筹的高中阶段教育招生工作平台,严格按照省定1:0.7的普职比例分配招生指标,认真贯彻落实省有关中、高职衔接的政策,鼓励支持具备条件的职业院校举办“3+2”教育,全市举办中高职衔接“3+2”的有阳泉师专、卫生学校、工业学校、交通职业学校、第一高级职业中学5所学校,涉及专业13个,均与合作院校共同制定符合时代经济发展的人才培养目标,按照人才培养方案实施。（葛 欣）

【阳泉7所学校被评为山西省素质教育示范学校】 年内,为促进学校特色发展,落实国家《中小学校素质教育督导评估办法》,阳泉市人民政府教育督导委员会按照山西省教育督导委员会办公室在全省中小学部署的素质教育评估工作要求,对全市中小学素质教育进行督导评估,在学校申报、县级初评、市级复核并推荐及省级审查公示确认后阳泉二中、阳泉十中、阳泉十七中、城区上站小学、郊区育英小学、平定县东回小学、盂县四中学等7所学校被山西省教育厅、山西省人民政府教育督导委员会办公室评为山西省素质教育示范学校。（葛 欣）

【义务教育发展基本均衡县(区)省级督导评估】 根据山西省人民政府教育督导委员会办公室《关于对2015年度通过市级复核的县(市、区)进行省级督导评估的通知》,6月15日至19日,由省督学、有关专家等组成的省督导组对平定县、城区两县区进行督导评估。其间,督导组根据规定程序,先后深入两个县区的部分中小学校、财政局、教育局进行了实地验证和档案资料查阅,听取了县区政府的工作汇报,委托第三方进行了社会满意度测评,对县级政府推进义务教育均衡发展工作进行了量化考核。两个县区的评估得分均为99分,获得向国家教育督导委员会申报资格。（葛 欣）

【公办体育运动学校运动员文化教育专项督导】 根据《国务院教育督导委员会办公室关于开展公办体育运动学校运动员文化教育工作专项督导的通知》(国教督办函〔2015〕31号)和山西省教育督导委员会办公室《关于开展公办体育运动学校运动员文化教育工作专项督导的通知》(晋政教督办〔2015〕49号)文件精神,10月12日至15日,阳泉市人民政府教育督导委员会办公室会同市体育局，在学校自查、县区督导的基础上，开展市级专项督导。截至2015年底，阳泉市唯一一家公办体育运动学校——市体校在自查复查后，将迎接国家专项督导。（葛　欣）

【全国义务教育基本均衡县（市区）评估验收】 11月16日至19日，国务院教育督导委员会组织43名有关专家（其中国家督学7名、全国中小学督导评估专家21名、教育部督导办和科研院所专家15名），分10组对山西省30个县（市、区）进行“全国义务教育发展基本均衡县（市、区）”督导检查和评估认定。阳泉市平定县和城区接受督导检查和评估认定。11月20日，督导检查组在太原市召开集中反馈会议，认为阳泉市两个县区均达到国家规定的义务教育发展基本均衡县（市、区）评估认定标准。截至年末，全市5个县区全部通过全国义务教育基本均衡县（区）评估验收。（葛　欣　史治勇）

科学技术

综合工作

【概况】 2015年，阳泉市科技工作者全面实施创新驱动发展战略，全市科技创新工作取得新的进步和提高。全年全市有效发明专利拥有量比上年增长32%，达到125件。全市高新技术企业数量比上年增长82%，总数达31家，增幅全省第一。高新技术企业销售额占规模以上工业企业销售额比值将超过3%，高新技术产业已成为经济转型发展的支撑点。全年市财政投入科研经费为1550万元，占市级一般预算支出的0.56%。共组织实施市级科技项目182项，项目涉及煤基产业、先进装备制造及新材料、节能环保、现代农业和社会民生等领域，其中工业领域73项，农业领域67项，社会发展领域42项。同时，引导和帮助企业申报省级以上科技计划立项，争取到省级以上科技项目16项，资金1110万元。其中，由阳泉市高新技术创业服务中心申报的国家火炬项目“阳泉市科技型中小企业创新资源共享服务平台”项目得到国家立项支持，扶持资金60万元；阳泉市世纪金星科贸有限公司的“超音速火焰喷涂再制造工艺及技术研发”获省重点研发项目，扶持资金50万元。在省科技厅煤基重大专项招标中，市科技局推荐申报了7个项目，其中阳泉煤业（集团）有限责任公司的“高产高效工作面煤层气（瓦斯）地面抽采技术研究与示范项目”中标，扶持资金800万元。

年内，共评定2014年度阳泉市科技进步奖45项，按行业分，农业类成果8项，工业类成果24项，医疗卫生成果8项，软科学成果5项。按项目类别分，应用研究类34项，成果推广及产业化类6项，软科学类5项，其中“阳泉矿区复杂条件大采高智能化开采综合技术研究与应用”等应用研究类一等奖7项、二等奖8项、三等奖20项；“阳泉市农作物病虫统防统治示范推广”等成果推广及产业化类一等奖2项、二等奖2项、三等奖1项；“阳泉推进转型综改试验区建设的战略定位与路径研究”等软科学类一等奖1项、二等奖4项。组织4项市级优秀科技成果、发明专利申报了2015年度山西省科技进步奖励评审。此外，由市科技局组织推荐的，阳泉市勤工技术实业开发有限公司的发明专利“CLZH系列直换式高效燃气热水锅炉”获2014年度山西省科技进步奖技术发明奖三等奖。（李雪枫）

【科技体制改革】 年内，市科技局组织编制《阳泉市建设山西省技术创新试点市实施方案》，启动省级创新型城市创建工作，并获得省政府批准，成为全省唯一一家省级创新型城市试点。阳泉市在推进创新发展战略方面大胆地先行先试，科技体制改革顺利推进。编制《阳泉市实施创新驱动发展战略实施方案》，出台《关于全面推进科技创新的实施意见》和《关于发展众创空间推进大众创新的实施办法》，修订完善《阳泉市科技项目后补助管理办法》和《阳泉市科技成果评价办法》。成立市科技项目管理中心，探索项目后补助机制，落实企业科研费用加计扣除（企业在开发新技术、新产品、新工艺发生的研究开发费用的实际发生额基础上，再加成一定比例，作为计算应纳税所得额时的扣除数额的一种税收优惠政策）、国家级科技企业孵化器、科技型企业认定、研发机构建设等享受的各项优惠政策。全市科技创新的政策环境得到进一步优化。（李雪枫）

【科技交流与合作】 年内，阳泉市充分利用与中科院、北京市科委、省科技厅等签订的一系列科技合作协议，不断加强市企业与国内外科研院所、大专院校的科技交流合作，支持企业与科研院所共建研发平台。推进天元绿环与中科院工程塑料国家工程研究中心签署全面战略协议，共同成立中科院天元环保塑料联合研究中心；云泉岩土科技公司与中科院何满潮院士合作成立山西云泉生态环境院士工作站，与中国工程院卢耀如院士合作成立山西省院士专家企业协作中心云泉工作站；中兴环能与太原理工大学和澳大利亚西澳大学合作，引进留澳博士张卫珂团队和“纳米碳材料制备技术”，建成国内领先的纳米碳材料研发生产基地；阳泉市口腔医院建立的口腔医学国际合作研发基地，被省科技厅认定为省级国际科技合作研发基地，填补了阳泉市这方面的空白。通过构建“校企合作、协同创新”的科技成果转化平台，实现技术与成果、技术与人才、创新资源与创新能力的转移转化。（李雪枫）

【区域孵化体系建设】 2015年，市科技孵化器出台《阳泉市高新技术创业园孵化器管理暂行办法》和《阳泉市高新技术创业服务中心孵化器种子资金使用管理暂行办法》,重点培育省高新技术企业8家、Q板挂牌上市企业4家,与企业合作共建研发中心5家,引进"院士工作站"2家、"博士工作站"1家,列入中科院百人计划研究员1人、省级"百人计划"创业企业1家。基于百度云计算落户阳泉,互联网+、物联网、信息技术、电子商务等产业大量集聚孵化器,成为今后科技发展的主导产业,同时园区与开发区管委会达成合作协议,建立"园外孵化基地",外孵企业22家。截至年末,园区在孵企业共67余家,涉及电子信息、节能环保、新材料、生物医药、农业、装备制造、软件开发、中介服务等领域;累计在孵企业从业人员达到1500余人次;入孵企业累计申报科研项目48项、科研成果16项,申请专利技术300余项,争取到各级项目资金超1000万元;成功孵化毕业企业16家。

此外,在市科技孵化器的示范带动下,截至年末,全市共建成各类孵化基地11家。以市科技孵化器为龙头,县区科技孵化器和企业、高校专业孵化器互补互助的区域科技孵化体系日臻完善。 (李雪枫)

【"大众创新 万众创业"】 年内,市科技局围绕"大众创业、万众创新",出台《关于发展众创空间推进大众创新的实施办法》,连续举办"产业转型互联网+""众创论坛"、新IT科技创新讲座、"陶粒砂产业科技创新研讨会"等宣讲研讨活动,建立众创空间6家,其中2家成为省级首批众创空间,排全省第四。同时面向全市主要领导干部作了题为"科技创新引领互联网+"的主题讲座,引起巨大反响,"双创"工作受到社会各界的普遍关注。截至年末,全市众创空间服务面积总计达8万余平方米,管理运营人数156人,提供近1300个创业工位,已入住创业主体200多家。 (李雪枫)

【科技金融合作】 在直接融资方面,阳泉市于2013年在全省首家建成市级科技银行——阳泉市商业银行科技支行,截至2015年年末累计帮助科技型企业贷款1亿多元。在风险投资方面,由市财政投资1000万元,建立全省首支地市级高新技术股权投资基金。基金与山西万隆集团和上海璞源资本两家公司达成同比例出资的合作意向,与山西红土创投和山西国金投资两家公司达成了共同跟进投资项目的合作意向。基金密切跟踪全市重点高新技术项目的发展,对市内云泉岩土和天元绿环两家拟上市企业进行上市辅导,并拟进行跟踪投资。在进入资本市场方面,2015年与上海股权托管交易中心合作成立了上海股权托管交易中心阳泉企业挂牌孵化基地,全市11家科技型企业在上海股权托管交易中心Q板挂牌,创一次上市企业数量最多的历史记录。 (李雪枫)

【农业农村科技工作】 2015年,阳泉市围绕现代农业领域,布局实施市级科技计划项目67项,扶持资金198万元,重点扶持种养殖一体化、生态农业、特色农业、一县一业等领域的优秀项目。重点实施现代农业科技专项1项,即山西康泰来农业生态科技有限公司承担的"中国北方海鲜菇液体菌种工厂化高效栽培技术"项目,扶持资金10万元。组织实施2015年山西省农村技术承包计划项目39项。组织已结题验收的6项优秀农村技术承包项目申报2014年度山西省农村技术承包奖评选,1个项目获省农村技术承包集体二等奖,1个项目获省农村技术承包个人二等奖,3个项目获省农村技术承包个人三等奖。

年内,市科技局继续实施农业科技创新工程,多形式开展农村科技服务。组织科技"三下乡"活动2次,现场发放科技法律法规、科普资料2000多份,现场接受群众咨询300余人次,向当地群众现场讲解相关的科技法律法规和农业科技知识。全年组织核桃种植技术、马铃薯机械化耕作、养蜂技术等农业实用技术培训7次,培训种养殖户1000余人次,推广农业技术成果,提高农民依靠科技致富的能力。此外,市科技局组织全市优秀农业科技创新组织及部分企业负责人30余人参加第二十二届中国杨凌农业高新科技成果博览会,有针对性地了解微生态有机肥和生物肥料,农业生产与管理信息化解决方案,优质苗木新品种,现代农业科技示范园区建设等展览展示。 (李雪枫)

【科技型企业】 2015年,阳泉市科技型企业队伍继续发展壮大,特别是国家重点扶持的高新技术企业认定数量取得历史性突破,增幅全省第一,超额完成省定考核指标。新培育国家重点扶持的高新技术企业16家,国家级知识产权优势企业2家,省级民营科技企业9家,市级专利试点企业7家。

全市国家级高新技术企业达到32家,其中年内新认定16家,分别为:阳泉市澳丽丝科技涂料有限公司、平定莹玉陶瓷有限公司、山西华通蓝天环保有限公司、阳泉八方电气有限公司、阳泉市万和油脂有限公司、阳泉三度软件开发有限公司、山西明钢冶金机械有限公司、山西申瓯网络系统工程有限公司、山西春明激光科技有限公司、阳泉市德源晟科技有限公司、山西欧德宝电子工程有限公司、山西云泉岩土工程有限公司、山西立博线缆有限公司、山西纬图矿山测控技术有限公司、阳煤集团山西吉天利科技有限公司、平定县冠窑砂器陶艺有限公司。

国家级知识产权优势企业达到3家,其中年内新认定2家,分别是:平定县冠窑砂器陶艺有限公司和阳泉市下千耐火材料有限公司。

省级民营科技企业达到58家,其中年内新认定9家,分别为:山西大正伟业农牧有限公司、阳泉诚德昌工程咨询有限公司、山西亚科盛科技有限公司、山西欧德宝电子工程有限公司、阳泉市星火福源精密铸造材料有限公司、山西春明激光科技有限公司、阳泉市中嘉磨料磨具有限公司、山西海蓝环保科技有限公司、阳泉百企联合耐火材料有限公司。

市级专利试点企业达到45家，其中年内新认定7家，分别为：阳泉市澳丽丝科技涂料有限公司、阳泉八方电气有限公司、平定亮晶晶砂锅有限公司、山西欧德宝电子工程有限公司、山西鑫杰陶艺有限公司、平定县东安农业生态专业经济合作社、阳泉中创陶粒有限公司。　（李雪枫）

【企业研发中心建设】 年内，市科技局对2014年通过认定的市级工程技术研究中心和重点实验室给予每家5万元的补助。2015年新认定市级工程技术研究中心8家、重点实验室5家。长青支撑剂成功申报了省级工程技术研究中心，实现了民营企业创办省级工程技术研究中心零突破。截至年末，全市共有省级工程技术中心2家，市级重点实验室14家、工程技术研究中心13家，涉及新材料、废弃物综合利用、冶金、现代农业等多个重点领域。

新培育的市级工程技术研究中心8家，分别为：阳泉市长青石油压裂支撑剂有限公司的“阳泉市油气压裂支撑剂工程技术研究中心”、平定古窑陶艺有限公司的“阳泉市刻花瓷工程技术研究中心”、平定县冠窑砂器陶艺有限公司的“阳泉市新型砂器工程技术研究中心”、平定莹玉陶瓷有限公司的“阳泉市日用陶瓷工程技术研究中心”、山西欧德宝电子工程有限公司的“阳泉市节能电气工程技术研究中心”、山西春明激光科技有限公司的“阳泉市激光先进制造工程技术研究中心”、阳泉市澳丽丝科技涂料有限公司的“阳泉市新型涂料工程技术研究中心”、阳泉市下千耐火材料有限公司的“阳泉市（ASC）复合耐火材料工程技术研究中心”。

新培育的市级重点实验室5家，分别为：山西中兴环能科技有限公司的“阳泉市纳米碳材料技术重点实验室”、山西邦奥伟业半导体照明有限公司的“阳泉市矿用半导体照明技术重点实验室”、山西三来食品有限公司的“阳泉市马铃薯颗粒全粉技术重点实验室”、山西海宝城仪器仪表有限公司的“阳泉市环境检测与治理技术重点实验室”、阳泉市麟豪机械制造有限责任公司的“阳泉市无焊接防火门技术重点实验室”。　（李雪枫）

【科普工作】 年内，市科技局开展了丰富多彩的科普活动。一是成功举办了科技活动周和知识产权宣传周活动。二是打造《阳泉日报》科技专栏，每周三在《阳泉日报》第七版科技专栏，向全市人民报道科技新闻，解读科技政策，提供信息交流，推广科技成果。三是继续编办《科技情况与动态》，全年共刊发13期。四是编辑《阳泉科技信息》106期，报国办信息4件。五是广泛利用各种媒体营造科技氛围。在《光明日报》（11月28日）头版刊发“山西阳泉：尖端科技助力‘煤城’转型”，《山西日报》（11月23日）整版刊发“阳泉‘三个突破’再发力”，宣传科技创新工作。　（李雪枫）

【技术市场管理】 2015年，阳泉市积极参加各项技术市场交流交易活动，通过参加环渤海技术市场管理年会和参观访问兄弟地市的技术市场或技术转移示范基地，与多家技术市场管理机构进行了工作对接。在交流沟通过程中，认真汲取先进地区的工作经验，重新梳理并制定了技术市场管理内容中各项业务流程，改变原有工作模式，变被动管理为主动管理，抓住科技项目管理体制改革的机遇，与科技项目管理中心衔接，把技术合同认定登记工作前置，从年度科技项目收集入手，主动采集技术交易合同信息。全年技术合同成交总量稳步增长，登记技术合同23项，技术合同成交额5833万元，其中技术交易额149万元，技术交易市场进一步活跃。截至年末，全市共有公共技术服务机构113家，其中事业性质的30家、企业性质的83家。　（李雪枫）

知识产权

【概况】 2015年，阳泉市专利申请量1003件，申请涉外专利1件。全市授权（或公告）专利449件，其中发明153件、实用新型249件、外观设计47件。全年专利资助资金100万元，其中资助授权（或公告）专利359件，资助金额46.4万元；专利推广实施资助19.6万元；对企业和个人奖励资金20万元；试点企业7家，扶持资金14万元。（李雪枫）

【专利宣传活动】 年内，市科技局先后组织3次大型宣传活动。一是“4·26”世界知识产权宣传周活动，举行了以“建设知识产权强市，支撑创新驱动发展”为主题的第十五个世界知识产权日宣传活动。二是组织参加科技活动周系列宣传活动，展出阳泉市部分优秀专利技术。三是组织涉及矿用安全、砂器陶瓷、机械制造、电子仪表、日常家用等行业领域的31项优秀专利技术参加第二十一届全国发明展览会。阳泉中创陶粒有限公司的“重熔铝质球形铸造砂”已与一家企业达成合作。山西鑫杰陶艺有限公司的“分体式砂制火锅器皿”现场接到订单100套，其他项目达成合作意向5项。此次展会共有3个项目获金奖，市科技局获大会“优秀展团奖”。同时，通过电视、广播、报纸以及网络等媒体宣传知识产权工作。在《阳泉日报》刊登8期专版，内容涉及知识产权政策法规解读、发明人创新创业故事等；在阳泉电视台新闻频道累计播出阳泉市专利工作新闻报道6条。　（李雪枫）

【专利执法】 年内，阳泉市按照《阳泉市知识产权保护与执法工作实施方案》,对全市科技、工商、文化、公安等单位进行知识产权检查和整治,同时加强各类展会的知识产权管理,防止侵权、假冒专利现象的发生。截至年末,共立案2起,结案2起,有效打击了各类侵犯知识产权的行为,维护了专利权人的合法权益。 (李雪枫)

青少年科技活动

【青少年科技创新大赛】 年内,市科协、市教育局和市科技局联合举办了第30届阳泉市青少年科技创新大赛。大赛共收到青少年科技创新作品4284件,其中项目903件、科技创意作品43件、科幻绘画3182幅、科技实践活动51项、科学影像活动作品31项、机器人竞赛作品32项、科技辅导员创新成果作品42件。经过评委会严格评审,共评出青少年科技创新市长奖1名;科协主席奖1名;科技创新成果竞赛一等奖20项、二等奖25项、三等奖58项;科技创意竞赛一等奖5项、二等奖17项、三等奖14项;科幻绘画比赛一等奖40幅、二等奖83幅、三等奖252幅;科技实践活动比赛一等奖4项、二等奖3项、三等奖18项;科学影像活动比赛一等奖3项、二等奖12项、三等奖16项;机器人竞赛一等奖1项、二等奖4项、三等奖24项;辅导员科技创新成果竞赛一等奖6项、二等奖13项、三等奖17项;优秀科技教师47名;优秀组织奖23名。

全市大赛结束后,选出185件作品参加第30届山西省青少年科技创新大赛,阳泉一中赵航的《计算机EFI启动及其实际应用》等4个作品获省优秀科技创新成果竞赛一等奖;平定县冶西赵家庄学校王森的《高空架缆机器人》等8幅绘画获省优秀科幻绘画一等奖;市盲聋人学校剪纸兴趣小组的《培养健康心理,塑造健全人格——山西省阳泉市盲聋人学校剪纸教学研究与探》等4项活动获省优秀科技实践活动一等奖;郊区河底小学赵志清的《盘合——身边的非物质文化遗产》等6项作品获省科技辅导员创新成果竞赛一等奖;上站小学史翔宇的《互联网"探秘"》等3件作品获省科学影像节活动一等奖。此外还获省级二等奖71项、省级三等奖82项。

8月,在香港举行的第30届全国青少年科技创新大赛中,矿区小南坑小学梁薏晨的《智能切菜机》获科技创意竞赛二等奖;城区上站小学耿溢婧的《超声波灭虫机》获科幻绘画二等奖;矿区小河滩小学孟越的《小型导购机》获科技创意竞赛三等奖;阳泉一中赵航的《计算机EFI启动及其实际应用》获科技创新成果竞赛三等奖;平定县冶西赵家庄学校王森的《高空架缆机器人》等3幅绘画获科幻绘画三等奖;《培养健康心理,塑造健全人格——山西省阳泉市盲聋人学校剪纸教学研究与探》等4项活动获全国优秀科技实践活动三等奖。阳泉市科协获全国基层赛事优秀组织奖。(宋崇军)

【青少年科学影像节活动】 青少年科学影像节是利用新媒体开展的青少年科技活动,也是青少年科技活动的一个崭新领域。市科协从1月开始筹划该项活动,46名学生参与,最终获省级科学影像活动作品一等奖3项、二等奖12项、三等奖16项。在参加全国比赛活动中,矿区红岭湾小学杨栋、高敏、张靖媗的《探究小孔成像》,侯相云、韩旭、甄懿博的《暖气到我家》获全国二等奖;阳泉六中李昊、原源的《牛奶能去除蒜臭味吗》等5项作品获全国三等奖。 (宋崇军)

【青少年机器人竞赛获奖情况】 5月,由矿区赛鱼小学、段家背小学、郊区青少年活动中心、阳泉四中、阳泉十一中共20名选手组成的阳泉市青少年机器人参赛队伍和参赛项目参加了第十五届全国青少年机器人竞赛(山西赛区)联赛。阳泉市获省一等奖1项、二等奖4项、三等奖24项。市科协荣获省级优秀组织奖。 (宋崇军)

【第十一届宋庆龄少年儿童发明奖获奖情况】 年内,在省妇儿工委与省科协联合举办的第十一届山西省宋庆龄少年儿童发明奖评选活动中,阳泉市推荐的36件作品获省级一等奖17项、二等奖25项、三等奖34项,优秀园丁奖1名,市科协荣获优秀组织奖,成绩居全省前列。在8月的全国大赛中,矿区小南坑小学学生刘佳祺的《便携式助老搜寻器》获全国三等奖。(宋崇军)

【青少年高校科学营活动】 7月20日至26日,市科协组织市十一中、一中、二中和育英学校的高中师生共22人参加了由中国科协与教育部联合主办的全国青少年高校科学营山东大学分营的活动。21日,师生们在山东大学参加了全国青少年高校科学营山东大学分营的开营仪式"在这里,遇见另一个自己",并聆听邢建平教授做的"碟变中思维学习,亮剑中物联创客"的主题演讲。在随后的6天时间里,师生们参加了"我是创客"创意汇活动、校园吉尼斯选拔赛,参观山东省科技馆、济南市气象馆、山东大学重点实验室,游览山东名胜景区大明湖和趵突泉,聆听冯大诚教授作的"打开探求原子世界的大门"专题报告。其间,学生们不仅增长了见识,开阔了眼界,培养了创新精神,提高了实践能力,而且感受到了高校的科学氛围。 (宋崇军)

【Intel求知计划】 2015年,阳泉市科协继续承担由中国科协、Intel公司举办的Intel求知计划培训。年内,在阳泉市郊区义东沟学校、平定县东关小学及盂县实验小学、矿区桥头小学开展了此项活动,共培训学生320名,全部通过上级部门最终评估。 (宋崇军)

【青少年科学调查体验活动】 4月,市科协组织了主题为"变废为宝,从我做起”的2015年阳泉市青少年科学调查体验活动。阳泉市有6所学校的近2000名学生提交了作品，其中矿区段家背小学申报作品6000余件,参与人次名列全国第4，城区新华小学也在全省名列前茅。除此之外,作为本次调查体验活动的拓展活动,启梦“天宫”——太空种子种植活动在矿区段家背小学等8所中小学开展，学校特聘了农业科技人员带领学生从土壤、温度、湿度等不同角度探究影响太空种子生长的因素，市科协也进行了黄瓜种植实验，最终种植实验成功。（宋崇军）

【科技馆进校园】 市科协与矿区科协创新形式,积极开展科技馆进校园活动。年内,在矿区小南坑小学等学校开展了主题为“科技启发思维、创新拓展未来”的流动科技馆巡展,将科普展品送进学校。活动的展品包括数学展区、电磁展区、力学展区、视觉展区、材料展区、机械展区等六个部分。通过活动现场有关技术人员的细致讲解,提高了学生们对科学常识的深入了解,培养了学生的科学兴趣,促进了学生的全面发展。（宋崇军）

地　　震

【概况】 2015年,市地震局完善“分级负责、相互协同”的抗震救灾工作机制,强化监测预报、震害防御、应急救援体系建设,推进创新发展、协调发展、绿色发展、开放发展、共享发展、廉洁发展、安全发展和融合式发展,较好地完成了年初下达的各项工作目标任务，有效提升了防震减灾社会管理能力和公共服务水平,为阳泉市转型跨越发展提供了地震安全保障。（尹小芳　王瑞艳）

【防震减灾目标责任考核】 3月13日,市政府召开2015年度全市防震减灾领导组会议,安排部署了2015年全市防震减灾工作，市政府与各县(区)政府及市防震减灾领导组主要成员单位签订了2015年防震减灾工作目标责任书。11月12日至13日,由市政府督查室、市应急办、市地震局组成联合监督检查组对各县(区)政府和发改、住建、民政等各成员单位的防震减灾目标任务推进落实情况进行专项监督检查,并对检查结果进行了通报。各有关部门对存在问题及时采取措施进行整改并上报备案。（尹小芳　王瑞艳）

【地震监测台网全覆盖】 年内,为进一步加强监测台网建设及运行管理,强化震情监视跟踪,市地震局在郊区小庄村新增一台地电场前兆微观观测手段，并投入试运行。此项工作是山西省人民政府2015年度防震减灾工作目标责任要求的重要内容,也是阳泉市积极推进“一县一台”建设的重要一环。截至年末,全市的前兆观测手段实现了农业县区的全覆盖,基本完成“一县一台”布局建设,有效地增强了全市地震监测水平和防震减灾能力。（尹小芳　王瑞艳）

【抗震救灾指挥部应急指挥中心投入使用】 为满足当前震情趋势对应急系统的更高要求和阳泉市原有应急指挥系统软、硬件更新换代需要,市地震局在完善先前基于GIS地震应急指挥决策系统建设的应急指挥协同工作系统功能的基础上,配套资金55万元,规划场地百余平方米,配备应用系统7套、各类应急指挥设施设备10余件(套),组织相关行业专家会商、设计建设配置更高端、功能更完备、操作更便捷的全新的阳泉市抗震救灾指挥部应急指挥中心大厅。新的指挥中心集应急协同指挥、地震监测、视频会议等诸多功能为一体,有效提高地震应急反应效率,为人民群众生命财产安全提供更有力的保障。（尹小芳　王瑞艳）

【灾情信息共享机制】 年内,市地震局积极做好灾情信息共享机制建设和协调工作,完成了与中国移动阳泉分公司、中国联通阳泉分公司、中国电信阳泉分公司、阳泉供电分公司、阳泉市民政局、阳泉市交通运输局、阳泉市公安局7个单位的灾情信息共享协议的签订工作,进一步完善了地震灾情信息共享机制和体系建设。（尹小芳　王瑞艳）

【《阳泉市地震局地震应急预案》修订印发】 依据《山西省地震局地震应急预案》,市地震局对《阳泉市地震局地震应急预案》进行重新修订,于3月23日印发了《关于印发〈阳泉市地震局地震应急预案〉的通知》,2013年4月8日印发的《阳泉市地震局地震应急预案》同时废止,并要求各县(区)地震局尽快修订本单位地震应急预案。新修订的局应急预案进一步明确了分级响应、组织体系、响应措施、部署与处置、应急保障、局应急指挥部各工作组和现场工作队职责、地震灾害事件应急处置流程框图等内容，更加科学、有效、可操作。（尹小芳　王瑞艳）

【地震应急演练】 9月15日,市地震局和各县(区)地震局全体应急人员及100名“三网一员(地震宏观测报网、地震灾情速报网、地震知识宣传网,防震减灾助理员)”参加了省地震局组织开展的全省地震系统应急演练。11月9日,市地震局组织市县地震应急联动演练。演练首次采取无方案、无脚本模式,无限接近双盲演练。通过演练,进一步提高了市县地震部门的应急联动能力,达到了检验预案、检验队伍、检验程序、检验装备、检验效率、检验能力的目的。（尹小芳　王瑞艳）

【地震应急避难场所建设及运维管理】 年内，阳泉市积极推进地震应急避难场所的建设和运维管理。一是进一步推进北山公园Ⅰ类应急避难场所建设，完成2013年国家发改委下达的应急避难场所建设任务。根据《实施方案》,新建地震应急指挥中心、应急供水、应急排污、应急供电、应急通道等应急设施，并配套设置应急通道路灯、应急通道监控及广播等应急设备，同时按规划布局设立相应的应急功能指示标志、指路标志及应急设施标志牌等，截至年末，除避难场所指挥中心在建外，其他工作基本完成。二是积极做好南山公园Ⅱ类应急避难场所启动建设。年内，投资财政预算20余万元，进行前期调研、立项工作，进行避难场所内应急功能标识牌设立、应急电源线路改造、监控和广播工程设施等工作，建成后可容纳约25000人。三是对市县应急避难场所的类别、全称、建设情况、建筑面积、场址有效面积、设计容量、场址、详细地址和经纬度、建设单位、管理单位等情况进行重新统计上报。(尹小芳　王瑞艳)

【新北区地震小区划项目】 阳泉市新北区地震小区划项目位于市新北区新城大道两侧约32平方千米的范围内，是震害防御基础性工作的重要内容，也是阳泉市防震减灾"十二五"规划重点项目之一。年内，新北区地震小区划项目全部完成，并通过国家地震安全性评定委员会评审通过，成果报告交付使用。通过评审验收的新北区地震小区划成果，可服务于一般建设工程抗震设防要求管理和城市发展与土地利用规划，为阳泉市综合减灾、合理规划建设提供科学依据，为工程抗震防灾、建设与改造提供强有力的保证。　(尹小芳　王瑞艳)

【抗震设防工作】 年内，阳泉市抗震设防实现依法管理重点突破。一是做好建设工程抗震设防审批服务工作。全年共审批建设工程57项，其中涉及学校安全工程审批28项、棚户区改造8项、保障性住房3项、房地产项目12项、重点项目2个(阳煤南煤集团西上庄低热值煤发电项目、阳大铁路)、其他项目4项。二是做好重大建设工程地震安全性评价服务工作。积极服务全市经济建设和重点工程，完成了正在建设的阳泉至大寨铁路的6个特大桥、2个隧道及阳泉东站和沿线的野外勘探工作，并于9月26日经山西省地震安全性评审委员会进行评审通过，提交"阳大铁路"建设指挥部。三是做好全市重大建设工程摸底调查上报工作。根据《阳泉市人民政府关于印发2015年重点工程项目名单》，全市共有395个重大工程，其中盂县108个、平定县102个、郊区82个、城区29个、矿区22个、开发区33个，截至年底，摸底排查工作基本完成。　(尹小芳　王瑞艳)

【防震减灾宣传】 2015年，全市防灾减灾宣传工作围绕"科学减灾，依法应对"的主题，开展了多项科普宣传活动。一是加大宣传投入，印制《防震减灾法》《山西省防震减灾条例》《山西省建设工程抗震设防条例》《山西省地震应急救援规定》等法律法规5万册；在市、县召开两会期间，为两级人大代表和政协委员发放法律宣传读本"一法两条例"1万余册。二是充分利用阳泉地震信息网站专栏等多媒体平台和"5·12"防灾减灾日、科技周、"7·28"唐山地震纪念日等重点时段开展宣传，开展"平安中国千城大行动"活动，深入推进防震减灾"六进"(进学校、进社区、进机关、进企业、进农村、进家庭)活动。三是组织开展《山西省建设工程抗震设防条例》和新出台的第五代《中国地震动参数区划图》宣传贯彻工作；举办《条例》知识竞赛，并参加省地震局举办的建设工程抗震设防条例知识竞赛，并取得第二名的优异成绩。四是开展防震减灾科普教育基地、示范县、示范学校、示范社区、农村民居地震安全工程创建工作。2015年，由市财政、省地震局共同投资60万元，新建阳泉市防震减灾科普教育馆。同时，盂县通过防震减灾示范县专家委员会评审认定，全市防震减灾示范学校、示范社区创建率分别达到27%、43%。五是开展防震减灾宣传作品推广活动。组织学校师生、机关干部及其他人员了解学习《防震减灾进校园》《校园地震应急演练》《"5·12"防震减灾科普优秀宣讲》等宣传作品，强化对基层地震工作者及学校防震减灾工作的组织和指导，强化农村地区防震减灾科普宣传教育，消除宣传教育盲区。(尹小芳　王瑞艳)

2015年阳泉市地震目录一览表

表32　　　　单位：千米

日期	时间(时/分/秒)	地点	北纬	东经	震级	震源深度
2015-01-04	20：04：39	盂县	38° 22′	113° 02′	0.7	14
2015-08-04	18：11：00	平定	37° 70′	113° 90′	0.2	17
2015-10-17	00：09：06	盂县	38° 18′	113° 23′	0.4	5
2015-10-29	17：01：42	盂县	38° 25′	113° 27′	0.2	21

(李小艳)

气 象

【概况】 2015 年,阳泉市气象部门以服务经济建设为目标,努力推进多项工作。一是完成仪器检定工作。经检验,全市观测自动站和人工站使用所有仪器安装规范、标准、整齐并有合格检定证,无超检仪器,仪器设备计量检定率达 100%。二是各站严格执行国家局、省局的技术规定,业务运行正常有序。按照《预报司关于实时——历史地面气象资料一体化业务正式运行的通知》的工作安排,7 月 10 日开始资料一体化业务按时正式投入业务运行。24 小时阳泉的晴雨预报、24 小时最高最低气温质量相对于中国局指导预报均为正订正。开展常态化 72 小时内空气污染气象条件预报业务和 24 小时空气质量预报,每天发布两次,发布时间为 06 时和 16 时。截至年末,市气象局对本责任区造成重大影响的暴雨、寒潮、暴雪、强对流天气、地质灾害、雾、霾、沙尘暴等灾害过程无漏报。 (郝振华)

【气象现代化建设】 年内,阳泉市继续实施气象现代化各项工程。一是"阳泉智慧气象平台"建设。7 月份完善了区域站、自动站气象监测数据库、各类特种监测资料数据库(空气质量、土壤水分等)、常规预报产品库、专业服务产品库。11 月 6 日,组织召开智慧气象信息共享及国家公共突发事件预警信息发布系统建设协调会,与公安、环保等 13 家单位签署了合作协议,计划依托阳泉智慧城市平台,将相关视频实景监控资料与气象部门共享,为将来的预报预警提供实时路况、环境、林区、水库等方面的监控资料,提高气象部门预报预警的时效性和实时性。二是平定县局的"三农"气象服务工作有序开展,县级气象防灾减灾能力大幅提升。平定县张庄镇顺利通过了中国气象局的标准化乡镇认定。三是山洪地质灾害气象建设工作。2015 年 6 月份完成了阳泉市山洪地质灾害防治气象保障工程 2015 年第一批建设项目的可研编制工作,在盂县建成国家新型自动气象站,并投入业务试运行;完成了 2013 年盂县山洪灾害防治县级非工程措施项目验收材料的汇编整理。9 月至 10 月,完成了阳泉市山洪地质灾害防治气象保障工程 2015 年第三批建设项目的可研编制和修改工作,并上报省局。四是依托"国家突发公共事件预警信息发布系统阳泉分中心"建设项目,对县级分中心综合业务平台进行了改造,继续加强了市级国家公共突发事件发布平台硬件建设,购置了多媒体发布系统,开发了气象决策服务手机客户端(APP)软件以满足社会经济发展和防灾减灾对气象信息的需求。 (郝振华)

【气象科普宣传】 2015 年,阳泉市气象局充分发挥"气象科普教育基地"的作用,通过各种形式广泛开展气象防灾减灾知识和气象科普"进农村、进社区、进企业、进学校、进家庭"五进活动,提高群众防灾减灾意识,大力普及气象科普知识,取得较好效果。3 月 23 日,围绕"气候知识服务气候行动"主题,首次把气象应急车开进校园组织师生现场参观体验,通过气象科普展板、发放气象科普读物、播放气象科普视频以及开展气象知识讲座的形式宣传气象法律法规、气象常识、防雷安全等科普知识,并详细介绍了气象应急服务车的功能。4 月 13 日,市气象科普基地和市气象台接待了阳泉市第二中学高二的学生,市气象局科普工作者专门为来访的学生进行了参观讲解。面对学生提出的气象问题,气象专家结合学生的知识水平,深入浅出地为他们答疑解惑。5 月 12 日上午,由市气象局各类技术专家组成科普宣传队伍走进社区,开展了以"科学减灾,依法应对"为主题的全国防灾减灾日的宣传活动。 (郝振华)

文化

综合工作

【概况】 2015年,全市文化系统围绕年度目标任务,狠抓落实,全市文化工作取得一定成绩。

一是保障文化民生,提高文化服务效能。开展基层文化设施提档升级,为全市157个乡村社区文化活动中心配送拉杆音响、电视机、照相机、摄像机、投影仪等设备;开展“文化惠民在山城”系列活动,包含送欢乐下基层、文化阵地活动、展览展示活动、数字文化服务、流动文化服务、文化企业优惠活动等10余个项目;“一年一场戏”公益演出惠及130个偏远贫困村,解决农民“看戏难”问题;启动“乡村文化记忆工程”,在郊区荫营镇、平定县娘子关镇、盂县梁家寨乡开展试点工作。

二是打造精品佳作,繁荣文艺作品创作。举办纪念抗日战争胜利70周年系列文化活动,创作大型文献纪录片《一座战场上诞生的城市》,修改完成广播剧《刻花流年》,组织戏曲《代理市长》《甜水情》剧本研讨会,完成小型戏曲《认女记》、独幕话剧《柏兴巷》初稿,创作舞蹈《高粱红了》《四季古风》《美丽新阳泉》、歌曲《好人》《共圆中国梦》《共唱东方红》、小品《我的爱情我做主》等舞台艺术作品。

三是推进创新驱动,加快文化产业发展。具有展示和交易双重功能的阳泉文化产业精品展示馆完成布展,平定县冠窑砂器陶艺有限公司被山西省文化厅命名为山西省文化产业示范基地,刻花瓷、砂器、工艺蝴蝶等亮相深圳文博会、中国—东盟博览会文化展,代表全市文化产业发展成果的21类特色文化产品在第二届山西文博会上展出,“阳泉·石氏根雕艺术精品展”在上海市工人文化宫展出,山西阳泉工业版画研究院矿区版画基地投入使用。

四是深化专项治理,加强新闻出版管理。组织实施“净网”“护苗”“清源”“秋风”等“扫黄打非”专项行动,销毁各类非法出版物1万余件,开展“4·26”知识产权宣传周活动,选送6名中小学学生参加全国“我的书屋,我的梦”农村少年儿童阅读实践活动征文活动,选送推荐3个家庭参加国家新闻出版广电总局主办的第二届全国“书香之家”申报,为全市农家书屋补充图书(光盘)6万余册(盘)。

五是提升保障能力,做好广播影视工作。提高安全播出保障能力,确保重要保障期和日常安全播出,严格卫星广播电视地面接收设施管理,对平定县东升集贸市场非法销售卫星电视广播地面接收设施商铺进行清理整顿,查处2家非法境外卫星电视广播发射台;制定《阳泉市广播电视直播卫星户户通工程建设实施方案》,市级配套资金落实到位,完成4万套安装任务;全年农村公益电影放映11520场次,农村寄宿制中小学校公益电影放映477场,市文化局与市财政局联合下发《关于支持县级城市数字影院建设的通知》,郊区、平定县、盂县实现数字影院全覆盖。

六是加强诚信建设,改进文化市场管理。开展文化市场安全检查,对文化市场经营场所业主进行消防安全培训,召开网吧违规接纳未成年人专项整治暨文化市场安全督查会,下发《关于推动互联网上网服务行业转型升级的意见》,全市170家网吧转型6家、环境改造升级43家,文化市场技术监管与服务平台业务应用系统数据激活率达99%,领先于全省其他地市。(王晓波)

【文化下乡】 1月16日,市文化局组织市晋剧院、市歌舞团、市展览馆、市图书馆文化工作者60余人在平定县巨城镇南庄村举行文化下乡集中服务示范活动。演出经典折子戏《喜荣归》、传统折子戏《见皇姑》、歌舞《在中国田野上》等节目;展出以廉政文化为主要内容专题展板45幅;赠送文学艺术、农业科技、历史法律等方面图书300余册价值7000余元。8月4日,在平定县岔口乡黄统岭村组织文化下乡活动,演出《节日欢歌》《万物生》《放歌新阳泉》等16个节目。 (郭雅菁)

【"一年一场戏"文化惠民活动】 8月6日,"一年一场戏"文化惠民活动暨豫剧首场演出在郊区杨家庄乡张家洼村启动。截至年底,市晋剧院、市豫剧团、市歌舞团分赴全市3个农业县区、18个乡镇、130个贫困村演出130场,内容包括戏曲、歌舞、小品等。 (郭雅菁)

【全国故事邀请赛获奖】 10月28日至29日,全市3个作品参加"沙坪坝文化杯"第三届全国故事邀请赛。其中,少儿组《我是爸爸的小矿灯》《军号声声》获三等奖,成人组《你爱军营我爱你》获优秀奖,市群艺馆获组织工作奖。 (郭雅菁)

【娱乐业协会换届】 12月29日,市文化局组织召开阳泉市娱乐业协会换届大会,上届娱乐业协会会长马建民代表协会作2012年至2015年工作报告。通过民主选举,新一届理事会成员产生并召开理事会,选举出新一届娱乐业协会会长、副会长、秘书长、副秘书长等。马建民当选娱乐业协会会长。(樊 江)

【市文化局被评为全国新闻出版统计工作先进单位】 年内,市文化局被国家新闻出版广电总局评为2015年全国新闻出版统计工作先进单位。多年来,市文化局按照国家新闻出版广电总局、省新闻出版广电局要求,贯彻《中华人民共和国统计法》《新闻出版统计管理办法》,加强组织领导,建立和完善工作机制,统筹安排相关工作,切实把年报工作责任落实到部门、落实到人。同时,组织各县区文化部门和相关新闻出版单位按照相关统计制度要求,及时、准确地报送统计数据,较好地完成新闻出版统计工作。(胡忠义)

文学艺术

文 学

【刘慈欣获"雨果奖"】 8月23日,市作协副主席刘慈欣创作的长篇科幻小说《三体》(英文版)获第七十三届"雨果奖"最佳长篇故事奖,该奖项为世界科幻文学最高奖,是亚洲人首次获得该奖项。《三体》被称为中国科幻文学里程碑之作,将中国科幻文学推上世界高度。此外,刘慈欣及作品还参加一系列活动并获奖。2月,英文版《三体》获美国科幻奇幻作家协会2014年度"星云奖"提名;4月23日,《时间移民》入选中国图书评论学会"'2014中国好书"奖;6月17日,获"'2015腾讯书院文学奖""致敬小说家奖";9月12日,获第二十六届"科幻银河奖""科幻功勋奖";9月14日,应邀参加中共中央政治局委员、国家副主席李源潮与科普科幻创作者座谈会;10月20日,在繁荣发展社会主义文艺推进会上,其参会并以"展现伟大时代的瑰丽想象"为主题进行发言,发言材料刊登于10月21日《人民日报》;11月7日,参加伊斯坦布尔国际书展中国图书展专题活动,并举行土耳其文版《三体》新书发布及作家签售活动;11月28日,获'2015中国城市时尚盛典暨中国时尚指数发布大会"年度文化推动力特别大奖";11月21日,"刘慈欣少年科幻科学小说系列"首发式在北京举行,该系列包括《爱因斯坦赤道》《十亿分之一的文明》《孤独的进化者》等5册图书。年底,刘慈欣入选《人民日报》'2015热词记录·面孔、CBN年度十大人物、新华社盘点'2015中国印记(中国人物志)、《人物》杂志13位对2015年中国具有标本主义的重要人士、《山西日报》'2015十大新闻人物等。 (孙雪艳)

【文学作品获奖】 2月12日,阳泉市作者裴榕获"华东师大杯"第十七届全国新概念作文大赛一等奖。此次比赛主题是"换季"和"总还有另一种说法",裴榕以"换季"为主题撰写两千多字的小说获B组一等奖。5月30日,阳泉市作家小岸创作的《余露和她的父亲》获第二届鲁彦周文学奖中篇小说奖。9月,侯讵望小说《逃生》获"沙家浜精神"纪念中国人民抗日战争暨世界反法西斯战争胜利70周年全国征文活动优秀奖。 (孙雪艳)

【《红山楂文丛》座谈会】 7月3日,市文联举办《红山楂文丛》座谈会,市文联主席侯讵望、党组书记李银苟、副主席赵存珍以及作者、评论人员20余人参加。《红山楂文丛》为散文体裁丛书,包含《故乡的根脉》(侯讵望)、《乖玉顽石》(任美福)、《心语滴滴》(郝葆良)、《生命的另一种体验》(翟贵明)、《点击金秋》(李彦良)、《若有所思》(张震文)6本书,由中国文联出版社出版。 (孙雪艳)

【《阳泉市文学作品精选集》首发式】 6月26日,市文联举办《阳泉市文学作品精选集》首发式,市政协副主席任美福、市委宣传部常务副部长史玉宝、市文联主席侯讵望等领导以及全市40余名作家参加。该书收录阳泉市成立至2013年曾出版过个人文学集的140位阳泉作家230篇代表作品,其中小说44篇、散文76篇、杂文12篇、评论22篇、报告文学11篇、诗歌45首、楹联14则、剧本6部,还收录阳泉作家已出版图书名目301部,共计70万字。 (孙雪艳)

【文德芳入选中国作协定点深入生活作家名单】 5月11日,阳泉市作家文德芳入选中国作家协会2015年作家定点深入生活名单(阳泉市作家首次入选),其以深入阳泉抗战旧址、寻访抗战老兵的长篇纪

实文学而入选。（孙雪艳）

【13名作家作品入选《2013年山西文学年度作品选》】 年内，阳泉市13名作家作品入选《2013年山西文学年度作品选》，其中，散文卷收录侯讵望、小岸、陋岩、指尖、葛海林、文德芳作品，中短篇小说卷收录小岸作品，文学评论卷收录刘慈欣作品，诗歌卷收录白瑞勤、陋岩、荆卓然、高晓东、葛海林作品。（孙雪艳）

【两部作品入选省作协重点扶持选题】 9月8日，阳泉市作家李德平《红星照耀北国：追寻红二十四军足迹始末》和指尖《符号》两部长篇纪实文学作品入选省作协重点扶持选题。《红星照耀北国：追寻红二十四军足迹始末》是作者深入山西、河北、内蒙古、陕西、甘肃、宁夏、北京7个省（市）走访亲历者、红二十四军（北方第一支红军正规军）后人和各地党史、地方志研究专家，收集大量史料后创作而成，全书分平定兵变、盂县寻踪、阜平建政、塞北苦战、红动陕北5个部分，共25万字。《符号》以“深入生活、扎根人民”为主题，讲述有关仇犹古国百姓生存生活故事，全书分文物篇、风物篇、人物篇，共15万字。（孙雪艳）

【诗词曲培训】 1月18日，市诗词曲学会和市图书馆联合举办诗词曲培训。市诗词曲学会常务副会长马玉隆主讲“格律有限，意蕴无穷——怎样写格律诗”、王惠卿主讲“楹联与属对”、杜肇昆主讲“怎样填词”“怎样作曲”和“音韵与诗词曲”。（孙雪艳）

【《高长虹精选集》首发式】 4月29日，市文联召开高长虹研究会工作会议暨《高长虹精选集》首发式。高长虹研究会原会长李畸海作题为《抓住机遇 乘势而为 力促高长虹研究工作再上新台阶》的工作报告，会上对高长虹研究会组织领导成员进行调整，并举行《高长虹精选集》首发式。《高长虹精选集》是从2010年出版的《高长虹全集》四卷中选出的精品，包括诗歌、散文、小说等。（孙雪艳）

【“漾泉联珠”有奖对句创作座谈会】 4月29日，市楹联协会召开“漾泉联珠”有奖对句创作座谈会。“漾泉联珠”有奖对句征集活动由市楹联艺术家协会、市书法家协会、阳泉日报社联合主办，活动时间自2014年1月至2015年1月。活动采取出句应对、奖评结合的方式，两月一对、两月一评，并设一、二、三等奖和优秀奖。活动中收到对句2000余句，评出获奖对句80句。座谈会上，对评选出的一、二、三等奖和优秀奖获得者进行表彰。获奖选手就楹联的联律通则、内容、寓意、语言等楹联创作知识进行座谈交流。（孙雪艳）

【散文创作培训】 9月10日至11日，市文联组织《娘子关》杂志社、市散文学会、市图书馆联合举办散文创作培训，特邀山西省散文学会副会长乔忠延、《山西文学》编辑部主任白琳、《编辑之友》杂志社副主编介子平、山西文学院专业作家闫文盛以“走出散文创作的困境”“阅读的悲哀、写作的任性”“写作是读书余事”“散文写作个性的确立”为题授课。（孙雪艳）

【评论创作培训】 8月27日至28日，《娘子关》杂志社、评论学会联合举办评论创作培训，邀请山西文学院副院长张卫平、太原师范大学教授杨矗、山西大学文学院教授侯文宜及王春林等6人授课，课题分别为“影视文学创作的困境与突破”“文学批评的基本理论与方法——以白鹿原为例”“文学批评生态与维度”“四种汉语写作与五种乡村叙事”“山西文学评论现状”“论中国现代文学中的‘漂泊’主题”。（孙雪艳）

书法 美术 摄影

【“翰墨薪传”书法公益培训】 7月20日，由山西省书法院、阳泉市文联、阳泉市书法家协会主办的“深入生活，扎根人民——翰墨薪传”书法公益培训在城区图书馆报告厅举行。中国书法家协会隶书委员会、山西省书法院、山西省书法家协会、市文联、市书法家协会领导以及全市书法爱好者200余人参加培训。中国书法家协会会员、山西省书法家协会副主席兼草书委员会主任、山西省书画家协会主席徐树文主讲“章法的审美与方法”，中国书法家协会会员、山西省书法家协会理事、临汾市书法家协会副主席李寅生演示隶书、魏碑、唐楷、行书、草书的技法。培训中还从全市中青年书法家中遴选出创作能力突出、教学经验丰富的优秀书法家，分赴各县区、军营、厂矿、学校开展专题书法教学、辅导和交流。（孙雪艳）

【美术作品展览及获奖情况】 全年全市新创作美术作品500余件，196件入选省级以上展览，其中，16件作品在德国、意大利、日本展出，7件入选国家级专业展览，19件入选全国性展览（获优秀奖2件），154件入选省级展览（获一等奖2件、二等奖10件、三等奖14件、优秀奖6件）。1月，赵华双5件画作参加墨言·《中国画收藏》优秀青年艺术家提名展（青州）、水墨行动盐城第六届中国画名家作品展（盐城）、丝绸之路中国花鸟画提名展（西安）。5月，王雨来9件版画、侯玉生10件版画参加薪火相传纪念延安文艺座谈会73周年版画作品展（太原）。7月，全市38件美术作品参加“太行风骨·善美晋城”山西省美术作品提名邀请展，18件入展，3件获二等奖、1件获三等奖，其中刘广印《鬼子来了》、杨京《油画》、王雨来等合作版画《百团大战祭》获二等奖，胡晶浩《太行岁月》获三等奖。8月，全市44件美术作品参加澄怀悟道——第五届山西省花鸟画作品展，16件入展，1件获二等奖、1件获优秀奖，其中赵华双《清塘雅集》获二等奖、孙鸿骏《霜天》获优秀奖。10月，全市30件版画、7枚藏书票参加山西省第十一届版画暨藏书票作品展，22件版画、3枚藏书票入展，版画作品2件获二等奖、7件获三等奖、5件获优秀奖。11月，全市31件美术作品参加山西省第十一届油画写生展，19件入展，1件获二等奖、4件获三等奖，其中王文平《大裸女》获二等奖，张伟忠《夏》、窦红宇《女肖像》、赵桂花《记忆》、张智华《搭披肩的女人》获三等奖。12月，全市44件美术作品参加山西省第十七届水彩画作品展，41件入展。（孙雪艳）

【采风写生】 10月12日，市美术家协会组织全市画家赴和顺、长沟煤矿开展为期一周采风写生，共创作美术作品50余幅，拍摄照片资料千余幅，并与煤矿职工进行书画笔会联谊活动。（孙雪艳）

【迎新年美术作品展】 1月13日至20日，市委宣传部、市文化局、市文联主办，市美术家协会、阳泉美术院承办的"阳泉市迎新年美术作品展"与"阳泉市迎新年写生画展"在市展览馆、文化中心中心艺苑同步展出。展览集中展示全市美术家近两年来新创作的202幅作品，其中很多作品在国家、省级展览展出并获奖。（孙雪艳）

【"印记"阳泉鸡西版画作品联展】 7月28日至30日，"印记"阳泉鸡西版画作品联展在市展览馆展出，此次联展是在中国工业版画研究院指导下，由市委宣传部、市文化局、鸡西市委宣传部、鸡西市文化广播新闻出版局主办，共展出版画作品100幅，表现东北黑土地及太行黄河文化风土人情，描绘两个煤炭工业城市改革发展繁荣景象，展现两市版画作者艺术风采。市美协、阳泉美术院还共同编印出版《印记阳泉鸡西版画作品联展作品集》。（郭雅菁）

【花鸟画作品展】 9月30日，由阳泉美术院、市美术家协会、市中国画学会、文化中心中心艺苑主办的"祖国颂"阳泉市首届花鸟画作品展开展，共展出花鸟画作品50余幅。（郭雅菁）

【"相由心生"山水画巡回展】 10月28日，"相由心生"王爱忠、成红军、张建文、赵华双山水画巡回展（阳泉站）在文化中心开展，共展出4位画家60余幅作品。此次展览是继平遥、晋城展出后第三站，随后还将赴侯马、太原、东莞等地巡展。（郭雅菁）

【版画培训及展览】 5月20日，为期1个月的版画创作培训班开班，全市版画创作骨干、矿区版画作者以及市区、矿区各中小学美术教师等60余人参加培训，特邀中央美院及省内外版画专家授课，培训方式为讲座和自由创作（集中与分散）相结合。12月24日，由市群艺馆主办的"阳泉市群众艺术馆版画收藏展"在市展览馆开展，共有127件版画作品参展。（郭雅菁）

【禁毒艺术品展览参展并获奖】 年内，全市30幅禁毒题材美术、书法、摄影作品参加三晋最美禁毒艺术作品展大赛，其中，书法类7人获奖，荆军获三等奖，赵书明等获优秀奖，刘华等获纪念奖；美术类王雨生、贾廷庠、张晓悦获纪念奖；市文联获"优秀组织单位"奖。（孙雪艳）

【优秀青年书画家作品展】 4月30日，由市文联、团市委和市青年联合会联合举办，以"弘扬阳泉精神 助力四大战略"为主题的全市优秀青年书画家作品展在市展览馆开展，共展出全市32名优秀青年书法家、美术家作品161件，其中书法作品81件、绘画作品80件。（孙雪艳）

【工艺美术获奖】 年内，全市工艺美术获得多项奖项。3月，在青岛市第五十届全国工艺品交易会上，张文亮刻花瓷作品获金凤凰创新产品设计大奖赛优秀奖；在湖南醴陵中国陶瓷艺术大展暨第十届全国陶瓷艺术设计创新评比中，其作品获优秀奖。在2015年"中国梦·民族情·欢乐中国年"艺术大展"晋之梦——山西民间剪纸精品展"中，韩建华剪纸作品"福年"获优秀奖，余鉴忠剪纸作品"中国婚俗"获银奖并被太原美术馆收藏。4月，在深圳文化产业博览交易会非物质文化遗产展上，张文亮刻花瓷作品"三羊开泰"获"中国工艺美术文化创意奖"金奖，张宏亮砂器作品获铜奖，张文亮黑釉刻花瓷作品"蝴蝶双喜盘""百羊送福""三羊开泰"取得知识产权保护专利；在第三十届山西省青少年科技创新大赛中，梁盛萍撰写的青少年科技创新实践活动方案《培养健康心理 塑造健全人格——山西省阳泉市盲聋人学校剪纸教学研究与探索》获科技实践活动比赛一等奖，其撰写的综合实践活动方案《变废为宝求创新 纸艺生花心向阳》获科技辅导员综合实践活动比赛一等奖。5月，梁盛萍剪纸作品"情系计生"获中国计生协会剪纸社"中国梦——计生情"剪纸艺术大赛一等奖。9月，在山西省民间剪纸艺术协会第三届年会十年庆典剪纸展"神剪杯"评选中，韩建华"蛇盘兔"获银奖，高富强"百团大战"获银奖，余鉴忠"福禄寿喜"获特殊贡献奖。11月，赵怀仓、郝玉宏在山西省工艺美术第三届"平定刻花瓷奖·神工杯"陶瓷职业技能大赛中分获第一名和第五名，平定古窑陶艺有限公司获"特别贡献奖"。（孙雪艳）

【根雕艺术展】 4月10日，阳泉市第二届根雕艺术展在市展览馆开展，此次展览由市群众艺术馆主办,各县区文化馆协办,共展出260多件作品。12月11日,“阳泉·石氏根雕艺术精品展”在上海市工人文化宫开展,此次展览由阳泉市文化局、上海市工人文化宫主办,阳泉市群众艺术馆、阳泉市根雕赏石协会承办,共展出阳泉市根雕艺人石建华根艺精品3个系列200余件。展览作品取材于太行山麓阳泉本地植物——黄荆,经过处理和艺术加工,随根赋形,自然质朴。 (张燕红 赵利刚)

【摄影作品获奖】 年内,阳泉市摄影家的部分摄影作品在各种大赛中获奖。在国际摄影学会举办的2015年首届IPA手机摄影大赛中,曹贵忠《奥运留巢》获彩色开放组金奖,马凤朝《合影》、梁吉永《螺丝田》、杨丽娅《落日余晖》获彩色开放组勋带奖,马凤朝《云雾山中》和杨丽娅《宁静致远》分别获单色开放组铜奖和勋带奖,杨丽娅《银装素裹》获自然组铜奖。在首届IPA世界华人数码摄影大赛中,阳泉市摄影家曹贵忠《皇天后土》获自然组金奖,李杰《追思》和路忠德《锅厂师傅》获彩色开放组银奖和勋带奖,马凤朝《一家人》、李杰《空巢老人》以及王世钧《粉条飘香》获单色开放组银奖、铜奖、勋带奖,王世钧《传统砂锅制作工艺》获系列组银奖、刘晓增《深山民生》和梁吉永《放河灯、祈幸福》获系列组铜奖、马凤朝《大丰收》获系列组勋带奖。此外,曹贵忠《摔跤》获第一届索菲亚摄影起源国际摄影沙龙大赛体育系列优秀奖;王世钧《社火闹春》获第十七届全国艺术摄影大赛纪实摄影类优秀奖,《傲雪迎春》《樱花欢喜漫天雪》获“天适樱花杯”2015年中国樱花摄影大赛优秀奖,《烟雨太行》获全国第四届科普摄影大赛入围奖;李杰《丰碑》《沐浴》入选山西省煤炭系统“煤气化杯”书法美术摄影展;黄毅《禾木村晨韵》《比翼双飞》在2015年全省疾控中心系统文化建设展览中分获摄影一等奖和优秀奖;宋宝林《金盾之光》获中国警察网、人民公安报“我的警察梦”主题比赛优秀奖,《安检》获“首届全监摄影大赛”优秀奖。 (孙雪艳)

【第十五届中国平遥国际摄影展参展】 9月19日,全市32名摄影作者62幅作品以“美丽阳泉之二民俗风情”为主题参加第十五届中国平遥国际摄影展。通过摄影作品记录山城历史变迁,用光影语言表达对家乡山水人文感悟,再现山城阳泉民俗风情。 (张燕红)

音乐 曲艺

【音乐工作情况】 5月,全市10件音乐作品参加全国第十七届“群星奖”山西赛区评选。6月,市音协主席王玉兰作为山西唯一一名地市级代表受邀参加中国音乐家协会第八次全国代表大会。10月,全市21名歌手赴太原参加第三届“山西剧院杯”影视歌曲演唱大赛,其中,董润民获一等奖,闫蓝博、百海生、王海燕获二等奖,刘旋获三等奖,高晓琴、石志鸿、红组合获优秀奖。11月,《北方》《绿起来》《酸溜溜》《劲扬清风》《我们大家一起唱》5首歌曲参加山西省第十一届“五个一工程”评选。此外,年内,阳泉市音乐艺术家荆一扬历时8年编辑整理40余万字的《中老年葫芦丝·巴乌讲堂录》(上、下册)由中国传媒出版社出版。 (孙雪艳)

【“山西剧院杯”影视歌曲演唱大赛获奖】 年内,全市21名歌手参加由山西省音乐家协会、电影家协会主办的山西省第三届“山西剧院杯”影视歌曲演唱大赛。1名选手获青年专业组二等奖,3名选手分获青年业余组一等奖、二等奖、三等奖,3名选手获优秀奖。 (赵利刚)

【全国合唱交流大会获奖】 11月30日,阳泉市干部合唱团、艺校校友合唱团参加平遥“全国合唱交流大会”,两团参赛曲目获“专家评比作品诠释优秀奖”。阳泉市干部合唱团还赴泰国参加“中泰建交40周年合唱大赛”,获“中泰文化交流特别贡献奖”。 (郭雅菁)

【曲艺活动】 1月18日,市曲协组织曲艺小品创作骨干召开“深入生活、扎根人民”主题创作研讨会,中国曲协副秘书长周光作专题讲座,20余名业务创作骨干参会学习。7月,市曲协组织开展“群星风采”广场文艺演出曲艺专场活动;组织曲艺小品作品参加山西省文化厅第十七届“群星奖”选拔,得到好评;编纂完成《阳泉评说研究文集》《阳泉评说作品集》。 (孙雪艳)

【晋剧红色经典演唱会】 9月29日,阳泉市纪念抗日战争胜利70周年暨中华人民共和国成立66周年晋剧红色经典演唱会在阳泉宾馆报告厅举行。演唱会由市委宣传部、市文化局主办,市晋剧院、市艺术研究室承办,包括“前赴后继”“中流砥柱”“英雄儿女”“热土颂歌”“红旗映辉”和“继往开来”6个篇章。演唱会将交响乐与传统晋剧结合,将舞美灯光与LED屏结合,在原有经典唱段基础上加以改编,使唱段融入晋剧唱腔特色,展现晋剧魅力。 (郭雅菁)

戏剧 舞蹈

【戏剧演出及创作】 年内,市戏协完成3个县区18个乡镇130个贫困村“一年一场戏”文化惠民演出任务;组织指导举办“三节”文化活动、“群星风采”广场文化活动、“文化惠民在山城”系列活动、“送文化到基层”“文化下乡”演出活动,组织晋剧表演艺术家到平定县南庄村等地演出;为纪念抗日战争胜利70周年暨中华人民共和国成立66周年,新创作品《狮垴山情怀》《热土颂歌》《继往开来》;创作完成《刻画流年》《巡

案斩父》等8个剧目。（孙雪艳）

【《拾玉镯》获金奖】 11月，市豫剧团改编创作的小戏《拾玉镯》在“中华颂”第六届全国小戏小品曲艺大赛中获金奖。其中，2人获优秀导演奖、2人获最佳演员奖、3人获音乐设计奖。《拾玉镯》在音乐上大胆创新，既保留豫剧传统，又融入京剧音乐元素，并运用柳琴等豫剧乐队不常用乐器使整个音乐唱腔优美动听。（郭雅菁）

【省京剧院慰问演出】 10月30日至31日，省京剧院先后赴郊区义井镇小河村、义井村、大阳泉村演出经典选段《智取威虎山》《红灯记》《沙家浜》等。演出活动旨在纪念中国人民抗日战争胜利70周年，弘扬抗战精神，传承光荣传统，以实际行动回馈老区人民，推进“三个文化”（法治文化、廉政文化、红色文化）建设。（郭雅菁）

【舞蹈作品获奖】 年内，全市舞蹈作品及人员获得多项奖项。5月，陈玉梅舞蹈工作室赴太原参加全国“小荷风采”山西预选赛演出，许甜辅导的少儿舞蹈《欢庆鼓》《聪明宝贝》获最佳才艺奖，陈玉梅辅导的印度舞《卡加拉瑞》获最佳表演奖，丁文斌辅导的《劳动最光荣》《马蹄哒哒哒》获最佳才艺奖；翟新华带领学生参加阳泉城区体育舞蹈全国公开赛，王子、吴思媛获第一名，梁家乐、冯子风获第二名，孙浩、张艺非获第三名；杨锦丽编排的舞蹈《镜中的我》《时针时针快快跑》赴太原参加华北五省舞蹈比赛获山西赛区金奖，杨锦丽获优秀辅导教师称号。10月，在2015年国际体育舞蹈公开赛中，全市获得6枚金牌、12枚银牌、20枚铜牌，任家乐、冯子风获八岁组C组第一名。此外，阳泉舞蹈家岳芳主演鼓乐《大唐娘子军》受邀参加中国体育文化、体育旅游博览会以及大连市庆祝全国第十届文化遗产日，并在“鼓舞龙腾”全国邀请赛上，获团体表演金奖和优秀组织工作奖。（孙雪艳）

群众文化

【送文化下基层 进社区】 年内，文化系统相关单位走进社区、厂矿、企业、学校、农村等地，开展送戏、送歌舞、送展览、送书法美术作品、送电影等活动150余场次。1月28日，“与民同乐”送文化进社区活动在城区新华社区阳光广场启动，市歌舞团演出歌舞《相信》《在中国田野上》，市群艺馆演出阳泉评说《山花飘香》，市豫剧团演出折子戏《扈家庄》、戏曲变脸、豫剧清唱《包青天》，市展览馆展出“二十四孝图”，市美术院书画家现场为社区群众书写春联并赠送书画作品。此次活动在城区、矿区等地开展，包括送戏、送歌舞、赠送书画作品和展出廉政文化图片等内容。5月13日，“文化惠民在山城”送文化到基层活动在郊区荫营镇人民广场启动，包括“幸福山城”送欢乐到基层活动、“弊革风清”全市廉政剧（节）目展演、“红色文化耀太行”晋剧交响乐演唱会、“共筑梦想 快乐生活”公共文化服务活动、“爱心接力”关爱特殊群体服务活动、“文化惠民 感受快乐”送设备到基层活动、“温暖人心”文化志愿者服务活动、“‘精彩生活’走进影院”活动、“幸福使者”文化企业优惠服务等10多项活动。（张燕红　王燕平）

【“百花迎春”群众文艺会演颁奖晚会】 3月9日，“百花迎春”群众文艺会演颁奖晚会在阳泉广播电视台举行，晚会通过歌舞、迓鼓、小品等多种文艺形式，展示近年来阳泉市群众文化发展成果。“百花迎春”群众文艺会演活动期间，全市有1000多个节目参加会演。经过评选，评出优秀节目金奖10个、银奖15个、铜奖20个，优秀创作奖10个，优秀节目组织奖6个。（张燕红）

【“群众大课堂”基层文艺骨干培训】 5月21日，“群众大课堂”基层文艺骨干培训在城区图书馆报告厅举行，各县（区）文化馆专职文化员，乡镇、街道、村以及社区、学校文艺骨干，市群艺馆全体人员近300人参加培训。北京舞蹈学院教授李北达讲授“舞蹈编导”“舞蹈创作与编排”，山西大学美术系教授张顺清讲授“美术创作”。通过培训，学员们在思想上、认识上、能力上有了提高，对舞蹈和美术创作加深理解。（赵利刚）

【世界读书日系列活动】 4月23日是第二十个世界读书日。围绕读书日，市图书馆举办了一系列活动。4月19日，举办重读经典《平凡的世界》书友畅谈会；4月23日，与城区下辖6个社区签订建立社区流动图书站协议，并集体授牌；4月25日，邀请山西工程技术学院副教授孔晓丽在“桃河讲堂”讲授“大众礼仪”。此外，市图书馆文化服务志愿者还发放“4·23世界读书日”宣传资料，为市民了解图书馆、利用图书馆提供宣传咨询服务；推出“成长从阅读开始，让书香引领未来”专题少儿书展，推介一批启迪少儿读者心智、激发创造力和想象力的新书好书；举办廉政文化主题图文展，宣传优秀廉政文化人物的事迹，弘扬廉政文化，传播社会正能量。（李维杰）

【“群星风采”广场文化活动】 7月17日，阳泉市“群星风采”广场文化活动在城市中心广场启动。此次活动以纪念中国人民抗日战争胜利70周年和中华人民共和国成立66周年为背景，以“创建文明城市、做文明市民”为主题，着力体现文化惠民、文化乐民特点。活动包括晋剧戏曲晚会、歌舞晚会、豫剧戏曲晚会、曲艺小品晚会和公益电影放映等。（张燕红）

【纪念抗日战争胜利70周年文化活动】 9月2日，由市委宣传部、市文化局主办,市展览馆承办的“伟大的胜利——纪念中国人民抗日战争暨世界反法西斯战争胜利70周年大型图片展”在市展览馆开展,展览包括珍贵史料、档案、照片等。9月23日,由市委宣传部、市文化局主办,市歌舞团、市艺术研究室承办的情景歌舞晚会“太行山是英雄的山”在阳泉宾馆报告厅上演,晚会分“太行儿女”“军民鱼水”“共筑中国梦”3个篇章。 (王燕平)

影　视

【电影放映】 全年全市共发行影片120部,订购电影场次11735场,其中故事片11520场、科教片215场;完成各类放映场次11735场,其中纪念抗日战争胜利70周年专场放映5651场。实现各项收入118万。此外,市电影家协会与郊区区委宣传部、郊区文化局联合举办新春文化走基层·春节廉政文化电影展。市电影家协会、市电影放映公司在全市行政村放映抗战题材红色经典影片660场,在全市农村寄宿制学校放映电影477场。 (孙雪艳)

【《伏击》农村院线订购场次突破4万场】 截至年底,阳泉市首部数字电影《伏击》订购场次突破4万场,影片在北京、浙江、内蒙古、山东、陕西等省市展映。9月,据国家新闻出版广电总局电影数字节目管理中心全国每周市场点评农村第28周市场点评显示,《伏击》以23家院线订购、8653场次的成绩成为当周订购冠军。 (孙雪艳)

【好电影公益展映季活动】 1月15日,阳泉市好电影公益展映季活动在市电影院启动。此次活动由市委宣传部、市文化局主办,市电影院、橙天嘉禾影城和星泰世纪影城承办。1月中旬至3月下旬,共展映影片15部,包括全国优秀影片《焦裕禄》《周恩来的四个昼夜》《杨善洲》《开国大典》等,山西省拍摄的主旋律影片《村官段爱平》《情归陶然亭》《浴血雁门关》《韩妈妈和她的儿女们》等。市民凭身份证领票入场免费观看。 (段晓蕾)

【电视艺术创作及获奖】 年内,全市多部电视作品获奖。阳泉广播电视台拍摄的专题片《刻花瓷的故事》《平定砂器“靓”起来》分获第三届“银河杯”全国市县电视台推优活动专题类一等奖、电视栏目类二等奖;电视栏目《食客准备》《第一财经》在'2015中国城市广播电视创新论坛暨2015年度全国城市广播电视优秀栏目评比中分别获十大创新栏目奖和十大原创栏目奖。在“'2015传媒中国年度盛典”活动中,阳泉广播电视台科教频道被评为“'2015传媒中国年度最具创新力城市广播电视频道”。此外,在阳泉广播电视台策划、创作25集大型系列片《我们的家——阳泉抗战遗址行》中,《浴血卫战娘子关》《三八六旅驻马山》《峥嵘岁月石家塔》《阻击鏖战狮脑山》《南庄地道红色游》《岔口空村斗日寇》6部作品在山西卫视播出。 (孙雪艳)

文　物

【概况】 年内,全市开展一系列文物核查保护工作。全面核查文物古建筑,确定维修计划,并列入文物保护“十三五”总体规划;争取市级以上文物保护专项资金483万元,对国家级文物保护单位府君庙、泰山庙、冠山书院,省级文物保护单位文庙大成殿、西盂北泰山庙,市级文物保护单位西关西寺大殿、药岭寺进行维修;对娘子关火车站、高长虹故居等30处市级文物保护单位保护范围和建设控制地带进行划定;征集保晋瓷器、抗战相关文物等各类文物130余件;举办文物消防安全培训班,对各级文物保护单位及在建维修工程工地进行日常性巡查,做到无险情全覆盖。 (王晓波)

【县区文物保护调研】 年内,市文物管理部门对城区、郊区、平定县、盂县境内文物开展调研工作。调研内容包括文物基本情况、保护现状、安全工作、古建筑维修及现阶段亟待解决问题,同时还对不可移动文物保护、民间资本参与文物保护、不同产权归属文物古建维修困局等问题进行讨论。 (王景莲)

【市级文保单位划定】 9月22日,在市政府第五十八次常务会上,通过第四批市级文物保护单位划定保护范围和建设控制地带议案。此次划定文物保护单位共有30处,包括古建筑24处、石窟寺3处、近现代重要史迹及代表性建筑3处。 (王景莲)

【可移动文物普查数据采集】 年内,全市第一次全国可移动文物普查数据采集及报送工作完成,共报送数据9462条。普查内容包括:1949年(含)前,历史上各时代珍贵艺术品、工艺美术品,以及历史上各时代重要文献资料,具有历史、艺术、科学价值的手稿和图书资料等;反映历史上各时代、各民族社会制度、社会生产、社会生活代表性实物;由博物馆、纪念馆收藏登记1949年后藏品;列入国家文物局公布的1949年后已故著名书画家作品限制出境鉴定标准范围作品,以及具有科学价值古脊椎动物化石和古人类化石。 (郝楚婧)

【非物质文化遗产联展系列活动】 6月,全市国家级、省级、市级非物质文化遗产项目代表及部分传承人赴大连参加非物质文化遗产宣传系列活动。其中,12日在全国“鼓舞龙腾”邀请赛上,平定武迓鼓和盂县牛斗虎均获团体表演金奖,市群艺馆获特殊贡献奖;13日在首届中国庙会文化遗产论坛会上,全市10余位传承人参加论坛并与来自全国各地非物质文化遗产传承人现场交流传承经验和成果。7月20日,阳泉、大连、滨州非物质文化遗产联展阳泉站"传承文明、共襄盛世"展览在市展览馆开展,为期5天,阳泉市展出作品200件,滨州展出151件,大连展出200件。 (赵利刚)

图 书

【概况】 2015年,阳泉新华书店全面完成主要经济指标。资产保值增值率目标值为111.16%,实际完成112.9%,超目标1.74个百分点;营业总收入目标值为12400万元,实际完成12460.55万元,完成年目标值的100.48%;利润总额基础目标值为490万元,发展目标值为588万元,实际完成592.2万元,完成基础目标值的120.86%,完成发展目标值的100.71%,绝对额比基础目标值增加102.2万元;货款回收率目标值为95%,实际完成88.71%,比目标值减少6.29个百分点;货款承付率目标值为100%,实际完成100%,教材教辅、一般图书均完成货款承付。 (苗红卫)

【POS机销售】 全年全市新华书店POS机销售任务计划1760万元,实际销售1913万元,完成计划的108.69%。其中,连锁公司图书任务1050万元,实际完成1202.59万元,完成计划的114.53%,毛利率28.12%;传媒公司计划任务710万元,实际完成710万元,完成计划的100%,毛利率5.37%。(苗红卫)

【流动售书】 年内,全市各新华书店走进社区、校园、厂矿、机关、乡镇、军营、监狱等开展流动售书活动。同时,为了提升图书社会效益和经济效益,阳泉新华书店还邀请著名儿童文学作家曹文轩在市文化中心多功能报告厅开展走进阳泉讲座以及签售活动,邀请中国科普作家协会会员、科普作家、特级教师李其震走进盂县第三实验小学、逸夫小学、盂县职业中学和盂县第二中学讲授科普知识。 (苗红卫)

【重点图书发行】 年内,阳泉新华书店重点图书销售码洋160余万元,其中征订发行第四批干部培训教材2000余套、《马列主义经典著作选编学习导读》1115套、《马列主义经典著作选编(党员干部读本)》1116套、《怎样当好工会小组长》1000套、《中国共产党廉洁自律准则》6512册、《中国国共产党纪律处分条例》113362册。 (苗红卫)

【政府采购招标图书工作】 年内,全市新华书店中标2015年"农家书屋"工程150万余元,盂县分公司中标盂县教育"改薄"(改善薄弱学校基本办学条件)工程电教设备采购项目820.34万元,平定分公司中标平定县教育局"改薄"工程471.12万元。 (苗红卫)

档 案

【概况】 2015年,阳泉市档案局围绕全市经济社会发展重心,着力构建多领域全覆盖档案资源体系;强化档案服务功能,构建全方位多层次档案利用体系;加强基础设施、基础业务建设,构建科学档案安全体系;加快档案数字化步伐,推进档案信息化建设;开展档案宣传,发挥档案工作特色,创新工作思路,各项工作取得良好成效。

档案资源体系建设 按照全省"档案资源建设年"要求,建设覆盖全社会档案资源体系,加大档案资料收集和接收进馆工作力度;开展基层档案室档案规范化建设,推进重点建设项目档案管理。

档案利用体系建设 对馆藏1985年(含)以前全部档案进行鉴定划控;拓宽服务渠道,向社会公众提供各种形式档案利用服务,全年共接待社会各界档案利用者702人次,提供档案资料1927卷(册)。

档案安全体系建设 为确保档案安全,构建人防、物防、技防"三位一体"档案综合防范体系,购置档案特藏柜、防磁柜并放置防虫药,聘用4名专业保安人员24小时不间断值班。

档案信息化建设 搭建档案数字化管理平台,开展档案数字化加工,全年录入文件级目录10.1万条,全文扫描0.55万幅。

档案法制宣传教育 向社会各界发出"阳泉市档案馆征集档案资料倡议书",举办档案资料捐赠仪式,接受社会各界人士捐赠珍贵档案资料;组织基层档案工作者参加国家档案局主办、《中国档案》杂志社承办的"档案——与你相伴"征文活动;开展档案安全管理、档案资料移交进馆情况、农村土地承包经营权确权登记颁证档案管理工作等专项执法检查;开展"档案文化进社区"宣传活动。 (龚玲玲)

【档案资料移交进馆】 全年市档案馆接收各种档案资料6063卷又44967件,征集各种档案52件、资料63册。截至年底,市档案馆馆藏档案资料达130517卷又72683件。 (龚玲玲)

【落实国家档案局8号令】 根据国家档案局8号令《关于贯彻落实国家档案局〈机关文件材料归档范围和文书档案保管期限规定〉的实施意见》,市档案局指导和督促阳泉日报社、市中小企业局、市住房公积金管理中心、市园林管理局、市养老保险管理服务中心、市医疗保险管理服务中心、市失业保险管理服务中心、阳泉师范高等专科学校、市市政工程管理局、市卫生学校、市政府采购中心、市级机关幼儿园12家市直单位编制并上报《机关文件材料归档范围和文书档案保管期限》,年内完成审批。 (龚玲玲)

【档案规范化管理】 年内,市档案局对全市养老系统9家机关档案室进行规范化认定,盂县农村养老保险中心、郊区农村养老保险中心、阳泉经济技术开发区社会保险中心3家单位被评为优秀等级,盂县城镇职工养老保险中心、平定县养老保险中心、平定县农村养老保险中心、郊区养老保险中心、城区养老失业保险中心、矿区养老失业保险中心6家单位被评为合格等级。此外,还对9家基层单位档案室进行复验,郊区公安分局达省一级标准,大阳泉幼儿园、辛兴幼儿园、郊区实验幼儿园、盂县公安消防大队、孙家庄派出所、盂县总工会、盂县安全监督管理局、盂县职工幼儿园8家单位全部达省二级标准。 (龚玲玲)

【抗日战争老兵口述档案】 年内,市档案馆开展抗日战争老兵口述档案收集整理工作,对全市健在的40余位抗战老兵进行长达半年采访,进行同期录音、录像,并挑选出叙述清晰、事件翔实5位抗战老兵口述资料进行整理,建立与影像同步同期声口述档案。 (龚玲玲)

【重大建设项目工程档案管理】 年内,按照国家档案局《重大建设项目档案验收办法》及《山西省政府投资项目竣工验收管理办法》规定,市档案局开展山西煤销集团旧街煤业有限公司60万吨/年矿井兼并重组整合项目档案、桃河流域义井河河道治理工程项目档案的业务指导,并完成档案验收,出具专项验收意见书。市档案局还在阳泉河坡发电有限责任公司举办重大建设项目工程档案基础知识培训,业务指导人员就建设项目工程档案管理要求、收集文件质量要求、规范整理及工程档案信息化建设等方面进行详细讲解。 (龚玲玲)

【农村土地承包经营确权登记档案工作】 年内,市档案局组织业务指导人员深入涉农县区开展农村土地承包经营确权登记档案业务指导和督促工作。郊区、平定县、盂县档案局分别成立土地确权登记档案指导工作领导小组,负责土地确权登记档案工作日常组织、法规宣传、具体协调和规划制定等工作,确保相关档案管理到位。 (龚玲玲)

【档案数据异地备份】 年内,阳泉市档案馆和潍坊市档案馆互结为档案数据异地备份基地。11月5日,档案数据异地备份签约仪式在山东省潍坊市档案馆举行,市档案局局(馆)长赵雪青和潍坊市档案局局(馆)长侯福贵代表双方在协议书上签字。双方均表示,将认真履行协议职责,加强和规范数字档案信息管理,确保数字档案信息资源绝对安全,并通过互为馆藏重要档案数据异地备份基地这个平台,拓宽合作领域,加强交流,相互促进,共同提高。签约仪式后,市档案馆首批电子档案备份数据正式移交潍坊市档案馆保管。 (龚玲玲)

【档案资料捐赠】 6月8日,毛学正、焦祥全、武文忠、魏文瑾、张宝君、郝文祥等阳泉市知名人士向市档案馆捐赠自己及父辈珍贵档案资料。同时,市档案馆向社会各界发出“征集档案资料倡议书”,并将具体征集范围发布在《阳泉日报》、“山西政务网”及“阳泉档案信息网”上。 (龚玲玲)

【“国际档案日”宣传活动】 6月9日,在“国际档案日”之际,市档案局(馆)开展以“档案——与你相伴”为主题的档案开放日宣传活动。通过档案宣传展板、发放档案宣传资料、便民咨询服务、参观档案馆等形式,宣传《中华人民共和国档案法》《山西省档案管理条例》等档案法律法规,普及档案知识,展示档案部门开展档案资源体系建设、档案利用体系建设新举措、新成果。 (龚玲玲)

【作客“政风行风”热线】 1月9日、6月16日、9月1日,市档案局3次作客市广播电台“政风行风”热线,分别就档案工作内容、档案局(馆)职责、全市各级国家综合档案馆基本情况、如何利用档案、如何建立家庭档案、档案馆档案征集范围、“国际档案日”活动、“抗战烽火 阳泉足迹”档案图片展情况向市民宣传讲解。 (龚玲玲)

【档案文化进社区】 年内,市档案局开展“档案文化进社区”系列宣传活动,先后走进城区新华东街社区、下站街道办事处所属多个社区、开发区康达社区,开展以“档案——与你相伴”为主题档案宣传活动,并向社区赠送《保晋档案》《阳泉解放》《百团大战档案史料选编》等书籍。 (龚玲玲)

【阎默彧到阳泉调研】 6月17日,山西省档案局党组书记、局长阎默彧一行4人在阳泉市专题调研,调研内容为贯彻落实中共山西省委办公厅、省政府办公厅《关于加强和改进新形势下档案工作的实施意见》和档案馆建设情况,市政府分管领导、政府秘书长王明厚陪同调研。在阳泉市档案馆、盂县档案馆,调研组深入档案库房,查看档案收集、整理、保管及数字化管理情况,并查看盂县档案馆新馆建设情况;在城区小阳泉南社区,了解社保、低保、社会救助等有关民生社区档案保存、管理情况。阎默彧对阳泉市档案工作给予肯定,希望档案部门和档案工作者继续加强档案工作规范化管理,推进档案工作不断改革创新。 (龚玲玲)

【“抗战烽火 阳泉足迹”档案图片展览】 8月31日至9月30日,阳泉市档案局(馆)、中共阳泉市委党史研究室联合举办“抗战烽火 阳泉足迹”档案图片展。展览以“铭记历史、缅怀先烈、珍爱和平、开创未来”为主题,精选324幅照片,分为“历史抉择,运筹帷幄”“铁骑入侵,抗战潮涌”“日军暴行,惨绝人寰”“百团大战,威震中外”“抗战明灯,中流砥柱”“同仇敌忾，众志成城”“全面胜利，正义永恒”“以史为鉴，梦圆中华”8个部分，再现抗日战争时期阳泉人民同日本侵略者顽强抗争历史事实。为使展览内容丰富和形式新颖，展览展出74幅国家档案局最新公布抗战时期电报、战斗照片，并摆放4台视频播放机，循环播放反映全国尤其是记录阳泉人民抗日战争的24个视频资料。展览期间共接待全市77个单位、1750人次参观，市档案局还将图片展制作成流动展板，深入农村、学校、社区进行宣传展出。　（龚玲玲）

【档案业务培训】　3月31日至4月9日，市档案局对全市125个机关、事业单位档案工作人员进行两期业务培训，为做好全市档案资料移交进馆工作奠定基础。7月7日，在市热力公司举办“档案管理基础知识”培训，提高热力公司管理人员档案业务知识水平。9月17日至18日，举办两期档案法律法规知识培训，全市120个机关、团体、企事业单位档案工作人员参加。11月，对申报档案系列初级职称人员进行专业技术职务任职资格培训。　（龚玲玲）

【爱国主义教育基地】　年内，市档案馆被中共阳泉市委、阳泉市人民政府重新命名为“阳泉市爱国主义教育基地”，这是继2005年之后第二次给予此称号。近年来，市档案馆挖掘馆藏档案社会教育价值，发挥“中共创建第一城”红色资源优势，2014年举办阳泉市党的群众路线档案图片展，2015年又举办“抗战烽火　阳泉足迹”档案图片展，实现档案馆资政育人的社会教育功能，发挥档案馆“爱国主义教育基地”的作用。　（龚玲玲）

【可移动文物登记工作】　年内，市档案馆完成4149件可移动文物拍照、重命名、数据采集、核实、合成等登记工作，受到山西省文物管理局好评。　（龚玲玲）

新闻　报纸

【集中采访活动】　10月14日至16日，市新闻中心组织中央、省、市三级媒体记者开展“新思路大跨越”集中采访活动。32家媒体50多位记者先后到盂县中广核风电项目区、山西恒耀化工有限公司、盂县晋阳新能源发电有限公司牛村镇光电项目区、新瑞利邦规模化养牛项目区、开发区山西中兴环能科技有限公司、平定金潭小微企业孵化基地、均衡教育示范基地阳泉一中、基层“六权治本”典型村郊区固庄村、幸福社区创建一角义井社区、城区医养结合特色老年护理中心、平定南暂石日间照料中心、郊区水质工程现场、市汽车客运南站、北互通工程现场、龙柱公园以及乡村旅游发展特色村辛庄村16个地方进行集中采访。之后，《中国商报》《中国文化报》《中国经济时报》、中央人民广播电台、《光明日报》及其内参、中国新闻网电讯、中国新闻网等刊发稿件27篇。　（苏红霞）

【外宣报道】　年内，在纪念世界反法西斯战争胜利70周年之际，市新闻中心先后协助中央电视台做公祭现场直播、中央电视台科教频道《’2015中国记忆——抗战》百团大战段落节目录制，并协助新华总社开展百团大战、平定七亘大捷、盂县慰安妇等专题采访。另外，还协助中央电视台中文国际频道《远方的家——长城内外》栏目摄制组在阳泉市开展为期一周实景拍摄和深度采访，展现阳泉深厚文化底蕴和美丽风景。全年全市接待中央、省级媒体50多批200多人次，在中央、省级媒体共刊发报道1034篇（国家级64篇、省级970篇），其中，中央电视台中文国际频道播出《远方的家——长城脚下》（上、下），《山西日报》刊发《平定农村2600余寄宿生坐上免费“校车”》《阳泉城区“三社联动”激发社区活力》《桃林沟蝶变：一个资源型乡村转型的路径选择》《阳泉行政审批制度改革持续发力》等6篇。　（苏红霞）

【新闻发言人大赛及培训】　年内，市新闻中心组织举办全市法院系统新闻发言人大赛。比赛采用模拟新闻发布会形式，设置新闻发言环节和记者提问环节，各位选手根据选定或自拟题目进行新闻发布，评委及现场观众根据其发布内容进行提问。此外，还组织举办全市新闻发言人和新闻联络员培训班，专家教授从当前“舆情新形势，媒体新特点”“提升领导干部面对媒体的能力”着手，联系实际，认真讲解，将新闻工作者基本素质和能力要求传授给学员，并进行新闻发布会现场模拟实战演练，培养学员实战能力。　（苏红霞）

【重大活动新闻发布】　全年全市召开主题新闻发布会6次，包括阳大铁路开工仪式、全国蹦床冠军赛、电影《大寒》拍摄、“查隐患降事故”安全会战、司法公开等；通过政府网对市委、市政府决策、政策滚动发布50多次；召开新闻联席会，定期掌握、督促政府职能部门将政策解读和重点亮点工作进行发布。（苏红霞）

【记者节采风暨新闻大赛】　11月5日，为迎接第16个记者节，阳泉日报社举办“转型发展 美丽郊区”采风活动暨新闻大赛活动。采风活动主题是“转型发展 美丽郊区”，通过在郊区西南舁乡咀子上村、荫营镇辛庄村、旧街乡南沟村采风，了解郊区转变农业发展方式新举措以及乡村旅游发展情况。11月6日、13日，《阳泉日报》新农村专版刊发2版记者专题报道。（苏　伟　王　丰）

【新闻宣传报道】　年内，阳泉日报社开展“项目提质增效年”，科技创新、金融振兴、民营经济发展“三个突破”，纪念抗日战争胜利70周年，阳大铁路建设等20多个重大事件专题报道,营造较好舆论宣传氛围。此外,还策划“新常态、新思维、新作为”“阳泉骄傲”“情暖阳泉”3个重点栏目,为提振士气、凝心聚力、唤起市民对阳泉认同感、自豪感起到促进作用。（苏 伟 王 丰）

【新农村建设采访】 5月12日,阳泉日报社总编辑李文生带领农经部、摄影部记者深入郊区河底镇固庄村,就新农村建设中涌现出的典型做法和先进经验进行采访。7月24日、26日、27日、28日,《阳泉日报》头版刊发4篇专栏报道《破解固庄村的幸福密码——自治》《破解固庄村的幸福密码——养老》《破解固庄村的幸福密码——增收》《破解固庄村的幸福密码——民生》。（苏 伟 王 丰）

【宣传媒体新发展】 年内,阳泉日报社在上年推出“掌上阳泉”APP手机平台基础上,又推出“笑脸智慧社区”网络平台,实现通过手机、电脑互联网平台线上关注阳泉信息、阅读《阳泉日报》。截至年底,“掌上阳泉”APP手机平台下载用户已突破3万人、注册达2.47万余人,“笑脸智慧社区”在桃林沟村、盛世新城落地。（苏 伟 王 丰）

【新闻作品获奖】 年内,阳泉日报社2014年度18件新闻作品获奖。其中,4件获山西新闻奖(二等奖3件、三等奖1件),9件获中国城市党报好新闻奖(一等奖1件、二等奖5件、三等奖3件),5件获阳泉新闻奖(一等奖1件、二等奖3件、三等奖1件)。（苏 伟 王 丰）

广播电视

【概况】 2015年,阳泉市广播电视台开办有阳泉新闻综合频道、阳泉科教频道、睛彩阳泉频道、阳泉娱乐频道、阳泉影视频道、阳泉图文频道6个电视频道,阳泉新闻综合广播、阳泉交通广播、阳泉经济广播(FM93.1,批准开播,在建)3个广播频率,阳泉网络电视台1个互联网站,“无线阳泉”手机客户端及CMMB手持移动电视平台,开通微信公众平台和新浪官方微博等11个新兴媒体,以及山城速购综合购物平台。电视台自办栏目有8个,分别是《阳泉新闻》《111报道》《政风行风追踪》《民生记录》《小韩帮忙》《评说阳泉》等,节目时长3.35小时。广播自办栏目有23个,分别是《阳泉新闻》《山城论坛》《政风行风热线》《叨舌叨舌》《1027新闻大视野》《901早班车》《汽车地带》《音乐时间》《的哥你好》《娱乐爱上车》《精彩不塞车》《都市不眠夜》等,节目时长20.7小时。

全市共设2个发射台和转播站,阳泉有线电视已实现全市一张网,网内同时传输150套数字电视和48套模拟电视节目、12套调频立体声广播节目。有线电视网内开展数据交换、宽带业务、VOD点播、网络电视录像、时移回看、高清数字电视、EPG业务等增值业务。全市共有数字电视用户27.7万户,覆盖全市所有乡镇和534个行政村。无线数字网络直播卫星“户户通”工程全年完成4万户,完成了省政府下达的安装任务。（马 芳 戴宏英）

【宣传报道】 年内,市广播电视台通过广播、电视、网络及客户端等各种媒体,开展全方位、多角度形式多样、内容丰富的宣传报道。

主题性重点报道 组织开展贯彻中国共产党十八届五中全会精神、全市学习讨论落实活动、创建省级文明城市、“三严三实”专题教育、“新常态 新思路 新作为”、党风廉政建设、项目提质增效年、民生改善等主题宣传报道,推出《深入开展学习讨论落实活动》《行进中国 精彩故事》《践行三严三实 促进经济发展》《党旗飘飘》等专栏;为纪念中国人民抗日战争胜利暨世界反法西斯战争胜利70周年,推出“红色记忆 烽火阳泉”“抗日记忆”等特别报道。全年开设广播电视各类专栏72个,播发主题性报道872条。

民生类报道 电视台开设《指尖上的阳泉》《幼儿报天气》等专栏,推出系列节目《发现乡村》《寻找生活中的榜样》等,生活服务类栏目《第一消费》改版,覆盖百姓日常消费方方面面;广播开设服务类节目《1027大家帮》《美妞勇哥谝阳泉》,增加微信互动平台以及播出时长、复播次数,扩大栏目收听群体。此外,《阳泉新闻》《小韩帮忙》《政风行风热线》《政风行风追踪》等原有栏目全年帮助百姓解决实际问题1300余件。

阳泉网络电视台及无线阳泉客户端报道 年内,阳泉市广播电视台所有宣传部门和网络中心都开设专属微信客户端,共11个。全年网络媒体转载各类新闻22178条,撰写微博网评11441条,上传发布整期节目2019期,上传发布拆条新闻5543条,发布微博、微信15172条,“无线阳泉”手机客户端上传各类资料视频38038条;举办O2O电商活动20次;制作网页、“无线阳泉”手机客户端网络专题13个。

对外宣传 全年全市在省级以上媒体发稿283件(中央级媒体发稿19件)。其中,新闻综合广播86件,完成年度任务的107.5%;新闻综合频道155件,完成年度任务的103.3%;科教频道42件,完成年度任务的140%。

精品创作 全年全市有30件作品获省级以上奖项,其中,1件新闻作品被推荐代表山西参加全国评奖。电视栏目《小刘说道》和广播栏目《政风行风热线》获中国广播电视协会品牌栏目奖,电视栏目《第一财经》《食客准备》获2015年全国城市广播电视优秀栏目十大创新栏目奖,《刻花瓷的故事》获第三届“全国市县电视台推优活动”文化艺术专题一等奖,《魅力昔阳——石马寺的前世之旅》获全国旅游电视专题好作品奖，纪录片《白凤鸣和他的种田梦》申报为全国优秀纪录片专项基金扶持项目，“唱不尽的家乡美”2015年阳泉春节联欢晚会获“十佳文化传承春晚”奖，其中节目阳泉评说《阳泉好人》获最佳节目创意奖。（马 芳 戴宏英）

【“山城速购”试运行】 12月18日，由市广播电视台开办的电商平台“山城速购”（WWW.YQTVT.COM）上线试运行。“山城速购”是集网上购物、信息交流、仓储配送、配套服务为一体的大型城市综合生活平台，汇聚果蔬生鲜、粮油米面、日化用品、本土特产、养生臻品等多种服务项目，致力于为每一位阳泉市民提供家庭所需一站式网购服务。与传统购物方式相比，可提供“网上下单”和“电话下单”两种订货方式；与其他网购平台相比，主要以粮油米面、日化用品等百姓生活用品为主营产品，并且可实现“同城购当日达”。（马 芳 戴宏英）

【节目质量管理】 年内，市广播电视台采取一系列措施，加强节目质量管理。一是继续加大对各频率频道自办节目监听监看力度，严格按照制度报批深度节目或重要新闻采制、录播，采编工作流程标准化。二是严格执行市委、市政府规定，规范《阳泉新闻》关于领导活动报道形式、内容和方法。三是组织节目评审，对日常播出节目，特别是直播节目进行监听监看，及时反馈相关节目中心，提高节目质量。四是进行收听收视率调查，除通过专家、广电台干部职工、有线收费大厅收集意见外，还组织专人到相关社区走访观众，广泛收集各方评价意见，发放调查表1000余份，从社会投票、专家投票、职工投票三方面进行数据分析，为节目改版创新、考核评价提供参考依据。五是通过联办节目促进节目改版，与市交警支队联办《小刘说道》栏目、与市农委联办《小韩帮忙》特别节目《发现乡村》、与市消防支队联办《山城119》都取得良好社会效益与经济效益。六是强化记者站管理，加大对县区通讯员新闻业务培训。（马 芳 戴宏英）

【安全播出】 年内，市广播电视台严格落实各项安全播出要求，做好应急预案制定和安全防范检查工作，组织安全播出应急培训和演练。全年完成各类节目录播32场，直播7场，安全发射节目86737小时。（马 芳 戴宏英）

【网络建设】 年内，市广播电视台有线数字电视公司在数字化整转、宽带业务、高清电视、网络工程建设和增值业务推广方面都有较大发展。新增有线用户6000户，完成目标任务的120%；新增宽带用户7375户，完成目标任务的147.5%；双向网改造3.3万户，完成目标任务的110%；实现业务收入6358万元，完成目标任务的102.5%。无线数字网络以直播卫星“户户通”工程为主要任务，全年完成“户户通”总上机数4万户。此外，全力实施广播电视文化惠民工程，不断扩大无线数字用户覆盖范围，新增无线数字电视用户4000户，完成目标任务的200%。（马 芳 戴宏英）

【《还驴》开播】 9月30日，由阳泉广播电视台独立录制完成的首部广播剧《还驴》开播。该剧长40分钟，以抗日战争时期的阳泉为历史背景，通过八路军战士张多福借村民刘大贵一头驴运送伤员，之后历经艰险不惜牺牲宝贵生命将驴送还的故事。（马 芳 戴宏英）

【《大寒》杀青】 年内，由阳泉广电传媒有限公司摄制反映二战时期慰安妇悲惨遭遇电影《大寒》杀青并召开影片新闻发布会，40余家中外媒体对其进行报道。电影由吕品品编剧，张跃平执导，许薇和梁鲁园主演。影片主要拍摄地点为盂县北部梁家寨乡桃园村，该村较完整地保存多处当年历史景物。央广网、央视网等媒体围绕影片“回望历史警示后人”主题，分别发布题为《首部反映“慰安妇”影片〈大寒〉将杀青警示不忘历史》《首部慰安妇纪实题材电影〈大寒〉发布会揭沉痛历史》报道；新华网针对影片拍摄情况作题为《电影〈大寒〉新闻发布会在盂县举行》报道；中国新闻网、中国网、人民网、新浪网、搜狐网及山西省主流媒体则围绕电影创作背景、电影展现内容、主创人员经历感受、拍摄地情况、拍摄进程及院线上映计划进行多次报道；优酷网、爆米花网、56网、风行网发布拍摄纪实、电影宣传片及新闻发布会现场情况；日本、韩国媒体也围绕主题、剧情和主创人员播发相关报道。（马 芳 戴宏英）

【广播电视安全播出管理培训】 2月11日，全市举办广播电视安全播出管理培训班，各县区文体广电局、执法队和各广播电视播出机构负责人20余人参加培训。培训内容包括国家广电总局第62号令《广播电视安全播出管理规定》及新修订和制定的10个专业实施细则。（段晓蕾）

【非法电视网络接收设备专项整治】 11月23日，全市召开非法电视网络接收设备专项整治工作培训会，市中级人民法院、人民检察院、公安局、国家安全局、商务粮食局、工商行政管理局、质量技术监督局、文化市场行政综合执法大队及各县区文化局的分管领导及执法人员参加会议。会上，市非法电视网络接收设备专项整治工作领导组成员单位召开联席会议，对全市专项整治工作进行安排部署，并针对整治重点进行培训。会后，公安、国安、工商、质检、商务、文化等部门联合开展专项整治行动。整治行动中，相关部门要求商户严把市场准入关，弄清进货渠道、生产厂家等情况。同时，向商户和市民宣传国家相关规定，让商户意识到销售非

法产品危害,增强市民和销售商抵制非法产品自觉性。 (段晓蕾)

文化产业

【文化产品亮相第十一届中国(深圳)文博会】 5月14日至18日,市文化局组织平定古窑陶艺有限公司(刻花瓷)、阳泉市张文亮刻花瓷文化有限公司(刻花瓷)、平定县冠窑砂器陶艺有限公司(砂器)、盂县永恒工艺厂(工艺蝴蝶)参加第十一届中国(深圳)国际文化产业博览交易会。张文亮创作的刻花瓷“三阳开泰千秋瓶”获中国工艺美术创意奖金奖,张宏亮创作的砂器“吉祥三宝”获中国工艺美术创意奖铜奖。 (王景莲)

【中国—东盟博览会文化展参展】 5月29日至6月1日,平定县冠窑砂器陶艺有限公司代表阳泉市参加中国—东盟博览会文化展。展会上,多家文化产品专业经销商对该公司生产的砂器表达合作意向。通过展会,既展示阳泉市砂器产业发展成果,又提升阳泉市文化产品知名度。 (王景莲)

【山西省文博会参展】 9月9日至15日,阳泉市刻花瓷系列工艺品、非物质文化遗产平定砂器及黑釉刻花瓷、面塑、工艺蝴蝶、剪纸、根雕等21类特色文化产品参展第二届山西文化产业博览交易会。其间,还表演富有传统地域文化特色节目《越来越漂亮》《武迓鼓》《美了美了》等。此次文博会,全市有中国刻花瓷文化园二期项目(阳泉市文化产业孵化基地)、平定砂器文化创意产业园项目、三和园文化产业园项目、陶塑(黑陶)堆塑技艺实用艺术品研发与生产等19个项目招商,现场签约2个重点文化产业项目。此外,梁盛萍剪纸等文化产品获“神工杯”工艺美术精品奖金奖、银奖、铜奖。 (王景莲)

文化市场管理

【文化市场安全检查】 年内,全市开展文化市场安全检查工作,出动执法人员3339人次,检查经营场所790家次。办理文化市场案件26件,其中,自办9件、罚款3200元,转办17件(转城区7件、矿区3件、郊区3件、平定县1件、盂县3件)。 (赵海珍)

【文化市场技术监管与服务平台业务应用系统培训】 6月11日至12日,市文化局举办全国文化市场技术监管与服务平台业务应用系统阳泉培训班,各县区负责文化市场行政审批服务人员、执法人员,市执法大队执法人员,市文化局市场科、窗口工作人员参加培训。培训采取多媒体教学,内容包括系统管理下设机构管理、角色管理、经营场所数据激活以及如何办理文化市场经营场所审批、如何制作执法案卷等。培训结束后,审批人员和执法人员全部进行上机操作和上机考试。截至年底,文化市场技术监管与服务平台业务应用系统数据激活率达96.97%,完成省定85%的目标。 (赵海珍)

【侵权盗版及非法出版物集中销毁】 4月20日,市“打黄扫非”工作领导小组在市文化中心广场举行阳泉市2015年侵权盗版及非法出版物集中销毁活动。此次销毁侵权盗版制品及各类非法出版物共1万余件,其中,非法盗版书报刊4000余册,非法盗版音像制品3000余盘,非法医疗、医药广告3000余册。 (张瀚尹)

【绿书签·护苗’2015宣传活动】 5月30日,市“扫黄打非”办公室在文化中心北广场开展以“护助少年儿童健康成长,远离和抵制有害出版物”为主题的绿书签·护苗’2015宣传活动。为中小学校发放宣传海报,向参会学生和群众派发绿书签,并设立宣传展板,现场还开展“加入绿书签行动”签名活动和“绿书签·优秀少儿出版物”推介活动。市新华书店开展为期2天的优秀少儿出版物推介及优惠购书活动,引导少年儿童多读书、读好书、读正版书。 (张瀚尹)

卫　生

综合工作

【概况】 2015年，阳泉市卫生局、阳泉市人口和计划生育委员会机构合并工作全部完成，新组建的阳泉市卫生和计划生育委员会领导班子、科室调整等工作全部完成。截至年底，全市有各级各类医疗机构1448个，其中，医院50所(政府举办15所、社会举办19所、民营16所)、乡镇卫生院32所、各类分院11所、社区卫生服务机构57所(卫生服务中心13所、卫生服务站44所)、行政村卫生所910所、企事业内设医务室64所、民营门诊部4所、个体诊所320所。全市平均每千人拥有医疗机构1.04个。全年全市各级各类医疗机构开放病床数7327张，平均每千人拥有病床5.24张；卫生技术人员8986人，平均每千人拥有6.43人；执业(助理)医师3863人，平均每千人拥有2.76人；执业医师3413人，平均每千人拥有2.44人；注册护士3716人，平均每千人拥有2.66人；乡村医生1316人，平均每行政村有乡村医生1.45人。全年全市医疗机构总诊疗605.37万人次，年人均4.33人次；年住院12.48万人次，床位平均使用率72.55%，平均住院日14.1天。

年内，阳泉市被省政府评为人口和计划生育工作目标责任制考核先进市，矿区被评为人口和计划生育工作目标责任制考核先进区。同时，阳泉市还被省卫计委授予目标责任制考核优秀市称号(排名全省第二)，被省卫计委评为2015年度全省卫生计生新闻宣传先进集体(全省3个地市获此称号)。　(梁乔森)

【红十字会工作】 年内，市红十字会在“博爱一日捐”募捐活动中收到捐款21.16万元；在“红十字博爱送万家”救助活动中，发放面粉19吨760袋以及总价值8800元生活包50件，近2500人受益；救助贫困大病患者17名，发放救助金8.6万元；通过阳光天使基金和小天使基金向省红十字会上报贫困患儿5名；成立“阳泉市红十字会救援队”“阳泉市红十字医疗救护队”2支应急救援志愿者队伍，组织开展应急救护和野外救援培训；自筹资金建立阳泉市红十字会网站。　(梁乔森)

【国债卫生项目建设】 年内，根据省卫计委关于申报2015年中央投资卫生基础建设项目要求，市卫计委申报阳泉市第一人民医院综合大楼建设项目、阳泉市第三人民医院病房大楼建设项目、阳泉市第一人民医院住院医师规范化培训基地、阳泉市第四人民医院儿科楼项目、郊区医院发热门诊楼建设项目等，以及6个乡镇卫生院、9个村卫生所建设项目，总投资2.3亿元。此外，还协调解决多个国债项目市级配套经费669万元，帮助项目单位推进建设进程。同时，阳泉市中心人民医院列入全省PPP引资项目，年底，已与多家投资方进行洽谈，完成项目建议书、可行性研究报告、节能评价等前期招标工作。　(梁乔森)

【乙类大型医用设备阳光采购培训】 年内，全市开展乙类大型医用设备和其他医用设备网上阳光采购培训，各县区、市直各医疗单位承办人员以及各县区公立医疗单位承办人员参加培训。此外，还组织各单位对乙类大型医用设备和200万元以上医用设备采购情况进行集中申报。　(梁乔森)

【县级公立医院综合改革】 年内，全市5个县区8所公立医院(综合医院5所、中医院2所、妇女儿童医院1所)综合改革工作全部展

卫生

体育

开,提前完成省定任务。8所县级公立医院全部取消药品加成,实行零差率销售;"五升两降"(诊查费、治疗费、护理费、手术费、床位费价格上调,医用设备检查费、检验费下降)医疗服务价格开始二次调整。全年5个县区政府卫生投入达24823.57万元,其中对公立医院投入5046.8万元。（任雪媛）

【城乡居民大病保险】 截至年底,城乡居民大病保险已惠及全市82万人。全年全市大病保险补偿9190人次,补偿金额2582.58万元,其中,新农合大病保险补偿1602人,补偿金额915.6万元;城镇居民补偿7588人次,补偿金额1666.98万元。此外,新农合大病保险在全市7个定点医疗机构开展即时结报。（梁乔森）

【国家基本药物制度实施情况】 年内,全市59所政府办基层医疗卫生机构和906个村卫生室全部实施国家基本药物制度,13所非政府办基层医疗卫生机构也纳入国家基本药物实施范围。全市二级及以上医院基本药物采购金额和基本药物品种规格数全部达省级要求。24所公立医院高值医用耗材和体外诊断试剂全部在省级医药平台上进行阳光采购。按照"公开、公正、公平"的原则,确定11家企业为全市基层医疗机构基本药物配送企业。（梁乔森）

【医疗服务体系建设】 年内,全市医疗服务体系建设取得一定成绩。第一,全市3所三级医院以及县级公立医院全部开展优护病房工作。第二,市第一人民医院、市第三人民医院、阳煤集团总医院各选派2名副高以上职称医师挂职担任县区医院副院长,并作为学科带头人开展技术培训,指导疑难重症病例诊疗,引进新业务新技术,对医疗联合体下转病人进行跟踪诊疗和康复指导。第三,开展社区家庭医生签约服务的社区卫生服务中心达100%,农村家庭医生签约服务顺利推进。（梁乔森）

【城乡居民健康档案管理】 年内,全市建立统一的城乡居民电子健康档案信息化管理系统,城区、矿区和开发区还开展慢性病移动随访系统试点运行工作。截至年底,全市城乡居民健康档案规范化电子健康档案建档人数达104.66万人,电子建档率达78%。（梁乔森）

【健康教育】 年内,市卫计委采取一系列措施加强健康教育宣传工作。编印《健康知识系列手册》《糖尿病自我管理手册》等多种健康教育宣传资料,组织开展结核病、艾滋病、职业病、高血压、糖尿病等健康教育宣传活动,发放《专家来了》《大话西游》等健康教育光盘及公益广告,制定《健康阳泉人——全民健康促进行动规划(2014—2023年)》。截至年底,全市居民健康知识知晓率74.21%,健康行为形成率86.80%;高血压患者高血压知识知晓率67.66%,高血压危险因素行为形成率37.92%;糖尿病患者糖尿病知识知晓率54.10%,糖尿病危险因素行为形成率43.25%;人均食盐摄入量8.44克,食油摄入量25.09克。全市17家二级以上公立医院,全部开展健康教育讲堂工作,全年共开设健康教育讲堂787期(任务数为600期),完成全年任务的131.2%。（梁乔森）

【农村卫生】 年内,全市采取一系列措施加强农村卫生工作。一是认真做好乡村医生再注册和新注册工作,严格乡村医生执业资格准入制度。截至年底,全市注册乡村医生1597名,新招聘村医都具备大专以上学历。二是落实村医各项补助政策,提高村医待遇水平。截至年底,全市核定乡村医生各项补助费用总计289.644万元,其中,养老保险交纳人数1069人,共需38.48万元;乡村医生退养补助领取人数244人(平定县74人、盂县22人、郊区148人),共需29.16万元;大学生村医补助领取人数222人(平定县46人、盂县104人、郊区72人),共需222万元。三是加强村医业务考核,规范村医执业行为。县区卫计局均出台考核办法,各乡镇卫生院也制定考核细则,对村医进行季度考核、半年考核、年终考核,考核内容均为公共卫生、合作医疗等涉及村民切身利益的工作,由乡镇卫生院组成考核组依据工作业绩进行考核,并按照考核结果奖优罚劣。

截至年底,全市共创建群众满意乡镇卫生院9所、村卫生室110个。其中,平定县巨城镇卫生院被国家卫计委评为"2014—2015年度群众满意的乡镇卫生院"。此外,平定县确定为县乡医联体试点县。（梁乔森）

【新型农村合作医疗】 全年全市新型农村合作医疗参合人数56.49万人,参合率99.46%,其中平定县参合率99.21%、盂县参合率99.85%、郊区参合率99.23%;人均筹资额470元,其中各级政府补助资金380元、个人缴费90元,共筹资2.65亿元。乡级定点医疗机构补偿比例达90%,县级定点医疗机构达85%,市级定点医疗机构达60%(三级医疗机构)和65%(二级医疗机构);重大疾病补偿病种达24种,大额慢性病门诊补偿病种达35种;年人均最高补偿支付限额达55万元(其中新农合基本医疗封顶线15万元,新农合大病保险封顶线40万元);统筹区域内新农合政策范围内补偿比达80.4%(国家要求不低于75%)。2015年,全市新农合大病保险补偿1602人,补偿金额915.6万元。此外,分级诊疗工作扩大至郊区和盂县,2个县区分别制定新农合住院按病种分级诊疗实施方案。（梁乔森）

【社区卫生】 2014年至2015年,全市累计创建群众满意基层医疗卫生机构 11 所，培训社区卫生服务人员和管理人员 234 名。截至 2015 年年底，全市开展家庭医生签约服务的社区达 100%，开展家庭医生签约服务的卫生服务中心 13 个(比例达 100%),开展家庭医生签约服务的卫生服务站 37 个(比例达 84%),开展家庭医生签约服务的家庭 4.19 万个，签约家庭人数 13.21 万人,签约家庭重点人群 3.27 万人。 (梁乔森)

医政管理

【医院管理】 年内,全市医疗卫生系统开展改善服务行动,医疗机构服务水平逐步提升。三所三级医院开展优质护理病房率 100%，县级公立医院开展优质护理病房率 100%。平定县人民医院护理部、阳泉市第一人民医院心内科和内分泌科、阳泉煤业集团总医院肾内科被省卫计委确定为重点专科。一是开展预约诊疗。全市三所三级医院开展预约诊疗服务,预约方式以电话预约、诊间预约为主,逐步开展网络预约及分时段预约诊疗服务,所有普通及专家门诊号源全部开放,预约挂号就诊时要求患者使用本人身份证等有效证件实名办理。截至年底,全市三所三级医院预约诊疗 52.68 万人次。二是推进检查结果互认。截至年底,放射科互认项目三级医院 6 项、二级医院 4 项,互认医学检验项目三级医院 46 项、二级医院 27 项。全年医学检验、影像一单通 2830 人次,约为病人节约 27.14 万元。同时,以检验、影像质控部为服务管理平台,对全市医疗机构开展督导检查,逐步对所有开设检验科的医疗机构进行质控监测，确保检查互认结果安全。三是引入信息化管理。阳泉市建设全省首家"阳泉市医疗服务能力评估系统",对全市 17 家二级及以上医院住院数据 247 项、门诊数据 45 项、财务数据 48 项进行分析与评价,通过可视化数据了解整体或局部的服务能力状况和细节问题,将医院日常服务能力纳入常态化管理，扎实提高医疗服务质量，为患者提供安全、有效、方便、价廉的医疗服务，也为医院等级评审、医院特色专科申报、按病种付费及下一步分级诊疗提供数据支持。四是全面铺开医疗质量安全巡查。对全市 40 所医疗机构开展依法执业、医院管理、医疗质量、护理、院感、合理用药、麻醉药品、检验、影像、临床用血、财务、医德医风等方面的督导检查。五是对口帮扶合作共赢。由市一院、市三院、阳煤集团总医院各选派两名副高以上职称的医师挂职担任县区医院(郊区人民医院、盂县人民医院、平定县人民医院)副院长,开展技术培训,指导疑难重症病例诊疗,并对医疗联合体下转病人进行跟踪诊疗和康复指导。 (梁乔森)

【执业医师考试】 全年全市参加全国医师资格实践技能考试人数达 560 人,通过 415 人,通过率达 73.9%;综合笔试通过 196 人,通过率达 47.2%。 (梁乔森)

【科教工作】 全年全市共举办各类继续医学教育项目培训班 70 余期，共计 1.8 万余人次参加培训。各县区和市直医疗卫生单位、乡镇卫生院实现继续医学教育网络化管理全覆盖,社区卫生服务机构覆盖率 80%，村卫生室覆盖率超过 40%。全市卫生技术人员获取学分达标率稳定,其中,高级职称 959 人,达标率 87.9%;中级职称 2129 人,达标率 63.3%;初级职称 3709 人,达标率 50.47%。2015 年,全市共申报国家级 CME 项目 3 项、省级科研课题 4 项、市级科研课题 20 项。 (梁乔森)

【中医工作】 全年全市提供中医药服务的社区卫生服务中心达 100%、乡镇卫生院达 90.63%、社区卫生服务站达 65.12%、村卫生室达 65.78%,均达全省先进水平;全市中医小儿推拿指导服务家庭达 1107 个,其中城区 240 个、矿区 220 个、郊区 165 个、平定县 204 个、盂县 200 个、开发区 78 个。(梁乔森)

【无偿献血】 全年全市无偿献血志愿者累计活动 120 个工时，发展新志愿者 3 人;无偿献血人数 1.24 万人次，采血总量 485.80 万毫升,采集血液足量比例和采血一针率均达 99%以上;无偿献血率 100%,成分输血比例达 98.5%以上，一次献血 400 毫升人数达献血总人数 97.1%，重复献血人数达 59.3%;实现核酸检测全覆盖，血液标本检测率 100%，即所有血液制剂未经核酸检测合格,不得发往临床。全年共接待、审核血液返还 322 人次,返还各类血液及血液成分 1359u，返还金额达 26.74 万元。2015 年,全市无偿献血总结表彰会对 2012 年至 2013 年获国家无偿献血奉献奖的 572 名献血志愿者，以及全市近年来涌现出的无偿献血先进集体和优秀个人进行表彰。 (梁乔森)

【卫生技术职称管理】 全年全市卫生系统初、中级卫生专业技术资格考试共报考 1270 人，通过审核 1254 人,其中初级 817 人、中级 437 人。护士初级执业资格考试报名 669 人,通过审核 521 人,其中初级(士)39 人、初级(师)294 人、中级 188 人;护士执业资格考试通过 267 人。全年全市向省卫生厅考试中心报送高级职称评审资料 140 份,其中非基层高级职称评审资料 126 份(正高 21 人、副高 105 人)、基层高级职称评审资料 14 份。经省高级职称评审委员会评审，非基层高级专业技术职务通过 93 人(正高 16 人、副高 77 人)，基层卫生专业技术职务通过 7 人。 (梁乔森)

【卫生人才招聘】 年内，市卫计委赴山西医科大学等 5 所重点医学类院校为市一院等 5 家单位招聘 9 名

毕业生。此外,在全市卫生系统2015年度公开招聘中,9家单位公开招聘各专业人员128人。（梁乔森）

【名医工程】 名医工程,即引进和培育一批医疗卫生领域急需的重点学科、学术、技术、管理带头人才,以提升市县医院整体实力。该工程将重点引进三类人才:A类领军人才,指享受省级以上政府特殊津贴的专家,国家有突出贡献的中青年科学家、技术和管理专家,省级学科带头人;省内外有较高知名度的高层次卫生专业技术人才和管理人才,省级以上相关专业的副主委或国家级委员。B类重点高层次人才,指市级以上学科带头人,担任市级以上相关专业主委或省级以上副主委;具有博士或全日制硕士学历学位、正高级职称人员。C类其他紧缺高层次人才,指业绩突出、紧缺或薄弱医卫专业、具有硕士以上学历学位和副高以上职称的市级以上学科带头人,年龄一般不超过45周岁。“名医工程”专项基金包括对市级公立医院引进人才分别补助A类20万元、B类10万元、C类5万元,对县级公立医院引进人才按上述补助标准市县两级各承担50%。年内,市第四人民医院、市妇幼保健计生服务中心、盂县中医院、郊区人民医院4家单位与北京安贞医院张军、原省儿童医院姚建宏2名A类人才以及山西中医学院门九章、白求恩国际和平医院崔忠、原阳煤总院马存苟3名B类人才签订名医服务协议,财政配套资金55万元。（梁乔森）

【“百千万”人才工程】 年内,根据省卫计委“百千万”卫生人才培养工程(即利用3年到5年时间,培养百名高端领军人才、千名骨干精英人才、万名基层适宜人才)安排,市卫计委推荐13名专业技术人员参加百名高端领军人才选拔(市一院郑玉恒、市三院李永军入选),推荐市疾病预防控制中心李宏岩等3人参加非临床高端领军人才选拔,推荐89人参加千名骨干精英选拔(50人入选),推荐221人参加万名基层适宜人才选拔。（梁乔森）

【援疆工作】 年内,市第一人民医院周青等5名医务人员赴新疆阜康市人民医院和新疆生产建设兵团军户农场医院开展援疆工作,为期1年。（梁乔森）

卫生监督

【卫生监督技能竞赛获奖】 年内,全市卫生系统工作人员组队参加山西省卫生计生监督技能竞赛,获团体第四名、医疗和传染病防治监督专业二等奖、公共卫生监督专业三等奖、放射和职业卫生监督三等奖以及优秀组织奖等。（梁乔森）

【医疗服务市场监督】 年内,全市监督医疗机构1547户,监督检查2642户次,经常性卫生监督覆盖率达100%。全年查办违法违规行医案件85起,罚款12.31万元。其中,无证行医案件26起、罚款5.05万元,违法违规医疗机构58户、罚款7.26万元,违规开展诊疗活动医师1人、吊销医师执业证书1人,处理非法行医举报案29件。（梁乔森）

【学校卫生监督】 年内,全市开展幼儿园、小学、中学、大中专院校卫生专项监督检查,包括传染病防控措施落实情况、生活饮用水卫生管理情况、教学环境卫生及学生宿舍等生活场所卫生管理情况。全年共检查各类学校357户,经常性卫生监督覆盖率达100%,现场监测276所中小学校及职业中学教学环境卫生,并对60所学校进行卫生综合监督评价。（梁乔森）

【生活饮用水卫生监督】 年内,全市以集中式供水、居民住宅区二次供水的卫生管理和水质情况为重点,对各类供水单位卫生进行监督检查。截至年底,全市设计日供水千吨以上集中供水单位应监督8个,实监督8个,经常性监督覆盖率达100%。全年全市未发生饮用水卫生安全事件。（梁乔森）

【公共场所卫生监督】 年内,全市开展公共场所卫生监督工作。一是加强日常监督检查力度。截至年底,全市监督宾馆、快捷酒店、美容美发、大型商场超市、影剧院等公共场所2047户次,经常性卫生监督覆盖率达100%,其中游泳场所9家。二是开展公共场所卫生抽检工作。全市开展对住宿、沐浴场所、美容美发场所、游泳场所、商场(超市)、影剧院、饭馆(餐厅)等公共场所室内空气、顾客用品用具、水质卫生质量抽检,其中,监测产品类样品156件,合格147件,合格率94.23%;监测非产品类样品6547项次,合格6537项次,合格率99.85%。（梁乔森）

【放射卫生监督】 全年全市应监督放射诊疗机构94家,实监督检查放射诊疗机构94家,经常性放射监督覆盖率达100%。检查中发现个别机构存在违法违规行为,依法给予行政处罚,共警告7家,罚款0.4万元。（梁乔森）

【传染病防治和消毒产品专项整治】 年内,市、县(区)两级卫生监督机构对全市医疗卫生机构传染病防治工作和消毒产品规范管理工作开展专项整治。抽检血液透析诊疗单位处理水7份,其细菌总数均未超标;送检2件口腔诊疗牙科车针灭菌效果样品,未发现不合格指标。同时,以大型超市、连锁药店等为重点对象,对消毒产品经营单位进行整顿,严厉打击销售假冒伪劣及不合格消毒产品的行为。截至年底,全市出动卫生监督人员195人次,出动监督车辆54台次,检查消毒产品经营单位72户次,查处违法违规经营单

位4家，其中警告3家、罚款1家1000元。（梁乔森）

【职业卫生监督】　年内，全市采取一系列措施加强职业卫生监督。一是开展《中华人民共和国职业病防治法》宣传活动。全市16家职业健康检查机构和职业病诊断机构深入职业病危害重点单位、人群、行业宣传相关法律法规和防治知识，并开展现场咨询。4月28日，市卫计委联合市安监、总工会等单位500余人，在阳泉二矿广场举办“2015年职业病防治宣传咨询日”活动。此外还利用城市公交车电子字幕大屏、报纸、网站等新闻媒体和企业内部有线电视进行职业病防治知识宣传。二是开展职业病防治培训。7月，全市举办职业病防治能力建设暨职业卫生监督员培训班，对16家职业健康体检机构相关人员和市、县（区）职业卫生监督员140余人进行集中培训。此外，在市安监局培训中心不定期举办培训班，对全市非煤矿企业和其他存在职业危害用人单位负责人及管理人员进行职业卫生培训。三是开展职业健康检查机构考核评估。年内，市卫计委对13家职业健康检查机构进行考核评估。其中，合格5个，整改后通过5个，不合格1个。阳泉紧急医疗救援中心和郊区疾控中心不再从事职业健康检查工作，未考核。（梁乔森）

【卫生法律法规专项督查】　年内，市卫计委完成《中华人民共和国献血法》等卫生法律法规落实情况专项监督检查工作。通过采取查看资料、现场走访等形式，抽查血站工作人员8人、血液480袋、献血者档案120份，并检查14家医疗机构临床用血管理情况以及1492家医疗机构护士执业管理情况。（任雪媛）

【卫生监督体系建设】　年内，全市采取一系列措施加强卫生监督系统建设。一是举办大型竞赛。4月，市卫计委联合市总工会举办全市首届卫生监督员技能竞赛活动，对卫生监督员理论水平和实际操作能力进行展示和考核。二是开展执法稽查。市卫生监督所相关人员组成检查组，对各县区、各单位行政执法责任制落实情况、执法队伍管理情况、卫生监督员作风管理情况及着装管理、行政处罚案卷审核等日常稽查工作情况进行督查。三是开展执法案卷评查。市、县（区）卫生监督机构分别对本单位执法案卷进行对照审查，对自查中发现的20余项问题进行整改。此外，报送4个案卷参加全省卫生计生行政执法案卷评查，受到省卫计委肯定。（梁乔森）

疾病控制

【基本公共卫生】　年内，全市人均基本公共卫生服务经费由35元提高到40元。截至年底，中央和省级经费3880.25万元、市级经费554.41万元、县区级经费554.41万元，全部拨付到位。在山西省2014年度国家基本公共卫生服务项目考核中，阳泉市获市级第一名，城区、郊区分获县级第一名、第四名。（梁乔森）

【老年人健康管理】　年内，全市已登记管理65岁及以上老年人12.5万人，其中健康管理9.3万人，健康管理率74%。其中全市农村65岁以上老年人6.9万余人、健康体检59116人（任务55621人），完成任务的106.3%。（梁乔森）

【慢性病患者健康管理】　全年全市高血压患者健康管理12.28万人，规范管理11.70万人，规范管理率95.2%；糖尿病患者健康管理3.06万人，规范管理2.78万人，规范管理率90.8%。（梁乔森）

【严重精神障碍患者管理】　全年全市经过筛查和复核诊断，共检查出严重精神障碍患者3548人，检出率达2.57‰，严重精神障碍患者规范管理3307人，规范管理率达93.21%。（梁乔森）

【碘缺乏病监测】　年内，全市碘缺乏病监测范围为5个县区、25个乡镇（街道办事处）、100个行政村（居委会），采集居民户食盐1500份，其中食用碘盐1476份，碘盐覆盖率98.4%，合格碘盐1423份，合格碘盐食用率94.87%。（梁乔森）

【结核病防治】　年内，全市上年度96例新涂阳肺结核患者治愈84例，治愈率87.5%，完成任务指标的85%。（梁乔森）

【传染病管理】　年内，全市乡级以上医疗卫生机构和社区卫生服务中心全部纳入传染病网络直报管理，截至年底，全市共有网络直报单位85家，网报率100%。全年全市传染病总体疫情稳定，未发生暴发流行，无甲类传染病发生。（梁乔森）

妇幼保健

【预防接种】　年内，全市居住的0岁至6岁儿童规范接种疫苗有乙肝、卡介苗、脊灰、百白破、乙脑、流脑、甲肝、含麻疹成分疫苗等，以乡为单位各种疫苗接种率均在97%以上。（梁乔森）

【儿童健康管理】　全年3岁以下儿童系统管理率和7岁以下儿童健康管理率分别为88.10%和89.38%。婴儿死亡率10.38‰，5岁以下儿童死亡率11.80‰。（任雪媛）

【孕产妇健康管理】　全年全市共完成农村育龄妇女增补叶酸任务5876例，完成农村妇女住院分娩补助2938人，补助率93.72%，补助金额88.14万元。全市孕产妇系统管理率87.40%，孕产妇死亡率28.44/10万，孕产妇住院分娩率99.97%，高危孕产妇住院分娩率99%以上，农村孕

产妇住院分娩率以县为单位达98%以上。（梁乔森）

应急抢救

【紧急医疗救援】 全年全市医疗急救机构共接听有效求救电话6992个，总出车6992趟次，转运病人3636人次，参与3人以上突发公共事件应急抢救34次，为大型活动提供医疗保障103次。此外,还参加了“平定巨城会里2·21交通事故”“一矿半坡10·24煤气中毒事件”等77起突发事件医疗救援救治。（梁乔森）

【公共卫生事件】 全年全市共接到公共卫生事件报告300条,全部为空气污染事件，其中非职业性CO中毒299条、职业性CO中毒1条,无暴发性传染病疫情。(梁乔森)

【卫生应急培训与演练】 年内,全市组织开展一系列卫生应急培训与演练。开展卫生应急专业人员培训,各县区卫生局、疾控中心、卫生监督所、医疗机构和市直医疗卫生机构83人参加；组织卫生应急演练,演练内容为流调样消毒和伤员现场救治,各县区应急相关部门参加;与教育局联合举办全市学校突发公共卫生事件应急管理培训,市直及各县区大中专院校、中小学及托幼机构学校校医(保健医)140余人参加。（梁乔森）

【应急医药储备】 截至年底，全市应急药品储备22.27万元,医疗器械应急储备15.96万元。（梁乔森）

食品药品监督管理

【概况】 2015年，全市食品药品监管系统推进机构改革，紧抓市场监管,各项工作取得一定成效,未发生较大规模及以上食品药品安全事故。市食药监局被省食药监局评为“食品安全抽检监测工作先进单位”,被市政府评为“全市信息报送工作先进单位”,被市综治委评为“全市社会治安综合治理工作先进单位”,被市直机关工委评为“党建品牌创建示范单位”,政风行风评议工作连续6年受阳泉市表彰。（毛赟程）

【食药监系统机构改革】 年内,全市食药监系统机构改革任务全部完成,监管体系建设基本到位。第一,全市各县区全部单独设立食药监部门,44个乡镇(街道)设立42个监管站,每个乡镇(街道)明确1名分管领导,每个行政村(社区)设1名至2名协管员。全市共核定食药监部门编制486名，其中新增编制293名,增幅达152%。42个监管站基本达到全省“五个一”(1个独立办公场所、1辆执法用车、1套快检设备、1部执法记录仪、1台便携式打印机)建设标准。第二,为畅通行政执法与刑事司法衔接渠道,市级食药监系统设立食品药品犯罪侦查支队,各县区公安机关确定食品药品犯罪侦查机构。此外,市食药监局和平定县食药监局设立法规科(法制科),市食药监局聘请常年法律顾问对新进人员进行岗前培训。第三,健全农产品质量安全监管体系,市、县(区)全部建立农产品质量安全监管机构,乡镇组建农业质量监管服务站。（毛赟程）

【食品药品安全专项整治】 年内,市食药监局先后开展“三无”(无生产日期、无质量合格证、无生产厂家）食品和假冒伪劣药品专项整治、食品生产加工小作坊专项整治、集贸市场和批发市场专项整治、学校及周边食品安全专项整治、不合格食品销毁与处置专项整治、农村食品市场专项整治、“两超一非”(超范围、超限量使用食品添加剂和非法添加非食用物质)问题专项整治、地方特色食品专项整治、餐用具专项整治10项整治活动。一是开展隐患排查督查。全年赴县区督查40余次，立案查处违法违规企业19户，取缔无证且不具备生产经营条件小作坊26户。针对督查中发现的生产经营企业主体责任落实不到位、无证生产经营、卫生不达标、违规使用食品添加剂等突出问题,联合相关部门进行集中整治。二是开展专项整治。严厉打击无证照经营食品行为,尤其是对肉及肉制品、乳及乳制品、食醋、白酒、豆制品、食用油等重点品种开展专项检查；开展批发市场、集贸市场、农村地区、城乡接合部、城中村等重点区域销售假冒伪劣和过期变质食品等违法行为整治;开展学校及周边、中央厨房、大中型餐饮企业等聚集性就餐单位整治，实行农村集体聚餐报告制度，严防群体性食物中毒事故发生;严厉整治超范围、超限量使用食品添加剂和非法添加非食用物质等行为,加强对不合格食品销毁与处置监管,防止不合格食品回流市场或餐桌等违法行为。三是食品安全城市创建。在生产环节,出台《食品生产加工小作坊和食品摊贩监督管理指导意见》,严厉打击“黑作坊”“黑窝点”。在流通环节,针对大型集贸市场、超市等开办者主体责任意识不强特点,对在督查中发现问题企业负责人进行集体约谈。在餐饮环节,开展“明厨亮灶”工程建设，盂县餐饮业提出亮证照、亮承诺、亮脸谱、亮厨房“四亮”工程,其他县区餐饮业开展“透明厨房、网络厨房、视频厨房、隔断厨房”建设。四是药械、保健品、化妆品安全工作。开展药械流通环节重点问题集中整治，药品电子监管网入网达100%,327家药品经营单位通过GSP认证，药店普遍开展电子扫码追溯查询工作;加强以特殊用途化妆品和壮阳、降糖类保健食品等为监管重点的市场监管,印制“保健食品化妆品经营企业温馨提示卡”,建立“阳泉保化交流QQ群”,保证经营企业和从业人员及时了解最新政策法规及监管动态。（毛赟程）

【食品药品市场监督检查】 年内,全市食药监系统出动执法人员6.88万人次,检查单位2.27万户次,责令整改0.53万户次,查办各类案件270起,移送司法机关案件3起(1起经营假酒案,2起生产销售不符合标准食品案),罚没款118.75万元,司法诉讼1起(胜诉),移送违法广告5则29条,暂停销售2个品种。"3·15"期间,在阳泉市郊区旧街垃圾处理厂,联合市公安局碾压填埋式无害化集中销毁假冒伪劣食品、药品60多个品种、30余吨、40万余元。全年完成市"两会"、中高考、蹦床全国冠军赛以及外商洽谈会等各级保障活动252次。全年对高风险食品如白酒、肉制品、乳制品、食品添加剂生产企业督查覆盖率达100%;对大型超市、商场(含食品)、集贸市场(2000平方米及以上)、重点中学、大中专院校食堂、大型企业职工食堂督查覆盖达100%;对高风险源头性企业,如三级医院、医疗机构制剂室、药品批发企业、零售连锁企业、医用氧气厂督查覆盖达100%;对医疗器械生产企业、三级医院、植入性医疗器械经营企业、体外诊断试剂经营企业、体验式医疗器械经营企业等高风险源头企业督查覆盖面达100%;对保健食品生产企业、保健食品批准证书持有者、区域代理商督查覆盖面达100%。全年共报告药械不良反应939份(例),超出目标任务52.1%,新增报送单位70户。(毛赟程)

【"12331"投诉举报】 年内,市食药监局通过"12331"投诉举报电话受理投诉举报案件319起,其中食品274起、保健食品19起、药品23起、化妆品1起、医疗器械2起,投诉举报受理率100%,涉刑案件移送率100%,办结案件270起,结案率100%。(毛赟程)

【食品药品安全抽样检验】 年内,全市食药监系统完成食品药品抽检检验任务。一是药品医疗器械抽样检验。全年共完成药品、医疗器械抽验469批次,合格465批次,合格率99.15%。药品抽验462批次,其中,基本药物抽验173批次,合格173批次,合格率100%;日常监督抽验238批次,合格238批次,合格率100%;中药材中药饮片抽验21批次,合格18批次,合格率85.7%;铬胶囊药品专项抽验30批次,合格30批次,合格率100%。医疗器械抽验7批次,合格6批次,合格率85.7%。抽验共涉及各级各类医疗机构、药品批发、零售企业、医疗器械专营企业93户,占全市涉药械单位1766户的5.3%。二是食品安全抽样检验。全年对155家食品生产经营单位抽检334批次,合格300批次,不合格34批次,合格率89.82%。其中,完成国家食品安全监督抽检121批次,合格112批次,不合格9批次,合格率92.56%,涉及71家食品生产经营单位的粮食及其制品、食用油及其制品、肉及其制品、蛋及其制品、蔬菜及其制品、水果及其制品、水产及其制品、饮料、调味品、酒类、罐头、乳制品等17类产品;完成省级食品安全监督抽检58批次,合格51批次,不合格7批次,合格率87.93%,涉及19家食品生产经营单位的肉及其制品、豆类及其制品、蔬菜及其制品、酒类、饮料、食用油6类产品;完成市级专项监督抽检155批次,合格137批次,不合格18批次,合格率88.39%,涉及87家食品生产经营单位的淀粉及其制品、肉及其制品、调味品、豆制品、乳制品、饮料、糕点、食用油、粮食及其制品等15类产品。(毛赟程)

【食品检验能力建设】 年内,全市食品检验能力建设发展顺利。一是食品检验扩项工作。取得对黄酒、小麦粉馒头、食用植物油、碳酸饮料、酱腌菜等食品中13个参数检验资质,并可对每个参数进行2个批次样品检验。年底,申报26个食品检验技术参数方法学验证资料和52批次样品模拟实验资料,其中调味品、酒类、糕点和粮食加工品等食品中23个参数通过,超额完成任务53%。二是食品安全检(监)测能力建设规划项目。该项目建设地址为城区德胜街28号(原市中院旧办公楼),面积为3900平方米,已开始项目环评、初步设计和概算编制工作。(毛赟程)

【食品药品安全监管机制创新】 年内,市食药监系统采取措施创新食品药品安全监管机制。一是出台《阳泉市食品药品监督管理局事权划分办法(试行)》和《阳泉市食药监局对各县(区)案件稽查工作考核办法(试行)》,将"四不两直"(不发通知、不打招呼、不听汇报、不用陪同接待、直奔基层、直插现场)督查检查常态化,突出宏观引导和问题导向,加强对县区工作督导以及重点单位的监管。全年组织督查县区40余次,清查各类隐患40余条。二是出台《AB角岗位工作制度》《业务科室工作考核办法》,提高工作效率和服务管理水平;出台《阳泉市食品生产加工小作坊和食品摊贩监督管理指导意见》,强化对"三小行业"(食品生产加工小作坊、小餐饮、小摊贩)的监管;出台约谈制度和举报奖励制度,对督查中发现问题的企业负责人进行集体约谈,并设立市级举报奖励资金20万元、县区2万元,年内对3起符合要求的举报案件兑现奖励;出台《案件合议和集体讨论制度》《案件移送程序》,强化执法监督,对重大行政处罚案件采取集体讨论和决定程序,对涉嫌违法犯罪案件一律移交公安部门处理;出台《关于规范全市索证索票和进货台账制度的通知》《阳泉市食品生产加工小作坊和食品摊贩监督管理指导意见》等配套文件,从原辅材料购进、生产过程控制、严格落实产品出厂批批检验等环节入手,找准企业潜在食品安全隐患,从食品生产根源建立全程追溯体;修订完善《食品药品安全"黑名单"制度》,建立食品药品企业及从业人员信用档案,加大对食品药品违法行为的惩戒力度,严格落实生产经营者主体责任;完善《食品药品安全监管责任追究制度》,发现问题及时整改,树立"隐患就是事故"理念;开展"明厨亮灶"工程建设,规范餐饮食品加工行为,全年全市230余家餐饮单位通过验收。（毛赟程）

【食品药品安全监管信息化建设】 年内,全市食药监系统开展食品药品安全监管信息化建设工作。一是通过"互联网+"建设全市统一的"智慧食安"平台,矿区、盂县的"智慧食安"信息化平台建设进入实施阶段。此外,田园乳业酸奶等品种和部分生产经营单位信息化二维码可追溯体系建设也开始实施。二是建立电子信用档案,实行"黑名单"制度,及时曝光违法违规企业和不合格产品,促进企业自律,强化对全行业警示教育。城区已经为辖区内所有监管对象建立信用档案,提升监管效能。（毛赟程）

【食品药品安全宣传教育】 年内,全市开展一系列食药监管法律法规宣传。利用食品药品安全宣传周、普法宣传周、依法行政宣传月、安全生产月、"3·15"等开展以"五走进"(走进社区、走进农村、走进企业、走进机关、走进学校)为主要内容的大调研大宣传和以"尚德守法·全面提升食品安全法治化水平"为主题的食品安全宣传周活动,发放宣传资料26000余份;在全市公交车LED屏全天候滚动播放食品药品公益宣传百万余条次;在《阳泉日报》《三晋都市报》"阳泉社区"专刊上开办专栏,对食药监管工作进行专题宣传41则;做客《政风行风热线》,从履行职责、创新工作、食品药品安全监管等方面为群众答疑解惑。（毛赟程）

爱国卫生

【概况】 2015年,根据市委、市政府《关于印发阳泉市人民政府职能转变和机构改革方案的通知》及市卫计委三定方案精神,市爱国卫生运动委员会成建制由市住建局划入市卫生和计划生育委员会。年内,阳泉市被省爱卫会评为省级卫生城市,平定县、盂县被评为省级卫生县城,市卫计委、水务局、教育局等40个单位被评为省爱国卫生先进单位,盂县东梁乡、平定县东回镇评为省卫生乡镇,平定县鹊山村等96个村被评为省卫生村,桃林沟景区被评为省卫生示范景区。（王浩亮）

【爱国卫生宣传】 年内,全市继续开展爱国卫生宣传教育活动,共发放知识手册和宣传资料6万余份,设置宣传站点100余个。（王浩亮）

【集中整治】 年内,全市开展城乡环境卫生整治活动。一是开展爱国卫生清洁运动。全面启动省级文明城市创建工作,市委、市政府主要领导亲自参加粉刷树木、清除小广告等环境卫生整治工作;环保、公安、交通等单位以及乡镇(街道)、村(社区)等均开展环境卫生整治工作;通过报纸、电视、网站等媒体开设"创建省级文明城市在行动""曝光台""山城风"等专栏,选树爱国卫生运动中涌现出的优秀典型,曝光不文明现象。二是全民参与爱国卫生。4月7日世界卫生日,全市干部职工自带工具到大街小巷、垃圾点进行卫生清理,参与人数达12000余人次,出动车辆619台,清除垃圾13700吨,清理卫生死角1221处,清洗喷涂物3000处,铲除乱贴乱画3000余处,擦拭交通隔离护栏6000余米。（王浩亮）

【病媒生物防制】 4月、夏秋季节,全市各县区将相关药品集中投入"四害"(老鼠、蟑螂、蚊子、苍蝇)滋生地,最大限度减少"四害"繁殖率。此外,开展病媒生物培训学习,组织机关、企事业单位、社区居民和专业防制队伍集中开展灭鼠、灭蟑、灭蚊、灭蝇活动,重点清理卫生死角,消除"四害"滋生地。同时,进行室内外环境投药,包括饭店、食堂、副食店、超市、医院、美容美发店、小旅店以及居民社区等,并做好安全警示工作,防止意外事件发生。全年全市"四害"密度控制在国家标准范围内。（王浩亮）

【农村改厕】 年内,根据省爱卫办要求,阳泉市农村改厕任务主要是将农村户厕、旱厕改造为双瓮漏斗式无害化卫生厕所,以及部分厕所改造成通风改良式、水冲式、沼气式卫生厕所。截至年底,全市累计改造双瓮漏斗式无害化卫生厕所1.3万余个,农村卫生厕所普及率达65.39%。（王浩亮）

【省级卫生城市检查验收】 11月12日至15日,省卫生县城检查组对盂县、平定县创建省级卫生县城和城乡清洁运动工作进行检查验收,两县均被评为省级卫生县城。12月10日至12日,省卫生城市检查团对阳泉市创建省级卫生城市和城乡爱国卫生清洁运动工作进行检查评估,共检查86个点位,检查组对阳泉市创建卫生城市工作给予肯定,并指出相关问题,提出有效建议。（王浩亮）

体　育

综合工作

【概况】 2015年,全市举办市级以上大型全民健身活动和比赛10余次、县区级以上活动280余次,经常参加体育锻炼人口超过40万人,占全市总人口的32%。全市竞技体育在国际、国内大赛中获得25金、18

银、7 铜。全年培训三级以上社会体育指导员 210 名。年内，市体育局先后被评为山西省思想政治工作优秀单位、阳泉市爱国卫生先进单位和城区文明单位。（司淑清）

【第六次全国体育场地普查体育产业经营场所摸底调查】 3 月 27 日至 4 月 17 日，全市开展第六次全国体育场地普查体育产业经营场所摸底调查。截至 2014 年底，全市体育产业市场销售类经营场所共 436 家（不含体彩销售店），年营业额达 7000 多万元，上缴税费 320 多万元，安置就业 2000 余人，直接带动健身 103 万人次。（司淑清）

【高危险体育项目行政审批】 年内，市体育局办理高危险体育项目行政审批 8 家，另有 3 家已报送申报资料。（司淑清）

【体育执法检查】 年内，市体育局多次深入体育经营场所进行执法检查，下发检查整改通知 23 份、停业整改通知 9 份。（司淑清）

【市级体育传统项目检查评估】 7 月，市体育局与市教育局联合对全市申报市级体育传统项目的 40 所学校进行抽查，通过检查评估与专家评审，29 所学校申报成功。另外，市体育局还推荐 5 所学校参加省级体育传统项目学校评选，全部通过。（司淑清）

【体育宣传】 年内，市体育局协调山西晚报社、阳泉日报社、阳泉电视台以及阳泉信息中心记者开展各项比赛情况跟踪宣传报道，共发表相关信息 30 余条，专版报道 4 期，录制专题节目 5 期，专题报道 2 次。此外，还在《中国体育报》刊登专版 1 期，编印《阳泉体育信息》82 期。（司淑清）

【体育设施建设】 年内，市体育局向省体育局争取全民健身活动中心和拆装式游泳池资助项目各 1 个。其中，全民健身活动中心项目由省级体育彩票公益金资助 300 万元，拆装式游泳池项目由国家体育总局资助 20 万元、省体育局资助 20 万元。2 个项目的选址工作完成，正在办理相关手续。此外，市体校乒乓球馆改造项目、射击射箭训练场馆和市体校综合训练馆新建项目、市体育中心基础设施改造项目都在逐步开展。（司淑清）

【体育彩票销售】 全年全市新增体彩销售网点 21 个，共销售体育彩票 5086 万元，比上年增长 434 万元，增幅 9.3%，超额完成全市 3000 万元的考核任务，完成省体彩中心 5000 万元基本任务。（司淑清）

【体育博览会参展】 10 月，阳泉市以“山水阳泉 户外运动”为主题参展’2015 中国体育文化·体育旅游博览会。此次展览围绕阳泉历史文化、传统体育、竞技体育及体育旅游发展等内容，展厅设计突出户外运动风格，摆放有阳泉市人文景点狮脑山人民英雄纪念碑和娘子关城楼雕塑，竞技体育优势项目蹦床，仿真植物、帐篷、自行车等户外运动器材，体现体育与旅游的融合。展厅内每天由世界蹦床冠军教练现场教授蹦床技巧，并由专业运动员表演，吸引众多观展者尝试。此外，阳泉市还表演了平定县非物质文化遗产——武迓鼓。市体育局被大会组委会授予“优秀组织奖”称号。（司淑清）

【体育经营场所安全检查】 8 月 28 日至 29 日，副市长任衍刚、省体育产业中心主任张永乐、市体育局局长马爱民一行 10 人对全市体育经营场所安全情况进行联合检查，重点抽查阳泉宾馆游泳馆、豪远国际大酒店游泳馆、飞速运动健身俱乐部、中合天兴健身会馆、浩木游泳健身休闲中心、桃林沟滑雪场等体育经营场所。检查中，对发现的安全隐患向场所负责人及时通报，并要求限期整改。（司淑清）

【首届“育才名校”“育才功臣”评选】 9 月 8 日，阳泉市首届“育才名校”“育才功臣”授牌命名仪式在市体育运动学校举行。阳泉一中、阳泉市体育运动学校获阳泉首届“育才名校”称号，朱爱所、胡朗、李福保、王跃贤获阳泉市首届“育才功臣”称号。（司淑清）

【体育产业发展专题讲座】 12 月 10 日，市体育局邀请北京体育大学管理学院副院长、教授、博士生导师林显鹏来阳泉市作题为“中国体育产业发展动态与趋势展望”讲座。市直各单位、两县三区文体局、开发区社会局及国资委下属企业分管领导及工作人员，体育系统全体干部职工、单项体育协会、体育产业经营者 200 余人参加讲座。（司淑清）

竞技体育

【武杨夺冠】 6 月 24 日至 28 日，阳泉籍乒乓球运动员武杨代表中国队参加 2015 年国际乒联世界巡回赛日本公开赛，并与队友刘斐在女子双打中以 3 比 1 的成绩战胜新加坡组合获得冠军。10 月 5 日至 12 日，武杨、胡家荣（阳泉籍乒乓球运动员）与队友组成的山西女子乒乓球队在全国乒乓球锦标赛中，首次夺得女子团体冠军。（司淑清）

【胡家玮获冠军】 7 月 29 日至 8 月 3 日，阳泉籍射击运动员胡家玮代表东华大学参加 2015 年全国大学生射击锦标赛。在男子甲组 10 米气手枪团体赛中，其与队友合作以 1695 环获团体冠军，打破 1687 环的全国大学生射击比赛团体记录；在男子甲组 10 米气手枪个人赛中，其以 196.1 环获个人冠军。（司淑清）

【第十五届省运会年度比赛】 4 月 15 日至 5 月 15 日，阳泉市参加第十五届省运会的青少年组运动员进行注册,包括篮球、乒乓球、跆拳道、柔道、国际跤(女子跤)、田径、举重、射击、体操(蹦床)、游泳、跳水、射箭12个大项、14个小项,共注册运动员406人。7月下旬至9月,阳泉市代表团300人参加比赛,其中15人获金牌。（司淑清）

【全国蹦床冠军赛】 5月19日至25日,阳泉市举办"体彩大乐透"杯全国蹦床冠军赛,是2015年山西省承办最高规格的全国性赛事之一,也是国家蹦床队备战2016年里约奥运会重要练兵赛,共有来自全国各省、自治区、直辖市12支代表队237名运动员、教练员参赛。阳泉籍蹦床运动员涂潇在男子网上个人项目获冠军、张雒获男子单跳第二名。山西代表队获得男子网上团体第二、女子双人同步亚军以及男子网上个人金牌铜牌各1枚、男子单跳个人银牌1枚。此外,山西代表队的董栋、涂潇、符冰、贾宇洁入选国家队。（司淑清）

群众体育

【"强健体魄·阳光生活"全民健身系列活动】 1月17日,阳泉市"强健体魄·阳光生活"全民健身系列活动启动仪式暨市直机关第二届迎新年健步行活动在桃河公园举行。市领导陈永奇、杨永生、王湜洲等与全市67个单位1553名职工共同步行5.3千米。4月至5月,为丰富人民群众业余生活,市直机关工委与市体育局利用双休日和节假日举办羽毛球、乒乓球、篮球、华牌和象棋等各项比赛。6月27日,市体育局党支部利用双休日休息时间组织全体在职党员到义井社区,开展"全民健身进社区"党员志愿服务系列活动,进行第九套广播操、体育舞蹈、太极拳、抖空竹等展演,还组织居民参加跳绳、踢毽子、篮球、足球、汉诺塔等小型趣味体育比赛。此后,还到油娄沟社区、康达社区和义东沟社区等组织开展"全民健身进社区"党员志愿服务系列活动4次。8月8日,为纪念第七个全国"全民健身日",市体育局举行一系列全民健身系列活动,举行由全市各县区25支代表队参加的趣味运动会,矿区机关工委、平定县一中、城区南山街道办事处分获团体总分前三名;在北山公园广场举行全民健身项目展演活动,来自市太极拳协会、自行车协会、散打协会、体育舞蹈协会、登山协会会员和众多体育爱好者表演太极拳、车技骑行、武术散打、体育舞蹈、空竹等17个节目。11月27日至29日,市体育局、市体育中心主办,市羽毛球协会协办的羽毛球团体赛在阳泉市体育中心举行,来自全市各行业50支代表队600余名羽毛球爱好者参加比赛。比赛分两个阶段,第一阶段采用小组循环制,第二阶段采用淘汰附加赛,最终幸福租车二队获得冠军,幸福租车三队、中铝山东阳泉矿队分获第二名、第三名,矿区文化局队、天翊羽毛球俱乐部虎队、扬帆俱乐部队获第四名、第五名、第六名,城区机关队、矿区文化局队、平定一队、郊区机关一队、郊区人民法院队、中铝山东阳泉矿队、晨翔羽毛球俱乐部队、阳煤三矿一队获优秀组织奖。（司淑清）

【迎新春 庆"三八"趣味运动会】 3月5日,市体育局在市体育中心体育场举办迎新春、庆"三八"趣味运动会,设立超级障碍赛、"众心捧月""快乐大脚"汉诺塔"感动五环""龟兔赛跑"6个项目,每支代表队2女4男,局机关和直属事业单位共有11个队伍参赛。射击场老体协体彩联队获第一名,市体校训练三队和训练二队分获第二名、第三名。（司淑清）

【长跑活动】 5月1日,"让劳动者阳光健康生活"15千米环城长跑活动在南山公园北门举行,180多名长跑爱好者参加。长跑路线为从南山北门出发,途经桃河桥、桃北西街、河神庙折返,再由北大街、桃北东路、桃源桥回到终点南山公园北门广场,时长近两小时,活动参加者全部抵达终点。7月1日,市长跑健身协会举办主题为"迎七一 颂党恩"长跑活动,100余名长跑协会会员参加。长跑路线为从南山公园广场出发,沿拥军路、狮脑山路,最终到达狮脑山百团大战纪念馆。长跑结束后,活动参与者齐唱《没有共产党,就没有新中国》等革命歌曲。10月1日,市长跑健身协会联合中国电信阳泉公司举办"电信杯"环市区长跑活动,160余名长跑爱好者参加。长跑路线为战备路、河神庙、北大街、滨河、一公司、南大街,终点位于南山公园,全程9公里。10月21日,市长跑健身协会举行"九九重阳"环桃河长跑活动,150余名长跑爱好者参加,年龄最大91岁。长跑路线为桃河公园、赛鱼大桥、二矿、五渡、桃河公园,全程18千米。（司淑清）

【游泳救生员培训班】 3月28日至29日,阳泉市第一届游泳救生员培训班在郊区怡人园游泳馆举行。培训班由山西省体育产业协会组织、山西省游泳协会培训、山西省体育职业鉴定中心督导,培训内容包括理论授课、救生知识学习、实际操作等,来自全市游泳经营场所34名游泳爱好者以及吕梁、朔州、孝义等地市的15名游泳爱好者参加。（司淑清）

【公开水域游泳比赛】 7月16日,市游泳协会勇者游泳队代表阳泉市参加山西省公开水域游泳比赛。项目为男女混合团体10人接力赛,即从汾河景区段东岸游到河中折返点游回东岸(约300米),每队10人(7男3女)。阳泉市代表队获优秀组织奖,胡瑞青获男子个人第七名。（司淑清）

【城区首届体育舞蹈全国公开赛】 5月2日,"'2015·阳泉城区首届体育舞蹈全国公开赛”在阳泉师专体育馆举行。比赛由阳泉城区文化体育旅游局主办，城区体育舞蹈协会承办，来自全国5个省20个地市32支代表队800余名选手参加。比赛共设摩登舞、拉丁舞2大类10个舞种，分职业组、专业组、年龄组140个组别，参赛选手年龄最大的60岁，最小的6岁。　（司淑清）

【学校足球初级教练员培训班】 4月17日至19日，2015年阳泉市学校足球初级教练员培训班在市体校举行。培训由阳泉市教育局、阳泉市体育局主办，阳泉市体育运动学校、阳泉市体育中心协办，全市100多所学校体育教师参加，中北大学足球专业教师授课。　（司淑清）

【第三届七人制业余足球联赛】 7月至8月，2015年第三届七人制业余足球联赛在市体育中心体育场举行，18支队伍报名参加，为历年来报名队数、人数最多一次。比赛遵循国际足联最新版本足球竞赛规则，分A、B两组，采用单循环淘汰赛制。最后，阳光购书中心足球队获冠军，联诚竞技足球队、晋韵FC足球队分获第二名、第三名，葛定城、张知、孟建华、刘政欣4位运动员分获“最佳球员”“最佳进球”“特别贡献”“最佳射手”个人奖项。　（司淑清）

【中小学生足球比赛】 9月7日至10月14日，阳泉市中小学生足球比赛在市体育中心体育场举行。比赛由阳泉市教育局、阳泉市体育局主办，阳泉市体育中心协办，来自全市6所高中、6所小学代表队参加，其中，高中组采用8人制，小学组采用5人制。最终，阳泉市第十一中学、阳泉市第一中学、平定县第一中学分获高中组前三名，桃南路小学、阳泉师专附小、平定四中小学部分获小学组前三名。（司淑清）

【山地自行车越野赛】 7月23日，由阳泉市自行车协会龙泉铁骑俱乐部主办的山地自行车越野赛在郊区五架山村举行，150余名骑友参加。赛道为全长3.7千米的盘山公路，设男子青年组、男子中年组、女子混合组、大众体验组。最终，董其成、光亮等6人获男子青年组前六名，石志广、张建中等6人获男子中年组前六名，李满娣、葛长兴等6人获女子组前六名。　（司淑清）

【“三晋友谊·怀仁十一中杯”乒乓球比赛参赛】 9月17日至20日，阳泉市19名市、县级领导干部参加2015年山西省“三晋友谊·怀仁十一中杯”乒乓球比赛。比赛分市级组和省直组，其中，市级组共7个项目，分别是男子团体、女子团体、市级领导男子单打、市级领导女子单打、县处级男子单打、县处级女子单打、男女混合双打；省直组共7个项目，分别是男子团体、女子团体、厅（局）级领导男子单打、厅（局）级领导女子单打、处级男子单打、处级女子单打、男女混合双打。最终，阳泉市获市级组女子团体第三名，男子团体第五名，并获优秀组织奖，王秀莲获县处级女子单打第五名。　（司淑清）

【毽球邀请赛】 9月19日，“中国劲酒杯”2015年阳泉市第八届毽球邀请赛在山西省工程技术学院羽毛球馆举行。比赛由矿区文化局主办，市体育运动学校协办，市毽球协会承办，共有来自阳泉、太原、大同、运城、晋中、忻州的60支队伍280余人参加，其中网毽队44支、花毽队16支。比赛项目分两大项（网毽、花毽）和三小项（花毽四人赛、男子三人赛、平踢混合三人赛）。最终，花毽四人赛前三名分别是阳泉市城市广场二队、阳泉市和悦毽子二队、运城河津龙门花毽队，男子三人赛前三名分别是阳煤一矿队、阳煤二矿二队、阳泉开发区队，平踢混合三人赛前三名分别是太原梦之队、阳泉平坦垴村队、太原小店队。　（司淑清）

【篮球联赛】 9月7日至24日，2015年阳泉市“金誉典当·市政杯”篮球联赛在市体育中心体育馆举行。联赛由阳泉市体育局主办，山西金誉典当有限公司冠名承办，是阳泉市首次由民营企业参与筹办的大型赛事，共有26支队伍，近300名运动员参赛，分为A、B两个组别，A组为企业冠名队（共有12支队伍），B组为市直机关和各县区党政机关队（共有14支队伍）。最终，A组前三名分别是浩博防水队、平定四叶队、城市春天队，B组前三名分别是矿区政府队、城区政府队、平定县政府队。　（司淑清）

【网球团体赛】 9月19日至20日，阳泉市第二十届网球团体赛在南山网球中心举行。比赛由市网球协会主办，共有11支队伍，110人参赛。最终，阳煤集团一队、康乐队、阳煤集团二队获团体前三名。　（司淑清）

【全国第二届农民跳绳比赛参赛】 9月21日至26日，阳泉市郊区李家庄村女子跳绳队首次代表山西省参加“凯源”杯全国第二届农民跳绳比赛。最终，阳泉市的周志萍、冯玉风获女子青年组30秒两人一带一单摇跳二等奖，闫春红获中年女子组30秒单摇三等奖。　（司淑清）

【首届铁人两项赛】 10月2日，阳泉市首届“庆国庆山城杯铁人两项”（自行车、长跑）比赛在城市中心广场举行，市自行车运动协会和市长跑健身协会的60余名选手参加。比赛总距离50千米，分别是自行车骑行40千米、长跑10千米，线路是城市中心广场自行车骑行至翠枫山景区大门折返回三矿赛鱼大桥，然后沿桃河公园跑步返回。最终，男子组陈晓刚以1小时58分12秒获第一名，时志广、吴彦斌分别为第二名、第三名，女子组前三名分别为李满娣、石娟芳、赵素萍。　（司淑清）

【**足球等项目培训班**】 12月19日,由市体育局、市教育局联合举办的全市足球、篮球、田径、乒乓球教师、教练员、裁判员培训班在阳泉市体育运动学校拉开序幕。培训分4期,分别利用双休日进行,到翌年1月17日结束,参加培训人数累计650人次。其间,市体育局特邀北京体育大学及省、市专家授课。 (司淑清)

【**太极推手比赛**】 12月19日至20日,阳泉市首届"神牛杯"太极推手比赛在市老干部活动中心羽毛球馆举行。比赛由市体育局主办,市太极拳协会开发区分会、市百纳武术文化传播中心、市老干部活动中心协办,共有50余名太极及武术爱好者参加。比赛采用单淘汰制,包括太极定步推手、活步推手和获得第一名者角逐无差别申请人3个项目。最终,李和平获无差别级第一名、耿婵娥获女子55周岁以上组冠军、杜巧花获女子55周岁以下组冠军、白惠强获男子55周岁以上组冠军、白文刚获80公斤以上男子55周岁以下组冠军、郭健获70公斤至80公斤男子55周岁以下组冠军、王书龙获男子55周岁70公斤以下组冠军。 (司淑清)

【**桥牌邀请赛**】 12月26日,阳泉市迎新年平定桥牌邀请赛在阳煤集团第二医院职工活动中心举行。比赛共16支代表队近百名桥牌爱好者参加。最终,飞渡队、Jack一队、平定一队获前三名。 (司淑清)

【**华牌比赛**】 12月23日至27日,2015年"海悦杯"中国华牌比赛在阳泉市海悦酒店举行。比赛共有来自北京、天津、河北、河南、湖北、山西6个省、市的20支队伍120人参加。最终,阳煤集团二矿队获第四名,阳泉海悦酒店队获第六名,北京铁路局队获冠军。 (司淑清)

【**老年人门球比赛**】 4月15日至17日,阳泉市老年体协在阳煤集团离退休职工活动中心、阳泉市城市广场门球场举办全市老年人门球比赛,共有25支代表队参赛。经过78场比赛,晋东集团代表队获第一名,工商银行二队、阳煤二矿一队、阳煤三矿一队、阳煤职教中心队、阳煤二矿二队、阳煤天兴公司一队、市煤炭工业局队分别获第二名至第八名,17支参赛队获优秀组织奖。 (司淑清)

【**老年人第十一套健身球操培训班**】 7月25日至26日,阳泉市老年体协在恒大帝景销售中心举办全市老年人第十一套健身球操培训班,共有来自15个单位42名老年健身球操项目骨干参加培训。(司淑清)

【**中老年人健身秧歌比赛**】 8月29日至30日,全市中老年人健身秧歌比赛在阳泉恒大帝景销售中心举行。比赛由市老年体协主办,阳泉恒大帝景销售中心承办,共有200余名中老年人组成的14支代表队参加比赛。最终,阳泉市老干部活动中心、阳泉市经济技术开发区老年体协、阳煤总医院3支代表队获一等奖,其余11支队伍获优秀奖。 (司淑清)

【**中老年人"重阳节"健身项目表演**】 10月15日,2015年阳泉市中老年人"重阳节"健身项目表演在北山公园举行。活动由阳泉市体育局、阳泉市老年体协主办,近200名中老年人表演太极拳、抖空竹、气功《五禽戏》、健身球操、健身秧歌、广场舞等健身项目。 (司淑清)

【**中老年人健步走活动**】 11月11日,市老年体协在盂县东坪生态园举办2015年全市中老年人健步走活动。活动由阳泉市体育局、阳泉市老年体协与盂县文化体育广播电视局、盂县老年体协共同举办,来自盂县各乡镇500名中老年人参加。同时,阳煤集团老年体协在桃河公园也组织开展了中老年人健步走活动,参加人数约500人。 (司淑清)

社会生活

人民生活

【概况】 2015年，阳泉市城镇常住居民人均可支配收入26414元，比上年增长6.4%，“十二五”期间年均增长9.1%。农村常住居民人均可支配收入11494元，比上年增长7.0%，“十二五”期间年均增长11.9%。城镇占调查总户数20%的低收入户人均可支配收入8764元，增长9.3%；农村占调查总户数20%的低收入者收入4448元，增长14.7%。 （和继明）

【城市居民生活】 2015年，受整体经济趋缓影响，阳泉市城市居民收入增幅回落，家庭消费支出增长放慢，居民生活质量进入稳步改善新常态。

收入增长有所趋缓 全市城市居民人均可支配收入26414元，较上年增加1589元，增长6.4%。

工薪收入继续占据家庭收入主导地位。年内，阳泉城市居民家庭人均工薪收入18770元，比上年增长2.48%，贡献率为29%，拉动人均可支配收入上升1.83个百分点。工薪收入平稳增长的主要因素首先是提高行政事业单位职工津贴补贴，并在年内补发。政策性调资推动居民工资及补贴收入增长。

转移性收入较快增长。城市居民人均转移性收入4179元，较上年增长29.89%，贡献率为61%，拉动可支配收入3.87个百分点。政策性上调离退休人员养老金及城乡低保标准等措施是拉动此类收入增长的主要因素。

经营净收入基本持平。受整体经济趋缓影响，人均经营净收入2192元，比上年增长0.1%，贡献率为0%，拉动可支配收入0.01个百分点。第三产业作为城市居民经营净收入的主力军，受重视程度越来越高，创业环境不断得到改善，一定程度上促进了经营净收入增长。但由于2015年宏观经济形势错综复杂，经济下行压力较大，行业整体不景气，创业经营、小微企业的利润空间也在不断被挤压，经营净收入的增长受掣肘。

财产性收入增长。城市居民人均财产性收入1273元，比上年增长15.6%。占可支配收入4.8%，影响可支配收入0.69个百分点。随着居民收入的不断提高，居民投资意识也逐渐增强，家庭投资渠道拓宽，利息、红利及其他投资性收益的增长，带动了居民财产净收入增长。

消费支出增长放慢 在居民可支配收入增长趋缓的同时，居民消费性支出也增长放慢，生活水平进入稳步改善新常态。2015年，阳泉城市居民人均消费性支出比上年增长6.6%。构成居民家庭消费的八大类支出呈现“六升两降”格局。

食品仍是消费性支出的主体。随着人们生活水平的提高，城市居民更加注重均衡饮食，各种粗杂粮、绿叶菜、新鲜水果等越来越受到老百姓欢迎，人均食品类支出4007.07元，比上年增长15.15%，占消费性支出的比重为29%。

衣着消费支出保持增长。居民服装消费质量普遍提高，着装品位“个性化”程度不断提升，加之实体店和网上购物平台形式多样的促销手段，使居民衣着类消费支出不断增长，人均衣着支出1632元，比上年增长14.11%，占消费性支出比重为12%。

居住类支出下降。人均居住类消费支出为1420.48元，比上年下降41.08%，由于本年居民新购住房减少，用于住房装潢支出大幅下降，同时建筑及装饰用材料价格下降也是导致该项支出下降的原因，此项支出占消费性支出比重为10%。

家庭设备用品及服务支出小幅上涨。居民家庭设备处于饱和状态，家庭耐用品需求逐步向品牌化、高档化及节能环保化改变，人均家庭设备用品及服务支出1147.27元，比上年增加4.62%，占消费性支出比重为15%。

教育文化娱乐服务支出大幅增长。随着生活水平的提高,人们更加注重生活品质,电视、电脑更新不断加快,人均教育文化娱乐服务消费支出为2032.47元,比上年增长47.29%,占消费性支出比重为15%。

交通通信支出呈较快增长。随着家用轿车不断增加及手机的普及,居民家庭人均支出1885.47元,增长12.21%,占消费性支出比重为14%。

居民保健意识不断增强,医疗保健支出大幅增长。人均医疗保健支出1303.64元,比上年增长20.52%,占消费性支出比重为9%。

人均其他商品和服务支出366.18元,比上年减少3.8%。主要原因是随着黄金价格趋稳,居民购买黄金饰品趋于理性。 (王欣敏 田爱红)

【农民生活】 2015年,阳泉市认真贯彻落实中央、省、市各级农村工作会议精神,以农民增收为核心,以发展现代农业和建设秀美乡村为工作重点,加快推进农业产业化、经营规模化、科技集约化和乡村生态化,农业农村经济平稳发展,为全面建成小康社会奠定了坚实基础。呈现出以下四个特点。一是特色产业优结构。继续壮大畜牧、核桃、蔬菜三大主导产业的同时,竞相发展小杂粮、中药材、食用菌、养蜂、水果、休闲观光等产业,加速调整优化农业产业结构。二是项目建设扩规模。狠抓招商引资、抓落地开工、抓投产达效,着力实施“515”工程,即建设五大标志性工程、落实十大重点工程、全面铺开五十项推进工程。三是科技推广增效益。实施粮食高产创建工作,完成部、省级粮食万亩高产创建示范项目4个,组织实施4万亩(266.7公顷)玉米丰产方(地膜覆盖)项目;加快发展农村电子商务,阳泉特产网、阳泉市新农商网络科技有限公司和盂县“美淘村”等电商平台相继开通运行,使农业实体经济与互联网产生叠加效应。四是改善人居拓功能。改善农村人居环境行动计划,确定项目18个,总投资14.9亿元以上;完善提质工程中,农村道路提升、安全饮水、造林绿化、村级幼儿园改造、日间照料中心建设、农网改造、煤气天然气进村入户等工程进展顺利,完成投资2.92亿元。

据农村住户抽样调查资料显示:全市农村居民人均可支配收入达11494元,比上年增加752元,增长7.0%。分县区农村居民人均可支配收入呈现如下特点:农村居民人均可支配收入绝对额和增速同步增长,各县区均稳步增长。其中,郊区

2015年阳泉市城市居民家庭消费支出情况一览表

表33 单位:元、%

指 标	绝对值	比上年增长	消费结构
消费支出	13794.64	6.60	100.0
一、食品	4007.07	15.15	29.05
二、衣着	1632.41	14.11	11.83
三、家庭设备用品服务	1147.27	4.62	8.32
四、教育文化娱乐服务	2032.47	47.29	14.73
五、医疗保健	1303.64	20.52	9.45
六、居住	1420.48	−41.08	10.30
七、交通和通信	1885.47	12.21	13.67
八、其他商品及服务类	366.18	−3.80	2.65

(王欣敏)

2015年阳泉市分县(区)农村居民人均可支配收入一览表

表34 单位:元、%

县(区)	2015年	2014年	2015年比2014年增幅
郊 区	12124	11320	7.1
平定县	10957	10212	7.3
盂 县	11536	10801	6.8

2015年山西省各地市农村人均纯收入位次及增幅一览表

表35 单位:元、%

区 域	2015年	2014年	增幅	位次	增幅排位
山西省	9454	8809	7.3	—	—
太原市	13626	12616	8.0	1	2
大同市	7708	7137	8.0	9	3
阳泉市	11494	10742	7.0	2	9
长治市	11095	10311	7.6	3	5
晋城市	10914	10087	8.2	4	1
朔州市	10816	10137	6.7	6	10
晋中市	10877	10100	7.7	5	4
运城市	8718	8125	7.3	8	6
忻州市	6550	6104	7.3	11	7
临汾市	9376	8755	7.1	7	8
吕梁市	7193	6754	6.5	10	11

(张琳云)

绝对额增幅最高为8004元、平定县增速最高为7.3%。

农民纯收入位居全省第二。境内农村居民人均可支配收入绝对额在全省继续保持第二水平,比全省平均水平高出2040元,比位于全省第一的太原市低2132元,比位于全省最低水平的忻州市高出4944元。从农村居民人均可支配收入增幅看,比上年增长7.0%,增幅比上年回落3.0个百分点。比全省平均增幅低0.3个百分点,比增幅第一的晋城市低1.2个百分点,在11个市中列第九位。 (张秀玲)

社会保障

【概况】 2015年,阳泉市面对经济发展新常态,坚持“民生为本,人才优先”工作主线,强化举措,重点突破,在提高就业质量、社会保障水平、社会保险等多项工作方面取得新进展,市人力和社会保障局被省人社厅表彰为全省“创业型城市”创建活动优秀单位。

就业再就业 阳泉市把扩大就业作为经济社会发展的优先目标,实施“充分就业计划”,开展创建国家级创业型城市工作,通过完善就业政策、拓宽就业渠道、提升就业能力、强化就业服务等措施促进就业持续增长,保持就业局势稳定。年内,先后出台《关于帮扶困难企业继续实施“五缓”“三补贴”政策的通知》《关于扩大失业保险稳岗补贴政策范围的通知》《阳泉市职业技能鉴定办法(试行)的通知》《关于进一步做好新形势下就业创业工作的实施意见》等一系列政策文件,促进了就业创业工作。共审核发放小额担保贷款财政贴息资金212.94万元;市本级就业专项资金筹集总额9936.95万元,支出9322.05万元;给予部分“并轨困难企业”发放生活费和社会保险补贴7610万元;批准使用失业保险金给予1家困难企业岗位补贴163.77万元。城镇登记失业率为3.3%,低于省定4.2%的控制目标。高校毕业生就业见习生活补助标准由每人每月1450元提高至每人每月1620元,全年共提供就业见习岗位770个,就业见习731人,发放就业见习补助967.86万元;全年创业培训高校毕业生531名,308名大学生实现创业,享受税费减免14人,减免金额11.52万元,小额贷款5人,贷款金额73万元。适时调整最低工资标准,城区、矿区、郊区和平定、盂县,最低工资标准分别由原来的1450元和1250元调整为1620元和1420元。

社会保险 阳泉市在社会保险方面认真落实国家惠民政策。从1月1日起,对工伤职工工伤保险待遇做了调整,工伤职工伤残津贴每人每月增加190元至220元不等;年初,生育保险费率由1%降低为0.5%;从3月1日起,失业保险费率由3%降至2%。全市提高城镇居民医疗保险财政补助标准50元至60元,成年人财政补助标准由330元提高到380元,未成年人财政补助标准由320元提高到380元;4月,完成全市企业退休人员基本养老金“十一连调”工作和城乡居民基础养老金增资任务;社会保障卡累计发放97.2万张,完成年度目标任务100.2%。 (郑 兵)

劳动就业

【职业培训与技能鉴定】 年内,阳泉市以加强职业培训、提升劳动者就业创业能力为目标,开展多层次、多渠道、全方位的职业培训和职能

2015年阳泉市就业再就业情况部分数据简表

表36 单位:人、%

具体任务	人数	完成年度任务
城镇新增就业	25125	100.5
失业人员再就业	13164	101.3
安置“4050”等就业困难人员	3466	100.6
创业带动就业	6974	102.6
转移农村劳动力	10079	100.8
创业培训	2770	110.8
农村劳动力培训	12310	102.6
职业技能鉴定	7694	153.8

(郑 兵)

2015年阳泉市各项社会保险部分数据简表

表37 单位:万人、%、亿元

项 目	人数	完成目标任务	基金收入	完成目标任务
企业职工基本养老保险	16.56	101.2	17.16	100.7
城乡居民养老保险	43.19	100.4	0.64	192.1
城镇医疗保险	63.80	101.2	9.34	101.5
失业保险	25.05	100.0	1.05	107.8
工伤保险	25.54	101.1	0.79	101.1
生育保险	24.58	100.1	0.23	107.3

(郑 兵)

技能鉴定工作。全市农民工职业技能培训12310人,新成长劳动力培训1002人,城镇失业人员再就业培训1602人,组织创业培训2770人,职业技能鉴定7694人,高技能人才培养217人,为经济社会发展提供了人才支撑。(郑 兵)

【国家级创业型城市创建工作】 年内,阳泉市从完善就业创业促进机制入手,先后组织制定出台《阳泉市完善就业创业促进机制工作方案》《阳泉市职业技能鉴定监管办法(试行)》《阳泉市人力资源和社会保障局职业培训补贴资金管理办法(试行)》《阳泉市人力资源和社会保障局关于印发〈阳泉市关于完善公共创业服务平台建设的实施方案〉的通知》和《阳泉市人民政府关于进一步做好新形势下就业创业工作的实施意见》等系列政策文件,不断深化国家级创业型城市创建工作,开展就业援助、鼓励创业、支持创业、推崇创业等服务活动,引导扶持有创业意向的劳动者自谋职业、自主创业,推动大众创业、万众创新,促进创业带动就业。全市新增市级创业孵化基地2个,创业孵化基地新增入驻创业实体166个,为56户企业和175名个体审核拨付创业人员小额担保贷款财政贴息资金212.94万元,免费为2770人提供创业培训、12310人提供农村劳动力培训、7964人提供职业技能鉴定,实现创业带动就业6974人,促进了创业就业工作。(郑 兵)

【就业援助】 年内,阳泉市推进就业援助工作,开展职业培训、技能鉴定、职业介绍,多渠道开发就业岗位,落实鼓励小微企业吸纳劳动者就业、就业困难人员公益岗位安置等各项扶持政策,开展就业资金管理服务专项整治,就业形势保持稳定。全市就业专项资金筹集总额15773.93万元,支出14004.72万元,其中,为4065名公益岗在岗人员发放岗位补贴4041.8万元,为1806名灵活就业人员发放灵活就业补贴465.42万元;大学生就业见习731人,发放就业见习补贴967.86万元;为1040人发放求职补贴104万元,职业介绍1688人,发放职业介绍补贴50.64万元;为公益岗人员及困难企业"4050"人员拨付社保补贴7789.87万元。通过多渠道就业援助,全市实现失业人员再就业13164人,其中安置就业困难人员3466人。(郑 兵)

【劳动力市场价位发布】 年初,市人社部门通过对全市范围内39户企业8000余名在岗职工上年度工资收入情况摸底,对采矿业、住宿和餐饮业、金融业等经济行业中的41个工种不同专业技术等级的高、中、低位工资进行统计、汇总、分析,确定了阳泉市2015年度劳动力市场指导价位,并经省厅批准进行了发布。阳泉市企业工资最高收入为矿井开掘工,高位达14000元/月、低位3000元/月;工资最低收入为保洁员,高位2000元/月,低位1620元/月。为进一步建立和完善劳动力价格机制,市人社部门还通过新闻媒体向社会进行公布,为广大求职者和用人单位合理确定薪酬提供了参考。(郑 兵)

2015年阳泉市劳动力市场工资指导价位一览表

表38 单位:元

工种(岗位)	技术等级	价位标准			工种(岗位)	技术等级	价位标准		
		高位	中位	低位			高位	中位	低位
矿山救护工	高级工	—	—	—	仪器仪表修理工	高级工	4200	3900	3400
	中级工	7500	5600	5300		中级工	3600	3150	2900
	初级工	5700	5300	4000		初级工	3300	3000	2800
支护工	高级工	—	—	—	汽车修理工	高级工	5420	4810	4200
	中级工	10500	7000	5000		中级工	3500	2100	1810
	初级工	8500	6000	4000		初级工	—	—	—
矿井机车运输工	高级工	8800	5500	4200	汽车驾驶员	高级工	5300	4800	3100
	中级工	8300	5000	3800		中级工	4200	3000	2470
	初级工	6100	4800	1800		初级工	3900	2800	1620
矿井通风工	高级工	9600	7600	6100	会计人员	高级工	—	—	—
	中级工	9100	6000	3000		中级工	5300	3850	2800
	初级工	8600	5000	2500		初级工	4200	3200	1800

续表 38-1

工种(岗位)	技术等级	价位标准			工种(岗位)	技术等级	价位标准		
		高位	中位	低位			高位	中位	低位
矿物开采辅助工	高级工	11000	7000	4000	出纳	高级工	—	—	—
	中级工	9500	5400	3800		中级工	3000	2500	1620
	初级工	7400	5000	2800		初级工	—	—	—
井下采矿工	高级工	14000	8000	5000	收银员	高级工	—	—	—
	中级工	12000	7800	4000		中级工	3200	3000	2800
	初级工	8800	6600	3000		初级工	2750	2200	1620
矿山安全监测工	高级工	10000	7000	6500	理货员	高级工	—	—	—
	中级工	8500	6500	4500		中级工	2800	2600	2000
	初级工	7300	6000	3000		初级工	2000	1800	1620
矿井开掘工	高级工	14000	8800	7000	营业员	高级工	—	—	—
	中级工	11000	6800	4500		中级工	2910	1960	1620
	初级工	9500	6000	3000		初级工	—	—	—
矿山工程技术人员	高级工	—	—	—	邮件处理员	高级工	3000	2800	2700
	中级工	13200	6200	3500		中级工	2800	2700	2620
	初级工	10500	4500	2800		初级工	—	—	—
矿山检查验收工	高级工	—	—	—	邮政储汇员	高级工	3700	3200	2800
	中级工	—	—	—		中级工	3500	2500	2400
	初级工	8000	6000	4000		初级工	—	—	—
火工品管理工	高级工	—	—	—	其他银行业务人员	高级工	8300	6900	5800
	中级工	—	—	—		中级工	8000	5800	4300
	初级工	6500	6200	1900		初级工	6000	5300	3400
电工	高级工	—	—	—	金融守押员	高级工	—	—	—
	中级工	11000	8500	7200		中级工	3100	2850	2000
	初级工	8500	7000	4800		初级工	—	—	—
维修电工	高级工	9500	8300	5600	保安员	高级工	—	—	—
	中级工	6500	5200	4300		中级工	—	—	—
	初级工	5200	4700	4100		初级工	2400	2000	1800
车工	高级工	5500	3800	3000	商品护运员	高级工	—	—	—
	中级工	3800	2400	1800		中级工	5100	4200	4000
	初级工	3000	2000	1620		初级工	4300	4000	3800
机修钳工	高级工	5000	4500	3700	保洁员	高级工	—	—	—
	中级工	4500	3000	2600		中级工	—	—	—
	初级工	—	—	—		初级工	2000	1800	1620

续表 38-2

工种(岗位)	技术等级	价位标准			工种(岗位)	技术等级	价位标准		
		高位	中位	低位			高位	中位	低位
装配钳工	高级工	3900	2700	2300	客房服务员	高级工	—	—	—
	中级工	3200	2300	2000		中级工	—	—	—
	初级工	2000	1800	1620		初级工	2300	1800	1620
焊工	高级工	6400	4300	3200	中式烹调师	高级工	—	—	—
	中级工	5300	3600	2100		中级工	3800	3000	2000
	初级工	3600	1800	1620		初级工	—	—	—
铣工	高级工	—	—	—	测绘人员	高级工	—	—	—
	中级工	2200	2000	1800		中级工	4550	4300	3850
	初级工	1850	1750	1620		初级工	—	—	—
钻床工	高级工	—	—	—	检验员	高级工	3400	2800	2400
	中级工	2900	2200	1700		中级工	—	—	—
	初级工	—	—	—		初级工	—	—	—
铸造工	高级工	—	—	—	超重装卸机械驾驶员	高级工	—	—	—
	中级工	3400	2500	1800		中级工	3900	3500	3300
	初级工	—	—	—		初级工	3500	3200	2600

(郑 兵)

社会保险

【企业离退休人员调整待遇】 4月,根据省人社厅、省财政厅《关于2015年调整企业退休人员基本养老金的通知》要求,阳泉市企业退休人员调待工作全面启动。市人社部门成立调待工作领导组,指导并督促各县(区)做好摸清底数、完善数据、测试软件、畅通拨付渠道等基础工作,完成全市企业退休人员基本养老金“十一连调”工作。共为全市70772名离退休人员调整了养老金待遇,人均月增养老金248元,全年共增加资金约21081万元。 (郑 兵)

【城乡居民基础养老金调整待遇】 4月,根据上级文件要求,阳泉市首次城乡居民基础养老金调待工作启动,市养老中心派遣专人核实基础数据,确定调整范围,并与财政部门协调做好资金准备。在中央补助资金未到账的情况下,为保障参保群众利益,各县(区)与财政部门协商,先行解决部分资金;同时督促各县(区)与省厅信息中心联系,调整完善补发相关模块。全市城乡居民养老金由原来的每人每月70元提高到85元,共涉及12.7万人,并从2014年7月补发,至2015年12月,共增加资金3429万元。(郑 兵)

【养老保险费清欠】 根据市人社局《关于印发〈阳泉市社保基金管理和公共服务中突出问题专项整治工作方案〉的通知》精神,市养老中心于4月开始对欠缴养老保险费单位进行全面核查、清底。全市共有欠费企业396家,欠费总额8.3亿元。在摸清情况后,中心向110户欠缴单位发放“专项整治催缴通知单”,并聘请阳泉市汇华会计事务所协助对欠费大户进行欠缴专项稽核。截至年底,追缴欠款1.5亿元,涉及单位78户。 (郑 兵)

【城乡居民基本养老保险】 年内,在《关于建立统一的城乡居民基本养老保险制度的实施意见》出台的基础上,阳泉市实现新型农村社会养老保险和城镇居民社会养老保险两项制度合并实施,建立了全市统一的城乡居民基本养老保险制度,为广大参保居民提供了方便快捷的服务。新制度规定,年满16周岁(不含在校学生),非国家机关和事业单位工作人员及不属于职工基本养老保险制度覆盖范围的城乡居民,均可在户籍地参加城乡居民养老保险。参加的个人,年满60周岁、累计缴费满15年,且未领取国家规定的基本养老保障待遇的,可按月领取城乡居民养老保险。截至年底,全市城乡居民养老保险参保431883人,基金征缴6433万元。 (郑 兵)

【失业保险支持企业稳岗政策落实】 年内,阳泉市发挥失业保险制度预防失业、促进就业功能,先后印发

《关于降低失业保险费率的通知》《关于帮扶困难企业继续实施“五缓”“三补贴”政策的通知》《关于失业保险支付企业稳定岗位有关问题的通知》和《关于扩大失业保险稳岗补贴政策范围的通知》等政策性文件,帮助企业减轻负担,努力做到不裁员、少裁员,稳定就业岗位。其中,为129家困难企业缓缴养老保险费9128万元,为5家困难企业(涉及职工10239人)缓缴失业保险费1038.48万元,为93家困难企业缓缴城镇职工基本医疗保险费1521万元,为27家困难企业(涉及职工5442名)缓缴工伤保险费164万元,全市共缓缴社保费用1.19亿元。使用失业保险金给予1户困难企业(涉及职工366人)岗位补贴163.77万元。 (郑 兵)

【失业人员待遇费用支付】 年内,阳泉市失业保险基金支出1392.69万元(不含上解上级支出)。其中为6467人次失业人员发放失业保险金598.87万元,为5943人次失业人员缴纳职工基本医疗保险费145.36万元,为541名失业人员发放取暖补助120.96万元,为609名农民合同制工人发放一次性生活补助233.43万元,为250名失业人员政策培训拨付职业培训补贴7.74万元。 (郑 兵)

【公务员医疗补助政策调整】 2月3日,阳泉市对公务员医疗补助政策进行调整。从4月1日起,公务员在基本医疗保险定点医疗机构发生的医疗费用按规定予以报销,在定点零售药店购买药品费用自付,不再给予报销。公务员医疗补助起付标准由582元调整为800元。 (郑 兵)

【城镇居民医保财政补助标准提高】 年内,根据省人力资源和社会保障厅、省财政厅《关于转发人力资源和社会保障部、财政部〈关于做好2015年城镇居民基本医疗保险工作的通知〉》要求,阳泉市城镇居民基本医疗保险成年人财政补助标准由330元提高到380元,未成年人财政补助标准由320元提高到380元,城镇居民医保财政补助标准比上年分别提高50元、60元,比启动初期的2008年分别累计提高260元、320元。中央、省、市、县(区)各级财政补助全部拨付到位。 (郑 兵)

【异地就医即时结算】 2014年5月1日启动省内跨市联网结算平台后,截至2015年年底,阳泉市参保职工备案后可到太原市、大同市、运城市等地市开通异地就医直接结算平台的医院看病,只要不进入大病支付范围,出院时可按阳泉市医保政策规定即时结算医疗费用。参保患者仅需支付个人负担费用,其余费用由阳泉市医保经办机构结算。此外,阳泉市在上年开通市一院、市三院、阳煤总院、市中医院为其他地市参保职工持社保卡直接结算的基础上,又增加市四院、市二院、盂县人民医院、盂县中医院、平定县人民医院、李家庄乡卫生院、小北沟社区卫生服务站7家医院及老百姓大药房等12家药店。年内,全市参保职工在异地就医结算平台上办理转院和异地安置备案共1090人,共结算844人次,直接结算金额1314万元;省直、太原、大同、晋中等地参保职工在阳泉市开通省内异地就医的定点医院及药店共结算2466人次,直接结算金额51.3万元。有效化解了参保患者异地就医看病不方便、垫资跑腿的问题。 (郑 兵)

【工伤认定及劳动能力鉴定】 年内,市人社部门共受理工伤认定申请1370件,其中认定工伤1332件、视同工伤32件、不予认定工伤6件。完成劳动能力鉴定1432件,其中工伤鉴定1167件、非因工劳动能力鉴定265件。工伤鉴定中,一至四级150件、五至六级175件、七至十级834件、不达级别58件。 (郑 兵)

信访仲裁

【信访工作】 2015年,市人社部门加强信访接待和维稳工作,接待群众来访513批1092人次,其中集体访23批261人次,息诉罢访率98%。接收各级交办、转办案件71件,其中人社部转办信访件1件、省人社厅转办信访件25件、市政府转办信访件3件、市长接待日交办信访件2件、市长信箱交办信访件3件、市纪委转办信访件5件、市信访局转办信访件32件,信访件均妥善处理完毕。 (郑 兵)

【劳动争议仲裁】 年内,市人社部门贯彻省人社厅下发的《2015年山西省劳动人事争议调解仲裁工作要点》,促进并协调基层调解组织建设,会同阳泉市总工会联合下发《关于加强基层劳动人事争议调解组织建设工作的意见》,全市初步形成乡镇(街道)劳动人事争议调解委员会、企业劳动争议调解委员会,县(区)劳动人事争议仲裁委员会,市劳动人事争议仲裁委员会相结合的三级劳动人事争议调解网络体系。接收劳动争议案件318件,其中,受理96件、不予受理222件,结案95件,结案率为98%,为劳动者解决工伤保险待遇、经济补偿金、赔偿金等1051万元。 (郑 兵)

【劳动者合法权益保障】 年内,市人社保障部门规范劳动用工秩序,健全三方协调机制,全市劳动合同签订率达98%。健全劳动保障监察执法机制,制定出台《阳泉市建设领域农民工工资支付登记卡管理实施办法》《拒不支付劳动报酬犯罪案件移送市级联席会议制度》等多个文件,为规范执法提供了制度保证。共接受劳动者投诉举报案件622件,立案166件,结案166件,结案率100%,累计为3084名劳动者追讨工资4415万元。取缔非法职业中介2户,清退风险抵押金

3700元,涉及劳动者8人。向社会公布重大欠薪案件3起。向公安机关移送拒不支付劳动报酬罪案件12起,公安机关立案调查5起。处理11起突发性群体上访事件,涉及923名劳动者。农民工工资保证金账户运行良好,有62家建设单位开设账户,存入专项资金1682万元。政府应急周转金专户账面余额1665万元,全市共动用应急周转金135万元为281名农民工解决工资拖欠问题,其中盂县100万元、平定35万元,有效保障了劳动者合法权益。 (郑 兵)

救助救济

【城乡低保提标】 年内,在全省城乡居民最低生活保障标准每人每月各提高20元的基础上,阳泉市城乡低保标准又分别提高0.5元和2.5元。两次提标后,全市城乡低保标准分别达到每人每月430.5元、247.5元。截至年底,全市城乡低保对象41105户78428人,占全市人口的5.8%,累计发放城乡低保救助金21714.72万元。 (刘 蓉)

【"人情保""关系保""错保"问题专项整治】 年内,阳泉市民政部门开展"人情保""关系保""错保"问题专项整治工作,出台专项整治工作方案,各县区针对发现问题积极整改,取得阶段性成果。开发区低保对象100%建立影像资料,做到"户户必入、家家留影";矿区印刷"人情保、关系保"线索征集卡,建立社会救助基金会,充实社会救助资金;盂县工作重心下移,实现乡(村)两级联审,突出乡(镇)责任主体;平定遵循"晒政策、晒条件、晒对象"等原则,将全面复核和专项整治统一结合;郊区采取"抓好重点、突出难点"等手段开展专项整治,并致全区的低保对象"一封信",宣传政策,强调"应退则退"机制;城区对社区低保对象全程监督、随机抽查等,有效遏制了"人情保""关系保""错保"问题。 (刘 蓉)

【农村"五保"供养】 年内,市民政部门进一步提高农村"五保"供养标准,集中供养提高到每人每年6400元、分散供养提高到3400元,较"十二五"初分别增长63%、34.2%,居全省前列。农村"五保"对象6943户7073人,集中供养率20.34%,全年累计支出五保供养金2954.67万元。 (刘 蓉)

【"一门受理 协同办理"窗口】 年内,市民政部门通过学习太原经验,在乡镇(街道)统一建立起社会救助"一门受理、协同办理"窗口,印制"低保工作流程""社会救助指南",明确县(区)民政局、乡镇(街道)、村(社区)责任。完善"公示制度、民主评议制度、近亲属备案制度、信访制度、入户调查制度"等,规范救助资金发放时限和发放程序,加大社会救助工作宣传力度,确保社会救助不留死角。 (刘 蓉)

【医疗救助】 年内,市民政部门完善城乡医疗救助"一站式"即时结算服务平台建设,提升救助效率。大病救助最高封顶线统一提高到3.5万元,实现重点救助对象政策范围内住院自付医疗费用救助比例达到70%以上。全市累计救助75254人次,支出资金2669.61万元。 (刘 蓉)

【临时救助】 年内,市民政部门实施临时救助8112户次,发放临时救助资金903.5万元。四级救助联动网络初步建立,新增康达社区和平潭东社区2个救助服务点。市救助管理站站内实施救助3059人次,被评为"国家三级救助管理机构"和"山西省优秀青少年维权岗"。 (刘 蓉)

【防灾减灾】 年内,阳泉市累计下拨自然灾害补助资金1108万元。利用"5·12防灾减灾日"等节点,开展防灾减灾宣传,提高社会防灾减灾意识和自救能力。开展全省、全国综合减灾示范社区申报工作,阳泉市城区上站街道德胜街社区、矿区赛鱼街道虎尾沟社区被评为"全国综合减灾示范示范社区",开发区惠泽社区等10个社区被评为"全省综合减灾示范社区"。 (刘 蓉)

社会福利

【农村老年人日间照料中心】 年内,阳泉市农村老年人日间照料中心项目建成运营110所,提供养老床位1500张,惠及1.1万人。2013年至2015年,在省民政厅支持下,阳泉市按照典型示范、以点带面的思路,共建成农村老年人日间照料中心271个,覆盖全市28.33%的农村。 (刘 蓉)

【养老服务】 年内,市级公办养老机构老年颐养中心入住率由2012年的46%上升到100%,失能老人从无到占比42%,被评为"山西省养老服务示范单位"。阳泉市养老公益苑项目建设进展顺利,筹集资金6500万元,完成土地、规划等审批手续。全市新建并运营民办养老机构11所,提供养老床位415张。宜康居家养老服务中心兴办城市社区老年人服务站,开通老年人"一键呼"服务平台。平定县城镇集体工业联社实行企业转型,承办运营多个养老服务项目。投资18亿元的郊区金翰福养老项目、投资13.65亿元的中旭鑫源养老项目、开发区安信医养结合养老项目等一批民办大型养老项目在建当中。公办、民建双轮驱动,逐步形成智能养老、居家养老、医养结合、社区老年服务站为一体的养老综合服务体系。截至年底,全市共有各类养老服务机构50个,其中市级公办2个、区县级公办3个,乡镇敬老院32个、分院2个,民办养老机构11个。 (刘 蓉)

【孤儿保障】 年内,市民政部门累计保障孤儿911人次,发放基本生活费289.33万元。以"准家庭"寄养模式为主的"儿童家园"项目完成国土、环保、规划等手续开工建设,该项目建筑面积2300平方米,主体投资概算450万元。 (刘 蓉)

【慈善事业】 年内,市民政部门继续开展"把耳朵唤醒——天籁列车"项目,为1600余名听力障碍患者免费发放助听器。继续开展中国移动爱"心"行动救助项目,为66名术后患者发放差旅、食宿、交通补助13.2万元。联手太原慈善职业技术学校和皇明"太阳生"慈善助学项目,帮助4名符合条件的贫困家庭学生圆了上学梦。与欧神诺企业协作筹募善款1.8万余元,资助阳泉市孤独症儿童学校。 (刘 蓉)

社会专项事务管理

【老龄工作】 年内,市民政部门按照100岁3500元、95~99岁1200元、90~94岁800元的年慰问金标准,为全市90岁以上高龄老人发放慰问金137.93万元。截至年底,全市90岁以上高龄老人1583名,其中百岁老人11人、95~99岁老人208人、90~94岁1364人。同时加强特困老人救助工作,为特困老人发放救助金10万元。大力宣传《中华人民共和国老年人权益保障法》,开展形式多样的宣传活动。精心组织"敬老月"活动,开展系列"尊老、敬老、助老"活动,增强了全社会的老龄意识和敬老意识,推动了阳泉市老龄事业发展。 (刘 蓉)

【婚姻登记】 年内,阳泉市婚姻登记工作进一步规范,1990年至2014年的婚姻登记档案补录工作基本完成,走在全省全列。2015年全市共办理结婚登记9954对、离婚登记2334对、补领证件3078对,出具(无)婚姻登记证明7250份。根据民政部《关于进一步规范(无)婚姻登记记录证明相关工作的通知》和省民政厅《关于贯彻落实〈民政部关于进一步规范(无)婚姻登记记录证明相关工作的通知〉的通知》,自9月28日起,除办理赴中国台湾地区和9个国家(哈萨克斯坦、芬兰、奥地利、荷兰、德国、阿根廷、乌拉圭、墨西哥和波兰)的公证事项仍可继续出具证明外,全市民政部门不再向任何部门和个人出具(无)婚姻登记记录证明。 (刘 蓉)

【婚丧陋俗专项整治】 年内,市民政部门开展婚丧陋俗专项整治工作。一是制定《阳泉市婚丧陋俗专项整治工作方案》,明确整治范围、目标要求、整治内容和措施,进行任务分工,提出工作要求。二是加强宣传教育,发放宣传资料和倡议书4万余份,在城区、矿区、开发区设立禁炮区,将改革婚丧陋习的要求纳入《村规民约》《社规民约》。三是成立"红白理事会",在全市农村和城市社区普遍成立"红白理事会",对婚丧事宜定程序、定标准,逐步形成长效机制,全市共成立红白理事会284个。通过专项整治,文明节俭办婚丧在广大群众中产生积极影响。 (刘 蓉)

人口与计划生育

【概况】 2015年,阳泉市把计划生育工作纳入对县区党委政府综合考核工作之中,严格执行目标责任制考核和"一票否决"制度,在领导干部提拔、先进单位和先进个人评比表彰中进行计划生育审查把关。足额预算各项人口计生工作经费,建立稳定增长的财政投入保障机制,市本级财政共安排预算2095.05万元,人均15.04元,超过责任书指标2.80元,保障了人口计生事业的健康发展。年内人口自然增长率、出生率分别为1.49‰、5.96‰;出生性别比102.26,连续第四年下降,性别比趋于正常。 (张海银 路军平)

【专项督查组到阳泉检查】 5月26日至27日,由省卫生计生委副主任杨建勇带队的省专项督查组到阳泉检查工作。督查组听取副市长董仙桃关于全市贯彻落实《中共中央、国务院关于调整完善生育政策的意见》精神及2015年度人口计生工作目标管理责任制进展情况的专题汇报,并对市级、郊区及郊区河底镇的人口计生目标管理责任制进展情况进行实地查看。督查组对阳泉工作给予肯定,并提出三点要求。一是要提高思想认识,加快人口计生工作创新转型。二是要用改革的思维、创新的举措开展工作。三是要统一思想、加强基层基础、促进人口计生工作再上新水平。 (张海银 路军平)

【全省青春健康教育工作推进会暨主持人培训班在阳泉举办】 7月7日,全省青春健康教育工作推进会暨主持人培训班在阳泉举办。省卫生计生委党组成员、省计生协会专职副会长李跃珍出席会议并讲话。市人大常委会主任、市计生协会会长刘高官,副市长董仙桃,全省各市计生协会专职常务副会长、秘书长,各市推荐的青春健康教育主持人,中国计生协高校青春健康项目中标高校负责人及省计生协全体人员参加会议。矿区作为中国计生协青春健康教育示范基地作经验交流,并接受中国计生协授予的"青春健康教育示范基地"牌匾。与会人员还到阳泉外国语学校和矿区计生服务站考察,了解矿区青春健康教育工作情况。中国计生协青春健康专家组组长、高级教师苗世荣对各市推荐的青春健康教育主持人进行集中培训。 (张海银 路军平)

【计生家庭创业基地授牌】 12月2日,梁盛萍剪纸工作室被中国计生协剪纸社命名为计生家庭创业基地。省计生协秘书长闫秀梅代表中国计生协剪纸社为创业基地授牌,市计生协剪纸社60余名社员及各界剪纸爱好者参加仪式。梁盛萍是中国计生协剪纸社社务委员、山西省剪纸协会副会长、省一级民

间工艺美术师、阳泉市计生协剪纸社社长，其剪纸作品多次在全国、全省的比赛中获奖，有较高的社会影响力。（张海银 路军平）

民族 宗教

【概况】 截至2015年年末，阳泉市共有汉族、蒙古族、回族、藏族、维吾尔族、苗族、彝族、壮族、布依族、朝鲜族、满族、侗族、瑶族、白族、土家族、哈尼族、傣族、黎族、傈僳族、佤族、畲族、高山族、拉祜族、纳西族、景颇族、土族、仫佬族、羌族、毛南族、仡佬族、锡伯族、阿昌族、鄂温克族33个民族。汉族人口占全市总人口的99.65%，少数民族人口有5000余人（含流动人口），占总人口的0.35%。超过百人以上的少数民族有回族、蒙古族、土家族、彝族、苗族、壮族和满族，其中回族是境内人口最多的少数民族，有1500余人。盂县秀水镇东白水村是全省唯一的蒙古族聚居村，有蒙古族人口410人，占该村总人数的36.6%；蒙古族户数110户，占该村总户数的27%。

全市有佛教、道教、基督教、天主教、伊斯兰教五大宗教。分布在境内的寺观教堂和固定宗教活动场所400多处。信教群众10万余人，占全市总人口的7.68%，其中，佛、道教信众8.75万人，基督教1.33万人，天主教2600余人，伊斯兰教3000余人。宗教团体有市佛教协会、市基督教“两会”（基督教“三自”爱国运动委员会、基督教协会）、天主教爱国会筹备组、市伊斯兰教协会。全市经政府批准的法定宗教活动场所33处，其中佛教21处、道教2处、基督教7处、天主教2处、伊斯兰教1处。截至年底，全市依法备案的宗教教职人员88人，其中佛教比丘（比丘尼）46人、道教2人、天主教神甫2人、基督教长老4人、传道员33人、伊斯兰教阿訇1人。（史海涛）

【民族团结进步创建工作】 年内，市民族宗教事务局坚持“抓在平时，重在平常，重在交心，以心换心”的工作理念，围绕中心、服务大局，为全市民族团结、经济发展和社会稳定发挥了积极作用。市民族宗教事务局、城区上站街道德胜街社区、郊区固庄煤矿等4家单位获省民族团结进步模范集体，马国龙、崔建明、朴雪松等7名个人获省民族团结进步模范个人。市民族宗教事务局作为“全国民委先进集体”受到国家民委、人社部表彰，是全省唯一一家获表彰单位。（史海涛）

【全国第十届少数民族传统体育运动会获奖】 8月9日至17日，第十届全国少数民族传统体育运动会在内蒙古鄂尔多斯市举行。盂县秀水镇东白水村蒙古族群众7人代表山西省组队参加民族式摔跤队搏克、格、北嘎、绊跤等4个跤种比赛。省宗教事务局、阳泉市政府分别划拨训练经费共20万元，为运动员训练创造良好环境。其间，阳泉市参赛队共获得个人二等奖1个、三等奖4个和团体三等奖1个，是代表山西省参赛获奖最多的地市队伍。盂县东白水村被省民委、省体育局命名为少数民族传统体育项目训练基地。（史海涛）

【宗教活动场所规范化管理】 年内，市民族宗教管理部门结合全市宗教工作实际，印发《关于进一步依法加强宗教活动场所规范化管理的意见》，从健全完善规章制度、加强宗教活动场所的人员管理、文物保护、落实消防安全责任制、宗教活动场所建设、宗教活动场所生态环境、宗教活动场所规范化管理及宗教工作部门自身建设等十个方面提出意见。根据国家宗教局等六个部门《关于开展整治违法违规设立功德箱等借教敛财问题专项工作的通知》，制定《关于开展整治违法违规设立功德箱等借教敛财问题专项工作的实施方案》，联合统战、公安、住建、旅游、文物等部门开展联合执法检查，打击各种借教敛财行为，对非宗教活动场所、文物保护单位、风景区和旅游区设立功德箱情况进行全面排查，对违法违规设立的功德箱登记造册，建立台账，对涉嫌违规的依法取缔。专项整治期间，市、县民族宗教部门依法对盂县藏山风景区、平定娘子关风景区、冠山风景区、郊区翠枫山风景区和十余处非宗教活动场所违规设置功德箱进行依法查处，有效维护了全市的正常宗教活动秩序。（史海涛）

【报国寺落成仪式暨大雄宝殿开光法会】 5月16日，盂县报国寺举办基建落成暨大雄宝殿开光法会。全国各地的高僧大德、佛教僧众、居士信众约800余人参加活动，省、市、县有关领导出席基建落成仪式。仪式由盂县佛教协会会长、永清寺方丈一度主持，报国寺住持汇成法师介绍报国寺建设项目情况，中国佛教协会副会长、山西省佛教协会会长妙江法师作重要开示。随后，来自省内外的高僧大德、诸山长老为报国寺基建落成剪彩并为大雄宝殿圣像开光，当日接待信众和游客5万余人。（史海涛）

【三坛大戒法会】 5月20日至6月19日，经中国佛教协会和省宗教事务局批准，盂县永清寺举办传授三坛大戒法会，全国各地戒子503人入寺受戒。市委、市政府高度重视三坛大戒法会期间的安全稳定工作，市领导李云峰、任衍钢先后到永清寺检查筹备工作，市民族宗教事务局和盂县民族宗教事务局先后三次组织召开工作协调会，成立由盂县统战、宗教、公安、消防、食药、卫生、防疫、住建等部门及盂县佛教协会、盂县永清寺组成的工作领导组，制定工作方案和应急预案，确保三坛大戒法会的安全稳定、入律入法。6月19日上午，503名新戒子出堂，盂县永清寺传授三坛大戒法会圆满结束。（史海涛）

旅游服务

旅　游

【概况】 2015年,阳泉市旅游系统围绕全市转型发展战略,努力完成年初制定的目标任务。按照国家旅游统计口径计算,年内,全市共接待国内旅游者2202.34万人次,比上年增长21.22%,实现旅游收入181.89亿元,比上年增长21.89%;商业住宿设施接待入境过夜游客4329人次,比上年增长8.36%,海外收入95.29万美元,比上年增长9.13%;旅游总收入181.94亿元,比上年增长21.82%,超出省下达任务8.82个百分点。截至年底,全市共有旅行社40家,旅行社分社27家;星级酒店11家,其中五星级1家、四星级3家、三星级5家、二星级2家;A级以上景区11家,其中AAAA级4家、AAA级3家、AA级3家、A级1家,新评定省级休闲农业与乡村旅游示范点4个。

旅游投资　年内,全市15个旅游景区建设项目共完成投资3.25亿元,其中9个列为省考核的重点旅游项目完成投资2.8亿元。国家旅游局启动“旅游厕所革命年”后,市旅游局共向上级部门争取到110万元专项补助资金,全市旅游景区和乡村旅游点共完成新建标准化旅游厕所11座,提升了旅游景区环境卫生。

旅游规划　梁家寨(大岽)温泉景区建设性详细规划和华北奕丰生态园总体规划通过专家评审,盂县地区通过评审的旅游规划累计达14个,对县域旅游发展、旅游项目开发和招商引资起到指导和引领作用。

宣传促销　市旅游局通过采取省市联合的方式在央视、凤凰卫视黄金时段投放旅游宣传广告,协助CCTV-4《记住乡愁》《远方的家》栏目组在境内拍摄专题片,组织旅游企业参加国际、国内旅游交易会及博览会,赴重点旅游客源地举办旅游推介会,与市广电总台联合举办纪念中国人民抗日战争暨世界反法西斯战争胜利70周年“红色中国阳泉行”大型采访活动,在高铁杂志《旅伴》上进行为期一年的宣传,在“5·19中国旅游日”“9·27世界旅游日”“冬季行动”等时节,协调各景区推出一系列门票打折优惠政策。

行业管理　围绕“零负团费”“挂靠承包”“超范围经营”“强迫购物消费”等扰乱旅游市场秩序的违规行为,市旅游局通过联合执法、明察暗访等方式,开展专项整治工作。全年共开展旅游市场检查209次,联合消防、安监、宗教、工商7个部门检查20次,出动检查人员560人次,检查旅游企业427家次,查处违规旅游企业2家。

旅游安全　市旅游局严格落实旅游管理部门安全监管职责和旅游经营者的安全主体责任,坚持属地管理,采取“四不两直”(国家安全生产监督管理总局于2014年9月建立并实施的一项安全生产暗查暗访制度,即不发通知、不打招呼、不听汇报、不用陪同接待、直奔基层、直插现场)检查方式,共开展集中性安全大检查50次,其中一把手带队检查30余次,下达整改通知书5份,对存在安全问题的企业及时进行督导;联合市消防支队,组织全市旅游从业人员进行消防安全培训工作,通过多种方式宣传旅游安全知识,提高了游客和旅游从业人员的安全意识。　(赵海亮　靳红平)

【《阳泉旅游》画册和旅游地图投放】 1月,市旅游局将首批1200套《阳泉旅游》画册和旅游地图免费投放至全市星级酒店,供入住客人阅览,宣传阳泉旅游资源,提升阳泉旅游影响力。《阳泉旅游》画册、阳泉旅游地图的编辑和制作工作于2014年12月印制完成。(赵海亮　靳红平)

【参加石家庄第二届旅游交易会】 5月8日至10日,市旅游局组织各县(区)旅游局和重点旅游景区、旅游星级饭店及特色旅游商品生产(经销商)等20余家旅游企业参加在石家庄举行的第二届旅游交易会暨中国新媒体旅游营销峰会。副市长任衍钢出席交易会并参加5月8日下午在亚太大酒店会议中心举办的阳泉旅游(石家庄)专场推介会。展会期间,阳泉市搭建了以“文献名邦、生态阳泉”为主题的旅游特装展台,集中展示境内的旅游景区和产品,播放“晋善晋美进阳泉”宣传片和各景区旅游宣传视频,举行“关注阳泉旅游微信平台抽奖”活动,奖品包括全市各大景区的全家福套票、情侣票、单人票和阳泉旅游特产,吸引了大批市民游客参与。平定鑫杰砂器与客商达成订购意向,南庄村九州香和富硒香小米现场销售近万元;交易会现场发放各类宣传资料4万多份,参观市民游客达6万余人次。 (赵海亮 靳红平)

【“5·19中国旅游日”惠民活动暨南庄红色乡村游启动仪式】 5月19日,市旅游局在平定县巨城镇南庄村举行第五个“5·19中国旅游日”旅游惠民活动暨南庄红色乡村旅游启动仪式。市旅游局、各县区旅游局负责人、各旅行社和景区代表参加仪式。旅游日期间,为体现“新旅游、新常态”的活动主题,部分景区主动推出门票优惠政策,使中国旅游日成为全民参与、全民受益的节日。参加启动仪式的领导还为旅游监督员颁发了聘书。 (赵海亮 靳红平)

【参加第九届中国中部投资贸易博览会】 5月18日至20日,阳泉市旅游局组织翠枫山景区、大汖温泉景区、小河古村评梅景区、万通旅行社等多家旅游企业参加了在湖北省武汉市国际博览中心举办的第九届中国中部投资贸易博览会。其间,共发放5万张旅游折页、500本旅游画册、500副旅游扑克、1000张旅游地图、200张旅游宣传光碟、1000个旅游宣传袋,接洽咨询的武汉市民及参展旅行商3万多人次。 (赵海亮 靳红平)

【参加第七届中国国际旅游商品博览会】 5月24日至27日,市旅游局组织部分旅游商品生产企业和旅游景区赴浙江省义乌市参加由国家旅游局和浙江省政府共同主办的第七届中国国际旅游商品博览会。展会以“旅游新品·智行天下”为主题,汇集全球创新、智慧与传统的旅游产品与服务,展出规模达5万平方米,展品包括旅游装备用品、户外休闲用品、环保厕所、智慧旅游产品、旅游纪念品五大类。山西鑫杰陶艺有限公司是此次代表阳泉市参展的唯一一家旅游商品生产企业,其生产的“鑫杰”牌系列传统砂锅,制作技艺精湛、造型新颖,极具地方特色,在博览会上吸引了众多国内及海外公众参观。此外,为响应国家旅游局“旅游厕所革命”,展会首次专门设立旅游厕所展示馆。蓝洁士、上海华杰、上海美申、福建柯宁、吉林路克奔环保等国内外旅游厕所生产厂商设立专门展位展示厕所产品和服务。阳泉市大汖温泉度假景区、桃林沟景区、小河古村评梅景区把旅游厕所建设作为提升景区服务质量的一项重要工作,在展会现场实地参观了旅游厕所产品展示,与厕所生产商洽谈,为下一步开展旅游厕所建设拓宽了思路。 (赵海亮 靳红平)

【“红色中国阳泉行”采访活动】 5月25日至28日,市旅游局和市广播电视台承办纪念中国人民抗日战争暨世界反法西斯战争胜利70周年“红色中国阳泉行”大型采访活动。中央人民广播电台《中国之声》、新疆、广东等外地媒体及《山西日报》《山西晚报》和山西省各地市主流媒体40余家新闻媒体的百余名记者参与活动。采访活动从狮脑山百团大战纪念碑前启动,采访团先后走进七亘大捷战场遗址、马山八路军军事会议旧址、固关长城抗战纪念碑、平定南庄抗战地道遗址、八路军收复娘子关战斗遗址、大汖村等地,通过深入采访党史研究专家学者、老八路、红色收藏家等,用笔、话筒和镜头再现了山城儿女的抗日史诗和英雄故事。 (赵海亮)

【参加2015北京国际旅游博览会】 6月26日至28日,市旅游局组织藏山、娘子关、小河古村评梅景区等8家重点景区和万通国旅、假日、吉祥、恒信、春秋等旅行社参加2015北京国际旅游博览会,会议在奥林匹克公园国家会议中心举行。本届博览会主题为“交流、合作、发展、共赢”,81个国家和地区、30个省市自治区的987家旅游机构、旅游企业参展。山西省旅游局统一安排展位,以“坐高铁、游山西”为主题,推出“山西旅游北京特卖会”活动。阳泉市参展的景区和旅行社分别向北京市场推出门票特卖和多条针对北京游客的阳泉本地游线路特卖产品,受到游客欢迎。其间,小河古村评梅景区还与北京陶然亭公园就两地以石评梅女士为纽带加强相互宣传与合作事宜进行沟通。 (赵海亮 靳红平)

【参加“晋善晋美·美丽山西休闲游推介会”】 7月上旬,山西省旅游局组织各市旅游局、重点旅游景区和旅行社及省内主流媒体分别在兰州、西宁、银川三市举办“晋善晋美·美丽山西休闲游推介会”。盂县藏山风景区作为全省重点景区,与五台山、云冈石窟、平遥古城、碛口古镇、绵山景区一起被推介。藏山风景区作为山西六大线路产品中“太行山水游”的代表,在三场推介会上进行主旨宣讲,景区推介员张乐的解说使西北旅游界同仁对藏山有了较深认识。 (赵海亮 靳红平)

【冯建平到阳泉调研乡村旅游发展情况】 8月11日,省旅游局局长冯建平到阳泉市郊区桃林沟景区就乡村旅游发展工作、乡村旅游点建设和经营管理情况进行调研。要求桃林沟景区在发展上要明确重点，突出特色，创新乡村旅游发展模式；在强化规范管理、注重安全运营，加强公共服务等方面做好文章，夯实旅游产业发展基础、提升服务质量，推进桃林沟村转型发展；充分利用现有旅游资源和地理位置优势，完善景区功能，提升景区品位，发展乡村旅游项目，带动农民增收致富，努力把桃林沟景区打造成阳泉市周围乃至全省具有影响力、吸引力的旅游景区。冯建平还赴药林会议中心调研，要求景区要转变发展思路，丰富产品类型，主动适应旅游发展新常态，将资源优势转化为市场优势和品牌优势，将药林会议中心打造成为集休闲养生、健康疗养、会议度假于一体的一流的区域性休闲旅游度假中心。 （赵海亮 靳红平）

【"晋善晋美进阳泉"旅游推介会分别在济南 天津召开】 8月26日，"晋善晋美进阳泉"2015阳泉旅游专场推介会在济南良友富临大酒店举行。会议由阳泉市旅游局主办，济南市旅游局和济南市50多家旅行社及泉城主要新闻媒体参加。推介会以"晋善晋美进阳泉"为主题，娘子关、固关、玉皇洞、藏山风景区、大宋温泉等景区分别进行推介，阳泉市交通集团万通国际旅行社与济南江山国际旅行社签署合作协议，建立长期互信战略合作伙伴关系。山东电视台、《齐鲁晚报》《山东商报》《山东生活日报》《济南日报》、舜网等媒体对推介会进行报道。

9月19日，"晋善晋美进阳泉"2015阳泉旅游专场推介会在天津梅江会展中心召开，天津市50多家旅游企业和主要新闻媒体参加。推介会在"第二十届北方旅游交易会暨2015中国旅游产业博览会"期间举行，国内外旅行商和旅游企业云集天津，阳泉旅游推介会吸引了众多参会商客。娘子关、固关、玉皇洞、藏山风景区、小河古村评梅景区等分别进行推介。《天津日报》、天津电台、《城市快报》、人民网、《经济周报》《渤海早报》《今晚报》、人民网《旅游中国》等媒体对推介会进行了报道。 （赵海亮 靳红平）

【"9·27"世界旅游日暨2015金秋旅游惠民活动启动仪式】 9月25日，市旅游局在平定县红岩岭自然风景区举行"9·27世界旅游日暨2015金秋旅游惠民活动"启动仪式，阳泉市、县（区）旅游局和各景区、旅行社代表参加启动仪式。红岩岭玉皇洞、小河古村评梅景区、藏山、翠枫山、固关景区、银圆山庄、关王庙等7家景区参加惠民活动，从9月25日至10月25日，持7家景区中任一家门票到另一景区时可享受8折优惠。（赵海亮 靳红平）

【"十一"黄金周旅游情况综述】 "十一"黄金周，境内各景区推出惠民政策，旅游宣传促销和区域旅游合作成效显著，旅游市场呈现以下特点：一是在"2015金秋旅游惠民活动"中，红岩岭玉皇洞、小河古村评梅景区、藏山、翠枫山、固关景区、银圆山庄、关王庙等7家景区实行"连环优惠"，惠民措施受到游客欢迎；二是开通首班"石家庄—阳泉翠枫山（小河）旅游直通车"，10月2日至4日每天一班，每班2车计70多人；三是宣传促销见到实效，娘子关、藏山、翠枫山、小河古村等景区出现众多外地牌照私家车；四是乡村旅游热度渐浓，桃林沟村、大宋村、辛庄村、南庄村、咀子上村等旅游点的采摘果品、观赏红叶、探秘地道、吃农家饭等特色旅游体验为节日市场注入新活力，有效拉动了旅游消费。"十一"黄金周期间，按旅游统计口径计算，全市共接待游客124万人次，比上年增长21.57%；旅游综合收入5.15亿元，比上年增长21.18%。（赵海亮 靳红平）

2015年阳泉市"十一"黄金周部分景区旅游情况简表

表39 单位：万人、万元

景 区	接待人数	旅游收入	景 区	接待人数	旅游收入
藏 山	3.17	368	桃林沟	3.80	60
大宋温泉	0.40	100	娘子关	1.27	26
翠枫山	1.10	30	固 关	0.80	24

【《远方的家——长城内外》摄制组到阳泉拍摄专题片】 10月22日至29日，受阳泉市旅游局邀请，中央电视台中文国际频道（CCTV-4）《远方的家——长城内外》专题栏目摄制组到阳泉进行实景拍摄和深度采访。专题片以固关长城、娘子关长城为主线，以全新视角记录了阳泉市独特的人文历史、风土人情、自然风光、特色美食等。节目组先后到固关景区、娘子关景区、小河古村评梅景区、城区、平定冠庄村、盂县鳌头村等地进行拍摄，对固关长城、娘子关长城周边居民保护长城和修复长城的故事，对小河古村评梅景区抗战地道的保护和打造中华第一斜深井的事迹，对非物质文化遗产平定冠庄砂器、城区面塑的制作工艺及盂县鳌头村采摘柿子、莜面栲栳栳制作方法进行详细介绍。 （赵海亮 靳红平）

【2015"京冀晋陕"高铁旅游城市联盟大会在阳泉召开】 12月22日，由山西省旅游局和阳泉市政府主办的"2015京冀晋陕高铁旅游城市联盟大会"在盂县大宋温泉召开。北京市昌平区旅游委，山西省太原、阳泉、晋中、临汾、运城、朔州、忻州，河北省石家庄，陕西省西安、渭南等市旅游局及太原铁路局、中国铁道出版社等联盟成员单位参加会议。会议研究整合各方资源、促进区域旅游发展事宜，各联盟成员单位进行旅游推介和合作事项说明，相关旅

行社间签署合作协议。大会确定2016年"京冀晋陕"高铁旅游城市联盟会议在山西运城市召开,并发出《"京冀晋陕"高铁旅游城市联盟阳泉宣言》,提出要以高铁为媒,推动合作共赢;整合资源,提升旅游品质;融合发展,共建黄金通道;互信互通,完善合作机制;相互支持,营造良好环境。(赵海亮　靳红平)

【参加2015京津冀晋鲁豫蒙冬季旅游惠民活动】 12月27日,市旅游局组织娘子关、翠枫山、小河古村评梅景区和红岩岭景区参加京津冀晋鲁豫蒙冬季旅游惠民活动,共有7省(区、市)的25个市在石家庄以岭健康城参与活动。从活动当天日起至2016年2月底,阳泉市将与参会地市一起通过门票免费或打折等优惠活动,吸引旅游爱好者走进景区。参与活动的近百家景区中大部分门票折扣在5折至8折,部分景区还对游客免费开放。娘子关景区推出4个景点一票制20元的超优惠价格,小河古村评梅景区推出半价门票,受到与会人员和媒体关注。阳泉市与石家庄两地旅游局还签订了双边合作协议,结为旅游友好城市。（靳红平）

2015年阳泉市A级以上景区基本信息一览表

表40

景区名称	景区地址	负责人	景区电话(区号0353)	景区级别
翠枫山自然风景区旅游服务中心	阳泉市郊区	程建青	4075500	AAAA
藏山旅游风景区	阳泉市盂县	杨连富	8145333	AAAA
大汖温泉度假景区	阳泉市盂县	史晋明	13934489768	AAAA
桃林沟景区	阳泉市郊区	史华波	18303438000	AAAA
小河古村评梅景区	阳泉市郊区	周向阳	2585158	AAA
华北奕丰生态园	阳泉市盂县	吴彦青	18635365013	AAA
平定固关景区	阳泉市平定	苏文裕	13503536818	AAA
林里关王庙	阳泉市郊区	张兆平	5053493	AA
平定娘子关旅游景区	阳泉市平定县	杨文保	6031454	AA
银圆山庄景区	阳泉市郊区	张振胜	13503537389	AA
冠山景区	阳泉市平定县	晋　林	13453347719	A

2015年阳泉市旅游主管部门监管旅行社一览表

表41

旅行社名称	地　　址	负责人	联系电话(区号0353)	许可证号
阳泉市交通国际旅行社有限公司	阳泉市桃南东路322号	杨建平	2597345 2597333	L-SX-CJ00040
阳泉市华信旅行社有限公司	阳泉市南大街工商大厦一层旁	陈奕俊	2035004	L-SX00130
阳泉华夏旅行社有限公司	阳泉市北大街119号	王会江	2018870 2041881	L-SX00131
阳泉劲松旅行社有限公司	阳泉城区北大街金联大厦A座七层	程世亮	2905002 2024132	L-SX00132
阳泉市阳光旅行社有限公司	阳泉城区桃北中路18号	曹　曼	2034066 6699086	L-SX00141
阳泉墨玉旅行社有限公司	阳泉矿区北大西街202号	王宝林	7077800 7071843	L-SX00250
平定县娘子关旅行社有限公司	平定县东大街省运汽车站	王海平	6067509 6065083	L-SX00251
盂县藏山旅行社有限责任公司	盂县政府宾馆前一楼	陈新燕	8081560 8082549	L-SX00255
阳泉假日旅行社有限公司	阳泉市泉中路6号	李厅绩	2053799	L-SX00257
阳泉市扬帆旅行社有限公司	阳泉市开发区大连路	常卫东	2014488 2045959	L-SX00325
阳泉市大自然旅行社有限公司	阳泉城区桃北中路18号	袁郁华	2398600	L-SX00326
阳泉市环宇旅行社有限公司	阳泉城区青年路(十二中右侧)	任　乐	2032616 2565868	L-SX00327

续表 41-1

旅行社名称	地　址	负责人	联系电话(区号 0353)	许可证号
阳泉市交通集团万通国际旅行社有限公司	阳泉城区南大街 58 号	陈庆勇	2010439 4296666	L-SX00460
阳泉市天天假日旅行社有限公司	阳泉市郊区南大街 489 号	张晓洁	18035317666	L-SX00474
阳泉恒泰旅行社有限公司	阳泉市新建路 4 楼 1 号	王若尧	2022270 2022271	L-SX00477
阳泉市春秋旅行社有限公司	阳泉城区南大街 349 号	梁素芳	4260892 4260891	L-SX00478
阳泉市翔宇旅行社有限公司	阳泉市新建路 95 号	闫　斌	2024358 2051466	L-SX00479
阳泉吉祥旅行社有限责任公司	经济技术开发区大连路 36 号远东大厦	王冬雪	2912800	L-SX00480
阳泉市青春旅行社有限公司	阳泉市巨兴街 22 号	李晋献	2019899 2019599	L-SX00614
阳泉市友谊之旅旅行社有限公司	阳泉市矿区马南区 3 号楼 4 号底商	郭丽珍	7086135	L-SX00661
阳泉市天海假期旅行社有限公司	阳泉城区德胜东街 31 号	焦　阳	2939000 4060666	L-SX00662
阳泉荣国旅行社有限公司	阳泉市北大西街苹果园 150 号	雷雪青	4062210	L-SX00664
阳泉恒信旅行社有限公司	郊区荫营镇坪上村政府招待所 102 房	任运亮	2903113 18935312998	L-SX00710
阳泉市公交神洲旅行社有限公司	城区新火车站东侧公交总公司 2 楼	胡近元	2298298	L-SX00296
阳泉市泉美国际旅行社有限公司	阳泉市南大西街 15 号	高承武	2151896 2563777	L-SX00780
阳泉市欣欣旅行社有限责任公司	阳泉市火车站铁道宾馆 102 室	崔虎成	4222299 13994524500	L-SX00848
阳泉凤凰旅行社有限公司	阳泉市桃北中路 74 号	顾俊江	4060822 13934288111	L-SX00849
阳泉亿万达旅行社有限公司	阳泉经济技术开发区大连路南侧世纪宏苑二期商 4 号房间(264 号)	侯　进	4204290 13513532518	L-SX00862
阳泉市康辉旅行社有限公司	滨河凯旋广场金联大厦 B 座 1007 房间	张晓捷	3039288	L-SX00877
阳泉市晋阳假期旅行社有限公司	阳泉市南大街东方宾馆一层	王秀平	3031588 3031599	L-SX00882
阳泉百通博达旅行社有限公司	阳泉市城区南大街 114 号	葛卫卫	4260138 4260139	L-SX00903
阳泉市华龙旅行社有限公司	阳泉市城区北大街 114 号	王海棠	2010828	L-SX00904
山西亿通旅行社有限公司	盂县金龙西街	付　伟	8027888 8147888	L-SX00923
阳泉万佳源旅行社有限公司	平定县锦程华远 3 号楼 201	李　菲	6111116 6063838	L-SX00924
阳泉市四海假期旅行社有限公司	阳泉市南大街金地商务大厦 8 层	刘　博	2033505 2051100	L-SX00925
阳泉市华行天下旅行社	开发区新泉北路安康小区 3 栋 17 号	田家良	2036000	l-SX00969
盂县万达旅行社	盂县金龙东街锦隆小区底商	闫　燕	8091680	L-SX00970
阳泉市祥云旅行社有限责任公司	阳泉市南大街颐高数码 1001	樊志梅	15803530004	L-SX-YQ-001
阳泉市交广旅行社有限公司	阳泉市开发区大连路广电大楼 6 楼	刘　军	2903880	L-SX-YQ-002

（赵海亮）

服　务

【概况】 2015 年，全市服务业完成增加值 288.9 亿元，比上年增长 6.5%，占 GDP 的比重为 48.5%，比上年提高 4.9 个百分点。服务业对 GDP 贡献率为 241%，拉动经济增长 2.5 个百分点，服务业增速比上年提高 3.8 个百分点。

服务业的七大行业中，金融业、非营利性服务业、住宿餐饮业、交通运输仓储邮政业实现较快增长，比上年均有不同程度增长，其中，非营利性服务业完成增加值 65.3 亿元，同比增长 14.3%，对服务业的贡献为 42.1%，拉动服务业增长了 2.8 个百分点，占服务业比重 23%。但批发零售业、房地产业和营利性服务业则为负增长。（和继明）

2015 年阳泉市七大服务行业情况一览表

表 42　　单位:亿元、%

服务业分类	完成增加值	比上年	对服务业贡献率	拉动服务业增长	占服务业比重
交通运输和仓储邮政业	41.1	3.3	7.9	0.50	14.2
批发和零售业	47.8	-0.6	-1.8	-0.10	16.5
住宿和餐饮业	25.1	8.2	11.0	0.70	8.7
金融业	47.2	21.5	46.2	3.00	16.3
非营利性服务业	65.3	14.3	42.1	2.80	23.0
营利性服务业	28.5	-2.3	-4.0	-0.30	9.9
房地产业	33.0	—0.7	-1.4	-0.10	11.4

说明:营利性服务业包括信息传输计算机服务和软件业、租赁和商务服务业、文化体育娱乐业和居民服务业　（和继明）

【泉美餐饮服务有限公司概况】 2015 年,泉美餐饮服务有限公司深化改革,挖掘潜能,面向大众拓展市场,打造精细服务品牌,旗下各酒店保本略盈,全年营业收入比上年增长 5%。泉美国际大酒店通过强化培训,全员素质有了明显提高。前厅部加强高峰期大厅对宾客的疏通引领,及时与客房部、餐饮部传递相关信息;客房部及早掌握客源信息,做好服务;餐饮部三次调整菜品,适应大众需求,客流量较上年有所增加,各项经营指标和服务质量明显提高。泉美映像酒店通过主题培训和比对差异,促进管理人员和员工主动适应市场新变化,并与市旅游局联合各旅游景点,在酒店二楼以上走廊设置阳泉旅游景点宣传展板,让客人感受到阳泉历史文化内涵和氛围,彰显休闲特色。泉美饭店调整经营思路,菜品从粤菜、川菜、农家菜、本地菜,再到杂粮粗粮系列产品的转变;销售从线下营销到线上推介产品,服务从日常培训到实际操作应用,使酒店经营管理、服务水平不断提升。外婆家烤鸭店和狮脑山烤鸭店追求正宗的传统挂炉烤鸭技艺,以及调味多变的湘菜系列吸引大批食客。农家乐酒店抓好服务规范,做好各类社团宴会、酒会、喜宴、会议接待等,增加营业收入。烙饼拌汤村增加花色品种,出品质量不断提高,以普通饭菜吸引大众消费,虽利小却销售旺盛,赢得百姓赞誉。　（张海东）

【“山西泉美”微信营销平台正式运营】 1 月,泉美餐饮服务有限公司主办的“山西泉美”互联网 + 客户微信营销平台正式运营。旗下各酒店通过手机扫二维码增加微信会员量,截至年底,微信会员超过 7 万人,会员交易量达 5 万人。“山西泉美”微信平台每月定时发布营销活动信息,开通微信平台订房、订餐服务,设立 24 小时在线客服,随时接受宾客预订服务。年底,又引进“小美商城”,客户可在商城自行订房、点餐等,方便了客户,增加了营销渠道。　（张海东）

【北冰洋大酒店概况】 2015 年,北冰洋大酒店坚持“以客为尊,以人为本”的文化内涵,实施“上层领导为中层领导服务,中层领导为一线员工服务”的经营理念。在酒店管理上相继开展“仪容仪表整顿周”“礼节礼貌整顿周”“劳动纪律整顿周”等检查评比活动,以部门为单位,通过随机检查和领导组成员综合评比,评出优秀部门和最差部门,进行表彰和通报,使酒店员工行为达到规范化要求,提升了酒店整体形象。在酒店营销上开拓思路,改变营销战略,重点开展春节、元宵节、妇女节、父亲节、护士节、沐浴节、年终回馈等一系列活动。全年营业收入 1016 万元,上缴税金 50 多万元,酒店客房平均出租率 35.65%,比上年提升 4%;客房接待入住宾客 21729 人次;宴会 213 场,餐厅接待宾客近 10 万人次;会议接待 103 场次,接待宾客 2.5 万多人。　（梁文斌）

【阳泉宾馆概况】 阳泉宾馆位于市北大街 107 号,是一家集住宿、餐饮、会议、游泳、健身为一体的三星级综合性旅游饭店,总占地面积 4.6 万平方米,建筑面积 2.6 万平方米。前身隶属于市政府,2013 年 8 月整体转让予阳煤集团。至 2015 年年底,阳泉宾馆拥有客房 181 间、床位 305 个;拥有各类餐厅及包间 20 个,具有 800 余人同时就餐的接待能力,主打粤菜、鲁菜、淮扬菜、川菜、本地菜 5 个主流菜系;拥有大小会议厅、会议室 18 个,其中,大报告厅可容纳 800 人。阳泉宾馆服务项目齐全,除住宿、餐饮、会议外,还拥有游泳健身、旅游、美容、婚庆、足疗、洗车等辅助服务项目,院内有停车位 222 个。设置综合办公室、经营管理部、工程后勤部、客房部、餐饮部、营销部,职工 468 人,其中在岗 237 人,自谋职业 37 人,内退、退休 194 人;具备大专以上学历人员 129 人,具备专业技术职称管理人员 12 人,取得职业技能等级证及特种设备岗位操作证人员 139 人。

经营管理　面对严峻的市场环境,阳泉宾馆在确保政务接待、阳煤集团内部接待的基础上,坚持走品牌酒店的道路,围绕“立足阳泉、面向大众、创新思路、多元发展”的经营战略,齐心协力,经营业绩节节攀升。全年累计完成营业收入 2846 万元,比计划增长 1646 万元。其中,餐饮接待 15 万人次,平均上座率 58%,完成营业收入 1786 万元;客房使用 30899 间,平均出租率达 53%,完成营业收入 903 万元,出色完成各项接待任务。实行能耗管控,在冬夏用能高峰时期,采取对宾客集中楼层入住的方式，减少能源损耗；制定《电空调使用管理办法》和《阳泉宾馆节能降耗管理办法》，严格用水、用电管理，全年能源消耗231.6万元，占总营业收入的8.06%，达到国内酒店能耗比先进水平。推行"首问责任制"，加强内部管理，强化员工服务意识，成立由综合办公室领导下的质检部门，加大对员工执行程序、标准的质检考核力度，全年查出问题948条，整改910条，整改率达96%。

市场营销 阳泉宾馆按照"保市场、保效益、保收入、保工资"的经营目标，多措并举，实现了营业收入稳步增长。在酒店范围内公开招聘营销部内协经理和营销员，充实营销队伍；出台《2015营销考核方案》和《全员营销方案》，开展营销员业绩考核和全员营销，将营销任务完成情况与个人收入挂钩，截至年底，营销部共签订协议客户393家，完成营销任务1688万元，占酒店全年收入的58.7%。采取"灵活经营、创新管理"的经营思路，针对不同对象、不同时段，积极采取一房一价、一天一价、一时一价的灵活经营策略，实现收入最大化；充分利用服务项目齐全的优势，推出适合不同消费人群的组合营销方案满足客人需求；成立阳泉宾馆预订部，负责婚宴、中高端散客等预订客户的一站式全程跟踪服务；利用场地优势，采取自主经营，合作经营，场地、房屋租赁等多种方式发挥场地经济价值。由于措施得当，阳泉宾馆在6月已完成阳煤集团下达的全年营业指标，其中8月至10月销售收入突破300万元大关，创历史最好水平。（田 圆 韩静炜）

【墨玉宾馆概况】 2015年，墨玉宾馆面临顾客消费数额下降，严控公务接待文件频出，酒店服务业出现持续低迷的状态，围绕"安全、发展、稳定"的目标，攻坚克难，奋力拼搏，较好完成了年初既定各项工作目标，实现营业收入2211万元。在综合管理方面，通过创建"平安单位"，逐级签订安全、消防、综合治理责任状等，使各项工作做到分解和落实。11月，与阳泉宾馆协作互助成立区域联防小组（试点），按照"先试点、后推广"的原则，有计划、有步骤地推动实施，逐步夯实了宾馆的消防工作基础，增强了火灾防控能力。在食品安全方面，对餐饮部食品安全管理进行规范和完善，配置食品安全监控设备1套，新增食品安全实时监控探头6个、46寸液晶显示屏1个，做到厨房安全管理无死角，"后厨"成为可视、可感、可知的"透明厨房"，让消费者可直观看到厨房的环境卫生和现场岗位操作状况。在提升服务方面，筹建蒸气锅炉房，完成对洗衣房及餐饮部的地沟改造；更新澡堂更衣柜，改善洗浴环境。在经营方面，推进向大众化、品牌化、信息化转型，与阳泉市合众传媒、阳煤广电、美团网、聚世惠等单位及网络平台合作，实现多元化发展；通过广告发布及宣传，展示企业形象，拓宽创收渠道。客房部采取批零倒挂等方式灵活销售，增加客房入住率；餐饮部调整大众消费便民点销售菜品品种和价格，以营养、美味、实惠吸引大众合理消费，全年创收56万元；清华园、婚庆部推出洗浴、婚庆特惠套餐，方便顾客，赢得客源。4月，婚庆部举办阳泉市首届"婚俗文化节"，为推动山城婚庆文化事业发挥了作用，为宾馆赢得了良好的社会效应。（单丽娟）

2015年阳泉市个体及私营服务业情况一览表

表43　　单位：户、人、万元

分类	个体工商户			私营企业			
	户数	从业人员	注册资金	户数	投资者	雇工	注册资金
旅馆业	4547	13618	23544.74	251	538	3886	46268.00
娱乐服务业	259	742	2063.60	127	205	1068	17073.00
计算机应用服务业	904	2362	2158.54	394	694	2571	42700.70
其他	41495	79576	160769.11	11144	23903	122179	3247286.82
合计	47205	96298	188535.99	11916	25340	129704	3353328.52

（李文娟）

区县简况

城 区

【概况】 阳泉市城区总面积14.77平方千米，辖6个街道办事处、46个社区居民委员会，常住人口19.70万人，人口自然增长率4‰。

2015年，全区地区生产总值152亿元，比2014年增长1.0%；服务业增加值132亿元，增长5.5%；社会消费品零售总额158亿元，增长3.9%；全社会固定资产投资33.1亿元，增长4.4%；规模以上工业增加值5.1亿元，下降7.8%；一般公共预算收入27299万元，下降3.8%；城镇居民人均可支配收入完成27467元，增长6.3%。

全年动态储备项目368个，总投资2163.2亿元，为年初任务的174.5%；项目签约21个，总投资71.57亿元，为年初任务的119.28%；项目落地22个，总投资33.31亿元，为年初任务的111.03%；项目开工21个，总投资41.87亿元，为年初任务的107.36%；项目建设完成投资31.26亿元，为年初任务的104.2%；项目投产21个，总投资47.19亿元，为年初任务的100.4%。

大力发展现代服务业和新兴服务业，与浙江慈溪电商顺利签约，天元电商孵化园投入运行。投资11.68亿元的“广货(山西)分拨交易中心项目”前期规划初步完成。落实《关于扶持中小微企业发展的实施办法》，设立中小微企业发展专项资金，积极搭建融资平台，全年共为22户企业提供增信贷款2320万元，累计贷款额度达5260万元。大力实施创新驱动战略，出台《鼓励大众创新创业实施意见》，依托颐高数码打造科技型小微企业创业孵化中心——“芝麻开门”众创孵化基地，已入驻财智通、零起点、慧智商务等13家科技型企业，创新型企业孕育工作迈出实质性步伐。

开展城乡环境“六项”整治提质行动(重点窗口整治提质行动、城市容貌整治提质行动、社区环境整治提质行动、绿化景观整治提质行动、环卫秩序整治提质行动和环境质量整治提质行动)。对兴隆步行街等10条重点街道及周边环境进行集中治理，启动北大街省级文明城市示范街创建活动，桃北东街建成为省级容貌示范街，桃北中街建成为省级保洁示范街。全年累计建成清洁社区31个、清洁小区240多个。全区绿化覆盖率、绿地率、绿化率和森林覆盖率分别达37.11%、33.54%、32.83%和29.49%，人均公共绿地面积16.67平方米。深入推进大气污染防治工作，出台《环境保护网格化监管工作实施方案》，环境保护监管力度得到加强。智慧城区综合指挥中心硬件安装工作全部完成，初步具备运行条件，为推进城市管理网格精细化提供了有力的硬件支持。

加大基层社会治理创新。全区创建评选出14个幸福社区，新建、改建社区办公活动场所10个，建成11个社区“一站式”服务平台(所有社区承担的工作在一个服务大厅进行办理)，社区“一站式”服务平台实现全覆盖，社区服务功能进一步提升。社会工作人才队伍建设不断加强，全区拥有资质的专业社工77人，人员比例位居全市第一。大力培育和孵化社区社会组织，全区登记、备案的社区社会组织达241个。社区志愿者队伍不断壮大，德胜街社区入围全国“四个100”(100个最美志愿者、100个最佳志愿服务项目、100个最佳志愿服务组织、100个最美志愿服务社区等志愿服务)最美志愿服务社区候选名单。养老服务力度加大，在21个社区建成老年人日间照料中心。积极探索医养融合的养老服务模式，引入社会组织——市宜康居家养老中心，率先在全市推出“云健康”概念，建立首个健康养老信息化服务平台，利用大数据、云计算等先进技术，为老年人提供信息化健康养老服务。基层社会治理创新取得新成效，社区内驻地联建、部门联创、自治组织及居民群众互动的多元化治理局面初步形成，申报成为全省唯一的第三批“全国社区治理和服务创新实验区”。（王世钧）

领导人名录

中共阳泉市城区委员会

书　记　张　晋（6月任）
副书记　武　雪（女）　任时杰
常　委　张　晋（6月任）
　　　　武　雪（女）　任时杰
　　　　李保存　杨献斌　李昱平
　　　　刘志军　胡秀毅　田　青
　　　　王志伟
区委党校常务副校长　赵志勇

中共阳泉市城区纪律检查委员会

书　记　杨献斌

阳泉市城区人大常委会

主　任　李忠祥（5月免）
　　　　李保存（5月任）
副主任　李志军（5月任）
　　　　李　力　姚培万（5月免）
　　　　吴祥玉（5月免）
　　　　夏爱林（女，5月免）
　　　　郭智明（5月任）
　　　　赵秀生（5月任）
　　　　余丽红（女，5月任）

阳泉市城区人民政府

区　长　武　雪（女）
常务副区长　李昱平
副区长　刘志军　杨红梅（女）
　　　　李忠何　吴东作　赵建军

政协阳泉市城区委员会

主　席　杨柱英
副主席　胡道宏　余占玉（女）
　　　　田秀贞（女）　董美玲（女）
　　　　任锁才

阳泉市城区人民法院

院　长　张秋籽

阳泉市城区人民检察院

检察长　贾建胜

阳泉市城区公安分局

局　长　王庚明

阳泉市城区人民武装部

部　长　田　青
政　委　李彦彬

【体育舞蹈全国公开赛在城区举办】 5月2日，“2015·阳泉城区首届体育舞蹈全国公开赛”在阳泉师范高等专科学校体育馆举办，全国5个省20个地市的32支代表队800余名选手参加比赛。大赛设摩登舞、拉丁舞两大类10个舞种140个组别，参赛选手年龄最大的60岁，最小的6岁。为提高赛事的观赏性，特邀请全国青少年体育舞蹈排名赛前12名的选手和各大专业院校的优秀学生参与比赛。此次城区举办全国性的体育舞蹈公开赛尚属首次，对丰富和活跃群众的文化生活、增进城市间的相互了解及文化交流、促进文化体育旅游事业繁荣发展、全面推进文明城市创建具有积极作用。（王世钧）

【3项专利获全国奖项】 10月24日至27日，城区组织山西邦奥伟业半导体照明有限公司、山西欧德宝电子工程有限公司、山西省阳泉市鹏华汽车电子灯具有限公司3家科技型中小企业以及个人发明者杨政福参加在“五金之都”浙江永康举办的第21届全国发明展览会。会上，山西邦奥伟业半导体照明有限公司展出的“矿用隔爆兼本质安全型LED巷道应急灯”“太阳能家用发电系统”2项专利分别获得大会金奖和银奖，山西欧德宝电子工程有限公司展出的“不耗电的新型交流接触器”获得大会银奖。（王世钧）

【民生工作】 2015年，城区民政工作坚持“以民为本、为民解困、为民服务”的宗旨，在社区建设、社会救助和推进养老服务体系建设上取得突破和创新。在社区建设方面，开展“幸福社区”创建活动，14个社区被命名为“幸福社区”，11个社区建成“一站式”服务平台；深入推进“三社联动”（即社区、社会组织和社会工作人才联动），积极引导社区探索“一委一居一站”（即党委、居委会、管理服务站）的社区治理架构，大力培育和孵化社区社会组织，加强社会工作专业人才队伍建设，全年全区共登记社区社会组织7个，备案社区社会组织137个，专业社工22人。在社会救助方面，全区低保标准由原来的每人每月380元提高到410元，保障人数达3182户6914人；积极开展医疗救助和困难临时救助工作，年内累计救助大病对象1017人次，发放医疗救助金302.7万元；对符合临时救助条件的872户家庭进行困难临时救助，发放救助金61.16万元。在19个社区建起老年人日间照料中心，为老人提供个性化、规范化的日间照料服务；成立全市首家社区居家养老照料中心和老年护理中心，提升了全区的养老服务水平。此外，优待抚恤、社会福利等各项民政工作方面也得到发展。（王世钧）

【教育工作】 年内，城区深化教育改革，深层推进素质教育，全力提高基础教育发展水平，开创教育发展新局面。一是以“国家义务教育发展基本均衡县区”验收为契机，加快全区义务教育均衡发展步伐。二是引申“传统文化进校园和阳光体育活动”两项特色活动，提升校园文化品位。三是推进《阳泉市城区推进教育现代化发展工作实施方案》的实施,强化教师队伍建设,进一步提高全区素质教育发展水平。四是实施学前教育推进工程,提高适龄幼儿入园率,学前三年入园率达90.8%。五是将安全教育纳入教学计划,抓好学校房屋设施安全、道路交通安全和食品卫生安全,全年未发生1起重大安全责任事故。六是加大督学责任区制度实施力度,完善和充实教育督导评估体系。七是全面推进课程改革,组织各种大型活动6次,300余名教师参加,经过逐级评选,有37名教师和29项成果获奖,10节公开课被评为一等奖。（王世钧）

【社区信息化建设】 年内,城区多措并举推进社区信息化建设。一是以街道为基本单元,建设社会治理综合服务信息平台,构建集行政管理、社会事务、便民服务为一体的社区信息服务网络,形成部门—街道—社区三级网络平台,加强各级各部门之间数据互联互通、共享共用,实行"前台一口受理、后台协同办理"的一站式服务。二是开发网上咨询办理、服务热线呼叫、现场自助查询等系统功能,为居民群众提供网络、电话和窗口服务关联组合的一体化社区公共服务。三是规范信息共享范围、共享方式和共享标准,拓展数据沉淀、数据挖掘和数据分析功能,逐步丰富综合信息平台提供的基本公共服务项目和服务信息,进一步拓展服务领域和功能,优先发展针对老年人、未成年人、残疾人、困难群体的系统应用。四是广泛吸纳社区社会组织、社区服务企业信息资源,促进社区公共服务、便民利民服务、志愿互助服务的有机融合和系统集成。五是完善社区服务信息推送机制,主动及时地为居民提供各类公共服务信息和生活服务信息。将信息平台建设和养老服务相结合,同步部署,同步落实,推进社区工作、城市管理、综合治理网格化,建设智慧社区、智慧城市,逐步推进社区基本公共服务的全人群覆盖、全口径集成和全区域通办。（王世钧）

【中小微企业扶持】 年内,城区出台《阳泉市城区扶持中小微企业发展实施办法》,进一步支持中小微企业加快发展。在财政扶持方面,设立100万元中小微企业发展专项资金,主要用于支持全区中小微企业技术进步、结构调整、转变发展方式、改善服务环境等方面。在企业融资方面,建立政府、银行、企业和担保机构为主体的助保贷管理办公室,为中小微企业提供融资服务,搭建方便快捷的融资平台。在落实税收优惠政策方面,执行对中小微企业减征、免征、缓征的各项税收规定。在技术创新支持方面,支持中小微企业应用新技术、新工艺、新材料、新设备开发适销对路的新产品。（王世钧）

【法治城区建设】 年内,城区多措并举推进法治城区建设。一是按照全面落实依法治国基本方略的要求,组织开展法制宣传教育主题活动,在新华东街社区阳光广场打造法律文化广场平台,与真安律师事务所联合建立打造"指尖传法"微信法律服务平台,利用网络媒体,加强法制宣传。二是加强人民调解组织队伍建设,进一步健全大调解工作机制,完善矛盾纠纷定期排查、重点领域专项排查、重要敏感时期集中排查和矛盾纠纷逐级定期报告等制度,最大限度地把矛盾纠纷解决在基层、化解在萌芽状态。三是积极拓展法律援助领域,充分发挥法律援助在维护弱势群体合法权益方面的积极作用,为困难群众提供更加优质高效的法律援助服务;开辟法律援助便民绿色通道,在社区干部中培养法律援助志愿者,打造社区法律援助"一小时服务圈"。四是创新方式方法,推进"教育改造与安置帮教一体化"工程,建立刑释解教人员信息管理系统,完善信息资料库;完善与家庭、单位、社区的信息沟通和参与帮教管理机制;落实重点人员有效安置政策,帮助刑释解教人员安全顺利融入社会;进一步加强社区矫正人员的管理、教育学习和技能培训,将社区矫正各个环节纳入制度化、法制化、规范化轨道。（王世钧）

矿　区

【概况】 阳泉市矿区面积11.83平方千米,辖6个街道办事处、38个社区居民委员会,常住人口24.87万人(包括阳煤五矿)。

2015年,全区地区生产总值110亿元,全社会固定资产投资99.1亿元,财政总收入5.82亿元,第三产业增加值25.1亿元,一般预算收入2.95亿元,社会消费品零售总额23.2亿元,城镇居民人均可支配收入达到2.7万元。

总部经济 通过协调引进总部企业30家,围绕阳煤集团经营的总部类企业达到421户,实现纳税3.6亿元。以"飞地模式"累计引进项目达14个,为全区经济发展增添新的动力,促进了县区间的融合发展。

项目建设 加大招商引资力度,引进包装项目79项,总投资472.8亿元。矿区获国家独立工矿区改造搬迁工程试点,上级补助资金1.24亿元。新增高新企业1家。组织实施科技发展计划项目30项,科研经费规模达到500余万元。与平安银行签订合作框架协议,已先期开展部分金融业务。通过"政银企保"平台帮助中小企业融资4000余万元。引进管理咨询、会计业务企业2家。全年新增民营企业201家、个体工商户737户。

教育强区 继续改善学校软硬件设施,实施6项校舍改造工程,新建2所公办标准化幼儿园。139名教师进行交流,比例达14%。

城市建设和社会治理 集中拆除80余处违章建筑;投资1200万

元，实施对悦馨居楼前道路整修、赛鱼街路灯安装、全区道路景观亮化等12项基础设施改善项目。主要街道、重点部位视频监控覆盖率达到80%以上，完成38个社区警务室建设，破获刑事案件246起，抓捕逃犯62名，整治治安乱点39处，打掉恶势力团伙3个。

生态环境　完成8家涉及挥发性有机物治理的工业企业治理工作，空气质量良好（二级以上）天数达267天，比2014年增加89天。大力实施身边增绿工程，新增绿地面积1万余平方米。投资980余万元建设蔡东小游园、东窑房小游园和蔡西登山健身步道，建设面积达2万余平方米。

民生保障　新增就业2508人，登记失业率控制在3.83%以内；城镇社会保险参保率达到98%，为1092户发放临时社会救助90.8万元；为7046人次支付大病医疗救助金243.7万元；通过特困帮扶基金会为1104人次提供救助资金96.3万元；资助31.7万元帮助101名贫困家庭大学生圆了大学梦；为864户2012人发放城镇低收入住房补贴258万元；为3310户7092人发放低保金2041.9万元；继续做好残疾人托养服务工作，发放补贴6.5万元；为在职社区干部提高生活补贴300元/月，为退养居委会干部提高补贴30元/月；医药卫生体制改革有序推进，计划生育工作继续位居全省前列。　（孙燕平）

领导人名录

中共阳泉市矿区委员会

书　记　梁志勇（5月任）
副书记　刘乙佑　冉志伟
常　委　梁志勇（5月任）
刘乙佑　冉志伟
侯彦军（6月免）
王宝新　吴亚非（4月免）
高海明　王晓丽（女）
王　洪（4月任）
王富明（6月任）　张世庆
区委党校常务副校长　任建平

中共阳泉市矿区纪律检查委员会

书　记　（暂缺）

阳泉市矿区人大常委会

主　任　苏满晓（5月免）
侯彦军（5月任）
副主任　史豪强　石文辉　唐　鲁
连秀芳（女）　张栗平

阳泉市矿区人民政府

区　长　刘乙佑
常务副区长　王晓丽（女）
副区长　高海明　徐本宁　杨志强
雷永平　王希田

政协阳泉市矿区委员会

主　席　王贵平
副主席　丁慕国　康银柱
温巧兰（女）　王前进

阳泉市矿区人民法院

院　长　梁　庆

阳泉市矿区人民检察院

检察长　严志勇

阳泉市矿区公安分局

局　长　韩文明

阳泉市矿区人民武装部

部　长　张世庆
政　委　张　震

【“银医一卡通”服务】　1月，阳煤集团总医院与中国银行联合推出的“银医一卡通”系统正式启动。该系统将银行的信息系统与医院的信息系统进行连接，依托银行自助终端系统，为患者提供一站式医疗服务。就诊患者只需持身份证，在自助机上办理一张长城健康卡，并与阳煤职工医保卡绑定，便可用此卡在医院任意一台自助终端机上完成挂号、缴费、打印检验报告单、查询医疗消费明细等服务。该项目共启用53台自助机。“银医一卡通”服务的启动，简化了就诊流程，大大缩短患者的就医时间，给患者带来了便捷。　（王宏英）

【三矿维运区矿灯队获全国“五一巾帼标兵岗”称号】　3月，阳煤集团三矿维运区矿灯队获全国“五一巾帼标兵岗”荣誉称号。该队成立于1994年，2015年有职工83人，其中女职工67人，占职工总数的81%以上，平均年龄35岁，她们担负着全矿6000余名矿工矿灯的收发和维护工作。自建队之日起，灯队的女职工在安全上严把关、堵漏洞，杜绝了失爆，降低了红灯率，使矿灯完好率始终保持在95%以上，保证了矿灯的正常运行。　（王宏英）

【赵泉祥获“全国先进工作者”称号】　4月28日，矿区环卫处职工赵泉祥在庆祝“五一”国际劳动节暨表彰全国劳动模范和先进工作者大会上被授予“全国先进工作者”称号。赵泉祥是矿区环卫处清淘组组长，在环卫一线工作36年，始终坚持“宁愿一人脏，换来万家洁”“宁愿一人苦，换来万人康”的工作信念，勤勤恳恳、任劳任怨地工作，受到组织和人民的好评认可。　（王宏英）

【苏村社区微信公众平台】　为给居民提供更加便捷的服务，4月，苏村社区开通微信公众平台。内容主要有信息查询、社会保障、计划生育三大类，包括社区信息、社保补贴、医保办理、失业登记、低保和廉租房申请、生育服务证等涉及居民生活的多项内容。社区居民通过手机搜索公众号“苏村社区”或直接扫描二维码，即可掌握社区提供的各类为民服务资讯，并可在手机上获取办证流程、进行互动留言。（王宏英）

【东山社区获“全国民主法治示范村（社区）”称号】 5月，平潭街街道东山社区被司法部和民政部联合授予第六批“全国民主法治示范村（社区）”称号。东山社区在具体工作中，坚持组织领导、思想认识、宣传发动、工作措施“四个到位”，健全完善民主选举、民主决策、民主管理、民主监督“四项制度”，保证了居民群众依法行使知情权、监督权，促进了党群关系、干群关系的融洽。通过软硬件建设相结合的办法，常年开展各类普法宣传教育活动。组建30余人的专职巡逻队，在社区安装40余个视频监控设施，实现了人防加技防、共同保平安的良好局面。（王宏英）

【刘佳祺获宋庆龄少年儿童发明奖】 9月，小南坑小学二年级学生刘佳祺发明的便携式助老搜寻器获得第十一届宋庆龄少年儿童发明奖铜奖。便携式助老搜寻器由一根Z形管构成，在管道的拐弯处安放着两个相互平行的平面镜，这两个平面镜与水平方向呈45度角，影像通过两次折射就能在上面拐弯处看到，同时搜寻器根据个体差异设计了抽拉式活动杆，以方便老年人寻找遗落在犄角旮旯里的小物件，解决了老年人在找寻物体时不方便弯腰下蹲、踩凳登高等具体困难。刘佳祺是阳泉市参赛选手中唯一入围获奖的选手。（王宏英）

【“一网”打造便捷“智慧政务”】 年内，阳泉矿区政务服务平台“阳泉矿区政务服务网”开始运行。“阳泉矿区政务服务网”是矿区建设“智慧政务”搭建的网络平台，通过计算机、手机APP、微信、放置在街区的大屏幕和各个社区的触摸屏“一网五端”的展示方式，为矿区居民和企业提供个性化、智能化信息服务的技术平台，实现办事和服务信息的“主动推送”和内容的个性化定制，协助区政府为广大居民提供最大程度的均等与公平、高效与便捷的政府政务服务。政务服务平台搭建政务与市民的互动平台，政府由此可以统计和了解居民的各项需求，居民也能够通过平台了解到政府对居民需求的反馈。（王宏英）

【平安驿站成立】 年内，首批20家平安驿站在矿区各街道、路口、人员密集场所的临街商铺挂牌成立。平安驿站是各类综合治理队伍、资源、力量的汇集、交融、整合，既是一个平台，又是一个机制，通过这个平台将矿区社会治安各种信息汇集，通过职责联动得到快捷解决。以平安驿站为平台，矿区组建了1支由社区网格员、驻区片警、巡防队员、平安驿站站长为主要力量的情报收集队伍；相继出台各成员的工作职责及工作制度，要求驻区片警、巡防队员和平安驿站站长每日将巡防情况记录在案，由社区网格员一周一汇总，并上报街道综合治理办公室，由街道综治办逐级上报。平安驿站打造出一个提供平安创建平台、收集情报隐患、配合公安机关打击犯罪和进行法治宣传的阵地。（王宏英）

郊　区

【概况】 阳泉市郊区面积627.01平方千米（含划归开发区区域），辖4个乡、4个镇、189个村民委员会（含由开发区托管的5个村）和10个居民委员会，常住人口23.9万人，其中城镇人口17.3万人，乡村人口6.6万人。

2015年，全区生产总值80.73亿元，公共财政预算收入4.45亿元，规模以上工业增加值14.97亿元，固定资产投资90.48亿元，社会消费品零售总额14.9亿元，城镇居民人均可支配收入22195元，农村常住居民人均可支配收入12124元。

以企业减负为重点，狠抓工业经济运行。出台减轻企业负担促进工业稳定运行的54条措施，全年为企业减负1.85亿元。坚持推行“助保金贷款”业务，累计投入风险补偿金2480万元，融资规模达到2.5亿元，办理助保金贷款9620万元，26家企业进入“小巨人”培育库。

以项目建设为载体，狠抓产业结构调整。大力开展“项目提质增效年”活动，全年共实施投资项目55项。河坡电厂2×35万千瓦热电联产项目正式投产，青岛昌盛日电2万千瓦光伏农业项目全面开工，坡头煤业45万吨、神堂煤业90万吨、西上庄煤电一体化、珍宝园小区建设、三泉棚户区改造等一批重点工程项目有序推进。

以农民增收为核心，狠抓城郊农业发展。划拨1000万元支持农业发展，河底现代农业综合园、西南舁万亩优质果品园和平坦·义井双百万蛋鸡养殖园等农业基地建设取得明显成效。大力发展乡村旅游，推进美丽宜居乡村建设、土地确权、土地流转、精准扶贫等工作，桃林沟村被认定为“全国一村一品示范村镇”，小河村被评为“中国景观村落”。

以新城建设为引领，狠抓人居环境改善。大力配合生态新城建设，制定完成8平方千米“大荫营”建设规划，投资1000万元对荫营河进行综合整治，投资1500万元完成荫营城区供暖热电联产改造。全面加快农村人居环境改善，深入推进乡村清洁工程，市边、城边、路边、镇边的60个重点村累计完成各类投资9.2亿元，农村人居环境明显改善。

以民生改善为宗旨，狠抓惠民实事办理。开展“四个一批”（劳务输出转移一批、驻地企业安置一批、政策推动自主创业一批和干部服务协调解决一批）就业帮扶工程，全年新增城镇就业人员2751人，完成各类保障房建设2800套，人民群众幸福指数不断提升。

以安全稳定为保障，狠抓全区平安创建。按照“党政同责，一岗双责，失职追责”要求，抓好安全生产。始终保持零容忍高压态势，严厉打击私挖滥采。健全信访工作机制，出台《规范信访秩序依法处置非访行为十二条实施意见》，严格执行“三会一书”（会见、会议、会谈，答复意见书）信访工作法，着力解决了一批信访突出问题，全区安全稳定形势不断好转。

以基层党建为抓手，狠抓乡村治理。积极推进“六权治本”（即通过依法确定权力、科学配置权力、制度限制权力、阳光使用权力、合力监督权力、严惩滥用权力，在“不敢腐”的基础上，形成“不能腐”的长效机制），大力简政放权，承接行政审批下放事项39项，编制完成涉及30个部门2297项行政审批事项的政府权力清单，并创立“六议两公开”（村级重大事项严格按照年初计划、上级安排和村情民意科学动议，然后经村党组织提议、村两委商议、党员大会审议、入户征求民议、村民大会决议六个环节进行决策，最后将决议结果和实施结果公开）工作法，列出村级组织权力责任清单，继续实践“联村党委”发展模式，引深“民事代办”服务机制，进一步密切了党群干群关系。（侯晋元）

领导人名录

中共阳泉市郊区委员会

书　记　苏秀瑞
副书记　韩加政
常　委　苏秀瑞　韩加政　孙　毅
　　　　王振杰　田进勇　王建华
　　　　张斌武　周新革　杨兆权
党校常务副校长　罗树宏

中共阳泉市郊区纪律检查委员会

书　记　孙　毅

阳泉市郊区人大常委会

主　任　王梦贺
副主任　张凤英（女）　陈玉俊
　　　　王可剑　张富英　潘　钰

阳泉市郊区人民政府

区　长　韩加政
副区长　田进勇　程继喜　樊志红
　　　　刘瑞生　郭满仓
　　　　赵素卿（女）

政协阳泉市郊区委员会

主　席　王如生
副主席　杨济才　乔国强
　　　　王振涛（女）　刘金文

阳泉市郊区人民法院

院　长　冯晋明

阳泉市郊区人民检察院

检察长　王建明

阳泉市郊区公安分局

局　长　李　华

阳泉市郊区人民武装部

部　长　杨兆权
政　委　封士进

郊区白泉工业园区管委会

主　任　马大刚

【新任村官履职承诺】 1月20日，郊区举行第十届村委会当选主任履职公开承诺大会。新当选的行政村村委会主任手持当选证，面对国徽做履职承诺。承诺内容如下：新任村官向党组织和党员群众做出不独断专行、重大事项决策严格实行“四议两公开”；不私签、乱签合同，不擅自买卖土地、资源，不参与私挖滥采，不随意、廉价处置集体资产；不用集体资金、资产为他人担保，不参与“高利贷”借贷活动；不私设小金库，不公款私存、搞集体资金“体外循环”，不借债赊欠发放福利；不私存、私盖公章；不用公款请客送礼、游山玩水，婚丧嫁娶不大操大办；不参与“黄、赌、毒”和涉黑涉恶活动；严格管好身边人，不为近亲属在本村安排工程，不为他们提供管钱、管物等重要岗位的工作；不组织、参与、煽动非法越级上访九项承诺。区委主要领导对到场的村“两委”负责人进行了系统的任职前教育辅导。（李晓璐）

【八届五次全体会议召开】 1月30日，郊区区委八届五次全体会议召开。会上，区委主要领导代表区委常委会作题为《主动适应新常态，勇于担当抓落实，为实施“五大战略”建设现代城郊强区而努力奋斗》的工作报告，提出全区上下要主动适应新常态，勇于担起郊区发展的历史重任，大力实施产业强区、拓城靓区、综改活区、民生安区、实干兴区的“五大战略”，着力稳增长、调结构、抓改革、惠民生，坚持从严管党治党，不断提高党委领导新常态下经济工作的能力和水平。区委副书记、区长韩加政就2015年主要经济指标进行预期分析和发展要点说明，区委常委、纪委书记孙毅对《中共阳泉市郊区区委关于贯彻落实党的十八届四中全会精神加快推进法治郊区建设的实施意见》进行说明。大会表决通过区委常委会工作报告和《中共阳泉市郊区区委关于贯彻落实党的十八届四中全会精神加快推进法治郊区建设的实施意见》，并对区委常委2014年度工作情况进行了满意度测评。（李晓璐）

【小河村被评为“中国景观村落”】 12月19日，在“2015中国古村落保护与发展论坛暨‘第六届中国景观村落’授牌颁证大会”上，义井镇小河村获“中国景观村落”称号。小河村群山环绕，依坡建村，山势高差使小河村的建筑高低起伏，错落有致，层次分明，是著名红色作家石评梅女士的祖籍地。面积达1万余平方米的石家花园是这座古村的地标性建筑，它始建于清雍正年间，距今已有近300年历史；石家花园靠山临水，选址讲究，建筑融入石雕、砖雕、木雕，雕刻细腻、构图讲究、工艺独特；院中窑洞65眼，起脊房112间，主宅由21个小院组成，大院有前后大门9座，小院间由72道过门相连，院中有院，院上有院；现存木雕450件，石、砖雕各300多件。保持完整的石家花园，堪称北方最具特色的大院民居文化，典型的代表了小河村历史文化名村的价值和品味。（李晓璐）

【《中国共产党阳泉市郊区历史（1927—2012）》出版】 12月，由区委党史研究室主持编纂的《中国共产党阳泉市郊区历史（1927—2012）》由中共党史出版社正式出版发行，主编杨济才。该书采用编年体与纪事本末体相结合的体例，按历史的发展进程分期设编。全书10编37章，计40多万字，系统记述了1927年中国共产党在阳泉市郊区开展秘密活动至2012年中共十八大召开前80多年来中共阳泉市郊区党组织的产生、发展，并带领全区人民进行革命和建设的光辉历程，总结了中共阳泉市郊区地方组织80多年来革命、建设和改革发展的主要历史经验和教训。（张　斌）

【“六权治本”工作】 年内，郊区根据省市委统一部署，继续实施以“六权治本”为主要内容的乡村治理，进一步织密权力围栏。以简政放权、清理权力清单为突破口，全年共承接行政审批下放事项39项，编制完成30个部门2297项事项的政府权力清单并向社会进行公布。针对郊区实际，将规范权力运行向基层延伸，打造出“六权治本乡村版”。首先，在原“四议两公开”（村级重大事项采取党组织提议、两委商议、党员大会审议、村民代表会议或村民会议决议四个环节形成决策，最后将决议结果和实施结果公开）基础上，开展以“六议两公开”为主要内容的乡村治理，将“动议”“民议”也纳入乡村民主治理范围，村级重大事项按照年初工作计划、上级安排和村情民意科学形成动议，有效避免了村干部提出决策议题的随意性；然后将党组织提议、两委商议、党员大会审议通过的事项及时由党员和村民代表广泛征求村民意见，形成民议。这样变“代表没代表”为“代表真代表”，变“支书领导”为“党支部领导”，变“村官自治”为“村民自治”，使农民真正走到主人位置，使基层民主自治得到充分发挥，权力真正在阳光下运行，杜绝了乡村干部一手遮天的现象。其次，为进一步规范乡村民主管理制度，织密权力围栏，杜绝“牛栏关猫”现象，先后出台《农村干部管理办法二十条》《新当选村委主任九项承诺》等管理措施；1月20日，举行全区184名新任村委会主任履职公开承诺大会，从制度上制约乡村干部胡作为、乱作为现象，给村干部既戴上“紧箍咒”，也系上“安全带”，使基层乡村干部做到有规可循。（张　斌）

【助保企业贷款】 年内，郊区依托建行工业园区支行继续推出助保贷业务，搭建政府、企业、银行三方合作平台。该项措施于2013年5月推出，为加强对该项工作的领导协调，郊区成立扶持企业融资协调工作领导组，出台《阳泉市郊区重点中小企业助保金贷款业务管理暂行办法》。办法具体规定由企业缴纳一定比例的助保金，政府提供一定额度的风险补偿金，合作金融机构向郊区“中小企业池”中的企业发放贷款。2015年7月10日，以政府牵头组织召开金融振兴暨政、银、企融资对接洽谈会，现场达成融资意向124亿元。截至2015年年末，累计投入风险补偿金2480万元，融资规模达到2.5亿元，办理助保金贷款9620万元。助保贷业务的推出，既杜绝不良贷款的产生，又降低金融机构的信贷风险，同时也增强政府的服务功能，形成政、银、企三方共赢的格局。（李晓璐）

【乡村旅游】 年内，郊区继续坚持以“休闲采摘、生态观光、工业遗迹、红色体验、明清民居、忠义文化”六大系列为重点，加大力度发展旅游业。打造旧街乡南沟村槐花节、荫营镇关王庙关公文化节、平坦镇桃林沟村桃花节、西南舁乡采摘节、专题摄影展等多种形式的生态旅游精品；联合万通旅行社推出郊区美丽乡村一日游7条精品旅游线路，截至年底，累计发团15次；开辟“记者带你游郊区”专栏，发布体验类专题20余篇，新闻消息40余条，推出郊区乡村旅游深度报道10篇、先进人物访谈6篇；结合“智慧旅游”“互联网+”新媒体时代发展要求，建立郊区文物旅游专题网站、开通官方微信平台，发布文物旅游动态信息百余条；中央电视台《远方的家》摄制组走进小河村拍摄专题片并在CCTV—4黄金时段播出；启动刘关张忠义文化长廊建设，开通“石家庄—翠枫山、小河古村评梅景区”旅游客运专线，扩大郊区对外旅游客源市场；全年全区新增或改造旅游厕所50余座、景区停车位3万个，乡村旅游点新增5个景区停车场；改造提升多条通景公路，景区绿化美化亮化、旅游交通标识标牌等工作有实质性突破。咀子上、辛庄、汉河沟、旧街乡、南沟、龙泉沟等乡村旅游累计接待游客13万多人次，创收2800余万元。（李晓璐）

【纪念抗日战争胜利系列活动】 年内，为纪念中国人民抗日战争暨世界反法西斯战争胜利70周年，郊区开展丰富多彩的纪念活动。一是配合中国影协、省文联、省名人联合会于7月24日至26日在郊区开展纪念中国人民抗日战争暨世界反法西斯战争胜利70周年专题影展"百花放映"千场电影惠万民系列活动。二是区委统战部牵头，联合区委党史研究室、区档案局、区文联开展纪念抗战胜利70周年系列活动。具体内容包括征文活动、档案资料征集活动和书画征集活动。征文活动共收到征文110余篇，评出45篇作品予以颁证表彰，并编辑成《抗战记忆》于8月出版；书画征集活动收到作品300余幅，150多幅书画获奖、入展作品于8月在郊区政府一楼大厅展出；档案资料征集活动共收集境内抗日战争史实图片300余幅，483件实物，9月在郊区档案局(馆)展厅展出。抗日战争系列纪念活动激发了广大干部群众，特别是青少年牢记历史、缅怀先烈、珍爱和平、开创未来的爱国主义情怀。（张　斌）

【惠民实事全部完成】 年内，郊区认真落实"惠民生"政策措施，全年财政支出的75%以上用于民生事业发展，年初承诺的八件实事全部兑现。一是投资1000万元完成对荫营河2个标段5.78千米的综合治理；二是投资约1500万元完成江正大街1.8千米热力管网铺设、路面改造工程，实现管网与市热电联产主管网并网运行；三是拿出150万元实施惠民水价政策，荫营城区居民生活用水价格由3.28元/吨降为2.2元/吨，实现与市区同网同价；四是投资835万元对167所村级卫生所进行全面改造，并实现医疗签约服务全覆盖；五是拿出300万元以奖代补推进美丽宜居示范村创建取得初步成效，桃林沟、汉河沟已申报省级示范村；六是拿出60万元对校车进行财政补贴，拿出70万元开通荫营免费循环公交，每天共计24趟循环车，受到荫营城区和周边村居民好评；七是大力实施"四个一批"就业帮扶工程，全年提供各类就业岗位3000余个，城镇登记失业率控制在4%以内；八是投资近900万元，完成联通郊区分公司具体落实的通信网络全面光纤化改造工程，敷设主光缆830多千米、合计1.3万余芯千米，改撤机房58个，改造宽带用户2.35万户，电话用户2.01万户，郊区进入"智慧郊区"时代。（张　斌）

开发区

【概况】 阳泉经济技术开发区面积19.19平方千米(包括新托管的郊区侯家沟、长岭、驼岭头、张家洼、路家山5个行政村和平定县庙堰村计8.63平方千米的区域面积)，辖11个行政村、8个社区，总人口约8万人，其中，户籍人口5.7万人。

2015年，全区地区生产总值15.51亿元，比2014年增长10.08%；固定资产投资30.93亿元，增长0.38%；规模以上工业增加值4.03亿元，下降15.37%；社会消费品零售总额13.68亿元，增长1.4%；外贸进出口完成3863万美元，下降27.03%；财政总收入3.54亿元，剔除非即期收入增长33.05%；公共财政预算收入1.94亿元，剔除非即期收入增长30.71%。

项目建设　2015年，全年共储备项目820亿元，完成计划的158%；签约项目78.3亿元，完成计划的108.8%；落地项目35.79亿元，完成计划的123.41%；开工项目40.22亿元，完成计划的134.07%；重点工程完成投资33.4亿元，完成计划的111.33%；投产项目投资总额44.77亿元，完成计划的101.75%。投资2.3亿元建设标准厂房，已有山西伯纳德科技有限公司、阳泉市世纪金星科贸有限公司、山西中兴环能科技有限公司、山西鼎坤源药业有限公司、欧德宝电子工程有限公司和阳泉三度软件开发有限公司6家企业入驻。成立众盈企业服务中心，完善扶持政策，设立300万元的中小企业发展基金和470万元的科技扶持资金。积极推进企业上市融资，贵友自动化设备有限公司、澳丽丝科技涂料有限公司、麟豪机械制造有限责任公司、中兴环能科技有限公司和三度软件开发有限公司5家企业在Q板挂牌。

招商引资　年内，开发区积极建立招商引资新机制，派驻招商专员长期驻外招商，加大招商引资力度。对已招商项目做好"点对点"跟踪服务，使招商项目进得来、落得下、落得快。探索"委托招商"新模式，先后与中国招商引资研究院、铂泉投资咨询(上海)有限公司签订代理招商合作协议。在上海举办阳泉开发区电子信息及云计算产业招商座谈会，成功举办云计算产业对接洽谈会暨第四届海外博士阳泉行活动。

城市环保　推进大气污染治理工作，出台《开发区城乡环境卫生一体化管理办法》《开发区乡村清洁工程管理制度》。关停矾石窑31座，五龙混凝土搅拌站顺利搬迁。整治建筑工地不规范行为30余处，对禁燃区内1吨位燃煤锅炉进行了关停。开展了黄标车、老旧车专项整治活动，共淘汰报废黄标车及老旧车130辆。完成占地3.67公顷(55亩)的龙柱公园绿化景观改造，新增城市绿化面积2万平方米。投资74万元新设了虹桥路十字路口交通信号灯，投资100万元对保晋路十字路口进行了全面改造，投资1500余万元对保晋路支路和三亚街等街道进行了新建、改造和维修。

民生事业　启动"五险统征"工作，居民医疗保险参保人数达21493人，养老保险参保人数达2454人。为3770名低保人员发放低保金1118.67万元。城镇新增就业1002人，创业带动就业200人，失业人员再就业300人，就业困难人员再就业30人，城镇登记失业率控制在1.38%以内。开发区第一所公立幼儿园——实验幼儿园正式开园，可容纳幼儿300余人。强化农村财务管理，成立开发区农村财务服务中心，实现了"村财局管"。加大对康达小区“脏乱差”的整治力度，投资580万元对1.3万平方米的住宅楼进行节能改造。为石榴园棚户区改造项目争取国家开发银行1.4亿元保障房贷款。完成保障房建设任务。旧村改造工作稳步推进，完成旧村改造安置约4.4万平方米，启动了平坦垴村整体规划和搬迁工作。阳大铁路沿线的拆迁摸底和扫障工作稳步推进。

社会安全 建立完善信访联席会议制度，上五渡、下五渡和张家洼信访问题的协调解决取得较大进展；先期投入1000万元用于上五渡返迁安置房建设，协调解决农民工讨薪案件83起1200余万元。开展对非法集资风险的全面排查、监测和预警，成功侦破1起非法集资案件。成立安监局，加大对安全生产的日常监督检查，全年全区未发生生产经营性事故，实现了事故起数和死亡人数双下降，保持了安全生产的良好态势。开展“打黑除恶”专项斗争推进年活动，立案632起，破案175起，打击处理各类违法犯罪人员259人。建成社区警务室5个，投资400余万元改善公安分局办公条件。 （董中华）

领导人名录

中共阳泉经济技术开发区党工委

书　记　要　真
副书记　马　骥

中共阳泉经济技术开发区纪检工委

书　记　刘文军

阳泉经济技术开发区管委会

主　任　马　骥
副主任　高　银　刘振明　武治学
办公室主任　杨金元
经济开发局(民营经济发展局)
　局长　朱卫东
社会管理局(西区街道办事处)
　局长(主任)　王贵青
财政局局长　贾秉强
建设环保局局长　刘建军
人事劳动局局长　刘秀田
党群工作办公室主任　张医才

市公安局开发区分局

局　长　张晋龙

【公立幼儿园开园】 3月26日，由开发区管委会投资1800余万元建成的开发区第一所公立幼儿园——实验幼儿园正式开园。幼儿园坐落于开发区大连东路，占地面积6232.78平方米，可容纳300余名幼儿。该园的建成切实解决了开发区学龄前儿童“入园难、入园贵”的问题，标志着开发区公办幼儿教育事业得到新的发展。 （董中华）

【6村托管】 5月1日起，郊区李家庄乡侯家沟村、驼岭头村、长岭村，杨家庄乡张家洼村、路家山村，平定县巨城镇庙堰村6个行政村正式交由市经济技术开发区托管。 （董中华）

【委托招商】 6月2日至4日，由开发区管委会主办，寰球人才交流中心和铂泉投资咨询(上海)有限公司协办的阳泉经济技术开发区电子信息及云计算产业(上海)招商座谈会在上海召开。座谈会围绕推进开发区产业转型，利用百度云计算带来的产业机遇，就阳泉市发展电子信息及云计算产业向到会的48家上海客商进行了推介交流。其中6家企业确定投资意向，涉及项目总投资23亿元。此次推介活动是开发区探索委托招商模式的一次成功尝试。 （董中华）

【“2015云计算产业对接洽谈会暨第四届海外博士阳泉行活动”在开发区举行】 11月，阳泉市“2015云计算产业对接洽谈会暨第四届海外博士阳泉行活动”在开发区举行。此次活动是阳泉市首届以云计算产业发展为主题的招才引智活动。其宗旨是重点推进人才、企业、项目、资金的对接交流，为阳泉市发展云计算产业集聚要素、奠定基础，同时展示阳泉市转型发展、打造信息技术产业的新形象。活动期间，共签署合作意向项目9个，涉及O2O软件开发、纳米材料制造与应用、医疗卫生等多个领域。 （董中华）

【社会事务“扁平化”管理】 年内，为减少管理层级，优化办事流程，开发区积极推行“扁平化”社会管理模式，将“区直部门—社会管理局—村(社区)”的三级管理模式改变为“区直部门—村(社区)”的二级管理模式，由区直部门直接将工作任务分配到村(社区)，社会管理局不再承担中转任务，重点担负协调沟通职能。同时在全区村、社区建立便民服务窗口，在基层为居民办理各种事项，做到了“群众办事不出村(社区)”的目标，提高了办事效率。成立开发区农村财务服务中心，实现对辖区行政村财务的统一管理，提高了对村级财务的监管力度，确保资金得到更合理科学的使用。 （董中华）

【消防安全主题文化公园建成】 年内，阳泉市首座消防安全主题文化公园建成并投入使用。该园位于开发区大连路梧桐苑，占地面积约1100平方米，由市消防支队与开发区管委会共同打造，是集休闲娱乐和消防宣传为一体的专题教育性公园。公园采用消防形状景观雕塑、垃圾桶，消防特色宣传牌和消防主题浮雕墙等形式宣传消防知识，在为居民提供休闲娱乐场所的同时，也普及了消防安全知识。（董中华）

平定县

【概况】 平定县面积1390.94平

方千米，辖8个镇、2个乡、318个村民委员会和23个社区居民委员会，常住人口343091人，其中城镇人口137740人、乡村人口205351人。

2015年，全县生产总值84.7亿元，比2014年增长2.9%；规模以上工业增加值26.72亿元，增长1.61%；公共预算收入4.83亿元，增长13.14%；全社固定资产投资161.83亿元，增长18.93%；社会消费品零售总额32.78亿元，增长4.2%；城镇居民人均可支配收入24445元，增长7%；农村居民人均可支配收入10957元，增长7.3%。

经济结构优化提升。从三产结构看，三次产业比重优化为4.83∶52.91∶42.26，服务业比重比2014年提高2个百分点，非煤产业增加值占规模以上工业企业增加值比重达到39%。农产品加工企业实现销售收入10亿元，增长22.8%，完成畜牧业总产值7亿元，农民人均收入增加960元。从投资结构看，三产和新兴产业投资高涨，三产的投资比重达到74.6%，新兴产业项目投资占工业总投资的68%。从税收结构看，非煤税收比重达到95.88%。信贷结构逐步优化，金融机构存贷比实现43.27%，增加3.4个百分点。

园区承载能力提升。先后投资6亿多元，打造龙川工业园和张庄新型工业园，截至年底，两大园区已吸纳阳煤乙二醇、深圳贝瑞特、天元绿环家电等15个亿元以上项目在园区落地。园区产能达到120亿元、利税5亿元，规模以上工业企业总产值占全县工业总产值超过七成，从业人员超过2万人。

改革创新活力提升。进一步深化行政审批制度改革，全县156项行政审批类事项全部进入审批大厅办理；推行"先照后证、三证合一"（工商营业执照、组织机构代码证、税务登记证）商事制度改革，新发展各类市场主体2668户，比2014年增长51%；在金融振兴方面，努力建设省级普惠金融试验区，财政投入2360万元增信资金，推进"助保贷""农保贷"业务拓展，累计为94个企业解决1.92亿元融资困难；在发展民营经济方面，出台促进小微企业加快发展的实施意见，着力破解企业融资担保、转型升级、人才培养、组织管理等难题；不断加大科技创新投入，培育省级高新技术企业3家、省级民营科技企业2家，培育建设1个省级工程技术研究中心，建设科技项目管理中心并投入运行；完成党政机关公务用车改革；坚持招大商、选优商，与省内外大型企业如中电投集团、葛洲坝集团、《中国企业报》集团、中国汉能科技公司以及山西国新能源、晋能集团等建立战略合作关系。

生态环境显著改善。实施大气污染防治净空工程，开展严厉打击"土小企业"违法排污专项整治行动，关闭取缔石灰窑、矾石窑355座；完成二氧化硫、氮氧化物、烟尘、工业粉尘、化学需氧量、氨氮6项污染物减排任务；发展低碳经济，加大节能减排，万元地区生产总值能耗下降2.5%，工业固体废弃物综合利用率达73%，万元工业增加值耗水量减幅为6.02%；实施"增绿兴水"生态建设工程，营林造林3042公顷（45630亩），白杨沟等9座水库除险加固和大石门等3座水库维修养护工程完工，综合治理水土面积57.5平方千米。

基础设施全面改善。实施县城及周边自来水管网改造工程，县城日供水能力达到1.5万立方米，涉及10个行政村5910人的饮水安全问题得到解决；新增供热面积44万平方米，县城集中供热覆盖率达到85.9%；全力实施"畅通工程"路网建设，阳五高速北互通连接线、龙川工业园西区道路、南川河滨河大道一期、二中路建成通车，西外环鹊山段病害治理工程完工，完成农村公路完善提质43.6千米，生命安全防护工程30千米，城市人均道路面积达到6.1平方米；新建天宁园、朝晖园等7个小游园；投入2972万元实施乡村清洁工程，新建垃圾处置点70个，垃圾围村、垃圾围城现象得到有效整治。

民计民生持续改善。财政对民生投入比重达到78.7%。城乡居民收入稳步提高，城镇和农村人均可支配收入达到24445元、10957元，分别增长7%和7.3%。创业就业工作积极推进，新增城镇就业人员4107人，登记失业率控制在4.2%以内，培训新型职业农民1300人。社会基本保障覆盖面继续扩大，新农合人均财政补助标准提高到380元，参保率99.2%；城镇居民医保财政补助标准提高到380元，参保率98%；城乡居民基础养老金每人每月提高15元，达到85元，养老覆盖面达到98%，为城乡25755名低保群众发放低保金6593.63万元，实现应保尽保。实施教育均衡提升工程，通过国家级义务教育均衡县验收；平定四中、阳泉师专附属学校和县特殊教育学校开工建设，新改扩建8所农村幼儿园，薄弱学校改造工程和标准化学校建设工程顺利推进。医疗卫生事业长足发展，人均公共卫生服务经费由35元提高到40元，为60岁以上老人实行免费体检，县级公立医院综合改革继续深化，乡村卫生服务能力稳步提升。城乡保障住房工作进一步加强，2015年开工建设保障房162套，累计开工1982套，竣工1124套，分配763套，农村改造危房300户，完成抵制灾害避让搬迁年度任务。实施文化惠民工程，完善公共文化设施及服务网络，开展全民阅读活动，举办大型群众文化活动，加大政府购买公共文化服务力度，积极开展送戏下乡、送电影进学校、数字影院建设，满足城乡群众文化需求。加大扶贫开发力度，包村增收帮扶资金累计投入1004万元，年内帮助3100人摆脱贫困。（洪晓琴）

领导人名录

中共平定县委员会

书　记　杨自明
副书记　任晓华　郭爱聪
常　委　杨自明　任晓华
　　　　郭爱聪　高锦孝
　　　　李宏革　郝建国
　　　　赵文骥　梁海昌
　　　　王卫东
　　　　武　艺(2月免)
　　　　秦建国(2月任)
党校常务副校长　石银山

中共平定县纪律检查委员会

书　记　高锦孝

平定县人大常委会

主　任　李建恩
副主任　张存喜　郜福田
　　　　白宝忠　刘选民
　　　　赵庆华(女)

平定县人民政府

县　长　任晓华
常务副县长　郝建国
副县长　梁海昌　王卫东　李　君
　　　　李有义

政协平定县委员会

主　席　赵珍珠
副主席　王忠义　郭海联　赵远长
　　　　张金凤(女)

平定县人民法院

院　长　黄计生

平定县人民检察院

检察长　孔海峰

平定县公安局

局　长　仇利军

平定县人民武装部

部　长　秦建国
政　委　杨建国

平定县娘子关旅游景区管理委员会

主　任　刘顺彬

【《平定手机报》开通】 1月1日，《平定手机报》正式开通。《平定手机报》是由县纪委、县委组织部、县政法委、县委宣传部联办，《今日平定》编辑部(原平定报社)具体承办的党员宣传新阵地，随《平定》报同步发行。主要开设《平定新闻》《博文新闻》《生活资讯》等栏目，不定期开设《廉政建设》《党建园地》《法治》《理论学习》《精神文明》等栏目。首批免费向全县副科级以上领导干部发送。该手机报紧贴平定县实际，浓缩平定县内外精品新闻，是传递县委、县政府重大决策部署的重要平台和宣传平定、反映民生的重要窗口。　(洪晓琴)

【纪念抗日战争胜利系列活动】 为纪念中国人民抗日战争胜利暨世界反法西斯战争胜利70周年，平定县举行了多种形式的纪念活动。一是娘子关保卫战纪念馆揭牌。8月31日，娘子关保卫战固关纪念馆揭牌，纪念馆设13个展室，共展出板块74块，分为前言、战局概况、逐日战况、重要战事、娘子关保卫战的历史意义、娘子关保卫战期间发生的惨案、抗战将士回忆文集等16个单元，并展出了在战争中留下的军用马灯、军用电话机等40余件珍贵实物。二是评梅广场举办群众演唱会。9月2日，纪念抗日战争胜利70周年群众演唱会在评梅广场举行，演唱会以“铭记历史、缅怀先烈、珍爱和平、开创未来”为主题，采取朗诵诗歌、演唱抗战歌曲、舞蹈等表演形式，展现了在平定县曾经发生过的著名的娘子关保卫战、七亘伏击战等战役，再现了八路军出生入死、浴血奋战的抗战历程。三是巨城抗日英烈纪念碑揭碑。为纪念巨城人民在抗日战争期间与日军展开殊死搏斗的民族先锋精神和抗日爱国主义精神，巨城镇巨城村投资为革命烈士立碑，9月2日为该纪念碑揭碑。四是《抗战在平定》图片展开展。《抗战在平定》图片展在平定县综合办公大楼开展，此次展览共展出图片150余幅，真实反映了抗战爆发到抗战胜利期间在平定县境内发生的历史史实。　(洪晓琴)

【晚间学生公交专线开通】 9月15日晚上10点，平定县公交公司专为高中上晚自习的走读生设置的3条晚间公交线路正式开通，分别是：二中至东升线路、二中至三岔口至坐标城至新安线路、二中至南关至新安线路。这3条线路的开通为高中学生晚自习后回家提供了方便。　(洪晓琴)

【首批“三证合一 一照一码”营业执照发放】 10月12日，平定县首批“三证合一、一照一码”营业执照在县行政审批中心服务大厅发放。“三证合一、一照一码”登记制度改革是按照“一窗受理、互联互通、信息共享”的模式，将传统的依次向工商、质监、税务部门提交申请，各部门各自受理、各自审核、各自发证(照)的企业登记制度，改为“一次申请、一套材料、一照一码、一网互通、一照通用”的登记制度。实施“三证合一、一照一码”后，企业只需由工商部门核发一个加载法人和其他组织统一社会信用代码的营业执照，真正实现了“三证合一”，对整合行政资源、方便群众办事、提高审批效率具有十分重要的意义。　(洪晓琴)

【黄涛雕像揭幕】 11月10日，黄涛的雕像在其母校——平定县实验小学落成揭幕，同时“星火燎原”读书活动在该校正式启动。黄涛，原名黄宏基，中国共产党优秀党员、忠诚的共产主义战士、著名军旅编辑家、解放军出版社原副军职顾问；生前荣获二级独立自由勋章、二级解放勋章、功勋荣誉章，是解放军中获得出版界最高奖——韬奋出版奖的第一人；黄涛主编的《星火燎原》大型丛书中，有36篇被编入中小学课本。黄涛生前曾多次回母校看望师生，并捐钱给母校建立“星火燎原奖”，奖励品德优异和成绩优良的学生，并多次向母校赠送红色图书。解放军出版社政治部主任曹建，《星火燎原》编辑部主任刘翎，黄涛的夫人马艳秋和平定县委、县政府有关领导参加此次揭幕仪式。（洪晓琴）

【平定县被命名为“国家级书法教育示范县”】 11月10日，平定县被中国教育学会书法教育专业委员会命名为“国家级书法教育示范县”，在全省属唯一一家。2007年开始，平定县将写字教学纳入到全县中小学校本课程中加以实施，成为素质教育特色发展的亮点，并建立了面积达500余平方米的中小学书法教育展览馆。全县各学校写字教学蓬勃开展，成绩斐然，有5所学校被命名为“国家级书法教育示范学校”、4所学校被命名为“山西省书法教育师范学校”、13所学校被命名为“山西省书法教育实验学校”、43人被评为“三晋书法教育名师”。（洪晓琴）

【平定县四中开工奠基】 12月27日，平定县四中开工奠基仪式在县城原莹玉陶瓷厂旧址举行。该项目占地面积约49794平方米、设计规划为5层办公楼1幢、4层教学楼3幢、4层实验楼1幢及操场，总建筑面积15936.28平方米。学校设计规模是八轨制24个班，可供1200名学生就读。建成后将极大地缓解县城东部学生就近入学难的问题，更好地推进平定县义务教育阶段的教育资源均衡发展。（洪晓琴）

【小米谷糠油生产线建成】 年内，全国首家小米谷糠油生产线在平定县柏井镇建成，该生产线由阳泉市好益农农业科技有限公司投资建设。平定县柏井、巨城、张庄等乡镇是谷子的主要种植区，小米产量高、质量优，小米细糠中富含的蛋白和油脂是生产提炼食用油的上好原料，但由于谷糠中的油脂不稳定，加工难度大，用常规方法加工容易使油脂酸败和氧化，因此大部分谷糠一直被当作动物饲料或肥料处理，没有真正利用起来。2013年，山西大学研发出小米谷糠油精炼加工方法的专利技术，可在每公斤小米谷糠油中提取60%以上的亚油酸以及磷脂、维生素E、谷维素等多种保健成分。好益农农业科技有限公司与山西大学签订小米谷糠油专利许可协议，购买了专利使用权，并建设全国首家小米糠油生产加工企业。截至2015年年末，好益农公司已建成800平方米的生产车间，技术设备安装工作已全部完成，预计年生产加工小米糠油120吨，产值900万元，可实现利税200万元。（洪晓琴）

盂　县

【概况】 盂县面积2514.38平方千米，辖8个镇、6个乡、1个城镇办事处453个村民委员会和10个社区，常住人口30.58万人。

2015年，全县生产总值124.3亿元，比2014年增长2.5%；公共财政预算收入7.4亿元，增长7.3%；规模以上工业增加值54.9亿元，增长1%；固定资产投资177.2亿元，增长19.6%；社会消费品零售总额45.7亿元，增长3.9%；粮食总产量1.4亿公斤，增长3.2%；城镇居民人均可支配收入26318元，增长6.7%；农民人均可支配收入11536元，增长6.8%。

安全生产形势持续好转。深入开展打非治违专项行动、重点行业领域安全专项整治、安全生产隐患排查治理等安全生产督查活动，统筹抓好以煤矿、道路交通、建筑施工、防火防汛、危险化学品、特种设备等为重点的安全生产工作，全年共排查各类场所2500余处，治理隐患2760余条，事故起数和死亡人数比2014年分别下降33.8%、45.4%。保持打击私挖滥采高压态势，全年共排查历史非法坑点、已关闭矿井、储（售）煤厂、设施农业用地、非煤矿山企业499处，回填非法采矿坑点55处。

产业转型取得积极成效。大力实施“项目强县”战略，全年共实施重点工程项目113个，累计完成投资148.4亿元。一是煤矿质量标准化建设、基建矿井提升改造、煤层气抽采循环利用、洗煤配煤精加工提质、降本提效内涵发展均取得明显成效，全年煤炭工业完成工业增加值43.9亿元。二是统筹推进风电、光电、火电和煤层气发电全面发展。风力发电建成并网10万千瓦、煤层气发电建成并网3万千瓦、光伏发电建成并网9.5万千瓦、低热值煤发电开工建设70万千瓦、山西裕光盂县2×100万千瓦燃煤发电项目进入实质性前期工作。三是制定出台《盂县加快旅游事业发展实施意见》，旅游形象和知名度不断提升，旅游接待能力不断扩大，全年共接待游客50万人次，比2014年增长10%。四是积极推进铝土矿矿业权改革，与阳煤集团合资成立晋盂矿业公司，对全县铝土矿资源实行规范化管理；成立耐火行业协会，指导推进行业管理，全县耐火行业完成工业增加值3.7亿元，增长6.3%。五是服务产业向新型化迈进。红金云科技有限公司、APP商贸公司、盂县在线等一批电商、微商发展良好，全年第三产业增加值完成44亿元，增长4%。

改革开放同步引深。一是制定出台科技创新、金融振兴、民营经济发展实施意见，推进三项工作有效开展。县科技孵化器平台投入运行，入住企业30余家;全县发明有效专利11件;信用体系建设进一步加强,国有商业银行等金融服务向农村发展,各项存款余额达到211.9亿元,比2014年增长3.6%,各项贷款余额达到115.2亿元,增长3.34%,存贷比达到54.3%;新发展民营企业413家,累计达到1911家。二是行政审批制度改革进一步深化。确定公布政府部门和垂直部门行政审批类权力清单160项,"三证合一"审批制度改革落实到位。三是农村和企业改革同时并举。439个行政村完成土地确权登记调查填表,占全县确权村数的96.9%;全年流转土地3400公顷(5.1万亩),新发展农村专业合作社107家;县经贸、二轻、国有和集体企业的改制工作稳步推进。四是开放引进成效明显。组织参加第十七届中国国际高新技术成果交易会,赴上海、江苏等地组织开展定向招商引资活动,签订各类招商引资项目合作协议47项,协议利用外来资金182.1亿元。

"三农"工作迈出新步。食用菌产业快速扩张,全年新增栽培面积20万平方米,康泰来香菇远销美国、韩国市场;养殖业走向高端化,西门塔尔、利木赞、夏洛莱世界三大顶级肉牛品种落户盂县,肉牛存栏达到7800头;设施蔬菜和中药材规模种植稳步提升,全年分别新增20公顷(300亩)和666.67公顷(10000亩);积极推进"一村一品""一乡一业"工程,全县"一村一品"村总数达到141个,农产品加工企业发展到34个,"513"(是指按照省、市、县三级总体规划、分层次推进、重点扶持的原则,在现有农业产业化国家级及省级龙头企业中选择30个企业、在全省资源型企业转产和招商引资企业中选择20个投资额在亿元以上的企业,作为省级梯队重点培育的50个企业;选择100个有一定规模、发展前景好、带动力较强的农产品加工龙头企业,作为市级梯队进行培育和指导;选择300个成长性好的农产品加工龙头企业,作为县级梯队进行培育和指导)农产品加工企业销售收入达到9.5亿元,比2014年增长20%;强化农业基础建设,年新增耕地面积500公顷(7500亩)、节水灌溉面积80公顷(1200亩);治理水土流失面积46平方千米,完成农村危房改造850户,完成农村饮水安全工程15处,解决12个村3所农村学校共5300余人的饮水安全问题;扎实推进精准扶贫,全年有3100人脱贫。

城镇化建设稳步推进。完成城北热源厂联网工程、县城二期供水工程,年新增集中供热面积150万平方米、新增日供水能力1.5万吨,并实现"双回路"供水;完成秀水东街改造工程、秀水河河道清障工程和滨河路、红楼等一批小街小巷改造工程;县城主要街道实现全天候保洁;开展南村、郭家坪村等省级美丽宜居示范村创建工作,组织开展158个村的清洁达标工作和秀水镇、东梁乡56个村省级卫生村创建工作,城乡宜居水平有效提升,城镇化率提高到39.12%。

生态建设力度加大。大力开展"土小"矾石窑、石灰窑专项整治,拆除燃煤矾石窑和石灰窑524座,对全县范围内使用燃煤落后工艺的矾石窑、石灰窑全部实现关闭;启动实施污染源监控平台建设和大吉、西崖底农村生活污水防治项目建设;进一步强化扬尘、尾气和水源污染防治工作,县城二级以上天气(良)达到211天;深入开展环城绿化、通道绿化、荒山绿化、景区绿化、厂矿绿化、乡村绿化六大造林绿化工程,全年完成各类造林面积2886.67公顷(4.33万亩)。

民计民生有效改善。全年用于民生的支出占到公共财政支出的80%以上。全面提高城乡低保、农村五保、城镇居民医保、新农合等财政补助标准,新农合参合率达到99%以上,并实现省内就医及时结算,城乡居民社会养老保险综合参保率达到95%以上。新增城镇就业人员4000余人,通过创业带动就业1000余人,安置失业人员再就业2000余人,帮助困难人员就业352人,转移农村剩余劳力3510人。争取上级改薄资金1.1亿元,薄弱学校改造工作积极推进,均衡化发展水平不断提高。9所农村幼儿园新改扩建完成主体。高考本科二批(不含二本C类)以上达线人数达到1080人。县中医院新建工程完成主体。完成县文化中心建设主体工程,新建5个2000平方米农村高标准文化广场,继续为群众举办消夏晚会、送戏下乡等群众性文化活动。 (赵平枝)

领导人名录

中共盂县委员会

书　记　张玉斌
副书记　杜平华　武润珍
常　委　张玉斌　杜平华　武润珍
王　刚　王海珠(8月免)
闫庶民　靳毅刚　李　春
刘淑英(女)
刘计平(8月任)
党校常务副校长　(暂缺)

中共盂县纪律检查委员会

书　记　王　刚

盂县人大常委会

主　任　张存福(6月免)
武润珍(6月任)
副主任　马　俊　张彦萍(女)
韩计明　常　军(女)
李俊林

盂县人民政府

县　长　杜平华
副县长　张立君　高建琴　郗文保
王建明

政协盂县委员会

主　席　史和斌(6月免)
　　　　闫庶民(6月任)
副主席　左　征　张云龙
　　　　王红雁(女)

盂县人民法院

院　长　武绍晋(6月任)

盂县人民检察院

检察长　高秀瑾

盂县公安局

局　长　郝富平

盂县人民武装部

部　长　王海珠(4月免)
　　　　陈福生(4月任)
政　委　刘计平

盂县龙华口水库筹建处

主　任　王建明

【盂县获“全国法治县创建活动先进单位”称号】 3月10日,盂县被全国普法办公室评为“六五”普法第三批“全国法治县(市、区)创建活动先进单位”。“六五”普法期间,盂县科学开展依法治县工作,普法依法治理工作取得明显成效。一是以围绕法治政府建设为重点,深化行政审批制度改革,提高行政执法水平和效率,强化行政执法行为监督,积极加强依法行政工作;二是扎实开展依法治理示范单位创建工作,先后有10个单位获得“山西省依法治理示范单位”称号,闫家沟村获得“全国民主法治示范村”称号;三是注重发挥县政府法律顾问组法律知识特长,为县、乡两级政府依法决策提供优质、高效、及时、准确的法律服务;四是紧紧围绕“平安盂县”建设多次开展专项整治工作,依法严厉打击各类严重刑事犯罪活动和贪污贿赂犯罪,全力维护司法公平与正义。　(赵平枝)

【《盂县抗日斗争史》出版】 9月,《盂县抗日斗争史》出版。该书是在1983年汇总成册的《盂县人民抗日斗争史(初稿)》的基础上修改加工完善后成书的,由大事记、中国共产党领导下的盂县抗日斗争、人物、抗日老干部回忆录、附录五个部分组成。全书50余万字,由盂县史志办公室编纂、山西出版传媒集团·山西春秋电子音像出版社出版发行。(赵平枝)

【光伏项目并网发电】 年内,盂县首个农业光伏项目一期工程并网发电。该项目位于西烟镇,由中广核风力发电有限公司投资建设,面积约1平方千米,工程装机容量15兆瓦,投资1.5亿元,线路直接接入东梁风电场110千伏升压站。(赵平枝)

【美淘村电商平台启动】 年内,由山西红金云网络科技有限公司打造的盂县首家农村电商平台——盂县美淘村电商平台正式启动上线。该项目是一个面向农村的网络销售平台,以“网货入村、土货进城”的新模式来实现“为农民省钱、帮农民赚钱”。截至年末,盂县供销社的10家乡镇直营店已成为该平台的首批线下支撑;该平台还将乡村小卖部升级为线下体验店,通过体验店帮助农民实现网上购物和网上销售农产品。截至年底,美淘村乡村体验店已发展到171个,覆盖全县10余个乡镇。(赵平枝)

【科技企业孵化器揭牌】 10月9日,盂县科技企业孵化器正式揭牌。该项目是围绕打造区域孵化体系的一部分而建立的,建筑面积4000余平方米,分为八大区域,分别是高新技术区、现代农业区、科技企业区、电子商务区、高校联合区、大众创业区、传统产业区、综合服务区。对入住的企业提供科技、人才、培训、商务、会计、金融、法律等方面的服务。截至年底,入驻企业达到30余家。　(赵平枝)

【公益微电影首映】 11月14日,盂县首部公益微电影《大声说出我爱你之母亲篇》举行首映典礼。该片共分五个部分,以4对母子(女)演员行进当中的歌舞表演为主要艺术形式,分段表现一个人童年的快乐、成长的烦恼、创业的艰辛、人生的感悟及贯穿一生的母爱,以层层递进的方式表达出母亲对儿女浓浓的爱与思念,以及儿女对母亲的感恩与回馈。此部大型公益短片由县妇女儿童工作委员会办公室、县妇女联合会、燕子窝青少年影视艺术人才基地、凯通时尚广场、更生婚纱摄影联合出品。　(赵平枝)

【绕城公路开工建设】 12月12日,省道盂榆线盂县绕城公路开工建设。该项目起点位于盂县西小坪加油站东侧,终点与南娄至运煤专线相接,路线全长6.874千米。全线按二级公路标准建设,路基宽度12米,设计速度为60千米/小时,工程概算总投资14987.7635万元。项目建成后,对完善区域路网结构,缓解盂县县城交通压力,加快县域基础设施建设,促进县域经济的跨越发展具有重要意义。　(赵平枝)

【二期供水工程完工】 年内,盂县县城二期供水工程建设完工。该工程于2014年开工建设,总投资8400万元,新凿深井12眼,新建配套深井泵房、深井泵、温池第二水厂,新打水源井至新建水厂敷设输水管道5739米,农用自备井至温池水厂敷设输水管道1758米,新建中途加压泵站1座以及一系列的配套设施。该工程完工后实现了温池水源地向县城双回路供水,为县城居民的正常饮用水提供保障。　(赵平枝)

人物

人物传略

张俊华

(1937.1—2015.7)山西省芮城县人,大学学历。1951年1月参加工作,1953年12月加入中国共产党。自1951年1月起,历任芮城县二区公所财粮干事、芮城团县委学生部负责人、芮城县城关镇党委书记、共青团芮城县委书记。1957年9月起,先后在芮城县东垆乡、西陌乡、城关公社任党委书记。1967年2月被错划为"走资派"。1969年7月任芮城县城关公社党委书记、核心领导小组组长。1970年任中共芮城县委委员。1972年12月始,历任中共芮城县委常委、县革委会常务副主任、县委副书记、县长、县委书记,运城地区林业局局长。1990年10月任中共阳泉市委常委、市纪律检查委员会书记。1995年5月任中共阳泉市委副书记。1998年8月退休。系中共山西省第六次代表大会代表,第六届省纪律检查委员会委员,中共阳泉市第七届委员会委员。2015年7月7日去世。

张俊华长期在芮城县、乡基层工作,他始终坚持为民、务实、清廉的工作作风,足迹遍及全县的机关、学校、工厂、乡村,与基层群众打成一片,通过大量翔实的调查研究,全力解决群众困难,推动经济社会进步,为芮城县的发展做出了积极贡献。

1960年担任芮城县城关公社书记时,为战胜严重旱灾,亲自上阵,带领群众开渠引水、大搞农田水利基本建设,夺得粮食丰收。在国家经济极为困难的情况下,全公社为国家贡献商品粮300万公斤,人均贡献100公斤,省、地、县领导对此给予高度评价。时任中共中央政治局委员、华北地区第一书记李雪峰和山西省委第一书记陶鲁笳等对芮城县城关公社的工作给予充分肯定,并将张俊华大抓农村生产条件改善、提高粮食产量的书面经验材料在华北地区市委书记会议上印发。

张俊华在担任芮城县县长、县委书记的10年中,根据区域特点主持制定出高效农业、农产品深加工等相关产业发展战略,在芮城县相继组建起高效农业基地、优质苹果基地、大棚蔬菜基地和河滩渔莲基地,发展农副产品加工业带动区域经济发展,同时大力发展国有、集体、民营多种形式的工业企业,提前实现经济产值翻番。决策并实施芮城沿山、沿河路网建设,拓宽风陌主干公路。带领干部群众大兴水利,沿黄河先后建起以大禹渡为龙头的六大引黄机电灌站及大面积灌区,改变了芮城县十年九旱的被动局面。为此,山西省人民政府授予他"山西省林业劳动模范""绿化旗手"等称号,《人民日报》《瞭望》杂志、新华社《内部参考》等多次报道了他的先进事迹。

1990年调任中共阳泉市委常委、市纪委书记后,张俊华秉公执纪、雷厉风行、敢于碰硬,狠抓违法违纪典型案件查处,他所推行的"阳泉市查处大要案经验"和"政府系统、企业、农村办事两公开、两监督制度"的廉政经验,受到时任中共中央政治局常委、纪委书记尉健行的充分肯定,认为张俊华思路好、做法好,并将这些经验在全国推广。1995年4月,《人民日报》进行了专题报道。

张俊华担任阳泉市委副书记期间,所分管的政法、城建、统战等方面的工作均走在全省前列。组织实施"打团扫恶大会战",维护了全市社会稳定。组织领导了义平路、赛西路"两路"工程建设,大干100天,将原来的"两路"建成宽40米、长分别为7.8千米和7.1千米的城市一级道路。组织实施阳泉市国家安居工程，用时200天，完成12万平方米的康达小区建设工程，在全国88个试点城市中名列前茅，受到国务院房改办的通报表扬。组织领导了全市城市道路硬化、亮化、绿化、美化、净化工程建设，多次受到省委、省政府表彰。先后获得山西省“三项建设模范”“扶贫攻坚模范”“抗灾救灾英雄模范”“新时期三晋英雄”等称号。

1998年退休后，张俊华依然保持着旺盛的革命热情，继续关注阳泉市的各项事业发展，积极建言献策，表现了一名老共产党员心系百姓、无私奉献的高贵品质。

张俊华一生心系群众、对党忠诚、生活节俭、作风质朴。无论在哪个工作岗位上，他都不畏困难、勇往直前、艰苦奋斗、无私奉献，深受人民群众爱戴。（王晓兵）

人物简介

陈永奇

1967年11月出生，山西省怀仁县人。博士研究生毕业，经济师。1992年7月参加工作，1985年12月加入中国共产党。先后在大连开发区经济发展局、中共山西省委政策研究室、山西省政府研究室、山西省政府办公厅工作。2006年起，先后任省委政策研究室副主任，省政府研究室副主任（主持工作），省政府副秘书长兼研究室主任，省政府党组成员、省政府办公厅党组书记、省政府秘书长兼应急管理办公室主任。2013年2月至4月任中共阳泉市委副书记、市政府党组书记、代市长。2013年4月至2015年11月任中共阳泉市委副书记、市政府党组书记、市长。2015年11月任中共阳泉市委书记。系山西省十届省委委员。

陈永奇既有省直工作经历，又有地方工作经验，熟悉省情市情，熟谙经济工作，政策理论水平高，善于把握方向、谋划全局、抓住关键、统筹推进各项工作，具有较强的组织领导能力。任阳泉市委书记后，自觉强化政治意识、大局意识、核心意识、看齐意识，思路清晰，作风务实，能够结合阳泉实际，不折不扣贯彻落实中央和省委、省政府的决策部署，与班子成员一道，团结带领全市干部群众创造性地开展工作，各项工作都取得新进展、新成效。

政治立场坚定，始终在思想上、政治上、行动上与以习近平为总书记的党中央保持高度一致。深入学习贯彻习近平总书记系列重要讲话精神，扎实开展“三严三实”①专题教育。坚持“双学”，不仅深入学习贯彻习近平总书记系列重要讲话内容，而且学习以习近平为总书记的中央领导集体“崇尚实干、勇于担当、廉洁自律”的优良作风和省委、省政府领导的工作作风。带头讲党课，积极参加“五个一”②活动和学习研讨。认真组织召开市委常委民主生活会，查摆不严不实问题，深刻剖析问题原因，制定整改措施。坚持“马上就办、真抓实干”，组织开展“冬季行动”，打好“八大战役”③，取得明显成效。

严格落实管党治党政治责任，全面加强党的建设。牢固树立抓好党建是最大政绩的理念，落实党要管党、从严治党要求，牢牢扛起主体责任和监督责任，特别是主体责任。主持制定了《中共阳泉市委关于落实党风廉政建设主体责任的若干措施》。认真履行党建第一责任人责任，对党风廉政建设和反腐败斗争做到“四个亲自”，即重要工作亲自部署、重大问题亲自过问、重点环节亲自协调、重要案件亲自督办。注重压力传导，强化责任追究，主持研究制定了《中共阳泉市委党风廉政建设约谈办法》《中共阳泉市委党风廉政建设问责办法》，集体约谈了各县（区）委书记、纪委书记和开发区党工委书记。始终保持惩治腐败、狠刹“四风”④和打黑除恶的高压态势，坚决遏制腐败增量，消除腐败存量。深入开展专项治理，严肃查处基层干部不作为、乱作为等损害群众利益的问题。加强对违反中央八项规定精神和“四风”问题的监督检查，党风政风有了明显好转。扎实推进“六权治本”⑤，担任市“六权治本”工作领导小组组长后，积极推进“两清单、两张图、两平台、一网络”⑥建设，阳泉市在全省率先完成政府系统权力清单和责任清单编制工作，并“合二为一”为权责清单，率先挂网运行，积极推进负面清单编制工作。组织制定了加强常委会自身建设等制度，强化行政监察和审计监督。严格执行预算外或新增资金、人事调动、政府投资工程建设项目招投标等管理办法。推进“六权治本”向乡村延伸，推广“六议两公开”⑦先进经验。加强干部队伍建设，贯彻落实习近平总书记“四有”⑧干部标准和山西省委“五有”⑨要求，切实加强对干部的教育管理，提升干部思想政治素质。认真贯彻《党政领导干部选拔任用工作条例》，打好“三个一批”⑩组合拳，着力解决干部管理宽、松、软问题，开展了领导干部出国（境）专项检查整治工作。加强基层组织建设，在全市大力实施组织功能、主干能力、党员素质、治理机制、保障水平“五大提升工程”，出台了《关于加强基层党组织建设的意见》《关于加强农村、社区、机关党建工作实施办法》等文件。

坚持以经济建设为中心，狠抓发展第一要务。面对复杂严峻的外部经济环境和自身结构性矛盾的双重压力，团结带领全市干部群众坚定信心，迎难而上，主动作为，努力稳定经济运行，促进经济平稳健康发展。千方百计稳增长。建立了全市经济形势分析联席会议制度，定期组织召开经济形势分析会，研判经济形势，采取应对措施。充分发挥重点工程龙头带动作用,扎实开展"项目提质增效年"活动,突出抓好铁路、公路、低热值煤发电等十大领域"1215"⑪工程,重点推进阳大铁路、泉西路等十大标志性项目和采煤沉陷区治理、棚户区改造等十大重点工程包,"六位一体"⑫任务全部完成。积极扩大消费需求,出台促进服务业发展的政策措施。优化出口产品结构,稳定外贸发展。加大招商引资、招才引智力度,引进对接一批重大项目。全力帮扶企业,建立了市、县(区)、企业和项目定点联系工作机制,坚持与阳煤集团的联席会议制度,召开国有企业座谈会、民营企业座谈会,研究解决实际问题。努力为企业减轻负担,落实省政府各项政策措施,共为企业减负17亿元。认真落实省支持中小微企业发展政策,分别设立中小企业发展、综合产业扶持、高新技术产业发展基金。积极扩大"助保贷"(养老保险费贷款担保)业务覆盖面。扩大大用户直供电试点。大力发展县域经济、园区经济、总部经济、飞地经济、循环经济、楼宇经济"六种经济",努力培育新的经济增长点。全市经济在克服困难中保持增长,呈现出缓中趋稳、稳中有进的良好态势。全力以赴调结构。坚持把经济结构调整作为重中之重,着力做好煤与非煤两篇文章,从阳泉实际出发,创造性地提出稳定煤炭、加快电力、扩大煤化、做强装备、创新冶金、重组耐材、做大旅游的"28字"调产思路,着力促进产业转型升级,取得明显成效。不折不扣落实省政府一系列政策措施,努力加快现代化矿井建设,优化煤炭产品结构;推进煤炭"六型"⑬发展,延伸产业链条,提升产业档次,煤炭综合效益进一步提升。抓住国家授权山西审批低热值煤发电项目的政策机遇,大上电力项目,并出台了电力项目建设考核办法等措施,调动电力企业的积极性。河坡2×35万千瓦项目已经发电,盂县鑫磊2×35万千瓦项目开工建设,阳煤集团西上庄2×66万千瓦项目正式开工,国际能源裕光煤电2×100万千瓦、阳煤集团远盛2×35万千瓦项目正在等待环评审批;加快新能源项目建设,中广核盂县风电两期10万千瓦并网运行,晋阳光伏发电一期5万千瓦项目并网运行,二期中的3万千瓦项目已建成、2万千瓦项目正在推进,特别是积极向国家有关部委争取,布局实施了220万千瓦采煤沉陷区国家先进技术光伏发电基地建设。这些项目建成后,阳泉将进入千万千瓦电力装机行列,成为新型综合能源基地。同时,有序推进盂县—河北南网500千伏输变电工程,提高了外送电能力。3×20万吨乙二醇项目累计完成投资27.7亿元,一期20万吨即将竣工。盂县10万吨非晶合金变压器带材、西格里泉海5000吨特种石墨等项目加快推进。尤其是大力发展高新技术产业,百度云计算3万台服务器正式投用,中兴环能等一批在孵企业中试加快。至2015年年底,全市三次产业结构由2010年年底的1.5∶59.5∶39.0调整为1.8∶49.7∶48.5,进一步趋于优化。多措并举促改革。担任市深化改革领导小组组长后,陈永奇面对阳泉长期改革滞后的实际,以啃硬骨头的精神抓住综改试验区建设这个"牛鼻子",积极领导和推动各项改革。启动了省级科技创新示范市试点工作,同时,又争取到国家中小城市综合改革试点和全国城区老工业基地搬迁改造、独立工矿区改造搬迁政策支持。特别是以高度的历史责任感和使命感,推动实施了照相馆、理发馆、澡堂等国有商贸服务企业民营化改制,撕掉落后标签;启动实施了市水泵厂、市阀门厂等重点工业企业"退城进园、搬迁改制"工作;完成5户地处城区、长期停产、发展无望的企业破产关闭前期工作和市直部门所属企业第一批脱钩改制工作。下决心启动实施行政托管工作,从2015年5月1日起经济技术开发区正式托管郊区5个村、平定县1个村。继续深化文化、教育、医疗、财税等领域改革,积极推进公务用车改革。与此同时,按照省委、省政府要求,积极推进"三个突破"⑭工作,主持制定了《阳泉市推进科技创新、金融振兴、民营经济发展的实施意见》,召开了推进大会,政策效应正在逐步显现。大力实施创新驱动战略,积极打造创新平台,提升自主创新能力。出台全面推动金融振兴的实施意见和关于加快推进多层次资本市场发展、关于加快发展现代保险服务业、关于推进融资性担保机构发展的3个实施细则,积极推进城市商业银行增资扩股和农村信用社改制工作,金融行业增加值占比达到9%。成立了全市促进民营经济发展领导小组,认真贯彻落实国家和省相关政策措施,建立"亲""清"新型政商关系,采取对口帮扶方式,帮助企业解决困难和问题,推动了全市民营经济的较快发展。通过大力推进各项改革,全市焕发出新的生机和活力。

统筹推进各项事业,社会保持和谐稳定。始终情系百姓,关注民生,把保障和改善民生作为一切工作的出发点和落脚点。在财政十分困难的情况下,民生支出占公共财政支出比例持续达到80%以上。开展创建国家级创业型城市工作,全面完成省定就业任务。全市城镇社会保险参保率达到97.8%,城乡低保、农村"五保"对象供养标准继续保持全省领先水平,城镇居民基本医保、新农合等财政补贴标准均提高到380元。保障房建设超额完成省定任务。教育、卫生、体育等领域工作继续走在全省前列。推进节能减排和环境保护,开展关闭取缔土小企业专项行动;环境空气质量明显改善,2015年,市区二级以上天数达到267天,优良率达到73%。实施造林绿化和生态环境治理修复工程,2015年完成营造林7480公顷(11.22万亩)。特别是着眼于打基础，利长远，顺应群众期盼，实施了一批重大基础设施建设项目，总投资45.8亿元、总长79千米的全省第一条地方全资铁路——阳大铁路建设正在扎实推进，重新启动了搁置10年之久的娘子关二期供水工程，城市饮用水水质改善工程即将完工并投入使用，日处理能力8万吨的污水处理二期工程建设正在进行，这些项目将为阳泉未来几十年生活、生产、发展奠定基础。面对长期形成的“小市大信访”被动局面，陈永奇亲自上阵，以上率下，强化责任，依法化解，全市信访形势有了根本性好转，2015年“9·3”阅兵和中共十八届五中全会期间进京非正常上访治理工作成绩位居全省前列。狠抓安全生产工作，全面落实“党政同责、一岗双责、失职追责”要求，带头采取“四不两直”[15]方式进行督查抽查，全面开展安全生产专项整治，安全生产形势持续好转，2015年安全生产控制指标完成情况排名全省第一。扎实推进“平安阳泉”创建，加强社会治安综合治理，建立了“五化”[16]社会治安防控体系，社会保持和谐稳定。与此同时，坚持以城带乡，以工补农，城乡互促互动，统筹推进城乡发展。认真落实国家、省各项强农惠农富农政策，持续加大财政对“三农”[17]的投入力度。克服严重自然灾害，农业又获丰收，2015年粮食总产达2.49亿公斤。从阳泉实际出发，推进农业产业化，稳步发展畜牧、核桃、蔬菜等主导产业，加快发展小杂粮、中药材、食用菌等特色产业，农产品加工企业销售收入达到25亿元，比2014年增长20.1%。坚持把推进新型城镇化作为促进经济持续健康发展的持久动力，统筹推进旧城、新城、大县城、小城镇建设。特别是实施道路畅通工程，泉西路竣工通车，漾泉大道二期完成投资3.9亿元，平阳街和宁波北路一期工程完成规划设计。娘子关—阳泉一级公路通车，盂五高速公路基本具备通车条件。城市功能进一步完善，城市面貌有了较大改观。2015年城镇化率达到65.86%。

统揽全局、协调各方，凝聚加快阳泉改革发展的最大合力。切实加强社会主义民主法治建设，支持人大及其常委会依法履职，支持人民政协履行政治协商、民主监督、参政议政职能。充分发挥各人民团体作用。加强社会主义精神文明建设，弘扬社会主义核心价值观，推进诚信体系建设，全面启动省级文明城市创建工作。主持制定了《中共阳泉市委关于制定国民经济和社会发展第十三个五年规划的建议》，绘制了建设山西向东开放桥头堡、晋东区域中心城、转型发展先行市、城乡统筹示范区的宏伟蓝图。善于抓班子、带队伍，注重抓好市委常委班子建设，带头执行民主集中制，对人坦诚相待，为人处事开诚布公，遇事与班子成员商量、交流、沟通，充分发挥班子成员的作用，营造了相互尊重、相互支持、相互提醒、相互配合的工作环境，形成心往一处想、劲往一处使，同心同德、共谋发展的良好局面。忠实践行“三严三实”要求，坚持以身作则，以上率下，经常放弃节假日，苦干实干加班干，为阳泉改革发展稳定尽心竭力，为开创弊革风清、富民强市新局面做出了应有贡献。　（戚高伟）

注释：

①“三严三实”：严以修身、严以用权、严以律己、谋事要实、创业要实、做人要实。

②“五个一”活动：开展一次调研、参加一次学习研讨、指导联系点列一个问题清单和整改清单、开展一次集中督查、形成一个调研报告。

③“八大战役”：基层组织建设“提升工程”攻坚战役，压实“两个责任”、持续狠刹“四风”攻坚战役，打黑除恶攻坚战役，信访纠纷矛盾排查化解攻坚战役，项目前期工作攻坚战役，招商引资攻坚战役，环境整治攻坚战役，大气冬防攻坚战役。

④“四风”：形式主义、官僚主义、享乐主义和奢靡之风。

⑤“六权治本”：依法确定权力、科学配置权力、制度限制权力、阳光使用权力、合力监督权力、严惩滥用权力。

⑥“两清单、两张图、两平台、一网络”：权力清单和责任清单，权力运行流程图和权力运行风险防控图，行政审批服务中心平台和公共资源交易中心平台，政务网。

⑦“六议两公开”：动议、提议、商议、审议、民议、决议和决议结果公开、实施结果公开。

⑧“四有”：心中有党、心中有民、心中有责、心中有戒。

⑨“五有”：头顶有戒、心中有数、眼里有活、手上有招、脚下有根。

⑩“三个一批”：甄别处理一批不廉洁、乱作为干部，调整退出一批不作为、不胜任干部，掌握使用一批敢担当、善作为干部。

⑪“1215”工程：前期储备项目100个、开工200个、续建100个、竣工50个。

⑫“六位一体”：项目储备、签约、落地、开工、建设和投产。

⑬“六型”：市场主导型、清洁低碳型、集约高效型、延伸循环型、生态环保型、安全保障型。

⑭“三个突破”：科技创新突破、金融振兴突破、民营经济突破。

⑮“四不两直”：不发通知、不打招呼、不听汇报、不用陪同接待和直奔基层、直插现场。

⑯“五化”：立体化架构、网格化布警、实战化平台、扁平化指挥、随警化保障。

⑰“三农”：农村、农业、农民。

李景春

1956年5月出生，河北省唐山市人。大专学历。1973年12月参加工作，1987年6月加入中国共产党。1973年12月至1976年12月，在阳泉市郊区西南异大队插队。1976 年 12 月至 1982 年 4 月,在阳泉市铝氧厂工作。1982 年 4 月至 1984 年 11 月,任阳泉市贸易货栈家电维修部负责人。1984 年 11 月至 1987 年 9 月,任阳泉市贸易公司家电门市部主任。1987 年 9 月至 1991 年 1 月,任阳泉市供销社日用工业品公司副经理兼家电部经理。1991 年 1 月至 1997 年 6 月,任阳泉市供销社家用电器公司总经理。1997 年 6 月至 2002 年 5 月,任阳泉市供销社副主任兼市家用电器公司总经理。2002 年 11 月起,任阳泉天元家用电器有限责任公司董事长、党总支书记。其间,1989 年 9 月至 1992 年 5 月在省委党校市直经管专业学习。系阳泉市第九届至十一届政协委员、阳泉市第十四届人大代表。

李景春从小喜欢电器维修,下乡回城后到市铝氧厂当了一名电工,1982 年应聘到市贸易货栈家电维修部工作。1984 年,李景春挑起市贸易公司家电门市部主任的重担,一间几十平方米的路边小店、6 个人、3 万元资金,就是全部家当。他白天拉板车当装卸工、卖货,晚上理货、维修家电,通宵达旦是家常便饭。几年下来,他用诚实守信赢得供货方与客户的信任,与他们建立起长期稳定的关系。电视机、冰箱、洗衣机、电风扇、音响,这些在当时还比较紧俏的商品,源源不断运到阳泉,缓解了全市的家电供应压力。

担任家电部经理、家用电器公司总经理后,李景春在服务举措上不断创新,在全市同行业中率先撤掉柜台,实行开放式服务;率先在《阳泉日报》上向市民公开承诺——全年 365 天无节假日营业,实行上门送货、维修一条龙服务。当时阳泉市流行着一句妇孺皆知的广告语——选购家电哪里去?家电公司优而全!家电公司成了全市家电行业的一个响亮品牌。

随着市场经济的发展,2002 年,市家用电器公司实行企业改制,作为全市商贸行业首家按照现代企业制度标准成立并规范运作的股份制企业,天元家用电器有限责任公司成立,李景春任董事长、党总支书记。在他看来,无论未来市场如何变幻,对消费者的服务意识永远不能改变。在变与不变之间,天元公司逐渐探索出一条属于自己的生存和发展之道。面对新一轮的市场洗牌,李景春将"服务升级"作为企业发展定位,通过为消费者提供最超值服务、维护消费者权益来赢得市场。遴选家电品牌,严格商品准入,完善营销监管,提高售前、售中、售后服务标准,天元的超值服务不仅成为公司差异化竞争的王牌,更成为消费者无后顾之忧的选择与信赖。公司从最初经营品种单一的路边小店,逐步发展为经营彩电、冰箱、空调、厨卫、小家电等上千种品类的全市最大的家电销售企业,营业面积 1.2 万平方米,总资产 1.8 亿元,员工 1200 人,下设天元商厦、天元矿区店、天元平定店 3 个连锁店。公司销售额、上缴税金逐年递增,2011 年至 2015 年,公司年销售额分别为 3.1 亿元、3.3 亿元、3.6 亿元、4 亿元、4 亿元,上缴税金分别为 244 万元、271 万元、308 万元、350 万元和 395 万元,天元公司成为全市家电行业的利税大户。

在家电销售快速增长的同时,李景春也在努力寻找天元公司的转型跨越发展之路。2009 年去广东考察,当看到电子垃圾对环境造成的巨大危害后,他意识到,只卖家电不行,对废旧家电进行绿色无害化处理、变废为宝、保护环境,是他应当承担的社会责任。为此,他提出"天元要做社会主流价值观认可的企业,走以绿色循环产业为核心的转型发展道路"的经营理念。

2010 年 9 月,天元公司比亚迪事业部成立,占地 1500 多平方米,员工 28 名,主要经营比亚迪新能源汽车销售、配件销售及加工修理,为阳泉地区比亚迪汽车总代理,2015 年销售额突破 1000 万元。

2010 年 10 月,天元废旧电器回收处理公司(2012 年 8 月更名为山西天元绿环科技有限公司)成立,开展废旧电器回收再利用业务。为了拓展绿色循环产业链,将废旧电器拆解过程中产生的大量旧塑料进行深加工再利用,天元公司积极寻找循环制造项目。2011 年 8 月,山西天元金科电器科技股份有限公司成立,与浙江宁波家电生产龙头企业合作,运用循环经济理念,通过对旧塑料等再生资源进行改性深加工等先进工艺,生产洗衣机、小家电等产品。2014 年,公司建成年产 30 万台节能家电生产项目,填补了山西省行业空白,产品销往中东国家与地区,当年实现出口创汇 18 万美元。2015 年 10 月,山西天元绿环科技城市矿产资源循环利用产业集聚园区项目一期工程投产运营,率先迁入的项目——废旧电器回收再利用、绿色家电制造、塑料深加工等几大板块,引进自动化、数字化生产设备,居国内同行业领先水平。

为拓展国际市场,2014 年 3 月,山西天元浙晋国际贸易公司成立,主要从事家用电器进出口贸易。2015 年,公司响应国家"一带一路"发展战略号召,在欧美市场持续低迷的情况下,参加"山西品牌丝路行、重走丝绸之路"活动,重点开拓中亚、东欧市场,收获外贸订单 100 多万美元。

天元公司由小到大,从一个小型集体企业逐步发展成为集家电销售、废旧电器回收再利用、家用电器生产、汽车 4S 店以及出口贸易为一体的多元化公司,实行集团化管理,形成连锁销售—绿色回收—无害化处理—再制造—再销售的闭合性绿色循环产业链条,其独特的商业模式成为公司持续发展的核心竞争力,受到国家发改委、工信部、商务部以及清华大学有关专家的肯定。

作为一名成功企业家,李景春在领导天元公司不断发展壮大的同时,不忘回馈社会,为政府分忧,为群众解难。他个人先后资助贫困学生 8

名，帮助孤寡老人20余名。公司每年向社会提供就业岗位300余个，累计捐资246万元用于希望工程、春蕾计划、扶贫济困和抗震救灾等。

李景春先后获得多项荣誉。2006年至2011年，连续6年被省企业联合会、省企业家协会授予“山西省优秀企业家”称号。2007年，被省创建诚信示范店活动领导组授予“山西省十大诚信建设标兵”称号。2009年、2010年，连续两年被中华全国工商业联合会等部门授予“中国最受职业经理人推崇的企业家”称号。2010年，被省政府评为“山西省特级劳动模范”；被省劳动竞赛委员会授予“山西省五一劳动奖章”，并记个人一等功；被省精神文明建设指导委员会授予“诚实守信道德模范”称号。2015年，被中共中央委员会、国务院授予“全国劳动模范”称号。（高雅坤）

赵泉祥

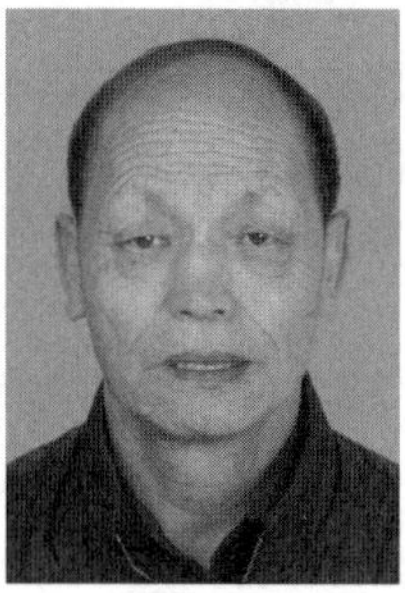

1957年9月出生，山西省昔阳县人。初中文化。1979年12月参加工作，1994年2月加入中国共产党。1979年12月至1990年3月在市环卫处工作。1990年3月矿区环卫处成立后，调入矿区环卫处清掏组工作。1991年任清掏组组长、技师。

从1979年参加工作起，赵泉祥一直奋战在环卫工作第一线。调入矿区环卫处后，虽然岗位在清掏组，但他肩负清掏、清运、清扫三大任务，全区27个公共厕所、89个垃圾点和52名工人全由他管理，工作任务繁重。可他从来不嫌官小、不嫌活多，总是身先士卒冲在最前面。改造后的桃北西街由他负责，他带领工友坚持24小时保洁，街面始终干净整洁，成为矿区乃至阳泉市的样板街。“宁愿一人脏，换来万家洁；宁愿一人苦，换来万人康。”他以特别肯出力、特别能吃苦、特别能吃亏、特别能受委屈的“四个特别”精神受到领导、同事及广大居民的好评。

“越是累的工作，越需要不怕吃苦。”这是赵泉祥经常挂在嘴边的一句话。矿区环卫处清掏组只有4个人，平均每天要清掏3至5个旱厕、疏通化粪池2至3个，身为组长，也是清掏组唯一的正式在编职工，赵泉祥每天和工友干一样的活，毫无怨言。每年的三伏高温天气，打开化粪池的盖子，臭气、沼气扑鼻而来，令人窒息，但每次他和工友都是二话不说，按照程序仔细作业，直到一桶一桶把粪根清理得干干净净。2010年至2015年年底，清掏组共清淘厕所1200余次，清运粪便4000余吨。赵泉祥知道，环境卫生是城市的脸面，直接关系着矿区的城市形象。日潭商业区内有一个卫生死角，堆放着数十吨建筑垃圾。由于堆放地点比较隐蔽，一般人看不见，但却没有逃过赵泉祥这个“卫生家长”的眼睛。他亲自执锹带领工友清理垃圾，车进不去，他们就一锹一锹往出端。有的地方清理完垃圾后还有污水，赵泉祥就和工友拉来干燥的黄土垫进去，等黄土把污水吸干后，再一锹一锹端出来。在赵泉祥和其他环卫工人的共同努力下，日潭商业区的环境面貌始终整洁如新，优美的环境促进了商业经济的发展，日潭商业区成为阳泉市的繁华商业区之一。

“越是节假日，环卫工人越要保洁。”环卫工作有个特点，别人越闲，环卫工人越忙；越是节假日，环卫工作越重。自1983年中央电视台开始举办春节联欢晚会起，赵泉祥就没有正点看过一次。每年除夕夜晚，他都带领工友连夜清运垃圾，用他的话说就是决不能把今年的垃圾留给明年。大年初一，他都是让工友轮流休息，自己在岗待命。节假日居民区厕所使用量比平时大，化粪池更容易堵，清理和疏通工作如果跟不上，居民就会有怨言，这一点赵泉祥也不答应。2011年春节前一天，日潭小区的一个化粪池堵了，周围居民很着急。赵泉祥得知后，立即带领几位清掏工赶到现场处理，一干就是几小时，连饭都顾不上吃。居民非常感动，给他们端来了热腾腾的饺子。30多年中，赵泉祥没有休息过一个节假日，但从来没有向单位要过一分钱加班费。他以认真的工作态度深深感染着一批批环卫工人，以对事业的无限执着和对社会的高度责任感，日复一日、年复一年地在极其平凡的岗位上干着极不平凡的工作。

“越是公家的东西，越要注意节约。”对待公家的财产，赵泉祥是出了名的财迷精。环卫工人工作量大，笤帚、簸箕、铁锹等工具的磨损也大，支出费用高。一有空闲，他就整理退下来的工具，残缺磨损的笤帚，两把并一把还能用的，就合并一把用；簸箕还能修的，就修补一下继续用，不能修补的就制成“锄头”，挖公厕粪根时用；铁锹前半截磨损较重的，他就截去破损部位，打磨平整后继续用；他用从垃圾堆捡回的过滤网自制耙子，用捡来的废弃安全帽制作淘粪勺子……工友送他外号“赵全才”。矿区范围内的1800余个果皮箱、垃圾桶有了毛病，他总是想方设法修修补补，每年维修次数都在300次以上，累计节约费用近90万元。他就是这样，以自己的实际行动为年轻环卫工人起着表率和带头作用。

赵泉祥多次获得各级表彰。1995年，被省委、省政府授予“山西省劳动模范”称号。1997年，被省劳动竞赛委员会记三等功。2006年，被省委组织部授予“山西省优秀共产党员”称号。2010年，被省委、省政府授予“山西省特级劳动模范”称号；被省委精神文明建设办公室评为“山西省十大道德模范”。2011年，被中华全国总工会授予“全国五一劳动奖章”；获全国第三届道德模范提名奖。2014年，在第七届中国清洁（环卫）行业年会“中国清洁行业年度推优”和“最美清洁工”颁奖仪式上获“最美清洁工”称号。2015年4

月,被中共中央委员会、国务院授予“全国先进工作者”称号。他的先进事迹多次被《山西日报》《阳泉日报》等媒体报道,被誉为“城市的美容师、山城的时传祥”。 (梁华杰)

任海平

1971年7月出生,山西省阳泉市郊区人。1990年8月毕业于阳泉矿务局(1997年12月改制为阳煤集团)三矿中学。1990年9月至1995年7月在市氯碱厂工作。1995年8月招工到阳泉矿务局一矿四尺煤掘二队工作。1997年9月至2000年7月在山西煤炭职工联合大学机电一体化专业脱产学习。2001年6月调入一矿运输工区载波组。2006年5月加入中国共产党。2009年2月任一矿运输工区机电队副队长。2010年5月任一矿运输工区电检队副队长。同年11月任一矿运输工区主任助理。

在阳泉矿务局参加工作后,任海平以兢兢业业的态度扎根煤海,刻苦学习,潜心技改革新,屡创佳绩。为适应矿井新型电气设备种类日益增多、自动化程度和技术精密度日益提高的要求,他在工作之余自学了微电子技术、PLC编程语言、VB编程语言、CAD制图等专业知识,并结合实际不断钻研技术,练就了集知识、技术、创新于一身的过硬本领。从事载波工作10年间,他参与了井下电机车动态防追尾报警器的研制,利用电机车的红外线编码发射装置,将井下人车场架线自动停送电装置的手动方式改进为自动控制方式;探索出新的井下语音报警器触发方式,杜绝了因井下潮湿而导致高压窜入的问题,仅此一项每年可节约成本2.5万余元;针对1#猴车变频器频繁偷停现象,他同其他技术人员一起研制出定量仓南北箕斗手动阀闭锁系统,在变频器和PLC之间加装了整套系统的吸收回路,彻底解决了猴车变频器偷停问题。2012年,新引进的20吨变频机车主逆变驱动板和气泵逆变电源经常发生故障,价值近2万元的驱动板一块接一块地报废,任海平看在眼里,急在心上,他一边翻阅资料,一边向专家请教,经过反复试验,最终总结出一套技改方案,设备故障率直线下降,创造价值近100万元。2013年,在他主持下,运输工区在北丈八井北翼大巷投入使用运输机车信集闭系统,实现了地面调度室对井下大巷机车运行的监控和调度。近几年,矿井运输线路不断延长,井下机车运输量不断增加,靠人工记忆车辆运行状态稍一疏忽就可能酿成重大行车事故。任海平和队友经过一年多时间的研发实践,对主控机、通讯站、控制分站、电源箱等设备组成部分进行系统安装,并将其设计上的缺陷反馈回厂家进行修正,在降低事故发生率的同时,提高了井下运输效率和运行能力。由于井下电机车长时间运转,橡胶减震器老化速度快,当遇到轨道问题时就容易出现变频器损坏现象,造成安全隐患。任海平和队友一起分析研究,改进减震系统,使变频器得到有效保护,保证了运输安全。井下连续牵引梭车的过卷保护原来采用的是光电感应保护,由于井下环境特殊,感应头一旦污损就会导致光电感应不起作用,从而导致机械事故。任海平和队友通过钻研,将原来的光电感应保护创新改造为车轮轮沿触发限位开关停车,减少了钢丝绳的不必要损坏,安全性能大幅提高。2015年,他经过反复钻研,创新设计出井下梭车过卷装置,为梭车安全运行提供了保障。为保证猴车高效运行和乘坐猴车人员安全上下井,任海平带领他的技术团队又投身到猴车自动距离控制机构的制作试验中。

一矿运输工区主要担负着井下煤炭、矸石、物料的运输及人员的上下井运送任务。随着阳煤集团转型跨越发展步伐的加快,运输系统不断投用大型设备,设备能否正常运转、车辆能否正常作业,直接影响着矿工的人身安全,同时也制约着整个矿区生产目标的顺利完成,任海平和其他技术人员每日数次往返20多千米奔走于各个维修现场。技术的革新和应用成为安全生产、提升效益的重要基础和保障。为了让科学技术更好地在生产中发挥作用,2011年,在全矿开展的“干部上讲台,培训到现场”活动中,任海平技能大师工作室成立,同时成立培训活动组展开工作,按照每个学员的学习课时、成绩、操作能力等逐月进行奖励,全工区“比、学、赶、超”的氛围空前浓厚,技术创新层出不穷。同年,技术人员自主研发出全煤系统第一列井下新时速人车,成功将火车的制动技术应用于机车,行驶速度提高了一倍,有效提升了矿井的运输效率和安全系数。2012年,工作室被中国煤炭工业协会授予“煤炭行业技能大师工作室”称号,任海平获得“煤炭行业技能大师”称号,成为享受省政府津贴的高级技师。2013年,工作室被省劳动竞赛委员会、省总工会授予“山西省劳动模范创新工作室”称号,并荣升“国家级技能大师工作室”称号,获得财政部、人力资源和社会保障部下发的专项经费。同年,任海平主持设计出无线通信协议程序,机车过弯道、道岔等不安全地段时,系统对司机进行前期提示。几年间,工作室培养出一大批优秀技术人员,有的还走上了管理岗位。任海平技能大师工作室成为引领员工进步、培养专业技术人才的基地。2015年,任海平以工作室为基地,组织开展“五小”(小发明、小改造、小革新、小设计、小建议)创新活动,收到小建议8条、小改造1条、小设计1条和小发明1条,其中有2条小建议、1条小设计和1条小发明已转化到生产中产生经济效益,其中小设计“20吨电机车新时速人车驱动大板改造”参加了阳煤集团“五小”成果展览，获得集团公司领导好评。

2007年，任海平被省委、省政府授予“山西省劳动模范”称号。2008年，被省劳动竞赛委员会授予“山西省五一劳动奖章”和“职工技术创新能手”称号，被省国资委评为“高级专家”。2010年，被省委、省政府授予“山西省特级劳动模范”称号。2012年，被人力资源和社会保障部评为“全国技术能手”。2013年，被省总工会、省科技厅、省经济和信息化委员会、省人力资源和社会保障厅评为“山西省十大职工优秀技术带头人”。2014年，被中华全国总工会授予“全国五一劳动奖章”。2015年，被中共中央委员会、国务院授予“全国劳动模范”称号。　（霍继军）

魏双云

1973年9月出生，山西省忻州市人。1994年7月毕业于太原电力学校。同年8月分配到山西阳光发电有限责任公司工作。2004年6月加入中国共产党。2005年4月任公司热控车间副主任。2008年9月任公司热控车间党支部书记、主任。其间，2005年3月至2010年1月在太原科技大学电气工程及自动化专业进修学习。

魏双云参加工作后，一直从事发电厂热控管理工作。他勤奋学习，刻苦钻研，解决了许多生产过程中的技术难题。2010年到2014年间，负责完成11项重大技术改造项目，大幅提高了设备的安全可靠性。其中，在$1^{\#}$、$2^{\#}$机组DCS系统中实施了多项热控就地设备改造，新安装DCS机柜120面，使用47对DPU控制器，改造后机组自动保护投入率达到100%，机组自动化水平大大提高，每年节约检修费用约200万元；$1^{\#}$—$4^{\#}$炉燃烧器改造和$1^{\#}$—$4^{\#}$机组凝结泵变频“一拖二”控制改造，共节约资金200余万元。2015年，负责完成$3^{\#}$炉超低排放热控管辖设备改造，为公司节能减排和环境保护做出了贡献。

发电机组是发电企业的核心部分。魏双云所在的热控车间负责公司4台发电机组全部热力系统过程控制设备的检修维护工作，责任重大。随着科技进步，发电机组的自动化水平需求越来越高，魏双云带领热控车间技术人员，刻苦钻研发电机组自动控制技术，先后完成汽轮机阀门活动试验逻辑修改、锅炉气温调节控制优化、锅炉给水控制优化等多项课题，解决了设备检修中遇到的多项技术难题，保证机组设备长期稳定运行。

在车间管理工作中，魏双云注重开展群众性技术攻关活动，充分发挥集体智慧，依靠科技进步，提高设备健康运行水平。创新员工培训工作，建立起一套完整的学分培训制度，得到公司领导的肯定。2012年5月，魏双云劳模创新工作室成立，成为公司开展新技术应用、生产难题技术攻关和培养专业技术人才的基地。日常工作中，根据工作室成员各自掌握技术的不同程度进行针对性培训，并定期考试抽查，督促技术人员不断学习专业知识，提高专业技术水平和动手实践能力。工作室创建后，先后完成$1^{\#}$机组一次风机变频改造、锅炉烟气脱硝控制逻辑设计组态工作、$4^{\#}$机组燃烧器改造控制逻辑设计工作等重点技改项目，在DCS控制自主创新方面取得显著成绩。工作室让公司技术人员的聪明才智转化为生产力，广大技术人员的技术创新成为推动企业发展的不竭动力。

2010年，魏双云被省委、省政府授予“山西省劳动模范”称号。2011年，获得山西国际电力集团公司“先进工作者”称号。2015年，获得山西晋能集团有限公司“先进职工”称号；被中共中央委员会、国务院授予“全国劳动模范”称号。　（侯建志）

刘建平

1974年5月出生，山西省平定县岔口乡甘泉井村人。初中文化。2005年7月加入中国共产党。1994年至2002年从事个体运输。2003年1月至2005年8月任甘泉井村村委会主任，2005年9月至2008年7月任村党支部书记，2008年8月起任村党支部书记兼村委会主任。2011年当选山西省第十次党代会代表。2012年当选阳泉市第十四届人大代表。2013年当选山西省第十二届人大代表。系市委直接联系的高级专家和拔尖人才。

甘泉井村地处平定县岔口乡太行山深处，全村有123户360人，耕地面积43.33公顷（650亩），交通不便，经济落后，村民靠天吃饭。2003年刘建平上任后，决心改变这种状况，他不畏艰难、敢闯敢干，想别人没想过的事，干别人没干过的事。十几年间，他团结带领村支两委和村民一道艰苦创业，先后筹措资金600余万元，打深井、盖大棚、建蛋鸡养殖场、改善村容村貌，村民年均纯收入从2003年前不足3000元增长到2015年的1.1万元，甘泉井村成了省新农村建设重点推进村。

“办事，就要办实事，就要办到群众心坎上。”刘建平是这样说的，也是这样做的。甘泉井村坐落在陡峭的山坡上，以前村民出村走的是石头坡，交通不便严重阻碍了甘泉井村的农业发展和村民致富，修通出村路是世世代代村民的最大梦想。刘建平上任后，把修通出村路作为头等大事来抓。他带头捐款5000元，带动村民有钱的出钱，有力的出力，短短半年时间村民筹资4.8万元，献义务工2800多个，修通一条长约2千米的出村公路，解决了村民的出行难问题。此外，完成硬化路3千米,在全乡率先实现户户通。虽然村名叫“甘泉井”,但村里却没有甘甜的泉水,全村人畜吃水都是靠旱井收集的雨水。为解决全村人畜吃水难题,刘建平多次与阳泉市、平定县有关部门协调沟通,争取到资金45万元,于2012年建起一个5000立方米的蓄水池,实现自来水进户。全村父老乡亲从此结束担水吃的历史,家家户户装上旱井自来水。

“这道理那道理,发展才是硬道理;这目标那目标,增收才是大目标。”这是刘建平在两委班子会上常说的一句话。2007年至2015年,他带领村民种植优质核桃树33.33公顷(500亩),部分核桃树已经挂果,一座“绿色银行”在甘泉井村建成。2008年,他借助信用社小额贷款与市、县专项资金补偿,带领村民发展优质、高产、高效产业化蔬菜工程——日光温室,总投资280余万元的4.67公顷(70亩)蔬菜日光温室工程当年开工。至2015年年底,共建成10公顷(150亩)日光温室和蔬菜大棚,全部承包给村民种植,实现“户均1亩大棚菜、人均1.5亩核桃树”的目标。为确保日光温室的长期发展和农民的收入稳定,刘建平多次联系有关单位,筹资140万元打了一眼800米的深井,并铺设管道把深井水引到日光温室,使村民走上种植反季节蔬菜的增收致富路。与此同时,组建了一支防火造林队伍,在荒山上造林266.67公顷(4000亩),并修建了一条长6千米、宽5米的护林防火通道。2014年,刘建平又带领村民全身心投入到16万只机械化蛋鸡养殖场建设中,为尽量少占用耕地,动用挖掘机对石头山体进行挖掘,挖出的石渣填在原有的废弃沟壑里,再覆盖上土层。至2015年年底,共翻修平整出田地6.67公顷(100亩),为蛋鸡养殖场建设做好了前期准备。

“让老百姓过上幸福生活,是村干部最大的职责。”集体经济壮大了,村民生活富裕了,刘建平开始想办法提高村民的精神文化生活水平。从2010年起,新建2000平方米的文化广场,翻修村级活动场所,添置健身器材和娱乐设施,组建文艺演出队伍;在街道两旁安装路灯,设立垃圾集中点,实施垃圾污水处理工程,硬化、亮化、绿化、美化、净化目标实现;建成6栋村民住宅楼和一个农民公园——井春公园,免费为村民安装有线电视;组织村民外出旅游观光;建起村老年日间照料中心,使村民老有所养、老有所乐。2014年,启动实施天然气入户工程和村民标准化澡堂、水冲厕所建设工程,至2015年年底,天然气入户主管道铺设完成,标准化澡堂和水冲厕所工程所需设备已到位。

刘建平所做的一切得到全体村民的赞许,得到各级政府的肯定。2012年,甘泉井村党支部被中组部评为“全国创先争优先进基层党组织”。2013年,被农业部评为“全国美丽乡村”。2015年,被中央精神文明建设指导委员会评为“全国文明村镇”。刘建平个人获得多项荣誉。2008年,被共青团中央、农业部授予“全国农村青年创业致富带头人”称号。2009年,省劳动竞赛委员会为其记一等功。2010年,被省委、省政府授予“山西省劳动模范”称号。2011年,被省委评为“山西省优秀共产党员”。2012年,获省绿化委员会颁发的“绿化奖章”。2014年,被省委、省政府授予“特级劳动模范”称号。2015年,被中共中央委员会、国务院授予“全国劳动模范”称号。(刘志斌)

人物名表

副地市级以上领导人名表

（以姓氏笔画为序）

表 44

姓名	性别	出生年月	籍贯	政治面貌	文化程度	毕业院校	参加工作时间	职务及任职时间
卫英慧	男	1966.7	山西万荣	中共党员	博士研究生毕业	西安交通大学	1991.8	山西工程技术学院党委副书记、院长（2015.5— ）
马　骥	男	1960.4	山西临猗	中共党员	中央党校在职研究生毕业	中央党校研究生院	1982.9	开发区管委会主任（2011.9— ） 开发区党工委副书记（2011.10— ）
王帅红	男	1973.08	山西稷山	中共党员	博士研究生毕业	山西农业大学	1996.7	市委常委、市纪委书记（2015.4— ）
王旭明	男	1962.3	山西临县	中共党员	省委党校在职研究生班毕业	省委党校	1983.9	市委常委（2006.8— ） 副市长（2006.9—2013.5） 2007.8 明确为常务副市长 市政府党组副书记（2007.6—2013.5） 市委副书记（2013.4— ） 市委党校校长（2013.5— ）
王守林	男	1959.5	山西山阴	中共党员	成人脱产专科毕业	山西广播电视大学	1981.9	市人民检察院副检察长、代检察长（2012.4—2012.5） 市人民检察院党组书记（2012.4— ） 市人民检察院检察长（2012.5— ）
王志忠	男	1962.2	河南镇平	中共党员	大学函授本科毕业	南京陆军指挥学院	1976.11	军分区司令员（2014.9—2015.6）
王振国	男	1956.10	山西寿阳	中共党员	中央党校函授本科毕业	中央党校函授学院	1974.12	市政协副主席（2007.5—2010.5） 市总工会党组书记（2008.8—2016.9） 市总工会主席（2008.9—2016.11） 市人大常委会副主任（2010.5— ） 市人大常委会党组副书记（2012.5— ）
王湜洲	男	1960.4	山西平定	中共党员	中央党校函授本科毕业	中央党校函授学院	1981.9	副市长（2006.9—2011.9） 市国资委党委书记（兼，2006.11—2010.1） 市委常委、市委政法委书记（2011.8— ）
田桂明	男	1963.4	河北辛集	中共党员	大学本科毕业	工程兵工程学院	1980.9	军分区政治委员（2013.9— ） 市委常委（2014.12— ）
巩　成	男	1965.7	山西阳高	中共党员	大学本科毕业管理学硕士	山西大学	1984.8	市委常委（2015.12— ）
吕昌政	男	1959.10	河北井陉	中共党员	中央党校在职研究生毕业	中央党校研究生院	1983.9	市人大常委会副主任（2012.5— ）

续表 44–1

姓名	性别	出生年月	籍贯	政治面貌	文化程度	毕业院校	参加工作时间	职务及任职时间
任衍钢	男	1958.10	山东济宁	民进	大学本科毕业	山西师范学院	1975.1	民进阳泉市委主委(2001.11—) 市政协副主席(2007.5—2012.5) 副市长(2012.5—)
任美福	男	1957.12	山西昔阳	中共党员	大学本科毕业	山西财经学院	1982.2	市政协副主席(2012.5—)
刘　星	男	1969.5	山西洪洞	中共党员	硕士研究生毕业	湖北中医学院	1991.8	市委常委(2011.5—2012.5) 市委统战部部长(2011.5—2012.4) 副市长(2012.5—2013.5) 市委常委(2013.4—2015.11) 市委秘书长(2013.5—2015.12)
刘兆林	男	1953.9	阳泉郊区	民建	大学普通班毕业	山西农学院	1976.9	副市长(2002.3—2012.5) 民建阳泉市委主委(2002.4—) 市人大常委会副主任(2012.5—)
刘志强	男	1959.5	河北深州	中共党员	大学本科毕业	山西财经学院	1976.8	市人大常委会副主任(2012.5—)
刘高官	男	1956.5	山西山阴	中共党员	中央党校函授本科毕业	中央党校函授学院	1972.3	市委常委(1995.1—2006.6) 市委秘书长(1995.3—2000.6) 市委副书记(2000.6—2006.6) 市政协党组书记(2006.6—2012.5) 市政协主席(2007.5—2012.5) 市人大常委会主任、党组书记(2012.5—)
许文珍	男	1954.10	山西盂县	无党派	自考专科毕业	山西大学	1975.12	市政协副主席(2007.5—)
孙金明	男	1960.1	山西平定	中共党员	省委党校函授大专毕业	省委党校函授学院	1981.9	市人大常委会副主任(2012.5—)
杨　勇	男	1963.8	山西盂县	中共党员	中央党校函授本科毕业	中央党校函授学院	1984.7	阳泉师范高等专科学校党委书记(2012.7—)
杨广耀	男	1956.10	山西夏县	中共党员	研究生班毕业	中国社会科学院	1976.1	太原理工大学阳泉学院党委书记(2010.9—2015.5)
杨永生	男	1961.10	山西临猗	中共党员	大学本科毕业	山西大学	1982.10	市委常委(2006.9—) 市委统战部部长(2006.9—2011.5) 市委宣传部部长(2011.5—)
李天祥	男	1956.12	山西定襄	九三学社	大学本科毕业	太原工学院	1974.8	九三学社阳泉市委主委(2006.4—) 市政协副主席(2007.5—)

续表 44-2

姓名	性别	出生年月	籍贯	政治面貌	文化程度	毕业院校	参加工作时间	职务及任职时间
李云峰	男	1969.7	山西洪洞	中共党员	大学本科毕业 中央党校在职研究生毕业 公共管理硕士毕业	山西大学 中央党校研究生院 山西财经大学	1994.7	市委常委(2013.4—　) 市委统战部部长(2013.5—　)
李利生	男	1966.10	山西柳林	中共党员	硕士研究生毕业	山西大学	1992.9	开发区管委会主任(2005.12—2011.9) 开发区党工委副书记(2006.5—2011.10) 市委常委(2011.8—　) 市委秘书长(2011.8—2013.5) 常务副市长、市政府党组副书记(2013.5—　)
李定武	男	1957.11	山西寿阳	中共党员	中央党校函授本科毕业	中央党校函授学院	1978.10	市委常委(2011.3—2016.9) 市委组织部部长(2011.4—2016.8)
李顺宽	男	1957.9	山西河曲	中共党员	中央党校函授本科毕业	中央党校函授学院	1978.11	市政协副主席(2012.5—　)
吴丽萍	女	1955.11	北京市	无党派	大学本科毕业	山西大学	1975.11	市人大常委会副主任(2007.5—　)
张太平	男	1967.7	山西原平	中共党员	在职研究生毕业	西安政治学院	1983.11	军分区司令员(2015.6—　)
陈永奇	男	1967.11	山西怀仁	中共党员	博士研究生毕业	山西大学	1992.7	市委副书记、市政府党组书记(2013.2—2015.11) 副市长、代市长(2013.2—2013.4) 市长(2013.4—2015.11) 市委书记(2015.11—　)
陈永昶	男	1961.11	山西芮城	中共党员	大学本科毕业	山西师范大学	1982.7	阳泉师范高等专科学校校长(2012.8—　)
陈明华	男	1965.7	山西柳林	中共党员	法律硕士	山西大学	1987.7	市中级人民法院副院长、代院长(2012.8—2012.11) 市中级人民法院党组书记(2012.8—　) 市中级人民法院院长(2012.11—　)
郜爱国	男	1954.2	山西黎城	中共党员	中央党校函授本科毕业	中央党校函授学院	1970.10	市委副书记(2000.9—2011.8) 市委党校校长(2006.12—2011.8) 阳泉行政学院院长(2007.2—2011.9) 市人大常委会副主任、党组副书记(2011.5—2012.5) 市政协主席、党组书记(2012.5—　)
尚建军	男	1965.8	山西绛县	中共党员	大学本科毕业	山西大学	1987.8	市公安局党委书记、局长(2014.6—　)
要　真	男	1956.12	山西盂县	中共党员	大学本科毕业	太原工学院	1974.12	开发区党工委书记(2012.1—　)

续表 44-3

姓名	性别	出生年月	籍贯	政治面貌	文化程度	毕业院校	参加工作时间	职务及任职时间
赵　峰	男	1956.9	山西盂县	中共党员	大学普通班毕业	太原工学院	1972.9	郊区区委书记(2007.4—2012.4) 副市长(2011.9—　)
赵平有	男	1956.10	河北定州	中共党员	大学本科毕业	山西师范学院	1975.2	市政协副主席(2012.5—　)
赵永红	女	1957.3	山西平定	民盟	大学本科毕业	山西医学院	1974.8	民盟阳泉市委主委(2001.11—　) 市政协副主席(2007.5—　)
荆俊明	男	1966.6	山西绛县	中共党员	大学本科毕业	石家庄陆军学院	1983.8	军分区参谋长(2010.2—　)
郝培亮	男	1963.11	山西定襄	中共党员	博士研究生毕业	太原理工大学	1984.7	副市长(2013.5—　)
洪发科	男	1956.10	山西曲沃	中共党员	中央党校在职研究生毕业	中央党校研究生院	1974.8	市委书记(2012.1—2015.7)
夏　晗	男	1965.1	安徽寿县	中共党员	大学本科毕业	长沙炮兵学院	1983.1	军分区政治部主任(2012.5—　)
曹凯民	男	1957.12	山西芮城	中共党员	大学本科毕业	太原工学院	1982.1	市政协副主席、党组成员(2011.5—　) 市政协党组副书记(2012.5—　)
彭喜平	女	1959.2	河南清丰	中共党员	大学本科毕业	山西大学省委党校大学班	1976.7	市委党校常务副校长(2005.3—　) 阳泉行政学院常务副院长(2005.4—2011.12) 阳泉行政学院院长(2011.12—　)
董一兵	男	1963.1	山西闻喜	中共党员	大学本科毕业 公共管理硕士毕业	山西师范大学 新加坡南洋理工大学	1985.7	市委副书记、市政府党组书记(2015.11—　) 副市长、代市长(2015.11—　)
董仙桃	女	1962.10	山西五台	中共党员	硕士研究生毕业	太原重机学院	1986.7	副市长(2011.5—　)
韩保清	男	1963.10	山西盂县	中共党员	硕士研究生毕业	山西师范大学	1987.7	太原理工大学阳泉学院院长(2010.9—2015.5) 山西工程技术学院党委书记(2015.5—　)

（崔晓亮　张　朝）

人物名录

先进人物名录(25 人)

全国劳动模范(4 人)

任海平　李景春　魏双云　刘建平

全国先进工作者(1 人)

赵泉祥

山西省五一劳动奖章(14 人)

时付军　王建宏　姚劲松　边志强　许斌功　耿彦平　赵海兵　刘宝风(女)　张志明
杨建荣(女)　王爱军　王素娟(女)　白青海　李银花(女)

其他省部级荣誉获得者(6 人)

魏增玲(女)　李冬梅(女)　张怀军　毕冠华　郭婧嵘(女)　谢振华

高级专业技术人员名录(379 人)

2015 年,阳泉市各类专业技术人员晋升高级职务(含副高晋升正高)者共 379 人,详情列下。

高校教师系列(副高级 3 人)

刘　洋(女)　苏　敏(女)　周巧林(女)

档案系列(副高级 2 人)

郝晓瑞(女)　吕旭东

体育教练系列(副高级 1 人)

葛志强

卫生系列(正高级 32 人、副高级 160 人)

正高级

赵秀敏　陈庆生　高福音　周　青(女)　王明艳(女)　王秀平(女)　王　琼(女)　姚　志　贺建军
付永毅　刘海昌　王　然　赵昇涛(女)　罗　茜(女)　葛建忠　牟　炜(女)　李晓莲(女)　王贵双
罗　芳(女)　张　爽(女)　杨晓春(女)　张建丽(女)　李　航(女)　孙荣莲(女)　郭俊斌　杨壮凤(女)　杨忠全
杨瑞祥　王汝江　潘素云(女)　王江梅(女)　韩兰芳(女)

副高级

王永昌　戎晋阳　陶利军　王晓斌　王　啸　胡江鸿(女)　郭　梅(女)　黄宝娥(女)　胡瑞明
帅艳平(女)　梁　缨(女)　冯立英(女)　李宇星　周建生　张会青(女)　马文锦(女)　马　鑫　韦延军
苏秀芳(女)　杨玉莲(女)　常东胜　王建红(女)　孙　伟(女)　张志江(女)　吕新瑞　杨满堂　史永义
马春英(女)　路建国　杨文政　张凯斌　张素梅(女)　贾转云(女)　张兵喜　杨凯军　王　伟
齐丽英(女)　张慧东　杨金明　苏玩琴　梁　彤(女)　程月红(女)　王永亮　刘　萍(女)　陈　涛
王惠莲(女)　王宏芳(女)　祁东梅(女)　张漫莉(女)　高良芳(女)　韩健生　宁芝莲(女)　梁贵清(女)　王海波
吕水英(女)　罗贵梅(女)　梁海云(女)　罗珍明　高书云(女)　魏志莉(女)　延海芳(女)　李慧芳(女)　张建明
高完花(女)　韩丽英(女)　董灵芳(女)　魏建红(女)　冯素珍(女)　张丽红(女)　杨桂林(女)　赵秀琴(女)　侯瑞军
康玉英(女)　王秋花(女)　张素兰(女)　尹立平(女)　李建清(女)　李巧云(女)　杨旭艳(女)　武海勤(女)　岳文强
高彩霞(女)　陈建平(女)　张翠英(女)　石舫媛(女)　杜勇洁(女)　姚桂花(女)　胡利红(女)　皇甫金变(女)　郭文涛
周海燕(女)　史海丽(女)　李建芳(女)　孙巧兰(女)　崔月英(女)　逯俊丽(女)　王新蓉(女)　张贵敏(女)　张智彬
赵彩萍(女)　徐文华(女)　赵彩林(女)　高爱英(女)　王丽霞(女)　赵　华(女)　赵国瑛(女)　刘亚楠(女)　陈宝红
李红青(女)　周艳萍(女)　冯翠琴(女)　刘琳美(女)　贺　燕(女)　付彩霞(女)　王新莲(女)　陈金荣(女)　李　涛

闫文霞(女) 刘　方(女) 荆夏丽(女) 吕俊莲(女) 王丽娟(女) 高永莲(女) 许素琴(女) 宋红荣(女) 王建华
孟丽芳(女) 刘丽丽(女) 翟旭莉(女) 李变英(女) 杨丽君(女) 乔秋萍(女) 李小青(女) 周翠香(女) 白　斌
刘　芳(女) 王　燕(女) 翟春梅(女) 王丽红(女) 荣美桃(女) 王艳华(女) 姚　曼(女) 郝艳平(女) 郑　龙
胡玉连(女) 葛彩虹(女) 张俊平 苏桂萍(女) 李素萍(女) 赵俊英(女) 王玉萍(女) 穆有红(女) 王瑞峰
赵　馨(女) 罗小红(女) 王林果(女) 刘　强 杨文平 王瑞芳(女) 赵晓红(女)

工程系列(副高级 34 人)

魏彩虹(女) 李　军 籍继花(女) 逯有泉 尹东立 刘莉丽(女) 李忠义 崔存勇 安建利
王树生 李宏兰 郭玉清(女) 李喜忠 王如平 赵丽棠(女) 沈佩英(女) 李永飞 田凤杰
白永胜 赵新平 樊国成 郭亚清 陈意飞 高钟哲 孙建文 贾青牛 原建军
王爱青 刘会田 张爱民 李变珍(女) 李胜军 胡东升 李升明

经济系列(副高级 12 人)

刘海燕(女) 王　华(女) 董丽芳(女) 贾彩娟(女) 李士杰 周向荣(女) 刘　瑜 霍晓沁 陆　新
张丽梅(女) 刘　强 杨　菲(女)

群众文化系列(正高级 1 人、副高级 1 人)

正高级　王玉兰(女)

副高级　陈贵福

图书资料系列(副高级 1 人)

王晓华(女)

艺术系列(副高级 4 人)

王晓莉(女) 岳　栋 赵　芬(女) 吴永亮

中专教师系列(副高级 14 人)

李爱军 王俊琴(女) 张　俊(女) 王爱梅(女) 王兰香(女) 马建国 姚吉祥 乔计苟 张宏贵
高建红(女) 马　俊 和存芬(女) 张银凤(女) 张文军

新闻系列(正高级 1 人、副高级 2 人)

正高级　刘　峥(女)

副高级　吴　驿　石莉萍(女)

乡镇企业系列(副高级 11 人)

原　姝(女) 张文录 张建新 孙瑞宾 刘军林 李润林 王彦斌 吕力军 李占良
赵佩华(女) 蔺玉红

统计系列(副高级 2 人)

梁学庆 王建芳(女)

会计系列(副高级 7 人)

李海芳(女) 闫保梅(女) 贾丽娜(女) 杨豫军 韩军喜 裴文丽(女) 樊雨萍(女)

中学教师系列(副高级 89 人)

孔拉云(女) 李秀英(女) 刘玉花(女) 李军红(女) 刘五贵 王梅兰(女) 武玉娥(女) 李改英(女) 赵俊杰
宋卫明 李　妍(女) 宋兰兰(女) 陈文莲(女) 张一鹏 王晓棠(女) 王凤平(女) 李金莲(女) 马建国
王素琴(女) 张焕敏(女) 郝巧萍(女) 张亚平(女) 高雅丽(女) 丁景红(女) 檀有林 乔海容(女) 武晋民
郝红梅(女) 杨勤芳(女) 姜海全 赵晓云(女) 周玉萍(女) 申秋芬(女) 武仲平 武慧芝 张利民
马军正 郭金红(女) 李怀庆 信祥林 苏晋芳(女) 刘香琳(女) 贾素红(女) 赵变梅(女) 郭宝柱
史秀琴(女) 张素荣 荆毓富 刘克芳 王利红(女) 梁树兵 刘治红(女) 任明慧 阎重龙
靳冬梅(女) 孔令梅(女) 李继文 张卫玲(女) 梁瑞芳(女) 乔晋芳(女) 刘　滟(女) 施海芳(女) 王建平
王海玲(女) 王亚男(女) 王俊平(女) 王文杰 张建军 王桂萍(女) 程迎花(女) 赵玉梅(女) 魏　东
吴继先 展利新 刘民伟 刘改花(女) 朱凤权(女) 王计忠 侯宝亮 蔡心寿 潘竹林
李　欣(女) 孙贵英(女) 蔺海燕(女) 胡秀俊 李永红(女) 陈文萍(女) 罗文俊 安桂英(女)

自然科学系列(副高级 1 人)

王意峰

农业系列(副高级 1 人)

乔升民

阳泉市 2015 年大事记

1 月

12 日 阳泉市被省科技厅确定为全省创新型试点城市，系全省唯一一家省级创新型试点城市。

13 日 市委十一届五次全会暨全市经济工作会议在阳泉宾馆召开。会议听取市委常委会 2014 年工作报告，审议通过《中共阳泉市委关于贯彻落实党的十八届四中全会精神和省委十届六次全会精神，加快推进法治阳泉建设的实施意见》，总结 2014 年工作，安排部署 2015 年工作。

17 日 盂县晋阳新能源发电有限公司一期 50 兆瓦并网光伏发电项目并网发电。此为阳泉市首个成功并网的大型地面式光伏发电项目，位于盂县牛村镇曲曲城村，占地约 160 公顷(2400 亩)，投资 4.8 亿元，于 2014 年 9 月 15 日动工建设。

19 日 市中级人民法院刑事审判一庭副庭长魏增玲被最高人民法院评为"全国法院办案标兵"。

25 日 中华艺术家杂志社阳泉分社成立，山西分社社长陶建坪兼任阳泉分社社长。

月内 由市人民检察院和矿区人民检察院联合创作拍摄的微电影《茶殇》，获"全国检察机关首届预防职务犯罪专题微电影大赛特等奖"和"全省检察机关首届预防职务犯罪专题微电影大赛一等奖"。

山西冠霖农业科技有限公司董事长张怀军被共青团中央、农业部授予"第九届全国农村青年致富带头人"称号。

2 月

4 日 省委常委、省委秘书长王伟中出席中共阳泉市委学习讨论落实活动座谈会、阳泉市 2014 年度目标责任考核大会，并作讲话。

由市新闻中心、阳泉日报社联合打造的手机 APP 平台 "掌上阳泉"正式上线。"掌上阳泉"是运用大数据技术，依托云平台打造的全市首个集新闻、生活服务类应用为一体的手机 APP 平台，收录了市内 3000 多个商户、公交车、长途汽车、列车、快递查询、山城教育、魅力乡村等实用信息，内容涵盖衣、食、住、行、游、娱、购等多方面资讯。

6 日 百集大型纪录片之《记住乡愁——山西阳泉小河村》在中央电视台中文国际频道《走遍中国》栏目播出。《记住乡愁》由中央宣传部、住房和城乡建设部、国家新闻出版广电总局、国家文物局联合组织实施，中央电视台中文国际频道承制。

13 日 省委常委、省委宣传部部长胡苏平和副省长王一新带领相关部门负责人到阳泉市，走访乡镇敬老院和困难企业，看望慰问基层困难群众、企业职工、老党员和老劳模。

21 日 平定县巨城镇会里村赵家垴一下坡左转弯路段发生一起小型面包车冲出路外边崖事故，导致 4 人死亡。

27 日 由省话剧院编演的《最美村官段爱平》在阳泉宾馆演出。市级领导、各县区和市直相关部门负责人、各乡镇和村负责人，以及部分机关干部近 1500 人分两场观看了演出。

28 日 中国移动通信集团山西有限公司阳泉分公司、市地方税务局、市总工会、市工商行政管理局 4 个单位获第四届"全国文明单位"称号；平定县冶西镇、郊区义井镇小河村、平定县岔口乡甘泉井村 3 个村镇获第四届 "全国文明村镇"称号。同时，阳泉市原有的全国文明单位、全国文明村镇全部通过复查验收，其中，中国建设银行股份有限公司阳泉分行、阳泉第二监狱、国网山西省电力公司阳泉供电公司、中国工商银行股份有限公司阳泉分行、市公安消防支队 5 个单位继续保留"全国文明单位"称号；郊区平坦镇桃林沟村、郊区旧街乡枣园村、盂县路家村镇闫家沟村3个村继续保留“全国文明村镇”称号。

月内 中国农业银行阳泉市分行复寿支行营业室被中华全国总工会授予“全国五一巾帼标兵岗”称号。

3月

3日 阳泉一中与澳大利亚艾文豪精英学校签署友好学校和合作办学意向协议,并启动合作办学项目。艾文豪精英学校建于1915年,位于墨尔本地区,以优异的教学成绩、众多的特色活动和齐全的设施设备闻名澳大利亚,是澳大利亚资源最丰富的学校之一。

16日至20日 市长陈永奇率团赴辽宁省学习考察老工业基地改造振兴、资源型城市转型发展先进经验,参观招商引资项目企业并进行洽谈对接。

17日 阳泉市被国家发改委列为全国中小城市综合改革试点市。此次国家发改委共在全国61个地区开展中小城市综合改革试点,山西省仅阳泉市和晋中市获批。试点市将加快推进产城融合、城市投融资、土地要素、民生保障、城市治理等重点领域改革,为全国中小城市的发展探索经验。

20日 全市重点工程之一的山西博时绿能科技有限公司门贤岭加气站项目在盂县南娄镇门贤岭村开工。该项目拟投资8000万元,占地3.2公顷(48亩),建设日转化30万立方米天然气母站一座和天然气子站76座。项目建成后可辐射盂县境内的企业、居民及各类天然气用户。

24日 市妇产科医疗质量控制部在市第一人民医院成立。市妇产科医疗质量控制部主要开展考核评估,统一技术操作,规范执业行为,分类指导各级各类医疗机构开展妇产科规范诊疗活动,加强对各级医疗机构妇产科质量控制管理等,保障人民群众健康。

26日 阳泉经济技术开发区首家公立幼儿园——开发区实验幼儿园正式开园。该幼儿园坐落在开发区大连东路东城水岸旁,2013年9月开始建设,总投资约1800万元,占地6233平方米,教学主楼及辅助用房3040平方米,可容纳9个教学班、300多名幼儿。

30日 市委宣传部在全国舆情信息工作会议上获“中宣部舆情信息工作2014年度先进单位”称号;同时,阳泉市上报的4条信息获“中宣部2014年度好信息奖”。

31日 阳泉市创建省级文明城市工作全面启动。按照《阳泉市创建省级文明城市实施方案》规划,2017年建成省级创建文明城市工作先进城市,争取在2019年建成省级文明城市。省级文明城市每两年评选1次,分为“山西省文明城市”和“山西省创建文明城市工作先进城市”两个层次。

月内 阳煤集团“阳泉矿区复杂条件大采高工作面自动化技术研究与应用”“矿用综采自动化工作面4G无线网络传输系统”两项科研项目通过中国煤炭工业协会鉴定;“高应力大变形永久巷硐‘双壳’治理底鼓技术与机理研究”“复杂条件下深部岩巷快速掘进综合技术研究”两项科技项目通过省科技厅鉴定。评审专家认为4项成果均达到国际先进水平。

4月

2日 副省长张建欣到阳泉市,就工商、质监、食品药品监督管理等部门的管理体制调整和卫生、计生机构改革情况,以及医改工作进行调研。

3日 阳泉市阳大铁路、阳煤集团乙二醇等46个项目被列为山西省2015年度重点项目,年度计划投资146.7亿元。其中新兴产业项目25个,年度计划投资64.8亿元。

市友爱医院引进的“癌症干细胞个体化药物筛选的临床转化”项目,被国家外国专家局列入2015年度引进国外技术、管理人才项目计划和经费预算。此为阳泉市引入项目首次被列为国家外国专家局重点扶持项目。

16日 阳泉市电子商务商会成立,共有会员169名,理事58名。

19日 阳泉市商业银行北京投行部揭牌成立。北京投行部成立初期以资产买卖、票据业务、同业投资等资本市场业务为主。

20日至23日 政协阳泉市第十二届委员会第四次会议在阳泉宾馆召开。会议应出席委员290人,实际到会283人。会议批准市政协主席郜爱国所作的工作报告和市政协副主席李天祥所作的提案工作报告。

21日至23日 阳泉市第十四届人民代表大会第五次会议在阳泉宾馆召开。会议应出席代表279名,实际到会246名,列席人员113名。会议听取、审议市长陈永奇作的政府工作报告和市人大常委会主任刘高官、市中级人民法院院长陈明华、市人民检察院检察长王守林作的工作报告。审查和批准各项报告,通过相应决议。

25日至28日 由中共阳泉市委主办、市委政策研究室(市委深改办)承办的市委机关刊物《阳泉工作》,在贵州黔西南州召开的全国城市党刊研究会第24届年会上被评为“2014年度全国城市优秀党刊”。此为《阳泉工作》连续两年获此殊荣。

28日 省委副书记、省长李小鹏到阳泉市,就电力、铁路、煤化工等重大项目建设情况进行调研。

月内 烟台金翰福养老服务有限公司投资18亿元的阳泉市养老公寓项目、中旭鑫源敬老产业开发有限公司投资13.65亿元的阳泉市智慧生态医养敬老工程项目先后签约。阳泉市养老公寓项目规划用地20公顷(300亩),拟建设养老公寓、老年文体活动中心、养老服务培训机构、医疗机构、餐饮中心和理疗中心为一体的养老产业园区。阳泉市智慧生态医养敬老工程项目规划用地33.35公顷(500.25亩),拟建设可容纳3000名老人的养老公寓。

阳泉煤业(集团)有限责任公司一矿运输工区主任助理任海平、山西阳光发电有限责任公司车间主任魏双云、天元家用电器有限责任公司董事长李景春、平定县岔口乡甘泉井村党支部书记刘建平4人获"全国劳动模范"称号,矿区环卫处清掏组组长赵泉祥获"全国先进工作者"称号。

山西阳光发电有限责任公司热控车间计算机班技术员、团支部书记毕冠华入选全国"最美青工"。此次"岗位践行价值观,青春建功中国梦"寻找"最美青工"(第二季)主题活动由团中央组织,全国共有100人入选"最美青工",毕冠华是阳泉市唯一获此殊荣者。

阳泉作家、九届银河奖得主刘慈欣的作品《时间移民》入选"2014中国好书"。"2014中国好书"推选活动由中国图书评论学会和中央电视台科教频道联合举办,共有30种书目入选,颁奖盛典于4月23日世界读书日当晚在央视一套和科教频道播出。

5月

1日 郊区李家庄乡侯家沟村、驼岭头村、长岭村,杨家庄乡张家洼村、路家山村,平定县巨城镇庙堰村6个行政村正式交由阳泉经济技术开发区托管。

阳泉市首条免费公交线路——荫营城区免费循环公交线路正式开通。该线路为500路,始发站为刘备山山脚,终点站为上千亩坪,日运行21趟次,往返13千米,沿途设16个站点。

5日 中国三峡新能源公司西北分公司与阳泉市郊区就80兆瓦风电项目签订合作协议。该项目总投资7亿元,计划占地10公顷(150亩),建设两个风电场,一个建在郊区梁家庄,装机量预计30兆瓦;另一个建在郊区南沟掌村、柳渠村与平定县、寿阳县交界处山脉,装机量预计50兆瓦。年底时,该项目处于风力测风阶段。

7日 盂县农业银行员工郭婧嵘当选第十届"中国农业银行十大杰出青年"。

11日至12日 由省人大常委会副主任、省总工会主席田喜荣带队的省人大常委会执法调研组到阳泉市,就贯彻实施《山西省节约用水条例》工作情况进行执法调研。

18日 市长陈永奇率团参加在湖北武汉举办的第九届中国中部投资贸易博览会。阳泉市共签约3个项目,总投资85亿元,拟引资85亿元,涉及装备制造、新能源、新材料领域。

由阳泉广电传媒有限公司拍摄完成、反映侵华日军强征"慰安妇"罪恶历史的电影《大寒》在盂县举行新闻发布会。新华社、中央人民广播电台、中央电视台、日本共同社、朝日新闻、东京新闻,韩国KBS、韩国中央日报社等40多家中外媒体记者参加新闻发布会。

18日至22日 市长陈永奇带领市政府考察团,赴湖北省武汉市、湖南省湘潭市、浙江省杭州市和桐乡市、江苏省张家港市进行招商引资活动,促成郊区与湖南江麓实业矿山装备公司年产5000台减速机及矿山装备产业园项目签订战略合作协议。

19日至25日 2015年"体彩大乐透"杯全国蹦床冠军赛在阳泉市举办,共有来自全国各省、自治区、直辖市12支代表队的237名运动员、教练员参加。经过激烈比拼,产生男女网上个人、男女单跳个人、男女网上同步、男女单跳团体、男女网上团体共10枚金牌。山西队获1金、3银、1铜。阳泉籍运动员中,涂潇获男子网上个人金牌,张雒获男子单跳个人银牌,涂潇、穆童与队友合作夺得男子网上团体银牌,胡译乘与队友合作获女子双人同步银牌。此外,解放军队的阳泉籍运动员王鹏军与队友合作夺得男子双人同步铜牌。此次比赛由国家体育总局体操运动管理中心主办,山西省体育局、阳泉市政府承办,山西省体操运动管理中心、阳泉市体育局、山西省竞赛管理中心、山西省体操协会协办。

25日至28日 纪念中国人民抗日战争暨世界反法西斯战争胜利70周年"红色中国阳泉行"大型采访活动在阳泉市举办。来自全国各地广播、电视、报纸、网络等40余家媒体的100余名记者参加活动,重温革命历史,深挖红色文化。此次活动由中国广播电影电视联合会文委会市地州盟分会倡导,由阳泉广播电视台、阳泉市旅游局承办。

26日 山西省少年儿童庆六一暨"我的蓝色科技梦"主题队日活动在城区新华小学举行,2000余名少年儿童参加活动。"我的蓝色科技梦"主题队日活动由团省委、省少工委、省教育厅、省政府妇儿工委、省科协等单位共同举办。

26日至29日 2015年中国青少年蹦床训练教学大纲培训在阳泉市泉美国际酒店举办,来自全国各地的112名蹦床教练员参加培训。此次培训由国家体育总局青少年体育司主办,北京体育大学教练员培训学院、国家体育总局体操运动管理中心承办,阳泉市体育局协办。

28日 阳泉北至大寨铁路工程开工建设。此为山西省投资建设的重点铁路项目,是2015年省委、省政府确定的"十大标志性工程"的重点项目之一。阳大铁路全长79.07千米,设车站9座,采取新建和利用既有铁路两种方式。其中,新建铁路从既有石太客运专线阳泉北站引出,向南经阳泉市盂县、郊区、平定县,长44.77千米,设车站6座;平定县至晋中市昔阳县大寨段利用既有的阳涉铁路电化改造并增加客运功能,利用阳涉铁路33.12千米,设车站3座;新增北站到发线1.18千米。客运设计时速120千米至160千米,工期3年。

上海股权托管交易中心阳泉市企业挂牌孵化基地在阳泉市高新技术服务中心揭牌，为全市企业迈入资本市场搭建了平台。上海股权托管交易中心是经国务院同意，依托上海市政府和上海证券交易所而设立的股权托管交易市场，是国内发展最快的场外市场之一。

6月

2日至4日 国务院第十一督查组副组长、中国人民银行行长助理杨子强带领督查组到阳泉市，就贯彻落实国务院重大政策措施情况进行督导检查。

15日 天元集团大型"城市矿产"循环利用静脉产业集聚园区项目一期工程投产。项目规划主要包括废旧电器回收再利用、绿色家电制造、报废汽车回收再利用、塑料深加工、线路板深加工等几大板块。园区建设有独立的废旧电器回收互联网平台，一期工程全部采用现代化、自动化和数字化的生产设备，居国内同行业领先水平。

17日 阳泉作家刘慈欣在北京举办的"2015腾讯书院文学奖"颁奖典礼上获"致敬小说家"奖。8月23日，刘慈欣的科幻小说《三体》获第73届雨果奖最佳长篇故事奖，此为亚洲人首次获得雨果奖。雨果奖由世界科幻协会颁发，被公认为科幻界最具权威与影响的世界性科幻大奖。9月12日，刘慈欣获第26届科幻银河奖特别功勋奖。科幻银河奖评奖由科幻世界杂志社与微像文化共同主办，是中国幻想小说界的最高荣誉奖项，也是中国大陆唯一的科幻小说奖。

28日 阳泉籍乒乓球运动员武杨在国际乒联世界巡回赛日本公开赛中，与队友合作夺得女双冠军。

30日 中广核山西盂县风电场二期项目并网发电。该项目是阳泉市首个风力发电项目，由中国广核集团盂县风力发电有限公司分两期开发建设，总投资10亿元。一期工程于2013年11月开工，2014年11月29日并网发电，装机规模49.5兆瓦，年发电量11720万千瓦小时。二期工程装机规模48.3兆瓦，年可发电10690万千瓦小时。该项目全部投产后，每年可上缴利税1232万元，节约标准煤6.57万吨，减少二氧化碳排放19.68万吨。

泉西路主路通车。该路起点为宏成桥南口，向南下穿简子沟编组站石太铁路，在市物资集团公司西河滩仓库处设置一座半径为65米的螺旋高架桥，跨越石太铁路后修建长190米的通道连接至南大西街，全长1.18千米，宽21米，双向4车道，设计时速30千米。工程总投资3.47亿元，于2014年3月18日动工，由市住建局实施，中铁六局阳泉市泉西路工程项目部负责施工。

7月

4日至10日 阳泉市小选手王一晗、阎豪在湖北省十堰市举行的2015年"红双喜幼苗杯"全国少儿乒乓球比赛中，分别获得女子儿童甲组银牌和男子儿童甲组铜牌。同时，阳泉市代表队获得男子儿童甲组团体第二名和女子儿童甲组第四名的成绩。

9日 零时起，市交通运输局大村收费站停止收费。大村收费站位于307国道复线坡头至水峪一级公路阳泉郊区平坦镇大村北，2007年经省政府批准设立，收取的车辆通行费用于偿还修建该路的贷款。

11日 代表中国队参赛的阳泉籍运动员张涛在缅甸举办的2015年亚洲国际式摔跤青年锦标赛中，获得120公斤级银牌。

17日 公安部党委委员、纪委书记邓卫平一行到阳泉市，就公安"四项建设"(基础信息化、警务实战化、执法规范化、队伍正规化)、公安改革和反腐倡廉等工作进行调研。

21日 阳泉至娘子关一级公路水峪至娘子关段正式通车。该段是阳泉市路网规划"五纵五横四循环"中横四线的重要组成部分，全长20.552千米。起点为平定县巨城镇水峪村，与一期工程阳泉至水峪段顺接；终点在娘子关镇东、晋冀界处，连接阳井线旧路。途经平定县巨城镇、上董寨、下董寨、娘子关电厂、城西、石太铁路和娘子关镇，跨越温河、桃河和绵河，设大桥和中桥20座、隧道5座、涵洞22道、天桥1座、互通式立交1处，双向4车道，设计速度为每小时60千米。

24日 阳泉市"三严三实"(严以修身、严以用权、严以律己，谋事要实、创业要实、做人要实)先进事迹报告会在阳泉宾馆召开。市育英学校校长朱爱所、平定县冶西镇民政员王存玲、天元集团公司董事长李景春、郊区固庄村村委会主任张三虎，以及市体校原校长于剑刚的代表——武丽霞5位报告团成员，在大会上作报告。市级四套班子成员、县区委书记和组织部部长、市直各单位负责人、部分党员干部代表一同聆听报告。

8月

6日 阳泉市130个贫困农村"一年一场戏"文化惠民活动暨豫剧首场演出在郊区杨家庄乡张家洼村启动。活动由市委宣传部、市文化局、市农委、市财政局共同主办。活动启动后，市晋剧院、市歌舞团、市豫剧团分赴3个农业县区的18个乡镇130个贫困村，为广大农民送去戏曲、歌舞等节目。

12日 省人大常委会副主任牛仁亮带领部分省人大常委会组成人员、省人大代表和省发改委等部门相关负责人到阳泉市，就重点领域投资项目建设情况进行视察调研。

15日至23日 纪念抗日战争暨世界反法西斯战争胜利70周年摄影图片展在市展览馆举办。此次展览由市政协摄影学会、市旅游协会、平定县委宣传部、市展览馆共同主办，共展出作品118幅。

17日至18日 省委副书记、

省长李小鹏到阳泉市调研经济社会发展情况。

19日 阳泉市澳丽丝科技涂料有限公司、麟豪机械制造有限责任公司、中嘉磨料磨具有限公司、山西中兴环能科技有限公司、三度软件开发有限公司、星火鑫源铸造材料厂、山西华通蓝天环保有限公司、贵友自动化设备有限公司、万紫农业开发有限公司、东风耐火材料有限责任公司等10家企业在上海股权托管交易中心挂牌,正式对接资本市场。

24日至28日 三晋环保行记者团在阳泉市开展主题为"加强水资源保护,保障饮用水安全"的2015年三晋环保行活动。

9月

7日 阳泉市纪念中国人民抗日战争胜利70周年暨百团大战大会在狮脑山百团大战纪念碑前广场举行。市委、市人大、市政府、市政协、市纪委、阳泉军分区领导,老战士、老民兵、抗日战争烈士亲属代表,部队官兵、人民警察、学生代表等上千人参加纪念大会。

9日 阳泉市加入环渤海区域合作市长联席会。至此,环渤海区域合作市长联席会成员市达到50家。

11日 省委常委、省纪委书记黄晓薇深入平定县及张庄镇,就县、乡两级落实"两个责任"(党委负主体责任、纪委负监督责任)情况进行调研。

月内 由市公安局专职治安巡防支队办公室主任李建全创作拍摄的微电影《觅踪追凶》,获"第三届中国昆山法治微电影大赛优秀影片"奖。该片在12月举办的第二届"中国梦·劳动美·幸福路"全国职工微影视大赛上,获"故事片优秀影片奖"。

10月

8日 全国人大常委会委员、中华全国总工会副主席、民建中央副主席张少琴一行到阳泉市,就民建基层组织建设工作进行座谈和调研。

22日至29日 中央电视台中文国际频道《远方的家——长城内外》栏目摄制组在阳泉市进行实景拍摄和采访。摄制组先后拍摄了平定砂器、固关长城、郊区小河村石评梅故居、娘子关、城区面塑、盂县莜面制作等。

11月

5日 中共山西省委常委会研究决定,陈永奇任中共阳泉市委书记;董一兵任中共阳泉市委委员、常委、副书记,提名为阳泉市市长候选人。

5日至9日 阳泉市优秀农业科技创新组织及部分企业负责人共30余人,参加了在陕西杨凌举办的第二十二届中国杨凌农业高新科技成果博览会。

13日至15日 阳泉市组团参加了在云南昆明举办的2015年中国国际旅游交易会。

26日 阳泉市2015年云计算产业对接洽谈会暨第四届海外博士阳泉行活动启动。留学博士、海外学子、国内部分高新技术企业代表,与省、市、县、区有关部门以及企业主要负责人参加活动,共谋合作发展。

12月

1日至2日 省委副书记楼阳生到平定县、城区、矿区和经济技术开发区,就贯彻落实中共十八届五中全会精神,推进农业现代化、加快脱贫攻坚、实施"六权治本"(依法确定权力、科学配置权力、制度限制权力、阳光使用权力、合力监督权力、严惩滥用权力)、维护社会稳定等工作进行调研。

17日至18日 副省长张复明带领省直有关部门负责人到阳泉市,调研教育发展和科技创新工作,并与阳煤集团公司负责人座谈,开展对口帮扶工作。

18日 青岛昌盛日电太阳能科技有限公司利用郊区荫营镇农业大棚开展2万千瓦分布式光伏发电项目一期工程正式开工。该项目总投资25亿元,占地333.33公顷(5000亩),总装机容量100兆瓦。项目建成后,每年可节约标煤约5万吨,减排二氧化碳约12.5万吨、二氧化硫约3500吨、氮氧化物约1687.5吨、烟尘约2.68万吨。

21日 市公安局破获一起涉枪涉毒重大案件,摧毁犯罪团伙3个,抓获犯罪嫌疑人29名,缴获各类枪支19支以及大量弹药、制枪工具等。

22日 京昆国家高速公路晋冀接线段正式通车运行,此为京昆高速公路实现全线贯通的收尾路段。京昆高速公路平阳段简称平阳高速,起点位于阳泉市平定县杨树庄,终点位于太原市阳曲县,全长124千米,于2010年3月开工建设,双向6车道,设计时速100千米。2012年3月,除与河北省相接的省界16千米路段外,其余路段通车运营。此次贯通的即为这16千米路段。同日,京昆高速石家庄至冀晋界公路项目也正式通车运行,起点为石家庄曲阳桥枢纽互通,与石家庄北绕城高速公路相接,西与平阳高速公路相接,主线全长65千米,双向6车道,平原区段设计时速120千米,山区段设计时速100千米。上述高速路段串联成线,从太原开车到石家庄最快两个小时可到达,大大缓解了太旧高速公路的交通压力。

23日 省委常委、省委秘书长王伟中出席中共阳泉市委常委班子"三严三实"专题民主生活会并讲话。

月内 市公安局选送的《片警侯哥》在第二届"中国梦·劳动美·幸福路"全国职工微影视大赛中获"故事片铜奖"。

年内 阳泉市被评为全国"六五"普法中期先进城市。

统计资料

2015年阳泉市主要核算指标一览表

表45 单位:万元

指标名称	绝对额 2015年	绝对额 2014年	2015年比上年增长(%)
一、总产出	12924358	13603170	-1.7
第一产业	194010	213740	1.0
农、林、牧、渔业	198690	218180	1.1
农业	96266	119870	-5.9
林业	23619	23715	8.2
畜牧业	72094	67682	11.0
渔业	2030	2473	3.7
农、林、牧、渔服务业	4680	4440	4.4
第二产业	7478713	8433202	-6.6
工业	6000257	6957199	-8.4
第三产业	5251635	4956227	7.2
交通运输、仓储和邮政业	1113802	1062787	5.1
批发和零售业	1156319	1226385	-4.8
住宿和餐饮业	376857	342200	12.2
二、地区生产总值	5957008	6166154	1.1
第一产业	99881	110090	1.0
农、林、牧、渔业	102138	112225	1.1
农业	50482	62372	-5.1
林业	10746	10735	8.7
畜牧业	37668	35786	9.7
渔业	985	1198	3.9
农、林、牧、渔服务业	2257	2135	4.7
第二产业	2968100	3369007	-2.6
工业	2537442	2942122	-3.3
第三产业	2889028	2687057	6.7
交通运输、仓储和邮政业	410717	393940	3.3
批发和零售业	478001	484422	-0.6
住宿和餐饮业	251289	227905	8.2
三、人均地区生产总值(元/人)	42688	44382	0.7
四、支出法地区生产总值	5957008	6166154	1.1
五、最终消费	2473806	2243642	5.5
六、资本形成总额	4848021	4798314	1.4
七、居民总消费水平(元/人)	12582	11491	2.8
农村居民	8423	7079	9.9
城镇居民	14781	13921	0.1

说明:绝对额为现价,增长速度为可比价 (潘维新 和继明)

2015年阳泉市国民经济和社会发展主要指标一览表

表46

指标名称	单位	2015年	2014年	2015年为2014年(%)
一、人口	—	—	—	—
总人口	万人	139.83	139.26	100.4
城镇人口	万人	92.09	90.47	101.8
乡村人口	万人	47.74	48.80	97.8
城镇人口比重	%	65.86	64.96	—
出生率	‰	9.20	10.14	—
死亡率	‰	5.18	5.36	—
自然增长率	‰	4.02	4.78	—
人口密度	人/平方千米	306.7	305.00	100.6
就业人员	万人	74.41	73.11	101.8
第一产业	万人	15.64	14.95	104.6
第二产业	万人	28.95	30.44	95.1
第三产业	万人	29.82	27.72	107.6
二、工业(规模以上)	—	—	—	—
工业企业单位数	个	134	144	93.1
工业增加值	亿元	178.8	239.1	74.8
工业总产值	亿元	536.9	656.88	81.7
年末固定资产原值	亿元	836.97	1285.57	65.1
年末资产总额	亿元	2475.83	2075.18	119.3
主营业务收入	亿元	644.27	792.56	81.3
利税总额	亿元	33.09	35.56	93.0
三、农业	—	—	—	—
农村乡村人口	万人	71.5	71.6	99.9
农村乡(镇)劳动力	万人	39.9	39.45	101.1
年末实有耕地面积	公顷	76276.9	76310.80	100.0
乡镇企业总产值(现价)	亿元	93.2	139.02	67.0
四、工农业主要产品产量	—	—	—	—
原　煤(规模以上)	万吨	6463	6212.41	104.0
发电量	亿千瓦小时	95.94	107.7	89.1
水　泥	万吨	270.8	365	74.3

续表 46-1

指标名称	单位	2015年	2014年	2015年为2014年(%)
焦　炭	万吨	66.5	70.7545	94.0
粮　食	吨	249284	293583.9	84.9
油　料	吨	150	215.8	69.5
蔬　菜	吨	80686	92834.6	86.9
肉　类	吨	18714	19751	94.7
五、交通运输和邮电业	—	—	—	—
铁路货运量	万吨	3870.1	4053.8	95.5
铁路客运量	万人次	257.7	259	99.5
公路货运量	万吨	4417	4489	98.4
公路客运量	万人次	1514	2042	74.1
邮电业务总量	亿元	18.6	16.3	114.1
六、固定资产投资和建筑业	—	—	—	—
全社会固定资产投资总额	万元	6006718	5173685	116.1
其中:固定资产投资	万元	5540322	4646677	119.2
房地产投资	万元	466396	527008	88.5
新增固定资产	万元	4479855	3384313	132.4
资质以上建筑企业单位数	个	104	105	99.0
建筑业总产值	万元	718632	1000195	71.8
建筑业完成竣工产值	万元	466632	490832	95.1
七、城市公用事业	—	—	—	—
年末实有铺装道路面积	万平方米	954.42	619.96	153.9
公共汽车运营车辆	辆	787	769	102.3
公共汽车客运量	万人次	17739	17276	102.7
年末实有出租车数	辆	2236	2236	100.0
人均日生活用水量	升	122.9	111.7	110.0
全年供水总量	万立方米	5122.63	5137	99.7
燃气供气总量	万立方米	89527	85499	104.7
集中供热面积	万平方米	2719.48	2529	107.5
八、国内贸易业	—	—	—	—
社会消费品零售总额	万元	2882987	2762979	104.3
城镇零售额	万元	2602065	2461757	105.7
乡村零售额	万元	280922	301222	93.3

续表 46-2

指 标 名 称	单位	2015 年	2014 年	2015 年为 2014 年(%)
外贸进出口总额	万美元	20489	19567	104.7
九、社会事业	—	—	—	—
高等学校在校生	人	13246	12817	103.3
中等专业学校在校生	人	3127	3657	85.5
技工学校在校生	人	3847	5482	70.2
普通中学在校生	万人	6.84	7.26	94.2
职业中学在校生	人	10964	14213	77.1
小学在校生	万人	8.45	8.368	101.0
幼儿在园数	万人	3.24	3.29	98.5
卫生机构数	个	1482	1440	102.9
其中:医 院	个	50	48	104.2
床位数	张	7327	7354	99.6
卫生技术人员	人	8986	9283	96.8
其中:执业医师	人	3413	3488	97.8
注册护士	人	3716	3813	97.5
十、劳动工资	—	—	—	—
在岗职工年末人数	万人	26.4	27.8	95.0
其中:国有经济	万人	9.3	8.4	110.7
集体经济	万人	0.8	1.9	42.1
在岗职工工资总额	亿元	120.6	123.1	98.0
其中:国有经济	亿元	46.5	38.0	122.4
集体经济	亿元	3.5	6.9	50.7
在岗职工年平均工资	元	46594	46728	99.7
其中:国有经济	元	50045	45301	110.5
集体经济	元	42489	37774	112.5
十一、财政金融	—	—	—	—
财政总收入	亿元	84.9	98.1	86.5
公共财政预算收入	亿元	44.2	47.0	94.0
公共财政预算支出	亿元	99.7	86.9	114.7
金融机构现金收入	亿元	1348.0	1152.9	116.9
金融机构现金支出	亿元	721.3	649.4	111.1
十二、家计、物价	—	—	—	—

续表 46-3

指 标 名 称	单位	2015 年	2014 年	2015 年为 2014 年(%)
城市居民人均可支配收入	元	26414	24825	106.4
城市居民人均消费性支出	元	14063	12941	108.7
农村居民人均可支配收入	元	11494	10742	107.0
农民人均生活消费支出	元	6198	6294	98.5
城市居民消费价格总指数	%	100.4	101.3	—

（潘维新　和继明）

2015 年阳泉市平均每天经济活动情况一览表

表 47

指 标 名 称	单位	2015 年	2014 年	2015 年为 2014 年(%)
地区生产总值	万元	16321	16894	96.6
农林牧渔业总产值	万元	544	576	94.5
工业总产值(规模以上)	万元	14710	17997	81.7
全社会固定资产投资	万元	16457	14174	116.1
公共财政预算收入	万元	1209.7	1289	93.8
公路客运量	万人次	4.15	5.59	74.2
公路货运量	万吨	12.1	12.30	98.4
铁路客运量	万人次	0.71	0.71	100.0
铁路货运量	万吨	10.6	11.10	95.5
原　　煤(规模以上)	万吨	17.7	17.02	104.0
发　电　量	万千瓦小时	2628	2132	123.2
社会消费品零售总额	万元	7899	7431	106.3
国有单位职工平均工资	元	137.1	124.2	110.4
集体单位职工平均工资	元	116.4	132.10	88.1
城镇居民人均可支配收入	元	72.4	68.00	106.5
农村居民人均可支配收入	元	31.5	29.43	107.0

（潘维新　和继明）

重要地方文件目录

中共阳泉市委员会文件一览表

表 48

文 号	文 件 标 题	发文日期
阳字〔2015〕1 号	中共阳泉市委关于《阳泉市县区委书记人选推荐工作方案》的报告	2015 年 2 月 3 日
阳字〔2015〕2 号	中共阳泉市委关于平定县石门口乡南坪村村委会换届选举有关问题处理情况的报告	2015 年 2 月 12 日
阳字〔2015〕3 号	中共阳泉市委关于平定县石门口乡南坪村村委会换届选举有关问题处理情况的报告	2015 年 2 月 12 日
阳字〔2015〕4 号	中共阳泉市委常委班子反思剖析报告	2015 年 3 月 3 日
阳字〔2015〕5 号	中共阳泉市委关于县区委书记考察对象建议人选的报告	2015 年 3 月 13 日
阳字〔2015〕6 号	中共阳泉市委关于 2014 年工作情况的报告	2015 年 3 月 13 日
阳字〔2015〕7 号	中共阳泉市委关于盂县人大主任张存福违规修建豪华祖坟有关问题调查处理情况的报告	2015 年 4 月 27 日
阳字〔2015〕8 号	中共阳泉市委关于 4 名纪检监察干部清退情况的反思报告	2015 年 5 月 8 日
阳字〔2015〕9 号	中共阳泉市委关于盂县人大常委会原主任张存福修建豪华祖坟相关问题纠正处理情况的报告	2015 年 5 月 28 日
阳字〔2015〕10 号	中共阳泉市委关于阳泉市进京非正常上访治理整改情况的报告	2015 年 7 月 3 日
阳字〔2015〕11 号	中共阳泉市委关于召开民主生活会有关情况的报告	2015 年 7 月 9 日
阳字〔2015〕12 号	中共阳泉市委关于深入反思剖析洪发科“三个典型”案件教训狠抓干部队伍建设情况的报告	2015 年 8 月 13 日
阳字〔2015〕13 号	中共阳泉市委关于人民网网友反映我市郊区河底镇河底村存在滑坡安全隐患问题的情况报告	2015 年 8 月 21 日
阳字〔2015〕14 号	中共阳泉市委、阳泉市人民政府关于贯彻落实《中共山西省委办公厅山西省人民政府办公厅关于认真贯彻落实中共中央政治局常委会议和国务院常务会议精神进一步做好我省安全生产工作的通知》的报告	2015 年 8 月 24 日
阳字〔2015〕15 号	中共阳泉市委关于终止白云、王民、王银旺、刘德跃山西省第十次党代表大会代表资格的请示，关于停止执行汤涛同志山西省第十次党代表代表大会代表职务的请示	2015 年 8 月 28 日

续表 48-1

文　号	文　件　标　题	发文日期
阳字〔2015〕16 号	中共阳泉市委、阳泉市人民政府关于央视媒体报道阳泉市郊区杨占利夫妇拒卖死山鸡不挣昧心钱有关情况的报告	2015 年 11 月 3 日
阳发〔2015〕1 号	中共阳泉市委印发《关于落实党风廉政建设党委主体责任的意见(试行)》和《关于落实党风廉政建设纪委监督责任的意见(试行)》的通知	2015 年 1 月 6 日
阳发〔2015〕2 号	中共阳泉市委常委会 2015 年工作要点	2015 年 2 月 26 日
阳发〔2015〕3 号	中共阳泉市委、阳泉市人民政府、阳泉军分区关于命名阳泉市国防教育基地的决定	2015 年 1 月 8 日
阳发〔2015〕4 号	中共阳泉市委关于转发田桂明等同志职务任免的通知	2015 年 1 月 20 日
阳发〔2015〕5 号	中共阳泉市委印发《关于进一步加强对县(区)党政主要领导和市直单位主要负责人监督的办法(试行)》的通知	2015 年 2 月 5 日
阳发〔2015〕6 号	中共阳泉市委印发《关于加强常委会自身建设的意见》和《中共阳泉市委常委会议事规则(试行)》的通知	2015 年 2 月 9 日
阳发〔2015〕7 号	中共阳泉市委关于贯彻落实党的十八届四中全会和省委十届四次全会精神加快推进法治阳泉建设的实施意见	2015 年 2 月 13 日
阳发〔2015〕8 号	中共阳泉市委关于转发《阳泉市人大常委会 2015 年工作要点》和《政协阳泉市委员会 2015 年工作要点》的通知	2015 年 3 月 30 日
阳发〔2015〕9 号	中共阳泉市委、阳泉市人民政府关于贯彻落实全国全省农村工作会议精神加大改革创新力度加快农业现代化建设的实施意见	2015 年 4 月 2 日
阳发〔2015〕10 号	中共阳泉市委关于调整市委对台工作领导小组组成人员的通知	2015 年 4 月 14 日
阳发〔2015〕11 号	中共阳泉市委印发《关于进一步加强全市农村基层党组织建设的实施意见》《关于进一步加强全市社区基层党组织建设的实施意见》《关于进一步加强全市机关党组织建设的实施意见》《关于实施“固本强基”工程全面推进基层党组织建设的意见》的通知	2015 年 4 月 16 日
阳发〔2015〕12 号	中共阳泉市委关于转发王帅红同志任职的通知	2015 年 4 月 24 日
阳发〔2015〕13 号	中共阳泉市委、阳泉市人民政府印发《关于阳泉经济技术开发区托管侯家沟等 6 个行政村的意见》的通知	2015 年 4 月 28 日
阳发〔2015〕14 号	中共阳泉市委印发《关于进一步加强和改进党委(党组)中心组学习的实施意见》和《阳泉市县级党委(党组)理论学习中心组学习制度》的通知	2015 年 5 月 8 日
阳发〔2015〕15 号	中共阳泉市委关于调整部分基层党组织设置和隶属关系的通知	2015 年 5 月 11 日
阳发〔2015〕17 号	中共阳泉市委、阳泉市人民政府关于全面推动阳泉市金融发展的实施意见	2015 年 7 月 9 日
阳发〔2015〕18 号	中共阳泉市委、阳泉人民政府印发《关于举行中国人民抗日战争暨世界反法西斯战争胜利 70 周年系列纪念活动的实施方案》的通知	2015 年 8 月 6 日
阳发〔2015〕19 号	中共阳泉市委关于转发洪发科免职的通知	2015 年 8 月 7 日
阳发〔2015〕20 号	中共阳泉市委、阳泉市人民政府关于深入推进“六权治本”工作的实施方案	2015 年 8 月 7 日
阳发〔2015〕21 号	中共阳泉市委、阳泉市人民政府关于印发《阳泉市改善城市人居环境规划纲要(2015—2017 年)》的通知	2015 年 8 月 21 日

续表 48-2

文　号	文　件　标　题	发文日期
阳发〔2015〕22 号	中共阳泉市委印发《关于落实党风廉政建设主体责任的若干措施》的通知	2015 年 9 月 2 日
阳发〔2015〕23 号	中共阳泉市委、阳泉市人民政府关于全面推进科技创新的实施意见	2015 年 9 月 24 日
阳发〔2015〕24 号	中共阳泉市委、阳泉市人民政府关于加快民营经济发展的实施意见	2015 年 11 月 6 日
阳发〔2015〕25 号	中共阳泉市委、阳泉市人民政府关于命名阳泉市爱国主义教育基地的决定	2015 年 11 月 17 日
阳发〔2015〕26 号	中共阳泉市委关于转发陈永奇等同志任职的通知	2015 年 12 月 1 日
阳发〔2015〕27 号	中共阳泉市委印发《关于加强和改进党的群团工作的实施办法》的通知	2015 年 12 月 21 日
阳发〔2015〕28 号	中共阳泉市委关于调整全面深化改革领导小组等 9 个组织机构主要领导职务的通知	2015 年 12 月 29 日
阳发〔2015〕29 号	中共阳泉市委、阳泉市人民政府关于调整“六权治本”工作领导组等 13 个组织机构主要领导职务的通知	2015 年 12 月 29 日
阳办发〔2015〕1 号	中共阳泉市委、阳泉市人民政府关于召开中共阳泉市委十一届五次全体会议暨全市经济工作会议的通知	2015 年 1 月 11 日
阳办发〔2015〕3 号	中共阳泉市委办公厅、阳泉市人民政府办公厅关于做好中央、省委对我市贯彻落实中央八项规定精神情况进行督查调研相关工作的通知	2015 年 1 月 5 日
阳办发〔2015〕4 号	中共阳泉市委办公厅、阳泉市人民政府办公厅印发《阳泉市公务员综合办公平台建设方案》和《关于全市党员干部公职人员带头推动殡葬改革的实施意见》的通知	2015 年 1 月 6 日
阳办发〔2015〕5 号	中共阳泉市委办公厅、阳泉市人民政府办公厅印发《关于成立阳泉市青少年发展“十二五”规划领导组的通知》和《关于调整阳泉市双拥工作领导组、减灾委员会、地名委员会组成人员的通知》的通知	2015 年 1 月 6 日
阳办发〔2015〕6 号	中共阳泉市委办公厅转发《关于深入查找政治生态突出问题认真讨论整理反思剖析报告的通知》的通知	2015 年 1 月 19 日
阳办发〔2015〕7 号	中共阳泉市委办公厅关于调整王湜洲同志等部分市委常委分工的通知	2015 年 1 月 20 日
阳办发〔2015〕8 号	中共阳泉市委办公厅、阳泉市人民政府办公厅关于印发《阳泉市党风廉政建设责任制考核办法》的通知	2015 年 1 月 29 日
阳办发〔2015〕10 号	中共阳泉市委办公厅关于参加市纪委十一届五次全会第一次会议的通知	2015 年 2 月 10 日
阳办发〔2015〕11 号	中共阳泉市委办公厅、阳泉市人民政府办公厅印发《关于组建市委第 26 批农村工作队促进包村增收的实施意见》和《关于继续组织工矿商贸企业结对帮扶新农村建设的实施意见》的通知	2015 年 2 月 11 日
阳办发〔2015〕12 号	中共阳泉市委办公厅、阳泉市人民政府办公厅、预备役步兵 248 团关于表彰 2014 年度优秀预备役军官的通报	2015 年 2 月 13 日
阳办发〔2015〕13 号	中共阳泉市委办公厅关于印发《市级领导接访办法（试行）》和《市级领导包案带案下访办法（试行）》的通知	2015 年 3 月 11 日
阳办发〔2015〕14 号	中共阳泉市委办公厅、阳泉市人民政府办公厅关于调整市民兵预备役部队整组工作领导组的通知	2015 年 3 月 11 日
阳办发〔2015〕15 号	中共阳泉市委办公厅关于印发《阳泉市 2014—2018 年党员教育培训工作实施办法》的通知	2015 年 3 月 11 日

续表 48-3

文　号	文　件　标　题	发文日期
阳办发〔2015〕16 号	中共阳泉市委办公厅、阳泉市人民政府办公厅关于开展“文山会海”和“三公”经费管理不严等违反中央八项规定精神突出问题专项整治工作的通知	2015 年 3 月 12 日
阳办发〔2015〕18 号	中共阳泉市委办公厅关于印发《阳泉市专项整治收送礼金红包和领导干部顶风大操大办婚丧喜庆等借机敛财问题工作方案》的通知	2015 年 3 月 10 日
阳办发〔2015〕19 号	中共阳泉市委办公厅、阳泉市人民政府办公厅印发《贯彻实施〈关于贯彻落实党的十八届四中全会和省委十届六次全会精神加快推进法治阳泉建设的实施意见〉重要举措分工方案》的通知	2015 年 3 月 24 日
阳办发〔2015〕20 号	中共阳泉市委办公厅、阳泉市人民政府办公厅关于印发《阳泉市创建省级文明城市实施方案》的通知	2015 年 3 月 30 日
阳办发〔2015〕21 号	中共阳泉市委办公厅、阳泉市人民政府办公厅关于印发《阳泉市农村土地承包经营权确权登记颁证实施方案》的通知	2015 年 3 月 30 日
阳办发〔2015〕22 号	中共阳泉市委办公厅印发《关于完善党员干部直接联系群众制度的实施意见》和《市委常委、党员副市长基层党建联系点工作制度》的通知	2015 年 4 月 2 日
阳办发〔2015〕23 号	中共阳泉市委办公厅关于印发《中共阳泉市委全面深化改革领导小组 2015 年工作要点》的通知	2015 年 4 月 14 日
阳办发〔2015〕24 号	中共阳泉市委办公厅关于印发《处置不合格党员试点工作的实施意见》的通知	2015 年 4 月 28 日
阳办发〔2015〕25 号	中共阳泉市委办公厅关于印发《落实“两个责任”解决发生在群众身边的腐败问题的工作方案》的通知	2015 年 4 月 30 日
阳办发〔2015〕26 号	中共阳泉市委办公厅关于对“阳泉市反腐败案件协调领导组”进行更名并调整组成人员的通知	2015 年 5 月 11 日
阳办发〔2015〕29 号	中共阳泉市委办公厅印发《关于在全市县处级以上领导干部中开展“三严三实”专题教育工作方案》的通知	2015 年 5 月 19 日
阳办发〔2015〕30 号	中共阳泉市委办公厅、阳泉市人民政府办公厅印发《关于开展“以群众举报乡村干部腐败为切入点集中解决群众信访诉求问题”专项治理实施方案》的通知	2015 年 5 月 22 日
阳办发〔2015〕31 号	中共阳泉市委办公厅关于在全市开展纪念建党 94 周年和抗战胜利 70 周年“十个一”系列活动的通知	2015 年 6 月 5 日
阳办发〔2015〕32 号	中共阳泉市委办公厅、阳泉市人民政府办公厅印发《关于进一步加强全市干部驻村精准扶贫工作的实施意见》的通知	2015 年 6 月 16 日
阳办发〔2015〕34 号	中共阳泉市委办公厅关于调整市年度目标责任考核领导组组成人员的通知	2015 年 6 月 24 日
阳办发〔2015〕35 号	中共阳泉市委办公厅印发《关于选拔任用市管干部征求有关部门意见的办法》的通知	2015 年 6 月 30 日
阳办发〔2015〕36 号	中共阳泉市委办公厅、阳泉市人民政府办公厅关于印发《各县区、开发区和市直各部门(单位)年度目标责任考核指标》的通知	2015 年 7 月 13 日
阳办发〔2015〕37 号	中共阳泉市委办公厅、阳泉市人民政府办公厅关于深入开展对照检查和自查自纠的通知	2015 年 7 月 23 日
阳办发〔2015〕38 号	中共阳泉市委办公厅、阳泉市人民政府办公厅关于印发《阳泉市重大决策社会稳定风险评估登记和备案制度(试行)》等五项制度的通知	2015 年 7 月 24 日
阳办发〔2015〕39 号	中共阳泉市委办公厅、阳泉市人民政府办公厅关于成立阳泉市“六权治本”工作领导组及专项工作小组的通知	2015 年 7 月 29 日
阳办发〔2015〕40 号	中共阳泉市委办公厅、阳泉市人民政府办公厅印发《关于加强信访工作的若干措施》的通知	2015 年 8 月 7 日
阳办发〔2015〕41 号	中共阳泉市委办公厅、阳泉市人民政府办公厅关于认真贯彻落实中共中央政治局常委会议和国务院会议精神进一步做好我市安全生产工作的通知	2015 年 8 月 24 日

续表 48-4

文　号	文　件　标　题	发文日期
阳办发〔2015〕42 号	中共阳泉市委办公厅印发《关于建立市委常委“三严三实”专题教育“五个一”工作方案》的通知	2015 年 8 月 27 日
阳办发〔2015〕43 号	中共阳泉市委办公厅关于做好 2015 年中秋国庆节日期间贯彻落实中央八项规定精神持之以恒纠正“四风”工作的通知	2015 年 9 月 7 日
阳办发〔2015〕44 号	中共阳泉市委办公厅、阳泉市人民政府办公厅关于印发《阳泉市精准扶贫和干部下乡驻村帮扶工作考核办法》的通知	2015 年 9 月 11 日
阳办发〔2015〕45 号	中共阳泉市委办公厅、阳泉市人民政府办公厅关于印发《阳泉市政务服务平台建设实施意见》和《关于加强和改进新形势下全市档案工作的实施意见》的通知	2015 年 10 月 26 日
阳办发〔2015〕46 号	中共阳泉市委办公厅关于全面深入推进“三个一批”工作的通知	2015 年 10 月 29 日
阳办发〔2015〕48 号	中共阳泉市委办公厅印发《关于进一步规范村级治理推行“六议两公开”推进“六权治本”向农村延伸的意见》的通知	2015 年 12 月 4 日
阳办发〔2015〕49 号	中共阳泉市委办公厅印发《关于全面推行“联村党委”进一步优化农村基层党组织设置的意见》的通知	2015 年 12 月 4 日
阳办发〔2015〕50 号	中共阳泉市委办公厅关于推进落实“三个清单”的通知	2015 年 12 月 17 日
阳办发〔2015〕52 号	中共阳泉市委办公厅、阳泉市人民政府办公厅关于做好 2016 年度元旦春节期间有关工作的通知	2015 年 12 月 25 日
阳办发〔2015〕53 号	中共阳泉市委办公厅、阳泉市人民政府办公厅关于印发《阳泉市开展“冬季行动”实施方案》的通知	2015 年 12 月 26 日
阳办发〔2015〕54 号	中共阳泉市委办公厅、阳泉市人民政府办公厅印发《关于进一步推进村级组织“六权治本”工作的指导意见》的通知	2015 年 12 月 29 日
阳办发〔2015〕55 号	中共阳泉市委办公厅、阳泉市人民政府办公厅关于印发《阳泉市公务用车制度改革实施方案》的通知	2015 年 12 月 31 日
厅字〔2015〕1 号	中共阳泉市委办公厅、阳泉市人民政府办公厅关于组织完成《阳泉年鉴(2015)》撰稿工作的通知	2015 年 1 月 7 日
厅字〔2015〕2 号	中共阳泉市委办公厅关于完成省委要求报送落实“两个责任”任务分解等工作的通知	2015 年 1 月 23 日
厅字〔2015〕3 号	中共阳泉市委办公厅印发《关于学习讨论落实活动市领导领班重点项目、联系县(区)和市直单位安排》的通知	2015 年 1 月 29 日
厅字〔2015〕4 号	中共阳泉市委办公厅关于学习讨论落实活动主要任务分解的通知	2015 年 1 月 30 日
厅字〔2015〕6 号	中共阳泉市委办公厅、阳泉市人民政府办公厅关于移交档案资料的通知	2015 年 2 月 11 日
厅字〔2015〕7 号	中共阳泉市委办公厅、阳泉市人民政府办公厅关于在全市学习讨论落实活动中深入开展专项整治工作的通知	2015 年 3 月 6 日
厅字〔2015〕8 号	中共阳泉市委办公厅关于建立学习讨论落实活动专项整治工作制度的通知	2015 年 3 月 16 日
厅字〔2015〕9 号	中共阳泉市委办公厅关于清退 2014 年度机要文件的通知	2015 年 3 月 19 日
厅字〔2015〕10 号	中共阳泉市委办公厅、阳泉市人民政府办公厅关于市领导包保重点工程项目的通知	2015 年 4 月 20 日
厅字〔2015〕11 号	中共阳泉市委办公厅、阳泉市人民政府办公厅关于对市纪委监察局牵头或参与的议事协调机构进行部分调整的通知	2015 年 4 月 24 日

续表 48-5

文　号	文　件　标　题	发文日期
厅字〔2015〕12 号	中共阳泉市委办公厅、阳泉市人民政府办公厅印发《关于加强廉政文化建设的意见》的通知	2015 年 4 月 30 日
厅字〔2015〕13 号	中共阳泉市委办公厅关于转发 2015 年度第 3 期晋纪办通报的通知	2015 年 6 月 1 日
厅字〔2015〕14 号	中共阳泉市委办公厅关于调整冯维明等同志分工的通知	2015 年 6 月 1 日
厅字〔2015〕15 号	中共阳泉市委办公厅、阳泉市人民政府办公厅关于印发《阳泉市农村集体“三资”管理专项清理整治工作方案》的通知	2015 年 6 月 4 日
厅字〔2015〕16 号	中共阳泉市委办公厅、阳泉市人民政府办公厅关于成立百团大战纪念馆改陈布展工作领导组的通知	2015 年 7 月 15 日
厅字〔2015〕18 号	中共阳泉市委办公厅关于做好市、县、乡镇党代表大会代表资格管理工作的通知	2015 年 8 月 28 日
厅字〔2015〕19 号	中共阳泉市委办公厅关于召开民主生活会的通知	2015 年 9 月 22 日
厅字〔2015〕20 号	中共阳泉市委办公厅、阳泉市人民政府办公厅关于征求我市“十三五”规划编制意见的通知	2015 年 10 月 22 日
厅字〔2015〕21 号	中共阳泉市委办公厅、阳泉市人民办公厅关于聘请李宝卿等 25 人为阳泉市“十三五”规划编制专家咨询委员会专家的通知	2015 年 10 月 22 日
厅字〔2015〕22 号	中共阳泉市委办公厅关于认真做好 2016 年度《中办通讯》《秘书工作》及《学习与研究》征订工作的通知	2015 年 10 月 27 日
厅字〔2015〕23 号	中共阳泉市委办公厅、阳泉市人民办公厅关于开展“送温暖、献爱心”社会捐助活动的通知	2015 年 10 月 30 日
厅字〔2015〕24 号	中共阳泉市委办公厅关于印发《全市学习宣传贯彻〈中国共产党廉洁自律准则〉和〈中国共产党纪律处分条例〉方案》的通知	2015 年 11 月 11 日
厅字〔2015〕25 号	中共阳泉市委办公厅关于做好 2016 年度党报党刊发行工作严格规范报刊发行秩序的通知	2015 年 11 月 23 日
厅字〔2015〕26 号	中共阳泉市委办公厅关于做好学习贯彻党的十八届五中全会精神宣讲工作的通知	2015 年 11 月 27 日
厅字〔2015〕27 号	中共阳泉市委办公厅关于做好党组(党委)规范性文件备案工作的通知	2015 年 12 月 14 日

阳泉市人大常委会文件一览表

表 49

文　号	文　件　标　题	发文日期
阳人发〔2015〕1 号	关于赵林等同志任免职务的通知	2015 年 2 月 27 日
阳人发〔2015〕2 号	关于对补选市十四届人大代表请示的批复	2015 年 3 月 30 日
阳人发〔2015〕3 号	关于对补选市十四届人大代表请示的批复	2015 年 3 月 30 日
阳人发〔2015〕4 号	关于对补选市十四届人大代表请示的批复	2015 年 3 月 30 日

续表 49-1

文　号	文 件 标 题	发文日期
阳人发〔2015〕5 号	关于对补选市十四届人大代表请示的批复	2015 年 3 月 30 日
阳人发〔2015〕6 号	关于对补选市十四届人大代表请示的批复	2015 年 3 月 30 日
阳人发〔2015〕7 号	关于许可对市人大代表史钰文采取强制措施的批复	2015 年 5 月 26 日
阳人发〔2015〕8 号	关于免去史友松市人大常委会副秘书长职务的通知	2015 年 6 月 25 日
阳人发〔2015〕9 号	关于郑清明等同志任免职务的通知	2015 年 6 月 25 日
阳人发〔2015〕10 号	关于市十四届人大常委会第二十八次会议人事任免议案表决结果的报告	2015 年 7 月 7 日
阳人发〔2015〕11 号	阳泉市人大常委会关于罢免洪发科山西省第十二届人大代表职务的报告	2015 年 7 月 21 日
阳人发〔2015〕12 号	关于王健等同志任免职务的通知	2015 年 8 月 27 日
阳人发〔2015〕13 号	关于梁金龙等同志任免职务的通知	2015 年 8 月 27 日
阳人发〔2015〕14 号	印发《阳泉市人民代表大会常务委员会关于授予阳泉市荣誉市民称号的规定》的通知	2015 年 8 月 28 日
阳人发〔2015〕15 号	关于申请将阳泉市列为全省享有地方立法权城市的报告	2015 年 10 月 20 日
阳人发〔2015〕16 号	关于市十四届人大常委会第三十二次会议人事任命及辞职议案表决结果的报告	2015 年 11 月 26 日
阳人发〔2015〕17 号	关于董一兵同志任命职务的通知	2015 年 11 月 26 日
阳人发〔2015〕18 号	关于许可对市人大代表冀永生采取强制措施的批复	2015 年 12 月 3 日
阳人发〔2015〕19 号	关于王志德等同志免职的通知	2015 年 12 月 30 日
阳人发〔2015〕20 号	关于郭隆文等同志免职的通知	2015 年 12 月 30 日
阳人发〔2015〕21 号	关于市十四届人大常委会第三十四次会议人事免职议案表决结果的报告	2015 年 12 月 30 日
阳人发〔2015〕22 号	关于补选刘宏新为山西省第十二届人民代表大会代表的报告	2015 年 12 月 30 日
阳人办发〔2015〕1 号	关于市人大机关“吃空饷”治理活动报告	2015 年 1 月 6 日
阳人办发〔2015〕2 号	关于印发《市十四届人大四次会议议案及代表建议办理情况的审议意见》的通知	2015 年 1 月 21 日
阳人办发〔2015〕3 号	关于召开市十四届人大常委会第二十四次会议的通知	2015 年 1 月 23 日
阳人办发〔2015〕4 号	关于对全市体育工作情况进行视察的通知	2015 年 1 月 26 日

续表 49-2

文号	文件标题	发文日期
阳人办发〔2015〕5号	阳泉市第十四届人大常委会第二十四次会议纪要	2015年2月15日
阳人办发〔2015〕6号	阳泉市第十四届人大常委会第二十五次会议纪要	2015年2月27日
阳人办发〔2015〕7号	关于检查《中华人民共和国道路交通安全法》实施情况的通知	2015年3月2日
阳人办发〔2015〕8号	关于组织市十四届人大代表进行会前集中视察的通知	2015年3月3日
阳人办发〔2015〕9号	关于对全市农产品质量安全工作进行视察的通知	2015年3月6日
阳人办发〔2015〕10号	关于视察我市污染物总量减排工作情况的通知	2015年3月12日
阳人办发〔2015〕11号	关于召开阳泉市第十四届人民代表大会第五次会议的通知	2015年3月25日
阳人办发〔2015〕12号	阳泉市人大常委会办公厅、阳泉市财政局关于印发无固定工资收入市人大代表履职补贴意见的通知	2015年4月1日
阳人办发〔2015〕13号	关于列席阳泉市第十四届人民代表大会第五次会议的通知	2015年4月14日
阳人办发〔2015〕14号	关于市人民政府《关于全市体育工作情况的报告》的审议意见	2015年4月14日
阳人办发〔2015〕15号	关于开展《宗教事务条例》和《山西省宗教事务条例》执法调研的通知	2015年4月27日
阳人办发〔2015〕16号	阳泉市第十四届人大常委会第二十六次会议纪要	2015年4月17日
阳人办发〔2015〕17号	市十四届人大常委会第二十六次会议对市政府《关于我市污染物总量减排工作情况的报告》的审议意见	2015年5月7日
阳人办发〔2015〕18号	关于召开市十四届人大常委会第二十七次会议的通知	2015年5月8日
阳人办发〔2015〕19号	关于印发《阳泉市人大常委会关于检查〈中华人民共和国道路交通安全法〉实施情况报告》的通知	2015年5月8日
阳人办发〔2015〕20号	关于召开市十四届人大五次会议大会议案及代表建议交办会议的通知	2015年5月12日
阳人办发〔2015〕21号	关于对全市行政审批制度改革工作进行视察的通知	2015年5月13日
阳人办发〔2015〕22号	阳泉市人大常委会会议关于市人民政府《关于全市农产品质量安全监管工作情况报告》的审议意见	2015年5月12日
阳人办发〔2015〕23号	阳泉市人大常委会办公厅关于对市属国有企业改革工作进行视察的通知	2015年5月19日
阳人办发〔2015〕24号	阳泉市人大常委会办公厅关于对全市城镇基本医疗保险工作进行视察的通知	2015年5月19日
阳人办发〔2015〕25号	关于对全市贯彻实施《山西省社会治安综合治理条例》情况进行自查的通知	2015年5月25日
阳人办发〔2015〕26号	关于开展《中华人民共和国水污染防治法》执法检查的通知	2015年5月25日

续表 49-3

文　号	文　件　标　题	发文日期
阳人办发〔2015〕27 号	阳泉市第十四届人大常委会第二十七次会议纪要	2015 年 5 月 26 日
阳人办发〔2015〕28 号	关于对娘子关供水工程建设情况进行调研的通知	2015 年 5 月 26 日
阳人办发〔2015〕29 号	关于开展《中华人民共和国传染病防治法》执法检查的通知	2015 年 5 月 28 日
阳人办发〔2015〕30 号	市人大常委会机关开展“三严三实”专题教育实施方案	2015 年 6 月 9 日
阳人办发〔2015〕31 号	阳泉市第十四届人大常委会第二十八次会议纪要	2015 年 6 月 26 日
阳人办发〔2015〕32 号	关于对全市检察机关立案和侦查监督工作情况进行视察的通知	2015 年 7 月 13 日
阳人办发〔2015〕33 号	阳泉市人大常委会办公厅关于对市人民政府关于市属国有企业改革工作情况报告的审议意见	2015 年 7 月 16 日
阳人办发〔2015〕34 号	阳泉市人大常委会办公厅关于对市人民政府关于全市城镇基本医疗保险工作情况报告的审议意见	2015 年 7 月 16 日
阳人办发〔2015〕35 号	关于印发对市政府《市行政审批制度改革情况报告》审议意见的通知	2015 年 7 月 16 日
阳人办发〔2015〕36 号	关于开展市十四届人大五次会议议案和重点建议专项督办活动的通知	2015 年 7 月 16 日
阳人办发〔2015〕37 号	关于召开市十四届人大常委会第二十九次会议的通知	2015 年 7 月 16 日
阳人办发〔2015〕38 号	阳泉市第十四届人大常委会第二十九次会议纪要	2015 年 7 月 21 日
阳人办发〔2015〕39 号	关于对我市上半年国民经济和社会发展计划执行情况进行视察的通知	2015 年 7 月 24 日
阳人办发〔2015〕40 号	关于对我市财政预决算及审计工作进行视察的通知	2015 年 7 月 24 日
阳人办发〔2015〕41 号	关于举办“学习宪法党章”演讲比赛的通知	2015 年 7 月 28 日
阳人办发〔2015〕42 号	关于对全市公共文化服务体系建设情况进行视察的通知	2015 年 7 月 29 日
阳人办发〔2015〕43 号	关于进一步加强人大理论研究和新闻宣传工作的通知	2015 年 7 月 29 日
阳人办发〔2015〕44 号	关于开展 2015 年阳泉环保行活动的通知	2015 年 8 月 6 日
阳人办发〔2015〕45 号	关于举办全市人大干部政治理论和法律法规培训班的通知	2015 年 8 月 10 日
阳人办发〔2015〕46 号	关于开展《中华人民共和国旅游法》执法检查的通知	2015 年 8 月 19 日
阳人办发〔2015〕47 号	关于印发《阳泉市人大常委会关于检查〈中华人民共和国传染病防治法〉实施情况报告》的通知	2015 年 8 月 24 日
阳人办发〔2015〕48 号	关于对全市法院规范司法行为工作情况进行视察的通知	2015 年 8 月 28 日

续表 49-4

文　号	文　件　标　题	发文日期
阳人办发〔2015〕49 号	阳泉市第十四届人大常委会第三十次会议纪要	2015 年 8 月 27 日
阳人办发〔2015〕50 号	关于开展《中华人民共和国建筑法》执法检查的通知	2015 年 8 月 28 日
阳人办发〔2015〕51 号	关于对全市科技投入情况进行专项调研的通知	2015 年 9 月 18 日
阳人办发〔2015〕52 号	关于调研市十四届人大五次会议议案办理情况的通知	2015 年 9 月 21 日
阳人办发〔2015〕53 号	关于报送《阳泉市人民代表大会常务委员会关于授予阳泉市荣誉市民称号的规定》的备案报告	2015 年 9 月 15 日
阳人办发〔2015〕54 号	关于高维明同志任职(挂职)的通知	2015 年 9 月 21 日
阳人办发〔2015〕55 号	关于市人民政府《关于全市公共文化服务体系建设情况的报告》的审议意见	2015 年 9 月 22 日
阳人办发〔2015〕56 号	关于认真组织开展市人大代表小组活动的通知	2015 年 9 月 22 日
阳人办发〔2015〕57 号	阳泉市人大常委会办公厅关于 2015 年上半年全市国民经济和社会发展计划执行情况报告的审议意见	2015 年 9 月 22 日
阳人办发〔2015〕58 号	阳泉市人大常委会办公厅关于 2014 年市本级财政决算和 2015 年上半年预算执行情况报告的审议意见	2015 年 9 月 22 日
阳人办发〔2015〕59 号	阳泉市人大常委会办公厅关于 2014 年市级财政预算执行和其他财政收支审计工作报告的审议意见	2015 年 9 月 22 日
阳人办发〔2015〕60 号	关于召开市十四届人大常委会第三十一次会议的通知	2015 年 9 月 23 日
阳人办发〔2015〕61 号	《关于全市检察机关立案和侦查活动监督工作情况的报告》的审议意见	2015 年 9 月 25 日
阳人办发〔2015〕62 号	关于开展宗教活动场所依法管理工作调研的通知	2015 年 9 月 28 日
阳人办发〔2015〕63 号	关于视察城市饮用水水质改善工作情况的通知	2015 年 10 月 8 日
阳人办发〔2015〕64 号	关于报送《阳泉市人大常委会机关党建工作责任制》等制度的报告	2015 年 10 月 8 日
阳人办发〔2015〕65 号	关于对全市贯彻实施《中华人民共和国村民委员会组织法》和《中华人民共和国城市居民委员会组织法》情况进行检查的通知	2015 年 10 月 10 日
阳人办发〔2015〕66 号	关于组织市人大代表开展 2015 年专题调研活动的通知	2015 年 10 月 12 日
阳人办发〔2015〕67 号	关于对全市中小学教师队伍建设情况进行调研的通知	2015 年 10 月 15 日
阳人办发〔2015〕68 号	关于印发《阳泉市人大常委会关于检查全市〈中华人民共和国建筑法〉实施情况的报告》的通知	2015 年 10 月 23 日
阳人办发〔2015〕69 号	阳泉市第十四届人大常委会第三十一次会议纪要	2015 年 10 月 26 日
阳人办发〔2015〕70 号	关于《阳泉市城市饮用水水质改善工作情况报告》的审议意见	2015 年 11 月 6 日

续表 49-5

文　号	文 件 标 题	发文日期
阳人办发〔2015〕71 号	关于印发城市区老工业企业搬迁改造情况专题询问工作方案的通知	2015 年 11 月 5 日
阳人办发〔2015〕72 号	关于《市中级人民法院关于规范司法行为工作情况的报告》的审议意见	2015 年 11 月 6 日
阳人办发〔2015〕73 号	关于检查《山西省社会治安综合治理条例》执行情况的通知	2015 年 11 月 5 日
阳人办发〔2015〕74 号	关于马海林同志退休的通知	2015 年 11 月 10 日
阳人办发〔2015〕75 号	关于调配机关事业单位编制的请示	2015 年 11 月 11 日
阳人办发〔2015〕76 号	关于做好 2016 年"一报一刊"征订发行工作的通知	2015 年 11 月 12 日
阳人办发〔2015〕77 号	关于开展劳动法执法检查的通知	2015 年 11 月 16 日
阳人办发〔2015〕78 号	关于对城市区老工业企业搬迁改造和国家中小城市综改试点市工作情况进行视察的通知	2015 年 11 月 16 日
阳人办发〔2015〕79 号	关于召开市十四届人大常委会第三十三次会议的通知	2015 年 11 月 25 日
阳人办发〔2015〕80 号	关于对市十四届人大五次会议代表议案建议办理情况进行视察的通知	2015 年 11 月 30 日
阳人办发〔2015〕81 号	关于对市政府 2014 年市本级预算执行及其他财政收支审计查出问题的整改工作情况进行视察的通知	2015 年 11 月 30 日
阳人办发〔2015〕82 号	关于对我市国民经济和社会发展第十二个五年规划执行情况进行视察的通知	2015 年 12 月 1 日
阳人办发〔2015〕83 号	阳泉市第十四届人大常委会第三十二次会议纪要	2015 年 12 月 2 日
阳人办发〔2015〕84 号	关于设立市人大常委会办公厅组织人事科的请示	2015 年 12 月 2 日
阳人办发〔2015〕85 号	关于崔喜福同志聘任职务的通知	2015 年 12 月 3 日
阳人办发〔2015〕86 号	市人大常委会关于被任命和决定任命人员报告工作的通知	2015 年 12 月 7 日
阳人办发〔2015〕87 号	阳泉市第十四届人大常委会第三十三次会议纪要	2015 年 12 月 21 日
阳人办发〔2015〕88 号	关于召开市十四届人大常委会第三十四次会议的通知	2015 年 12 月 21 日
阳人办发〔2015〕89 号	关于组织省十二届人大代表进行会前视察的通知	2015 年 12 月 21 日
阳人办发〔2015〕90 号	阳泉市人大常委会办公厅印发《关于常委会组成人员联系代表办法》的通知	2015 年 12 月 23 日
阳人办发〔2015〕91 号	阳泉市人大常委会办公厅印发《关于加强市人大代表与人民群众联系的若干意见》的通知	2015 年 12 月 23 日
阳人办发〔2015〕92 号	阳泉市人大常委会办公厅印发《关于服务和保障市人大代表围绕发展大局建言献策的实施意见》的通知	2015 年 12 月 23 日

续表 49-6

文 号	文 件 标 题	发文日期
阳人办发〔2015〕93 号	阳泉市人大财政经济委员会关于对城区老工业区搬迁改造工作的审议意见	2015 年 12 月 28 日
阳人办发〔2015〕94 号	关于任晓辉等同志任免职务的通知	2015 年 12 月 28 日
阳人办发〔2015〕95 号	关于印发《阳泉市国家工作人员向宪法宣誓实施办法》的通知	2015 年 12 月 30 日
阳人办发〔2015〕96 号	关于印发《阳泉市人民代表大会常务委员会人事任免办法》的通知	2015 年 12 月 30 日
阳人办发〔2015〕97 号	关于印发《阳泉市人民代表大会常务委员会关于对任命人员实行年度工作报告的制度》的通知	2015 年 12 月 30 日

阳泉市人民政府文件一览表

表 50

文 号	文 件 标 题	发文日期
阳政发〔2015〕1 号	关于做好 2015 年安全生产工作的通知	2015 年 2 月 10 日
阳政发〔2015〕2 号	关于对 2014 年度农业农村工作先进集体进行兑现奖励的决定	2015 年 2 月 13 日
阳政发〔2015〕3 号	关于印发全市项目提质增效年工作方案的通知	2015 年 3 月 6 日
阳政发〔2015〕4 号	关于表彰 2014 年度重点工程工作先进县区的通知	2015 年 3 月 6 日
阳政发〔2015〕5 号	关于进一步加强保障性安居工程建设和管理的实施意见	2015 年 3 月 30 日
阳政发〔2015〕6 号	关于印发阳泉市减轻企业负担促进工业稳定运行的若干措施的通知	2015 年 3 月 31 日
阳政发〔2015〕7 号	关于阳泉市郊区李家庄乡土地利用总体规划(2006—2020 年)修改方案的批复	2015 年 4 月 10 日
阳政发〔2015〕8 号	关于印发 2015 年市人民政府重点工作任务分工的通知	2015 年 5 月 6 日
阳政发〔2015〕9 号	关于在全市开展排污权有偿使用和交易工作的实施意见	2015 年 5 月 27 日
阳政发〔2015〕10 号	关于落实和承接省政府取消和调整一批行政审批项目的通知	2015 年 6 月 15 日
阳政发〔2015〕11 号	关于规范市政府部门行政审批行为改进行政审批有关工作的实施意见	2015 年 7 月 8 日
阳政发〔2015〕12 号	关于下达 2015 年阳泉市国民经济和社会发展计划的通知	2015 年 7 月 21 日
阳政发〔2015〕13 号	关于取消下放调整和承接一批行政审批项目等事项的决定	2015 年 8 月 7 日
阳政发〔2015〕15 号	关于印发阳泉市全面加强政府自身建设三年规划(2015—2017 年)的通知	2015 年 8 月 28 日

续表 50-1

文　号	文件标题	发文日期
阳政发〔2015〕16 号	关于贯彻落实《社会救助暂行办法》的实施意见	2015 年 9 月 8 日
阳政发〔2015〕17 号	关于进一步促进工业稳增长的实施意见	2015 年 9 月 8 日
阳政发〔2015〕18 号	关于聘任第四届阳泉仲裁委员会组成人员的通知	2015 年 9 月 14 日
阳政发〔2015〕19 号	关于进一步做好为农民工服务工作的通知	2015 年 11 月 9 日
阳政发〔2015〕20 号	关于印发阳泉市 2015 年推进简政放权放管结合转变政府职能工作方案的通知	2015 年 11 月 10 日
阳政发〔2015〕21 号	关于进一步做好新形势下就业创业工作的实施意见	2015 年 12 月 14 日
阳政发〔2015〕22 号	关于印发阳泉市加快发展生产性服务业促进产业结构调整升级的实施方案的通知	2015 年 12 月 15 日
阳政发〔2015〕23 号	关于加快发展现代职业教育的实施意见	2015 年 12 月 24 日
阳政发〔2015〕24 号	关于印发阳泉市国有企业财务等重大信息公开实施办法(试行)的通知	2015 年 12 月 24 日
阳政发〔2015〕25 号	关于做好第三次全国农业普查工作的通知	2015 年 12 月 29 日
阳政任字〔2015〕1 号	关于崔建立任职的通知	2015 年 3 月 11 日
阳政任字〔2015〕2 号	关于辛北一等六人任免职务的通知	2015 年 5 月 29 日
阳政任字〔2015〕3 号	关于石文斌等五人任职的通知	2015 年 5 月 29 日
阳政任字〔2015〕4 号	关于邵喜等五人任免职务的通知	2015 年 6 月 25 日
阳政任字〔2015〕5 号	关于郑清明等八人任免职务的通知	2015 年 7 月 2 日
阳政任字〔2015〕6 号	关于暴黎兵等四人任免职务的通知	2015 年 7 月 31 日
阳政任字〔2015〕7 号	关于聂志忠等三人免职的通知	2015 年 8 月 20 日
阳政任字〔2015〕8 号	关于田强等十四人任免职务的通知	2015 年 10 月 28 日
阳政任字〔2015〕9 号	关于肖有世等九人免职的通知	2015 年 12 月 21 日
阳政办发〔2015〕1 号	关于印发阳泉市棚户区改造规划(2013—2017)的通知	2015 年 1 月 7 日
阳政办发〔2015〕2 号	关于印发阳泉市环境保护大检查综合整治方案的通知	2015 年 1 月 7 日
阳政办发〔2015〕3 号	关于印发阳泉市城市老工业区搬迁改造工作方案的通知	2015 年 1 月 7 日

续表 50-2

文 号	文 件 标 题	发文日期
阳政办发〔2015〕4 号	关于全面清理市政府各部门行政执法类权力清单底数的通知	2015 年 1 月 9 日
阳政办发〔2015〕5 号	关于做好 2015 年春节期间食品安全工作的通知	2015 年 1 月 9 日
阳政办发〔2015〕6 号	关于印发阳泉市质量工作考核办法的通知	2015 年 1 月 20 日
阳政办发〔2015〕7 号	关于加强城市燃气安全和管理工作的通知	2015 年 1 月 26 日
阳政办发〔2015〕8 号	关于印发山西省阳泉市平定县瓦岭历史文化名村保护规划的通知	2015 年 1 月 26 日
阳政办发〔2015〕9 号	关于对阳泉市上社煤炭有限责任公司 2013 年“12·5”高处坠落事故调查报告的批复	2015 年 2 月 2 日
阳政办发〔2015〕10 号	关于做好 2015 年春节期间煤矿有关工作的通知	2015 年 2 月 2 日
阳政办发〔2015〕11 号	关于印发阳泉市 2014—2015 年节能减排低碳发展行动方案的通知	2015 年 2 月 5 日
阳政办发〔2015〕12 号	关于印发进一步规范高铝(耐火)黏土烧结产业发展指导意见的通知	2015 年 2 月 5 日
阳政办发〔2015〕13 号	关于 2015 年春节后全市煤矿复工复产工作的通知	2015 年 2 月 5 日
阳政办发〔2015〕14 号	关于印发国务院、省政府重大决策部署贯彻落实情况的报告工作制度的通知	2015 年 2 月 6 日
阳政办发〔2015〕15 号	关于深化全市环境保护大检查的通知	2015 年 2 月 9 日
阳政办发〔2015〕16 号	关于调整全市煤矿企业安全生产挂牌责任人的通知	2015 年 2 月 10 日
阳政办发〔2015〕17 号	关于印发阳泉市移民搬迁工作实施办法的通知	2015 年 2 月 13 日
阳政办发〔2015〕18 号	关于批转执行阳泉市欠薪应急周转金管理暂行办法的通知	2015 年 2 月 17 日
阳政办发〔2015〕19 号	关于下达 2015 年保障性安居工程建设计划的通知	2015 年 3 月 5 日
阳政办发〔2015〕20 号	关于印发行政审批违规和滥用审批权问题专项整治方案的通知	2015 年 3 月 20 日
阳政办发〔2015〕21 号	印发关于开展非法集资风险排查工作的实施方案的通知	2015 年 3 月 21 日
阳政办发〔2015〕22 号	关于印发宽带中国示范城市建设实施方案的通知	2015 年 3 月 10 日
阳政办发〔2015〕23 号	关于对山西兆丰铝业有限责任公司氧化铝分公司“1·9”窒息事故调查报告的批复	2015 年 3 月 12 日
阳政办发〔2015〕24 号	关于市人大代表建议办理工作整改情况的报告	2015 年 3 月 26 日
阳政办发〔2015〕25 号	关于印发阳泉市城市建筑垃圾管理办法的通知	2015 年 3 月 30 日

续表 50-3

文　号	文 件 标 题	发文日期
阳政办发〔2015〕26 号	关于建立疾病应急救助制度的实施意见	2015 年 3 月 30 日
阳政办发〔2015〕27 号	关于加强政府网站信息内容建设的实施意见	2015 年 3 月 30 日
阳政办发〔2015〕28 号	关于印发阳泉市 2015 年度土地储备计划的通知	2015 年 3 月 30 日
阳政办发〔2015〕29 号	关于印发阳泉市广播电视直播卫星户户通工程建设实施方案的通知	2015 年 4 月 13 日
阳政办发〔2015〕30 号	关于印发 2014 年全市安全生产考核指标和考核办法的通知	2015 年 4 月 14 日
阳政办发〔2015〕31 号	关于印发 2015 年全市招商引资任务分解及考核办法的通知	2015 年 4 月 15 日
阳政办发〔2015〕32 号	关于印发阳泉市资源型经济转型综合配套改革试验 2015 年行动计划的通知	2015 年 4 月 15 日
阳政办发〔2015〕33 号	关于印发阳泉市市级政府投资工程建设项目招标投标工作管理办法的通知	2015 年 4 月 17 日
阳政办发〔2015〕34 号	关于开展涉农资金专项整治行动的实施方案	2015 年 4 月 20 日
阳政办发〔2015〕35 号	关于印发阳泉市改善农村人居环境 2015 年行动计划的通知	2015 年 4 月 27 日
阳政办发〔2015〕36 号	关于齐晓东任职的通知	2015 年 4 月 30 日
阳政办发〔2015〕37 号	关于印发阳泉市市本级 2015 年度国有建设用地供应计划的通知	2015 年 4 月 30 日
阳政办发〔2015〕38 号	关于印发阳泉市 2015 年度地质灾害防治方案的通知	2015 年 4 月 30 日
阳政办发〔2015〕39 号	关于开展特种设备清理核查工作和建立特种设备安全监管联席会议制度的通知	2015 年 4 月 30 日
阳政办发〔2015〕40 号	关于印发阳泉市安全生产大检查工作方案的通知	2015 年 5 月 5 日
阳政办发〔2015〕41 号	关于印发第九届中国中部投资贸易博览会阳泉代表团工作方案的通知	2015 年 5 月 8 日
阳政办发〔2015〕42 号	关于启用阳泉市商务粮食局印章的通知	2015 年 5 月 12 日
阳政办发〔2015〕43 号	关于促进煤炭经济平稳运行的若干意见	2015 年 5 月 13 日
阳政办发〔2015〕44 号	关于印发阳泉市严厉打击环境污染违法犯罪专项行动工作方案的通知	2015 年 5 月 25 日
阳政办发〔2015〕45 号	关于启用阳泉市文化局、阳泉市文物局印章的通知	2015 年 5 月 25 日
阳政办发〔2015〕46 号	关于下达 2015 年耕地保护责任目标任务分解的通知	2015 年 5 月 26 日
阳政办发〔2015〕47 号	关于调整煤炭经营行业安全监管职责的通知	2015 年 5 月 29 日

续表 50-4

文　号	文 件 标 题	发文日期
阳政办发〔2015〕48 号	关于调整我市最低工资标准的通知	2015 年 6 月 2 日
阳政办发〔2015〕49 号	关于印发阳泉市农村公路村通水泥(油)路完善提质工程实施方案的通知	2015 年 6 月 2 日
阳政办发〔2015〕50 号	关于印发阳泉市数字化城市管理项目建设工作实施方案的通知	2015 年 6 月 5 日
阳政办发〔2015〕51 号	关于印发阳泉市城乡爱国卫生清洁运动 2015 年工作方案的通知	2015 年 6 月 5 日
阳政办发〔2015〕52 号	关于开展市内煤炭公路销售体制和资源税改革落实情况专项督查抽查行动的通知	2015 年 6 月 10 日
阳政办发〔2015〕53 号	关于印发 2015 年重点工程项目名单的通知	2015 年 6 月 10 日
阳政办发〔2015〕54 号	关于印发阳泉市 2015 年净空工程行动方案的通知	2015 年 6 月 25 日
阳政办发〔2015〕55 号	关于印发阳泉市地下管网普查、信息平台建设及综合规划编制实施工作方案的通知	2015 年 6 月 25 日
阳政办发〔2015〕56 号	关于加强城市地下管线建设管理的实施意见	2015 年 6 月 25 日
阳政办发〔2015〕57 号	关于转发阳泉市特殊教育提升计划(2014—2016 年)实施方案的通知	2015 年 7 月 1 日
阳政办发〔2015〕58 号	关于进一步加强应急管理工作的通知	2015 年 7 月 6 日
阳政办发〔2015〕59 号	关于印发阳泉市 2015 年政府信息公开工作要点实施方案的通知	2015 年 7 月 6 日
阳政办发〔2015〕60 号	关于印发阳泉市突发动物疫情应急预案的通知	2015 年 7 月 6 日
阳政办发〔2015〕61 号	关于推行责任清单制度实施方案的通知	2015 年 7 月 8 日
阳政办发〔2015〕62 号	关于市长副市长秘书长工作分工的通知	2015 年 7 月 17 日
阳政办发〔2015〕63 号	关于印发阳泉市“十三五”市级专项规划编制工作方案的通知	2015 年 7 月 20 日
阳政办发〔2015〕64 号	关于引导农村产权流转交易市场健康发展的实施意见	2015 年 7 月 24 日
阳政办发〔2015〕65 号	关于发布阳泉市政府核准的投资项目目录(2015 年本)的通知	2015 年 7 月 27 日
阳政办发〔2015〕66 号	关于印发阳泉市 2015 年主要污染物总量减排计划的通知	2015 年 7 月 28 日
阳政办发〔2015〕67 号	关于印发开展全市煤炭资源税改革专项检查行动工作方案的通知	2015 年 8 月 3 日
阳政办发〔2015〕68 号	关于公布市政府部门权力清单的通知	2015 年 8 月 7 日
阳政办发〔2015〕69 号	关于印发阳泉市严厉打击非法采矿 2015 夏季行动实施方案的通知	2015 年 8 月 10 日

续表 50-5

文　号	文 件 标 题	发文日期
阳政办发〔2015〕70 号	关于配备特种设备安全协管员的通知	2015 年 8 月 13 日
阳政办发〔2015〕72 号	关于印发阳泉市打击整顿非法经营成品油专项行动方案的通知	2015 年 8 月 21 日
阳政办发〔2015〕74 号	关于印发阳泉市全面开展安全生产大检查深化打非治违和专项整治工作实施方案的通知	2015 年 8 月 24 日
阳政办发〔2015〕75 号	关于印发阳泉市贯彻实施质量发展纲要 2015—2016 年行动计划的通知	2015 年 8 月 26 日
阳政办发〔2015〕76 号	关于印发阳泉市全面加强政府自身建设 2015 年行动计划的通知	2015 年 8 月 28 日
阳政办发〔2015〕77 号	关于印发 2015 年全市低收入农户冬季取暖用煤货币化补贴实施方案的通知	2015 年 9 月 1 日
阳政办发〔2015〕78 号	关于切实做好国务院安委办安全生产大检查综合督查组到我市督查安全工作的紧急通知	2015 年 9 月 2 日
阳政办发〔2015〕79 号	关于印发阳泉市清理整顿各类交易场所工作方案的通知	2015 年 9 月 2 日
阳政办发〔2015〕80 号	关于印发加快发展现代保险服务业的实施细则的通知	2015 年 9 月 2 日
阳政办发〔2015〕81 号	关于印发加快推进多层次资本市场发展的实施细则的通知	2015 年 9 月 2 日
阳政办发〔2015〕82 号	关于印发推进我市融资性担保机构健康发展的实施细则的通知	2015 年 9 月 2 日
阳政办发〔2015〕83 号	关于印发阳泉市城市建设用地节约集约利用评价工作实施方案的通知	2015 年 9 月 9 日
阳政办发〔2015〕84 号	关于印发阳泉市改善城市人居环境 2015 年行动计划的通知	2015 年 9 月 9 日
阳政办发〔2015〕85 号	关于尽快落实三晋环保行记者团采访中发现问题的整改通知	2015 年 10 月 9 日
阳政办发〔2015〕86 号	关于印发阳泉市全面推开县级公立医院综合改革实施方案的通知	2015 年 10 月 12 日
阳政办发〔2015〕87 号	关于印发阳泉市深化医药卫生体制改革工作 2015 年重点工作任务的通知	2015 年 10 月 12 日
阳政办发〔2015〕88 号	阳泉市人民政府办公厅关于进一步加强部门统计工作的实施意见	2015 年 10 月 13 日
阳政办发〔2015〕89 号	关于贯彻落实《能源发展战略行动计划（2015—2020 年）》的实施意见	2015 年 10 月 22 日
阳政办发〔2015〕90 号	关于启用阳泉市卫生和计划生育委员会印章的通知	2015 年 10 月 29 日
阳政办发〔2015〕91 号	关于王立新任职的通知	2015 年 10 月 29 日
阳政办发〔2015〕92 号	关于印发阳泉市循环经济总体规划及近期行动计划的通知	2015 年 11 月 3 日
阳政办发〔2015〕93 号	关于加强职业院校“双师型”教师队伍建设的意见	2015 年 11 月 4 日

续表 50-6

文　号	文　件　标　题	发文日期
阳政办发〔2015〕94 号	关于印发 2015 年全市冬春火灾防控工作方案的通知	2015 年 11 月 16 日
阳政办发〔2015〕95 号	关于印发阳泉市生产安全事故灾难应急预案的通知	2015 年 11 月 18 日
阳政办发〔2015〕96 号	关于印发阳泉市深化采煤沉陷区治理规划(2014—2017 年)的通知	2015 年 11 月 19 日
阳政办发〔2015〕97 号	关于印发阳泉市突发事件医疗卫生救援应急预案的通知	2015 年 11 月 26 日
阳政办发〔2015〕98 号	关于印发阳泉市突发公共卫生事件应急预案的通知	2015 年 11 月 26 日
阳政办发〔2015〕99 号	关于公布市政府部门行政职权责任清单的通知	2015 年 12 月 2 日
阳政办发〔2015〕100 号	关于印发进一步加强乡村医生队伍建设实施方案的通知	2015 年 12 月 4 日
阳政办发〔2015〕101 号	关于印发发展众创空间推进大众创新的实施办法的通知	2015 年 12 月 8 日
阳政办发〔2015〕102 号	关于启用阳泉市工商行政管理局印章的通知	2015 年 12 月 10 日
阳政办发〔2015〕103 号	关于印发阳泉市落实环保部冬季大气污染防治督查发现问题的整改方案的通知	2015 年 12 月 10 日
阳政办发〔2015〕104 号	关于印发阳泉市安全生产考核指标和考核办法的通知	2015 年 12 月 10 日
阳政办发〔2015〕105 号	印发关于促进全市电子政务协调发展的实施方案的通知	2015 年 12 月 15 日
阳政办发〔2015〕106 号	关于印发阳泉市“土小”燃煤矾石竖窑、石灰窑取缔关闭工作规范的通知	2015 年 12 月 18 日
阳政办发〔2015〕107 号	关于印发阳泉市燃煤茶浴炉拆除改造工作方案的通知	2015 年 12 月 18 日
阳政办发〔2015〕108 号	关于印发阳泉市环境监管网格化管理实施方案(试行)的通知	2015 年 12 月 20 日
阳政办发〔2015〕109 号	关于下达 2015 年退役士兵安置计划的通知	2015 年 12 月 21 日
阳政办发〔2015〕110 号	关于做好 2016 年元旦春节期间有关工作的通知	2015 年 12 月 29 日
阳政办发〔2015〕111 号	关于刘永卫等三人任免职务的通知	2015 年 12 月 29 日
阳政办发〔2015〕112 号	关于印发阳泉市水污染防治工作方案(2016—2020)的通知	2015 年 12 月 30 日
阳政办发〔2015〕113 号	关于印发阳泉市整合建立统一规范的公共资源交易平台实施方案的通知	2015 年 12 月 30 日
阳政办发〔2015〕115 号	关于祁杰任免职务的通知	2015 年 12 月 31 日
阳政办发〔2015〕116 号	关于侯云霞挂职任命的通知	2015 年 12 月 31 日

政协阳泉市委员会文件一览表

表51

文 号	文 件 标 题	发文日期
阳协党〔2015〕1号	关于荆珍玉同志调任工作的报告	2015年1月8日
阳协党〔2015〕2号	市政协深入开展学习讨论落实活动实施方案	2015年1月12日
阳协党〔2015〕3号	党风廉政建设党组主体责任清单	2015年1月13日
阳协党〔2015〕4号	市政协2014年工作情况及2015年工作要点	2015年3月3日
阳协党〔2015〕5号	关于召开市政协十二届四次会议时间的请示	2015年3月9日
阳协党〔2015〕6号	关于学习讨论落实活动的反思剖析报告	2015年4月27日
阳协党〔2015〕7号	中共政协阳泉市委员会党组专题民主生活会情况报告	2015年7月8日
阳协党〔2015〕8号	市政协关于选拔任用机关科级干部的请示	2015年7月10日
阳协党〔2015〕9号	市政协党组关于开好“三严三实”专题民主生活会的实施方案	2015年12月14日
阳协发〔2015〕1号	关于推进我市现代职业教育改革与发展的建议	2015年1月19日
阳协发〔2015〕2号	关于印发《政协阳泉市委员会常务委员会2015年主要工作责任制》的通知	2015年5月4日
阳协发〔2015〕3号	关于表彰2014年度政协系统信息工作先进单位先进个人的决定	2015年6月25日
阳协发〔2015〕4号	关于王镒同志任免的通知	2015年7月20日
阳协发〔2015〕5号	关于加快推进我市工业园区建设的建议	2015年7月23日
阳协发〔2015〕6号	关于推进我市科技创新平台建设的建议	2015年11月2日
阳协办〔2015〕1号	关于召开市政协十二届十三次常委会议的通知	2015年1月7日
阳协办〔2015〕2号	关于市政协机关“吃空饷”治理活动报告	2015年1月9日
阳协办〔2015〕3号	阳泉市政协系统2014年第四季度反映社情民意信息工作情况通报	2015年1月23日
阳协办〔2015〕4号	市政协关于开展学习讨论落实活动工作情况报告	2015年3月9日
阳协办〔2015〕5号	市政协关于开展“文山会海”和“三公”经费管理不严等违反中央“八项规定”精神突出问题专项整治工作的实施方案	2015年3月17日

续表 51-1

文 号	文 件 标 题	发文日期
阳协办〔2015〕6号	关于召开市政协十二届十四次常委会议的通知	2015年4月10日
阳协办〔2015〕7号	关于召开政协阳泉市第十二届委员会第四次会议的通知	2015年4月14日
阳协办〔2015〕8号	关于列席政协阳泉市第十二届委员会第四次会议的通知	2015年4月14日
阳协办〔2015〕9号	阳泉市政协系统2015年第一季度反映社情民意信息工作情况通报	2015年5月7日
阳协办〔2015〕10号	关于2015年度市政协机关目标责任考核指标的报告	2015年5月7日
阳协办〔2015〕11号	关于报送《加强我市市政基础设施建设与管理的调研报告》的报告	2015年5月25日
阳协办〔2015〕12号	关于在市政协机关县处级以上领导干部中开展“三严三实”专题教育工作的实施方案	2015年5月26日
阳协办〔2015〕13号	关于推进工业园区建设促进我市经济转型发展课题调研的通知	2015年6月4日
阳协办〔2015〕14号	市政协关于开展创建省级文明城市专题视察调研工作方案	2015年6月12日
阳协办〔2015〕15号	关于召开全市政协系统社情民意信息工作会议的通知	2015年6月24日
阳协办〔2015〕16号	关于印发政协阳泉市委员会《反映社情民意信息工作考评表彰办法》的通知	2015年6月25日
阳协办〔2015〕17号	关于调整乡镇、街道社情民意直报联系点和特邀信息员的通知	2015年6月25日
阳协办〔2015〕18号	市政协机关“三严三实”专题学习研讨实施方案	2015年6月25日
阳协办〔2015〕19号	关于召开市政协十二届十六次常委会议的通知	2015年7月8日
阳协办〔2015〕20号	关于调整市政协机关年度目标责任考核领导组的通知	2015年7月20日
阳协办〔2015〕21号	关于开展科技创新专题调研的工作方案	2015年8月3日
阳协办〔2015〕22号	阳泉市政协系统2015年第二季度反映社情民意信息工作情况通报	2015年8月4日
阳协办〔2015〕23号	关于召开市政协十二届十七次常委会议的通知	2015年10月23日
阳协办〔2015〕24号	关于报送《关于我市农村创建美丽乡村工作的调研报告》的报告	2015年10月26日
阳协办〔2015〕25号	市政协全面深入推进“三个一批”工作实施方案	2015年11月6日
阳协办〔2015〕26号	阳泉市政协系统2015年第三季度反映社情民意信息工作情况通报	2015年11月9日
阳协办〔2015〕27号	关于做好2016年政协文史资料(民族宗教专辑)征集工作的通知	2015年12月1日

续表 51-2

文　号	文　件　标　题	发文日期
阳协办〔2015〕28 号	关于报送《关于加快乡村旅游发展的调查报告》的报告	2015 年 12 月 9 日
阳协办〔2015〕29 号	关于赵春等同志聘任职务的通知	2015 年 12 月 11 日

2003—2015 年阳泉市取得的省级科技进步奖奖励项目一览表

表 52

年度	获奖等级	文章标题	单位名称	人员名单
2003	省应用研究类一等奖(1 项)	阳泉高瓦斯易燃煤层高产高效综放面瓦斯综合治理技术研究与应用	阳泉煤业(集团)有限责任公司	李宝玉　王亦农　王体轩　张福喜　赵石平　苏保生　张吉林　赵长春
	省应用研究类二等奖(3 项)	阳泉矿区煤与瓦斯突出综合防治技术研究与应用	阳泉煤业(集团)有限责任公司	李宝玉　张福喜　王淮盛　赵长春　刘润身　王忠太　张吉林　武　钢
		无线电波坑道透视法探测综采工作面隐伏地质构造的试验研究	阳泉煤业(集团)有限责任公司	李宝玉　陈国华　田庆路　王振虎　李伟林　王　一　郭　龙　韩文忠
		腹股沟疝分类与聚丙烯多种疝补片个体化应用的研究	山西省一〇九医院、山西省朔州市人民医院、山西省清徐县人民医院、山西省阳泉荫营煤矿医院、山西省太原西峪煤矿医院	刘克忠　刘万怀　刘玉荣　孔梓伊　刘金庄　赵静敏
2004	—	—	—	—
2005	国家科技进步奖二等奖项目(1 项)	阳泉高瓦斯易燃煤层高产高效综放面瓦斯综合治理技术研究与应用	阳泉煤业(集团)有限责任公司	李宝玉　王亦农　王体轩　张福喜　赵石平　苏保生　张吉林　赵长春
	省科技进步类三等奖(2 项)	RD-6 生产过程实时 / 历史数据平台及应用系统	山西阳光发电有限责任公司、华北电力大学	韩　璞　董　泽　于　萍　张培华　赵保国　孟尚虎
		大口径液控缓闭蝶阀	阳泉阀门股份有限公司、合肥通用机械研究院、榆次力同液压工程有限公司、阳泉恒源电力电子有限公司	—
	省自然科学类三等奖(1 项)	排粪造影划线对盆底 X 线解剖的研究	阳泉煤业(集团)有限责任公司总医院	郭茂林　贾江武　王继平　苏满玉　吴中青　陈　玲

续表 52-1

年度	获奖等级	文章标题	单位名称	人员名单
2006	—	—	—	—
2007	省科技进步类二等奖(2项)	大跨度厚层泥岩复合顶板煤巷预应力组合支护(国际领先)	西新元煤炭有限责任公司、北京科技大学	樊国成 李霄尖 吴建吉 何富连 姚精明 刘会田 王海林 贾新房
		高瓦斯矿井陷落柱密集区松散煤顶板条件下开采技术的研究与应用(通过省煤炭工业管理局申报)	阳泉煤业(集团)有限责任公司	赵石平 林彦清 陈国华 周建斌 牛芬成 王冬平 武钢 张永建
2008	省科技进步类二等奖(1项)	高瓦斯大采长综放面煤与瓦斯共采技术研究	阳泉煤业(集团)有限责任公司、中国矿业大学	张富喜 许家林 陈国华 屈庆东 张吉林 杨胜强 赵长春 边俊国
2009	省科技进步类三等奖(2项)	输水煤层开采条件下节水型综合防尘技术研究及应用	山西国阳新能股份有限公司、北京科技大学	游浩 张富喜 张英华 张吉林 刘继勇 范维新
		高瓦斯综放面本煤层与邻近层采动卸压瓦斯同步抽采技术研究	山西石港煤业有限责任公司、中国矿业大学	游浩 许家林 张富喜 杨胜强 刘福军 赵世铎
2010	省科技进步类二等奖(1项)	置换解吸和抑制解吸技术防治瓦斯突出试验研究	山西国阳新能股份有限公司、河南理工大学	王兆丰 张庆恒 杨宏民 赵长春 陈国华 陈立伟 游浩 陈向军
	省科技进步类三等奖(1项)	阳泉矿区煤与瓦斯共采技术研究与实践	山西国阳新能股份有限公司、中国矿业大学	张庆恒 许家林 张福喜 胡国忠 余北建 杨胜强
2011	省科技进步类三等奖(1项)	自燃煤矸石山治理与生态重建技术研究	山西国阳新能股份有限公司、中国矿业大学(北京)	张庆恒 胡振琪 游浩 张仁 陈胜华 李美生
2012	省科技进步类二等奖(1项)	阳煤集团寿阳矿区低透气性煤层群卸压瓦斯抽采技术	阳泉煤业(集团)股份有限公司、中国矿业大学、阳煤集团(寿阳)开元矿	张庆恒 许家林 李新华 胡国忠 付书俊 秦伟 解文汇 赵长春
2013	省科技进步类二等奖(1项)	阳泉矿区复杂水文地质条件下煤层带(水)压安全开采防治水技术研究	阳泉煤业(集团)股份有限公司、中国矿业大学	张庆恒 郭英海 王一 李宾亭 田庆路 刘树才 范德元 郑世书
2014	省科技进步类三等奖(1项)	集灾害监测、预测、预警、应急处置、决策为一体的电网防灾智能监测系统	国网山西省电力公司阳泉供电公司、华大天元(北京)电力科技有限公司	马维青 李斐明 穆广祺 韩俊玉 王健 王礼田
	省技术发明类三等奖(1项)	CLZH系列直换式高效燃气热水锅炉	阳泉市勤工技术实业开发有限公司	刘工勤 刘创 刘欣 李晓英 侯玉清 陈俊英
2015	省科技进步类三等奖(2项)	高应力大变形永久巷硐“双壳”治理底鼓技术与机理研究	阳泉煤业(集团)股份有限公司、河北工程大学、山西新景矿煤业有限责任公司	李伟林 杨本生 付书俊 左胜 孙利辉 杨晓成
		特厚煤层复杂漏风条件自燃特性及防灭火技术	阳泉煤业(集团)有限责任公司、北京科技大学	张福喜 黄志安 边俊国 谢俊生 刘俊平 赵乾

(赵 颖)

2014年度阳泉市科技进步奖授奖项目一览表

表53

获奖等级	文章标题	单位名称	人员名单
应用研究 一等奖(7项)	阳泉矿区复杂条件大采高智能化开采综合技术研究与应用	阳泉煤业(集团)有限责任公司、北京中矿金岳能源科技有限公司	崔建军　路永生　赵学义　郑建平　左　胜　赵新平　刘亚兵　康　贵　李晓强　李淑敏
	ZZC型支架运输专车	阳泉煤业集团华越机械有限公司	白永胜　郭佩荣　常庆江　郝铁栓　刘瑞华　郭亚海　王新文　李胜军　郭瑞苹
	蒸汽喷吹防结垢型煤气闸阀的研制与应用	阳泉阀门股份有限公司	梁志宝　徐立明　靳利铭　贾瑞昆　王永明　范　超　贾　宁　马慧钊　杨彦光
	电力工程资料智能管控及标准化研究和应用	国网山西省电力公司阳泉供电公司	刘守斌　马维青　董攀科　周　涛　赵永平　郭晋平　魏晓勇　李　将
	矿用综采自动化工作面4G无线网络传输系统	阳泉煤业(集团)股份有限公司、北京唐柏通讯技术有限责任公司	崔建军　刘　玮　路永生　孙世民　刘亚兵　左　胜　赵新平　李晓强　谷成锡　高彦平
	内镜下十二指肠乳头切开联合鼻胆管引流治疗胆总管结石的应用研究	阳泉煤业(集团)有限责任公司总医院	黄沛理　王小青　王建明　张晓英　贾彦彦　张海斌　李秀荣　李红青　皇甫云　苏满玉
	双向牵引斜行切割皮瓣修薄化处理持续负压吸引治疗肢体脱套伤	阳泉市第三人民医院	崔彦明　陈魁胜　路新民　郝丽丽　李永军　石慧征　史志强　刘　刚　古云芝　石　娜
成果推广及产业化 一等奖(2项)	阳泉市农作物病虫统防统治示范推广	阳泉市植物保护检疫站	岳润庆　乔　飞　赵　欣　史彩霞　武晓红　王志红　张　艳　梁建毕　王　杨　李　敏
	阳泉市谷子化控间苗技术推广	阳泉市农业技术推广站	王志红　梁建毕　田忠科　张　艳　岳润庆　李　红　米建梅　李文鸿　李秋芳　张永全
软科学 一等奖(1项)	阳泉推进转型综改试验区建设的战略定位与路径研究	阳泉市人民政府发展研究中心	王东柱　李志刚　史峰松
应用研究 二等奖(8项)	CO_2预裂增透抽采瓦斯快速掘进技术研究	阳泉煤业(集团)有限责任公司	樊国成　赵长春　李耀谦　王玉禄　樊利军　李淑敏　郭宝晶　翁震坤　闫青海　杨国栋　高晶哲
	特厚煤层复杂漏风条件自燃特性及防灭火技术研究	阳泉煤业(集团)有限责任公司、北京科技大学	张福喜　黄志安　边俊国　谢俊生　李耀谦　赵　乾　刘俊平　赵　杰　高玉坤　李淑敏
	滚轮式自移机尾装置	阳泉煤业集团华越机械有限公司	任紫亭　白永胜　芦连胜　杨桂从　李天宇　张东军　吕利平　李冬侠　姚佳伟　陈迎华
	导座式升降脚手架施工工法的推广和应用	山西宏厦建筑工程第三有限公司	孙仁宗　王改凤　宋俊毅　聂彦飞　张　华　李　杰
	电梯限速器测试仪利用GPRS网络无线传输数据的研究	阳泉市特种设备监督检验所	赵　刚　程思颉　武文霞　杨洁灏　郗鹏彬　贾立新　郭建军　顾晓欣　杨鸿钧

续表 53-1

获奖等级	文章标题	单位名称	人员名单
应用研究 二等奖(8 项)	阳泉市科技成果转化平台的开发研究	阳泉市应用技术研究所	田忠科 张少辉 张会生 高俊峰 尹喜平 李印纲 胡丽花 王筱娟 郭彦青 赵亚民
	颈动脉斑块与冠心病相关性研究	阳泉煤业(集团)有限责任公司总医院	任永林 段宝山 元占玺 黄沛理 肖润平 杨 晋 张发先 杨联芳 杨亚琴
	Braden 量表评分 12—18 分骨科患者夜晚翻身时间研究	阳泉市第一人民医院	卢立锦 梁惠莲 付辛荣 任巧花 李建宏 王先平 王 玲
成果推广及产业化 二等奖(2 项)	山地优质苹果标准化生产技术示范推广	阳泉市果树站	樊树龙 冯瑞瑞 韩润峰 苏书文 武新钢 杨国威 张 栋 赵东斌 武晓红 李秋芳
	太行山石质山地造林综合配套技术示范推广	阳泉市郊区林业局	张敏善 杨贵如 郭 庆 陈双兰 王树生 余林花 史慧芳 贾晓丽
软科学 二等奖(4 项)	阳泉融入太原都市圈路径研究	阳泉市人民政府发展研究中心	王东柱 李志刚 赵华锋
	国有公用行业企业文化建设模式研究	阳泉市煤气公司	王品贵 王珍义 杨玉宏 卢义武 吴琴梅 王毅民 张晓虹 戴志华 岳建平 谭 军
	新常态下阳泉市 PPI 对工业增加值增速的影响	阳泉市统计局、国家统计局阳泉调查队	潘维新 师庆平 魏海文 和继明 杨海田 葛云琳 张文芳 尚向军 李政泽 王国婷
	阳泉居民收入问题研究	阳泉市统计局、国家统计局阳泉调查队、山西省统计局阳泉市调查监测中心	潘维新 师庆平 荆贵生 张 华 刘玉祥 张丽君 崔志瑞 王国婷 尹东峰 徐 岩
应用研究 三等奖(20 项)	阳泉矿区突出煤层底板岩巷穿层钻孔区域消突技术研究	阳泉煤业(集团)有限责任公司、中国矿业大学	张福喜 胡国忠 樊国成 赵长春 秦 伟 李耀谦 郝秀明 王玉禄 郭有惠 李淑敏
	井下千米钻机冲洗液处理与自动供应循环复用技术研究	阳泉煤业(集团)股份有限公司、石家庄泽绿水空间有限公司	张福喜 刘贯博 樊国成 赵长春 张爱科 李淑敏 郭宝晶 李耀谦 王玉禄 李维佳
	主扇风机防爆帽的快速启闭技术研究	阳泉煤业(集团)股份有限公司、中国矿业大学	刘亚兵 李意民 康 贵 左 胜 赵新平 李晓强 李淑敏 郭宝晶 韩三彩 郑碧龙
	ZMTY 型末采推移装置	阳泉煤业集团华越机械有限公司	白永胜 刘瑞华 常庆江 郝铁栓 郭佩荣 郭亚海 王新文 李胜军 赵立猛
	焊接低强匹配工艺在液压支架生产中的研究应用	阳泉煤业集团华越机械有限公司	陈迎华 任紫亭 芦连胜 张淑桃 白永胜 程晓星 刘长帅
	无电二氧化碳制冷除湿空调的研究与开发	阳泉煤业集团华越机械有限公司	任紫亭 白永胜 常庆江 陈迎华 冯晓晨 史慧锦 康 晋
	喷吹蝶阀的研制与应用	阳泉阀门股份有限公司	梁志宝 姚海祥 赵爱花 徐立明 靳利铭 王彦红 刘春玲 范 超 梁晋生 李俊惠

续表 53-2

获奖等级	文章标题	单位名称	人员名单
应用研究三等奖(20 项)	科技项目预算编审动态管理软件开发	阳泉煤业(集团)有限责任公司、山西国辰建设工程勘察设计有限公司	樊国成　武　钢　庞国豪　李继臣　李淑敏　赵新平　郑迎芳　杜小红　杨国栋　韩　娟
	基于煤矿安全监控系统的危险区域人员识别及报警系统的研究与应用	阳泉煤业(集团)股份有限公司	张福喜　樊国成　边俊国　谢俊生　程红林　李耀谦　赵长春　周盼东　李淑敏　蔺玄敏
	机载断电仪器无线传输系统研究与应用	阳泉煤业(集团)股份有限公司、北京瑞赛长城航空测控技术有限公司	张福喜　边俊国　谢俊生　李维柱　赵新平　赵长春　张益龙　周盼东　贾俊宝　李国伟
	破碎机用机械软启动传动装置研究与应用	阳泉煤业(集团)股份有限公司、北京华丰达系统技术有限公司	胡少昆　路永生　赵新平　潘　越　武　钢　李晓强　张翼龙　张瑞龙　张以都　翟守杰
	阳泉数字农业综合信息服务系统	阳泉市农业委员会	张鹏程　张　艳　王丽花　王　庆　郭　江　张白英　冯文涛　任海鑫　吴　瑜　杨国威
	磁共振三维增强血管成像诊断下肢动脉闭塞性病变的临床研究	阳泉煤业集团(有限)责任公司总医院	张保庆　段宝山　高　峰　王继平　辛　英　石志伟　陈　剑　李陶梅
	分层面对医院临床中层领导满意度调查分析	阳泉市第一人民医院	王　昀　王凯红　王　胜　姬九颖　丁　俊
	单株毛发移植治疗白癜风临床研究	阳泉煤业(集团)有限责任公司总医院	胡晋华　赵海生　霍海燕　郑子义　史瑞英　李竹君　穆雪珍　王一菊
	窄谱中波紫外线联合中药熏蒸治疗寻常型银屑病临床研究	阳泉煤业(集团)有限责任公司总医院	赵海生　胡晋华　霍海燕　郑子义　史瑞英　李竹君　穆雪珍　王一菊
	运用多菌种复合技术开发高效生物肥料	山西昌鑫生物农业科技有限公司	陈冬至　高玉锁　杨丽丽　耿春斌　席连禧　周瑞红
	电导油果蔬烘干机系统的研发	阳泉万紫农业开发有限公司	杜　文　杜帅奇　齐丽娟　赵丽芳　翟　斐
	农业种植结构及玉米遥感监测	阳泉市名优产品开发中心	王金宝　李有义　暴卫东　杨智明　梁丽珍　李　立　张佳佳　李小龙　李树明
	马铃薯全程机械化生产技术示范推广	阳泉市农业机械化发展中心	杨秀明　张润生　高永寿　冯　强　宋　瑛　张志国　岳栩墩　王文卿　李　斌　耿建国
成果推广及产业化三等奖(1 项)	利用粉煤灰生产建筑墙体材料	阳泉市应用技术研究所	张秋明　田忠科　李印刚　付宝义　魏　胜　吴晋红　于世明　李国贤　贾　娟

（赵　颖）

2015年度阳泉市授权(或公开)专利一览表

表54

序号	申请人	发明人	专利号	类别	专利名称	通讯地址
1	陈 宇	陈 宇	201410195866.2	发明	立式厕宝桶	山西省阳泉市开发区青岛路26号
2	郭玉宝	郭玉宝	201310387649.9	发明	耐热耐磨钢及采用这种耐热耐磨钢的干洗焦机出焦底板	山西省阳泉市盂县秀水镇桃园坪
3	贾秉堂	贾秉堂 贾江涛 贾皎皎	201410255271.1	发明	一种红薯节水的栽种方法	山西省阳泉市郊区杨家庄乡北杨家庄村
4	李世尧	李世尧	201310195047.3	发明	基于弹子锁芯的防盗装置	山西省阳泉市城区南大西街盛泽园
5	梁福明	张海峰 梁福明 韩俊青 王丁红	201310002055.1	发明	自增压式液态二氧化碳低温储罐灭火装备	山西省阳泉市盂县藏山北路171号
6	刘泽宇	刘泽宇	201110385316.3	发明	旋转式挹圪斗机	山西省阳泉市滨河世纪城欧洲步行街2楼2门10号
7	卢泉生	卢泉生	201310164558.9	发明	斑马线路行人通行安全方法	山西省阳泉市矿区北大西街125号墨玉宾馆
8	平定县冠窑砂器陶艺有限公司	张宏亮	201410253568.4	发明	砂器壶柄用绝热材料及具有绝热柄的砂器壶的制备方法	山西省阳泉市平定县冠山镇冠庄村
9	平定县冠窑砂器陶艺有限公司	张宏亮	201410253941.6	发明	砂器壶柄用绝热材料及具有绝热柄的砂器壶的制备方法	山西省阳泉市平定县冠山镇冠庄村
10	平定莹玉陶瓷有限公司	高秋祥 岳彦庆 李文玉 贾瑞晟	201410463500.9	发明	一种高白日用瓷	山西省阳泉市平定县府新街
11	平定莹玉陶瓷有限公司	李文玉	201410101965.X	发明	一种镉硒红釉	山西省阳泉市平定县府新街
12	山西北方晋东化工有限公司	史朝阳 孟宪宝 王 虎 杨爱义 张忠心	201310665204.2	发明	一种低膛压发射的灭火弹机械发火装置	山西省阳泉市南大街271号
13	山西博亮硅业有限公司 中国矿业大学(北京)	徐德平 张香兰 范艳玲 毕文明 安 娟 毕慕文	201110135041.8	发明	反相微乳液法制备二氧化硅	山西省阳泉市高新技术开发园区2楼
14	山西建工申华暖通设备有限公司	刘克勤 高桂华 张云光 范书兰 刘志强	201210289534.1	发明	直读式静态平衡阀	山西省阳泉市经济技术开发区东区A区
15	山西明浩锦达新能源有限公司	杨燕罡 张 健 张 贺 杨成栋	201310082875.6	发明	跨季储能池	山西省阳泉市平定县锁簧镇
16	山西省电力公司阳泉供电公司 国家电网公司	马维青 白贵山 杨培江 赵世红	201210471023.1	发明	杆塔接地检测装置	山西省阳泉市德胜东街10号

续表 54-1

序号	申请人	发明人	专利号	类别	专利名称	通讯地址
17	山西省电力公司 阳泉供电公司 国家电网公司	乔云廷　王树明 于瑶章　李剑鹏 赵世红	201210471248.7	发明	6–10KV 线路的零序电压检测装置	山西省阳泉市德胜东街 10 号
18	山西省电力公司 阳泉供电公司 国家电网公司	赵锦云　李庆华 杜　军　崔建华 刘　浩　刘锐钢 闫　飞　王大强 闫建生	201210207147.9	发明	油浸式电流互感器辅助注油装置	山西省阳泉市德胜东街 10 号
19	山西省电力公司 阳泉供电公司 国家电网公司	孔庆华	201210206889.X	发明	电力线夹压孔机	山西省阳泉市德胜东街 10 号
20	山西省电力公司 阳泉供电公司 国家电网公司	李明光　赵晓龙 李　强　李明亮	201010173599.0	发明	一种输电线路杆塔接地网连接专用联板	山西省阳泉市德胜东街 10 号
21	山西省电力公司 阳泉供电公司 国家电网公司	余龙镇　宋华荣 穆智贵	201210158119.2	发明	变电设备螺栓带电紧固装置	山西省阳泉市德胜东街 10 号
22	山西太行建设开发有限公司	李海涛　王永星 李永飞	201310195506.8	发明	分级开挖超深基坑工程桩兼作支护桩分级复合支护的工法	山西省阳泉市北大西街 207 号
23	山西太行建设开发有限公司	王惠荣　尚润祥 王文龙	201310071914.2	发明	框架结构多标号混凝土节点浇筑施工方法	山西省阳泉市北大西街 207 号
24	山西太行建设开发有限公司	彭泽诗　王玉荣 田凤杰	201310045079.5	发明	地下室大型配套设备的吊装方法	山西省阳泉市北大西街 207 号
25	山西太行建设开发有限公司	王惠荣　马　君 行磊磊	201310044786.2	发明	钢结构厂房地脚螺栓的快速安装方法	山西省阳泉市北大西街 207 号
26	阳泉阀门股份有限公司	靳利铭　梁志宝	201210057800.8	发明	液压自力驱动双闸板煤气闸阀	山西省阳泉市新建路 366 号
27	阳泉阀门股份有限公司	梁志宝　靳利铭	201210057799.9	发明	双驱动单闸板煤气闸阀	山西省阳泉市新建路 366 号
28	阳泉金隅通达高温材料有限公司 通达耐火技术股份有限公司	王亚利　王林俊 安建成　张彦平	201310152635.9	发明	利用中低品位铝矾土矿生产均质耐火原料的方法	山西省阳泉市郊区白泉工业园区
29	阳泉市东风耐火材料有限责任公司	闫振刚	201210259935.2	发明	多炉连浇刚玉－莫来石复合下水口	山西省阳泉市郊区荫营东大街
30	阳泉市石泉节能技术有限公司	董建敏　韩锦德 范志斌　冯红霞	201410070876.3	发明	一种煤炭固硫促燃剂及其制备方法	山西省阳泉市经济技术开发区大连路 61 号
31	张　鹏	张　鹏　梁润财	201010151499.8	发明	江河湖渠扩田造林分流泄洪蓄水旅游景观生态链产业化全球通用技术	山西省阳泉市南大西街 188 号华通大厦 8 层山西华通集团蓝天环保有限公司
32	张澎珍	张澎珍	201010289285.7	发明	高速列车铁路运行环境评价系统	山西省阳泉市桃南中路阳泉煤业(集团)有限责任公司机电设备管理中心

续表 54-2

序号	申请人	发明人	专利号	类别	专利名称	通讯地址
33	张澎珍	张澎珍	201010289284.2	发明	投放式矿用自救器	山西省阳泉市桃南中路阳泉煤业(集团)有限责任公司机电设备管理中心
34	陈瑞莲	陈瑞莲	201410790798.4	公开发明	一种治疗肝癌的药物及其制备方法	山西省阳泉市矿区大垴西区马家坪派出所
35	陈瑞莲	陈瑞莲	201410790835.1	公开发明	一种治疗不孕不育的药物及其制备方法	山西省阳泉市矿区大垴西区马家坪派出所
36	崔　军	崔　军	201510258278.3	公开发明	一种连山汉字输入方法	山西省阳泉市城区福寿街5楼1单元13号
37	杜　文	杜　文　王美英　杜帅奇　齐莉娟　赵立芳	201410679324.2	公开发明	重力液压助推器	山西省平定县冠山镇大峪村
38	杜　文	杜　文　王美英　杜帅奇　齐莉娟　赵立芳	201410679278.6	公开发明	菜干的制备方法	山西省平定县冠山镇大峪村
39	杜　文	杜　文　王美英　杜帅奇　齐莉娟　赵立芳	201410679321.9	公开发明	蜂蜜蔬菜汁饮料的制备方法	山西省平定县冠山镇大峪村
40	杜　文	杜　文　王美英　杜帅奇　齐莉娟　赵立芳	201410679277.1	公开发明	蜂蜜果汁饮料的制备方法	山西省平定县冠山镇大峪村
41	杜　文	杜　文　王美英　杜帅奇　齐莉娟　赵立芳	201410677370.9	公开发明	纯天然西红柿蔬菜汁饮料的制备方法	山西省平定县冠山镇大峪村
42	杜　文	杜　文　王美英　杜帅奇　齐莉娟　赵立芳	201410679322.3	公开发明	蜂蜜饮料的制备方法	山西省平定县冠山镇大峪村
43	杜　文	杜　文　王美英　杜帅奇　齐莉娟　赵立芳	201410679323.8	公开发明	电子动力弹射助推器	山西省平定县冠山镇大峪村
44	杜　文	杜　文　王美英　杜帅奇　齐莉娟　赵立芳	201410679279.0	公开发明	纯天然果汁饮料的制备方法	山西省平定县冠山镇大峪村
45	杜　文	杜　文　王美英　杜帅奇　齐莉娟　赵立芳	201410679276.7	公开发明	黄瓜干的制备方法	山西省平定县冠山镇大峪村
46	杜　文	杜　文　王美英　杜帅奇　齐莉娟　赵立芳	201410679280.3	公开发明	芥根干的制备方法	山西省平定县冠山镇大峪村
47	韩　军	韩　军	201410679506.X	公开发明	豆叶菜及其制作方法	山西省平定县冠山镇常家沟村
48	何贵庭	何贵庭	201310277099.5	公开发明	一种沉降过滤离心机及其方法	山西省阳泉市矿区大垴西区11号楼1单元2号
49	姜贵福	姜贵福	201510266299.X	公开发明	煤矿井下抽风机	山西省阳泉市城区康达区19楼2单元14号

续表 54-3

序号	申请人	发明人	专利号	类别	专利名称	通讯地址
50	李红光	李红光	201510618154.1	公开发明	一种核桃风干机	山西省阳泉市矿区蔡洼东区 4 楼 206 号
51	李红光	李红光	201510485881.5	公开发明	一种西红柿托盘架	山西省阳泉市矿区蔡洼东区 4 楼 206 号
52	李红光	李红光	201510406563.5	公开发明	一种捞饺子器	山西省阳泉市矿区蔡洼东区 4 楼 206 号
53	李红光	李红光	201510406538.7	公开发明	一种苹果剪把器	山西省阳泉市矿区蔡洼东区 4 楼 206 号
54	李红光	李红光	201510406460.9	公开发明	一种和水泥泥、沙灰泥的工具	山西省阳泉市矿区蔡洼东区 4 楼 206 号
55	李红光	李红光	201510406502.9	公开发明	一种可以抑制吸烟的烟盒	山西省阳泉市矿区蔡洼东区 4 楼 206 号
56	李红光	李红光	201510390691.5	公开发明	一种拔蒜薹手套	山西省阳泉市矿区蔡洼东区 4 楼 206 号
57	李红光	李红光	201510390695.3	公开发明	一种带划针的卷尺	山西省阳泉市矿区蔡洼东区 4 楼 206 号
58	李红光	李红光	201510390693.4	公开发明	一种叉草刀叉	山西省阳泉市矿区蔡洼东区 4 楼 206 号
59	李　沛	李　沛	201410719214.4	公开发明	一种减压式的髋关节膝关节康复电动锻炼器	山西省阳泉市平定县东大街阳光小区三号楼四单元 101 室
60	李燚勇	李燚勇　李谊宁 董子惠　李勇勇 李奕泉	201510412358.X	公开发明	智能深井救人系统	山西省阳泉市盂县秀水镇南关村 5-489
61	梁宝军	梁宝军	201510575635.9	公开发明	一种平板式扁体饮用水包装桶	山西省阳泉市郊区北杨家庄阳泉市防爆电器厂
62	梁燕龙	梁燕龙	201410023357.1	公开发明	碳素炉燃气烧嘴及方法	山西省阳泉市郊区荫营镇三泉村 1 区 25 号 2 户
63	梁燕龙	梁燕龙	201310474250.4	公开发明	预混式可调节燃气烧嘴及方法	山西省阳泉市郊区荫营镇三泉村 1 区 25 号 2 户
64	梁永贵	梁永贵	201410392287.7	公开发明	蜂场灭菌消毒灯及其使用方法	山西省阳泉市郊区三泉村
65	刘工勤	刘工勤	201510608159.6	公开发明	一种水火直接换热家用采暖炉	山西省阳泉市义东沟勤工技术实业开发有限公司
66	刘工勤	刘工勤	201510609262.2	公开发明	一种水火直换式锅炉的内循环加热装置	山西省阳泉市义东沟勤工技术实业开发有限公司
67	刘克勤	刘克勤	201510115410.5	公开发明	一种供暖散热器散热量的调节方法	山西省阳泉市城区朝阳街 12 楼 1 单元 8、9 号
68	刘克勤	刘克勤	201510115407.3	公开发明	一种调节暖气片散热量的方法	山西省阳泉市城区朝阳街 12 楼 1 单元 8、9 号

续表 54-4

序号	申请人	发明人	专利号	类别	专利名称	通讯地址
69	平定县玻陶特耐材料厂	刘林长	201410521012.9	公开发明	氧化物结合的再生碳化硅制品	山西省平定县柏井镇前牌岭村
70	刘林长	刘林长	201410521013.3	公开发明	推板窑用耐磨导轨砖及其制备方法	山西省平定县柏井镇前牌岭村
71	平定县昌达耐火材料有限公司	严玉标	201410357466.7	公开发明	页岩料煤矸石砖及其制备方法	山西省阳泉市平定县冠山镇常家沟村
72	平定莹玉陶瓷有限公司	高秋祥 岳彦庆 贾瑞晟	201510096732.X	公开发明	一种璟瓷及其制备方法	山西省阳泉市平定县府新街
73	钱保仁	钱保仁	201410263536.2	公开发明	无密封超高压水压机	山西省阳泉市矿区馨康家园南区 7 楼一门一号 山西省广播电影电视局阳泉中波转播台
74	山西博瑞德机电设备有限公司	张莉萍 张源深	201310433173.8	公开发明	一种带失电保护功能的微功耗、零噪音接触器	山西省阳泉市城区金联大厦 B 座 12-11
75	山西昌鑫生物农业科技有限公司 山西舜天农业微生物科学技术研究院(有限公司)	陈冬至 尹宝华 杨丽丽	201310729135.7	公开发明	一种巨大芽孢杆菌液体发酵稳态剂的制备方法	山西省阳泉市平定县石门口乡南坪村昌鑫公司
76	山西昌鑫生物农业科技有限公司 山西舜天农业微生物科学技术研究院(有限公司)	陈冬至 杨丽丽	201310724673.7	公开发明	一种提高地衣芽孢杆菌活菌数的方法	山西省阳泉市平定县石门口乡南坪村昌鑫公司
77	山西工程技术学院	王 凯 郝兵元 姚建新 魏 红 乔永凤	201510285331.9	公开发明	一种用于矿井巷道钢筋砼支柱的制作方法	山西省阳泉市经济技术开发区学院路 1 号
78	山西宏厦第一建设有限责任公司	梁爱堂 李子长 贾永斌 罗珠峰 秦 杰	201510356768.7	公开发明	一种千米定向钻机压杆打捞方法	山西省阳泉市矿区桥西街 11 号宏厦一建
79	山西宏厦第一建设有限责任公司	梁爱堂 李子长 贾永斌 罗珠峰 秦 杰	201510356761.5	公开发明	一种千米定向钻机断杆打捞方法	山西省阳泉市矿区桥西街 11 号宏厦一建
80	山西宏厦建筑工程有限公司	张炳明 冯 琪 刘书云 闫帅达 董拥梅 丁 凯 王向利 冯永胜 时 朋 张瑞贤 孙建金	201510384106.0	公开发明	造粒塔柔性滑模提带措施梁施工工法	山西省阳泉市泉中北路 413 号居馨名仕公馆
81	山西宏厦建筑工程有限公司	王枝玘 刘书云 陈晓亮 王玉军 郭彦平 刘忠飞 董拥梅 张瑞贤 何 超 杨 勇 张宝瑜	201510380370.7	公开发明	山区复杂地形运用索道安装大管径管道施工工法	山西省阳泉市泉中北路 413 号居馨名仕公馆

续表 54-5

序号	申请人	发明人	专利号	类别	专利名称	通讯地址
82	山西宏厦建筑工程有限公司	姚广华 张炳明 刘书云 陈晓亮 翟旭斌 肖振卿 冯永胜 侯文泉 时 朋 张守鹏 芦卫亮	201510286059.6	公开发明	设备基础免拆螺栓盒施工工法	山西省阳泉市泉中北路413号居馨名仕公馆
83	山西华通蓝天环保有限公司	王殿勋 马玉明 高贵明 张 杰 曹 克	201310375579.5	公开发明	早强型高掺活化超细粉煤灰水泥	山西省阳泉南大西街188号华通大厦8层
84	山西华通蓝天环保有限公司	王殿勋 杨改香 于得清 曹 克	201310375577.6	公开发明	高掺量活化粉煤灰改性绿色混凝土及其制作方法	山西省阳泉南大西街188号华通大厦8层
85	山西华通蓝天环保有限公司	王殿勋 高贵明 马雨明 张 杰 曹 克	201310375580.8	公开发明	高性能复合材料活化超细粉煤灰制备工艺及应用	山西省阳泉南大西街188号华通大厦8层
86	山西南娄新瑞科技有限公司	董玉来 杨 洋 宋 晨 宋言明	201510528665.4	公开发明	六自由度姿态调整装置	山西省阳泉市盂县南娄镇南娄村
87	山西南娄新瑞科技有限公司	董玉来 杨 洋 宋言明	201510528653.1	公开发明	非晶带材高速连续卷取装置	山西省阳泉市盂县南娄镇南娄村
88	山西鑫杰陶艺有限公司	张彦杰	201410804196.X	公开发明	砂器的制备方法	山西省阳泉市平定县冠山镇常家沟村
89	石建华	石建华	201510726842.X	公开发明	一种根式博古架及其生产方法	山西省阳泉市城区小河社区
90	史化鹏	史化鹏	201410554944.3	公开发明	一种防治蚊蝇的新型涂料	山西省阳泉市郊区李家庄东阳泉市双泉化工厂
91	史化鹏	史化鹏	201410554943.9	公开发明	一种新型杀虫块剂	山西省阳泉市郊区李家庄东阳泉市双泉化工厂
92	史化鹏	史化鹏	201410554991.8	公开发明	一种新型防火阻燃涂料	山西省阳泉市郊区李家庄东阳泉市双泉化工厂
93	史化鹏	史化鹏	201410554945.8	公开发明	一种新型房屋有害气体吸收贴纸及其制备方法	山西省阳泉市郊区李家庄东阳泉市双泉化工厂
94	史晓丽	李雅麒 史晓丽	201510219586.5	公开发明	一种核桃葡萄干及其制备方法	山西省阳泉市郊区行政审批中心(郊区新政府广场东侧)
95	王庆军	王庆军	201410823300.X	公开发明	磁铁式风门联锁装置	山西省阳泉市矿区四矿东山1区7楼3门9号
96	王庆军	王庆军	201410801481.6	公开发明	水、旋转桶分离导流装置拆装式离心洗衣机	山西省阳泉市矿区四矿东山1区7楼3门9号
97	王庆军	王庆军	201410770737.1	公开发明	提斗式流沙储能光伏发电系统	山西省阳泉市矿区四矿东山1区7楼3门9号
98	温玉林	温玉林 高荣华 温晋芳 温晋锋	201410043000.X	公开发明	纯天然蜂造巢蜂酿成熟封盖巢蜜制备方法	山西省阳泉市二矿小南坑48-1-8
99	许建壮	许建壮	201410846231.4	公开发明	汽轮机复合凝结水真空式除氧热力系统	山西省阳泉市城区新华东街18楼4单元502号

续表 54-6

序号	申请人	发明人	专利号	类别	专利名称	通讯地址
100	许建壮	许建壮	201410047064.7	公开发明	湿冷电厂汽轮机效率热耗率在线监测仪	山西省阳泉市新华东街阳光小区 18 楼 4 单元 502 号
101	许建壮	许建壮	201410047063.2	公开发明	可调节式电厂冷却塔节水装置	山西省阳泉市新华东街阳光小区 18 楼 4 单元 502 号
102	阳煤集团山西吉天利科技有限公司	王自学　廖继宝　王林义	201510155224.4	公开发明	废旧铅酸电池高效分选回收利用工艺	山西省阳泉市盂县苌池镇芝角村
103	阳泉八方电气有限公司	刘向东	201410775054.5	公开发明	恒流本安电源	山西省阳泉市郊区南庄西路 8 号
104	阳泉金隅通达高温材料有限公司　通达耐火技术股份有限公司　北京金隅股份有限公司	王亚利　陈超群　王林俊　安建成　张彦平	201410851399.4	公开发明	一种改性烧结刚玉的制备方法	山西省阳泉市郊区白泉工业园区
105	阳泉市澳丽丝科技涂料有限公司	王成安	201310605897.6	公开发明	一种无机涂料	山西省阳泉市经济技术开发区青岛路
106	阳泉市澳丽丝科技涂料有限公司	王成安	201310604837.2	公开发明	一种新型真石漆	山西省阳泉市经济技术开发区青岛路
107	阳泉市澳丽丝科技涂料有限公司	王成安	201310606195.X	公开发明	一种液态花岗岩涂料	山西省阳泉市经济技术开发区青岛路
108	阳泉市澳丽丝科技涂料有限公司	王成安	201310604930.3	公开发明	一种保温涂料	山西省阳泉市经济技术开发区青岛路
109	阳泉市高星建材外加剂有限公司	薛　力	201410272820.6	公开发明	一种高水填充材料及其制备方法和使用方法	山西省阳泉市郊区（晋东化工厂东厂区）
110	阳泉市蓝鼎生物科技有限公司	唐清池	201410851561.2	公开发明	一种水稻用生产有机无机微生物复合肥及其制备方法	山西省阳泉市经济技术开发区大连街 61 号
111	阳泉市特种设备监督检验所	杜怀阳　李晓峰　武文霞　燕永红　尹志军	201510295766.1	公开发明	具有重力杠杆式防脱钩装置的起重吊钩	山西省阳泉市城区泉中路 413 号居馨名仕公馆 7 层
112	阳泉市下千耐火材料有限公司	张胖孩	201510425811.0	公开发明	鱼雷式铁水罐用改性氧化铝－碳化硅－碳砖及其制造方法	山西省阳泉市下千昌盛街 118 号
113	阳泉市应用技术研究所	王兴旺	201510121310.3	公开发明	一种降低失真改变特性曲线的扬声器系统及其制造方法	山西省阳泉市桃北中路 28 号
114	阳泉市中嘉磨料磨具有限公司	王素娟　章锡国	201510018099.2	公开发明	一种黑刚玉磨料及其制作方法	山西省阳泉市郊区杨家庄乡庙岭村（白泉工业园区）
115	杨立斌	杨立斌	201510336746.4	公开发明	汽车自动灭火装置	山西省阳泉市矿区阳煤集团华越机械皮带机厂

续表 54-7

序号	申请人	发明人	专利号	类别	专利名称	通讯地址
116	杨立斌	杨立斌	201410794935.1	公开发明	融雪不结冰的公路	山西省阳泉市矿区阳煤集团华越机械皮带机厂
117	杨立斌	杨立斌	201410794849.0	公开发明	自由换爪拔轮器	山西省阳泉市矿区阳煤集团华越机械皮带机厂
118	杨立斌	杨立斌	201410794775.0	公开发明	多功能挖掘机	山西省阳泉市矿区阳煤集团华越机械皮带机厂
119	杨立斌	杨立斌	201410794933.2	公开发明	安全井盖	山西省阳泉市矿区阳煤集团华越机械皮带机厂
120	杨立斌	杨立斌	201410795031.0	公开发明	皮带机卸载滚筒断轴后防断皮带装置	山西省阳泉市矿区阳煤集团华越机械皮带机厂
121	杨立斌	杨立斌	201410794896.5	公开发明	皮带机防皮带跑偏校正装置	山西省阳泉市矿区阳煤集团华越机械皮带机厂
122	杨立斌	杨立斌	201410796622.X	公开发明	防爆柴油机掘进机	山西省阳泉市矿区阳煤集团华越机械皮带机厂
123	杨立斌	杨立斌	201410794846.7	公开发明	快速拔轮器	山西省阳泉市矿区阳煤集团华越机械皮带机厂
124	杨林青	杨林青	201410529594.5	公开发明	一种光滑导光低风阻风筒	山西省阳泉市滨河欧洲街7号楼2单元101室
125	杨向鹏	杨向鹏	201510611350.6	公开发明	便携式多功能电动车	山西省阳泉市城区康达区24楼9单元2号
126	杨向鹏	杨向鹏	201510157388.0	公开发明	婴幼儿防水被动式游泳衣	山西省阳泉市城区康达区24楼9单元2号
127	杨向鹏	杨向鹏	201410559057.5	公开发明	一种游泳辅助装置及家用游泳池	山西省阳泉市城区康达区24楼9单元2号
128	杨亚平	杨亚平	201510117915.5	公开发明	通用型磁钢组自动分离机	山西省阳泉市开发区高新技术创业园区812室
129	杨永盛	杨永盛	201410279337.0	公开发明	一种锁紧药瓶	山西省阳泉市郊区义井镇义东沟村358号
130	杨永盛	杨永盛	201410279336.6	公开发明	弹力盖药瓶	山西省阳泉市郊区义井镇义东沟村358号
131	余建强	余建强	201510110274.0	公开发明	一种环保中性笔笔杆及笔帽制作方法	山西省阳泉市阳煤二矿人力资源部
132	盂县昌欣石磨面粉加工有限公司	王海元	201410418348.2	公开发明	一种能够磨制精细面粉的石磨	山西省阳泉市盂县南娄镇下曹村
133	盂县晶辉机械制造有限公司	郭玉宝　韩　涛	201510360788.1	公开发明	常压超音频加热器	山西省阳泉市盂县秀水镇桃园坪
134	翟素萍	翟素萍	201410737258.X	公开发明	一种非洗去型护肤膏和祛痘膏	山西省阳泉市新澳城13号楼903室
135	张怀军	张怀军	201510266051.3	公开发明	一种桑叶绿茶及其制备方法	山西省阳泉市平定县冠山镇后沟村冠山茶厂
136	张怀军	张怀军	201510265999.7	公开发明	一种黑枣叶绿茶及其制备方法	山西省阳泉市平定县冠山镇后沟村冠山茶厂
137	张怀军	张怀军	201510266000.0	公开发明	一种杂粮面脆饼及其制备方法	山西省阳泉市平定县冠山镇后沟村冠山茶厂

续表 54-8

序号	申请人	发明人	专利号	类别	专利名称	通讯地址
138	张莉萍	张莉萍	201510317534.1	公开发明	一种低功耗、无工作噪音的新型制动电磁铁	山西省阳泉市城区凤凰城5号楼1单元501室
139	张维斌	张维斌	201410787324.4	公开发明	一种带识别标志的专用钥匙	山西省平定县冠山镇小峪村
140	张维斌	张维斌	201410787305.1	公开发明	一种带水平仪的泥抹	山西省平定县冠山镇小峪村
141	张维斌	张维斌	201410783803.9	公开发明	一种小型三轮卫生清洁车	山西省平定县冠山镇小峪村
142	张源深	张源深	201510104193.X	公开发明	一种不耗电的新型接触器	山西省阳泉市城区凤凰城5号楼1单元501室
143	甄华伟	甄华伟	201510662507.8	公开发明	能规避手机辐射人体单人床	山西省阳泉市郊区荫营镇三泉村53号2户
144	甄华伟	甄华伟	201510646511.5	公开发明	床上支撑靠背	山西省阳泉市郊区荫营镇三泉村53号2户
145	甄华伟	甄华伟	201510617035.4	公开发明	抽水马桶自带排气扇	山西省阳泉市郊区荫营镇三泉村53号2户
146	甄华伟	甄华伟	201510617034.X	公开发明	能震慑偷取汽车电瓶人员的照射装置	山西省阳泉市郊区荫营镇三泉村53号2户
147	甄华伟	甄华伟	201510586282.2	公开发明	自带锁置杆蓄电池	山西省阳泉市郊区荫营镇三泉村53号2户
148	甄华伟	甄华伟	201510501993.5	公开发明	防大型汽车蓄电池被盗警报装置	山西省阳泉市郊区荫营镇三泉村53号2户
149	甄华伟	甄华伟	201510439258.6	公开发明	简易式易操控移位机	山西省阳泉市郊区荫营镇三泉村53号2户
150	甄华伟	甄华伟	201510099161.5	公开发明	新微小型电动货仓车	山西省阳泉市郊区荫营镇三泉村53号2户
151	甄华伟	甄华伟	201510090411.9	公开发明	新微小型电动载运车	山西省阳泉市郊区荫营镇三泉村53号2户
152	甄华伟	甄华伟	201410564363.8	公开发明	小型快捷式大容量启动型蓄电池载运车	山西省阳泉市郊区荫营镇三泉村53号2户
153	甄华伟	甄华伟	201410564297.4	公开发明	防壶胆掉落的安全暖壶	山西省阳泉市郊区荫营镇三泉村53号2户
154	甄华伟	甄华伟	201410507537.7	公开发明	防腐蚀蓄电池桩头附件	山西省阳泉市郊区荫营镇三泉村53号2户
155	周利金	周利金	201410554992.2	公开发明	高效药用清洁液及其制备方法	山西省阳泉市郊区李家庄东阳泉市双泉化工厂
156	仇拉柱	仇拉柱	201520223814.1	实用新型	一种多用椅	山西省阳泉市城区新建路38号楼3单元17号
157	高金龙	高金龙	201420584204.X	实用新型	一种带有鱼缸的饮水机	山西省阳泉市矿区北大街矿务局后院机关交换站
158	黄太平	黄太平	201420770093.1	实用新型	多功能可移动带灯架花架床头柜	山西省阳泉市平定县东关花园4号楼1单元102房

续表 54-9

序号	申请人	发明人	专利号	类别	专利名称	通讯地址
159	贾建伟	贾建伟	201520428652.5	实用新型	一种多功能锚杆连接器	山西省阳泉市第三人民医院3号楼2单元8号
160	贾建伟	贾建伟	201520429651.2	实用新型	一种预缩型锚索连接器	山西五维专利事务所有限公司
161	姜贵福	姜贵福	201520197125.8	实用新型	10合1电子计算器	山西省阳泉市城区康达区19楼2单元14号
162	李斐然	李斐然	201420333688.0	实用新型	地铁门分流栏	山西省阳泉市阳煤二矿人力资源部
163	李红光	李红光	201520598422.3	实用新型	一种多功能沙发扶手	山西省阳泉市矿区蔡洼东区4楼206号
164	李红光	李红光	201520598492.9	实用新型	一种西红柿托盘架	山西省阳泉市矿区蔡洼东区4楼206号
165	李红光	李红光	201520598425.7	实用新型	一种组合工具	山西省阳泉市矿区蔡洼东区4楼206号
166	李红光	李红光	201520598494.8	实用新型	一种桃形面片器	山西省阳泉市矿区蔡洼东区4楼206号
167	李红光	李红光	201520598423.8	实用新型	一种店铺板凳	山西省阳泉市矿区蔡洼东区4楼206号
168	李红光	李红光	201520500714.9	实用新型	一种长柄钩剪	山西省阳泉市矿区蔡洼东区4楼206号
169	李红光	李红光	201520500778.9	实用新型	一种家庭风干机	山西省阳泉市矿区蔡洼东区4楼206号
170	李红光	李红光	201520500777.4	实用新型	一种活动开角器	山西省阳泉市矿区蔡洼东区4楼206号
171	李红光	李红光	201520500744.X	实用新型	一种防溅水桶环	山西省阳泉市矿区蔡洼东区4楼206号
172	李红光	李红光	201520500681.8	实用新型	一种可以做床用的桌子	山西省阳泉市矿区蔡洼东区4楼206号
173	李红光	李红光	201520500745.4	实用新型	一种给洗碗工作带来乐趣的洗洁剂	山西省阳泉市矿区蔡洼东区4楼206号
174	李红光	李红光	201520485626.6	实用新型	一种拔蒜薹手套	山西省阳泉市矿区蔡洼东区4楼206号
175	李红光	李红光	201520485575.7	实用新型	一种拔棉秆省力器	山西省阳泉市矿区蔡洼东区4楼206号
176	李红光	李红光	201520485628.5	实用新型	一种叉草刀叉	山西省阳泉市矿区蔡洼东区4楼206号
177	李红光	李红光	201520485627.0	实用新型	一种不易撞倒的垃圾桶	山西省阳泉市矿区蔡洼东区4楼206号
178	李红光	李红光	201520485673.0	实用新型	一种多功能鱼竿	山西省阳泉市矿区蔡洼东区4楼206号
179	李红光	李红光	201520485671.1	实用新型	一种点播挖穴器	山西省阳泉市矿区蔡洼东区4楼206号
180	李红光	李红光	201420775271.X	实用新型	一种多功能台灯	山西省阳泉市矿区蔡洼东区4楼206号

续表 54-10

序号	申请人	发明人	专利号	类别	专利名称	通讯地址
181	李红光	李红光	201420775238.7	实用新型	一种挑拉面器	山西省阳泉市矿区蔡洼东区 4 楼 206 号
182	李红光	李红光	201420775217.5	实用新型	一种免弯腰的拔根器	山西省阳泉市矿区蔡洼东区 4 楼 206 号
183	李红光	李红光	201420627056.5	实用新型	一种煮茶蛋锅	山西省阳泉市矿区蔡洼东区 4 楼 206 号
184	李红光	李红光	201420613365.7	实用新型	一种屋顶下钢瓦器	山西省阳泉市矿区蔡洼东区 4 楼 206 号
185	李红光	李红光	201420613322.9	实用新型	一种修表桌子	山西省阳泉市矿区蔡洼东区 4 楼 206 号
186	李红光	李红光	201420329682.6	实用新型	多花样底孔底片河捞床	山西省阳泉市矿区蔡洼东区 4 楼 206 号
187	李晋阳	李晋阳 朱晓敏	201520454728.1	实用新型	新型堆取料机斗轮机构	山西省阳泉市开发区义白路氧化铝厂
188	李 沛	李 沛	201520731917.9	实用新型	一种圆筒形墙壁开关插座三联接线盒	山西省阳泉市平定县东大街阳光小区 3 号楼 4 单元 101 室
189	李 沛	李 沛	201520704021.1	实用新型	一种圆筒形墙壁开关插座双联接线盒	山西省阳泉市平定县东大街阳光小区 3 号楼 4 单元 101 室
190	李 沛	李 沛	201520332182.2	实用新型	多级调高调宽下支脚的台球架杆	山西省阳泉市平定县东大街阳光小区三号楼四单元 101 室
191	李 沛	李 沛	201520305612.1	实用新型	一种圆筒形墙壁开关插座单联接线盒	山西省阳泉市平定县东大街阳光小区三号楼四单元 101 室
192	李 沛	李 沛	201520269010.5	实用新型	中式叉——折叠式多级可调双下支脚高度的台球架杆	山西省阳泉市平定县东大街阳光小区三号楼四单元 101 室
193	李 沛	李 沛	201520207062.X	实用新型	一种电动解乏解困椅	山西省阳泉市平定县东大街阳光小区三号楼四单元 101 室
194	李 沛	李 沛	201420745796.9	实用新型	一种减压式的髋关节膝关节康复电动锻炼器	山西省阳泉市平定县东大街阳光小区三号楼四单元 101 室
195	李 沛	李 沛	201420693844.4	实用新型	万能地漏座	山西省阳泉市平定县东大街阳光小区 3 号楼 4 单元 101 室
196	李鹏飞	李鹏飞	201420643605.8	实用新型	遥控擦窗器	山西省阳泉市矿区太行国际新城 1-3-15C
197	梁宝军	梁宝军	201520073158.1	实用新型	一种便携式新型玻璃液包装瓶	山西省阳泉市郊区北杨家庄阳泉市防爆电器厂
198	梁燕龙	梁燕龙	201520180647.7	实用新型	隧道窑燃烧系统	山西省阳泉市效区荫营镇三泉村 1 区 25 号 2 户

续表 54-11

序号	申请人	发明人	专利号	类别	专利名称	通讯地址
199	梁燕龙	梁燕龙	201420603962.1	实用新型	竖窑组合烧嘴	山西省阳泉市郊区荫营镇三泉村1区25号2户
200	梁燕龙	梁燕龙	201420603967.4	实用新型	竖窑烧嘴	山西省阳泉市郊区荫营镇三泉村1区25号2户
201	梁燕龙	梁燕龙	201420578703.8	实用新型	天然气烧嘴	山西省阳泉市郊区荫营镇三泉村1区25号2户
202	刘贵学	刘贵学	201520170412.X	实用新型	一种立式石磨	山西省阳泉市盂县牛村镇桑园村002号
203	刘克勤	刘克勤	201520150266.4	实用新型	一种调节暖气片散热量的装置	山西省阳泉市城区朝阳街12楼1单元8、9号
204	刘克勤	刘克勤	201520150267.9	实用新型	一种供暖散热器散热量的调节装置	山西省阳泉市城区朝阳街12楼1单元8、9号
205	刘李玄牝	刘李玄牝	201420429419.4	实用新型	一种单体发酵罐排气系统	山西省阳泉市矿区桃北西路11楼2门9号
206	刘李玄牝	刘李玄牝	201420429400.X	实用新型	一种可调节诱变距离的紫外诱变工作台	山西省阳泉市矿区桃北西路11楼2门9号
207	刘茂龙	刘茂龙	201520546486.9	实用新型	一种颈椎保健热枕	山西省阳泉市鑫天通铸造有限公司宿舍
208	刘汭霖	刘汭霖	201420597918.4	实用新型	一种肛门硬便套袋处理器	山西省阳泉市城区朝阳街12楼1单元8、9号
209	刘汭霖	刘汭霖	201420583711.1	实用新型	一种肛门硬便环状处理器	山西省阳泉市城区朝阳街12楼1单元8、9号
210	刘汭霖	刘汭霖	201420583699.4	实用新型	一种肛门硬便管状处理器	山西省阳泉市城区朝阳街12楼1单元8、9号
211	刘汭霖	刘汭霖	201420583688.6	实用新型	一种肛门硬便处理器	山西省阳泉市城区朝阳街12楼1单元8、9号
212	刘汭霖	刘汭霖	201420583723.4	实用新型	一种肛门硬便锥形处理器	山西省阳泉市城区朝阳街12楼1单元8、9号
213	刘兴智	刘兴智	201520299784.2	实用新型	全机械锚锁退出工具	山西省阳泉市矿区大垴东区11-5-4
214	毛湘武	毛南翔　许贵庭　毛湘武	201520106340.2	实用新型	矿山井下轨道运输阻轴式气动重型挡车装置	山西省阳泉市矿区恒康家园
215	毛湘武	毛南翔　许贵庭　毛湘武	201420751591.1	实用新型	矿山井下无极绳轨道运输轨距定位B型五花轮装置	山西省阳泉市矿区恒康家园
216	毛湘武	毛南翔　许贵庭　毛湘武	201420751589.4	实用新型	矿山井下无极绳轨道运输轨距定位A型五花轮装置	山西省阳泉市矿区恒康家园
217	毛湘武	毛南翔　许贵庭　毛湘武	201420751590.7	实用新型	调度绞车安全防护装置	山西省阳泉市矿区恒康家园
218	苗壮壮	苗壮壮	201420442294.9	实用新型	粘扣悬挂耳机线套	山西省阳泉市二矿小南坑8栋701室
219	苗壮壮	苗壮壮	201420442292.X	实用新型	脊柱提拉靠背卡	山西省阳泉市二矿小南坑8栋701室

续表 54-12

序号	申请人	发明人	专利号	类别	专利名称	通讯地址
220	苗壮壮	苗壮壮	201420413456.6	实用新型	一种鸡蛋皮剥离装置	山西省阳泉市二矿小南坑 8 栋 701 室
221	牛芬成	牛芬成	201520098773.8	实用新型	全自动临时支架	山西省阳泉市矿区悦馨居 4—23
222	欧阳海	欧阳海	201420689969.X	实用新型	新型分规	山西省阳泉市盂县清城跃进煤业机电科
223	彭延庆	彭延庆	201520101751.2	实用新型	一种抽拉式桌子	山西省阳泉市盂县苌池镇
224	彭延庆	彭延庆	201520101607.9	实用新型	一种可升降茶几	山西省阳泉市盂县苌池镇
225	彭延庆	彭延庆	201420551249.7	实用新型	一种升降旋转桌	山西省阳泉市盂县苌池镇
226	平定莹玉陶瓷有限公司	陈昀峰	201520241685.9	实用新型	应用于陶瓷器皿部件之间黏结用涂抹器	山西省阳泉市平定县府新街
227	钱保仁	钱保仁	201420312219.0	实用新型	无密封超高压水压机	山西省阳泉市矿区馨康家园南区 7 楼 1 门 1 号 山西省广播电影电视局阳泉中波转播台
228	山西邦奥伟业半导体照明有限公司	赵善龙 林泽平 严中祥	201520671518.8	实用新型	LED 厂房灯	山西省阳泉市经济技术开发区大连路 61 号
229	山西邦奥伟业半导体照明有限公司	赵善龙 林泽平 严中祥	201520568732.0	实用新型	LED 路灯	山西省阳泉市经济技术开发区大连路 61 号
230	山西邦奥伟业半导体照明有限公司	赵善龙 林泽平 严中祥	201520543399.8	实用新型	矿用隔爆型 LED 巷道灯	山西省阳泉市经济技术开发区大连路 61 号
231	山西邦奥伟业半导体照明有限公司	赵善龙 林泽平 严中祥	201520473996.8	实用新型	太阳能 LED 广告灯箱	山西省阳泉市经济技术开发区大连路 61 号
232	山西邦奥伟业半导体照明有限公司	赵善龙 林泽平 严中祥	201520437415.5	实用新型	矿用隔爆兼本质安全型 LED 巷道照明应急灯	山西省阳泉市经济技术开发区大连路 61 号
233	山西邦奥伟业半导体照明有限公司	赵善龙 林泽平 严中祥	201520283135.3	实用新型	隔爆兼本质安全型 LED 照明灯	山西省阳泉市经济技术开发区大连路 61 号
234	山西邦奥伟业半导体照明有限公司	赵善龙 林泽平 严中祥	201520283367.9	实用新型	矿用隔爆兼本质安全型 LED 巷道灯	山西省阳泉市经济技术开发区大连路 61 号
235	山西邦奥伟业半导体照明有限公司	赵善龙 林泽平 严中祥	201520250650.1	实用新型	矿用隔爆型 LED 巷道灯	山西省阳泉市经济技术开发区大连路 61 号
236	山西邦奥伟业半导体照明有限公司	赵善龙 林泽平 严中祥	201520231716.2	实用新型	矿用隔爆兼本质安全型 LED 巷道灯	山西省阳泉市经济技术开发区大连路 61 号

续表 54-13

序号	申请人	发明人	专利号	类别	专利名称	通讯地址
237	山西邦奥伟业半导体照明有限公司	赵善龙　林泽平　严中祥	201520230106.0	实用新型	矿用隔爆兼本质安全型LED 巷道灯	山西省阳泉市经济技术开发区大连路 61 号
238	山西邦奥伟业半导体照明有限公司	赵善龙　李树田	201520175478.8	实用新型	本安电路用接线盒	山西省阳泉市经济技术开发区大连路 61 号
239	山西邦奥伟业半导体照明有限公司	赵善龙　林泽平　严中祥	201420706280.3	实用新型	LED 厂房灯	山西省阳泉市经济技术开发区大连路 61 号
240	山西邦奥伟业半导体照明有限公司	赵善龙　林泽平　严中祥	201420706279.0	实用新型	LED 蜡烛灯	山西省阳泉市经济技术开发区大连路 61 号
241	山西邦奥伟业半导体照明有限公司	赵善龙　林泽平　严中祥	201420691452.4	实用新型	太阳能移动照明车	山西省阳泉市经济技术开发区大连路 61 号
242	山西邦奥伟业半导体照明有限公司	赵善龙　林泽平　严中祥	201420595538.7	实用新型	太阳能家用发电系统	山西省阳泉市经济技术开发区大连路 61 号
243	山西贝特瑞新能源科技有限公司	耿林华　蒋新良　龚　军	201520230463.7	实用新型	石墨化炉废气净化处理系统	山西省阳泉市平定县张庄镇新型加工产业园区
244	山西贝特瑞新能源科技有限公司	耿林华　蒋新良　龚　军	201520230491.9	实用新型	石墨化石油焦输送及选料装置	山西省阳泉市平定县张庄镇新型加工产业园区
245	山西昌鑫生物农业科技有限公司	耿春斌　高玉锁　李旭光　张宏伟　曲　宝　闫　宏　杨永庆　刘卫民　贾振国	201520514598.6	实用新型	一种无泡沫好氧发酵罐	山西省阳泉市平定县石门口乡南坪村
246	山西昌鑫生物农业科技有限公司	李晓杰　刘卫民　耿春斌　曲　宝	201520514685.1	实用新型	一种复合微生物肥料基质破碎筛分装置	山西省阳泉市平定县石门口乡南坪村
247	山西昌鑫生物农业科技有限公司	孟新中　杨永庆　耿春斌　曲　宝	201520541778.3	实用新型	立式链条粉碎机用清料装置	山西省阳泉市平定县石门口乡南坪村
248	山西昌鑫生物农业科技有限公司	曲　宝　杜太坤　杨永庆　耿春斌　刘卫民　石宝祥	201520541779.8	实用新型	生产生物有机复合肥的转鼓造粒机	山西省阳泉市平定县石门口乡南坪村
249	山西春明激光科技有限公司	段金鹏　马　猛　王敬祺　王恒达　刘　波　周念东　侯全庆　李　宏	201420834721.8	实用新型	双向调节送粉嘴	山西省阳泉市平定县张庄镇下马郡头村新兴装备产业园区
250	山西春明激光科技有限公司	周念东　王恒达　王敬祺　马　猛　段金鹏　李　宏　侯全庆　刘　波	201420834701.0	实用新型	一种实现激光大幅面激光打标的设备	山西省阳泉市平定县张庄镇下马郡头村新兴装备产业园区
251	山西春明激光科技有限公司	侯全庆　李　宏　段金鹏　马　猛　王敬祺　王恒达　刘　波　周念东	201420834720.3	实用新型	一种激光熔覆设备	山西省阳泉市平定县张庄镇下马郡头村新兴装备产业园区

续表 54-14

序号	申请人	发明人	专利号	类别	专利名称	通讯地址
252	山西春明激光科技有限公司	刘　波　周念东 王恒达　王敬祺 马　猛　段金鹏 李　宏　侯全庆	201420834719.0	实用新型	一种多扫描头激光打标机	山西省阳泉市平定县张庄镇下马郡头村新兴装备产业园区
253	山西春明激光科技有限公司	王敬祺　王恒达 段金鹏　刘　波 周念东　侯全庆 马　猛　李　宏	201420834722.2	实用新型	激光切割用的新型支撑平台	山西省阳泉市平定县张庄镇下马郡头村新兴装备产业园区
254	山西春明激光科技有限公司	李　宏　段金鹏 马　猛　王敬祺 王恒达　刘　波 周念东　侯全庆	201420834694.4	实用新型	粉料回收装置	山西省阳泉市平定县张庄镇下马郡头村新兴装备产业园区
255	山西春明激光科技有限公司	王恒达　段金鹏 刘　波　周念东 侯全庆　马　猛 王敬祺　李　宏	201420834750.4	实用新型	机器人切割焊接装置	山西省阳泉市平定县张庄镇下马郡头村新兴装备产业园区
256	山西春明激光科技有限公司	马　猛　王敬祺 王恒达　段金鹏 刘　波　周念东 侯全庆　李　宏	201420834749.1	实用新型	激光切割快速定位装置	山西省阳泉市平定县张庄镇下马郡头村新兴装备产业园区
257	山西宏厦第一建设有限责任公司	梁爱堂　李子长 贾永斌　罗珠峰 高　鑫	201520441937.2	实用新型	一种钻机钻具打捞用扩孔钻头	山西省阳泉市矿区桥西街 11 号宏厦一建
258	山西宏厦第一建设有限责任公司	梁爱堂　李子长 贾永斌　罗珠峰 耿延方	201520441919.4	实用新型	一种钻机钻具打捞钻头	山西省阳泉市矿区桥西街 11 号宏厦一建
259	山西宏厦第一建设有限责任公司	梁爱堂　李子长 李旭峰　贾永斌 罗珠峰	201520441956.5	实用新型	一种钻杆拨正器	山西省阳泉市矿区桥西街 11 号宏厦一建
260	山西宏厦建筑工程第三有限公司	刘彦斌　杨仕儒 马兰生　周海文	201520429728.6	实用新型	弧形箱梁起吊重心偏心和就位安装调平系统	山西省阳泉市矿区星光大厦
261	山西宏厦建筑工程第三有限公司	古汉文　杨仕儒 马兰生　周海文	201520426192.2	实用新型	将滑模刚平台智能下降的提升机系统	山西省阳泉市矿区星光大厦
262	山西宏厦建筑工程有限公司	姚广华　张炳明 刘书云　陈晓亮 翟旭斌　肖振卿 冯永胜　侯文泉 时　朋　张守鹏 芦卫亮	201520360124.0	实用新型	设备基础免拆螺栓盒	山西省阳泉市泉中北路 413 号居馨名仕公馆太原科卫专利事务所
263	山西宏厦建筑工程有限公司	张炳明　冯　琪 刘书云　闫帅达 董拥梅　丁　凯 王向利　冯永胜 时　朋　张瑞贤 孙建金	201520471749.4	实用新型	专用于造粒塔柔性滑模提带措施梁的钢丝绳	山西省阳泉市泉中北路 413 号居馨名仕公馆
264	山西立博线缆有限公司	王英春　梁智博	201520172509.4	实用新型	一种阻燃电缆	山西省阳泉郊区黄沙岩村东北侧

续表 54-15

序号	申请人	发明人	专利号	类别	专利名称	通讯地址
265	山西立博线缆有限公司	王英春　梁智博	201520172510.7	实用新型	一种抗干扰高压电缆	山西省阳泉郊区黄沙岩村东北侧
266	山西申瓯网络系统工程有限公司	邓东海　邓红卫	201420753971.9	实用新型	一种光端机及信息传输系统	山西省阳泉市经济技术开发区大连路 61 号
267	山西申瓯网络系统工程有限公司	邓东海　邓红卫	201420753943.7	实用新型	一种可触摸显示的调度装置	山西省阳泉市经济技术开发区大连路 61 号
268	山西申瓯网络系统工程有限公司	邓东海　邓红卫	201420657450.3	实用新型	一种 BNC 视频头	山西省阳泉市经济技术开发区大连路 61 号
269	山西申瓯网络系统工程有限公司	邓东海　邓红卫	201420657725.3	实用新型	一种激光摄像机	山西省阳泉市经济技术开发区大连路 61 号
270	山西申瓯网络系统工程有限公司	邓东海　邓红卫	201420657053.6	实用新型	一种云台摄像机	山西省阳泉市经济技术开发区大连路 61 号
271	山西申瓯网络系统工程有限公司	邓东海　邓红卫	201420657724.9	实用新型	一种接线端子	山西省阳泉市经济技术开发区大连路 61 号
272	山西神盾工贸有限公司	任小旦	201520306164.7	实用新型	带自动升降门中门的防盗门	山西省阳泉市经济开发区大连东路 6 号
273	山西神盾工贸有限公司	任小旦	201520306011.2	实用新型	防盗门用全自动双工位转印机	山西省阳泉市经济开发区大连东路 6 号
274	山西神盾工贸有限公司	任小旦	201520306227.9	实用新型	带衣冠镜的储物防盗门	山西省阳泉市经济开发区大连东路 6 号
275	山西纬图矿山测控技术有限公司	梁智琳　杨成斌	201520172774.2	实用新型	一种甲烷传感器	山西省阳泉郊区黄沙岩村东北侧
276	山西纬图矿山测控技术有限公司	梁智琳　杨成斌	201520172771.9	实用新型	一种矿用手机	山西省阳泉市郊区平坦镇辛兴村（天怡环保工程公司院内）
277	山西鑫杰陶艺有限公司	张彦杰	201420821085.5	实用新型	砂器窑炉	山西省阳泉市平定县冠山镇常家沟村
278	山西鑫杰陶艺有限公司	张彦杰	201420821637.2	实用新型	用于砂器窑炉的引风平衡装置	山西省阳泉市平定县冠山镇常家沟村
279	山西鑫杰陶艺有限公司	张彦杰	201420820988.1	实用新型	分体式砂制火锅器皿	山西省阳泉市平定县冠山镇常家沟村
280	申　勤	申　勤	201420595646.4	实用新型	地面练字笔	山西省阳泉市郊区荫营镇(郊区科技局)
281	申　勤	申　勤	201420598038.9	实用新型	挂底解脱器	山西省阳泉市郊区荫营镇(郊区科技局)
282	申　勤	申　勤	201420594985.0	实用新型	一种搭钩	山西省阳泉市郊区荫营镇(郊区科技局)
283	申　勤	申　勤	201420592512.7	实用新型	歪头刮水器	山西省阳泉市郊区荫营镇(郊区科技局)
284	申　勤	申　勤	201420586787.X	实用新型	防盗井盖	山西省阳泉市郊区荫营镇(郊区科技局)
285	申　勤	申　勤	201420581569.7	实用新型	一种剔尖棒	山西省阳泉市郊区荫营镇(郊区科技局)
286	申　勤	申　勤	201420580413.7	实用新型	带夜光珠的铅皮座	山西省阳泉市郊区荫营镇(郊区科技局)

续表 54-16

序号	申请人	发明人	专利号	类别	专利名称	通讯地址
287	申 勤	申 勤	201420572896.6	实用新型	卧床下肢水平运动器	山西省阳泉市郊区荫营镇(郊区科技局)
288	申 勤	申 勤	201420572898.5	实用新型	卧床下肢垂直运动器	山西省阳泉市郊区荫营镇(郊区科技局)
289	申 勤	申 勤	201420572781.7	实用新型	T型太空豆	山西省阳泉市郊区荫营镇(郊区科技局)
290	申 勤	申 勤	201420572388.8	实用新型	带警示标志车罩	山西省阳泉市郊区荫营镇(郊区科技局)
291	史化鹏	史化鹏	201420604094.9	实用新型	新型房屋有害气体吸收板纸	山西省阳泉市郊区李家庄东阳泉市双泉化工厂
292	史建忠	史建忠	201520151500.5	实用新型	一种光干涉气体传感器的压力补偿装置	山西省阳泉市城区后底沟8楼1单元19号
293	王爱明	王爱明	201420770092.7	实用新型	浅槽分选机抗拉耐磨链条	山西省阳泉市开发区新泉北路农贸大楼5-7
294	王庆军	王庆军	201420817513.7	实用新型	水、旋转桶分离导流装置拆装式离心洗衣机	山西省阳泉市矿区四矿东山1区7楼3门9号
295	王庆军	王庆军	201420817618.2	实用新型	冲击式分流装置离心洗衣机	山西省阳泉市矿区四矿东山1区7楼3门9号
296	王庆军	王庆军	201420809730.1	实用新型	离心式洗衣机	山西省阳泉市矿区四矿东山1区7楼3门9号
297	王庆军	王庆军	201420790941.5	实用新型	螺杆式流沙储能光伏发电系统	山西省阳泉市矿区四矿东山1区7楼3门9号
298	王庆军	王庆军	201420790219.1	实用新型	皮带式流沙储能光伏发电系统	山西省阳泉市矿区四矿东山1区7楼3门9号
299	王庆军	王庆军	201420790587.6	实用新型	水储能光伏发电系统	山西省阳泉市矿区四矿东山1区7楼3门9号
300	王有文	王有文	201520112700.X	实用新型	带有自动黑板擦的组合黑板	山西省阳泉市开发区学院路1号山西工程技术学院基础部
301	邢福英	邢福英	201520238114.X	实用新型	家用洗盆立式放置架	山西省阳泉市矿区矿务局技校西国阳运输部大修理厂
302	邢福英	邢福英	201520042412.1	实用新型	移动式风炮悬空架	山西省阳泉市矿区矿务局技校西国阳运输部大修理厂
303	阳煤集团山西吉天利科技有限公司	程先清	201520137275.X	实用新型	一种铅酸蓄电池的引线接口	山西省阳泉市盂县苌池镇芝角村
304	阳煤集团山西吉天利科技有限公司	赵有锁	201520059540.7	实用新型	用于加工铅酸蓄电池极柱凹槽的卡钳	山西省阳泉市盂县苌池镇芝角村
305	阳泉八方电气有限公司	刘向东	201520063296.1	实用新型	兼容日光灯架的LED日光灯	山西省阳泉市郊区南庄西路8号
306	阳泉八方电气有限公司	刘向东	201520020602.3	实用新型	连续供电应急电源	山西省阳泉市郊区南庄西路8号

续表 54-17

序号	申请人	发明人	专利号	类别	专利名称	通讯地址
307	阳泉八方电气有限公司	刘向东	201420674388.9	实用新型	矿用声光报警控制器	山西省阳泉市郊区南庄西路 8 号
308	阳泉川峰科技有限公司	武建斌	201420698593.9	实用新型	一种醇基燃料锅炉	山西省阳泉市桃北中路 28 号
309	阳泉川峰科技有限公司	武建斌	201420698457.X	实用新型	一种空调式暖气片	山西省阳泉市桃北中路 28 号
310	阳泉创日冶金机械有限公司	王爱明　李巨军	201420604093.4	实用新型	滚筒式高效耐磨分选机	山西省阳泉市开发区新泉北路农贸楼 5-7
311	阳泉创日冶金机械有限公司	王爱明　李巨军	201420604092.X	实用新型	浅槽分选机悬浮液撤介导流装置	山西省阳泉市开发区新泉北路农贸楼 5-7
312	阳泉创日冶金机械有限公司	王爱明　李巨军	201420604091.5	实用新型	高效耐磨浅槽分选机	山西省阳泉市开发区新泉北路农贸楼 5-7
313	阳泉阀门股份有限公司	梁志宝	201420499304.2	实用新型	一种电动闸阀	山西省阳泉市新建路 1 号
314	阳泉合力拓机电设备有限公司	王凯敏　周志宏	201520589236.3	实用新型	矿用拉力电缆连接器	山西省阳泉市矿区馨康家园
315	阳泉吉利矿山机械有限公司	赵博林	201420505956.2	实用新型	煤矿用乳化液泵检修性能测试试验台	山西省阳泉市矿区煤山路段北沟 38 号
316	阳泉煤业集团华越机械有限公司	张东军　黄俊杰	201520394130.8	实用新型	一种顺槽下运带式输送机辅助制动装置	山西省阳泉市矿区桃南中路 112 号
317	阳泉煤业集团华越机械有限公司	刘晶晶　李庆章 吕　浩　任紫亭 白永胜　陈迎华	201520393931.2	实用新型	一种热处理炉群集中控制装置	山西省阳泉市矿区桃南中路 112 号
318	阳泉煤业集团华越机械有限公司	路艳旗　陈迎华 刘海东　刘崇晋 王　军	201520393293.4	实用新型	一种煤矿液压支架胶管管卡	山西省阳泉市矿区桃南中路 112 号
319	阳泉煤业集团华越机械有限公司	李跃军　白永胜 陈迎华　路艳旗 刘崇晋　申欢欢	201420521931.1	实用新型	一种煤矿井下用履带式自移缓冲转载设备	山西省阳泉市矿区桃南中路 112 号
320	阳泉煤业集团华越机械有限公司	王志斌　刘晶晶 芦连胜　陈迎华 白永胜　刘崇晋 路艳旗	201420521772.5	实用新型	自动绞车张紧装置	山西省阳泉市矿区桃南中路 112 号
321	阳泉煤业集团华越机械有限公司	芦连胜　王聪杰 路艳旗　蔺志丰 陈迎华　李跃军 王志斌　刘崇晋 刘晶晶　申欢欢	201420521886.X	实用新型	一种具有缓冲功能的翻转架	山西省阳泉市矿区桃南中路 112 号
322	阳泉煤业集团华越机械有限公司	刘晶晶　白永胜 陈迎华　李跃军 王志斌　路艳旗 刘崇晋　申欢欢	201420521783.3	实用新型	一种带式输送机用智能电动张紧装置	山西省阳泉市矿区桃南中路 112 号
323	阳泉市盛德矿业物资有限公司	刘成元　阎吉林	201520468573.7	实用新型	新型矿用双 U 型钢带托板顶板支护装置	山西省阳泉市矿山路 30 号
324	阳泉市特种设备监督检验所	杜怀阳　李晓峰 武文霞　燕永红 尹志军	201520372083.7	实用新型	防脱钩装置及具有重力杠杆式防脱钩装置的起重吊钩	山西省阳泉市城区泉中路 413 号居馨名仕公馆 7 层

续表 54-18

序号	申请人	发明人	专利号	类别	专利名称	通讯地址
325	阳泉市阳五高速公路投资管理有限公司	田　丰　钱　明 陈少欣　任少兵	201520640208.X	实用新型	一种干式变压器干燥控制装置	山西省阳泉市郊区漾泉大道(阳泉东收费站旁)
326	阳泉市应用技术研究所	王兴旺　刘坛海	201520156415.8	实用新型	一种降低失真改变特性曲线的扬声器系统	山西省阳泉市桃北中路28号
327	阳泉市应用技术研究所	李印纲　田忠科	201420096159.3	实用新型	一种外墙防火保温装饰板的连接装置	山西省阳泉市桃北中路28号
328	阳泉水泵厂有限责任公司	雷　明　王鸿民 马凤莲　孟振英 窦保田　刘　丽	201420753705.6	实用新型	矿浆泵轴承封油结构	山西省阳泉市城区南庄路118号
329	阳泉水泵厂有限责任公司	冯云喜　孟振英 马凤莲　刘　丽 付景泉	201420753542.1	实用新型	一种离心泵叶轮口环与泵体密封环结构	山西省阳泉市城区南庄路118号
330	阳泉水泵厂有限责任公司	雷　明　马凤莲 孟振英　王鸿民 张智鹏　殷旭维 刘　丽　任亚萍	201420473810.4	实用新型	外调式止推轴承装置	山西省阳泉市城区南庄路118号
331	阳泉水泵厂有限责任公司	雷　明　马凤莲 孟振英　王鸿民 张智鹏　殷旭维 刘　丽　任亚萍	201420473866.X	实用新型	水力采煤泵	山西省阳泉市城区南庄路118号
332	阳泉兴陶压裂支撑剂有限公司	鲍亚祥	201520264002.1	实用新型	陶粒制粒机	山西省阳泉市平定县石门口乡乱流村
333	杨怀庆	杨怀庆	201520560915.8	实用新型	一种自封旱厕坐便器	山西省阳泉市矿务局后院12–1–4
334	杨立斌	杨立斌	201420814787.0	实用新型	防盗井盖	山西省阳泉市矿区阳煤集团华越机械皮带机厂
335	杨立斌	杨立斌	201420807327.5	实用新型	多功能挖掘机	山西省阳泉市矿区阳煤集团华越机械皮带机厂
336	杨林青	杨林青	201420569601.X	实用新型	一种光滑导光低风阻风筒	山西省阳泉市滨河欧洲街7号楼2单元101室
337	杨启君	杨启君	201520259904.6	实用新型	一种组合式防伪包装盒	山西省阳泉市矿区桥头桥兴街4楼3门11号
338	杨向鹏	杨向鹏	201520200023.7	实用新型	婴幼儿防水被动式游泳衣	山西省阳泉市城区康达区24楼9单元2号
339	杨向鹏	杨向鹏	201420607076.6	实用新型	一种搅拌机	山西省阳泉市城区康达区24楼9单元2号
340	杨亚平	杨亚平	201520151565.X	实用新型	通用型磁钢组自动分离机	山西省阳泉市开发区高新技术创业园区812室
341	杨永盛	杨永盛	201520414542.3	实用新型	勾角瓦	山西省阳泉市郊区义井镇义东沟村圪台358号
342	杨永盛	杨永盛	201520413219.4	实用新型	B形管连接瓦	山西省阳泉市郊区义井镇义东沟村圪台358号
343	杨永盛	杨永盛	201520414494.8	实用新型	单双层S型瓦	山西省阳泉市郊区义井镇义东沟村圪台358号

续表 54-19

序号	申请人	发明人	专利号	类别	专利名称	通讯地址
344	杨永盛	杨永盛	201520414694.3	实用新型	直板 9 字管连接瓦	山西省阳泉市郊区义井镇义东沟村圪台 358 号
345	杨永盛	杨永盛	201520413369.5	实用新型	一种双层瓦	山西省阳泉市郊区义井镇义东沟村圪台 358 号
346	杨永盛	杨永盛	201520413220.7	实用新型	n 孔瓦	山西省阳泉市郊区义井镇义东沟村圪台 358 号
347	杨永盛	杨永盛	201520413217.5	实用新型	直板 c 型管连接瓦	山西省阳泉市郊区义井镇义东沟村圪台 358 号
348	杨永盛	杨永盛	201520413384.X	实用新型	一种瓦	山西省阳泉市郊区义井镇义东沟村圪台 358 号
349	杨永盛	杨永盛	201520413383.5	实用新型	管槽瓦	山西省阳泉市郊区义井镇义东沟村圪台 358 号
350	杨永盛	杨永盛	201520414544.2	实用新型	接合瓦	山西省阳泉市郊区义井镇义东沟村圪台 358 号
351	杨永盛	杨永盛	201520413326.7	实用新型	半圆口瓦	山西省阳泉市郊区义井镇义东沟村圪台 358 号
352	杨永盛	杨永盛	201520413385.4	实用新型	中空直板瓦	山西省阳泉市郊区义井镇义东沟村圪台 358 号
353	杨永盛	杨永盛	201520413218.X	实用新型	直板父字形架连接瓦	山西省阳泉市郊区义井镇义东沟村圪台 358 号
354	杨永盛	杨永盛	201520413370.8	实用新型	S 状双层瓦	山西省阳泉市郊区义井镇义东沟村圪台 358 号
355	杨永盛	杨永盛	201520414693.9	实用新型	插装瓦	山西省阳泉市郊区义井镇义东沟村圪台 358 号
356	杨永盛	杨永盛	201520414541.9	实用新型	双层 U 槽瓦	山西省阳泉市郊区义井镇义东沟村圪台 358 号
357	杨永盛	杨永盛	201520413110.0	实用新型	一种撬盖器	山西省阳泉市郊区义井镇义东沟村圪台 358 号
358	杨永盛	杨永盛	201520414543.8	实用新型	组装瓦	山西省阳泉市郊区义井镇义东沟村圪台 358 号
359	杨永盛	杨永盛	201520414857.8	实用新型	双层 W 型架瓦	山西省阳泉市郊区义井镇义东沟村圪台 358 号
360	杨永盛	杨永盛	201520414695.8	实用新型	圆孔瓦	山西省阳泉市郊区义井镇义东沟村圪台 358 号
361	杨永盛	杨永盛	201520414691.X	实用新型	镶嵌瓦	山西省阳泉市郊区义井镇义东沟村圪台 358 号
362	杨永盛	杨永盛	201520414545.7	实用新型	组合瓦	山西省阳泉市郊区义井镇义东沟村圪台 358 号
363	杨永盛	杨永盛	201520415034.7	实用新型	O 孔连接瓦	山西省阳泉市郊区义井镇义东沟村圪台 358 号
364	杨永盛	杨永盛	201520414858.2	实用新型	口字孔瓦	山西省阳泉市郊区义井镇义东沟村圪台 358 号
365	杨永盛	杨永盛	201520414856.3	实用新型	双层瓦	山西省阳泉市郊区义井镇义东沟村圪台 358 号

续表 54-20

序号	申请人	发明人	专利号	类别	专利名称	通讯地址
366	杨永盛	杨永盛	201520415241.2	实用新型	长条孔瓦	山西省阳泉市郊区义井镇义东沟村圪台 358 号
367	杨永盛	杨永盛	201520415035.1	实用新型	顶部带眼瓦	山西省阳泉市郊区义井镇义东沟村圪台 358 号
368	杨永盛	杨永盛	201420319423.5	实用新型	一种玻璃上应急换气通风等用途的装置	山西省阳泉市郊区义井镇义东沟村圪台 358 号
369	杨玉涛　王志斌	杨玉涛　王志斌	201420790137.7	实用新型	一种便携式报警器	山西省阳泉市阳泉煤业集团新景矿
370	杨振福	杨振福	201420456415.5	实用新型	烤面机	山西省阳泉市朝阳街 8 号
371	余建强	余建强	201520148181.2	实用新型	凹凸结构中性笔笔管及笔管头	山西省阳泉市阳煤二矿人力资源部
372	余建强	余建强	201520148250.X	实用新型	一体式固液共用垃圾桶	山西省阳泉市阳煤二矿人力资源部
373	余建强	余建强	201520148206.9	实用新型	警用急停装置	山西省阳泉市阳煤二矿人力资源部
374	余建强	余建强	201520148208.8	实用新型	凸形导轨安全车窗玻璃	山西省阳泉市阳煤二矿人力资源部
375	余建强	余建强	201520148185.0	实用新型	可调式植物攀附杆	山西省阳泉市阳煤二矿人力资源部
376	余建强	余建强	201520148248.2	实用新型	抽风式落叶清理机	山西省阳泉市阳煤二矿人力资源部
377	余建强	余建强	201520148207.3	实用新型	安全公交门	山西省阳泉市阳煤二矿人力资源部
378	余建强	余建强	201520148145.6	实用新型	厕所废纸统一收集管	山西省阳泉市阳煤二矿人力资源部
379	余建强	余建强	201520148246.3	实用新型	让行桌	山西省阳泉市阳煤二矿人力资源部
380	余建强	余建强	201520148184.6	实用新型	双层锥型升降电动碾盘	山西省阳泉市阳煤二矿人力资源部
381	余建强	余建强	201520148289.1	实用新型	一种锥子鞋底	山西省阳泉市阳煤二矿人力资源部
382	余建强	余建强	201520148287.2	实用新型	矿用弧形片鱼鳞衣	山西省阳泉市阳煤二矿人力资源部
383	余建强	余建强	201520148182.7	实用新型	网格切肉机	山西省阳泉市阳煤二矿人力资源部
384	余建强	余建强	201420442465.8	实用新型	滚筒式抿面机	山西省阳泉市阳煤二矿人力资源部
385	张国庆	张国庆	201320726583.7	实用新型	暗杆闸阀开闭与开度显示装置	山西省阳泉市矿区桃源新居平东区 24 楼 5 门 3 号
386	张维斌	张维斌	201420801299.6	实用新型	一种小型三轮卫生清洁车	山西省阳泉市平定县冠山镇小峪村
387	张维斌	张维斌	201420801300.5	实用新型	自动筛砂机	山西省阳泉市平定县冠山镇小峪村

续表 54-21

序号	申请人	发明人	专利号	类别	专利名称	通讯地址
388	张维斌	张维斌	201420801347.1	实用新型	通信基站降温通风装置	山西省平定县冠山镇小峪村
389	张源深	张源深	201520134864.2	实用新型	一种微功耗、无工作噪音的新型接触器	山西省阳泉市城区凤凰城 5 号楼 1 单元 501 室
390	张　哲	张　哲	201520046137.0	实用新型	汽车节油装置	山西省阳泉市矿区大垴西区 13 楼 3 门 3 号
391	张志鹏	张志鹏	201520383913.6	实用新型	一种带有疏通器的马桶盖	山西省阳泉市矿区三矿麻地巷 13–1–3
392	张志鹏	张志鹏	201520288664.2	实用新型	新型便携式充电器	山西省阳泉市矿区三矿麻地巷 13–1–3
393	张志鹏	张志鹏	201520288665.7	实用新型	手机反光器	山西省阳泉市矿区三矿麻地巷 13–1–3
394	张志鹏	张志鹏	201520169731.9	实用新型	手拉座椅车	山西省阳泉市矿区三矿麻地巷 13–1–3
395	张志鹏	张志鹏	201520145474.5	实用新型	多功能开关盒	山西省阳泉市矿区三矿麻地巷 13–1–3
396	张志鹏	张志鹏	201520145475.X	实用新型	新型底卸式矿车	山西省阳泉市矿区三矿麻地巷 13–1–3
397	张志鹏	张志鹏	201520145645.4	实用新型	翻盖自动冲洗式马桶	山西省阳泉市矿区三矿麻地巷 13–1–3
398	张志鹏	张志鹏	201420872993.7	实用新型	翻盖荧光插座盒	山西省阳泉市矿区三矿麻地巷 13–1–3
399	张志鹏	张志鹏	201420872992.2	实用新型	多功能厨具架	山西省阳泉市矿区三矿麻地巷 13–1–3
400	张志鹏	张志鹏	201420872995.6	实用新型	强吸附力吸盘	山西省阳泉市矿区三矿麻地巷 13–1–3
401	赵永才	赵永才	201520191348.3	实用新型	摇臂对夹式瓜子夹	山西省阳泉市桃北中路阳泉文化中心(管理处)
402	甄华伟	甄华伟	201520539252.1	实用新型	简易式易操控移位机	山西省阳泉市郊区荫营镇三泉村 53 号 2 户
403	甄华伟	甄华伟	201520128898.0	实用新型	新微小型电动货仓车	山西省阳泉市郊区荫营镇三泉村 53 号 2 户
404	甄华伟	甄华伟	201520118926.0	实用新型	新微小型电动载运车	山西省阳泉市郊区荫营镇三泉村 53 号 2 户
405	甄华伟	甄华伟	201420613730.4	实用新型	防壶胆掉落的安全暖壶	山西省阳泉市郊区荫营镇三泉村 53 号 2 户
406	甄华伟	甄华伟	201420426696.X	实用新型	新型蓄电池桩头附带电源线保险显示快速操作装置	山西省阳泉市郊区荫营镇三泉村 53 号 2 户
407	郑　强	郑　强　陈　凰 朱　卉　郑　好	201520405362.9	实用新型	一种螺丝连接拆卸式即刻修复即刻负重弹力种植牙	山西省阳泉市城区德胜街 99 号阳泉市口腔医院
408	侯学军	侯学军	201530046480.0	外观设计	饮用水瓶	山西省阳泉市盂县路家村镇刘家村 341 号

续表 54-22

序号	申请人	发明人	专利号	类别	专利名称	通讯地址
409	李 华	李 华	201530182940.2	外观设计	剪纸(十二生肖都是福)	山西省阳泉市阳煤集团大院 26 号楼 2 单元 6 号
410	李 沛	李 沛	201430466958.0	外观设计	大网眼 T 恤衫 (龙头图案)	山西省阳泉市平定县东大街阳光小区 3 号楼 4 单元 101 室
411	李 沛	李 沛	201430466944.9	外观设计	大网眼 T 恤衫(一帆风顺图案)	山西省阳泉市平定县东大街阳光小区 3 号楼 4 单元 101 室
412	李 沛	李 沛	201430466957.6	外观设计	大网眼 T 恤衫(杨门女将穆桂英图案)	山西省阳泉市平定县东大街阳光小区 3 号楼 4 单元 101 室
413	李 沛	李 沛	201430466956.1	外观设计	大网眼 T 恤衫(圣诞老人图案)	山西省阳泉市平定县东大街阳光小区 3 号楼 4 单元 101 室
414	李 沛	李 沛	201430466945.3	外观设计	大网眼 T 恤衫(喜鹊登梅图案)	山西省阳泉市平定县东大街阳光小区 3 号楼 4 单元 101 室
415	李 沛	李 沛	201430466943.4	外观设计	大网眼 T 恤衫(昭君出塞图案)	山西省阳泉市平定县东大街阳光小区 3 号楼 4 单元 101 室
416	梁 磊	梁 磊	201430208468.0	外观设计	太阳镜(一)	山西省阳泉市城区公园路 22 号楼
417	梁 磊	梁 磊	201430208517.0	外观设计	太阳镜(二)	山西省阳泉市城区公园路 22 号楼
418	梁 磊	梁 磊	201430208430.3	外观设计	太阳镜(三)	山西省阳泉市城区公园路 22 号楼
419	刘克勤	刘克勤	201530298287.6	外观设计	磁性防撬锁	山西省阳泉城区朝阳街 12 楼 1 单元 8、9 号
420	裴海平	裴海平	201430498496.0	外观设计	包装袋(杂粮面)	山西省阳泉市平定县东回镇前黄安村阳坡坪 10 号
421	裴海平	裴海平	201430498672.0	外观设计	包装袋(杂粮饼)	山西省阳泉市平定县东回镇前黄安村阳坡坪 10 号
422	裴海平	裴海平	201430498279.1	外观设计	包装袋(枣)	山西省阳泉市平定县东回镇前黄安村阳坡坪 10 号
423	裴海平	裴海平	201430498533.8	外观设计	包装盒(核桃)	山西省阳泉市平定县东回镇前黄安村阳坡坪 10 号
424	裴海平	裴海平	201430498411.9	外观设计	包装盒(杂粮面)	山西省阳泉市平定县东回镇前黄安村阳坡坪 10 号

续表 54-23

序号	申请人	发明人	专利号	类别	专利名称	通讯地址
425	裴海平	裴海平	201430498345.5	外观设计	包装盒(杂粮饼)	山西省阳泉市平定县东回镇前黄安村阳坡坪10号
426	裴海平	裴海平	201430498473.X	外观设计	包装袋(核桃)	山西省阳泉市平定县东回镇前黄安村阳坡坪10号
427	平定县东安农业生态专业经济合作社	裴海平	201430498651.9	外观设计	包装袋(小米绿色)	山西省阳泉市平定县东回镇前黄安村阳坡坪10号
428	平定县东安农业生态专业经济合作社	裴海平	201430498652.3	外观设计	包装袋(小米黄色)	山西省阳泉市平定县东回镇前黄安村阳坡坪10号
429	平定县东安农业生态专业经济合作社	裴海平	201430498428.4	外观设计	包装盒(小米)	山西省阳泉市平定县东回镇前黄安村阳坡坪10号
430	平定县冠窑砂器陶艺有限公司	张宏亮	201430557425.3	外观设计	工艺品(砂葫芦)	山西省阳泉市平定县冠山镇冠庄村
431	平定县冠窑砂器陶艺有限公司	古林子	201430557466.2	外观设计	文房用品套件	山西省阳泉市平定县冠山镇冠庄村
432	平定县冠窑砂器陶艺有限公司	古林子	201430557296.8	外观设计	茶具套件	山西省阳泉市平定县冠山镇冠庄村
433	山西日本能源润滑油有限公司	申文婷	201530094379.2	外观设计	包装桶(Ⅰ)	山西省阳泉市经济技术开发区东区
434	山西日本能源润滑油有限公司	申文婷	201530094377.3	外观设计	包装桶(Ⅱ)	山西省阳泉市经济技术开发区东区
435	山西日本能源润滑油有限公司	申文婷	201530094365.0	外观设计	包装桶(Ⅲ)	山西省阳泉市经济技术开发区东区
436	山西日本能源润滑油有限公司	申文婷	201530094363.1	外观设计	包装桶(Ⅳ)	山西省阳泉市经济技术开发区东区
437	山西日本能源润滑油有限公司	申文婷	201530094361.2	外观设计	包装桶(Ⅴ)	山西省阳泉市经济技术开发区东区
438	山西神盾工贸有限公司	任小旦	201530185704.6	外观设计	门(1)	山西省阳泉市经济开发区大连东路6号
439	山西神盾工贸有限公司	任小旦	201530186232.6	外观设计	门(2)	山西省阳泉市经济开发区大连东路6号
440	山西神盾工贸有限公司	任小旦	201530185996.3	外观设计	门(3)	山西省阳泉市经济开发区大连东路6号
441	山西昕亮木业有限公司	彭延庆	201530043498.5	外观设计	沙发(单座)	山西省阳泉市盂县苌池镇
442	山西昕亮木业有限公司	彭延庆	201530043875.5	外观设计	沙发(三座)	山西省阳泉市盂县苌池镇
443	山西昕亮木业有限公司	彭延庆	201530043243.9	外观设计	床	山西省阳泉市盂县苌池镇
444	山西昕亮木业有限公司	彭延庆	201530043748.5	外观设计	床	山西省阳泉市盂县苌池镇

续表 54-24

序号	申请人	发明人	专利号	类别	专利名称	通讯地址
445	山西昕亮木业有限公司	彭延庆	201530043878.9	外观设计	沙发(双座)	山西省阳泉市盂县苌池镇
446	山西昕亮木业有限公司	彭延庆	201530043842.0	外观设计	沙发(三座)	山西省阳泉市盂县苌池镇
447	山西昕亮木业有限公司	彭延庆	201530043240.5	外观设计	沙发(单座)	山西省阳泉市盂县苌池镇
448	山西昕亮木业有限公司	彭延庆	201530043241.X	外观设计	沙发(双座)	山西省阳泉市盂县苌池镇
449	山西鑫杰陶艺有限公司	张彦杰	201430551444.5	外观设计	工艺品(龙腾虎跃祥云壶)	山西省阳泉市平定县冠山镇常家沟村
450	山西鑫杰陶艺有限公司	张彦杰	201430551205.X	外观设计	工艺品(梧桐引凤瓶)	山西省阳泉市平定县冠山镇常家沟村
451	阳煤集团山西吉天利科技有限公司	付培良	201530026324.8	外观设计	挂片式蓄电池板栅	山西省阳泉市盂县苌池镇芝角村
452	张文亮	张文亮	201530054621.3	外观设计	花瓶(百羊送福)	山西省平定县冠山镇冠庄村福寿园 18 号 1 户
453	张文亮	张文亮	201530051655.7	外观设计	蝴蝶双喜盘	山西省平定县冠山镇冠庄村福寿园 18 号 1 户
454	赵建文	赵建文 杨昌华 姚长锁 申贵宝	201430538397.0	外观设计	上水器及热水壶连观音雕塑	山西省阳泉市南大街 92 号 06028 信箱
455	周 亮	周 亮	201430262674.X	外观设计	T 恤(水滴)	山西省阳泉市开发区御康山庄住宅小区 5-3-12

说明：2015 年共有授权(或公开)专利 455 件，其中授权发明专利 33 件、公开发明专利 122 件、授权实用新型专利 252 件、授权外观设计专利 48 件；2015 年度职务发明 164 件，非职务发明 291 件；2015 年授权(或公开)专利 455 件，其中城区 125 件、矿区 135 件、郊区 86 件、平定县 84 件、盂县 25 件。

(李春英)

2015 年度阳泉市部分著述存目一览表

表 55

<table>
<tr><th colspan="2">书　名</th><th>字数(千字)</th><th colspan="2">责　任　者</th><th>出　版　社</th><th>出版时间</th></tr>
<tr><td colspan="2">卫国岁月——娘子关 1937</td><td>239</td><td colspan="2">史辉华 著</td><td>团结出版社</td><td>2015 年 1 月</td></tr>
<tr><td colspan="2">光影仇犹</td><td>100</td><td colspan="2">李晶明 著</td><td>山西出版传媒集团
三晋出版社</td><td>2015 年 1 月</td></tr>
<tr><td colspan="2">阳泉市文学作品精选集</td><td>700</td><td colspan="2">主　编:侯讵望　李银荀</td><td>中国文联出版社</td><td>2015 年 3 月</td></tr>
<tr><td rowspan="6">红山楂文丛</td><td>故乡的根脉</td><td>200</td><td rowspan="6">主　编:
孙雪艳</td><td>侯讵望</td><td rowspan="6">中国文联出版社</td><td rowspan="6">2015 年 3 月</td></tr>
<tr><td>乖玉顽石</td><td>160</td><td>任美福</td></tr>
<tr><td>点击金秋</td><td>300</td><td>李彦良</td></tr>
<tr><td>心语滴滴</td><td>40</td><td>郝葆良</td></tr>
<tr><td>生命的另一种体验</td><td>46</td><td>翟贵明</td></tr>
<tr><td>若有所思</td><td>150</td><td>张震文</td></tr>
<tr><td rowspan="5">红鬃马文丛</td><td>工人村</td><td>190</td><td rowspan="5">主　编:
魏文瑾</td><td>刘双凤</td><td rowspan="5">中国书籍出版社</td><td rowspan="5">2015 年 3 月</td></tr>
<tr><td>墨染娥眉少年时</td><td>115</td><td>史佼陇</td></tr>
<tr><td>红鬃马</td><td>155</td><td>文德芳</td></tr>
<tr><td>漾泉琴韵</td><td>133</td><td>刘中华</td></tr>
<tr><td>雨中的呻吟</td><td>145</td><td>赵春仙</td></tr>
<tr><td colspan="2">中老年葫芦丝·巴乌讲堂录</td><td>400</td><td colspan="2">荆一扬 著</td><td>中国传媒出版社</td><td>2015 年 5 月</td></tr>
<tr><td colspan="2">远山的月亮</td><td>270</td><td colspan="2">赵志明 著</td><td>九州出版社</td><td>2015 年 5 月</td></tr>
<tr><td colspan="2">沙金诗选</td><td>240</td><td colspan="2">郭金如 著</td><td>团结出版社</td><td>2015 年 8 月</td></tr>
<tr><td colspan="2">我不晕善待自己</td><td>30</td><td colspan="2">闫　智 著</td><td>人民中文出版社</td><td>2015 年 8 月</td></tr>
<tr><td colspan="2">走进山西——走进阳泉</td><td>202</td><td colspan="2">主　编:杨占平
侯讵望 著</td><td>山西经济出版社</td><td>2015 年 9 月</td></tr>
<tr><td colspan="2">阳泉年鉴(2015)</td><td>866</td><td colspan="2">主　编:任佟苏
副主编:董雪卉　高忠乐</td><td>方志出版社</td><td>2015 年 11 月</td></tr>
<tr><td colspan="2">心流涓影</td><td>200</td><td colspan="2">陈贵兴 著</td><td>中国诗词楹联出版社</td><td>2015 年 11 月</td></tr>
<tr><td colspan="2">飘飘已去我是谁</td><td>160</td><td colspan="2">竣嗡杰 著</td><td>团结出版社</td><td>2015 年 12 月</td></tr>
<tr><td colspan="2">叶子与风</td><td>120</td><td colspan="2">王书明 著</td><td>中国诗词楹联出版社</td><td>2015 年 12 月</td></tr>
</table>

（孙雪艳）

索 引

说 明

1、本索引为主题索引,按汉语拼音字母顺序排列。以阿拉伯数字和外文字母开头的主题词排在后面。

2、主题词后的数字是主题内容所在的页码,数字后的字母 a、b、c 分别表示左、中、右栏。

A

B

C

D

E

F

G

H

J

M

N

P

Q

R

T

W

X

Y

Z